JOHANNES DITTRICH

Horizontale Rationalisierungskooperationen kleiner und mittlerer Unternehmen

D1935471

Beiträge zum Europäischen Wirtschaftsrecht

Herausgegeben im Auftrag des Instituts für Europäisches Wirtschaftsrecht
der Universität Erlangen-Nürnberg
durch die Professoren Dr. Thomas Ackermann und
Dr. Karl Albrecht Schachtschneider

Band 50

Horizontale Rationalisierungskooperationen kleiner und mittlerer Unternehmen

§ 3 GWB und die europarechtsorientierte Neubewertung horizontaler Kooperationen im GWB

Von

Johannes Dittrich

Duncker & Humblot · Berlin

Die Juristische Fakultät der Friedrich-Alexander-Universität Erlangen-Nürnberg
hat diese Arbeit im Jahre 2008 als Dissertation angenommen.

Bibliografische Information der Deutschen Nationalbibliothek

Die Deutsche Nationalbibliothek verzeichnet diese Publikation in
der Deutschen Nationalbibliografie; detaillierte bibliografische Daten
sind im Internet über http://dnb.d-nb.de abrufbar.

BIBLIOTHEK
der Industrie- und Handelskammer
für München und Oberbayern

Nr 128/334

D 29

Alle Rechte vorbehalten
© 2009 Duncker & Humblot GmbH, Berlin
Fremddatenübernahme: L101 Mediengestaltung, Berlin
Druck: Berliner Buchdruckerei Union GmbH, Berlin
Printed in Germany

ISSN 0947-2452
ISBN 978-3-428-12995-9

Gedruckt auf alterungsbeständigem (säurefreiem) Papier
entsprechend ISO 9706 ♾

Internet: http://www.duncker-humblot.de

Meinen Eltern
und Susanne

Vorwort

Die vorliegende Arbeit wurde im Sommersemester 2008 von der Rechts- und Wirtschaftswissenschaftlichen Fakultät der Bayerischen Friedrich-Alexander-Universität Erlangen als Dissertation angenommen. Das Manuskript wurde im September 2007 fertig gestellt. Für die Druckfassung konnte die bis August 2008 veröffentlichte Literatur und Rechtsprechung im Wesentlichen berücksichtigt werden.

An erster Stelle möchte ich meinem Doktorvater, Herrn Prof. Dr. Winfried Veelken, ganz herzlich dafür danken, dass er mich während meines Promotionsvorhabens wohlwollend begleitet und mir stets die Freiheit belassen hat, die ein wissenschaftliches Arbeiten erst ermöglicht. Seinen vielfältigen fachlichen Hilfestellungen und Anregungen verdankt diese Arbeit sehr viel. Die überaus schnelle und wohlwollende Begutachtung verpflichtet mich darüber hinaus zu zusätzlichem Dank.

Herrn Prof. Dr. Thomas Ackermann, LL. M., bin ich nicht nur für die Erstellung des Zweitgutachtens sehr dankbar. Ich danke ihm vielmehr auch für die freundliche Aufnahme der Arbeit in die von ihm mitherausgegebene Schriftenreihe „Beiträge zum Europäischen Wirtschaftsrecht". Herrn Prof. Dr. Karl Albrecht Schachtschneider, weiterer Herausgeber dieser Schriftenreihe, danke ich dafür ebenfalls sehr herzlich.

Zweien meiner Freunde schulde ich im Zusammenhang mit dieser Dissertation besonderen Dank: Ohne die motivierende Anteilnahme und die fachlichen Anregungen von Herrn Dr. Bastian Arnold, LL. M., hätte die Arbeit an der Dissertation stellenweise einen äußerst schleppenden Verlauf genommen. Herrn Lars Stelling danke ich für seine Bereitschaft, abstrakt erscheinende Fragestellungen jederzeit vertieft zu diskutieren.

Großer Dank für die mühevolle Arbeit des Korrekturlesens des Manuskripts gebührt Frau Petra Rupprecht, Frau Helene Emter und Herrn Martin Veh.

Mein allergrößter Dank gebührt jedoch meinen Eltern Ingobert und Melanie Dittrich und meiner Frau Susanne: Meinen Eltern danke ich dafür, dass sie mich nicht nur in der Promotionszeit, sondern auch in allen vorherigen Phasen meines Lebens stets liebevoll und bedingungslos unterstützt und in jeder erdenklichen Weise gefördert haben. Meiner Frau Susanne danke ich dafür, dass sie mich bereits ein großes Stück meines Weges begleitet hat und mir nicht nur im Zusammenhang mit der Erstellung dieser Dissertation stets selbstlos, geduldig und aufmunternd beistand, wenn dies notwendig war. Meinen Eltern und meiner Frau Susanne ist dieses Buch in Liebe und Dankbarkeit gewidmet.

München, im September 2008 *Johannes Dittrich*

Inhaltsübersicht

Inhaltsverzeichnis

Abkürzungsverzeichnis

a. A.	anderer Ansicht
a. a. O.	am angegebenen Ort
ABl.	Amtsblatt
Abs.	Absatz
a. E.	am Ende
a. M.	anderer Meinung
Art., Artt.	Artikel singular, plural
Aufl.	Auflage
BAnz.	Bundesanzeiger
Bay. LKartB	Bayerische Landeskartellbehörde
BayStAnz	Bayerischer Staatsanzeiger
BB	Der Betriebs-Berater
Bd.	Band
Begr.	Begründung
BGB	Bürgerliches Gesetzbuch
BGBl.	Bundesgesetzblatt
BGH	Bundesgerichtshof
BGHZ	Entscheidungen des Bundesgerichtshofes in Zivilsachen (Band und Seite)
BKartA	Bundeskartellamt
BR-Drs.	Bundesratsdrucksache
Bspw.	beispielsweise
BT-Drs.	Bundestagsdrucksache (Wahlperiode und Nummer)
bzw.	beziehungsweise
CMLRev	Common Market Law Review
CPN	Competition policy newsletter
DB	Der Betrieb (Jahr und Seite)
DVBl.	Deutsches Verwaltungsblatt
ECLR	European competition law review
EG	EG-Vertrag in der nach dem 1. Mai 1999 geltenden Fassung
Einf.	Einführung
EU	Europäische Union
EuG	Gericht erster Instanz der Europäischen Gemeinschaften
EuGH	Gerichtshof der Europäischen Gemeinschaften
EuR	Europarecht
EuZW	Europäische Zeitschrift für Wirtschaftsrecht

EWiR	Entscheidungen zum Wirtschaftsrecht (Kurzkommentare)
EWS	Europäisches Wirtschafts- und Steuerrecht
f., ff.	folgend(e)
FK	Frankfurter Kommentar
FKVO	Fusionskontrollverordnung
Fn.	Fußnote
FuE	Forschung und Entwicklung
gem.	gemäß
GRUR	Gewerblicher Rechtsschutz und Urheberrecht
GRUR Int.	Gewerblicher Rechtsschutz und Urheberrecht, Auslands- und Internationaler Teil
GVO/GFVO	Gruppenfreistellungsverordnung
GWB	Gesetz gegen Wettbewerbsbeschränkungen
Herv. d. Verf.	Hervorhebung durch Verfasser
Hrsg.	Herausgeber
i. d. Bek.	in der Bekanntmachung
i. d. F.	in der Fassung
insb.	insbesondere
Int.	International
i. S. d.	im Sinne der (des)
i. V. m.	in Verbindung mit
i. w. S.	im weiten Sinne
JZ	Juristen-Zeitung
Kap.	Kapitel
KG	Kammergericht
KOM DOK.	Kommissionsdokument
KMU	Kleine(s) und mittlere(s) Unternehmen
Krit.	Kritisch
LG	Landgericht
lit.	litera
m. a. W.	mit anderen Worten
m. w. N.	mit weiteren Nachweisen
m. z. N.	mit zahlreichen Nachweisen
NJW	Neue Juristische Wochenschrift
OLG	Oberlandesgericht
Reg.E.	Regierungsentwurf
Rn.	Randnummer
RIW	Recht der Internationalen Wirtschaft/Außenwirtschaftsdienst des Betriebs-Beraters
s.	siehe
S.	Seite(n), Satz

Slg.	Sammlung der Rechtsprechung des Gerichtshofes der Europäischen Gemeinschaften
s. o.	siehe oben
sog.	sogenannte
st. Rspr.	ständige Rechtsprechung
s. u.	siehe unten
Tz.	Textziffer
u. a.	unter anderem; und andere
U. Chi. L. Rev.	University of Chicago Law Review
U. Pa. L. Rev.	University of Pennsylvania Law Review
vgl.	vergleiche
VO	Verordnung
vs.	versus
World Competition	Journal of World Competition
WRP	Wettbewerb in Recht und Praxis
WuW	Wirtschaft und Wettbewerb
WuW/E	WuW-Entscheidungssammlung zum Kartellrecht
ZEuP	Zeitschrift für europäisches Privatrecht
ZGS	Zeitschrift für das Gesamte Schuldrecht
ZHR	Zeitschrift für das gesamte Handels- und Wirtschaftsrecht
ZPO	Zivilprozeßordnung vom 30.1.1877 (RGBl. S. 83), i. d. Bek. vom 12.9.1950 (BGBl. I S. 455), zuletzt geändert durch Art. 1 G v. 9.12.2004 (BGBl. I S. 3220)
ZVglRWiss	Zeitschrift für vergleichende Rechtswissenschaft
ZWeR	Zeitschrift für Wettbewerbsrecht, Journal of Competition Law

Einleitung

A. Die Bedeutung horizontaler Kooperationen kleiner und mittlerer Unternehmen

Kurz nach Einführung eines ersten Freistellungstatbestandes explizit für horizontale Rationalisierungskooperationen kleiner und mittlerer Unternehmen im Jahr 1973 wurde die Auffassung vertreten, die Praxis werde von der Möglichkeit des § 5b GWB (a.F.) kaum Gebrauch machen.[1] Diese Ansicht wurde relativ bald widerlegt: Von 1973 bis Ende 1980 wurden 96 Mittelstandskartelle, an denen insgesamt mehr als 800 Unternehmen beteiligt waren, nach § 5b GWB a.F. legalisiert.[2] Diese Zahlen stiegen weiter, sodass Ende 1998 nahezu 200 Mittelstandkartelle in Kraft waren.[3] Im Berichtszeitraum unmittelbar vor Inkrafttreten der 7. GWB-Novelle lag die Zahl der legalisierten, in Kraft befindlichen Mittelstandskartelle bei 190.[4] Neu angemeldet wurden im letzten Berichtszeitraum vor Inkrafttreten der 7. GWB-Novelle noch 35 Mittelstandskartelle gem. § 4 Abs. 1 GWB a.F. Der Tätigkeitsbericht 2005/2006 des Bundeskartellamtes[5] weist im Berichtszeitraum insgesamt acht neue Verfahren über Mittelstandskartelle auf. Weitere Zahlen belegen, dass eine Vielzahl von Unternehmen mit anderen Wettbewerbern bereits eine Kooperation eingegangen ist oder zumindest einzugehen beabsichtigt.[6] Beispielhaft genannt werden soll zum einen die Verbundinitiative Automobilzulieferer Sachsen 2005, in deren Rahmen sich die kleinen und mittleren Zulieferbetriebe in der Automobilbranche bis 31.12.2003 zu insgesamt 87 Kooperationsprojekten zusammengefunden hatten.[7] Zum anderen sei exemplarisch auch auf eine Umfrage des Zentralverbandes des Deutschen Handwerks aus dem Jahr 2002 ver-

---

1 *Benisch,* Kartellfreie Kooperation, WuW 1974, 69 f., allerdings unter Verweis darauf, dass Kooperationen Entfaltungsmöglichkeiten *vor* den kartellrechtlichen Verbotsbarrieren eingeräumt werden müsse.

2 *BKartA,* TB 1979/80, S. 8.

3 *BKartA,* TB 1997/98, S. 190 ff.

4 *BKartA,* TB 2003/04, S. 234–261.

5 *BKartA,* TB 2005/2006, S. 230.

6 Vgl. hierzu ausführlich *BKartA – AK Kartellrecht,* Kooperationen zwischen Wettbewerbern.

7 Vgl. die wirtschaftswissenschaftliche Untersuchung des Erfolges dieser Kooperationen von *Scholta,* Erfolgsfaktoren.

wiesen:[8] Diese ergab, dass von 11.300 untersuchten Handwerksbetrieben immerhin 19% an einer oder mehreren Kooperationen beteiligt waren, wobei allerdings einschränkend darauf hingewiesen werden muss, dass dieses Ergebnis auch kurzfristige Kooperationen zur Erledigung eines gemeinsamen Auftrages (65% der in der Umfrage genannten Kooperationen) mitumfasste. Bei Unternehmen mit 50 oder mehr Angestellten lag die Zahl sogar bei 27,9%. 5,6% der bislang noch nicht kooperierenden Unternehmen plante zum damaligen Zeitpunkt (1. Quartal 2002) eine Kooperation in naher Zukunft. 58% dieser Kooperationen wurden dabei zwischen Handwerkern des gleichen Gewerks eingegangen. Auch wenn diese Zahlen mangels weitergehender Differenzierungen nur ein sehr grobes Bild zeichnen können, so belegen sie doch, dass Kooperationen allgemein gerade von kleinen und mittleren Unternehmen in erheblichem Umfang eingegangen werden.

Entscheidend für diese ungebrochene Attraktivität von Kooperationen ist, dass in solchen Formen der Zusammenarbeit die Lösung einer Vielzahl von gerade kleine und mittlere Unternehmen treffenden Problemen im Zuge veränderter Marktverhältnisse gesucht und häufig gefunden wird. Dabei verändern sich die Marktverhältnisse in vielerlei Hinsicht:[9] Das Zusammenwachsen der Märkte im Zuge der Globalisierung führt zu neuen Wettbewerbsverhältnissen, auf die kleine und mittlere Unternehmen u. a. auch mit horizontalen Kooperationen reagieren können und mitunter reagieren müssen. Die veränderten Informationsmöglichkeiten (Internet) erhöhen in beträchtlichem Umfang die Markttransparenz und erweitern gleichzeitig die bisher gerade für kleine und mittlere Unternehmen örtlich stark begrenzten Märkte, fordern gleichzeitig aber auch eine wesentlich dynamischere und zeitlich/örtlich optimierte Handlungsweise der Unternehmen. Auch hier können Kooperationen denkbare Reaktionsmöglichkeiten darstellen.[10] Die praktische Bedeutung einer horizontalen Kooperation und ihrer wettbewerbsrechtlichen Zulässigkeit steigt daher stetig an. Diese Kooperationen sind dabei in vielen Fällen durch die vielfältigen Veränderungen der Marktverhältnisse motiviert, auf die im Verbund besser reagiert werden kann; bloße Wettbewerbsbeschränkungen treten vor diesen sich rapide verändernden Marktverhältnissen in den Hintergrund der Überlegungen.

---

[8] *Zentralverband des Deutschen Handwerks,* Kooperationen.

[9] Vgl. *BKartA – AK Kartellrecht,* Kooperationen zwischen Wettbewerbern, S. 3 ff.; vgl. ferner bspw. zu den speziell das Handwerk treffenden Veränderungen der Marktverhältnisse (Individualisiertere Nachfrage; Outsourcing der Großunternehmen): *Zentralverband des Deutschen Handwerks,* Kooperationen, S. 4.

[10] Ausführlich *BKartA – AK Kartellrecht,* Kooperationen zwischen Wettbewerbern, S. 3 ff., jeweils bezogen auf die einzelnen Marktveränderungen.

B. Faktoren einer kartellrechtlichen Neubewertung horizontaler Kooperationen

Im Ergebnis lässt sich festhalten, dass die Bedeutung von horizontalen Kooperationen gerade für kleine und mittlere Unternehmen enorm ist. Vor diesem Hintergrund wird deutlich, dass die Frage der zukünftigen wettbewerbsrechtlichen Bewertung solcher Kooperationen von äußerster Wichtigkeit ist. Genau diese gerade für kleine und mittlere Unternehmen besonders bedeutsamen Kooperationen sind dabei spätestens seit Inkrafttreten der 7. GWB-Novellle einer Neubewertung unterworfen, die auf epochale Veränderungen im europäischen Kartellrecht einerseits und die sehr weitgehende Anpassung des deutschen Kartellrechts an dieses veränderte europäische Recht andererseits zurückzuführen ist. Die im Rahmen dieser Arbeit erörterten Problematiken entstammen folglich teilweise originär dem europäischen Recht, teilweise allein der Novellierung des deutschen Kartellrechts: Schon das europäische Recht selbst erfordert eine mehr wirtschaftswissenschaftlich-orientierte Betrachtung auch und gerade von horizontalen Kooperationen. Das Stichwort, das sich vermehrt durch das gesamt europäische Wettbewerbsrecht zieht, lautet: more economic approach.[11] Die Leitlinien der Kommission zur Beurteilung horizontaler Zusammenarbeit machen diese Neuausrichtung der europäischen Wettbewerbspolitik überdeutlich. Gleichzeitig wurde diese Neubewertung durch die 7. GWB-Novelle auch in das nationale Recht transferiert:[12] Im nationalen Kartellrecht sind ganz grundsätzlich nur noch solche Vereinbarungen vom Kartellverbot des § 1 GWB freigestellt, die nach rein europarechtlichen Kriterien freistellbar sind. Aufgrund eines erweiterten Anwendungsvorrangs des europäischen Rechts durch die neue Durchführungsverordnung VO 1/2003 und der Harmonisierungsbestrebungen des nationalen Gesetzgebers der 7. GWB-Novelle ist dabei eine Bewertung losgelöst von europäischen Grundsätzen kaum mehr möglich. Gleichzeitig weicht das bisher gültige Anmelde- und Genehmigungssystem mit einer Vielzahl von abgestuften Freistellungsmöglichkeiten dem – ebenfalls aus dem europäischen Recht importierten – Legalausnahmesystem. In der Konsequenz hat jeder Unternehmer selbst das

---

[11] Der *more economic approach* stellt einen weniger formalistischen Bewertungsansatz im Wettbewerbsrecht dar, wonach im Rahmen einer intensiver ökonomisch ausgerichteten Untersuchung unternehmerisches Verhalten im Einzelfall bewertet wird. Der Wettbewerb an sich und weniger die Wettbewerber als solche sollen so geschützt werden. Vgl. zum more economic approach bspw. den Überblick bei *Bechtold,* Kartellgesetz, Einf., Rn. 64 ff.; zur Kritik daran s. bspw. *Immenga/Mestmäcker,* in: Immenga/Mestmäcker, WbR-EG (2007), Einl., C. III.), Rn. 28–31.

[12] Vgl. zu den Schwerpunkten der 7. GWB-Novelle statt vieler nur *Lutz,* Schwerpunkte, WuW 2005, 718.

Risiko der kartellrechtlichen Bewertung seiner Kooperationsvereinbarungen zu tragen. Einzige Ausnahme bildet § 3 Abs. 1 GWB n.F., der für sog. Mittelstandskartelle die bisherige Regelung des § 4 Abs. 1 GWB a.F. weitestgehend übernimmt. Der Gesetzgeber hat hier die trotz des prinzipiellen Anwendungsvorrangs des europäischen Rechts durchaus noch vorhandene Möglichkeit einer rein nationalen Regelung genutzt und mit § 3 GWB eine – die einzige – nationale Sonderregelung für horizontale Kooperationen geschaffen.

C. Zur Zielsetzung der Arbeit und zum Gang der Untersuchung

Die vorliegende Arbeit hat zum Ziel, die zukünftige wettbewerbsrechtliche Bewertung horizontaler Kooperationen kleiner und mittlerer Unternehmen und dabei schwerpunktmäßig Rationalisierungskooperationen zu untersuchen. Die Freistellungsmöglichkeit des § 3 GWB n.F. steht dabei zwangsläufig im Mittelpunkt aller Überlegungen: Zum einen wird hier an die bisherige Freistellungsmöglichkeit des § 4 Abs. 1 GWB a.F. und die hierzu bereits vorhandene Entscheidungspraxis angeknüpft. Vor dem Hintergrund der 7. GWB-Novelle stellt sich die Frage, welche Bedeutung § 3 GWB zukünftig zukommen soll und kann, wie § 3 GWB zukünftig auszulegen ist und welche weiteren Kriterien bei seiner Anwendung zu beachten sind. Zum anderen sind möglicherweise weniger strenge Freistellungsvoraussetzungen als bei Anwendung des einzig alternativ zur Verfügung stehenden Freistellungstatbestands des § 2 GWB zu beachten. Es gilt also einerseits zu untersuchen, in welchem Verhältnis die beiden Freistellungstatbestände zueinander stehen, und andererseits beide Freistellungsmöglichkeiten zu vergleichen. Schließlich ist § 3 GWB gerade im Kontext mit dem Anspruch auf eine Entscheidung durch das Bundeskartellamt gemäß § 3 Abs. 2 GWB n.F. eine (weitere) Chance, die durch den Systemwechsel hin zur Legalausnahme eingetretene Rechtsunsicherheit etwas zu verringern.[13] Die Voraussetzungen für eine solche Entscheidung sind ebenfalls zu analysieren.

Eine Untersuchung der rechtlichen Zulässigkeit horizontaler Kooperationen kleiner und mittlerer Unternehmen kann sich jedoch nicht nur auf die reine Tatbestandsanalyse des § 3 GWB beschränken. Gerade kleinen und mittleren Unternehmen, die bislang nicht dem Anwendungsbereich des europäischen Wettbewerbsrechts unterfielen, stellen sich Fragen aus dem Grenzbereich zwischen rein nationalem und europäischem Recht. Es müs-

[13] Vgl. zur gestiegenen Rechtsunsicherheit seit Einführung der VO 1/2003 im EG-Wettbewerbsrecht *Wiedemann,* Verlorene Rechtssicherheit, S. 627.

sen eine Vielzahl von Vorfragen einer europarechtsorientierten Neubewertung horizontaler Kooperationen geklärt werden (Teil 1), will man die Fragen kleiner und mittlerer Unternehmen im Zusammenhang mit der zukünftigen wettbewerbsrechtlichen Beurteilung horizontaler Kooperationen möglichst umfassend beantworten. Da die VO 1/2003 dabei gleichsam am Anfang aller Neuentwicklungen im europäischen und nationalen Recht steht, wird konsequenterweise nach einer kurzen Einleitung zunächst die Neuausrichtung des europäischen Wettbewerbsrechts durch die VO 1/2003 und deren Hintergründe untersucht. Zu den Vorfragen einer europarechtsorientierten Bewertung horizontaler Kooperationen zählt ferner die Frage, welche Bedeutung Gruppenfreistellungsverordnungen im europäischen Recht zukünftig zukommt. Die meisten dieser Verordnungen haben gerade horizontale Vereinbarungen zum Gegenstand, sodass eine Analyse der rechtlichen Zulässigkeit horizontaler Kooperationen nicht ohne Beantwortung der Frage nach der rechtlichen Bedeutung dieser Verordnungen auskommen kann. In gleicher Weise enthalten auch verschiedene Leitlinien und Bekanntmachungen der Kommission eine Fülle von Aussagen über die rechtliche Bewertung horizontaler Kooperationen und zur Abgrenzung der Anwendungsbereiche des nationalen und des europäischen Rechts. Auch deren Bedeutung ist deshalb zu untersuchen. Im Anschluss an diese ersten Grundfragen soll das GWB in der Fassung der 7. GWB-Novelle und damit eng verbundene Problematiken erforscht werden. Neben den Veränderungen auf der Tatbestands- und Rechtsfolgenseite ist hier nochmals, diesmal aus nationaler Sicht, nach der Bedeutung der Mitteilungen der Kommission zu fragen. Im Rahmen eines Exkurses wird anschließend auch einer Frage nachgegangen, die sich nur noch im Kontext mit horizontalen Kooperationen solcher Unternehmen stellt, die gerade nicht dem europäischen Wettbewerbsrecht unterfallen: Fraglich ist nämlich, ob in solchen Fällen trotz der rein nationalen Bedeutung des Sachverhaltes der Zuständigkeitsbereich des EuGH eröffnet sein kann. Abschließend wird in einem letzten Kapitel das Verhältnis des europäischen zum nationalen Wettbewerbsrecht analysiert, da nur nach einer Klärung dieses Verhältnisses überhaupt beurteilt werden kann, ob zukünftig tatsächlich Raum für eine rein nationale wettbewerbsrechtliche Beurteilung horizontaler Kooperationen im Rahmen des § 3 GWB bleibt. Entscheidendes zu untersuchendes Kriterium ist hier die Spürbarkeit der Beeinträchtigung des zwischenstaatlichen Handels.

Erst wenn diese Vorfragen geklärt sind kann in einem zweiten Teil der Arbeit (Teil 2) § 3 GWB und die europarechtsorientierte Neubewertung horizontaler Kooperationen erforscht werden. Hierbei sind zunächst solche Kooperationen herauszufiltern, die als kartellfrei eingestuft werden, nicht unter das Kartellverbot fallen und folglich auch keiner Freistellung bedürfen. Die Frage der Spürbarkeit der Wettbewerbsbeeinträchtigung steht dabei im Mittelpunkt der Untersuchung. In einem weiteren Zwischenschritt gilt es die Bedeutung und die Aussagen der Leitlinien der Kommission zur Anwendbarkeit von Art. 81 EG auf horizontale Kooperationen herauszuarbeiten. Bereits hier können durchaus weitere Kooperationen vom strikten Verbot des § 1 GWB bzw. des Art. 81 Abs. 1 EG ausgenommen werden. Erst dann kann sich dem Schwerpunkt dieser Arbeit zugewandt und der Freistellungstatbestand des § 3 GWB umfassend und genau untersucht werden.

Teil 1

Vorfragen einer europarechtsorientierten Neubewertung horizontaler Kooperationen im GWB nach der 7. GWB-Novelle

Der erste Teil dieser Arbeit befasst sich mit den Hintergründen einer europarechtsorientierten Neubewertung horizontaler Kooperationen nach der 7. GWB Novelle. Voranzustellen ist dabei eine Darstellung der Neuausrichtung des europäischen Wettbewerbsrechtes. Beides ist nur im Kontext zu erörtern, da eine eigenständige, vom europäischen Recht losgelöste nationale Kartellrechtsentwicklung nicht mehr vorstellbar ist. Bevor beurteilt werden kann, ob und wenn ja, in welchem Ausmaß sich kleine und mittelständische, rein regional tätige Unternehmen auf die Notwendigkeit einer europarechtsorientierten Neubewertung ihrer horizontalen Kooperationsmöglichkeiten einstellen müssen und wieweit noch eine Freistellung als Mittelstandskartell möglich sein wird, sind die beiden grundlegenden Reformen im europäischen und deutschen Wettbewerbsrecht, die jeweils zu einem Systemwechsel geführt haben, umfassend zu untersuchen. Im ersten Kapitel wird daher zunächst der Systemwechsel im europäischen Wettbewerbsrecht beleuchtet. Das zweite Kapitel soll einen Überblick verschaffen über die Reform des deutschen Kartellrechts durch die 7. GWB-Novelle. Abgeschlossen wird dieser erste Teil der Arbeit mit einer Untersuchung des schwierigen Verhältnisses des europäischen zum deutschen Wettbewerbsrecht[1] und der Frage nach einem verbliebenen Anwendungsbereich einer eigenständigen nationalen Regelung.

---

[1] In dieser Arbeit wird nicht zwischen dem (europarechtlichen) Begriff *Wettbewerbsrecht* und dem (deutschen) Begriff *Kartellrecht* differenziert, vielmehr werden beide Begriffe synonym verwendet. Gleiches gilt auch für die Begriffe Vereinbarung, Kooperation, Zusammenarbeit und Absprache. Auch diese Begriffe werden im Folgenden als Synonyma benutzt.

Kapitel 1

Der Systemwechsel im europäischen Wettbewerbsrecht

Da das deutsche Kartellrecht in vielfältiger und enger Beziehung zum europäischen Wettbewerbsrecht steht und die neueste Reform des deutschen Gesetzes gegen Wettbewerbsbeschränkungen nahezu ausschließlich durch europäische Vorgaben motiviert ist, ist zunächst das europäische Recht und die den dortigen Systemwechsel herbeiführende, neue Durchführungsverordnung VO 1/2003 zu erörtern. Nur so sind die 7. GWB-Novelle und ihre im Anschluss darzustellenden Auswirkungen auf kleine und mittelständische Unternehmen richtig zu verorten und zu beurteilen.

Das europäische Wettbewerbsrecht dient dem Ziel, ein System, „das den Wettbewerb innerhalb des Binnenmarktes vor Verfälschungen schützt“[2], zu erschaffen. Dieses Ziel wiederum ist Teil der in Art. 2 EG festgeschriebenen Aufgabe der europäischen Gemeinschaft, einen Gemeinsamen Markt und eine Wirtschafts- und Währungsunion zu errichten, um „in der ganzen Gemeinschaft eine harmonische, ausgewogene und nachhaltige Entwicklung des Wirtschaftslebens [...] einen hohen Grad von Wettbewerbsfähigkeit und Konvergenz der Wirtschaftsleistungen [...]“[3] zu fördern. Zwei Hindernisse gilt es dabei auf dem Weg zu einem System des unverfälschten Wettbewerbs grundsätzlich zu beseitigen: Einerseits sind staatliche Beihilfen und sonstige staatliche Interventionen zu kontrollieren bzw. ganz zu untersagen. Entsprechende Regelungen sind in Art. 87 ff. EG enthalten.[4] Andererseits aber droht eine Verfälschung des Wettbewerbs auch und gerade durch die Wirtschaftsteilnehmer selbst, die – wie auch im deutschen Recht – durch entsprechende Vereinbarungen i. w. S. den Wettbewerb als unkontrollierbare Kontrollinstanz des Marktes auszuschalten trachten, um so eigene Gewinne zu maximieren. Hinzu kommt im europäischen Recht, dass das gemeinschaftsrechtliche Ziel, einen Gemeinsamen Markt herzustellen, scheitern würde, wenn allein staatliche Beschränkungen abgebaut werden würden, es dagegen Privaten erlaubt bliebe, eigene Marktaufteilungen an deren Stelle zu setzen. Die Artt. 81 und 82 EG dienen dazu, dieser, neben staatlicher Intervention zweiten Gefahr für

---

[2] Art. 3 Abs. 1 lit. g) EG. s. ausführlich zur Bedeutung des unverfälschten Wettbewerbs im Binnenmarkt: *Mestmäcker/Schweitzer,* Europäisches Wettbewerbsrecht (2004), § 2. Nicht weiter vertieft werden kann in dieser Arbeit die Frage, ob durch den auf dem EU-Gipfel in Heiligendamm im Juni 2007 beschlossenen Verzicht auf das Ziel des unverfälschten Wettbewerbs eine Veränderung der europäischen Wettbewerbspolitik eintreten wird oder nicht (vgl. *Stabenow (now.),* Kompromiss im Streit um EU-Wettbewerbspolitik, in: Frankfurter Allgemeine Zeitung (23.06.2007), 9).

[3] Art. 2 EG.

[4] Es sei hierzu auf die Kommentarliteratur zu Art. 87 ff. EG verwiesen.

ein unverfälschtes Wettbewerbssystem, vor allem aber auch für die Erschaffung eines Gemeinsamen Marktes einen Riegel vorzuschieben, um „den vom Vertrag angestrebten, wettbewerblich organisierten Binnenmarkt gegen Beschränkungen seitens der Wirtschaftsteilnehmer zu schützen.“[5]

Im Folgenden soll ein kurzer Überblick (Abschnitt A.) über die grundsätzliche materielle Ausgestaltung des europäischen Wettbewerbsrechtes mit Ausnahme des Fusionskontrollrechtes, das grundsätzlich unverändert geblieben und daher hier nicht weiter von Interesse ist, als Hintergrundinformation genügen, während anschließend (Abschnitt B.) die epochalen[6] Neuerungen hinsichtlich der Durchsetzung des europäischen Kartellrechts durch die VO 1/2003[7] ausführlicher darzustellen und zu bewerten sind. Schließlich sind sowohl die Bedeutung der Gruppenfreistellungsverordnungen (Abschnitt C.) als auch die Rechtswirkungen der in diesem Kontext nicht mehr hinwegzudenkenden Leitlinien und Bekanntmachungen der Kommission (Abschnitt D.) zu untersuchen, da sie eine der wichtigsten Auslegungshilfen des europäischen Rechts darstellen.

A. Das materielle Wettbewerbsrecht des EG in seinen Grundzügen

I. Grundlagen

Grundlage der europäischen Wettbewerbsordnung ist der Vertrag zur Gründung der Europäischen Gemeinschaften vom 25.03.1957, der mit seinen Artt. 85 und 86 EGV (= Artt. 81 f. EG) bereits von Anbeginn des eu-

---

5 *Emmerich,* Kartellrecht (2006), § 3 Rn. 4.

6 Es ist schon die Frage umstritten, ob den Neuerungen, die die VO 1/2003 mit sich brachte, epochale Bedeutung zuzumessen ist (so sprechen bspw. *Wils,* Principles, S. V, von „*far-reaching changes*“ und *v. Bogdandy/Buchhold,* Dezentralisierung, GRUR 2001, 798, 800, von „*Revolution*“), oder nicht (so bspw. *Schütz,* in: GK (2004), VO 1/03, Einführung, S. 6, Tz. 8 und S. 18 ff., Tz. 37 ff.). Zu beachten ist dabei jedoch auch, dass sich solche Zitate auf verschiedene Fassungen der VO 1/2003 (Weißbuch – Entwurf – Endfassung) beziehen. Aber auch wenn es nicht zu einem Wechsel hin zu einer bloßen Missbrauchskontrolle im Rahmen des Art. 81 Abs. 3 gekommen ist – was gerade im deutschen Schrifttum angesichts missdeutiger Formulierungen der Kommission in ihrem Weißbuch (*Europäische Kommission,* Weißbuch Modernisierung, dort insbes. Tz. 69 ff.) befürchtet wurde und was tatsächlich einen absoluten Paradigmenwechsel dargestellt hätte – so sind doch die tatsächlich verwirklichten Systemänderungen angesichts ihres Umfangs und ihrer Tragweite durchaus als epochal zu bezeichnen.

7 *Europäischer Rat,* Verordnung (EG) Nr. 1/2003 des Rates vom 16. Dezember 2002 zur Durchführung der in den Artikeln 81 und 82 des Vertrags niedergelegten Wettbewerbsregeln, (VO 1/2003), ABl. EG 2004 L 1/1.

ropäischen Zusammenwachsens der Regelung des innergemeinschaftlichen Wettbewerbs zentrale Bedeutung beigemessen hat. Allerdings war ursprünglich – da es an konkreten Zuständigkeits- und Verfahrensregelungen fehlte – zunächst unklar, ob die Artt. 85 und 86 EGV überhaupt self-executing sein sollten.[8] Der EuGH[9] bejahte diese ihm gestellte Frage schließlich, kurz nachdem am 13.03.1962 mit der Durchführungsverordnung Nr. 17/62[10] die entscheidende Verordnung vom Europäischen Rat erlassen worden war. Erst durch diese konnten die Wettbewerbsregeln „ihre volle Kraft entfalten“[11]. Durch diese Regelung wurde die Kommission mit weitreichenden Ermittlungs-, Verfahrens-, Entscheidungs- und Sanktionsbefugnissen ausgestattet, die es ihr ermöglichten, Zuwiderhandlungen gegen die Artt. 81 f. EG zu unterbinden. Klargestellt wurde auch, dass erst mittels einer konstitutiven Freistellungsentscheidung durch die Kommission Unternehmen in den Vorzug der Freistellungsmöglichkeit des Art. 81 Abs. 3 EG gelangen konnten. Den Artt. 81 Abs. 1 und Abs. 2 und 82 EG sollte dagegen unmittelbare Geltung zukommen.

II. Die Regelung des Art. 81 EG im Überblick

1. Grundsatz des Art. 81 EG: Verbot und Nichtigkeit wettbewerbsbeschränkender Vereinbarungen

Art 81 Abs. 1 EG verbietet alle wettbewerbseinschränkenden und -verfälschenden Absprachen und Vereinbarungen zwischen Unternehmen, Beschlüsse von Unternehmensvereinigungen und aufeinander abgestimmte Verhaltensweisen, die den Handel zwischen Mitgliedstaaten zu beeinträchtigen geeignet sind und die eine Verhinderung, Einschränkung oder Verfälschung des Wettbewerbs innerhalb des Gemeinsamen Marktes bezwecken oder bewirken. Erfasst sind im europäischen Wettbewerbsrecht, worauf später noch ausführlich einzugehen sein wird, damit seit je her in ein und demselben Tatbestand sowohl horizontale als auch vertikale Wettbewerbsbeschränkungen. Eine Wettbewerbsbeschränkung ist in der Einschränkung oder gar dem Ausschluss der wirtschaftlichen Handlungsfreiheit der Marktbeteiligten zu sehen. In Art. 81 Abs. 1 lit. a–e) EG sind eine Reihe von Regelbeispielen aufgeführt, bei denen eine solche unerwünschte Auswirkung auf den Wettbewerb indiziert ist.

---

[8] Vgl. *Mestmäcker,* Europäisches Wettbewerbsrecht (1974), § 1, Rn. 15; *Spengler,* Abgrenzung, WuW 1958, 461.

[9] *EuGH,* 06.04.1962, Az.: 13/61 – Bosch/De Geus, Slg. 1962, 97,

[10] *Europäischer Rat,* Verordnung Nr. 17: Erste Durchführungsverordnung zu den Artikeln 85 und 86 des Vertrages, (VO 17/62), ABl. 1962/13/204.

[11] Vgl. *Emmerich,* Kartellrecht (2001), S. 379.

Da hier zwar nur eine kurze, aber gleichwohl möglichst vollständige Skizze des materiellen Rechts gezeichnet werden soll, sei in diesem Zusammenhang auch die sog. rule of reason angesprochen, eine Ausnahme vom Kartellverbot, die bereits bei den Voraussetzungen des Abs. 1 des Art. 81 EG und nicht erst bei dessen Abs. 3 ansetzt:[12] Der EuGH hat bereits in der Entscheidung Maschinenbau Ulm[13] ausgeführt, dass

> „das Vorliegen einer Wettbewerbsstörung [...] vor allem dann zweifelhaft erscheinen [kann], wenn sich die Vereinbarung gerade für das Eindringen eines Unternehmens in ein Gebiet, in dem es bisher nicht tätig war, als notwendig erweist".

Aufbauend auf dieser Entscheidung hat der EuGH in verschiedenen Situationen eine Abwägung zwischen positiven und negativen Aspekten eines eigentlich wettbewerbsbeschränkenden Verhaltens vorgenommen, ohne sich indes eindeutig begrifflich oder auch nur tatsächlich auf die rule of reason nach US-amerikanischem Vorbild festzulegen.[14] Während demnach für das Eingreifen des Art. 81 Abs. 3 EG ein Wettbewerbsverstoß erforderlich ist, damit dann als Ausnahme von der regelmäßigen Verbotsfolge des Art. 81 Abs. 1 EG die Freistellungsvoraussetzungen des Abs. 3 geprüft werden können, wird mittels des hier beschriebenen Prinzips bereits auf der Tatbestandsebene des Abs. 1 das Vorliegen eines grundsätzlich zu sanktionierenden[15] Wettbewerbsverstoßes an sich verneint. Die Zulässigkeit einer solchen bei Art. 81 Abs. 1 EG ansetzenden Ausnahmeregelung wird insbesondere im Hinblick auf das etwas unklare Verhältnis zu Abs. 3 in Frage gestellt.[16] Das EuG schloss bislang explizit die Anwendung einer rule of reason aus[17], forderte aber zuletzt gleichwohl eine Prüfung der wirtschaft-

---

[12] Zum aus dem US-amerikanischen Antitrustrecht stammenden Institut der rule of reason ausführlich: *Ackermann,* Rule of reason; s. bspw. auch *Esch,* Stellenwert, WuW 1988, 563, 569, der sich statt des verwendeten Begriffs, für den Begriff „Realitätsmaxime" ausspricht; ähnlich *Schmitz,* Rule of Reason, WuW 2002, 6, 9 f. m. w. N.; *Schweizer,* Safe harbours, S. 57 ff.; *Mestmäcker/Schweitzer,* Europäisches Wettbewerbsrecht (2004), § 7, Rn. 56 ff.

[13] *EuGH,* 30.06.1966, Az.: 56/65 – Maschinenbau Ulm, Slg. 1966, 282, 303.

[14] Vgl. ausführlich und m. w. N. *Schmitz,* Rule of Reason, WuW 2002, 6; *Schütz,* in: GK (2004), VO 1/03, Art. 1, Rn. 9 ff.; s. auch *Fleischer/Körber,* Einfluss, WuW 2001, 6, 8 f.; *Amato/Gonzalez-Diaz,* in: Loewenheim, EG-Wbr. (2005), Art. 81, Rn. 139.

[15] Eine Ausnahme wäre dann nur über Abs. 3 des Art. 81 EG möglich.

[16] Vgl. einerseits *Emmerich,* in: Immenga/Mestmäcker, WbR-EG (2007), Art. 81 Abs. 1, Rn. 246–250; dagegen positiver: *Schmitz,* Rule of Reason, WuW 2002, 6, 9; differenzierend *Schütz,* in: GK (2004), VO 1/03, Art. 1, Rn. 9 ff.; *Mestmäcker/Schweitzer,* Europäisches Wettbewerbsrecht (2004), § 7, Rn. 54 ff., jeweils m. z. N.

[17] Vgl. zuletzt *EuG,* 02.05.2006, Az.: T-328/03 – O2, Slg. 2006, II-01231, Tz. 69; *EuG,* 23.10.2003, Az.: T-65/98 – Van den Bergh Foods, Slg. 2003, II-04653, Tz. 106 f.; s. *Amato/Gonzalez-Diaz,* in: Loewenheim, EG-Wbr. (2005), Art. 81, Rn. 136 ff.

lichen Zusammenhänge, in denen die Unternehmen tätig sind, die von der Vereinbarung erfassten Erzeugnisse oder Dienstleistungen sowie die Struktur des betreffenden Marktes und die auf diesem bestehenden tatsächlichen Bedingungen bereits im Rahmen der Prüfung des Art. 81 Abs. 1 EG.[18] Die Kommission hat ebenfalls für bestimmte Konstellationen auf die skizzierte Ausnahmeregelung zurückgegriffen.[19]

Folge eines Verstoßes gegen das Verbot des Art. 81 Abs. 1 EG ist gem. Art 81 Abs. 2 EG die absolute, nicht an behördliche oder gerichtliche Entscheidungen gebundene Nichtigkeit der entsprechenden Vereinbarung und der ggfs. zu deren Ergänzung, Absicherung und Durchführung abgeschlossener Zusatzvereinbarungen; einzig Folgeverträge mit Dritten bleiben unberührt.[20] Da die Nichtigkeit – im Übrigen die einzige direkt den Wettbewerbsregeln des EG zu entnehmende zivilrechtliche Folge eines Verstoßes gegen das europäische Wettbewerbsrecht – unmittelbar durch Primärrecht angeordnet wird, ist sie u. a. auch von mitgliedstaatlichen Gerichten von Amts wegen zu beachten.[21] Anders als bei Art. 82 EG[22] bedarf es also keines Rückgriffs auf nationales Recht (in Deutschland: § 134 BGB), um in zivilrechtlichen Streitigkeiten diese Nichtigkeitsfolge zu begründen.[23] Die Frage der zivilrechtlichen Wirksamkeit von abtrennbaren, weiteren Vertragsbestandteilen wird dabei allerdings wiederum nur nach dem jeweiligen mitgliedstaatlichen Recht beantwortet.[24]

---

[18] *EuG,* 02.05.2006, Az.: T-328/03 – O2, Slg. 2006, II-01231, Tz. 66. Dazu ausführlich *Leupold/Weidenbach,* Verhältnis, WuW 2006, 1003, 1009 f., der zu Recht darauf hinweist, dass hierin kein Widerspruch gesehen werden muss. Ähnlich differenziert – allerdings im Kontext der Diskussion um die Horizontal-Leitlinien der Kommission (*Europäische Kommission,* Leitlinien zur Anwendbarkeit von Artikel 81 EG-Vertrag auf Vereinbarungen über horizontale Zusammenarbeit, (Horizontal-Leitlinien), ABl. 2001/C 3/2) – auch *Schweizer,* Safe harbours, 57 ff. (61).

[19] Bsp.: Arbeitsgemeinschaften (*Europäische Kommission,* 24.10.1988, Az.: 88/568/EWG – Euro-Tunnel, ABl. 1988/L 311/36), Handelsvertreterverträge (vgl. *Europäische Kommission,* Leitlinien für vertikaler Beschränkungen, (Vertikal-Leitlinien), ABl. 2000/C 291/01*),* Unternehmensveräußerungsverträge (*EuGH,* 11.07. 1985, Az.: 42/84 – Remia, Slg. 1985, 2545).

[20] Vgl. *de Bronett,* in: Schröter, EG-WbR (2003), Rn. 239.; *Mestmäcker/Schweitzer,* Europäisches Wettbewerbsrecht (2004), § 22, Rn. 17 ff.

[21] Die absolute und damit auch zivilrechtlich bindende Wirkung des Art. 81 Abs. 2 EG wurde ausdrücklich klargestellt in *EuGH,* 25.11.1971, Az.: 22/71 – Béguelin, Slg. 1971, 949, 962.

[22] s. hierzu unten, Teil 1, Kap. 1, A. III.

[23] *Schmidt,* Karsten, in: Immenga/Mestmäcker, EG-WbR (1997–2001), Art. 85 Abs. 2, Kap. B.), Rn. 19.

[24] Vgl. *EuGH,* 30.06.1966, Az.: 56/65 – Maschinenbau Ulm, Slg. 1966, 282, 304; *EuGH,* 14.12.1983, Az.: 319/82 – Kerpen & Kerpen, Slg. 1983, 4173, 4183 f., Tz. 11 f. Die Frage der Abtrennbarkeit ist indes eine gemeinschaftsrechtliche Frage, vgl. bspw. *EuGH,* 28.02.1991, Az.: C-234/89 – Delimitis, Slg. 1991, I-00935,

Im Hinblick auf die zivilrechtliche Geltendmachung von Ansprüchen aus entsprechend wettbewerbswidrigen Vereinbarungen bedeutet diese Nichtigkeitsfolge grundsätzlich, dass weder Primär- noch Sekundäransprüche (beispielsweise Schadensersatzansprüche wegen Nichteinhaltung der wettbewerbswidrigen Vereinbarung) durchgesetzt werden können,[25] die Vereinbarung auch gegenüber den Vertragspartnern mit Wirkung ex tunc keinerlei Rechtswirkung entfaltet.[26]

2. *Die Freistellungsmöglichkeit des Art. 81 Abs. 3 EG*

Ganz generell, und ohne der Darstellung der Feinheiten der früheren und der aktuellen Durchführungsverordnung vorzugreifen, ist festzuhalten, dass bereits im Primärrecht die Möglichkeit einer Freistellung bestimmter (wettbewerbsbeschränkender) Maßnahmen i. w. S. vom grundsätzlichen Verbot des Art. 81 Abs. 1 EG vorgesehen ist. In Absatz 3 wird ausdrücklich anerkannt, dass beschränkende Vereinbarungen wirtschaftliche Vorteile bewirken können, die die negativen Auswirkungen der Wettbewerbsbeschränkungen kompensieren. Vier Bedingungen müssen kumulativ erfüllt sein: a) Die Vereinbarung muss zur Verbesserung der Warenerzeugung oder -verteilung oder zur Förderung des technischen oder wirtschaftlichen Fortschritts beitragen; b) die Verbraucher müssen eine angemessene Beteiligung an dem entstehenden Gewinn erhalten; c) die Beschränkungen müssen für die Verwirklichung dieser Ziele unerlässlich sein, und schließlich d) darf die Vereinbarung den Parteien nicht die Möglichkeit eröffnen, für einen wesentlichen Teil der betreffenden Waren den Wettbewerb auszuschalten. Liegen diese Voraussetzungen vor, so ist grundsätzlich davon auszugehen, dass die negativen Auswirkungen der Wettbewerbsbeschränkung hinreichend kompensiert werden, sodass das scharfe Schwert des Verbotes der Maßnahme gem.

Tz. 40. s. ferner zu der nach nationalem Recht zu beantwortenden Frage nach der Teilnichtigkeit und ihrer Folgen, insbesondere auch zu salvatorischen Klauseln und dem insoweit grundlegenden Urteil des *BGH,* 08.02.1994, Az.: KZR 2/93 – Pronuptia II, WuW/E BGH 2989,: *Mestmäcker/Schweitzer,* Europäisches Wettbewerbsrecht (2004), § 22, Rn. 9 ff.

[25] Vgl. nur *Mestmäcker/Schweitzer,* Europäisches Wettbewerbsrecht (2004), § 22, Rn. 31. Für das deutsche Recht stellt sich die umstrittene Frage, ob über §§ 280 Abs. 1, 241 Abs. 2, 311 BGB wenigstens Schadensersatzansprüche wegen Nebenpflichtverletzung bestehen, vgl. *Klees,* Kartellverfahrensrecht, § 8, Fn. 27; *Eilmansberger,* in: Streinz, EU/EG (2003), Rn. 102; *Schmidt,* Karsten, in: Immenga/Mestmäcker, EG-WbR (1997–2001), Art. 85 Abs. 2, Kap. C.), Rn. 73.

[26] Grundlegend: *EuGH,* 06.02.1973, Az.: C-48/72 – Brasserie de Haecht II, Slg. 1973, 77, 87, 89, Tz. 10/13/24 ff. In Zivilprozessen geltend gemachte, hierauf gestützte Einwendungen sind Paradefälle der sog. euro-defence, in denen kartellmüde Kartellanten das Wettbewerbsrecht als Schild gegen ihre vormaligen Vertragspartner benutzen.

Art. 81 Abs. 1 EG nicht zum Einsatz kommt. Die Kommission hat versucht, die einzelnen Kriterien des Art. 81 Abs. 3 EG anhand von Leitlinien zu konkretisieren.[27]

Eine andere, sogleich zu behandelnde Frage[28] ist, ob bereits durch das Vorliegen der Voraussetzungen des Art. 81 Abs. 3 EG eine Befreiung vom Kartellverbot des Abs. 1 gleichsam automatisch eintritt (sog. Legalausnahmesystem) oder ob es einer Entscheidung einer hierzu berufenen Instanz bedarf (Anmelde-, Genehmigungssystem).

Unabhängig von dieser Problematik des anzuwendenden (Einzel-)Freistellungssystems besteht gemäß Art. 81 Abs. 3 EG auch die Möglichkeit, im Wege abstrakt-genereller Regelungen in Gestalt einer Verordnung (sog. Gruppenfreistellungsverordnungen, kurz: GVO) ganze Gruppen von bestimmten Vereinbarungsarten bzw. bestimmter Wirtschaftsbereiche vom Verbot des Art. 81 Abs 3 EG gleichsam pauschal freizustellen.[29] Diesen Verordnungen, zu deren Erlass die Kommission erstmals durch die Ratsverordnung Nr. 19/65 vom 02.03.1965 ermächtigt wurde, kommen als Gesetze im materiellen Sinn grundsätzlich Bindungswirkung gegenüber den Behörden und Gerichten der Mitgliedstaaten zu; die Frage, wie sich die Gruppenfreistellungsverordnungen in das nun eingeführte System der Legalausnahme einfügen, wird dabei jedoch noch genauer zu erörtern sein.[30] Erfüllt eine grundsätzlich i. S. d. Art. 81 Abs. 1 EG wettbewerbsbeschränkende Vereinbarung die Voraussetzungen der jeweils einschlägigen GVO, so ist sie rechtmäßig und wirksam, und unterliegt nicht dem Verbot des Art. 81 Abs. 1 EG.[31] Die Zahl solcher Gruppenfreistellungsverordnungen ist seit 1962 kontinuierlich gestiegen, da die Kommission, die aufgrund Art. 9 Abs. 1 der (bisher geltenden) Durchführungsverordnung VO 17/62 ausschließlich für Art. 81 Abs. 3 EG und damit auch für entsprechende Einzel-Freistellungsanträge zuständig war, auf diese Weise die große Masse an entsprechenden Anträgen zu bündeln und zu regeln versuchte.[32] Beispiel-

[27] *Europäische Kommission,* Leitlinien zur Anwendung von Artikel 81 Absatz 3 EG-Vertrag, (Leitlinien zu Art. 81 Abs. 3), ABl. 2004/C 101/97. Vgl. ausführlich zu den Leitlinien und Bekanntmachungen der Kommission Teil 2, Kap. 1, D. und Teil 1, Kap. 2, A. III.

[28] Teil 1, Kap. 1, B. I.

[29] Ausführlich und grundlegend zu Gruppenfreistellungsverordnungen: *Veelken,* in: Immenga/Mestmäcker, WbR-EG (2007), GFVO.

[30] s. u., Teil 1, Kap. 1, C.

[31] Vgl. *EuGH,* 18.12.1986 – VAG France/Magne, Slg. 1986, 4071, 4087 Tz. 10 f.

[32] *Emmerich,* Kartellrecht (2001), S. 379 und 381 ff. s. dort auch zur Kritik am Institut der Gruppenfreistellung bzw. dessen häufiger Verwendung durch die Kommission. Kritisch bspw. auch *Bechtold,* Durchsetzung, ZHR 1996, 660, 666. Hauptkritikpunkte sind die vielfältigen Überschneidungen der einzelnen GVOen, die teilweise

haft[33] seien die VO Nr. 2658/00[34] über Spezialisierungsvereinbarungen, die VO Nr. 2659/00[35] über Forschungs- und Entwicklungsvereinbarungen, die aufgrund ihres sehr weiten Anwendungsbereiches besonders hervorzuhebende VO Nr. 2790/99[36] über die Anwendung von Art. 81 Abs. 3 EG auf Gruppen von vertikalen Vereinbarungen und aufeinander abgestimmten Verhaltensweisen und die Gruppenfreistellungsverordnungen für Technologietransfer-Vereinbarungen (VO Nr. 772/2004)[37] genannt, auf die teilweise noch ausführlicher einzugehen sein wird.

III. Das Missbrauchsverbot des Art. 82 EG

Wie das deutsche (vgl. § 19 GWB) sieht auch das europäische Wettbewerbsrecht nicht nur für wettbewerbsbeschränkende Kooperationsstrategien der Marktbeteiligten (s. Art. 81 EG), sondern auch für Konfrontations-

---

vorhandenen großen Lücken, vorallem aber auch die mangelnde Flexibilität und das „Alles-oder-Nichts"-Prinzip, das dazu führt, dass bereits eine einzige mit der jeweiligen GVO unvereinbare Klausel zur Versagung des Freistellungsprivilegs führt, daher auch wirtschaftlich unsinnige Klauseln übernommen werden müssen (sog. „Zwangsjackeneffekt"). Zu beachten ist jedoch, dass dieser Zwangsjackeneffekt bei den GVOen neuen Typs (bspw. VO 2790/1999; VO 2658/2000) grundsätzlich etwas zurücktritt aufgrund einer mehr wirtschaftlichen, insbesondere an Marktanteilsschwellen orientierten Beurteilungsmethode. Die Kfz-Vertriebs-VO (*Europäische Kommission,* Verordnung (EG) Nr. 1400/2002 der Kommission vom 31. Juli 2002 über die Anwendung von Artikel 81 Absatz 3 des Vertrags auf Gruppen von vertikalen Vereinbarungen und aufeinander abgestimmten Verhaltensweisen im Kraftfahrzeugsektor, (GVO Kfz-Vertrieb (VO 1400/2002)), ABl. 2002/L 203/30) kann dagegen aufgrund der Festlegungspflicht auf entweder Selektiv- oder Exklusivvertrieb durchaus (Zwangsjackeneffekte bewirken (vgl. *Schütz,* in: GK (2004), VO 1/03, Einf., Rn. 28 a. E.).

[33] Die Gruppenfreistellungsverordnungen der Kommission sind im Internet aufgeführt unter http://europa.eu.int/comm/competition/antitrust/legislation (Letzter Abruf: 10.11.2008). Weiterführend zu den GVO *Veelken,* in: Immenga/Mestmäcker, WbR-EG (2007), GFVO, Kap. A) Rn. 1 ff.; *Liebscher/Flohr,* EU-Gruppenfreistellungsverordnungen.

[34] *Europäische Kommission,* VO (EG) Nr. 2658/2000 über die Anwendung von Art. 81 Abs. 3 des Vertrages auf Gruppen von Spezialisierungsvereinbarungen, (GVO Spezialisierung (VO 2658/2000)), ABl. 2000/L 304/3.

[35] *Europäische Kommission,* VO (EG) Nr. 2659/2000 über die Anwendung von Art. 81 Abs. 3 des Vertrages auf Gruppen von Vereinbarungen über Forschung und Entwicklung, (GVO FuE (VO 2659/2000)), ABl. 2000/L 304/7.

[36] *Europäische Kommission,* VO (EG) Nr. 2790/1999 über die Anwendung von Art. 81 Abs. 3 auf Gruppen von vertikalen Vereinbarungen und aufeinander abgestimmten Verhaltensweisen, (GVO-Vertikal (VO 2790/1999)), ABl. 1999/L 336/21.

[37] *Europäische Kommission,* Verordnung (EG) Nr. 772/2004 der Kommission vom 27. April 2004 über die Anwendung von Artikel 81 Absatz 3 EG-Vertrag auf Gruppen von Technologietransfer-Vereinbarungen, (GVO Technologietransfer (VO 772/2004)), ABl. 2004/L 123/11.

strategien (Missbrauch marktbeherrschender Stellung) eine eigenständige Regelung vor.[38] Die unmittelbar anwendbare Vorschrift des Art. 82 EG verbietet die missbräuchliche Ausnutzung einer beherrschenden Stellung auf dem Gemeinsamen Markt oder auf einem wesentlichen Teil desselben, soweit darin eine Beeinträchtigung des intra-nationalen Handels der Mitgliedstaaten liegen kann, wobei die abstrakte Gefahr einer negativen Auswirkung auf andere Mitgliedstaaten genügt. Beispielhaft, indes nicht abschließend, sind in Art. 82 Satz 2 EG Verhaltensweisen aufgeführt, die einen solchen Missbrauch darstellen können. Die Frage, ob grundsätzlich zwischen der marktbeherrschenden Stellung und der missbräuchlichen Verhaltensweise ein ursächlicher Zusammenhang bestehen muss, wurde vom EuGH[39] früher verneint, später jedoch bejaht[40], spielt in der Praxis aber wohl auch keine Rolle.[41] Unmittelbar gemeinschaftsrechtlich begründete Folge eines Verstoßes gegen das Missbrauchsverbot des Art. 82 EG ist nur das Verbot entsprechender Vereinbarungen, nicht aber deren Nichtigkeit. Die zivilrechtliche Nichtigkeitsfolge ist nur über das nationale Recht herbeiführbar (im deutschen Recht über die Einstufung des Art. 82 als Verbotsgesetz i. S. d. § 134 BGB), aus dem EG selbst lassen sich mangels expliziter Regelung – anders als bei Art. 81 Abs. 2 – keine entsprechenden zivilrechtlichen Folgen ableiten.[42] Der EuGH hat dabei in der Rechtssache Ahmed Saeed Flugreisen[43] klargestellt, dass nationale Gerichte Art. 82 EG eigenständig und uneingeschränkt anwenden können.

IV. Räumlicher und sachlicher Geltungsbereich des europäischen Wettbewerbsrechtes und das Auswirkungsprinzip

Der *räumliche* Geltungsbereich bezieht sich gem. Art. 299 EG auf das gesamte Gebiet der Mitgliedstaaten der EU. Der sachliche Geltungsbereich

---

38 Allerdings sind die nationalen Regelungen mit den in §§ 20 f. GWB enthaltenen Diskriminierungs- und Boykottverboten, die sich auch an relativ marktbeherrschende (§ 20) bzw. an alle (§ 21) Unternehmen richten, ein schärferes Schwert gegen wettbewerbsbeschränkende Konfrontationsstrategien.

39 Vgl. *EuGH,* 21.02.1973, Az.: 6/72 – Continental Can, Slg. 1973, 215, Tz. 27; *EuGH,* 13.02.1979, Az.: 85/76 – Hoffmann-La Roche, Slg. 1979, 461, Tz. 91; so auch *de Bronett,* in: Wiedemann, Hdb. KartellR. (1999), § 22, Rn. 99; *Möschel* in: Immenga/Mestmäcker, EG-WbR (1997–2001), Art. 86, Kap. B.), Rn. 122 ff.; *Emmerich,* Kartellrecht (2001), S. 437 f., jeweils m. w. N.

40 *EuGH,* 14.11.1996, Az.: C-333/94 P – Tetra Pak II, Slg. 1996, I-6007, Tz. 27.

41 *de Bronett,* in: Wiedemann, Hdb. KartellR. (1999), § 22, Rn. 99.

42 s. hierzu *Weyer,* Gemeinschaftliches Verbot, ZEuP 1999, 424, 436; *Möschel,* in: Immenga/Mestmäcker, EG-WbR (1997–2001), Art. 86, Kap. A.), Rn. 26 f.; *Bechtold,* Durchsetzung, ZHR 1996, 660, 661 m. w. N. in Fn. 3.

43 *EuGH,* 11.04.1989, Az.: 66/86 – Ahmed Saeed, Slg. 1989, 803, 847.

des europäischen Wettbewerbsrechtes erstreckt sich auf alle Wirtschaftsbereiche, sofern der EG-Vertrag nicht etwas anderes bestimmt.[44] Über die VO Nr. 26/62[45] ist auch die Landwirtschaft, hinsichtlich der gemäß Art. 36 EG grundsätzlich Ausnahmeregelungen geschaffen werden können, grundsätzlich in den sachlichen Anwendungsbereich mit einbezogen; ebenso gelten die Art. 81 und 82 EG seit dem Auslaufen des EGKS-Vertrages am 23.07.2002 grundsätzlich uneingeschränkt auch für die Wirtschaftsbereiche Kohle und Stahl.[46]

Die Frage des internationalen Anwendungsbereiches wird nach nicht unumstrittener Ansicht der Kommission[47], der auch die Mehrheit in der Literatur folgt[48], mit der Anwendung des (reinen) Auswirkungsprinzips[49] beantwortet; damit werden sämtliche in Drittstaaten veranlasste Wettbewerbsbeschränkungen i. w. S. den Regeln des europäischen Wettbewerbsrechts unterworfen, wenn absehbar ist, dass sie sich auf den Wettbewerb im Gemeinsamen Markt unmittelbar und spürbar auswirken, unabhängig davon, ob die beschränkenden Maßnahmen selbst im Gemeinsamen Markt oder in den Drittstaaten durchgeführt werden. Der EuGH hat sich dem Auswirkungsprinzip angenähert[50], allerdings eine Beschränkung des internationalen Anwendungsbereiches auf solche wettbewerbsbeschränkenden Maßnahmen, die auch innerhalb des Gemeinsamen Marktes durchgeführt werden,

---

[44] *EuGH,* 30.04.1986, Az.: 209–213/84 – Asjes, Slg. 1986, 1425, Tz. 35–45; *EuGH,* 27.01.1987, Az.: 45/85 – Verband der Sachversicherer, Slg. 1987, 405, Tz. 13 f. Zu Ausnahmebereichen vgl. *Klees,* Kartellverfahrensrecht, § 1, Rn. 48 ff.; *Meessen,* in: Loewenheim, EG-Wbr. (2005), Rn. 107 ff.

[45] VO des Rates v. 20.04.1962 Nr. 26/62, ABl. L 30/993.

[46] Vgl. zum Auslaufen des EGKS-Vertrages *Obwexer,* Ende der Europäischen Gemeinschaft, EuZW 2002, 517.

[47] Vgl. *Europäische Kommission,* 29.11.1974, Az.: 74/634/EWG – Französisch-japanische Kugellager, ABl. 1974/L 343/9; *Europäische Kommission,* 17.10.1983, Az.: 83/546/EWG – Gußeisen- und Gußstahlwalzen, ABl. 1983/L 317/1.

[48] *Emmerich,* Kartellrecht (2001), S. 373 f.; *Emmerich,* in: Dauses, Handbuch (2006), H.I. § 1, Rn. 28 ff.; *Schödermeier,* Vermiedene Auswirkung, WuW 1989, 21; *Basedow,* Wirtschaftskollisionsrecht, RabelsZ 1988, 8; *Basedow,* Entwicklungslinien, NJW 1989, 627, 633 ff.; *Georgieff,* Anmerkung, GRUR Int. 1989, 671; *Hermanns,* Rechtsanwendung, S. 439; *Knebel,* Extraterritorialität, EuZW 1991, 265, 270 f.; *Schröter,* in: v. d. Groeben/Schwarze (Bd. 2) (2003), vor Art. 81 Rn. 58 ff.; *Mestmäcker/Schweitzer,* Europäisches Wettbewerbsrecht (2004), § 6; *Mestmäcker,* Staatliche Souveränität, RabelsZ 1988, 205; *Wiedemann,* in: Wiedemann, Hdb. KartellR. (1999), Einl., § 5, C, Rn. 9 m. w. N.; *Gippini-Fournier,* in: Loewenheim, EG-Wbr. (2005), Art. 81, Rn. 169 ff.

[49] Ebenso im deutschen Recht, dort allerdings ausdrücklich geregelt in § 130 Abs. 2 GWB.

[50] Vgl. insbesondere das grundlegende Urteil *EuGH,* 27.09.1988, Az.: 89/85 et.alt. – Zellstoff, Slg. 1988, 5193, Tz. 12 f.

vorgenommen, gleichzeitig dieses Kriterium durch eine weite Auslegung auch schon wieder relativiert.[51]

B. VO 1/2003 – Eine historische Neuorientierung des europäischen Wettbewerbsrechtes[52]

Dieser kurze Abriss über die wettbewerbsrechtlichen Grundlagen im europäischen Recht soll hier genügen. Für weitergehende Ausführungen zum hier nicht ausführlicher behandelten materiellen Recht kann und muss auf die einschlägige Kommentarliteratur verwiesen werden. Aus mehreren miteinander eng verbundenen Gründen ist es indes unausweichlich, sich nun eingehender mit der neuen VO 1/2003 zu befassen: Zum einen sind jetzt durch die Einführung des Systems der Legalausnahme im Rahmen der VO 1/2003 auch nationale Behörden, vor allem aber auch nationale Gerichte dazu berufen, vollumfänglich über die Konformität entsprechender Vereinbarungen mit dem europäischen Wettbewerbsrecht selbstständig zu entscheiden. Das frühere Freistellungsmonopol der Europäischen Kommission (Art. 9 Abs. 1 VO 17/62) und damit die relativ scharfe Abgrenzung der Zuständigkeiten entfällt. Dieses neue System muss erläutert sein, will man die unmittelbar darauf zurückzuführende Regelung des neuen § 2 GWB verstehen.

Zum anderen wird im deutschen Schrifttum im Hinblick auf die 7. GWB-Novelle die Ansicht vertreten, die in der VO 1/2003 enthaltenen Regelungen des unstreitig ausgeweiteten Vorrangs des europäischen zum nationalen Recht hätten dazu geführt, dass „es keinen Sinn gemacht hätte, im Bereich „unterhalb" dieser Zwischenstaatsklausel ein besonderes deutsches Kartellrecht aufrechtzuerhalten" und dass deshalb „die 7. GWB-Novelle nicht nur den Gleichklang mit Art. 81 EG im Bereich „oberhalb" der Zwischenstaatlichkeit angeordnet [hat], sondern – ohne Einschränkung – auch im Bereich darunter"[53].

I. Der „Systemwechsel" – die Einführung des Legalausnahmesystems[54]

Die Wettbewerbsregeln des Primärrechts (Art. 81 f. EG) sind zwar grundsätzlich self-executing – das steht spätestens seit der Entscheidung des

---

[51] Vgl. *Rehbinder,* in: Immenga/Mestmäcker, EG-WbR (1997–2001), Einl., Kap. E, Rn. 56 ff.

[52] Ausführlich zur VO 1/2003 bspw. die monographischen Darstellungen von *Schöler,* Kartellverfahrensrecht, und von *Zwiener,* Auswirkungen.

[53] *Bechtold/Buntscheck,* 7. GWB-Novelle, NJW 2005, 2966, 2966.

EuGH in Sachen De Geus/Bosch[55] unstreitig fest –, allerdings stellt sich im Hinblick auf Abs. 3 des Art. 81 EG die Frage, wie die betroffenen Unternehmen in den Vorzug des dort geregelten Freistellungsprivilegs vom Kartellverbot des Abs. 1 kommen können, ob also diese Freistellungsmöglichkeit ihrerseits ebenfalls self-executing[56] ist. Es wurde bereits auf das von der Kommission nicht zurückhaltend eingesetzte Institut der Gruppenfreistellungsverordnung hingewiesen: Grundsätzlich wettbewerbswidrige Maßnahmen oder Vereinbarungen sind bereits dann rechtmäßig und wirksam, wenn sie die Voraussetzungen der jeweiligen GVO erfüllen. Während an der alleinigen Kompetenz der Kommission zum Erlass solcher materiellen Gesetze in Gestalt der GVOen – und zwar immer nur auf der Grundlage einer Ratsverordnung (Art. 83 Abs. 2 lit. b) EG) – kein Zweifel besteht[57], ist dagegen hinsichtlich der Einzelfreistellungsmöglichkeit des Abs. 3 jedenfalls nicht offensichtlich, welches „System" hier anzuwenden ist. Ob eine eindeutige Festlegung des Primärrechtes auf ein administratives Freistellungssystem – bei dem nur aufgrund einer konstitutiven Entscheidung der Kommission das Freistellungsprivileg gewährt wird, nicht ausdrücklich genehmigte Vereinbarungen also stets gegen Art. 81 Abs. 1 EG verstoßen (sog. Anmelde- und Genehmigungssystem) – besteht oder ob unter Berücksichtigung der historischen Entwicklung des Abs. 3 des Art. 81 EG eine solche Festlegung gerade nicht erfolgt ist, soll hier nicht entschieden werden; vielmehr ist bei der nachfolgenden Darstellung vom status quo auszugehen, ohne Rücksicht auf die Frage nach der Vereinbarkeit der VO 1/2003 mit dem Primärrecht:[58]

---

[54] Die Zahl der schon im Vorfeld zum, aber auch noch nach dem Erlass der VO 1/2003 beigesteuerten Diskussionsbeiträge ist unüberschaubar. Einige Befürchtungen, die noch zum Weißbuch der VO vorgetragen wurden, haben sich nicht bewahrheitet – so ist bspw. mit der Endfassung der VO nicht mehr nur ein reines Missbrauchssystem installiert worden (vgl. *Europäische Kommission,* Weißbuch Modernisierung, Tz. 78), sondern das (auch früher so bestehende) Verbotssystem beibehalten worden (vgl. *Schaub,* Modernisierung, WuW 2001, 441; *Schütz,* in: GK (2004), VO 1/03, Einf., Rn. 28 ff.; *v. Bogdandy/Buchhold,* Dezentralisierung, GRUR 2001, 798, 800).

[55] *EuGH,* 06.04.1962, Az.: 13/61 – Bosch/De Geus, Slg. 1962, 97.

[56] Diese Frage stellt und verneint *Mestmäcker,* Kartellpolitische Wende, EuZW 1999, 523.

[57] Abstrakt-generelle, materielle Gesetze wie sie die Gruppenfreistellungsverordnungen darstellen, können nicht als Entscheidung i. S. d. Art. 249 Abs. 4 EG, sondern nur als Verordnung i. S. d. Art. 249 Abs. 2 EG erlassen werden, vgl. *Veelken,* in: Immenga/Mestmäcker, EG-WbR (1997–2001), Bd. I, GFVO, Kap. A.), Rn. 2 mit Verweis auf das Prinzip der begrenzten Einzelermächtigung gem. Art. 5 EUV/ Art. 5 Abs. 1 EG.

[58] Die Formulierung des Art. 81 Abs. 3 EG stellt sich nach Ansicht der Kommission im historischen Kontext als Kompromissformel dar, mit der eine eindeutige Festlegung auf ein Genehmigungsystem gerade vermieden und eine endgültige Ent-

1. Das bisher geltende, zentralisierte Anmelde- und Genehmigungssystem der VO 17/62[59]

Mit der bis zuletzt fast unverändert gebliebenen[60] VO 17/62 versuchte der Rat dem Bedürfnis nach Sicherstellung einer ausgewogenen Anwendung der Artt. 81 und 82 EG in einheitlicher Weise in den Mitgliedstaaten[61] nachzukommen und errichtete hierin ein zentralisiertes Anmeldesystem mit der Kommission in einer herausragenden Rolle, da – jedenfalls nach damals herrschender Ansicht – die Wettbewerbsrechtsvorstellungen der (damals nur sechs) Mitgliedstaaten zu unterschiedlich waren und die Gefahr einer uneinheitlichen Anwendung des Gemeinschaftsrechtes durch die einzelnen Mitgliedstaaten gesehen wurde.[62]

Zum einen entschied sich der Rat im Rahmen der VO 17/62 für ein striktes Anmelde- und Genehmigungs- und damit gegen ein Legalausnahmesystem. Hierfür ins Feld geführt wurden das Argument der Sicherung einer kohärenten Anwendung des Gemeinschaftsrechtes und die Tatsache, das bei den handelnden Unternehmen und auch in der Gesellschaft allgemein noch unterentwickelte Verständnis für das strenge Wettbewerbsrecht.[63] Darüber hinaus mussten angesichts der Novität[64] nicht nur des ausdrücklichen Verbotes wettbewerbsbeschränkender Vereinbarungen, sondern auch entsprechender Freistellungsmöglichkeiten, wie sie Art. 81 Abs. 3 EG vorsah, nach Ansicht der Kommission „die Einzelheiten der Anwendung des Artikels 85 Absatz (3) [...] festgelegt werden, wobei dem Erfordernis einer wirksamen Überwachung bei möglichst einfacher Verwaltungskontrolle Rechnung zu tragen ist."[65] Das Anmeldesystem sollte (insbesondere i. V. m. den darin möglichen Negativattesten) darüber hinaus den Unternehmen auch Rechtssicherheit verschaffen.[66] Nur durch vorherige Anmeldung (möglicherweise) wettbewerbsbeschränkender Vereinbarungen bestand für die handelnden

---

scheidung hierüber auf den späteren gemeinschaftlichen Gesetzgeber die Bestimmung des anzuwendenden Systems (via Art. 83 EG) delegiert wurde (vgl. *Europäische Kommission,* Weißbuch Modernisierung, Tz. 11 ff.).

59 VO 17/62, ABl. 1962/13/204,

60 Letzte Änderungen durch die VO 1216/99 v. 10.06.1999, ABl. 1999/L 148/5.

61 s. VO 17/62, ABl. 1962/13/204, Erw.Gr.

62 Vgl. *Europäische Kommission,* Weißbuch Modernisierung, Tz. 16.; VO 17/62, ABl. 1962/13/204, Erw.Gr. Vgl. ferner zur historischen Begründung für die Festlegung auf ein zentralisiertes Genehmigungssystem: *Wils,* Principles, p. 5, Tz. 14 ff.

63 Vgl. *Europäische Kommission,* Weißbuch Modernisierung, Tz. 17 f.; *Wils,* Principles, p. 5.

64 *Monnet,* Mémoires, p. 413 („c'était une innovation fondamentale en Europe").

65 s. VO 17/62, ABl. 1962/13/204, Erw.Gr.

66 *Europäische Kommission,* Weißbuch Modernisierung, Tz. 18.

Unternehmen im Rahmen dieses Anmelde- und Genehmigungssystems überhaupt die Möglichkeit, in den Vorzug einer Einzelfreistellung zu gelangen. Ohne Anmeldung gab es keine (Freistellungs-)Entscheidung der Kommission, Art. 4 Abs. 1 S. 2 VO 17/62. Eine aufgrund einer späteren Anmeldung dann doch ergangene Freistellungsentscheidung konnte dabei grundsätzlich (mit Ausnahme einzelner in Art. 4 Abs. 2 VO 17/62 aufgeführter Fälle) nicht auf den Zeitpunkt vor der Anmeldung zurückwirken (Art. 6 Abs. 1 S. 2 VO 17/62). Schließlich war die Anmeldung das entscheidende Kriterium für die Frage der Bußgeldbewehrung: Für den Zeitraum ab der Anmeldung wurde den handelnden Unternehmen Schutz vor Bußgeldern gewährt (Art. 15 Abs. 5 lit.a) VO 17/62), für die Zeit davor kam entsprechendes nicht in Betracht.

Die mit der Einführung eines Anmelde- und Genehmigungssystems verbundene, aber nicht zwingend schon gelöste Frage nach der Entscheidungskompetenz hinsichtlich solcher angemeldeten Vereinbarungen/Maßnahmen beantwortete die VO 17/62 in Art. 9 Abs. 1 VO 17/62 mit der Etablierung einer zentralen und ausschließlichen Zuständigkeit der Kommission für das entsprechende Prüfverfahren. Während Art. 81 Abs. 1 und 2 EG unmittelbar von jeder nationalen Institution anwendbar war, konnte nur die Kommission darüber entscheiden, ob eine an sich wettbewerbsbeschränkende Vereinbarung, wenn sie nicht schon einer Gruppenfreistellungsverordnung unterfiel, so doch via Einzelentscheidung vom Verbot des Artikels 81 Abs. 1 EG freigestellt wurde. Nationalen Wettbewerbsbehörden war dagegen die Anwendung des Art. 81 Abs. 3 EG vollständig und grundsätzlich verwehrt; nationale Gerichte durften – wie der EuGH klarstellte[67] – immerhin „gemäß Artikel 85 Absatz 2 die Nichtigkeit [einer wettbewerbsbeschränkenden Vereinbarung etc.] feststellen, wenn sie die Gewissheit erlangt hatten, dass der Vertrag nicht Gegenstand einer Freistellungsentscheidung nach Artikel 85 Absatz 3 EG sein kann."[68] Eine solche Zentralisierung des Genehmigungsverfahrens sollte einerseits der Kommission die Möglichkeit eröffnen, bislang nicht vorhandene Informationen über den Gemeinsamen Markt und die dort agierenden Unternehmen zu erhalten; andererseits versprach einzig eine bei der Kommission konzentrierte Verfahrensdurchführung die Sicherung einer kohärenten Anwendung des (noch neuen) europäischen Wettbewerbsrechtes.[69]

---

67 *EuGH,* 28.02.1991, Az.: C-234/89 – Delimitis, Slg. 1991, I-00935; vgl. *EuGH,* 14.12.2000, Az.: C-344/98 – Masterfoods, Slg. 2000, I-11369, Tz. 47.

68 Abs. 5, S. 2 des Tenors der Entscheidung des *EuGH,* 28.02.1991, Az.: C-234/89 – Delimitis, Slg. 1991, I-00935.

69 Vgl. auch zu weiteren möglichen Hintergründen für die Festlegung auf ein zentralisiertes Genehmigungssystem *Wils,* Principles, p. 5.

2. *Hintergründe für die Neuausrichtung des Freistellungssystems*

Es nimmt nicht Wunder, dass bei einer solchen Konzentration der Anmeldeverfahren bei der Kommission diese mit einer Flut von Anmeldungen „zugeschüttet“[70] wurde und hierin gleichsam zu ertrinken drohte: Um jedenfalls für die Zeit bis zu einer endgültigen Entscheidung der Kommission über die Zulässigkeit eines Vorhabens in den sicheren Hafen der Bußgeldfreiheit zu gelangen, wurden allein in der Zeit von 1962 bis 1967 37.450 Fälle[71] bei der Kommission angemeldet. Streiten lässt sich dabei auch über die Frage, ob nicht zusätzlich durch eine „Flucht in die Anmeldung“, durch ein gezieltes Ausnutzen dieses, auf das Entscheidungsmonopol der Kommission zurückzuführenden, „Massenproblems“ und der damit einhergehenden langen Verfahrensdauer mitgliedstaatliche, möglicherweise bereits gerichtlich anhängige Verfahren in die Länge gezogen bzw. ausgehebelt werden sollten.[72] Auch wenn die Kommission mit dem in Art. 81 Abs. 3 EG vorgesehenen Institut der Gruppenfreistellungsverordnungen einerseits, mit Leitlinien und Bekanntmachungen, die de facto „grünes Licht“ für bestimmte Vereinbarungen geben sollten[73], und mit sog. comfort letters[74] andererseits sowohl konventionelle als auch unkonventionelle Methoden ein-

---

[70] *Schütz,* Änderung des Kartellverfahrens, WuW 2000, 686. s. ausführlich zu den Hintergründen der Reform auch *Ehlermann,* Modernization, CMLRev 2000, 537.

[71] *Europäische Kommission,* Weißbuch Modernisierung, Tz. 25. Weitere statistische Angaben bspw. bei *Schütz,* Änderung des Kartellverfahrens, WuW 2000, 686, Fn. 27 und bei *Ehlermann,* Modernization, CMLRev 2000, 537, 541 m. w. N.

[72] Vgl. zu diesem Argument einerseits *Europäische Kommission,* Weißbuch Modernisierung, Tz. 6; *Ehlermann,* Modernization, CMLRev 2000, 537, 542 f.; andererseits *Möschel,* Systemwechsel, JZ 2000, 61, 64, der von der Kommission erwartet, mit solchen „Obstruktionsanmeldungen“ „mühelos“ fertig zu werden; ebenso: *Eilmansberger,* Zum Vorschlag der Kommission, JZ 2001, 365, 367.

[73] *Ehlermann,* Modernization, CMLRev 2000, 537, 541.

[74] Hierunter versteht man einfache Verwaltungsschreiben, durch die die Kommission den Beteiligten mitteilt, dass nach ihrer Rechtsauffassung im Augenblick kein Anlass zum Einschreiten oder keine Bedenken gegen bestimmte Vereinbarungen bestehen (eingehend dazu bspw. *Bechtold,* Stellung der Kommission, EuR 1992, 41). Problematisch an diesem Insitut ist zum einen die so nicht zu vermittelnde Rechtssicherheit für die anmeldenden Unternehmen – was gerade duch das Genehmigungssystem erreicht werden sollte, gelingt mit diesen formlosen Verwaltungsschreiben nicht, da ihnen keine rechtliche Bindungswirkung zukommt (vgl. bspw. *EuGH,* 01.10.1998, Az.: C-279/95 P – Langnese-Iglo, Slg. 1998, I-05609). s. hierzu im Rahmen der aktuellen Debatten bspw. auch *Schaub/Dohms,* Weißbuch, WuW 1999, 1055, 1069; *Schütz,* in: GK (2004), VO 1/03, Art. 10, Rn. 3 ff.; *Bechtold,* Rechtssicherheit, S. 25, 26). Zum anderen sind solche Verfahrensweisen nicht transparent und damit ungeeignet, Aussenstehenden und potentiell ähnlich Betroffenen Anhaltspunkte für ihr eigenes Verhalten zu geben, was aber ebenfalls Argument für die Einführung eines Genehmigungssystems war.

setzte, um der hereinströmenden Flut entgegenzuwirken, so war bis zuletzt das „Massenproblem“ nicht zufriedenstellend gelöst: 1998 waren noch 1204 Altfälle und 216 neue Anmeldungen zu bearbeiten.[75] Es ist zu bezweifeln, dass die Kommission mit einem „Kraftakt“[76] diesen Rückstand jemals hätte aufarbeiten können. Die aufgrund des Beitritts weiterer zehn Staaten zur EU (verbunden mit der Einführung neun weiterer Verfahrenssprachen), von denen die meisten nicht auf lange Kartellrechtstraditionen zurückblicken können, zu erwartende zusätzliche Flut neuer Anmeldungen ist bei dieser Betrachtung noch gar nicht mitgerechnet.[77] Konsequenz dieses „Massenproblems“ war nicht nur eine erhöhte Arbeitsbelastung, die die Kommission zu den genannten unkonventionellen Mitteln (mit den damit verbundenen Problemen) greifen ließ. Vor allem auch die Tatsache, dass Ressourcen geradezu verschwendet wurden für die Prüfung sowieso wettbewerbsunschädlicher bzw. freizustellender Vorhaben[78], während geheim gehaltene Hardcore-Kartelle von einem Anmelde- und Genehmigungssystem gar nicht erfasst wurden, führte zu einer verfehlten Ressourcenallokation.[79] Vorhandene Ressourcen standen aufgrund der zu bewältigenden Masse an Anmeldungen nicht für die Verfolgung unangemeldeter, schwerer Wettbewerbsverstöße zur Verfügung. Als weiteres Argument für eine Neufassung des bisherigen Systems war seit langem, nicht zuletzt auch von Unternehmerseite, die fehlende Kenntnis der Kommission von den Besonderheiten, insbesondere den tatsächlichen Macht- und Marktverhältnissen, bei den von ihr zu beurteilenden Fällen genannt worden.[80]

---

[75] *Europäische Kommission,* XX. Wettbewerbsbericht 1998, S. 51.

[76] So *Emmerich,* Wettbewerbspolitik, WRP 2000, 858, der aber einerseits nicht berücksichtigt, dass ein solcher „Kraftakt“ wohl nur mit einer erhöhten Produktion unkonventioneller und vorallem rechtlich unverbindlicher comfort letters zu bewältigen gewesen wäre, andererseits unbeachtet lässt, dass mit der Erweiterung der EU eine neue Flut von Anmeldungen über die Kommission hereinbrechen würde. Kritisch auch *Fikentscher,* Unrecht einer Wettbewerbsbeschränkung, WuW 2001, 446.

[77] Eine andere – hier nicht zu beantwortende, weil von der tatsächlichen Entwicklung überholte – Frage ist, ob die Übertragung der Wettbewerbsaufsicht auf die neuen Mitgliedstaaten, gerade aufgrund deren fehlender Rechtstraditionen, die bessere Alternative gewesen wäre; vgl. bspw. dies verneinend: *Deringer,* Weißbuch, EuZW 2000, 5, 11.

[78] Von den abertausend angemeldeten Vorhaben wurden in den ersten 35 Jahren seit Anwendung der VO 17/62 nur insgesamt neun Verbotsentscheidungen getroffen.

[79] Vgl. hierzu *Schaub/Dohms,* Weißbuch, WuW 1999, 1055, 1056; *Wils,* Principles, p. 9.

[80] *Geiger,* Weissbuch der EG-Kommission, EuZW 2000, 165, 168. s. auch *Wils,* Principles, p. 17, der auch auf Sprachbarrieren hinweist; ferner *Schaub/Dohms,* Weißbuch, WuW 1999, 1055, 1056, die von einer höheren Akzeptanz „nationaler“ Entscheidungen bei den Bürgern ausgehen.

3. Das neue Legalausnahmesystem der VO 1/2003

Die VO 1/2003 führte nun ein neues System ein. Das europäische Kartellverfahrensrecht wird mittels dreier „zentraler Stellschrauben“[81] neu justiert, um die skizzierten Schwierigkeiten zu beseitigen bzw. zumindest einzudämmen. Dabei hat die neue Verordnung VO 1/2003 – die bewusst zeitgleich mit dem o. g. Beitritt der zehn neuen Mitgliedstaaten am 01.05.2004 in Kraft trat – nicht das allein dem EG entstammende, materielle Recht geändert, sondern „nur“ im Rahmen einer neuen, die bisher geltende VO 17/62 ersetzenden, reinen Verfahrensordnung radikale Neuerungen eingeführt. Eine Stellschraube ist die Erweiterung des Vorrangs des Gemeinschaftsrechts bei Sachverhalten mit zwischenstaatlicher Wirkung. Hierauf ist noch gesondert und ausführlich einzugehen.[82] Festgehalten werden kann aber bereits jetzt, dass es durch die VO 1/2003 nicht zu einem absoluten, das nationale Recht vollständig verdrängenden Vorrang gekommen ist.

Kann diese Vorrangregelung noch als eine bloße Erweiterung einer bereits etablierten Vorrangstellung europäischen Rechts in Konflikten mit nationalem Recht gesehen werden, wie sie im europäischen Recht nicht unüblich ist[83], bewirkt die Justierung der zwei anderen Stellschrauben durch die VO 1/2003 eine ganz neue Ausrichtung des europäischen Wettbewerbskontrollsystems:[84] Einerseits wird – unter Beibehaltung des Verbotsprinzips des Abs. 1 und nicht etwa eines Wechsels zu einer reinen Missbrauchsaufsicht, was anfangs des Neuausrichtungsprozesses nicht in dieser Eindeutigkeit feststand – Abs. 3 des Art. 81 EG völlig neu interpretiert: Um in den Vorzug einer Freistellung zu gelangen, bedarf es keiner Anmeldung des geplanten Vorhabens, keiner vorherigen Entscheidung der Kommission mehr. Das Anmelde- und Genehmigungssystem ist abgeschafft. An seine Stelle tritt ein allgemein als Legalausnahmesystem bezeichnetes System. Einzig die Erfüllung der vier in Abs. 3 des Art. 81 EG genannten materiellrechtlichen Voraussetzungen[85] entscheidet darüber, ob ein an sich gegen Abs. 1 verstoßendes Vorhaben von dessen Verbot ex tunc freigestellt ist oder nicht. Einer irgendwie gearteten konstitutiven Entscheidung der Kommission bedarf es nicht mehr, Art. 1 Abs. 2 VO 1/2003[86]. Konsequenz für die handelnden

---

[81] *Schweda,* Bindungswirkung, WuW 2004, 1133, 1133.

[82] Vgl. Teil 1, Kap. 3, B. und C.

[83] Insoweit wegweisend *EuGH,* 15.07.1964, Az.: Rs. 6/64 – Costa/E.N.E.L., Slg. 1964, 1251, 1269 ff.

[84] Vgl. zum Ablauf des Reformprozesses und zu Fragen der Behandlung von „Altfällen“: *Klees,* Kartellverfahrensrecht, § 1, Rn. 10 ff.; *Schütz,* in: GK (2004), VO 1/03, Einf., Rn. 43–45.

[85] Vgl. dazu oben, Teil 1, Kap. 1, A. II. 2.

Unternehmen ist, dass sie zukünftig sich und ihre Vorhaben selbst daraufhin überprüfen müssen, ob sie die Freistellungsvoraussetzungen des Art. 81 Abs. 3 EG erfüllen oder nicht. Dies ist ein mitunter ganz erhebliches Problem, da die Rechtsunsicherheit erheblich ansteigt. Die bisherige Möglichkeit, sich durch Anmeldung automatisch in sicheres Fahrwasser zu begeben und so vor Bußgeldern geschützt zu sein, entfällt. Im europäischen Recht ist diese Pflicht zur Selbstveranlagung nicht wirklich neu: Auch bisher mussten die Unternehmen, die eine Gruppenfreistellung für sich reklamieren wollten, sich und ihr Vorhaben selbst beurteilen und einschätzen. Allerdings bestand hier die Möglichkeit sich durch einen Antrag auf Einzelfreistellung mehr[87] Rechtssicherheit zu verschaffen.[88] Diese Alternative ist nunmehr entfallen: Gem. Art. 10 VO 1/2003 sind förmliche positive Feststellungsentscheidungen (Nichtanwendbarkeitsentscheidung) der Kommission nur noch bei öffentlichem Interesse der Gemeinschaft möglich, Unternehmen haben selbst keinen Anspruch mehr auf eine solche Entscheidung der Kommission.[89]

Mit dem weiten Herumdrehen der Stellschraube „Anmeldesystem" ist zwangsläufig eine Neujustierung der dritten Stellschraube, nämlich der Zuständigkeitsfrage hinsichtlich Freistellungsentscheidungen, verbunden. Was die Kommission früher trotz vereinzelter Rufe[90] stets vehement abgelehnt hatte[91], hat sie nun selbst durchgesetzt: Die Aufgabe des Freistellungsmonopols, ja sogar des gesamten Entscheidungsmonopols bei Fragen des Art. 81 Abs. 3 EG.

---

[86] s. ferner hierzu *Europäischer Rat,* Verordnung (EG) Nr. 1/2003 des Rates vom 16. Dezember 2002 zur Durchführung der in den Artikeln 81 und 82 des Vertrags niedergelegten Wettbewerbsregeln, (VO 1/2003), ABl. EG 2004 L 1/1, Erw.Gr. 4.

[87] Wirkliche Rechtssicherheit konnte dabei jedoch nur bei einem geringen Prozentsatz der Verfahren erzielt werden, da die große Mehrheit der Verfahren durch, die Gerichte nicht bindende, comfort letters entschieden wurden (s. o., Fn. 74).

[88] Vgl. *Veelken,* in: Immenga/Mestmäcker, EG-WbR (1997–2001), GFVO, Kap. A.), Rn. 12. Vgl. *ders.* auch zur mit dem Übergang zum Legalausnahmesystem gestiegen Rechtsunsicherheit, *Veelken,* in: Immenga/Mestmäcker, WbR-EG (2007), GFVO, Kap. A.), Rn. 20.

[89] Vgl. *Schütz,* in: GK (2004), VO 1/03, Art. 10, Rn. 7 ff.; *Anweiler,* in: Loewenheim, EG-Wbr. (2005), Art. 10 VO 1/2003, Rn. 5; *Klees,* Kartellverfahrensrecht, § 6, Rn. 156 ff. Möglich sind aber sog. Beratungsschreiben der Kommission, vgl. *Europäische Kommission,* Bekanntmachung der Kommission über informelle Beratung bei neuartigen Fragen zu den Artikeln 81 und 82 des Vertrages, die in Einzelfällen auftreten (Beratungsschreiben), (Beratungs-Bekanntmachung), ABl. 2004/C 101/78.

[90] Bspw. des Bundeskartellamtes, vgl. *Wolf/Fink,* Verordnung Nr. 17, WuW 1994, 289.

[91] *Europäische Kommission,* 23. Wettbewerbsbericht, Tz. 190.

II. Die neue Zuständigkeitsverteilung

Mit dem Verzicht auf das Freistellungsmonopol ermöglicht die neue VO 1/2003 grundsätzlich auch explizit nationalen Behörden und Gerichten die uneingeschränkte Anwendbarkeit des gesamten Art. 81 EG und damit auch dessen Abs. 3. Die nationalen Behörden sind gem. Art. 5 VO 1/2003, die Gerichte gem. Art. 6 VO 1/2003 ausdrücklich zur umfassenden Anwendung der Artt. 81 und 82 EG berufen. Die nationalen Institutionen können und müssen daher auf europäische Sachverhalte nunmehr selbst nicht nur Art. 81 Abs. 1 und 2, Art. 82 EG, sondern auch direkt Art. 81 Abs. 3 EG anwenden. Beabsichtigt allerdings eine nationale Behörde, eine Abstellungs- oder eine Zusagenentscheidung zu treffen oder den Rechtsvorteil einer Gruppenfreistellungsverordnung zu entziehen, so ist sie gem. Art. 11 Abs. 3 und 4 VO 1/2003 verpflichtet, die Kommission zu konsultieren und sich bei dissentierender Auffassung der Kommission mit dieser zu einigen – hier hat die Kommissionsmeinung keinen Vorrang. Anders ist es dagegen, wenn die Kommission selbst ein Verfahren mit dem Ziel einer Sachentscheidung eröffnet. Gem. Art. 11 Abs. 6 VO 1/2003[92] ist in diesem Fall die Zuständigkeit der nationalen Behörde beendet; nur noch die Kommission entscheidet.[93] Dieses Evokationsrecht gibt der Kommission die Möglichkeit, die kohärente Anwendung des Gemeinschaftsrechtes zu sichern.[94]

---

[92] s. ausführlich *Hossenfelder,* in: Loewenheim, EG-Wbr. (2005), Art. 11 VO 1/2003, Rn. 32 ff.; *Schütz,* in: GK (2004), VO 1/03, Art. 11, Rn. 14; *Klees,* Kartellverfahrensrecht, § 7, Rn. 173 ff.

[93] Offen, hier indes nicht zu vertiefen, ist die Frage, ob in einem solchen Fall die nationale Behörde gehindert ist, das Verfahren gestützt auf nationales Recht – das sie parallel zum europäischen Recht anwendet – fortzusetzen. Die Evokation durch die Kommission entzieht der nationalen Behörde die Zuständigkeit „für die Anwendung der Artikel 81 und 82 des Vertrags." (Art. 11 Abs. 6 S. 1 VO 1/2003). Ob damit die Regelung des Art. 3 VO 1/2003 gleichsam ausgehebelt wird und die nationalen Behörden von der Pflicht zur gleichzeitigen Anwendung europäischen Rechts befreit werden, oder ob vielmehr beide Regelungen (Art. 11 Abs. 6 und Art. 3 VO) eine Einheit dergestalt bilden, dass nationale Behörden stets verpflichtet bleiben, neben nationalem auch europäisches Recht anzuwenden, an letzterem aber aufgrund der Evokation durch die Kommission gem. Art. 11 Abs. 6 gehindert sind, und deshalb – unter Weitergeltung des Art. 3 – auch kein nationales Recht mehr anwenden können, ist nicht eindeutig geklärt. Vgl. zu dieser Frage einerseits *Klees,* Kartellverfahrensrecht, § 3, Rn. 13; andererseits *Wils,* Principle of ne bis in idem, World Competition 2003, 131, 144 (Fn. 44); *Böge/Scheidgen,* Netzwerk der Wettbewerbsbehörden, EWS 2002, 201, 204; *Levy/O'Donoghue,* Leniency Programme, World Competition 2004, 75, 94; *Blake/Schnichels,* Schutz der Kronzeugen, EuZW 2004, 551, 554, jeweils im Zusammenhang mit der Kronzeugenproblematik; *Hossenfelder,* in: Loewenheim, EG-Wbr. (2005), Art. 11 Rn. 10 ff. Vgl. nicht zuletzt auch VO 1/2003, ABl. EG 2004 L 1/1, Erw.Gr. 17.

[94] VO 1/2003, ABl. EG 2004 L 1/1, Erw.Gr. 17.

Der damit eingetretene Zuständigkeitsverlust der nationalen Behörden endet nur dann, wenn die Kommission das Verfahren ohne Entscheidung einstellt; anderenfalls sind nationale Behörden aufgrund der in Art. 16 VO 1/2003 geregelten Verpflichtung zur einheitlichen Anwendung des Gemeinschaftsrechts von abweichenden Entscheidungen abgehalten. Im Hinblick auf die Entscheidungskompetenzen nationaler Gerichte stellt Art. 6 VO 1/2003 nunmehr klar, dass diese Artt. 81 und 82 EG vollumfänglich[95], d.h. neben Art. 81 Abs. 1 und Abs, 2 und Art. 82 EG auch Abs. 3 des Art. 81 EG anwenden können, ja müssen (vgl. Art. 3 VO 1/2003); eine andere Regelung wäre vor dem Hintergrund des Systemwechsels auch nur schwer denkbar gewesen. Damit können nationale Gerichte nunmehr eigenständig „durchentscheiden“, wenn sie über eine Streitigkeit mit europäisch-wettbewerbsrechtlichem Hintergrund zu befinden haben. Dies führt im Ergebnis dazu, dass Vereinbarungen, die zwar dem Verbotstatbestand des Art. 81 Abs. 1 EG unterfallen, gleichzeitig aber auch die Freistellungsvoraussetzungen des Abs. 3 erfüllen, nicht mehr wie bislang schwebend unwirksam[96], sondern voll wirksam sind, keiner weiteren Genehmigung oder sonstigen Entscheidung bedürfen. Im umgekehrten Fall – die Voraussetzungen des Abs. 3 liegen nicht vor – gilt Entsprechendes, die Vereinbarung ist nicht, so wie bislang, wenn ein entsprechender Genehmigungsantrag bei der Kommission gestellt worden war, schwebend unwirksam bis zu einer Entscheidung der Kommission, sondern von vornherein unzulässig und nichtig gem. Art. 81 Abs. 1 und 2 EG.[97] Nationalen Gerichten ist es dabei gem.

---

[95] Ausnahmen gelten hinsichtlich solcher Wirtschaftsbereiche, die dem Anwendungsbereich der Durchführungsverordnung gem. Art. 32 VO 1/2003 entzogen sind, sowie hinsichtlich der Freistellungsmöglichkeit von Vereinbarungen im Bereich der Landwirtschaft auf der Grundlage des Art. 2 Abs. 1 VO Nr. 26/62; vgl. *Zuber,* Amicus curiae, S. 745 f.

[96] *Schmidt,* Karsten, in: Immenga/Mestmäcker, EG-WbR (1997–2001), Art. 85 Abs. 2, Kap. A), Rn. 31.

[97] *Klees,* Kartellverfahrensrecht, § 8, Rn. 9; a.A.: *Mestmäcker/Schweitzer,* Europäisches Wettbewerbsrecht (2004), § 22, Rn. 8 und 20, die weiterhin offensichtlich von einer Art „schwebender Unwirksamkeit“ ausgehen. Die Entscheidung des Gerichts darüber, ob die Vereinbarung – bspw. weil sie die Tatbestandsvoraussetzungen des Art. 81 Abs. 3 EG erfüllt – wirksam ist oder nicht, ist jedoch keine konstitutive Entscheidung, die einen bis dahin bestehenden Schwebezustand beendet, sondern lediglich ein Rechtsklarheit schaffendes Urteil, das einen von Anfang an gegebenen Zustand (wirksame oder unwirksame Vereinbarung) rechtsverbindlich feststellt. Insofern besteht hier kein Unterschied zu einem Urteil, in dem bspw. über die Kaufpreiszahlung aus einem Autokaufvertrag befunden wird und in dem die zur Zahlung verpflichtete Partei behauptet, den Vertrag nur aufgrund einer Täuschung (§ 123 BGB) abgeschlossen zu haben. Auch hier besteht keine schwebende Unwirksamkeit, vielmehr ist der Vertrag (nur) bei begründeter Anfechtung mit Wirkung ex tunc (§§ 142, 143 BGB) nichtig, ansonsten wirksam (vgl. *Heinrichs,* in: Palandt (2007), Überl. v. § 104, Rn. 33.)

Art. 16 Abs. 1 VO 1/2003 nicht gestattet, Entscheidungen hinsichtlich des identischen Sachverhaltes zu treffen, die bereits ergangenen Kommissionsentscheidungen zuwiderlaufen. Darüber hinaus haben sie es gem. Abs. 1 S. 2 VO 1/2003 zu „vermeiden“ von solchen Entscheidungen abzuweichen, die die Kommission in einem von ihr selbst eingeleiteten Verfahren zu treffen beabsichtigt. Es gilt der Grundsatz der loyalen Zusammenarbeit zwischen nationalen Gerichten, der Kommission bzw. den Gemeinschaftsgerichten, „bei der jeder entsprechend der ihm durch den Vertrag zugewiesenen Rolle handelt“[98].

C. Die Bedeutung der Gruppenfreistellungsverordnungen im neuen Legalausnahmesystem

Von besonderer Bedeutung gerade für die Unternehmen, die ihre Vereinbarungen zukünftig selbst und grundsätzlich ohne behördliche Hilfestellung in wettbewerbsrechtlicher Hinsicht zu beurteilen haben, ist die Frage nach der zukünftigen Bedeutung der Gruppenfreistellungsverordnungen im neuen Legalausnahmesystem, da diesen Konkretisierungen der sehr weit gefassten und auslegungsbedürftigen Wettbewerbsregeln des EG-Vertrages und nunmehr auch des deutschen Kartellrechtes des GWB (vgl. § 2 Abs. 2 GWB)[99] entnommen werden könnten. Es wurde bereits ausgeführt, dass bislang jedenfalls den GVOen konstitutive Wirkung dergestalt zukam, dass Vereinbarungen, die die Vorgaben der jeweiligen GVO einhielten, ohne weitere Einzelentscheidung der Kommission vom Verbot des Art. 81 Abs. 1 EG freigestellt waren. Die Kommission ist – zwar nicht mit der Autonomie, die sie sich noch in Art. 28 Abs. 1 des Verordnungsvorschlags[100] gewünscht hatte[101] – auch weiterhin zum Erlass entsprechender GVOen auf der Grundlage entsprechender Ermächtigungsverordnungen des Rates ermächtigt, was sich zwanglos aus Art. 29 VO 1/2003 ergibt. Die Frage ist, wie sich diese Verordnungen in das neue System einpassen:

---

[98] *EuGH,* 14.12.2000, Az.: C-344/98 – Masterfoods, Slg. 2000, I-11369, Tz. 56.

[99] s. ausführlich unten, Teil 1, Kap. 2, A. II. 2.

[100] Gem. Art. 28 Abs. 1 des Verordnungsvorschlages wäre die Kommission ermächtigt gewesen, *ohne* entsprechende Ermächtigungsgrundlage Gruppenfreistellungsverordnungen zu erlassen, vgl. *Europäische Kommission,* Verordnungsvorschlag, abrufbar unter der URL http://eur-lex.europa.eu/LexUriServ/LexUriServ.do?uri=COM:2000:0582:FIN:DE:PDF (Letzter Abruf: 06.09.2008).

[101] Vgl. hierzu *Schütz,* in: GK (2004), VO 1/03, Art. 29, Rn. 1 ff.; s. a. *Gröning,* Dezentrale Anwendung, WRP 2001, 83, 85.

I. Rechtsnatur der Gruppenfreistellungsverordnungen

Grundsätzlich führt das nun durch die VO 1/2003 – und nicht durch eine Änderung des Primärrechtes des Art. 81 Abs. 3 EG – geschaffene Legalausnahmesystem dazu, dass Vereinbarungen, die die Voraussetzungen des Art. 81 Abs. 3 EG erfüllen, per se und ohne weitere Überprüfung durch Einzelfreistellungsentscheidung oder auch nur anhand einer weiteren gesetzlichen Regelung freigestellt sind. Anders gewendet sind Vereinbarungen in diesem System nur dann verboten, wenn sie nicht die Voraussetzungen des Art. 81 Abs. 3 EG erfüllen. Bereits hier, bei der Beurteilung der Rechtsnatur der GVOen, gingen die Meinungen auseinander, häufig orientiert an der Frage, welche Bedeutung und Wirkung den GVOen im neuen System zukommen könnte:[102] So wurde die Ansicht vertreten, mangels eigenständiger, konstitutiver Bedeutung seien die GVOen zukünftig nur noch bloße „Gruppennegativatteste“, denen keine Rechtsverbindlichkeit zukäme.[103] In jedem Fall wurde ein ganz erheblicher Bedeutungswandel der GVOen attestiert, der durch den vermeintlich primärrechtlichen Charakter der Legalausnahme im System der VO 1/2003 herbeigeführt worden sein sollte.[104]

Diese Diskussion um die Wirkungen der GVOen im neuen System ist jedoch bei der Erörterung der Frage der Rechtsnatur der GVOen im europäischen Recht fehl am Platz und entpuppt sich bei richtiger Betrachtungsweise sogar als Scheinproblem:[105] Es kann nicht unberücksichtigt bleiben, dass diese angeblichen „Gruppennegativatteste“ auch weiterhin auf der Basis des Art. 83 EG in die Form von Verordnungen i. S. d. Art. 249 EG gegossen werden. Dies führt dazu, dass die darin getroffenen Feststellungen der Kommission gem. Art. 249 Abs. 3 EG allgemein verbindlich sind und folglich in jedem Mitgliedstaat unmittelbar auch die Rechtsprechung binden, gleichzeitig aber eben „nur“ Sekundärrecht darstellen. An der Rechtsnatur der GVOen als sekundärer Rechtsakte der Kommission hat sich durch

---

[102] Vgl. zu den vertretenen Ansichten die ausführliche Darstellung bei *Veelken,* in: Immenga/Mestmäcker, WbR-EG (2007), GFVO, Kap. A.), Rn. 2 f. m. z. N.

[103] *Deringer,* Weißbuch, EuZW 2000, 5, 7; *Bien,* Systemwechsel, DB 2000, 2309, 2310; *Möschel,* Systemwechsel, JZ 2000, 61, 65.

[104] Vgl. ausführlich: *Schütz,* Gruppenfreistellungsverordnungen, S. 455; *Fuchs,* Gruppenfreistellungsverordnung, ZWeR 2005, 1, 7 ff.; *Bornkamm/Becker,* Privatrechtliche Durchsetzung, ZWeR 2005, 213, 222 ff.; zu Recht a. A.: *Baron,* Rechtsnatur der Gruppenfreistellungsverordnungen, WuW 2006, 358, m. w. N. der vertretenen Ansichten.

[105] So ganz deutlich *Baron,* Rechtsnatur der Gruppenfreistellungsverordnungen, WuW 2006, 358; ähnlich auch schon *Wagner,* Systemwechsel, WRP 2003, 1369. A. A. *Schütz,* Gruppenfreistellungsverordnungen, S. 455.

den Systemwechsel nichts geändert.[106] Betrachtet man nun auch die Rechtsnatur der die sog. Legalausnahme herbeiführenden VO 1/2003, so wird klar, dass durch die häufig zuvorderst gestellte Frage nach den Wirkungen der GVOen ohne Berücksichtigung der Rechtsnatur der VO 1/2003 im neuen System, gleichsam das „Pferd von hinten aufgezäumt“ wurde: Auch das neue Legalausnahmesystem der VO 1/2003 beruht nur auf einer rein sekundärrechtlichen Regelung, nicht dagegen auf einer Änderung des Art. 81 Abs. 3 EG, durch die etwa das Legalausnahmesystem primärrechtlich festgeschrieben worden wäre.[107] Das Legalausnahmesystem der VO 1/2003 ist daher die eine Möglichkeit, sich vom Verbot des Art. 81 Abs. 1 EG freizuzeichnen; das Legalausnahmesystem der GVOen eine andere, weitere und selbstständige Möglichkeit[108]: Erstere Legalausnahme bezieht sich auf zwar inhaltlich umfassende, jedoch einzelfallbezogene Voraussetzungen, letztere auf inhaltlich beschränkte, dagegen gruppenbezogene Voraussetzungen.[109] Beide Freistellungsmöglichkeiten sind dabei sekundärrechtlicher Natur, beide haben jeweils ihre eigene Systematik, eigenständige Voraussetzungen, beide bestehen nebeneinander und führen zu – im Ergebnis sicherlich häufig gleichen – Freistellungen vom Verbot des Art. 81 Abs. 1 EG („Freistellungskonkurrenz“)[110] mit Wirkungen von Legalausnahmen.[111] Dieses Ergebnis ist auch aus dogmatischen Gesichtspunkten nicht zu beanstanden. Es sei hier auf die Lehre von den „Doppelwirkungen im Recht“[112] verwiesen, die aufgezeigt hat, dass zwei gleichlaufende juristische Tatsachen nicht dazu führen, dass eine der beiden Tatsachen irrelevant werden würde.[113] So kann beispielsweise eine Handlung sowohl wegen Verstoßes gegen § 104 BGB als auch wegen § 138 BGB unwirksam sein.[114] Bei dieser vorzugswürdigen Betrachtungsweise stellen sich die eingangs skizzierten dogmatischen Fragen nach der zukünftigen Bedeutung der GVOen im Le-

---

[106] *Gröning,* Dezentrale Anwendung, WRP 2001, 83, 85; *Schütz,* in: GK (2004), VO 1/03, Einl., Rn. 13.

[107] Ausführlich: *Baron,* Rechtsnatur der Gruppenfreistellungsverordnungen, WuW 2006, 358, 359.

[108] Im Ergebnis so auch schon *Wagner,* Systemwechsel, WRP 2003, 1369.

[109] *Baron,* Rechtsnatur der Gruppenfreistellungsverordnungen, WuW 2006, 358, 359 f.

[110] *Baron,* Rechtsnatur der Gruppenfreistellungsverordnungen, WuW 2006, 358, 361 f.

[111] Vgl. zur Wirkung der GVOen als Legalausnahme *Veelken,* in: Immenga/Mestmäcker, EG-WbR (1997–2001), Bd. I, GFVO, Kap. A.), Rn. 11 m.w.N.

[112] *Schmidt,* Karsten, Umdenken, BB 2003, 1237, 1241.

[113] *Veelken,* in: Immenga/Mestmäcker, WbR-EG (2007), GFVO, Kap. A) I.) 3), Rn. 3, mit ausführlicher Darlegung der bereits im bisherigen Recht möglichen Doppelwirkung.

[114] *Wagner,* Systemwechsel, WRP 2003, 1369, 1376.

galausnahmesystem nicht. Es bedarf damit auch nicht der von Bechtold[115] vorgeschlagenen Deutung der GVOen als unwiderlegbare Vermutung dafür, dass eine unter eine GVO fallende Vereinbarung die Voraussetzungen einer Freistellung gem. Art. 81 Abs. 3 EG erfüllt, was die Unternehmen von einer weitergehenden Darlegungs- und Beweislast gem. Art. 2 VO hätte befreien sollen.

Unklar bleibt aber zunächst, ob der Kommission beim Erlass der GVO so wie bislang ein Ermessen zukommen kann, oder ob angesichts des neu eingeführten Systems der Legalausnahme etwas Anderes zu gelten habe: Die derzeit überwiegende Ansicht geht davon aus, dass es zukünftig – so wie nach einhelliger Ansicht bereits bei Einzelfallentscheidungen – auch im Hinblick auf den Erlass von GVOen kein Ermessen der Kommission mehr geben kann.[116] Bislang war die Kommission allerdings zwar grundsätzlich beim Erlass entsprechender GVOen an die Vorgaben des Art. 81 Abs. 3 EG gebunden, jedoch war nicht erforderlich, dass jede einzelne der unter die GVOen fallenden Vereinbarungen die Voraussetzungen des Art. 81 Abs. 3 EGV tatsächlich erfüllte.[117] Dies dürfte bei genauerer Betrachtung auch zukünftig der Fall sein, wie die Regelung des Art. 29 VO 1/2003 beweist: Die GVO ist ein legislativer Akt der Kommission, der grundsätzlich als solcher bereits einen Ermessensspielraum voraussetzt. Gleichzeitig zeigt aber die Möglichkeit des Entzugs der Gruppenfreistellung gem. Art. 29 VO 1/2003, dass GVOen durchaus in ihrer generell-abstrakten, auf Prognosen gestützten Form auch Fälle erfassen können, die tatsächlich nicht von Art. 81 Abs. 3 EG gedeckt sind – anderenfalls bedürfte es keiner Entzugsmöglichkeit. Die GVOen sollen in einer generell-abstrakten, vorausschauenden Art und Weise solche Vereinbarungen vom Verbot des Art. 81 Abs. 1 EG freistellen, die aller Voraussicht nach die Voraussetzungen des Art. 81 Abs. 3 EG erfüllen werden. Es wäre unverhältnismäßig, auch solche Vereinbarungen von vornherein mit dem generellen Verbot des Art. 81 Abs. 1 EG zu belegen, obwohl bereits aufgrund des generell positiven Charakters die-

---

[115] *Bechtold,* Modernisierung, BB 2000, 2425, 2427; ihm folgend: *Schütz,* in: GK (2004), VO 1/03, Art. 29, Rn. 11; *Zwiener,* Auswirkungen, S. 152; anders dagegen *Veelken,* in: Immenga/Mestmäcker, EG-WbR (1997–2001), 2. Erg., I.) Rn. 55; *Veelken,* in: Immenga/Mestmäcker, WbR-EG (2007), GFVO, A.), Rn. 3. Vgl. *Schmidt,* Karsten, Umdenken, BB 2003, 1237; *Heutz,* Legalausnahme, WuW 2004, 1255, 1263 f., die eine konstitutive Wirkung von GVOen annehmen, wenn darin über die Voraussetzungen des Art. 81 Abs. 3 EG hinausgegangen wird.

[116] Vgl. ausführlich: *Koch,* Beurteilungsspielräume, ZWeR 2005, 380; a. A. *Fuchs,* Gruppenfreistellungsverordnung, ZWeR 2005, 1, 24 ff.; *Wagner,* Systemwechsel, WRP 2003, 1369, 1374; s. auch *Schweda,* Bindungswirkung, WuW 2004, 1133, 1136 ff.

[117] *Veelken,* in: Immenga/Mestmäcker, EG-WbR (1997–2001), GFVO, Kap. A.), Rn. 4.

ser Vereinbarungen vom Überwiegen der positiven, in Art. 81 Abs. 3 EG normierten Auswirkungen ausgegangen werden kann. Im Ergebnis muss daher der Kommission als Verordnungsgeber auch weiterhin ein Ermessen eingeräumt werden, will man nicht die GVOen als generell-abstrakte Prognoseentscheidungen der Kommission insgesamt abschaffen.[118]

Sind durch GVOen ausnahmsweise Vereinbarungen freigestellt, die die Voraussetzungen des Art. 81 Abs. 3 EG nicht erfüllen, so besteht die Möglichkeit des Entzugs des Vorteils dieser Freistellung gem. Art. 29 VO 1/2003. Schränkt die GVO dagegen die Freistellungsvoraussetzungen stärker als von Art. 81 Abs. 3 EG vorgegeben ein, so bleibt den betroffenen Unternehmen immer noch die Möglichkeit, sich direkt auf Art. 81 Abs. 3 EG zu berufen.

II. Auslegung der Gruppenfreistellungsverordnungen durch die Zivilgerichte

Bislang war es gefestigte Rechtsprechung des EuGH, dass Gruppenfreistellungsverordnungen als Ausnahmetatbestände eng auszulegen sind.[119] Entweder die zu überprüfende Vereinbarung erfüllte exakt die Vorgaben der GVO oder sie wurde durch eine Einzelfreistellung vom Verbot des Art. 81 Abs. 1 EG befreit. Diese Auffassung von der restriktiven Auslegung der GVOen ist bereits zum früheren System der VO 17/62 auf Widerstand im Schrifttum gestoßen.[120] Allerdings war bislang wohl herrschende Meinung in Rechtsprechung[121] und Schrifttum[122], dass eine eigenständige Erweiterung der jeweiligen Gruppenfreistellungsverordnung durch die Zivilgerichte der Mitgliedstaaten in Form einer analogen Anwendung auf eindeutig nicht erfasste Vereinbarungen einen unzulässigen Eingriff in die Rechtssetzungsbefugnis der Kommission darstellte. Fraglich ist, ob sich die Rechtslage hier geändert hat: Die Kommission hat im Hinblick auf das eingeführte Legalausnahmesystem und die damit verbundene unmittelbare Anwendbarkeit des Art. 81 Abs. 3 EG auf ihre Rechtsgestaltungsmöglichkeit hinsichtlich

---

[118] Vgl. ausführlich: *Baron,* Rechtsnatur der Gruppenfreistellungsverordnungen, WuW 2006, 358, 362 ff.

[119] Vgl. *EuGH,* 24.10.1995, Az.: C-70/93 – BMW Leasing, Slg. 1995, I-3439, 3471; *EuGH,* 24.10.1995, Az.: C-266/93 – Volkswagen und VAG Leasing, Slg. 1995, II-3477, 3520.

[120] *Veelken,* in: Immenga/Mestmäcker, EG-WbR (1997–2001), Bd. I, GFVO, Kap. A.), Rn. 27; *Gleiss/Hirsch,* 1993, Art. 85 (3), A), Rn. 1795.

[121] *EuGH,* 28.02.1991, Az.: C-234/89 – Delimitis, Slg. 1991, I-00935, 992 Tz. 47 und 994, Tz. 55.

[122] *Veelken,* in: Immenga/Mestmäcker, EG-WbR (1997–2001), GFVO, A), Rn. 28; *Gleiss/Hirsch,* 1993, Art. 85 (3), A), Rn. 1796.

der Einzelfreistellungsmöglichkeit weitgehend verzichtet. Folgt man den o.g. Ansichten, die den GVOen keine konstitutive Wirkung mehr zuerkennen wollen, so würde man angesichts der rein deklaratorischen Wirkung der GVOen und der so gesehenen primärrechtlich verankerten Einzelfreistellung über Art. 81 Abs. 3 EG dazu kommen, dass die Freistellungsgründe der GVOen durchaus auch einzelfallbezogen auf nicht exakt von der Gruppenfreistellungsverordnung erfasste Vereinbarungen erweitert werden können, ohne dass die Kommission in einer etwa noch verbliebenen Rechtssetzungsbefugnis beeinträchtigt wäre. Eine solche Rechtssetzungsbefugnis würde der Kommission bei den rein deklaratorisch wirkenden GVOen nicht mehr zukommen. Wenn sie aufgrund ihres Verzichtes auf ihr Freistellungsmonopol auf die Einzelfreistellung über Art. 81 Abs. 3 EG keinen unmittelbaren Einfluss mehr ausüben kann, so kann sie es insbesondere den nun zur Rechtsfindung auch im Hinblick auf Art. 81 Abs. 3 EG berufenen Zivilgerichten der Mitgliedstaaten nicht mehr mit Verweis auf ihr fortbestehendes Rechtssetzungsmonopol bei GVOen untersagen lassen, die Gruppenfreistellungsverordnung als bloße Auslegungshilfe[123] für ähnlich gelagerte Sachverhalte im Hinblick auf Art. 81 Abs. 3 EG heranzuziehen.[124] Folgt man jedoch der hier vertretenen Ansicht, so stellen sich diese Fragen nicht: Die GVOen stellen weiterhin einen allein aus der Rechtssetzungsbefugnis der Kommission hervorgehenden gesetzgeberischen Akt dar, der auf einer Prognoseentscheidung der Kommission beruht, während bei der Einzelfreistellung gem. Art. 81 Abs. 3 EG nur eine nachträgliche Kontrolle seitens der Behörden und Gerichte erfolgt. Will nun ein Zivilgericht darüber urteilen, ob eine Vereinbarung freigestellt und damit zulässig ist, so muss es zwischen einer Freistellung über eine GVO oder direkt über Art. 81 Abs. 3 EG differenzieren: Bei einer Gruppenfreistellung wird die in Rede stehende Vereinbarung anhand einer generell-abstrakten Regelung freigestellt, ohne dass es einer genaueren Untersuchung der Voraussetzungen des Art. 81 Abs. 3 EG bedarf. Würde das Gericht nun diese einschlägige GVO weiter auslegen bzw. analog anwenden, so würde es in die Prognoseentscheidung der Kommission und damit in deren hier verbliebene Rechtssetzungsbefugnis eingreifen. Dem Gericht ist im Rahmen seines eige-

---

[123] *Vogel,* in: Loewenheim, EG-Wbr. (2005), GVO-Allgemein, Rn. 18, der im neuen System keinen Raum mehr für Gruppenfreistellungsverordnungen sieht und ihnen deshalb lediglich die Bedeutung einer Auslegungsrichtlinie für die Anwendung der Legalausnahme beimisst, allerdings gleichzeitig auf entgegenstehende Vorstellungen der Kommission hinweist. Anders dagegen wiederum *Baron,* in: Loewenheim, EG-Wbr. (2005), GVO-Vertikal, Rn. 23 f.

[124] Vgl. *Bechtold,* Modernisierung, BB 2000, 2425, 2427; *Bechtold,* Gedanken, WuW 2001, 339; ähnlich *Schütz,* in: GK (2004), VO 1/03, Einl., Rn. 12, der den Umweg über die Einzelfreistellung des Art. 81 Abs. 3 EG als zu förmlich ablehnt und eine offenere Auslegung der GVOen befürwortet.

nen Beurteilungsspielraums nur die Möglichkeit der Einzelfreistellung gem. Art. 81 Abs. 3 EG eröffnet, also die Möglichkeit der genauen, individuell-konkreten Analyse der positiven und negativen Auswirkungen der Vereinbarung, nicht dagegen eine Ausdehnung der generell-abstrakten Prognoseentscheidung des Verordnungsgebers. Unbenommen bleibt dem nationalen Richter jedoch, ohne Rücksicht auf die Regelungen der GVOen, eine Einzelfreistellung auch solchen Vereinbarungen zuzuerkennen, für die beispielsweise aufgrund Schwarzer Klauseln eine Gruppenfreistellung keinesfalls in Betracht käme – jedenfalls dann, wenn der Mangel einzelner Voraussetzungen durch andere, positive Effekte auf den Wettbewerb ausgeglichen oder für die Freistellung i. S. d. Art. 81 Abs. 3 ohne Bedeutung ist.[125] Die Kommission hat selbst klargestellt, dass die Nichterfüllung der GVO-Kriterien keineswegs die Entscheidung über eine Einzelfreistellung vorwegnimmt, lediglich die Verwendung Schwarzer Klauseln regelmäßig eine Einzelfreistellung unwahrscheinlich mache.[126]

D. Rechtswirkungen der Leitlinien und Bekanntmachungen der Kommission[127]

Die Kommission geht zwar offenbar tatsächlich davon, dass der Rechtsrahmen durch in 35 Tätigkeitsjahren ergangene Kommissions- und Gerichtsentscheidungen so hinreichend deutlich herausgearbeitet worden sei, dass eine Anwendung des EG-Wettbewerbsrechtes – fortan: inklusive Art. 81 Abs. 3 EG – keinen Beteiligten mehr vor Schwierigkeiten stellen dürfte.[128] Gleichwohl hat sie zur Vermeidung von Implementierungsproblemen des „neuen" Rechts, gestützt auf Art. 33 der VO 1/2003, im Frühjahr 2004 ein sog. „Modernisierungspaket"[129] geschnürt. Es enthält neben einer rein verfahrensrechtlichen Verordnung sechs teilweise sehr umfangreiche Bekanntmachungen und Leitlinien[130] zur Konkretisierung des zu beachten-

---

125 So auch *Bechtold,* Modernisierung, BB 2000, 2425, 2427; *Bechtold,* Gedanken, WuW 2001, 339.

126 Vgl. bspw. für vertikale Vereinbarungen: GVO-Vertikal (VO 2790/1999), ABl. 1999/L 336/21, Erw.Gr. 9; Vertikal-Leitlinien, ABl. 2000/C 291/01, Rn. 62; vgl. hierzu auch *Baron,* in: Loewenheim, EG-Wbr. (2005), GVO-Vertikal, Rn. 28 f.

127 Zu den Rechtswirkungen von Leitlinien, Bekanntmachungen und Mitteilungen der Kommission s. insbesondere *Pampel,* Rechtswirkungen, 47 ff. m. z. N.; *Pampel,* Europäisches Wettbewerbsrecht, EuZW 2005, 11; *Pohlmann,* Keine Bindungswirkung, WuW 2005, 1005; a. A. *Schweda,* Bindungswirkung, WuW 2004, 1133.

128 *Europäische Kommission,* Weißbuch Modernisierung, Tz. 51.

129 Zur Bezeichnung vgl. *Europäische Kommission,* Modernisierung.

130 Der Differenzierung zwischen den Begriffen Bekanntmachung, Mitteilungen und Leitlinien liegen keine inhaltlichen oder formalen Unterscheidungskriterien zu-

den Rechtsrahmens[131]. Angesichts der nunmehr eingeführten Pflicht der Unternehmen zur Selbstveranlagung können sowohl den Leitlinien des Modernisierungspaketes, als auch den außerhalb dieses „Paketes" erlassenen Bekanntmachungen und Leitlinien der Kommission, insbesondere den Leitlinien zur Beurteilung von horizontalen[132] und von vertikalen[133] Vereinbarungen, eine erhebliche Bedeutung für die Beurteilung des europäischen Rechts zukommen. Die Leitlinien werden im Einzelnen, soweit relevant, noch ausführlich zu erörtern sein. Die Frage, die sich jedoch ganz allgemein mit Blick auf solche Mitteilungen der Kommission stellt, ist die nach ihren Rechtswirkungen. Dabei kann vorab bereits festgehalten werden, dass diese Bekanntmachungen nach allgemeiner Ansicht nicht zum sekundären Gemeinschaftsrecht zu zählen sind,[134] also außerhalb der regulären Regelungsinstrumente des europäischen Rechts anzusiedeln sind.[135]

I. Selbstbindung der Kommission

Weitgehend unstreitig dürfte sein, dass die Bekanntmachungen und Leitlinien die Kommission selbst ganz grundsätzlich bei ihrer Ermessensausübung binden.[136] Diese Befugnis zur Selbstbindung ist nicht etwa durch die

---

grunde, vgl. *Pampel,* Rechtswirkungen, S. 33, dort auch zu denkbaren Differenzierungen.

[131] *Europäische Kommission,* Verordnung (EG) Nr. 773/2004 über die Durchführung von Verfahren auf der Grundlage der Art. 81 und 82 EG durch die Kommission, (VO 773/2004), ABl. 2004/L 123/18; *Europäische Kommission,* Bekanntmachung der Kommission über die Zusammenarbeit innerhalb des Netzes der Wettbewerbsbehörden, (Netzbekanntmachung), ABl. 2004/C 101/43; *Europäische Kommission,* Bekanntmachung der Kommission über die Zusammenarbeit zwischen der Kommission und den Gerichten der EU-Mitgliedstaaten bei der Anwendung der Artikel 81 und 82 des Vertrags, (Bekanntmachung Zusammenarbeit Gerichte/Kommission), ABl. 2004/C 101/54; *Europäische Kommission,* Bekanntmachung der Kommission über die Behandlung von Beschwerden durch die Kommission gemäß Artikel 81 und 82 EG-Vertrag, (Beschwerde-Bekanntmachung), ABl. 2004/C 101/65; Beratungs-Bekanntmachung, ABl. 2004/C 101/78; *Europäische Kommission,* Leitlinien über den Begriff der Beeinträchtigung des zwischenstaatlichen Handels in den Artikeln 81 und 82 des Vertrags, (Zwischenstaatlichkeits-Leitlinien), ABl. 2004/C 101/81; Leitlinien zu Art. 81 Abs. 3, ABl. 2004/C 101/97.

[132] Horizontal-Leitlinien, ABl. 2001/C 3/2.

[133] Vertikal-Leitlinien, ABl. 2000/C 291/01.

[134] *Kulka,* in: FK (1999), (Stand: 11/2001), Art. 81 Abs. 1, 3 Fallgruppe II.1., Rn. 21; *Mestmäcker/Schweitzer,* Europäisches Wettbewerbsrecht (2004), § 1, Rn. 8; *Geiger,* Die neuen Leitlinien, EuZW 2000, 325, 325; *Bechtold,* EG-Gruppenfreistellungsverordnungen, EWS 2001, 49, 53.

[135] Ausführlich: *Pampel,* Rechtswirkungen, S. 81 ff.

[136] *EuG,* 03.04.2003, Az.: T-119/02 – Royal Philips, Slg. 2003, II-01433, 1515, Tz. 242; EuG, *EuG,* 09.07.2003, Az.: T-224/00 – Acher Daniels Midland, Slg.

Aufgabe des Freistellungsmonopols der Kommission verloren gegangen.[137] Zum einen ist die Frage, ob eine Selbstbindung der Kommission möglich ist, nicht zwingend verbunden mit der Frage nach einem gerichtlich nicht überprüfbaren Beurteilungsspielraum der Kommission. Es besteht durchaus die Möglichkeit, dass sich die Kommission durch gleichförmiges Verwaltungshandeln oder eben durch Mitteilungen selbst bei der Auslegung des Art. 81 EG bindet, dieses Verwaltungshandeln und diese Mitteilungen gleichwohl dabei jedoch vollumfänglich durch die Gerichte überprüft werden können.[138]

Zum anderen besteht auch – und dies ist entscheidend – sehr wohl auch nach Inkrafttreten der VO 1/2003 eine Entscheidungszuständigkeit der Kommission.[139] Der Unterschied zur bisherigen Rechtslage besteht darin, dass die Kommission nicht mehr im Rahmen eines Entscheidungsmonopols eine gestaltende Befreiungsentscheidung treffen kann.[140] Nur hier konnte ihr ein Beurteilungsspielraum zugestanden werden, der gerichtlich nicht vollumfänglich überprüfbar war[141]: Dieser Beurteilungsspielraum der Kommission wurde, anders als es etwa die Formulierung des Art. 81 Abs. 3 EG nahelegt, der Kommission von den Gerichten nicht etwa bei der Frage eingeräumt, ob eine Freistellung bei Vorliegen der Freistellungsvoraussetzungen tatsächlich gewährt werden sollte oder nicht;[142] vielmehr bestand ein Beurteilungsspielraum bei der Frage, ob denn die Freistellungsvoraussetzungen des Art. 81 Abs. 3 EG vorlagen oder nicht.[143] Hierfür bedurfte (und

---

2003, II-02597, Tz. 182; *EuG,* 12.12.1996, Az.: T-380/94 – AIUFFASS, Slg. 1996, II-02169, Tz. 57. Vgl. *Stockmann,* in: Wiedemann, Hdb. KartellR. (1999), § 7, Rn. 29; *Polley/Seeliger,* Das neue EG-Kartellrecht, WRP 2001, 494, 496; *Bechtold,* EG-Gruppenfreistellungsverordnungen, EWS 2001, 49, 53; *Jestaedt/Bergau,* Neue Bagatellbekanntmachung, WuW 1998, 119, 123 ff.; ausführlich dazu auch *Pampel,* Rechtswirkungen, 55 ff., der im Ergebnis auch weiterhin von einer, jedoch nur faktischen Selbstbindung ausgeht.

137 Vgl. ähnlich: *Weyer,* Gestaltung der Wettbewerbspolitik, ZHR 2000, 611; *Weyer,* Konkurrierende Anwendung, WuW 2000, 842; a. A. *Pampel,* Rechtswirkungen, S. 72 ff.

138 So wohl auch *Pampel,* Rechtswirkungen, S. 57, der jedoch eine rechtliche Selbstbindung offenbar von einem gerichtsfesten Beurteilungsspielraum abhängig machen möchte.

139 A. A. *Pampel,* Rechtswirkungen, S. 77.

140 *Bechtold,* Rechtssicherheit, S. 25, 29.

141 Vgl. *Pampel,* Rechtswirkungen, S. 77; *Weitbrecht,* Neue EG-Kartellverfahrensrecht, EuZW 2003, 69, 70.

142 s. *EuGH,* 13.07.1966, Az.: 56, 58/64 – Grundig/Consten, Slg. 1966, 321, 134.

143 *EuGH,* 15.05.1975, Az.: 71/74 – FRUBO, Slg. 1975, 563; *EuG,* 23.10.2003, Az.: T-65/98 – Van den Bergh Foods, Slg. 2003, II-04653, Rn. 135. Im Hinblick auf das Eingreifen des Art. 81 Abs. 1 EG konnte dagegen nur in sehr engen Grenzen von einem gerichtsfesten Beurteilungsspielraum der Kommission ausgegangen

bedarf) es einer umfassenden Beurteilung komplexer wirtschaftlicher Fragen.[144] Bei *dieser* Beurteilung verfügte die Kommission über einen Beurteilungsspielraum, der es ihr entsprechend ihrem Freistellungsmonopol gestattete, die europäische Wettbewerbspolitik maßgeblich selbst zu gestalten.[145] Denn sie allein war es, die darüber zu entscheiden hatte, ob eine Freistellung auf der Grundlage des Art. 81 Abs. 3 EG erteilt wurde oder nicht; ohne ihre konstitutive Entscheidung fand Art. 81 Abs. 3 EG keine Anwendung. Die Entscheidungen der Kommission wurden folglich nur daraufhin überprüft, ob der Tatbestand richtig festgestellt, ob keine offenkundigen Beurteilungsfehler begangen wurden und ob nicht ein Ermessensfehlgebrauch vorlag.[146]

Durch Aufgabe des Entscheidungsmonopols einerseits und des Erfordernisses einer konstitutiven Freistellungsentscheidung andererseits ist dieser gerichtlich nicht überprüfbare Beurteilungsspielraum der Kommission entfallen.[147] Zum einen kann ein gerichtlich nicht überprüfbarer Beurteilungsspielraum nicht mehr bestehen, wenn nunmehr auch die nationalen Gerichte (und alle übrigen Rechtsanwender) selbst über eine Freistellung gem. Art. 81 Abs. 3 EG vollumfänglich entscheiden können, hier kein Entscheidungsmonopol der Kommission mehr zu beachten ist. Würde der Kommission weiterhin ein gerichtsfester Beurteilungsspielraum zugestanden werden, so wäre dies nicht mit dem Legalausnahmesystem vereinbar, das jedes Gericht und jede Wettbewerbsbehörde ermächtigt, die Voraussetzungen des Art. 81 Abs. 3 EG zu prüfen. Es müsste dann jeder Instanz ein Beurteilungsspielraum zugestanden werden, was angesichts der dann zu erwartenden uneinheitlichen Anwendung des Art. 81 EG rechtspolitisch nicht erwünscht sein kann. Zum anderen ist zukünftig ohne konstitutive Freistel-

---

werden. Grundsätzlich – worauf bspw. auch *Pampel,* Rechtswirkungen, S. 75 f., hinweist – prüften die Gerichte grundsätzlich umfassend, ob Art. 81 Abs. 1 EG eingreift oder nicht. Nur dann, wenn komplexe wirtschaftliche Fragestellungen im Raum standen, wurde der Kommission ein Beurteilungsspielraum eingeräumt: *EuGH,* 17.11.1987, Az.: 142, 156/84 – BAT & Reynolds, Slg. 1987, 4566, 825, Tz. 62; *EuG,* 15.07.1994, Az.: T-17/93 – MATRA Hachette, Slg. 1994, II-00595, 3256. A. A. *Schweda,* Bindungswirkung, WuW 2004, 1133, Fn. 25, der hieraus einen umfassenderen Beurteilungsspielraum der Kommission auch in Ansehung des Art. 81 Abs. 1 EG ableitet.

[144] So auch *Schröter,* in: v. d. Groeben/Schwarze (Bd. 2) (2003), Art. 81 Rn. 269.

[145] *EuGH,* 11.04.1989, Az.: 66/86 – Ahmed Saeed, Slg. 1989, 803, 848, Tz. 32.

[146] *EuGH,* 15.05.1975, Az.: 71/74 – FRUBO, Slg. 1975, 563; *EuG,* 23.10.2003, Az.: T-65/98 – Van den Bergh Foods, Slg. 2003, II-04653, Rn. 135.

[147] Vgl. hierzu ausführlich *Pampel,* Rechtswirkungen, S. 72 ff.; ferner *Weitbrecht,* Neue EG-Kartellverfahrensrecht, EuZW 2003, 69; *Bechtold,* Rechtssicherheit, S. 25, 29; a. A. dagegen *Schweda,* Bindungswirkung, WuW 2004, 1133, 1136 f.; eingeschränkt a. A. auch *Weyer,* Konkurrierende Anwendung, WuW 2000, 842, 845; *Weyer,* Gestaltung der Wettbewerbspolitik, ZHR 2000, 611, 619.

lungsentscheidung einzig anhand des, allerdings auch weiterhin auslegungsbedürftigen, Art. 81 Abs. 3 EG zu beurteilen, ob ein Vorhaben vom Verbot des Art. 81 Abs. 3 EG freigestellt ist oder nicht.[148] Jeder Rechtsanwender hat daher Art. 81 Abs. 3 EG zu prüfen. Gleichwohl besteht auch im Rahmen des Legalausnahmesystems der VO 1/2003 eine Entscheidungszuständigkeit der Kommission: Sie kann auch weiterhin verbindliche, allerdings gerichtlich überprüfbare Entscheidungen darüber treffen, ob eine Vereinbarung gegen Art. 81 Abs. 1 EG verstößt oder gem. Art. 81 Abs. 3 EG von einem Verbot des Abs. 1 befreit ist und damit Abstellungsverfügungen etc. erlassen (vgl. Kapitel III der VO 1/2003). Bei diesen Entscheidungen muss die Kommission ebenso wie die nunmehr ebenfalls zur Anwendung des Art. 81 Abs. 3 EG verpflichteten nationalen Kartellbehörden und Gerichte die unbestimmten Rechtsbegriffe des Art. 81 EG konkretisieren und auslegen. Es müssen auch weiterhin komplexe Sachverhalte auf ihre Auswirkungen auf den Wettbewerb hin untersucht werden, um zu einer Entscheidung über die kartellrechtliche Zulässigkeit der in Rede stehenden Vereinbarungen gem. Art. 81 EG gelangen zu können. Die insoweit sehr unbestimmten Tatbestandsmerkmale des Art. 81 EG müssen mit Hilfe detaillierter, wettbewerbsrechtlicher und -politischer Kriterien auch weiterhin konkretisiert werden. Im Rahmen dieser Entscheidungszuständigkeit kann die Kommission hier verbindliche Kriterien aufstellen, anhand derer sie auch zukünftig ihre Entscheidungen ausrichten wird. Es steht ihr dabei frei, sich selbst durch entsprechend gleichförmiges Verwaltungshandeln, aber eben auch durch Mitteilungen zu binden.[149]

Dabei ist es für alle Beteiligten nur von Vorteil, wenn diese Kriterien von der „Hüterin der Verträge", der demnach auch nach der Reform weiterhin die Vorrangstellung bei der Gestaltung der Wettbewerbspolitik zukommen wird, offen dargelegt werden und mit einer Selbstbindungswirkung gegenüber der Kommission ausgestattet werden. Zu wesentlich weniger Rechtssicherheit würde es dagegen führen, wenn die Kommission die von ihr zwangsläufig vorzunehmenden Konkretisierungen der Tatbestandsmerkmale von Fall zu Fall vornehmen würde. Der Vertrauensschutz begründet daher – neben der ausdrücklichen Erklärung der Kommission, sich an diese von ihr erlassenen Mitteilungen zu halten – dogmatisch eine Selbstbindungswirkung dieser Mitteilungen.[150] Diese Selbstbindungswirkung ist dabei jedoch keine absolute: Die Kommission behält sich in den Leitlinien ausdrücklich vor, in

---

[148] So auch *Pampel,* Rechtswirkungen, S. 57, 72 ff.

[149] Im Ergebnis so auch bspw. *Meessen,* in: Loewenheim, EG-Wbr. (2005), Einf., C. I., Rn. 59; *Schütz,* in: GK (2004), VO 1/03, Einf., Rn. 25; *Mestmäcker/Schweitzer,* Europäisches Wettbewerbsrecht (2004), § 3, Rn. 60.

[150] Vgl. auch *Haag,* in: v. d. Groeben/Schwarze (Bd. 2), 2003, Art. 81, Kap. II., 1 b, Rn. 3.

Einzelfällen hiervon abzuweichen.[151] Dabei ist es aus allgemeinen Gleichbehandlungsgrundsätzen heraus zu fordern, dass die Kommission darlegt, warum die Leitlinien im konkreten Fall keine Bindungswirkung entfalten. Nur dann würde sie der Selbstbindungswirkung der Leitlinien, die ein rein willkürliches Abweichen aus reinen Opportunitätsaspekten heraus von den darin enthaltenen Wertungen verbietet, entsprechen.[152]

II. Bindungswirkung gegenüber nationalen Kartellbehörden und Gerichten

Die entscheidende, sich an soeben getroffene Feststellungen anschließende Frage ist, ob Dritte, d.h. nationale Institutionen und Unternehmen, ebenfalls an die Mitteilungen der Kommission entweder rechtlich, oder doch zumindest faktisch gebunden sind. Vorausgeschickt werden muss, dass die Mitteilungen der Kommission nur im Rahmen des Primär- und Sekundärrechts Bindungswirkung entfalten können.[153] Darüber hinaus stehen konkrete Entscheidungen der Gemeinschaftsgerichte über den darin enthaltenen Bewertungen der Kommission, was sich zwanglos aus der Hierarchie der Gemeinschaftsorgane ergibt.[154]

1. Rechtliche Bindungswirkung

Daraus, dass die Kommission nach Inkrafttreten der VO 1/2003 auch weiterhin zur Selbstbindung durch ihre Mitteilungen befähigt bleibt, lässt sich noch nicht auf eine rechtliche Bindungswirkung der Mitteilungen auch

---

[151] Vgl. bspw. Vertikal-Leitlinien, ABl. 2000/C 291/01, Tz. 3.

[152] Zur Frage, ob die Kommission Änderungen in ihrer Beurteilungspraxis durch Abänderung der Leitlinien nachzeichnen muss, vgl. *Seemann,* Schranken des EG-Kartellrechts, S. 18 und, diesem folgend, *Pampel,* Rechtswirkungen, S. 60 f. Eine Befugnis der Kommission zur auch rückwirkenden Änderung von Leitlinien wird im Rahmen der anwendbaren primär- und sekundärrechtlichen Vorgaben dabei zumindest vom EuG für zulässig erachtet: *EuG,* 09.07.2003, Az.: T-220/00 – Cheil Jedang Corp., Slg. 2003, II-02473, Tz. 33.

[153] Vgl. nur *EuGH,* 16.12.1975, Az.: 40/73 et. alt. – Suiker Unie, Slg. 1975, 1663: Der EuGH reduzierte lediglich das von der Kommission verhängte Bußgeld mit der Begründung, das bestrafte Unternehmen habe sich auf die Aussagen in einer Mitteilung der Kommission verlassen, die eine Vereinbarung des Unternehmens als rechtmäßig erscheinen ließ; das Verhalten des Unternehmens blieb gleichwohl rechtswidrig und verboten. Zur wohl eher theoretischen Frage nach möglichen Schadensersatzansprüchen der sich insoweit auf die Aussagen der Kommission verlassenden Unternehmen s. *Pampel,* Rechtswirkungen, S. 62 ff. mit Verweis auf ein bislang (Stand: 05.09.2007) nicht entschiedenes Verfahren vor dem EuG (Az.: T-212/03).

[154] Vgl. zur Reichweite der Selbstbindung ausführlich: *Pampel,* Rechtswirkungen, S. 58 ff. und *Schweda,* Bindungswirkung, WuW 2004, 1133, 1138 f., jeweils m.w.N.

gegenüber nationalen Kartellbehörden und Gerichten schließen. Die Mitteilungen der Kommission sind weder als primär-, noch als sekundärrechtlich verankerte, verbindlich wirkende Handlungsinstrumente der Kommission im Normengefüge des EG-Vertrages einzuordnen. Angesichts der durchaus vorhandenen Abweichungen der Mitteilungen von der Rechtsprechung der Gemeinschaftsgerichte können sie auch nicht als kodifiziertes Richterrecht Bindungswirkung für die Mitgliedstaaten entfalten.[155] Allgemein wurde deshalb bislang angenommen, dass eine rechtliche Bindungswirkung weder gegenüber den nationalen Wettbewerbsbehörden, noch gegenüber den nationalen Gerichten bei der Anwendung des europäischen Wettbewerbsrechts bestünde.[156]

a) Rechtliche Bindungswirkung aufgrund Loyalitätspflicht gem. Art. 10 EG

Bei der Frage nach der rechtlichen Bindungswirkung der Mitteilungen der Kommission wird indes auch auf Art. 10 EG verwiesen.[157] Diese zuletzt am entschiedensten von Schweda[158] vertretene Ansicht geht von einer aus Art. 10 EG abzuleitenden Pflicht der nationalen Institutionen zur Anwendung der Mitteilungen der Kommission aus. Rekurriert wird dabei auf die Masterfoods-Entscheidung des EuGH[159], der zu entnehmen sei, dass aus Art. 10 EG die Verpflichtung der Mitgliedstaaten und ihrer Institutionen folge, die einheitliche Geltung und Anwendung des Gemeinschaftsrechts in den Mitgliedstaaten zu sichern.[160] Aus Art. 10 EG und der darin enthaltenen Loyalitätspflicht sei ein Rechtsanwendungsbefehl im Hinblick auf die Mitteilungen der Kommission für nationale Behörden und Gerichte abzuleiten. Wenn sich die Kommission selbst durch ihre Mitteilungen binde, so

---

155 Für eine ausführliche Auseinandersetzung mit den in Betracht kommenden Einordnungsversuchen (Mitteilung als Verwaltungsvorschrift; Bindungswirkung kraft Art. 211 EG) siehe ausführlich: *Pampel,* Rechtswirkungen, S. 81 ff.

156 Vgl. bspw. *Ellger,* in: Immenga/Mestmäcker, WbR-EG (2007), Art. 81 Abs. 3, C.), Rn. 86 m.w.N.; *Meessen,* in: Loewenheim, EG-Wbr. (2005), Einf. I., C., Rn. 59; *Jestaedt/Bergau,* Neue Bagatellbekanntmachung, WuW 1998, 119, 129 ff.; *Karl/Beutelmann/Müller-Feldhammer,* Zwölf Thesen, BB 2008, 1014 1016.

157 Für eine Bindungswirkung für die nationalen Wettbewerbsbehörden auf der Grundlage des Art. 10 EG plädiert insbesondere *Schröter,* in: v. d. Groeben/Schwarze (Bd. 2) (2003), Vorbem. zu Artt. 81 bis 85 EG, Rn. 15. Vgl. bspw. *Bahr/Loest,* Beurteilung von Vereinbarungen, EWS 2002, 263; *Geiger,* Die neuen Leitlinien, EuZW 2000, 325, der jedoch von einer rein faktischen Bindungswirkung ausgeht.

158 *Schweda,* Bindungswirkung, WuW 2004, 1133.

159 *EuGH,* 14.12.2000, Az.: C-344/98 – Masterfoods, Slg. 2000, I-11369.

160 *Schweda,* Bindungswirkung, WuW 2004, 1133, 1140 m.w.N.

seien gleichsam automatisch als „Reflex aus Art. 10 EG als ‚Umschaltnorm'"[161] nationale Gerichte und Behörden ebenfalls gebunden; der insoweit entgegenstehende Wille der Kommission, nur „Orientierungshilfe"[162] bieten zu wollen, könne an dieser automatisch eintretenden Bindungswirkung ebenso wenig wie die Auffassung des deutschen Gesetzgebers, Mitteilungen der Kommission seien (nur) zu berücksichtigen, etwas ändern. Zur Bestätigung dieser These wird Bezug genommen auf Rechtsprechung deutscher Gerichte, die in der Tat mehrfach betont haben, dass dem Gebot einer einheitlichen Anwendung europäischen Kartellrechts besonderes Gewicht beizumessen ist.[163]

b) Kritik an der Annahme einer rechtlichen Bindungswirkung

Diese auf Art. 10 EG gestützte Ansicht ist auf Kritik gestoßen, die sich wie folgt zusammenfassen lässt:[164]

– Die Regelung des Art. 10 EG sei subsidiär zu sekundärrechtlichen Regelungen. Vorliegend konkretisiere die VO 1/2003 bereits hinreichend und umfassend die Bereiche, in denen eine, ebenfalls hinreichend konkret formulierte, Pflicht der Mitgliedstaaten zur Gemeinschaftstreue bei der Anwendung des Art. 81 EG besteht. Die Regelungen zum Stellungnahmerecht der Kommission (Art. 15 Abs. 3 VO 1/2003), zur engen Zusammenarbeit im Rahmen des European Competition Network (ECN) (Art. 11 Abs. 1 VO 1/2003) und zu den Konsultations*rechten* (Art. 11 Abs. 5, 15 VO 1/2003) zeige ebenso wie die Beschränkung der Regelung des Art. 16 VO 1/2003 auf Fälle, in denen konkrete Entscheidungen der Kommission im Raum stehen, dass gerade kein Raum mehr bestehe für eine Anwendung des Art. 10 EG, das Schweigen der VO 1/2003 vielmehr ein beredetes Schweigen sei. Pohlmann[165], die diese Argumentation

---

[161] *Schweda,* Bindungswirkung, WuW 2004, 1133, 1142.

[162] Bekanntmachung Zusammenarbeit Gerichte/Kommission, ABl. 2004/C 101/54, Rn. 8.

[163] Vgl. *LG Frankfurt/Main,* 15.11.2002, Az.: 311 O 87/02 – Autovermietungsagenturen, WuW/E DE-R 1200; ähnlich auch *OLG München,* 01.08.2002, Az.: U (K) 5658/01 – Tankstelle Germering, WuW/E DE-R 991: Über die Bewertungen in einer Bekanntmachung der Kommission könne sich ein Gericht nur bei besonders schwerwiegenden Gründen hinwegsetzen.

[164] Die insoweit ebenfalls gegenläufige Argumentation des Bundeskartellamtes (*BKartA – AK Kartellrecht,* Kooperationen zwischen Wettbewerbern, S. 26 f.) verweist lediglich darauf, dass anderenfalls die Normenhierachie des EG unterlaufen werden würde – was zwar sicherlich zutreffend ist, jedoch als Gegenargument gegen eine Bindungswirkung über Art. 10 EG, der gerade eingreift, wenn verbindliche Normen fehlen, kein durchschlagendes Argument ist.

[165] *Pohlmann,* Keine Bindungswirkung, WuW 2005, 1005.

vertritt, weist darüber hinaus auf die ausdrücklichen Erklärungen der Kommission hin, die deutlich machten, dass auch die Kommission selbst nicht von einer Bindungswirkung ausgehe. Vielmehr mache die Kommission deutlich, dass sie auf das Instrument des Art. 11 Abs. 6 VO 1/2003 nur zurückgreife, wenn Mitglieder des Netzes eine Entscheidung entgegen gefestigten Fallrechts zu treffen beabsichtigen.[166] Dies mache insgesamt deutlich, dass kein Raum mehr für die Anwendung des Art. 10 EG verbleibe, da sekundärrechtlich bereits die bestehenden Treuepflichten abschließend geregelt seien.

- Art. 10 EG könne nur dann eine Rechtspflicht begründen, wenn dadurch nicht die Grenzen der innergemeinschaftlichen Funktionsverteilung überschritten würden. Der Kommission sei durch Art. 10 EG aber – was der EuGH[167] bereits entschieden habe – nicht die Befugnis verliehen, verbindliche Entscheidungen an die Mitgliedstaaten zu richten, um ihnen ein Verhalten vorzuschreiben, das dem Gemeinschaftsrecht entspricht. Gleiches gelte damit auch im Hinblich auf die Leitlinien im Wettbewerbsrecht.[168]
- Der Rat habe es im Zuge des Erlasses der VO 1/2003 abgelehnt, dem Wunsch nach einer generellen Ermächtigung der Kommission zum Erlass von GVOen zu entsprechen. Würde den Mitteilungen rechtliche Bindungswirkung zukommen, so würde dies dem damit deutlich gewordenen Willen des Rates, der Kommission keine weiterreichende Befugnis zur eigenständigen Rechtssetzung zuzugestehen, widersprechen:[169] Die Kommission würde bei der Bejahung einer Bindungswirkung gleichsam durch die Hintertür in die Lage versetzt werden, neues Recht zu schaffen. Aus einer eigentlich unverbindlich formulierten Mitteilung würde ein verbindlicher Rechtsakt werden, zu dessen Erlass die Kommission aber nicht ermächtigt sei. Im Ergebnis wären die Leitlinien wegen Verstoßes gegen das Prinzip des institutionellen Gleichgewichts von vornherein nichtig[170] – und damit zwangsläufig ohne jegliche Bindungswirkung.

---

[166] Vgl. *Pohlmann,* Keine Bindungswirkung, WuW 2005, 1005, 1007, unter Verweis auf *Europäischer Rat,* Gemeinsame Erklärung, dort Ziff. 21 b.).

[167] In der von *Pampel,* Rechtswirkungen, S. 98, zitierten Entscheidung des *EuG,* 13.12.1990, Az.: T-116/89 – Prodifarma, Slg. 1990, II-843, Tz. 79, wird auf den Beschluss des *EuGH,* 30.09.1987, Az.: 229/86 – Brother Industries Ltd., Slg. 1987, 3757 verwiesen.

[168] *Pampel,* Rechtswirkungen, S. 99.

[169] Vgl. *Pampel,* Europäisches Wettbewerbsrecht, EuZW 2005, 11, 12; ihm folgend: *Pohlmann,* Keine Bindungswirkung, WuW 2005, 1005, 1008.

[170] *Pampel,* Rechtswirkungen, S. 115 ff., 132. *Pampel* verbindet hier zwei eigentlich getrennt zu behandelnde Ansatzpunkte, wenn er einerseits die fehlende Befugnis zum Erlass von faktisch bindenden Leitlinien rügt, andererseits nur von einer

c) Stellungnahme

Dieser Kritik an einer rechtlichen Bindungswirkung der Leitlinien kann indes nicht gefolgt werden. Vielmehr lässt sich tatsächlich – wie zuletzt von Schweda[171] gefolgert – aus der gem. Art. 10 EG bestehenden Loyalitätspflicht eine rechtliche Bindungswirkung der Leitlinien und Bekanntmachungen der Kommission ableiten:

(1) Keine Subsidiarität des Art. 10 EG

Das Argument, Art. 10 EG sei im vorliegenden Fall subsidiär, da die VO 1/2003 hinsichtlich der gemeinschaftsrechtlichen Treuepflichten abschließend sei, überzeugt nicht. Mit gleicher Argumentation wäre es dem EuGH anderenfalls auch verwehrt gewesen, in Sachen Masterfoods[172] so zu entscheiden, wie er es getan hat: Der EuGH hatte bereits in seiner richtungsweisenden Entscheidung in Sachen Delimitis im Jahr 1991[173] ausgeführt, dass nationale Gerichte aus Gründen der Rechtssicherheit und zur Sicherstellung der Kohärenz kartellrechtlicher Entscheidungen nur zu einer Entscheidung befugt seien, wenn entweder die Voraussetzungen des Art. 81 Abs. 1 EG zweifellos nicht erfüllt, oder wenn umgekehrt Abs. 1 erfüllt, eine Freistellung nach Abs. 3 aber zweifellos ausgeschlossen ist (sog. acte-clair-Doktrin).[174] Mit der Stellung eines auf Art. 81 Abs. 3 EG gestützten Freistellungsantrags bei der Kommission durch das handelnde Unternehmen waren die nationalen Gerichte deshalb zwar möglicherweise nicht gezwungen, die Sache gem. § 148 ZPO auszusetzen[175], da sie jedoch nach der De-

---

Teilnichtigkeit der Leitlinien, soweit sie gegen Sekundär- bzw. Richterrecht verstoßen, ausgeht.

171 *Schweda,* Bindungswirkung, WuW 2004, 1133.

172 *EuGH,* 14.12.2000, Az.: C-344/98 – Masterfoods, Slg. 2000, I-11369.

173 *EuGH,* 28.02.1991, Az.: C-234/89 – Delimitis, Slg. 1991, I-00935, Tz. 50.

174 Vgl. ausführlich zu der Frage der Bindungswirkung von Kommissionsverfügungen: *Schmidt,* Karsten, EG-Gruppenfreistellung, S. 667, 670; *Ackermann,* Rule of reason, S. 140; *Zuber,* Amicus curiae, S. 46 ff. m. w. N., der trotz Anerkennung einer Bindungswirkung Kommissionsentscheidungen keine präjudizielle Wirkung entnehmen will, sondern hierin nur eine Vorfrage des nationalen Prozesses sieht; *Steindorff, EG*-Vertrag und Privatrecht, S. 340. *Weyer,* Konkurrierende Anwendung, WuW 2000, 842; *Weyer,* Gemeinschaftliches Verbot, ZEuP 1999, 424. Vgl. hierzu auch *Bornkamm,* Masterfoods-Entscheidung, ZWeR 2003, 73, 82, der allerdings entgegen der deutschen Rechtspraxis auch von einer Bindungswirkung (kartell)behördlicher Verwaltungsakte inter omnes ausgeht; *Bornkamm,* Rolle des Zivilrichters, S. 16 ff. m. w. N.

175 Ob aus Art. 9 Abs. 3 VO 17/62 und den für diese Frage relevanten Entscheidungen des EuGH (*EuGH,* 28.02.1991, Az.: C-234/89 – Delimitis, Slg. 1991, I-00935; *EuGH,* 12.12.1995, Az.: C-319/93, C-40/94 und C-224/94 – Evert

limitis-Rechtsprechung zur Vermeidung widersprechender Entscheidungen verpflichtet sind, war die Aussetzung des Verfahrens, ggfs. verbunden mit der Einleitung eines Vorabentscheidungsverfahrens nach Art. 234 EG, die einzig sichere Möglichkeit, gemeinschaftsrechtskonform, d.h. frei von Widersprüchen zu Kommissionsentscheidungen zu handeln. Gleiches galt, wenn das Gericht selbst das Vorliegen der Freistellungsvoraussetzungen des Art. 81 Abs. 3 EG zumindest für möglich hielt. In der diesem Urteil nachfolgenden Entscheidung in Sachen Masterfoods[176] wurde dieser Grundsatz, der konsequenterweise erst recht dann gilt, wenn die Kommission bereits eine Entscheidung erlassen hat und das nationale Gericht hiervon abweichen möchte, erneut vom EuGH bestätigt und diesmal ausdrücklich auf Art. 10 EG gestützt.[177] Dabei wurde vom EuGH klargestellt, dass sich die Kommissionsentscheidung selbst gegen ein in der gleichen Sache bereits vorher ergangenes Urteil eines nationalen Gerichts durchsetzt.[178] Der mit einer solchen Bindungswirkung von Exekutiventscheidungen einhergehende Konflikt mit der richterlichen Unabhängigkeit und dem auch europaweit geltenden Gewaltenteilungsgrundsatz wurde somit durch den EuGH zugunsten der einheitlichen Rechtsdurchsetzung gelöst. Die der Delimitis- und Masterfoods-Rechtsprechung entstammende Regelung zur Sicherung der Kohärenz, die an eine (potentielle) Entscheidung der Kommission anknüpft, hat in einem System, in dem allein die Kommission für (Einzel-)Freistellungen gem. Art. 81 Abs. 3 EG zuständig sein soll, eine offensichtliche Berechtigung, um dieses zur Gewährleistung einer einheitlichen Wettbewerbspolitik errichtete Freistellungsmonopol auch gegenüber nationalen Gerichten durchzusetzen. Aber auch und gerade in einem System der Legalausnahme muss die einheitliche Anwendung des europäischen Wettbewerbsrechtes gesichert werden.

Dijkstra, Slg. 1995, I-4471, 4509 und *EuGH,* 15.12.1994, Az.: C-250/92 – Goettrup-Klim, 1994, I-05641, 5693) eine Aussetzungspflicht abzuleiten war, ist strittig geblieben: Vgl. verneinend *Schmidt,* Karsten, in: Immenga/Mestmäcker, EG-WbR (1997–2001), Abschnitt XIV – Verfahren, B), Rn. 8; dagegen unter Bezugnahme auf *BGH,* 19.02.1986, Az.: VIII ZR 91/85 – Finanzierungsleasing, BGHZ 135, 145 f., von einem Ausetzungszwang aufgrund Ermessensreduzierung ausgehend: *Bornkamm,* Masterfoods-Entscheidung, ZWeR 2003, 73, 83; vgl. ferner *Zuber,* Amicus curiae, S. 22 ff. m. w. N., mit einer ausführlichen Auseinandersetzung mit dieser schließlich bejahten Fragen und der dazu ergangenen Rechtsprechung.

176 *EuGH,* 14.12.2000, Az.: C-344/98 – Masterfoods, Slg. 2000, I-11369, Tz. 52; ausführlich dazu: *Zuber,* Amicus curiae, S. 34 ff.; s. auch *Kamann/Horstkotte,* Kommission versus nationale Gerichte, WuW 2001, 458, 464 ff.; *Bornkamm,* Rolle des Zivilrichters, S. 15 ff.; *Geiger,* Masterfoods, EuZW 2001, 113, 119 ff.

177 Der EuGH hat in der genannten Entscheidung zudem eine Bindung der Kommission an nationale Gerichtsentscheidungen abgelehnt, vgl. *EuGH,* 14.12.2000, Az.: C-344/98 – Masterfoods, Slg. 2000, I-11369, Tz 48.

178 *EuGH,* 14.12.2000, Az.: C-344/98 – Masterfoods, Slg. 2000, I-11369, Tz. 60.

Vor diesem Hintergrund überzeugt der Verweis auf eine vermeintlich abschließende Regelung in der VO 1/2003 nicht. Art. 10 EG ist nicht aus Subsidiaritätsüberlegungen heraus hier unanwendbar: Im Entscheidungszeitpunkt hatte die VO 17/62 zwar der Kommission noch ein Entscheidungsmonopol hinsichtlich Art. 81 Abs. 3 EG eingeräumt, die nationalen Instanzen waren hingegen selbst und parallel zur Kommission für die Anwendung des Art. 81 Abs. 1 EG zuständig, was der EuGH auch ausdrücklich in seiner Entscheidung hervorhob.[179] Insoweit hätte man folglich auch hier von einer sekundärrechtlicht verankerten, gleichzeitig abschließenden Zuständigkeitsverteilung sprechen können, die mangels Über-Unterordnungsverhältnis im Bereich des Art. 81 Abs. 1 EG einer über Art. 81 Abs. 3 EG hinausgehenden Bindung an Entscheidungen der Kommission eindeutig widersprochen hätte. Diese Zuständigkeitsverteilung war dabei nicht etwa nur aus einem „beredeten Schweigen" der VO 17/62 herauszulesen, vielmehr war sie eindeutig der VO 17/62 i.V.m. Art. 81 Abs. 1 und Abs. 3 EG zu entnehmen bzw. spätestens durch die Entscheidung in Sachen Delimitis[180] gerichtlich klargestellt. Gleichwohl rekurrierte der EuGH auf Art. 10 EG und sprach sich für eine Bindungswirkung von Exekutiventscheidungen der Kommission nicht nur in dem – der Kommission ausdrücklich zugewiesenen – Bereich des Art. 81 Abs. 3 EG, sondern darüber hinaus auch im Bereich des Art. 81 Abs. 1 EG (und des Art. 82 EG) aus.[181] Diese Bindungswirkung leitete der EuGH dabei direkt aus Art. 10 EG (Ex-Art. 5 EGV) i.V.m. Art. 85 Abs. 1 EG (Ex-Art. 89 EGV) ab. Zwar blieb nach Ansicht des EuGH der Mitgliedstaat auch nach Einleitung eines Verfahrens durch die Kommission für die Anwendung des Art. 81 Abs. 1 EG zuständig, ungeachtet dessen war wiederum die Kommission bei der Erfüllung der ihr durch den Vertrag zugewiesenen Aufgabe nicht an vorangegangenen Entscheidungen eines nationalen Gerichts, die es in Anwendung des ihm eindeutig zugewiesenen Aufgabenbereichs, nämlich der Anwendung der Artikel 81 Abs. 1 und 82 EG, getroffen hatte, gebunden.[182] Unter Rekurs auf seine ständige Rechtsprechung stellte der EuGH dann weiter fest, dass sich aus Art. 10 EG für die Mitgliedstaaten die Verpflichtung ergibt,

> „alle zur Erfüllung der gemeinschaftsrechtlichen Verpflichtungen geeigneten Maßnahmen allgemeiner oder besonderer Art zu treffen und von solchen Maßnahmen abzusehen, die geeignet sind, die Verwirklichung der Ziele des Vertrages zu gefährden, alle Träger öffentlicher Gewalt in den Mitgliedstaaten, also im Rahmen ihrer Zuständigkeiten auch die Gerichte."[183]

---

179 *EuGH,* 14.12.2000, Az.: C-344/98 – Masterfoods, Slg. 2000, I-11369, Tz. 47.

180 *EuGH,* 28.02.1991, Az.: C-234/89 – Delimitis, Slg. 1991, I-00935, Tz. 44.

181 *EuGH,* 14.12.2000, Az.: C-344/98 – Masterfoods, Slg. 2000, I-11369, Tz. 49.

182 *EuGH,* 14.12.2000, Az.: C-344/98 – Masterfoods, Slg. 2000, I-11369, Tz. 48.

183 *EuGH,* 14.12.2000, Az.: C-344/98 – Masterfoods, Slg. 2000, I-11369, Tz. 49.

Im Ergebnis kam der EuGH daher unter Zugrundelegung der aus Art. 10 EG resultierenden Loyalitätspflicht zu dem Schluss, dass nationale Gerichte selbst dann, wenn sie sich damit in Widerspruch zu Entscheidungen eines erstinstanzlichen Gerichts setzen würden, Entscheidungen der Kommission zu übernehmen haben; dies, obwohl der VO 17/62 ein eine solche Bindungswirkung voraussetzendes Über-Unterordnungsverhältnis nur in Bezug auf Art. 81 Abs. 3 EG zu entnehmen war und man angesichts einer fehlenden weiteren Vorrang-Regelung über Art. 81 Abs. 3 EG hinaus auch hier von einem beredeten Schweigen hätte sprechen müssen. Bei o. g. Argumentation wäre auch in einem solchen Fall die Anwendung des Art. 10 EG ausgeschlossen gewesen.

(2) Vorrangstellung der Kommission auch im Legalausnahmesystem

Die weitere Argumentation gegen eine aus Art. 10 EG abzuleitende Bindungswirkung der Mitteilungen der Kommission, die sich auf die vermeintlich fehlende Befugnis der Kommission, den Mitgliedstaaten verbindliche Vorgaben für gemeinschaftskonformes Verhalten zu machen und den darin zu sehenden Konflikt mit der innergemeinschaftlichen Funktionsverteilung beruft, ist ebenfalls mit Verweis auf die entgegenstehenden Entscheidungen des EuGH in Sachen Delimitis und Masterfoods zu entkräften: Der EuGH hat sehr deutlich gemacht, dass der Kommission in jedem Fall die Aufgabe zukommt, auf die Verwirklichung der in den Artt. 81 und 82 EG nieder gelegten Grundsätze zu achten und die Wettbewerbspolitik der Gemeinschaft festzulegen und gemäß ihrer Ausrichtung durchzuführen. Diese Aufgabenverteilung ist dabei gerade dem Primärrecht (Art. 85 Abs. 1 EG) ausdrücklich zu entnehmen.[184]

An dieser Vorrangstellung der Kommission hat sich durch den Übergang auf das Legalausnahmesystem nichts geändert, was sich zuvorderst aus der weiterhin bestehenden Regelung des Art. 85 Abs. 1 EG ersehen lässt, die durch die VO 1/2003 auch nicht verändert werden konnte.[185] Dabei ist die

[184] Vgl. *EuGH,* 14.12.2000, Az.: C-344/98 – Masterfoods, Slg. 2000, I-11369, Tz. 46.

[185] So auch schon *Komninos,* New prospects, CMLRev 2002, 447, 449: „*The Court stressed the Commission's primacy over national proceedings in order to fulfil the role assigned to it by the Treaty. In order to justify such primacy, the Court proceeds to an explicit reference to Article 85(1) EC. This very interesting line of argument dissipates the fear that the Delimitis principles on the duty of national courts to avoid conflicting decisions might have been motivated by the Commission's traditional exemption monopoly.*". Kritisch gegenüber diesem Argument dagegen: *Pampel,* Rechtswirkungen, S. 79 f., allerdings im Zusammenhang mit der Frage nach einem Beurteilungsspielraum der Kommission im Legalausnahmesystem.

Frage nach einer solchen Vorrangstellung losgelöst von der Frage zu beurteilen, ob die Kommission einen eigenen, gerichtsfesten Beurteilungsspielraum im Rahmen des Art. 81 EG hat oder ob sie in ihren Entscheidungen nur die unbestimmten Tatbestandsmerkmale des Art. 81 EG in konkretisierender Weise auslegt und diese Auslegung und Konkretisierung dabei von den Gemeinschaftsgerichten vollumfänglich überprüft werden kann.[186] Der Kommission sind auch im neuen System eine Vielzahl von Rechten vorbehalten, die deutlich machen, dass ihr auch weiterhin eine Vorrangstellung zukommt. Genannt seien hier nur nochmals Art. 10 VO 1/2003, der einzig der Kommission die Befugnis zu Nichtanwendbarkeitsentscheidungen einräumt, Art. 11 Abs. 6 VO 1/2003, Art. 16 VO 1/2003.

Aber auch die Regelung, derzufolge dann, wenn die gemeinschaftliche Wettbewerbspolitik weiterentwickelt werden soll, oder wenn mehr als drei Mitgliedstaaten von einem wettbewerbsbeschränkenden Verhalten betroffen sind, automatisch die Kommission zuständig für das Verfahren wird, ist ein starkes Indiz für die Vorrangstellung der Kommission.[187] Diese Zuständigkeitsverteilung beruht dabei ausdrücklich auf der gemeinsamen Vorstellung des Rates und der Kommission, die in ihrer Gemeinsamen Erklärung[188] wie folgt ausgeführt haben:

> „Wenn mehr als drei Mitgliedstaaten von einer Vereinbarung oder einer Praxis erheblich betroffen sind und enge Zusammenhänge mit anderen Gemeinschaftsvorschriften bestehen, die ausschließlich oder effizienter von der Kommission angewandt werden können, wenn die Gemeinschaftsinteressen insbesondere bei Auftreten einer neuen Wettbewerbsfrage oder zur Gewährleistung der wirksamen Durchsetzung die Annahme einer Entscheidung der Kommission zur Weiterentwicklung der gemeinschaftlichen Wettbewerbspolitik erfordern, dann ist die Kommission die Stelle, die am ehesten in der Lage ist, den Fall zu bearbeiten.“[189]

Damit hat der Rat die Vorrangstellung der Kommission gerade bei der Weiterentwicklung der gemeinschaftlichen Wettbewerbspolitik anerkannt.[190]

---

[186] A. A. *Pampel,* Rechtswirkungen, S. 78, der die Frage der Vorrangstellung der Kommission im Kontext mit der Frage nach einem Beurteilungsspielraum der Kommission erörtert.

[187] Vgl. Netzbekanntmachung, ABl. 2004/C 101/43, Tz. 5 ff.

[188] *Europäischer Rat,* Gemeinsame Erklärung.

[189] *Europäischer Rat,* Gemeinsame Erklärung, Tz. 19.

[190] Vgl. hierzu auch Netzbekanntmachung, ABl. 2004/C 101/43, worin die Kommission ausführt (Tz. 15): „*Darüber hinaus ist die Kommission dann besonders gut geeignet, sich eines Falls anzunehmen, wenn dieser eng mit anderen Gemeinschaftsbestimmungen verknüpft ist, die ausschließlich oder effizienter von der Kommission angewandt werden können oder wenn das Gemeinschaftsinteresse eine Entscheidung der Kommission erfordert, um die gemeinschaftliche Wettbewerbspolitik weiter zu entwickeln, wenn neue Wettbewerbsfragen auftreten oder um eine wirksame Durchsetzung der Wettbewerbsregeln sicherzustellen*“.

In diesem Zusammenhang wird – neben den auf der Hand liegenden rechtspolitischen Gründen, die für eine Verbindlichkeit der Mitteilungen sprechen, wie Sicherstellung einer einheitlichen Rechtsanwendung, Vermeidung der Renationalisierung des Wettbewerbsrechtes, Mangel an Rechtsicherheit und damit Aufrechterhaltung der Funktionsfähigkeit der Gemeinschaft und des Binnenmarktes – ein weiterer Aspekt erkennbar, der die Annahme einer solchen rechtlichen Bindungswirkung untermauert: Das Ziel der Vermeidung einer Ungleichbehandlung kleiner und mittlerer Unternehmen einerseits und Großunternehmen andererseits. Gerade kleine und mittelständische Unternehmen würden, würde man eine rechtliche Bindungswirkung nicht anerkennen, erheblich schlechter gestellt werden als Großunternehmen. Gerade den KMU würden nämlich erhebliche Rechtsunsicherheiten zugemutet werden, während europaweit tätige Großunternehmen bei möglichst groß angelegten wettbewerbsrelevanten Vereinbarungen in den Vorzug einer einheitlichen und vorhersehbaren Rechtslage kämen. Großunternehmen, die europaweit, d.h. mit Bezug zu mehr als drei Mitgliedstaaten, wettbewerbsrelevante Vereinbarungen schließen, werden auch zukünftig nach der soeben zitierten Zuständigkeitsverteilung zumindest in der Regel direkt von der Kommission beurteilt werden. Selbst wenn auch hier nationale Instanzen – entgegen der Gemeinsamen Erklärung des Rates und der Kommission – im Vorfeld tätig werden würden, so wäre es angesichts o.g. Regelung nur eine Frage der Zeit, bis sich die Kommission einschalten würde. Deren Entscheidung hätte dann in jedem Fall Bindungswirkung gegenüber den nationalen Institutionen (Kartellbehörden und Gerichte). Da die Kommission aber, wie gezeigt, selbst an ihre Mitteilungen gebunden ist, ist für die großen, „europäischen" Unternehmen von Anfang an klar erkennbar, wie die Kommission die unbestimmten Rechtsbegriffe des Primär- und des Sekundärrechts auslegen wird. Nur für diese Unternehmen bestünde eine – nur noch durch mögliche Urteile der Gemeinschaftsgerichte gefährdete – Rechts- und damit Planungssicherheit. Vereinbarungen von KMU, die zwar die Grenze der Zwischenstaatlichkeit überschreiten, aber nur zwei Mitgliedstaaten tangieren, wären dagegen nicht nur diesen „Unwägbarkeiten" im Zusammenhang mit Entscheidungen der Gemeinschaftsgerichte, sondern gleichzeitig auch den Unwägbarkeiten im Zusammenhang mit Entscheidungen der nationalen Wettbewerbsbehörden und der nationalen Gerichte ausgeliefert. Nur ganz eventuell, und ohne dass das Unternehmen hierauf Einfluss hätte, erginge dann noch eine Entscheidung der Kommission, die dann wiederum die nationalen Entscheidungen aufheben würde, die sich nicht an die Mitteilungen der Kommission hielten. Ganz zum Schluss würde das Verfahren dann möglicherweise doch auch vor den Gemeinschaftsgerichten enden, die ihrerseits wiederum möglicherweise die Entscheidung der Kommission aufheben würden. Allein durch die rechtliche Bindungswirkung der Mitteilungen der Kommission für die Mitgliedstaaten kann dieses rechtspolitisch wohl kaum gewollte Ergebnis verhindert werden. Die Vorrangstellung der Kommission muss daher auch im neuen Recht gewahrt bleiben.

Schließlich unterstreicht auch Erwägungsgrund Ziff. 17 zur VO 1/2003 die herausragende Bedeutung der Kommission und ihrer Entscheidungen für eine einheitliche Anwendung des europäischen Rechts wenn darin ausgeführt wird:

> „Um eine einheitliche Anwendung der Wettbewerbsregeln und gleichzeitig ein optimales Funktionieren des Netzwerks zu gewährleisten, muss die Regel beibehalten werden, dass die Wettbewerbsbehörden der Mitgliedstaaten automatisch ihre Zuständigkeit verlieren, sobald die Kommission ein Verfahren einleitet."[191]

Nochmals zu betonen ist dabei, dass der Kommission kein Ermessensspielraum hinsichtlich der Frage eingeräumt ist, ob Vereinbarungen, die die Freistellungsvoraussetzungen des Art. 81 Abs. 3 EG erfüllen, freigestellt werden oder nicht. Es geht vielmehr nur um die Frage, wie die unbestimmten Rechtsbegriffe der Artt. 81 und 82 EG politisch und ökonomisch auszufüllen sind. Ob diese Auslegung dann tatsächlich dem europäischen Recht entspricht, haben die Gemeinschaftsgerichte zu überprüfen.

Zwar ist den Kritikern zuzugeben, dass eine ausdrückliche Bindungswirkung in Art. 16 VO 1/2003 nur im Hinblick auf konkrete Fälle, die zeitgleich zu Kommissionsverfahren oder solchen Verfahren zeitlich nachgeordnet von nationalen Instanzen entschieden werden, sekundärrechtlich verankert ist. Es wird jedoch gleichzeitig deutlich, dass insbesondere nationale Behörden keine Entscheidung erlassen dürfen, die einer Entscheidung der Kommission zuwiderläuft. Nach überwiegender Ansicht[192] besteht diese Bindungswirkung nur im Hinblick auf ein und denselben Sachverhalt, nicht indes im Hinblick auf generell-abstrakte Regelungen der Kommission, wie sie Leitlinien und Bekanntmachungen darstellen. Dabei bleibt jedoch unberücksichtigt, dass sich die Kommission bereits bei Erlass der Leitlinien selbst gebunden hat. Es ist folglich bereits zum Erlasszeitpunkt klar ersichtlich, wie die Kommission im konkreten Fall grundsätzlich entscheiden wird: Sind beispielsweise die Schwellenwerte der de-minimis-Bekanntmachung[193]

---

[191] VO 1/2003, ABl. EG 2004 L 1/1, ErwGr. 17.

[192] *Schwarze/Weitbrecht,* Grundzüge, S. 224 ff., Rn. 56 ff.; *Lampert,* EG-KartellVO, 2004, Art. 16, Rn. 316; *Pohlmann,* Keine Bindungswirkung, WuW 2005, 1005, 1007; *Wimmer-Leonhardt,* Zwischenstaatlichen Bedeutung, WuW 2006, 486, 489. So auch *OLG Düsseldorf,* 10.06.2005, Az.: VI-2 KArt. 12/04 – Filigranbetondecken, WuW/E DE-R 1610, 1611.

[193] *Europäische Kommission,* Bekanntmachung der Kommission über Vereinbarungen von geringer Bedeutung, die den Wettbewerb gemäß Artikel 81 Absatz 1

nicht überschritten, so geht die Kommission jetzt und zukünftig grundsätzlich davon aus, dass keine spürbare Wettbewerbsbeschränkung i. S. d. Art. 81 Abs. 1 EG vorliegt. Würde die nationale Behörde anders und entgegen den Wertungen der Leitlinien entscheiden, so wäre ein Konflikt i. S. d. Art. 16 VO 1/2003 vorprogrammiert und offensichtlich. Es wäre bereits bei Erlass der nationalen Entscheidung klar, dass die Kommission anders entscheiden würde. Dieser Konflikt käme dabei möglicherweise nur deshalb nicht in einer die Regelung des Art. 16 VO 1/2003 auslösenden Weise zur Austragung, weil die Kommission entweder a) keine Kenntnis von dem Verfahren erlangt hat[194] oder b) sie aufgrund Arbeitsüberlastung das Verfahren nicht an sich gem. Art. 11 VO 1/2003 heranziehen kann oder will, nicht aber deshalb, weil sie selbst etwa von den Leitlinien abweichen möchte. Dies zum Abgrenzungskriterium dafür zu machen, ob die nationalen Institutionen selbst frei entscheiden dürfen (Leitlinien) oder an den Willen der Kommission gebunden sind (Art. 16 VO 1/2003), obwohl in beiden Fällen ein entgegenstehender Wille der Kommission eindeutig erkennbar ist, ist nicht eingängig. Die Masterfoods-Rechtsprechung hat vielmehr deutlich gemacht, dass die Kommission zumindest nachträglich sehr wohl die Befugnis besitzt, in verbindlicher Weise nicht nur auf die Entscheidungen nationaler Wettbewerbsbehörden, sondern sogar auf Entscheidungen nationaler Gerichte einzuwirken. Im Interesse einer einheitlichen Rechtsanwendung ist der EuGH dabei sogar bereit, den auch im europäischen Recht geltenden Gewaltenteilungsgrundsatz im Hinblick auf nationale Gerichte aufzugeben – dabei stets nur gestützt auf Art. 10 EG im Kontext mit der Vorrangstellung der Kommission bei der Ausgestaltung der europäischen Wettbewerbspolitik. Angesichts dieser Befugnis, nachträglich den nationalen Instanzen Vorgaben zu machen, wäre es eine rein formalistische Erwägung, eine entsprechende Befugnis im Vorfeld vorhersehbarer Konflikte mangels ausdrücklicher Regelung zu verneinen. Angesichts dieser klaren innergemeinschaftlichen Funktionsverteilung, in der der Kommission eine Vorrangstellung zukommt, füllt hier die aus Art. 10 EG abzuleitende Pflicht zur Anerkennung einer Bindungswirkung der Mitteilungen den bereits bestehenden, Art. 16 VO 1/2003 und der Masterfoods-Rechtsprechung zu entnehmenden Pflichtenkreis auf.[195] Es ist gerade Kennzeichen der Loyalitätspflicht aus Art. 10 EG, auch ohne eine ausdrückliche Regelung solche vorhersehbaren Konflikte zu vermeiden, die möglicherweise nur aufgrund Arbeitsüberlastung der Kommission nicht zur Austragung kommen.

---

des Vertrags zur Gründung der Europäischen Gemeinschaft nicht spürbar beschränken, (*De-minimis*-Bekanntmachung (2001)), ABl. 2001/C 368/07.

[194] Vgl. Art. 15 VO 1/2003: Die Kommission ist zwingend erst nach Abschluss des Verfahrens über dessen Ausgang zu informieren.

[195] A. A. *Pampel*, Rechtswirkungen, S. 98.

(3) Befugnis zum Erlass bindender Mitteilungen

Der letzte der genannten Hauptkritikpunkte, der gegen eine rechtliche Bindungswirkung der Kommissionsmitteilungen ins Feld geführt wird, stützt sich darauf, dass die Kommission ihren Wunsch nach einer autonomen Verordnungsermächtigung im Wettbewerbsrecht nicht hat durchsetzen können. Hieraus sei zu folgern, dass die Kommission keine Befugnis besitze, verbindliche Rechtsnormen zu erlassen. Diese Schlussfolgerung ist jedoch nicht zulässig, vielmehr kommt in der Bindungswirkung nur zum Ausdruck, was in der VO 1/2003 (Artt. 11 Abs. 6 und 16) bereits angelegt ist: Der Kommission kommt auch im Rahmen des Legalausnahmesystems eine Vorrangstellung bei der Gestaltung der europäischen Wettbewerbspolitik zu (s. o.). Wenn sie – im Rahmen des bestehenden Sekundärrechts und der vorhandenen Rechtsprechung – Kriterien zur Auslegung des Art. 81 EG benennt und verkündet, sich selbst grundsätzlich an diesen Kriterien zu orientieren, so schafft sie hier keineswegs selbst neues Recht, das *neben* dem primären und/ oder sekundären Recht stünde. Hierfür fehlte ihr tatsächlich die Befugnis. Vielmehr erläutert sie nur die von ihr im Einzelfallvollzug zu erwartenden Entscheidungen. Wie Bernitsas[196] bereits in anderem Kontext festgestellt hat, ist die Kommission in solchen Fällen, in denen ihr eine Kompetenz zum Einzelfallvollzug eröffnet ist, durchaus zu Erlass von Mitteilungen ermächtigt. Dass dabei ihren Einzelfallentscheidungen Vorrang gegenüber den Einzelfallentscheidungen der Mitgliedstaaten gebührt, macht der auf die Masterfoods-Rechtsprechung des EuGH fußende Art. 16 VO deutlich. Es steht der Kommission daher durchaus eine Entscheidungskompetenz zu, die es ihr gestattet, innerhalb des geltenden Rechts Konkretisierungen dieses Rechts vorzunehmen, die dann rechtlich verbindlich für die Mitgliedstaaten sind. Sie setzt damit jedoch keineswegs selbstständig und ohne Befugnis neues, *neben* dem primären und sekundären Recht geltendes Recht, was einer allgemeinverbindlichen, und gerichtlich nicht überprüfbaren Gruppenfreistellungsverordnung gleichstehen würde. Dies stünde tatsächlich im Widerspruch zur VO 1/2003, die gerade keine so weitgehende Kompetenz der Kommission vorsieht. Vielmehr unterliegen diese Konkretisierungen vollumfänglich – und das ist der entscheidende Unterschied zum bisher geltenden Recht, aber auch zu einer letzten Endes nicht eingeräumten Kompetenz der Kommission zum Erlass von verbindlichen GVOen – der gerichtlichen Überprüfung durch die europäischen Gerichte. Dann (aber auch *erst* dann), wenn die Gemeinschaftsgerichte diese einzelnen Konkretisierungen für nicht mit dem geltenden Recht vereinbar befunden haben, sind diese Konkretisierungen zukünftig auch für die Mitgliedstaaten rechtlich nicht mehr bindend.

---

196 *Bernitsas,* State Aids, S. 110, 112.

(4) Grenzen einer Bindungswirkung: Das Primär- und Sekundärrecht und die Rechtsprechung der Gemeinschaftsgerichte

Hierbei werden auch die Grenzen einer Bindungswirkung der Leitlinien deutlich. Die Mitteilungen müssen sich innerhalb des bestehenden Primär- und Sekundärrechts halten und die vorhandene Rechtsprechung der Gemeinschaftsgerichte beachten. Werden diese Grenzen überschritten, so können sie keine Bindungswirkung entfalten, da die Kommission nicht die Befugnis hat, selbst verbindliches, neues Recht zu setzen.[197] Bei näherer Betrachtung erkennt man, dass hier das Hauptproblem einer rechtlichen Bindungswirkung von Mitteilungen der Kommission liegt. Es gilt jeweils im Einzelfall herauszufinden, ob durch die Leitlinien Sekundärrecht verletzt ist, oder ob gegen Entscheidungen der Gemeinschaftsgerichte verstoßen wird. Nur wenn diese Fragen verneint werden können, ist eine Bindungswirkung der Leitlinien und Bekanntmachungen zu bejahen, die erst durch konkrete Entscheidung der Gemeinschaftsgerichte beseitigt werden kann.

Ob und wenn ja, in welchem Umfang die Leitlinien und Bekanntmachungen diese aufgezeigten Grenzen tatsächlich im konkreten Einzelfall überschreiten, kann hier nicht weiter vertieft werden. Ganz allgemein ist jedoch festzuhalten, dass nicht bereits jede so nicht erwartete Auslegung unbestimmter, beispielsweise in den GVOen enthaltener Rechtsbegriffe durch die Kommission und ihren Leitlinien einen Widerspruch und damit eine Grenzüberschreitung im o.g. Sinne darstellen kann. Beispielhaft sei die hier vertretene Ansicht an dem von Pampel[198] angeführten Fall eines Unternehmers erläutert, der seinen Vertriebspartnern einzelne Vertriebsgebiete exklusiv zuteilen und gleichzeitig den Internetvertrieb weitestgehend einschränken möchte. An diesem Fall zeigten sich nach Ansicht Pampels die widersprüchlichen Regelungen in der GVO 2790/99[199] einerseits und den Vertikal-Leitlinien[200] andererseits: Während die GVO grundsätzlich Gebietsbeschränkungen für den, in der VO nicht weiter definierten, aktiven Verkauf nicht als Schwarze Klausel einstuft, also auch nach der GVO entsprechende vertragliche Beschränkungen grundsätzlich zulässig sind[201], untersagen die Vertikal-Leitlinien nunmehr Beschränkungen des Internetvertriebes.[202] Die Lösung dieses vermeintlichen Widerspruchs der

---

[197] So bspw. auch *Schweda,* Bindungswirkung, WuW 2004, 1133, 1143.

[198] *Pampel,* Rechtswirkungen, S. 36 ff.

[199] GVO-Vertikal (VO 2790/1999), ABl. 1999/L 336/21.

[200] Vertikal-Leitlinien, ABl. 2000/C 291/01.

[201] Art. 4 lit. b, 1. Spiegelstrich GVO-Vertikal (VO 2790/1999), ABl. 1999/L 336/21.

[202] Vertikal-Leitlinien, ABl. 2000/C 291/01, Rn. 51.

Leitlinien zum Sekundärrecht der GVO findet sich darin, dass die GVO nicht definiert, was als grundsätzlich aktiver und was als unzulässiger passiver Vertrieb anzusehen ist. Dies zu bestimmen ist an vorderster Stelle Aufgabe der Kommission. Wenn sie in der rein passiven Zurverfügungstellung von Informationen auf einer Homepage eine nicht durch Vereinbarungen beschränkbare Form des passiven Vertriebes sieht, so steht dies nicht im Widerspruch zu der sich insoweit nicht detaillierter erklärenden GVO. Dabei verstößt diese Auslegung auch nicht gegen Sinn und Zweck der Regelung der GVO: Sie möchte zunächst eine künstliche Aufteilung des Marktes verhindern und lässt deshalb vertragliche Gebietsbeschränkungen grundsätzlich nicht an der gruppenweisen Freistellung teilhaben und stuft sie als Schwarze Klausel ein. In einem weiteren Schritt erklärt die GVO jedoch im Rahmen einer *per se* eng auszulegenden Ausnahme Gebietsbeschränkungen für den aktiven Verkauf für zulässig. Solche Beschränkungen sind also als Ausnahme von der Regel von der Gruppenfreistellung erfasst. Würde nun jedoch der Internetvertrieb als aktiver Vertrieb angesehen werden, so wäre es dem Vertriebspartner nicht nur zu untersagen, in dem ihm zugewiesenen Gebiet über das Internet zu werben, es wäre gleichzeitig den Interessenten aus anderen Gebieten nicht mehr möglich, sich hinreichend über das Angebot in der Gemeinschaft zu informieren, sie würden also von vornherein nicht in die Lage versetzt werden, selbst aktiv zu werden. Das Verbot, passiven Vertrieb durch eine Gebietsbeschränkungsvereinbarung vertraglich zu untersagen, hätte ohne eine solche Informationsmöglichkeit potentieller Interessenten aus anderen Gebieten keine Bedeutung mehr.

Sicherlich ist es sehr gut vertretbar, mit Pampel hier anders zu argumentieren und den Vertrieb über das Internet abzugrenzen von den in der GVO verbotenen Gebietsbeschränkungen und als bloße besondere Vertriebs*form* als vereinbar mit der GVO anzusehen. Gleichwohl lässt sich aber, wie aufgezeigt, auch anders argumentieren. Wenn die Kommission hier der einen Ansicht den Vorzug gibt, so ist hierin noch kein Widerspruch zum Sekundärrecht der GVO zu sehen. Vielmehr besteht in diesem Fall grundsätzlich auch weiterhin eine rechtliche Bindungswirkung für die Mitgliedstaaten. Erst wenn die Gemeinschaftsgerichte diese eine, durchaus vertretbare Ansicht der Kommission für unvereinbar mit der Zielsetzung der GVO erklären, wäre zukünftig eine Grenze bei der Auslegung der GVO erreicht, der die Kommission durch Abänderung ihrer Leitlinien Rechnung zu tragen hätte.

Erforderlich ist ferner, dass tatsächlich ein Widerspruch zur Rechtsprechung der Gemeinschaftsgerichte besteht. Zugegebenermaßen sind hier, ebenso wie im Vergleich zum Sekundärrecht, durchaus Fragen des Verhältnisses von Leitlinien zur einschlägigen Rechtsprechung ungeklärt bzw. erörterungswürdig.[203] Bleibt dagegen – beispielsweise im Zusammenhang mit der Auslegung des Spürbarkeitskriteriums der Handelsbeeinträchtigung (ebenso wie bei dem der Wettbewerbsbeschränkung)[204] – die Rechtslage stark vom jeweiligen Einzelfall geprägt, so kann in der Festlegung einheitlicher Kriterien durch die Kommission noch kein allgemeiner Widerspruch zur Rechtsprechung des EuGH gesehen werden. Nur wenn der konkret zu entscheidende Fall tatsächlich einer konkret hierauf passenden Entscheidung der Gemeinschaftsgerichte entgegensteht, so wäre die Mitteilung offensichtlich für diesen Fall nicht anwendbar.

Mit Schweda[205] ist darauf hinzuweisen, dass dann, wenn wie hier von einer rechtlichen Bindungswirkung der Leitlinien ausgegangen wird, auch keine Verwerfungskompetenz nationaler Instanzen besteht, dass eine Entscheidung über die Vereinbarkeit mit höherrangigem europäischen Recht allein dem EuGH zusteht.[206] Während folglich die nationalen Kartellbehörden die einschlägigen Bekanntmachungen und Leitlinien anzuwenden haben – sofern nicht ein offensichtlicher Widerspruch zu höherrangigem Recht bzw. der Rechtsprechung der Gemeinschaftsgerichte erkennbar ist –, können nationale Gerichte das anhängige Verfahren aussetzen und gem. Art. 234 EG den EuGH anrufen.

d) Ergebnis: Rechtliche Bindungswirkung aus Art. 10 EG ableitbar

Die angesichts der Dezentralisierung der Freistellungsentscheidungen gem. Art. 81 Abs. 3 EG stark gestiegene Bedeutung der auf Art. 10 EG gestützten Delimitis- und der Masterfoods-Entscheidung und die damit eng verbundene Regelung des Art. 16 VO 1/2003 machen deutlich, dass die nationalen Institutionen, sei es die nationale Kartellbehörde, sei es aber auch das nationale Gericht, grundsätzlich bereits aufgrund der aus Art. 10 EG resultierenden Pflicht zur loyalen Zusammenarbeit gehalten sind, dem Primat der Kommission als Hüterin der Verträge und als Hauptverantwortliche für

---

[203] Vgl. bspw. zur unterschiedlichen Beurteilungen von Handelsvertreterverträgen durch den EuGH und die Vertikalleitlinien: *Veelken,* in: Immenga/Mestmäcker, EG-WbR (1997–2001), GFVO, A.), Rn. 27; ferner: *Pampel,* Rechtswirkungen, S. 40 f.; *Rittner,* Irrungen und Wirrungen, ZWeR 2006, 331; *Vogel,* in: Loewenheim, EG-Wbr. (2005), GVO-Allg., Rn. 31. s. a. *Bueren,* New economic approach, WRP 2004, 567, 575; *Nordemann,* in: Loewenheim, GWB (2006), § 2, Rn. 14, Fn. 33; *Bechtold,* EG-Gruppenfreistellungsverordnungen, EWS 2001, 49, 53 f.; jüngst: *Nolte,* Schisma, S. 357.

[204] Vgl. ausführlich zu diesem sicherlich äußerst problematischen Themenkreis: *Nolte,* Schisma, S. 357.

[205] *Schweda,* Bindungswirkung, WuW 2004, 1133, 1143.

[206] Vgl. *EuGH,* 22.10.1987, Az.: 314/85 – Foto-Frost, Slg. 1987, 4199.

die Weiterentwicklung und die kohärente Anwendung des europäischen Rechts zu folgen. Würde man nun bei der Frage nach der Bindungswirkung der Leitlinien einerseits die Kommission als durch die Leitlinien selbst gebunden ansehen, gleichzeitig aber den nationalen Institutionen völlig freie Hand bei der Auslegung des Art. 81 EG lassen, im Fall des Art. 16 VO 1/2003 dagegen die nationalen Behörden und Gerichte ohne Wenn und Aber dem Primat der Kommission unterwerfen, so wäre ein nicht zu überdeckender Widerspruch gegeben.[207] Im Endergebnis wären die Dezentralisierungsbestrebungen bei der Anwendung des Art. 81 EG, die gleichwohl weiterhin unter der Oberhoheit der Kommission erfolgen soll, ganz erheblich gefährdet. Die Kommission müsste, um ihrer Funktion als Hüterin der Wettbewerbspolitik gerecht zu werden, unablässig nationale Verfahren überwachen und ggfs. an sich ziehen, um ihre eigene Politik durchzusetzen. Vor diesem Hintergrund ist daher eine rechtliche Bindungswirkung der Mitteilungen der Kommission zu bejahen. Diese resultiert aus den hinter Art. 16 VO 1/2003 und Art. 10 EG stehenden Überlegungen, die eine einheitliche, loyale Zusammenarbeit der nationalen Wettbewerbsbehörden mit der Kommission erfordern, bei der aber gleichzeitig klar sein muss, dass die Kommission im Bereich des europäischen Wettbewerbsrechtes auch weiterhin die Richtung der Wettbewerbspolitik bestimmen soll. Im Übrigen kann nur so dem angesichts der Selbstveranlagungspflicht erheblich gesteigerten Bedürfnis der Unternehmen nach mehr Rechtssicherheit durch verbindliche Auslegungskriterien Rechnung getragen werden.

2. *Faktische Bindungswirkung*

Die weiteren Betrachtungen, die sich auf die Frage nach zulässigen und unzulässigen Kooperationen kleiner und mittelständischer Unternehmen im deutschen Recht konzentrieren, können und müssen sich jedenfalls auch dann an den Mitteilungen der Kommission orientieren, wenn der hier vertretenen Ansicht von einer rechtlichen Bindungswirkung nicht gefolgt werden würde. Es besteht bei der überwiegenden Anzahl der Kritiker einer rechtlichen Bindungswirkung zumindest Konsens darüber, dass eine äußerst starke *faktische* Bindungswirkung von den Mitteilungen der Kommission ausgeht,[208] ihnen jedenfalls eine ganz erhebliche rechtliche Bedeutung zu-

[207] Ähnlich: *Schweda,* Bindungswirkung, WuW 2004, 1133, 1140 ff.

[208] Vgl. *Pohlmann,* Keine Bindungswirkung, WuW 2005, 1005, 1008; *Geiger,* Die neuen Leitlinien, EuZW 2000, 325; *Kulka,* in: FK (1999), (Stand: 11/2001), Art. 81 Abs. 1, 3 Fallgruppe II.1, Rn. 21; *Immenga/Körber,* in: Immenga/Mestmäcker, WbR-EG (2007), V.), Rn. 77; *Braun,* in: Langen/Bunte, GWB (2006), nach § 2, Rn. 56; *Nordemann,* in: Loewenheim, GWB (2006), § 1, Rn. 12; *Karl/Beutelmann/Müller-Feldhammer,* Zwölf Thesen, BB 2008, 1014, 1016. So auch *BKartA* –

kommt:[209] In den Leitlinien wird mehrfach deutlich gemacht, dass sie zumindest eine Orientierungs- und Auslegungshilfe für alle Rechtsanwender bieten sollen, ihre Wirkung sich also durchaus nicht nur in einer reinen Selbstbindung erschöpfen soll.[210] Es ist dabei zu erwarten, dass sowohl die nationalen Behörden, als auch die nationalen Gerichte Art. 81 EG nur in Ausnahmefällen abweichend von den Mitteilungen der Kommission auslegen werden, um nicht in einer Vielzahl von Fällen Rechtsmittel geradezu zu provozieren.[211] Angesichts der anderenfalls zu erwartenden Zersplitterung des europäischen Wettbewerbsrechtes, die früher zumindest durch das Freistellungsmonopol im Hinblick auf Art. 81 Abs. 3 EG verhindert werden konnte, steht zu erwarten, dass die Kommission diesen „Orientierungshilfen“ Geltung verschaffen wird, was ihr bereits durch den Hinweis auf ihre Befugnis gem. Art. 11 Abs. 6 und Art. 16 VO 1/2003 auch ohne eine Verfahrenseinleitung in jedem Einzelfall gelingen dürfte.[212]

III. Zusammenfassung

Unabhängig von der Frage, ob eine solche Entwicklung zu begrüßen ist oder nicht, besteht in einem wesentlich weiteren Umfang, als dies die Formulierungen in den Verlautbarungen der Kommission, aber auch des deutschen Gesetzgebers nahelegten, eine Bindung der nationalen Instanzen an die Interpretation des europäischen Rechts durch die Kommission, soweit jedenfalls der Anwendungsbereich des europäischen Rechts eröffnet ist. In der Rechtspraxis sind zumindest zukünftig nicht nur die Entscheidungen

---

AK Kartellrecht, Kooperationen zwischen Wettbewerbern, S. 27. Das Bundeskartellamt hat bspw. die Unbedenklichkeitsschwellen der Horizontal-Leitlinien (vgl. dazu ausführlich Teil 2, Kap. 2 bereits beachtet, vgl. *BKartA,* TB 2003/04, S. 40).

[209] *Weitbrecht,* Europäisches Kartellrecht 2000, EuZW 2002, 581, 583 f.; *Messen,* in: Loewenheim, EG-Wbr. (2005), Einf., Rn. 59; *BKartA – AK Kartellrecht,* Kooperationen zwischen Wettbewerbern, S. 27 f.; *Hirsch,* Kartellverfahrensordnung, ZWeR 2003, 233, 247 f.; *Bechtold,* EG-Gruppenfreistellungsverordnungen, EWS 2001, 49, 54.

[210] Vgl. Zwischenstaatlichkeits-Leitlinien, ABl. 2004/C 101/81, Tz. 3; Leitlinien zu Art. 81 Abs. 3, ABl. 2004/C 101/97, Tz. 23 u. Fn. 32; Bekanntmachung Zusammenarbeit Gerichte/Kommission, ABl. 2004/C 101/54, Tz. 8. *Immenga/Stopper,* Leitlinien zur horizontalen Kooperation, RIW 2001, 241, charakterisieren die Leitlinien als mit deutschen Verwaltungsgrundsätzen vergleichbar, die zwar ohne Bindungswirkung seien, jedoch eine Orientierungshilfe böten.

[211] *Pohlmann,* Keine Bindungswirkung, WuW 2005, 1005, 1008; *Polley/Seeliger,* Das neue EG-Kartellrecht, WRP 2001, 494, 496 m.w.N.

[212] Vgl. *Pampel,* Rechtswirkungen, S. 128; *Pohlmann,* Keine Bindungswirkung, WuW 2005, 1005, 1009; ähnlich auch *Durner,* Unabhängigkeit nationaler Richter, EuR 2004, 547, 550 im Hinblick auf faktische Bindung an Stellungnahmen der Kommission.

der Gemeinschaftsgerichte, sondern auch die Mitteilungen der Kommission zwingend zu beachten. Nach hier vertretener Ansicht besteht dabei eine rechtliche Bindungswirkung unmittelbar aus Art. 10 EG i. V. m. den hinter der Masterfoods-Rechtsprechung und Art. 11 Abs. 6 und 16 VO 1/2003 stehenden Erwägungen und Grundsätzen der loyalen Zusammenarbeit.

Kapitel 2

Das GWB in der Fassung der 7. Novelle

Im Rahmen der vorliegenden Arbeit sollen horizontale Rationalisierungskooperationen kleiner und mittlerer Unternehmen vor dem Hintergrund einer europarechtsorientierten Neubewertung durch das GWB untersucht werden. Nachdem der Systemwechsel im europäischen Wettbewerbsrecht und damit einhergehende neue Problem diskutiert worden sind, folgt nun ein Überblick über die Veränderungen, die durch die 7. GWB-Novelle Eingang in das GWB gefunden haben. Hierbei werden insbesondere solche Fragen erörtert, die sich zukünftig bei rein nationalen, nicht-europäischen Sachverhalten stellen.

Bislang galt es in Deutschland zwei verschiedene Regelungswerke im Bereich des Kartell- bzw. Wettbewerbsrechts zu beachten: Einerseits das rein nationale Gesetz gegen Wettbewerbsbeschränkungen (GWB), andererseits das europäische Wettbewerbsrecht, insbesondere die Artt. 81, 82 EG, das als primäres Vertragsrecht unmittelbare Geltung beanspruchen konnte,[213] nebst den zu seiner Durchsetzung ergangenen Verordnungen. Beide Regelungswerke wiesen bis einschließlich der 6. GWB-Novelle aus dem Jahr 1998 ganz erhebliche Unterschiede auf: Genannt seien die unterschiedliche Behandlung zwischen horizontalen (Verbotsprinzip) und vertikalen Vereinbarungen (Missbrauchsaufsicht) im deutschen Recht gegenüber einer einheitlichen Regelung in Art. 81 EG und – im Bereich der Freizeichnungsmöglichkeiten – im deutschen Recht ein auf Horizontalvereinbarungen beschränktes Mischsystem aus detaillierten Ausnahmetatbeständen für konkrete Fallgruppen und zweier Generalklauseln (§§ 7, 8 GWB a. F.) für zusätzliche Freistellungsmöglichkeiten, im Gegensatz zu einer einzig im Rahmen einer Generalklausel (Art. 81 Abs. 3 EG) möglichen Freistellung im europäischen Recht.

---

213 *Mestmäcker,* in: Immenga/Mestmäcker, GWB (2001), Einl., Rn. 70. Zum Rangverhältnis der beiden Regelungswerke zueinander s. nächstes Kapitel.

A. Das neue GWB – Anpassung an die europäischen Wettbewerbsregeln

Bereits im Vorfeld der 6. GWB-Novelle wurde eine Anpassung des deutschen Kartellrechts an die europäischen Wettbewerbsregeln heftig diskutiert.[214] Ziel der 6. Reform war die „Stärkung des Wettbewerbsprinzips im Hinblick auf neue Anforderungen. Gleichzeitig soll das deutsche Recht mit dem europäischen Recht harmonisiert werden."[215] Trotz dieser Zielsetzung wurde das europäische Wettbewerbsrecht keineswegs vollständig in das GWB übertragen, eine Vielzahl nationaler Regelungen blieb – wenn teilweise auch modifiziert – erhalten. Genannt seien beispielhaft die Ausnahmetatbestände der §§ 2 ff. GWB a.F. und die Trennung zwischen horizontalen und vertikalen Vereinbarungen. Im Bereich der horizontalen Kooperationen wurde jedoch immerhin mit § 7 GWB a.F. ein Freistellungstatbestand geschaffen, der der Regelung des Art. 81 Abs. 3 EG nachgebildet war.

Was im Rahmen der 6. GWB-Novelle nicht verwirklicht wurde, wurde nunmehr durch die 7. GWB-Novelle in einer so im deutschen Kartellrecht noch nicht da gewesenen Radikalität nachgeholt. Das GWB übernimmt im Bereich der horizontalen und vertikalen Wettbewerbsbeschränkungen nahezu vollständig die Regelungssystematik des Art. 81 EG und knüpft das Schicksal des deutschen Kartellrechts in großem Umfang an die Entwicklungen des europäischen Wettbewerbsrechtes.

I. Einheitliches Verbot horizontaler und vertikaler Wettbewerbsbeschränkungen in § 1 GWB

An erster Stelle steht wie bereits bislang eine generelle Verbotsklausel (§ 1 GWB), die nahezu identisch ist mit dem bisherigen Verbotstatbestand. Allerdings wurde – und das ist der entscheidende Unterschied – das Tatbestandsmerkmal „miteinander im Wettbewerb stehende [Unternehmen]" gestrichen. Hiermit wird verdeutlicht, dass diese generelle Verbotsnorm des § 1 GWB unterschiedslos horizontale und vertikale Vereinbarungen gleichermaßen erfasst. Die bisherige Trennung zwischen Verbotsprinzip bei Horizontalverein-

---

[214] Vgl. u.a. für eine Anpassung: *Bunte,* Votum, WuW 1994, 5; *Dreher,* Europäisierung, WuW 1995, 881. Dagegen *Monopolkommission,* 11. Hauptgutachten, S. 70 ff.; *Möschel,* Reform, EWS 1995, 249; *Möschel,* Anpassung, EuZW 1995, 817. Ausführlich zur Harmonisierung des deutschen Kartellrechts mit dem europäischen Wettbewerbsrecht im Zuge der 6. GWB-Novelle: *Dreher,* Europäisierung, WuW 1995, 881; *Bechtold,* Referenten-Entwurf, BB 1997, 1853; s. auch w.N. bei *Schnorbus,* Autonome Harmonisierung, RabelsZ 2001, 654, Fn. 8.

[215] *Bundesregierung,* Entwurf eines Sechsten Gesetzes zur Änderung des Gesetzes gegen Wettbewerbsbeschränkungen, (RegE 6. GWB-Novelle), BT-Drs. 13/9720.

barungen und Missbrauchsaufsichtsprinzip bei Vertikalvereinbarungen wurde damit aufgegeben. Einzig die frühere Ausnahmeregelung für Presseerzeugnisse (§ 15 GWB a.F.) wurde übernommen (§ 30 GWB). Damit sind nunmehr auch Vertikalvereinbarungen, egal ob sie Inhalts- oder Abschlussbindungen enthalten, zunächst ganz grundsätzlich und zwar ex tunc verboten.

II. Der Systemwechsel im Bereich der Freistellungsmöglichkeiten

1. Die Generalklausel des § 2 Abs. 1 GWB[216]

An die Verbotsklausel des § 1 GWB schließt sich nunmehr eine Generalklausel (§ 2 Abs. 1 GWB) an, über die zukünftig für die überwiegende Mehrzahl der Vereinbarungen eine Freizeichnung vom generellen Verbot ermöglicht wird. Der Tatbestand dieser Klausel entspricht hinsichtlich der Freizeichnungsvoraussetzungen wortgleich dem Vorbild des Art. 81 Abs. 3 EG. Der Gesetzgeber wollte mit der 7. Novelle das Legalausnahmesystem der VO 1/2003 auf das deutsche Kartellrecht nahtlos übertragen. Dabei hat er eine Lehre aus der im Rahmen der VO 1/2003 geführten Diskussion um die Vereinbarkeit des oben skizzierten Wechsels hin zum Legalausnahmesystem mit dem Wortlaut des Art. 81 Abs. 3 EG („Bestimmungen des Absatzes 1 [des Verbotes] können für nicht anwendbar *erklärt* [Herv. d. Verf.] werden“) gezogen. § 2 Abs. 1 GWB formuliert klarer und eindeutiger als Art. 81 Abs. 3 EG: Entsprechende Vereinbarungen *sind* vom Verbot des § 1 *freigestellt*. Dies ist im Übrigen auch der entscheidende Unterschied zu § 7 Abs. 1 GWB a.F. (6. Novelle), der seinerseits zwar ebenfalls sehr eng an Art. 81 Abs. 3 EG angelehnt war, jedoch wie sein europäisches Vorbild von einer Administrativfreistellung ausging und eine entsprechende Freistellungserklärung vorsah. Eine „Erklärung“ welcher Instanz auch immer, ist im deutschen Recht nunmehr dagegen in keinem Fall erforderlich. Im deutschen Recht wird damit das gleiche Freistellungssystem etabliert, das im europäischen Recht gerade einmal ein Jahr vorher, am 1. Mai 2004 mit der neuen VO 1/2003 in Kraft getreten ist und das Gegenstand heftiger, nur durch die neue Gesetzeswirklichkeit beendeter Diskussion war. Wie im europäischen Recht auch bedarf es für eine Freistellung nunmehr keiner Administrativentscheidung mehr, vielmehr ist eine eigentlich durch § 1 GWB verbotene Vereinbarung, die die Voraussetzungen des § 2 GWB (oder des § 3 für sog. Mittelstandskooperationen[217]) erfüllt, zwingend freigestellt. Die bislang im deutschen Recht vorgesehenen, differenzierten Freistellungsmög-

---

[216] Vgl. allgemein zu § 2 Abs. 1 GWB instruktiv *Nordemann,* in: Loewenheim, GWB (2006), § 2, Rn. 15 ff.; *Fuchs,* in: Immenga/Mestmäcker, GWB (2007), § 2, Rn. 60 ff.

[217] s. hierzu unten, Teil 2, Kap. 3.

lichkeiten der §§ 2–8 GWB a.F. waren dagegen – bis auf die bereits seit der 6. GWB-Novelle als Legalausnahme ausgestaltete Freistellungsmöglichkeit für Einkaufskooperationen in § 4 Abs. 2 GWB a.F. – sämtlich an eine Administrativentscheidung (sei es auch nur in Gestalt einer Freistellung durch Widerspruchsverzicht (§ 9 GWB a.F.)) gebunden. Dieses System ist nunmehr aufgegeben und durch das Legalausnahmesystem ersetzt worden. Die Voraussetzungen des § 2 Abs. 1 GWB sind dabei identisch mit denen des Art. 81 Abs. 3 EG.[218]

2. Die „dynamische Verweisung" auf die (europäischen) GVOen in § 2 Abs. 2 GWB

a) Die enge Bindung an das europäische Wettbewerbsrecht

Die zukünftig sehr enge Verknüpfung des deutschen mit dem europäischen Wettbewerbsrecht lässt sich vor allem an der Regelung des § 2 Abs. 2 GWB[219] ablesen. Hier heißt es:

> „Bei der Anwendung von Absatz 1 gelten die Verordnungen des Rates oder der Kommission der Europäischen Gemeinschaft über die Anwendung von Artikel 81 Abs. 3 des Vertrages zur Gründung der Europäischen Gemeinschaft auf bestimmte Gruppen von Vereinbarungen, Beschlüsse von Unternehmensvereinigungen und aufeinander abgestimmte Verhaltensweisen (Gruppenfreistellungsverordnungen) entsprechend. Dies gilt auch, soweit die dort genannten Vereinbarungen, Beschlüsse und Verhaltensweisen nicht geeignet sind, den Handel zwischen den Mitgliedstaaten der Europäischen Gemeinschaft zu beeinträchtigen."

Mit dieser sog. dynamischen Verweisung werden die Gruppenfreistellungsverordnungen zum tragenden Bestandteil des deutschen Kartellrechtes im Bereich der horizontalen und vertikalen Kooperationen, unabhängig davon, ob überhaupt ein europäischer, d.h. zwischenstaatlich relevanter Sachverhalt in Rede steht (§ 2 Abs. 2 S. 2 GWB). Die Vereinbarungen, die einer GVO unterfallen, sind damit vom Verbot des § 1 GWB freigestellt, unabhängig davon, ob der Sachverhalt geeignet ist, den zwischenstaatlichen Handel spürbar zu beeinträchtigen, unabhängig davon also, ob es sich um einen rein nationalen Sachverhalt handelt oder nicht. Da diejenigen Vereinbarungen, die die im Verhältnis zu § 2 Abs. 1 GWB wesentlich konkreteren Voraussetzungen einer Gruppenfreistellungsverordnung erfüllen, folglich *ex tunc* wirksam sind[220], ist hier ein „sicherer Hafen" erreicht, in den sämt-

---

[218] Vgl. oben, Teil 1, Kap. 1, A. II. 2.

[219] Vgl. hierzu instruktiv *Fuchs,* in: Immenga/Mestmäcker, GWB (2007), § 3, Rn. 225 ff.

[220] Sie *können* höchstens mit Wirkung ex-nunc durch einen Entzug der Freistellung gem. § 34 lit. d) GWB unwirksam werden.

liche Unternehmen einzulaufen versuchen werden. Die kaum enger denkbare Anknüpfung des deutschen an das europäische Recht wird hier eindrucksvoll offenbar. Dies liegt ganz im Interesse des Gesetzgebers, der damit sicherstellen möchte, dass in diesem Bereich kein eigenes deutsches Recht, beispielsweise durch nur partielle Übernahme der GVOen ins deutsche Recht gebildet werden kann. In der Gesetzesbegründung heißt es hierzu:

> „Für Vereinbarungen oder Verhaltensweisen ohne zwischenstaatliche Auswirkungen wird der Anwendungsbereich von GVO mit konstitutiver Wirkung auf diese Vereinbarungen und Verhaltensweisen erstreckt. Als Alternative zu einer dynamischen Verweisung auf die GVO kommt eine Verordnungsermächtigung zugunsten des Bundesministeriums für Wirtschaft und Arbeit in Betracht. Damit würde der Exekutive die Möglichkeit der Prüfung eingeräumt, ob künftige GVO insgesamt oder teilweise für eine Übernahme in das deutsche Recht geeignet sind. Eine solche Lösung ist jedoch nicht erforderlich und auch nicht wünschenswert. Wenn eine GVO nicht vollständig übernommen würde, wäre eine Zweiteilung des deutschen Rechts die Folge: Oberhalb der Schwelle der sog. Zwischenstaatlichkeitsklausel würde die GVO gelten, während für den verbleibenden Bereich der lokalen oder regionalen Auswirkungen abweichendes deutsches Recht bzw. eine abweichende Rechtsanwendung gelten würden. Dies würde die praktische Handhabbarkeit vor allem für die Unternehmen ganz erheblich erschweren. Es ist hierfür auch kein Bedürfnis ersichtlich."[221]

Die Tatsache, dass GVOen durchaus auch Regelungen enthalten, die rein integrationspolitisch veranlasst und in Ansehung des Vertragszieles der Schaffung eines Gemeinsamen Marktes[222] oder aus industriepolitischen Gründen[223] aufgenommen wurden und die daher keineswegs zwingend mit deutschen Wettbewerbsvorstellungen harmonieren[224], möglicherweise diesen sogar entgegenstehen, wird hier nicht berücksichtigt. Ohne Prüfungsmöglichkeit seitens eines deutschen Verordnungs- oder Gesetzgebers wird europäisches Sekundärrecht auch außerhalb seines eigentlichen Anwendungsbereiches in das deutsche Recht „dynamisch" integriert.[225] Die Begründung

---

221 *Bundesregierung,* Entwurf eines Siebten Gesetzes zur Änderung des Gesetzes gegen Wettbewerbsbeschränkungen, (RegE 7. GWB-Novelle), BT-Drs. 15/3640, S. 44.

222 s. *Veelken,* in: Immenga/Mestmäcker, EG-WbR (1997–2001), 2. Erg., I.), Rn. 2 und II.), Rn. 159.

223 *Fuchs,* Gruppenfreistellungsverordnung, ZWeR 2005, 1, 26, zur GVO Kfz-Vertrieb.

224 In die gleiche Richtung zielend: *Möschel,* 7. GWB-Novelle ante portas, WuW 2003, 571, im Hinblick auf vertikale Wettbewerbsbeschränkungen.

225 Vgl. zu den Bedenken gegen die Regelungstechnik der dynamischen Verweisung auf die GVOen die Darstellung bei *Ehricke/Blask,* Dynamischer Verweis, JZ 2003, 722, und allgemein zur dynamischen Verweisung *Klindt,* Zulässigkeit, DVBl 1998, 373. Anders sieht die Regelung dagegen bspw. im ebenfalls völlig überarbeiteten österreichischen Kartellgesetz aus: Hier kann gem. § 3 KarttG n.F. der Bundesminister der Justiz im Einvernehmen mit dem Bundesminister für Wirtschaft und

für diesen Verzicht auf eine Vorabkontrolle einer Übernahme aller europäischen Regelungen durch einen deutschen Verordnungsgeber führt auch in diesem Bereich die Einschränkung der praktischen Handhabbarkeit eines zweigeteilten Rechts an.

b) Wortwörtliche Anwendung im Rahmen des § 2 Abs. 2 GWB zwingend?

Fraglich ist, ob der Gesetzgeber eine wortwörtliche Anwendung der Gruppenfreistellungsverordnungen für geboten erachtet oder hiervon Ausnahmen zulässt. Der Gesetzeswortlaut ordnet eine „*entsprechende*" Anwendung der GVOen an. In der Gesetzesbegründung[226] wird hierzu ausgeführt:

> „Die GVO sind daher entsprechend anzuwenden. Dies bedeutet – insbesondere außerhalb der materiellrechtlichen Bestimmungen – nicht in jedem Falle eine wörtliche Anwendung."

Die Formulierung, die wortwörtliche Anwendung sei „*insbesondere*" bei nicht-materiellrechtlichen Bestimmungen nicht in jedem Falle angezeigt, ist missverständlich und lässt Raum für folgende Überlegungen: Im Hinblick auf solche Regelungen, die mit dem den GVOen zugrundeliegenden Ermessensentscheidung der Kommission, welche Sachverhalte im Wege der Gruppenfreistellung freigestellt werden sollen und welche nicht, in Verbindung stehen, kann eine wortwörtliche Anwendung der GVO mitunter nicht angezeigt sein. Dies zielt auf die in einzelnen GVOen enthaltenen Suspensionsbestimmungen (Art. 8 GVO Vertikalvereinbarungen, Art. 7 GVO Technologietransfer, Art. 7 GVO Kfz-Vertrieb), mit denen die GVOen für bestimmte Bereiche ihrerseits für nicht anwendbar erklärt werden. Diese Verordnungskompetenz soll den nationalen Behörden nicht eröffnet werden.[227] Soweit besteht angesichts der genau diesen Fall anführenden Gesetzesbegründung Klarheit.[228]

Anders ist dies jedoch im Hinblick auf die materiell-rechtlichen Bestimmungen. Was hierbei zu gelten hat, ist keineswegs eindeutig der Gesetzesbegründung zu entnehmen: Wie bereits erwähnt, sind nicht alle Bestimmungen einer GVO allein den Zielen der deutschen Wettbewerbspolitik verpflichtet, sondern berücksichtigen vielmehr auch integrations- oder auch industriepolitische Zielsetzungen. Würde jedoch auch hier eine wortwörtliche Anwendung für nicht zwingend erachtet werden, so würde genau das

---

Arbeit eigenständige Freistellungsverordnungen erlassen, in denen dann auf europäische GVOen verwiesen werden *kann.*

[226] RegE 7. GWB-Novelle, BT-Drs. 15/3640, S. 25.

[227] Vgl. *Nordemann,* in: Loewenheim, GWB (2006), § 2, Rn. 156.

[228] RegE 7. GWB-Novelle, BT-Drs. 15/3640, S. 25.

erreicht werden, was der Gesetzgeber gerade vermeiden will – nämlich die (Wieder-)Herstellung eines eigenständigen deutschen Rechtes. Gleichzeitig ist nicht zu übersehen, dass damit auch eine erhebliche Rechtsunsicherheit verbunden wäre, die wesentlich geringer wäre, wenn der Gesetzgeber doch, wie ausdrücklich nicht, dem nationalen Verordnungsgeber die Möglichkeit eröffnet hätte, klar und eindeutig festzulegen, welche Bestimmungen einer GVO auf nationale Sachverhalte Anwendung finden sollen und welche nicht. Ist eine wortwörtliche Anwendung nicht in jedem Fall angezeigt, so bleibt für den Rechtsanwender offen, wann er die GVOen wortwörtlich und strikt zu beachten hat und wann nicht. Andererseits lässt bereits die Formulierung des § 2 Abs. 2 GWB selbst einen gewissen Spielraum bei der Anwendung der GVOen im deutschen Recht: Ihre Anwendung hat nur „*entsprechend*" zu erfolgen. Demnach wäre eine Berücksichtigung rein nationaler Zielsetzungen und damit die Ausklammerung solcher materieller Bestimmungen, die rein europarechtlich veranlasst wären, zulässig. Auch die Gesetzesbegründung hilft hier nicht mit der gewünschten Klarheit weiter: Die nur beispielhafte Nennung der nicht-materiellrechtlichen Bestimmungen („*insbesondere*") lässt durchaus auch den Schluss zu, dass mitunter doch auch materiellrechtliche Bestimmungen nicht zwingend wortwörtlich auszulegen sind. Eine wortwörtliche Übertragung sämtlicher Bestimmungen der GVOen auf rein regionale Sachverhalte würde möglicherweise wenig Sinn machen, was dafür spräche, auch bei materiell-rechtlichen Regelungen auf eine wortwörtliche Anwendung zu verzichten.[229] Bevor diese Fragen jedoch entschieden werden können ist zunächst ein anderer Punkt zu beleuchten:

c) Die Bedeutung der Gruppenfreistellungsverordnungen im deutschen Recht

Die Frage, die sich hier nämlich stellt, ist, welche Bedeutung den Gruppenfreistellungsverordnungen im *deutschen* Recht ganz grundsätzlich zukommt. Anders als im europäischen Recht, wo das System der Legalausnahme der VO 1/2003 und damit einem sekundärrechtlichen Akt der Kommission zu entnehmen ist, ist im deutschen Recht dieses Legalausnahmesystem primärrechtlich in § 2 Abs. 1 GWB verankert. Damit ist aber die o.g. Diskussion darüber, ob die GVOen gleichrangig neben der Legalausnahme des § 2 Abs. 1 GWB stehen, oder ob letztere allein der Vorrang zukommt, keineswegs im deutschen Recht zugunsten letzterer Auffassung beendet: Es bleibt zunächst dabei, dass die GVOen in ihrem unmittelbaren Anwendungsbereich, also bei Sachverhalten mit zwischenstaatlicher Bedeutung,

---

[229] So auch *Nordemann,* in: Loewenheim, GWB (2006), § 2, Rn. 156 a.E.

als Verordnungen i.S.d. Art. 249 EG unmittelbare, die mitgliedstaatlichen Gerichte bindende Wirkung haben,[230], also selbst primärrechtlichen Charakter und damit konstitutive Wirkung haben. Insoweit hat der Verweis in § 2 Abs. 2 GWB auf die GVOen nur klarstellende Bedeutung.

Gleichzeitig wird aber in § 2 Abs. 2 S. 2 GWB die entsprechende Geltung (§ 2 Abs. 2 S. 1) der GVOen auch im nicht-zwischenstaatlichen Bereich angeordnet. Es ist zu fragen, in welchem Verhältnis die GVOen hier zur *primärrechtlich* verankerten Legalausnahme in § 2 Abs. 1 GWB stehen, ob sie nur deklaratorischen oder doch eigenständig-konstitutiven Charakter haben. Aufgrund des eindeutigen Wortlauts „bei der Anwendung von Absatz 1", der die GVOen direkt mit der Legalausnahme des Abs. 1 verknüpft, könnte davon auszugehen sein, dass die GVOen ohne eigenständigen Regelungsinhalt Abs. 1 nur konkretisieren und auch nur soweit sie nicht über dessen Voraussetzungen hinausgehen, anwendbar sein sollen, also doch nur deklaratorisch sind. Anders als im europäischen Recht ist es hier angesichts des Wortlauts zunächst nicht denkbar, dass GVOen eigenständige, *neben* der Legalausnahme des § 2 Abs. 1 GWB anwendbare Freistellungstatbestände in konstitutiver Weise schaffen können, die sich nicht zwingend mit den Voraussetzungen des § 2 Abs. 1 GWB decken. Dass aber auch solche Vereinbarungen, die zwar nicht die Voraussetzungen des § 2 Abs. 1 GWB, jedoch die einer Gruppenfreistellungsverordnung erfüllen, gleichwohl vom Verbot des § 1 GWB ganz grundsätzlich freigestellt sind, also auch im deutschen Recht den GVOen eigene Regelungsinhalte zukommen, ließe sich mit folgender, bereits im europäischen Kontext angeführten[231] Argumentation begründen: Bei der o.g. Lesart des Abs. 2 könnte der Sinn der Regelung des § 34 lit. d) GWB in Frage stehen: Hier heißt es unter der amtlichen Überschrift „Entzug der Freistellung" in Anlehnung an Art. 29 VO 1/2003:

> „Haben Vereinbarungen, Beschlüsse von Unternehmensvereinigungen oder aufeinander abgestimmte Verhaltensweisen, die unter eine Gruppenfreistellungsverordnung fallen, in einem Einzelfall Wirkungen, die mit § 2 Abs. 1 oder mit Artikel 81 Abs. 3 des Vertrages zur Gründung der Europäischen Gemeinschaft unvereinbar sind und auf einem Gebiet im Inland auftreten, das alle Merkmale eines gesonderten räumlichen Marktes aufweist, so kann die Kartellbehörde den Rechtsvorteil der Gruppenfreistellung in diesem Gebiet entziehen."

Damit muss es aber möglich sein, dass durch eine GVO eine Vereinbarung *wirksam* freigestellt wird, die nicht die Voraussetzungen des § 2 Abs. 1 GWB erfüllt. Erst durch die Entziehung des „Rechtsvorteils der Gruppenfreistellung" wird die konkrete Vereinbarung unwirksam. Es wird also durch die GVO ein eigener Rechtsvorteil gewährt. Den GVOen muss

---

230 Vgl. *Nordemann,* in: Loewenheim, GWB (2006), § 2, Rn. 154.

231 s.o., Teil 1, Kap. 1, C. II.

damit ein eigener Regelungsinhalt zu entnehmen sein, der nicht zwingend deckungsgleich mit dem des § 2 Abs. 1 GWB ist. Zwar liegt offensichtlich das Primat bei § 2 Abs. 1 GWB, denn hieran hat sich die Frage zu orientieren, ob eine Freistellung entzogen werden kann oder nicht; jedoch wird der Kartellbehörde ausdrücklich ein Ermessen („kann ... entziehen") eingeräumt, woraus zu folgern ist, dass ein zwingender Vorrang des § 2 Abs. 1 GWB nicht besteht.

Im Ergebnis kommt den Gruppenfreistellungsverordnungen daher auch im deutschen Recht konstitutive Wirkung zu; sie sind *neben* der Legalausnahme des § 2 Abs. 1 GWB unmittelbar anwendbar und führen zu einer zweiten Freistellungsmöglichkeit in Ansehung des Verbotes des § 1 GWB.[232]

d) Zwischenergebnis

Der deutsche Gesetzgeber wollte ausdrücklich die (Wieder-)Herstellung eigenständiger deutscher, gruppenweiser Freistellungsmöglichkeiten verhindern. Er hat daher den Weg der dynamischen Verweisung gewählt, mit der die GVOen direkt ins deutsche Recht integriert werden sollen. Diese von einem anderen Gesetzgeber (der Kommission) erlassenen GVOen schaffen eine eigenständige, zweite Freistellungsmöglichkeit, parallel zur nationalen Freistellungsmöglichkeit des § 2 Abs. 1 GWB. Würde man – um die allein aufgrund europäischer Zielsetzungen in den GVOen enthaltenen Regelungen ausschließen zu können – auf eine wortwörtliche Auslegung der GVOen auch im materiell-rechtlichen Bereich verzichten, so würde man über diesen Umweg auch im Bereich der gruppenweisen Freistellung ein eigenständiges deutsches Recht schaffen, was der Gesetzgeber ausdrücklich vermeiden wollte. Es besteht im Übrigen auch kein wirkliches Bedürfnis für eine nicht-wortwörtliche Auslegung in diesem Bereich, nur um so europarechtliche Zielsetzungen für rein nationale Sachverhalte auszublenden: Im Wege der Einzelfreistellung des § 2 Abs. 1 GWB besteht jederzeit die Möglichkeit, nationale Besonderheiten zu berücksichtigen, auch wenn die „europäischen" Voraussetzungen einer GVO nicht erfüllt sein sollten. Rechtssicherheit für die betroffenen Unternehmen kann weder die nicht-wortwörtliche Anwendung der GVOen, noch die Einzelfreistellung gem. § 2 Abs. 1 GWB verschaffen. Im Gegenteil: Die wortwörtliche Anwendung der GVOen schafft wenigstens die Sicherheit, dass eine Vereinbarung zulässig ist, wenn die Voraussetzungen der VO erfüllt sind; und genau dies entspricht der Intention sowohl des europäischen Verordnungs- als auch des deutschen Gesetzgebers am ehesten.

---

[232] s. auch *Fuchs,* in: Immenga/Mestmäcker, GWB (2007), § 2, Rn. 65.

e) Berücksichtigungsfähigkeit im Rahmen der Einzelfreistellung gem. § 2 Abs. 1 GWB

Fraglich bleibt aber, ob die materiellen Regelungen der GVOen im nationalen Recht auch noch – parallel zu ihrer eigenständigen Bedeutung – weiterhin Berücksichtigung bei der Auslegung des § 2 Abs. 1 GWB selbst finden können, selbst wenn der Anwendungsbereich einer GVO beispielsweise mangels Einhaltung der Marktanteilsschwellen nicht eröffnet ist. Dass die GVOen grundsätzlich eine selbstständige Freistellungsmöglichkeit bieten, steht dem jedenfalls nicht entgegen, da es im deutschen Recht keine Besonderheit darstellen würde, wenn der Regelungsgehalt einer Norm zur Auslegung einer anderen Norm vergleichbaren Inhalts und Zielsetzung mit herangezogen werden würde. Der Gesetzgeber[233] hat dabei auch darauf hingewiesen, dass das Nichteingreifen einer GVO keine Vermutung für die Unvereinbarkeit der Absprache mit Art. 81 Abs. 3 EG (und damit auch für § 2 Abs. 1 GWB) begründet.

Es könnte jedoch gerade im Hinblick auf diese Marktanteilsschwellen als Anwendungsvoraussetzung gegen eine solche Heranziehung der GVO-Kriterien als Auslegungshilfe vorgebracht werden, dass die Kommission als Verordnungsgeber im Rahmen der GVOen jeweils ein Gesamtpaket geschnürt habe und deshalb die Herausnahme einzelner Kriterien als Auslegungshilfe für eine Einzelfreistellung mit dem Charakter der GVOen als einer Gesamtlösung nicht zu vereinbaren sei: Nur weil eben bestimmte Marktanteilsschwellen nicht überschritten seien, seien bestimmte grundsätzlich wettbewerbsschädigende Vereinbarungen freigestellt. Eine Aussage darüber, wie wettbewerbsschädigend diese nur im Zusammenhang mit Marktanteilsschwellen beurteilten Vereinbarungen dann sind, wenn diese Schwellen überschritten werden, könne den GVOen dagegen nicht entnommen werden. Die Beurteilung der Vereinbarungen sei vielmehr untrennbar mit den einzelnen Marktanteilsschwellen verknüpft. Eine isolierte, konkrete Beurteilung der in der jeweiligen GVO genannten Vereinbarungen erfolge gerade nicht, vielmehr seien die GVO nur generell-abstrakte Regelungen ohne direkten Bezug zu einer konkreten Vereinbarung. Damit könne den GVO auch keine Indizwirkung für die Auslegung des Art. 81 Abs. 3 EG und des § 2 Abs. 1 GWB zukommen.

Gleichwohl lässt sich diese Ansicht nicht halten: Bereits auf europäischer Ebene hat sich die Kommission vielfach von den Wertentscheidungen der GVOen leiten lassen und dabei insbesondere auch die bereits aufgehobenen GVOen für die Einzelfreistellung gem. Art. 81 Abs. 3 EG mit herangezogen, da die dort aufgeführten Weißen Klauseln auch weiterhin positiv zu

233 RegE 7. GWB-Novelle, BT-Drs. 15/3640, S. 25.

bewerten seien, nur zur Vermeidung des „Zwangsjackeneffektes“ in den GVO der 2. Generation nicht mehr enthalten seien.[234] Dass Entsprechendes auch im Rahmen des § 2 Abs. 1 GWB gelten muss, lässt sich wie folgt begründen: Der Gesetzgeber hat die Anwendbarkeit der GVOen auch für zwischenstaatlich relevante Sachverhalte ausdrücklich angeordnet, obwohl wie aufgezeigt diese VOen bereits gem. Art. 249 EG unmittelbare Wirkung entfalten. Diese Übertragung sei jedoch sachgerecht, weil sie den „parallel anwendbaren deutschen Freistellungstatbestand nach § 2 Abs. 1 konkretisiert“[235]. Damit wird deutlich, dass zum einen, wie dargelegt, den GVOen ein eigenständiger, *europäischer* Freistellungstatbestand zu entnehmen ist und in § 2 Abs. 1 GWB ein *parallel anwendbarer nationaler Freistellungstatbestand* geschaffen wurde; zum anderen wird aber dieser andere, *deutsche* Freistellungstatbestand des § 2 Abs. 1 GWB durch die GVOen „konkretisiert“, die GVOen beeinflussen folglich durchaus auch die Auslegung der Generalklausel des § 2 Abs. 1 GWB unmittelbar. Dies macht nicht zuletzt auch der Wortlaut des § 2 Abs. 2 GWB selbst deutlich („Bei der Auslegung“). Schließlich ist zu beachten, dass der Gesetzgeber zwischen den europäischen GVOen (§ 2 Abs. 2 GWB) und der deutschen Generalklausel (§ 2 Abs. 1 GWB) eine sehr enge Verbindung herstellt, indem er klarstellt, dass

> „die Tatsache, dass eine Vereinbarung von der GVO nicht gedeckt ist, aber keine Vermutung für die Unvereinbarkeit mit Artikel 81 Abs. 3 EG [begründet]. Sie bedeutet nur, dass in diesem Fall die Freistellungsfähigkeit der Absprache nicht offensichtlich ist, sondern individuell untersucht werden muss. Ist in einer Vereinbarung allerdings eine Klausel enthalten, die in einer sog. schwarzen Liste einer GVO aufgeführt ist, begründet dies eine Vermutung für die Unvereinbarkeit mit Artikel 81 Abs. 3 EG und die fehlende Freistellungsfähigkeit.“[236]

Wenn aber aus einer GVO, die einen eigenständigen Freistellungstatbestand darstellt (s.o.), für die Auslegung des Art. 81 Abs. 3 EG (und damit auch für den § 2 Abs. 1 GWB) entnommen werden kann, dass bei bestimmten Klauseln eine Vermutung für eine *fehlende* Einzelfreistellungsfähigkeit besteht, so muss dies auch umgekehrt für den Fall gelten, dass bestimmte Vereinbarungen gar nicht erst dem Anwendungsbereich einer GVO unterfallen, aber gleichwohl zu den dort freigestellten Gruppen von Vereinbarungen zu zählen sind: Zwar ist die Freistellungsfähigkeit auch dann nicht offensichtlich, sondern vielmehr individuell zu untersuchen; dabei dürfen aber die Kriterien der jeweiligen GVO, die letztendlich doch nur Art. 81 Abs. 3 EG (bzw. § 2 GWB) konkretisieren und nur deshalb für die Freistellung der einschlägigen Gruppe von Vereinbarungen sprechen, ent-

---

[234] Vgl. ausführlich *Wagner,* Systemwechsel, WRP 2003, 1369, 1378 f.

[235] RegE 7. GWB-Novelle, BT-Drs. 15/3640, S. 25.

[236] RegE 7. GWB-Novelle, BT-Drs. 15/3640, S. 25.

sprechend auch für die Auslegung der Einzelfreistellungsklausel herangezogen werden. Ebenso wie beim grundsätzlichen Eingreifen einer GVO die Möglichkeit bestehen muss, den im *Ausnahmefall* nicht mit den Einzelfreistellungskriterien in Einklang zu bringenden Freistellungsvorteil wieder zu entziehen, muss auch die Möglichkeit bestehen, die GVO-Kriterien, die im *Regelfall* auf Art. 81 Abs. 3 EG (bzw. § 2 Abs. 1 GWB)[237] aufbauen, zur Auslegung der Einzelfreistellungskriterien heranzuziehen und mit diesen in Einklang zu bringen. Hier muss dann eine individuelle Untersuchung stattfinden, bei der u. a. auch die Freistellungskriterien der GVOen bei der Auslegung zu berücksichtigen sind, selbst wenn der unmittelbare Anwendungsbereich einer solchen GVO grundsätzlich nicht eröffnet ist.

Damit kommt den GVOen im deutschen Kartellrecht zweierlei Bedeutung zu:[238] Einerseits schaffen sie einen eigenen Freistellungstatbestand, parallel zur Möglichkeit einer Einzelfreistellung; anders lässt sich die Regelung des § 34 lit. d GWB nicht erklären. Andererseits dienen sie nach dem erklärten Willen des Gesetzgebers auch der Konkretisierung des § 2 Abs. 1 GWB selbst, sind also auch „bei der Auslegung" der Einzelfreistellungsklausel des § 2 Abs. 1 GWB heranzuziehen. Hier ist dann allerdings aufgrund der nur „entsprechend" zu erfolgenden Anwendung ein wesentlich weiterer Beurteilungsspielraum eröffnet: Solche Bestimmungen, die bei regionalen Sachverhalten verfehlt wären, können unberücksichtigt bleiben.[239] Dies kann und muss dann auch für Schwarze Klauseln gelten, was der Gesetzgeber selbst ausdrücklich klargestellt hat. Allerdings ist hier mit dem Gesetzgeber darauf hinzuweisen, dass in diesem Fall eine Vermutung für die Unvereinbarkeit der in Rede stehenden Vereinbarung mit den Freistellungsvoraussetzungen des § 2 Abs. 1 GWB besteht.[240]

III. Rechtswirkungen der Mitteilungen der Kommission bei nationalen Sachverhalten und die Selbstveranlagungspflicht der Unternehmen

Wie dargestellt, wurden nahezu sämtliche Ausnahmetatbestände abgeschafft. An ihre Stelle rückt die Generalklausel des § 2 GWB und daneben die einzige – sieht man von den Sonderregeln für Zeitungen und Zeitschriften in § 30 GWB ab – im GWB für den Bereich der Kooperation verbliebene Sonderregelung des § 3 GWB, die speziell für horizontale Mittel-

[237] Allerdings als eigenständige Norm, s. o.

[238] Ähnlich *Nordemann,* in: Loewenheim, GWB (2006), § 2, Rn. 8 a. E. und 151.

[239] In die gleiche Richtung argumentiert *Nordemann,* in: Loewenheim, GWB (2006), § 2, Rn. 156 a. E.

[240] RegE 7. GWB-Novelle, BT-Drs. 15/3640, S. 25.

standskooperationen die Voraussetzungen einer Freistellung gem. § 2 Abs. 1 GWB festlegt.

Durch den Wegfall des bisherigen Anmeldesystems sind nunmehr auch im deutschen Recht die Unternehmen gehalten, sich und ihr Vorhaben unter kartellrechtlichen Gesichtspunkten selbst einzuschätzen, sich selbst zu veranlagen. Im europäischen Recht gab es diese Pflicht zur Selbstveranlagung grundsätzlich bereits seit Inkrafttreten der ersten Gruppenfreistellungsverordnung – allerdings konnte den Unternehmen die Beantragung einer Einzelfreistellung etwas mehr Rechtssicherheit verschaffen. Dem nationalen Wettbewerbsrecht war dagegen eine solche Selbstveranlagung der Unternehmen fremd.

In diesem Zusammenhang ist zu fragen, ob nicht auch dann, wenn rein nationale Sachverhalte beurteilt werden sollen und europäisches Recht mangels Zwischenstaatlichkeitsbezug nicht eingreift, nationale Behörden und Gerichte nach nationalem Recht zumindest in der Regel verpflichtet sind, die europäischen Vorgaben zu berücksichtigen. Da in diesen Fällen das europäische Recht nicht berührt wird, verbietet sich die Herleitung einer solchen Bindungswirkung aus Art. 10 EG und der dort zum Ausdruck kommenden Loyalitätspflicht. Gleichwohl ist aus mehreren Überlegungen heraus von einer Berücksichtigungspflicht der nationalen Behörden und Gerichte auszugehen, die ein Abweichen nur in begründeten Ausnahmefällen zulässt.

1. Der erklärte Wille des Gesetzgebers

Zum einen hat der Gesetzgeber der 7. GWB-Novelle ausdrücklich das Ziel verfolgt, europäisches Recht so weit wie möglich in innerstaatliches Recht zu transferieren und auch auf rein nationale Sachverhalte zu übertragen.[241] Es sollte – so eines der Hauptargumente für die Anpassung an das europäische Recht – gerade eine Ungleichbehandlung kleiner und mittlerer Unternehmen, die die Zwischenstaatlichkeitsschwelle des Art. 81 EG nicht übersteigen, verhindert werden. Der Gesetzgeber hat in seinem Sinne daher die Mitteilungen der Kommission ausdrücklich zu den zukünftigen Auslegungshilfen des GWB gezählt und mehrfach betont, dass sie bei der Auslegung insbesondere des § 1 GWB n.F. zu berücksichtigen sind:

> „Bei der Auslegung der Tatbestandsmerkmale des § 1, auch soweit sie schon bisher in dieser Vorschrift enthalten waren, wie etwa der Definition von Unternehmen und Unternehmensvereinigungen oder dem Merkmal einer Verhinderung, Einschränkung oder Verfälschung des Wettbewerbs, sind die Grundsätze des euro-

---

[241] s. ausführlich sogleich, unter Teil 1, Kap. 2, A. II. 2. a) und Teil 1, Kap. 2, B. II. 2.

päischen Wettbewerbsrechts auch weiterhin zu berücksichtigen. Diese Rechtsfolge, die sich durch die Angleichung des Wortlauts bereits seit der 6. GWB-Novelle ergibt, wird durch den Grundsatz der europafreundlichen Anwendung nach Maßgabe der neuen Vorschrift des § 23 bekräftigt. Darin einbezogen sind auch Bekanntmachungen und Leitlinien der Kommission."[242]

Hier wird deutlich, dass der Gesetzgeber davon ausgeht, dass unabhängig von dem letztendlich nicht Gesetz gewordenen § 23 GWB-E (= Pflicht zur europafreundlichen Auslegung)[243], schon nach bisherigem Recht allein aufgrund der Angleichung des nationalen an das europäische Recht bei der Auslegung des § 1 GWB auch Bekanntmachungen und Leitlinien der Kommission zu berücksichtigen sind. Dies wird an verschiedenen Stellen der Gesetzesbegründung nochmals ausdrücklich hervorgehoben.[244] So heißt es beispielsweise im Hinblick auf die hier besonders interessierenden Horizontal-Leitlinien[245]:

> „Diese Auslegungsgrundsätze [der Leitlinien, Anm. d. Verf.], die weitergehenden Spielraum für die Bildung und Tätigkeit von Einkaufskooperationen als der bisherige § 4 Abs. 2 bieten, sind künftig auch für die Beurteilung von Einkaufskooperationen von kleinen und mittleren Unternehmen im deutschen Recht zu berücksichtigen."[246]

Es besteht nach dem erklärten Willen des Gesetzgebers mit anderen Worten eine Berücksichtigungspflicht.

Die Tatsache, dass § 23 GWB-E aufgrund eines Votums des Bundesrates[247] nicht Gesetz geworden ist, ändert hieran nichts: Der Bundesrat betont in seinem Votum, dass eine Auslegung des an das europäische Recht angepassten nationalen Kartellgesetzes im Lichte eben dieser europäischen Regeln eine „methodische Selbstverständlichkeit" sei.[248] Die Regelung des § 23 GWB-E hätte hier eher zur Unklarheit über diesen Grundsatz geführt, da das europäische Wettbewerbsrecht demnach nur grundsätzlich und eben nicht im Detail bei der Anwendung der deutschen Normen zu Grunde zu legen gewesen wäre.[249] Dies hätte dem Ziel der Einheitlichkeit der Rechts-

---

242 RegE 7. GWB-Novelle, BT-Drs. 15/3640, S. 23.

243 RegE 7. GWB-Novelle, BT-Drs. 15/3640, S. 9.

244 RegE 7. GWB-Novelle, BT-Drs. 15/3640, 26.

245 Horizontal-Leitlinien, ABl. 2001/C 3/2; s. dazu ausführlich Teil 2, Kap. 2.

246 RegE 7. GWB-Novelle, BT-Drs. 15/3640, 27. s. auch S. 28, zur Berücksichtigungspflicht im Hinblick auf die Bagatellbekanntmachung der Kommission (dazu ausführlich unter Teil 2, Kap. 2, B. IV. 2.).

247 *Bundesrat,* Stellungnahme des Bundesrates zum Entwurf eines siebten Gesetzes zur Änderung des Gesetzes gegen Wettbewerbsbeschränkungen, (Stellungnahme 7. GWB-Novelle), BR-Drs. 441/04 (Beschluss), S. 6 f.

248 Stellungnahme 7. GWB-Novelle, BR-Drs. 441/04 (Beschluss), S. 5 f.

249 *Bechtold/Buntscheck,* 7. GWB-Novelle, NJW 2005, 2966, 2967; *Bechtold,* Kartellgesetz, Einf., Rn. 20; *Fuchs,* 7. GWB-Novelle, WRP 2005, 1384, 1387.

anwendung entgegengewirkt.[250] Folglich ändert sich durch die Nicht-Aufnahme des § 23 GWB-E nichts daran, dass zukünftig auch die Detailregelungen, die eben auch in den Leitlinien und Bekanntmachungen der Kommission geregelt sind, berücksichtigt werden müssen. Die Schlussfolgerung Kochs[251], die Auslegung des nationalen im Lichte des europäischen Rechts sei zwar auch nach Ansicht des Bundesrates eine „methodische Selbstverständlichkeit", sie „sollte nur nicht in einer solchen Weise gesetzlich festgeschrieben werden, dass ein Verstoß gegen die Berücksichtigungspflicht zur Anfechtung der Entscheidung hätte führen können", greift dabei zu kurz: Wenn nämlich eine nationale Instanz gegen diese methodische Selbstverständlichkeit verstößt und nationales Recht ohne Berücksichtigung des europäischen Rechts anwendet, so rechtfertigt dieser Verstoß gegen methodische Auslegungsgrundsätze bereits für sich betrachtet eine Anfechtung der Entscheidung.

2. Die Zielsetzung der 7. GWB-Novelle: Keine Ungleichbehandlung von kleinen und mittleren Unternehmen

Darüber hinaus begründet aber gerade das Ziel des Gesetzgebers, kleine und mittelständische Unternehmen nicht zu benachteiligen, ebenfalls eine Berücksichtigungspflicht: Die ansonsten zu befürchtende Benachteiligung von kleinen und mittleren Unternehmen, die nur regional tätig wären, würde zum einen in der gegenüber europaweit agierenden Unternehmen erheblich geringeren Rechtssicherheit zu sehen sein. Während sich letztere weitgehend auf die Mitteilungen der Kommission verlassen könnten, würden KMU angesichts der nun auch im deutschen Recht vorherrschenden Unbestimmtheit der Tatbestandsmerkmale weitgehend im Unklaren über die zu beachtenden Auslegungskriterien bleiben. Der Verweis auf die Mitteilungen als bloße Orientierungshilfe würde ihnen im Ergebnis nicht helfen, wenn nationale Instanzen von diesen abweichen würden. Schließlich würde durch eine fehlende Berücksichtigungspflicht der durch die 7. GWB-Novelle gerade geschlossene Graben zwischen nationalem und europäischem Recht wieder aufgerissen werden – dies zumal dann, wenn man wie hier die Mitteilungen der Kommission für im europäischen Recht rechtlich verbindlich ansieht.

3. Ergebnis

Sowohl der erklärte Wille des Gesetzgebers als auch die allgemeine Zielsetzung der 7. GWB-Novelle machen deutlich, dass eine Berücksichtigungs-

250 *Bechtold,* Kartellgesetz, Einf., Rn. 20.

251 *Koch,* Kartellrechtsentscheidungen, WuW 2006, 710, 716.

pflicht hinsichtlich der Mitteilungen der Kommission auch bei rein innerstaatlichen Sachverhalten besteht. Diese Berücksichtigungspflicht schließt es dabei allerdings nicht aus, dass im Einzelfall begründete Ausnahmen für Abweichungen von den Mitteilungen der Kommission zulässig sein können.[252] Eine rechtliche Bindungswirkung entfalten die Leitlinien dagegen nicht.

IV. Weitere Änderungen auf der Tatbestandsseite im Überblick

Das bislang im III. Abschnitt („Marktbeherrschung, wettbewerbsbeschränkendes Verhalten") behandelte Empfehlungsverbot (§ 22 Abs. 1) wurde abgeschafft, da auch in diesem Bereich das deutsche mit dem europäischen Wettbewerbsrecht harmonisiert werden sollte[253]. Dem europäischen Wettbewerbsrecht sind solche Empfehlungsverbote fremd. Damit wurden selbstverständlich auch die bisherigen Ausnahmen für Markenartikel (§ 23 GWB a.F.), aber vor allem auch für Vereinigungen kleiner und mittlerer Unternehmen überflüssig und gestrichen.[254]

Gestrichen wurden auch Sonderregelungen für bestimmte Branchen, ebenfalls zum Zwecke der Harmonisierung des deutschen mit dem europäischen Wettbewerbsrechts. In Teilen aufrechterhalten wurden zum einen lediglich die erwähnten Sonderregeln für Preisbindungsvereinbarungen bei Verlagsprodukten (§ 15 GWB a.F.), die jedoch explizit nunmehr nur noch für Zeitschriften und Zeitungen gelten (§ 30 GWB), da durch das Buchpreisbindungsgesetz für entsprechende Preisbindungen eine eigenständige gesetzliche Regelung geschaffen worden ist.[255] Zum anderen gelten weiterhin Sonderregelungen für die Landwirtschaft, da der EG-Vertrag hier Ausnahmen vom Wettbewerbsprinzip zulässt.

V. Die Rechtsfolgenseite: Ausweitung des Schadensersatzrechtes in § 33 GWB

Nicht nur auf der Tatbestands-, sondern vor allem auch auf der Rechtfolgenebene hat die 7. GWB-Novelle zu einer markanten Veränderung geführt. § 33 Abs. 1 GWB lautet nun:

> „Wer gegen eine Vorschrift dieses Gesetzes, gegen Artikel 81 oder 82 des Vertrages zur Gründung der Europäischen Gemeinschaft oder eine Verfügung der Kar-

---

[252] Vgl. in diesem Zusammenhang auch die Ausführungen zur Vorlagefähigkeit einzelner Regelungen des GWB zum EuGH, unter Teil 1, Kap. 2, B.

[253] RegE 7. GWB-Novelle, BT-Drs. 15/3640, S. 46.

[254] Im Einzelnen hierzu: Teil 2, Kap. 3, E. III. 2.

[255] Vgl. Buchpreisbindungsgesetz vom 1. Oktober 2002, BGBl. 1 2002, S. 3448.

tellbehörde verstößt, ist dem Betroffenen zur Beseitigung und bei Wiederholungsgefahr zur Unterlassung verpflichtet. Der Anspruch auf Unterlassung besteht bereits dann, wenn eine Zuwiderhandlung droht. Betroffen ist, wer als Mitbewerber oder sonstiger Marktbeteiligter durch den Verstoß beeinträchtigt ist."

Hierauf Bezug nehmend heißt es dann in § 33 Abs. 3 GWB:

„Wer einen Verstoß nach Absatz 1 vorsätzlich oder fahrlässig begeht, ist zum Ersatz des daraus entstehenden Schadens verpflichtet. Wird eine Ware oder Dienstleistung zu einem überteuerten Preis bezogen, so ist der Schaden nicht deshalb ausgeschlossen, weil die Ware oder Dienstleistung weiterveräußert wurde. Bei der Entscheidung über den Umfang des Schadens nach § 287 der Zivilprozessordnung kann insbesondere der anteilige Gewinn, den das Unternehmen durch den Verstoß erlangt hat, berücksichtigt werden. Geldschulden nach Satz 1 hat das Unternehmen ab Eintritt des Schadens zu verzinsen. Die §§ 288 und 289 Satz 1 des Bürgerlichen Gesetzbuchs finden entsprechende Anwendung."

Mit dieser Neufassung der Schadensersatzregelung des § 33 GWB wird der Kreis der Anspruchsberechtigten erheblich erweitert. Aufgegeben wird die Anknüpfung an das Kriterium der Schutzgesetzeigenschaft. Entscheidendes Anknüpfungskriterium ist nunmehr allein die „Betroffenheit", d.h. der Beeinträchtigung als Mitbewerber oder sonstiger Marktbeteiligter[256]. Alle von einem Verstoß gegen das Kartellrecht Betroffenen haben nunmehr grundsätzlich einen Anspruch auf Ersatz des aus dem wettbewerbswidrigen Verhalten resultierenden Schadens. Gestärkt werden soll mit dieser Neufassung die private Rechtsdurchsetzung. Da die behördliche Kontrolldichte durch die Abschaffung des bisherigen Freistellungssystems (Widerspruchs-, und Anmeldekartelle §§ 9 f. GWB) und den Übergang zum Legalausnahmesystem abnimmt, muss als Pendant die private Rechtsdurchsetzung und die von ihr ausgehende Präventivwirkung gestärkt werden.[257]

B. Exkurs: Eröffnung des Zuständigkeitsbereiches des EuGH in rein nationalen Fällen

Eine – möglicherweise vom Gesetzgeber nicht bedachte – Konsequenz der aufgezeigten engen Anknüpfung des deutschen an das europäische Recht ist in der nun zu erwartenden Ausweitung des Zuständigkeitsbereiches des EuGH auch auf solche Fälle, die nicht die Zwischenstaatlichkeitsvoraussetzung der Art. 81 und 82 EG erfüllen, zu sehen. Diese soweit ersichtlich erstmals von Koch[258] geäußerte Erwartung stützt sich dabei auf folgende Überlegungen:

256 Vgl. § 33 Abs. 1 S. 3 GWB.

257 Vgl. RegE 7. GWB-Novelle, BT-Drs. 15/3640, S. 35 ff.

258 *Koch,* Kartellrechtsentscheidungen, WuW 2006, 710.

I. Die EuGH-Rechtsprechung zur überschießenden Richtlinienumsetzung[259]

Der EuGH hat in ständiger Rechtsprechung[260] die Vorlagefähigkeit gem. Art. 234 EG solcher Rechtsfragen bejaht, bei denen es um die Auslegung von EG-Richtlinien ging, deren Anwendungsbereich der nationale Gesetzgeber ohne Transformationspflicht auf andere, nationale und nicht von der Richtlinie erfasste Sachverhalte autonom erweitert hatte. Wenn nun innerhalb eines von der EG-Richtlinien nicht unmittelbar erfassten Regelungsbereiches, dem Bereich des sog. überschießend umgesetzten Rechts, eine Entscheidung zu treffen ist, bei der der – überschießend umgesetzten – Richtlinie *nach Einschätzung des nationalen Richters*[261] Entscheidungsrelevanz zukommt, so ist die Rechtssache vorlagefähig i. S. d. Art. 234 EG. Obwohl es sich also um einen nicht gemeinschaftsrechtlich geregelten Sachverhalt handelt, bei dem allerdings das anzuwendende Recht direkt aus einer europäischen Regelung formell und materiell übernommen wurde, ist der EuGH nach eigener Auffassung dazu berufen, im Wege des Vorabentscheidungsverfahrens den materiellen Gehalt der überschießend umgesetzten europäischen Richtlinie zu ermitteln. Einzige Voraussetzung hierfür ist, dass eine Auslegung der Richtlinie auf der Grundlage europäischen Rechts erforderlich ist, weil der nationale Gesetzgeber

> „bei der Umsetzung der Bestimmungen einer Richtlinie in nationales Recht beschlossen hat, rein innerstaatliche Sachverhalte und Sachverhalte, die unter die Richtlinie fallen, gleich zu behandeln, und seine innerstaatlichen Rechtsvorschriften deshalb an das Gemeinschaftsrecht angepaßt hat."[262]

In dieser Konstellation ist die europäische Auslegung der Richtlinie entscheidungserheblich für den nationalen Fall, so dass der EuGH zur Entscheidung hierüber gem. Art. 234 EG berufen ist.[263]

---

[259] Vgl. zum Folgenden ausführlich *Koch,* Kartellrechtsentscheidungen, WuW 2006, 710; *Schnorbus,* Autonome Harmonisierung, RabelsZ 2001, 654.

[260] *EuGH,* 26.09.1985, Az.: Rs. 166/84 – Thomasdünger, Slg. 1985, 3001, 3004 (Tz. 11); *EuGH,* 08.11.1990, Az.: C-231/89 – Krystyna Gmurzynska-Bscher, Slg. 1990, I-04003, (Tz. 15); *EuGH,* 18.10.1990, Az.: C-297/88 und C-197/89 – Massam Dzodzi, Slg. 1990, I-03763, Tz. 2, 29 ff.; *EuGH,* 17.07.1997, Az.: C-28/95 – Leur-Bloem, Slg. 1997, I-04161, Tz. 5, 16 ff.; *EuGH,* 16.07.1998, Az.: C-264/96 – ICI, Slg. 1998, I-04695, Tz. 14 ff.; *EuGH,* 07.01.2003, Az.: C-306/99 – BIAO, Slg. 2003, I-00001, Tz. 88 ff.

[261] Vgl. hierzu jüngst *EuGH,* 13.07.2006, Az.: C-295/04 – C-298/04 – Manfredi, Slg. 2006, I-06619, Tz. 26.

[262] *EuGH,* 17.07.1997, Az.: C-28/95 – Leur-Bloem, Slg. 1997, I-04161, Tz. 31 f.

[263] Hier nicht diskutiert wird die im Ergebnis wohl zu bejahende Frage, ob diese Sichtweise des EuGH richtig ist oder nicht. Vgl. hierzu ausführlich *Koch,* Kartellrechtsentscheidungen, WuW 2006, 710, 716 ff.

II. Übertragbarkeit der EuGH-Rechtsprechung auf das deutsche Kartellrecht

1. Richtlinienimmanente Transformationspflicht ist keine Anwendbarkeitsvoraussetzung

Eine Übertragung dieser Rechtsprechung auf sämtliche Fälle, in denen der Gesetzgeber europäisches Recht für nationale Sachverhalte kopiert, steht zu erwarten: Der EuGH hat in den genannten Entscheidungen nicht darauf abgehoben, dass jedenfalls im Ausgangspunkt der überschießenden Richtlinienumsetzung eine Transformationspflicht des nationalen Gesetzgebers bestanden hatte, und dieser nur anlässlich der darauf begründenden Überarbeitungspflicht gleich einen weiteren Regelungskomplex mitgeregelt hatte – dies wäre jedoch der entscheidende Unterschied zu einer völlig autonomen Kopie des europäischen Rechts durch den nationalen Gesetzgeber. Für das neue deutsche Kartellrecht stellt sich daher die Frage, ob auch hier aufgrund der angeführten Rechtsprechung eine Entscheidungszuständigkeit des EuGH zukünftig zu bejahen ist. Einzige Voraussetzung ist, dass der nationale Gesetzgeber bei der Übernahme des europäischen Rechts den Willen zum Ausdruck gebracht haben muss, innerstaatliche und zwischenstaatliche Sachverhalte künftig gleich zu behandeln und deshalb europäisches Recht kopiert hat.

2. Ziele der 7. GWB-Novelle – Ausdruck des grundsätzlichen Willens des deutschen Gesetzgebers zur auch materiellrechtlichen Anpassung des deutschen an das europäische Wettbewerbsrecht

Diese Voraussetzung ist ganz grundsätzlich bei der Anpassung des deutschen Kartellrechts an das europäische Recht gegeben. Eine Vielzahl von Indizien spricht für einen ausdrücklichen Angleichungswillen des deutschen Gesetzgebers:[264] Die Angleichung des deutschen an das europäische Recht an sich macht bereits deutlich, dass das europäische Recht auch in seinem materiellen Gehalt übernommen werden sollte. Auch wenn einzelne Regelungen wie etwa § 3 GWB völlig ohne europäisches Vorbild auskommen, kann dies nicht darüber hinwegtäuschen, dass der Gesetzgeber – mitunter sogar gegen seine eigene Überzeugung (vgl. den Verzicht auf eine Differenzierung zwischen horizontalen und vertikalen Vereinbarungen)[265] – das na-

---

[264] Vgl. ausführlich *Koch,* Kartellrechtsentscheidungen, WuW 2006, 710, 714 ff.

[265] RegE 7. GWB-Novelle, BT-Drs. 15/3640, S. 21: „*Die bisherige deutsche Systematik ist zwar wettbewerbspolitisch sachgerecht und führt auch zu praktisch befriedigenden Ergebnissen. Angesichts des erweiterten Vorrangs des europäischen*

tionale Recht an das europäische Recht so weit wie möglich angleichen wollte. Mit der 7. GWB-Novelle sollte die bereits mit der 6. Novelle begonnene, jedoch auf halbem Weg stehen gebliebene Harmonisierung des nationalen mit dem europäischen Recht vervollständigt werden. Der Bedeutungsverlust des nationalen Kartellrechts im Anwendungsbereich des europäischen Wettbewerbsrechts aufgrund der Neuregelungen der VO 1/2003 wurde zum Anlass genommen, nicht nur diesen, von der Neuregelung betroffenen Bereich, sondern auch im Bereich unterhalb der Zwischenstaatlichkeitsklausel europäisches und nationales Recht in Einklang zu bringen. Vorgebliches Ziel war hierbei in erster Linie die Vermeidung einer Diskriminierung kleiner und mittlerer Unternehmen. Es ist nach Ansicht des Gesetzgebers „nur in Ausnahmefällen [...] sachgerecht, spezifische Regelungen des deutschen Wettbewerbsrechts aufrechtzuerhalten."[266]

Fraglich ist, ob diesem Verständnis vom gesetzgeberischen Willen nicht entgegensteht, dass die ursprünglich in § 23 GWB-E vorgesehene gesetzliche Verpflichtung zur europarechtskonformen Auslegung in der Endfassung des GWB nicht mehr enthalten war. Eine solche gesetzlich fixierte Pflicht wurde aufgrund der Stellungnahme des Bundesrates, der eine solche Regelung für gefährlich hielt, nicht übernommen, da sie einerseits eine „methodische Selbstverständlichkeit" enthalte, andererseits

> „[d]ie vorgesehene gesetzliche Regelung [...] hingegen alle Entscheidungen der Kartellbehörden und Gerichte der Gefahr der Rechtswidrigkeit [aussetzt], wenn in den Gründen der jeweiligen Entscheidung nicht oder nicht hinreichend dargelegt würde, dass die genannten europäischen Grundsätze als für den Einzelfall relevant erkannt, entsprechend gewürdigt und schließlich „maßgeblich zu Grunde gelegt" wurden [...]"[267].

Koch schließt daraus, dass „der Wille zur Vereinheitlichung, der aus der Gesamtheit der 7. GWB-Novelle atmet, [...] dadurch nicht widerlegt wird."[268] Dem kann grundsätzlich zugestimmt werden, soweit damit auf den generellen Willen des Gesetzgebers zur Anpassung nationaler an europäische Vorschriften geschlossen werden soll. Zwei Aspekte sind dabei jedoch zu beachten. Zum einen enthielt nämlich die Gesetzesbegründung zu § 23 GWB-E eine durchaus einschränkende Aussage, zum anderen ist auch der genannten Stellungnahme des Bundesrates eine gewichtige Einschränkung zu entnehmen:

Rechts wird jedoch zukünftig im Grundsatz das europäische Modell für vertikale Wettbewerbsbeschränkungen übernommen, um die Einheit des Wettbewerbsrechts zu bewahren."

[266] RegE 7. GWB-Novelle, BT-Drs. 15/3640, S. 21.

[267] RegE 7. GWB-Novelle, BT-Drs. 15/3640, S. 75.

[268] *Koch,* Kartellrechtsentscheidungen, WuW 2006, 710, 716.

In der Gesetzesbegründung zu § 23 GWB-E heißt es:

„§ 23 schreibt dabei keine unmittelbare normative Bindung an die Entscheidungspraxis der europäischen Institutionen vor. Soweit Vereinbarungen und Verhaltensweisen mit zwischenstaatlichen Auswirkungen betroffen sind, führt eine Anknüpfung an die Entscheidungspraxis der Kommission und der europäischen Gerichte zu einer weitgehenden „Synchronisierung" der Auslegung und Anwendung der deutschen und europäischen Wettbewerbsvorschriften. Für Vereinbarungen und Verhaltensweisen ohne zwischenstaatliche Auswirkungen ist ein solcher Gleichklang von deutschem und europäischem Wettbewerbsrecht ebenfalls geboten, um die Einheitlichkeit des deutschen Wettbewerbsrechts zu wahren. Dies wird durch § 23 sichergestellt, der gerade für diese Fallgestaltungen besonders bedeutsam ist. Trotz der umfassenden Anknüpfung an die Grundsätze des europäischen Wettbewerbsrechts muss immer in denjenigen Fällen spezifisch auf das deutsche Wettbewerbsrecht abgestellt werden, in denen dessen Wortlaut Abweichungen vom europäischen Wettbewerbsrecht aufweist. Dies wird durch den zweiten Halbsatz von § 23 deutlich gemacht. Aber auch in den Fällen, in denen kein abweichender gesetzgeberischer Wille erkennbar ist, bedarf es im jeweiligen Einzelfall der Beurteilung, inwieweit die entsprechende Anwendung der europäischen Grundsätze nicht von einzelstaatlichen Besonderheiten überlagert wird. In diesem Sinne schließt § 23 auch eine Weiterentwicklung der Grundsätze des europäischen Wettbewerbsrechts durch die deutschen Kartellbehörden und Gerichte nicht aus. Ist jedoch der zu prüfende Sachverhalt vergleichbar mit jenen, die Gegenstand der Entscheidungspraxis der europäischen Institutionen sind, soll die Anwendung des deutschen Wettbewerbsrechts grundsätzlich zu den gleichen Ergebnissen führen. § 23 stärkt damit die Rechtssicherheit der Unternehmen und erleichtert die Handhabbarkeit des deutschen Wettbewerbsrechts. Soweit nicht einschlägige Grundzüge des europäischen Wettbewerbsrechts entgegenstehen, stellt weiterhin die bisherige Verwaltungs- und Rechtsprechungspraxis der deutschen Kartellbehörden und Zivilgerichte eine wichtige Auslegungshilfe für die Vorschriften dieses Gesetzes dar."[269]

Der Gesetzgeber differenziert also bereits im Rahmen des die europarechtskonforme Auslegung des GWB eigentlich festschreibenden § 23 GWB-E zwischen solchen Sachverhalten einerseits, bei denen das anzuwendende deutsche Wettbewerbsrecht „Abweichungen vom europäischen Wettbewerbsrecht aufweist [...]"[270] oder in denen trotz fehlendem, abweichendem gesetzgeberischen Willen die einzelstaatlichen Besonderheiten des Einzelfalls so gelagert sind, dass sie eine entsprechende Anwendung der europäischen Grundsätze überlagern,[271] und solchen andererseits, bei denen es bei dem Grundsatz der einheitlichen Auslegung des deutschen und europäischen Wettbewerbsrechtes bleibt.[272] Damit werden die äußersten Gren-

---

[269] RegE 7. GWB-Novelle, BT-Drs. 15/3640, S. 32.

[270] RegE 7. GWB-Novelle, BT-Drs. 15/3640, S. 32.

[271] RegE 7. GWB-Novelle, BT-Drs. 15/3640, S. 32.

[272] Vgl. die Ausführungen in RegE 7. GWB-Novelle, BT-Drs. 15/3640, S. 32: *„Ist jedoch der zu prüfende Sachverhalt vergleichbar mit jenen, die Gegenstand der*

zen einer europäischen Auslegung des deutschen GWB bei fehlender Zwischenstaatlichkeit – wenngleich auch sehr undeutlich – erkennbar: Bei der Untersuchung des jeweiligen Einzelfalls ist zu prüfen, ob das nationale Recht vom europäischen Recht abweicht, oder ob, wenn solche materiellrechtlichen Abweichungen nicht vorliegen, die Besonderheiten des Einzelfalls die europäischen Grundsätze „überlagern"; dann ist ausnahmsweise eine nationale, vom europäischen Recht abgekoppelte, kartellrechtliche Beurteilung zulässig. Eine „unmittelbare normative Bindung" ist also in solchen Ausnahmefällen nicht gewollt. Die vom Gesetzgeber ausdrücklich offen gelassene Möglichkeit einer „Weiterentwicklung der Grundsätze des europäischen Wettbewerbsrechts durch die deutschen Kartellbehörden und Gerichte" führt dazu, dass im rein nationalen Bereich – im zwischenstaatlichen Bereich steht der Anwendungsvorrang des europäischen Rechts einer eigenständigen Entwicklung entgegen – im Einzelfall eine Loslösung von der Entscheidungspraxis der europäischen Institutionen durchaus in begründeten Ausnahmefällen in Betracht kommt.

Die Stellungnahme des Bundesrates weist ihrerseits – neben der o. g. methodischen Überlegung – auf diesen entscheidenden Aspekt hin:

> „Die vorgesehene, gewissermaßen normative Festschreibung der europäischen Grundsätze lässt auch befürchten, dass das Bemühen der nationalen Kartell-Behörden und -Gerichte um eine optimierte wettbewerbsorientierte Auslegung der europäischen Regelungen erstarrt. Insbesondere birgt die Vorschrift die Gefahr, dass künftig die bisherige deutsche Rechtsprechung und Verwaltungspraxis zu Unrecht bei der Entscheidungsfindung vernachlässigt wird. Der Kasuistik des nationalen Rechtes kann vor allem in Bereichen, in denen es auf europäischer Ebene keine oder nur wenig Entscheidungspraxis gibt, zielführende Bedeutung zukommen."

Auch von Seiten des Bundesrates wird also betont, dass eine streng an der Entscheidungspraxis europäischer Institutionen orientierte Auslegung des nationalen Rechts in Ausnahmefällen, insbesondere, wenn es auf europäischer Ebene (noch) keine eindeutige Regelung gibt, kontraproduktiv sein kann. Das Bemühen um eine optimierte wettbewerbsorientierte Auslegung unter besonderer Berücksichtigung bisheriger nationaler Entscheidungspraxis muss dann im Vordergrund stehen.

Die Analyse des gesetzgeberischen Willens führt zu folgendem Ergebnis: Einerseits ist vorrangiges Ziel der 7. GWB-Novelle die Angleichung des nationalen an das europäische Recht, insbesondere um eine Ungleichbe-

---

Entscheidungspraxis der europäischen Institutionen sind, soll die Anwendung des deutschen Wettbewerbsrechts grundsätzlich zu den gleichen Ergebnissen führen. § 23 stärkt damit die Rechtssicherheit der Unternehmen und erleichtert die Handhabbarkeit des deutschen Wettbewerbsrechts."

handlung rein nationaler Sachverhalte, die nach Ansicht des Gesetzgebers meistens zu Lasten der kleinen und mittelständischen Unternehmen gehen würden, zu vermeiden. Die Entwicklung eines eigenständigen nationalen Rechts soll zukünftig soweit wie möglich vermieden werden. Andererseits möchte der Gesetzgeber gleichzeitig durchaus zumindest im nationalen Bereich an die bisherige Entscheidungspraxis der deutschen Gerichte und Verwaltungsbehörden anknüpfen.[273] Die Möglichkeit einer eigenständigen Weiterentwicklung der Auslegung nationaler Regelungen soll den nationalen Institutionen in Ausnahmefällen offen stehen. Der viel diskutierte „Wettbewerb der Systeme" soll so in begrenztem Umfang möglich bleiben.[274] Es kann daher nicht pauschal beurteilt werden, welche Regelungen des neuen GWB tatsächlich vorlagefähig sind, und welche nicht. Es kommt – ob der Gesetzeswortlaut ausdrücklich europäischem Recht entstammt oder nicht – auf den Einzelfall an, und darauf, ob bei der im Einzelfall streiterheblichen Norm die nationalen Besonderheiten einer streng europäischen Auslegung ausnahmsweise entgegenstehen.

Dann jedoch, wenn – was angesichts des generellen Harmonisierungswillens des Gesetzgebers die Regel ist – das zur Entscheidung berufene nationale Gericht subjektiv zu der Überzeugung gelangt, dass nach Willen des nationalen Gesetzgebers im konkreten Einzelfall nationales und europäisches Recht gleich auszulegen sind, ist von einer Vorlage*möglichkeit* und wohl sogar von einer Vorlage*pflicht*[275] zum EuGH auszugehen. Dieser hat darüber zu entscheiden, wie die europäischen Regelungen auszulegen sind, was wiederum der nationale Richter bei seiner Auslegung des deutschen Rechts zu berücksichtigen hat, da nach seiner Einschätzung eben beide Regelungen im konkreten Einzelfall gleich auszulegen sind.[276]

---

[273] RegE 7. GWB-Novelle, BT-Drs. 15/3640, S. 32: *„Soweit nicht einschlägige Grundzüge des europäischen Wettbewerbsrechts entgegenstehen, stellt weiterhin die bisherige Verwaltungs- und Rechtsprechungspraxis der deutschen Kartellbehörden und Zivilgerichte eine wichtige Auslegungshilfe für die Vorschriften dieses Gesetzes dar."*

[274] Vgl. hierzu bspw. *Mestmäcker/Schweitzer,* Europäisches Wettbewerbsrecht (2004), § 2, Rn. 65 ff.

[275] Zur auch im Bereich der überschießenden Richtlinienumsetzung noch nicht entschiedenen Frage, ob und wann eine Vorlagepflicht bestehen kann, vgl. *Brandner,* Umsetzung von Richtlinien, 134 f.; *Drexl,* Auslegung hybrider Rechtsnormen, S. 67; *Hess,* Vorabentscheidungsverfahren, RabelsZ 2002, 470, 478 f.; *Schnorbus,* Autonome Harmonisierung, RabelsZ 2001, 654, 699 f.

[276] Vgl. hierzu ausführlich: *Schnorbus,* Autonome Harmonisierung, RabelsZ 2001, 654, 692 ff.

3. „Europäische" Regelungen im deutschen GWB n. F.

Fraglich ist dabei weiterhin, in welchen konkreten Bereichen des neuen GWB der nationale Gesetzgeber bewusst von europäischem Recht von vornherein abweichen wollte, und in welchen er eine so weitgehende Rechtsangleichung i. S. o. g. Rechtsprechung beabsichtigt hat. Wie aufgezeigt kann nur in solchen Bereichen die Zuständigkeit des EuGH eröffnet sein.

a) § 23 RegE als Höchstgrenze

§ 23 RegE zeigt die Höchstgrenze des möglichen Bereichs auf, für den der Gesetzgeber eine materielle Anpassung des deutschen an das europäische Recht hätte erreichen können:

> „Die Grundsätze des europäischen Wettbewerbsrechts sind bei der Anwendung der §§ 1 bis 4 und 19 maßgeblich zugrundezulegen, soweit hierzu nicht in diesem Gesetz besondere Regelungen enthalten sind."

Damit unterfallen in keinem Fall die Regelungen der §§ 20 ff. GWB dem Anpassungswillen des Gesetzgebers. Nur die Neufassung der Regelungen der §§ 1 bis 4 und 19 GWB n. F. war überhaupt europarechtlich orientiert und kann daher Gegenstand einer Vorlagefrage nach o. g. Rechtsprechung sein.

b) § 3 GWB als spezifisch deutsche Regelung

Die in § 3 GWB enthaltene Regelung für Mittelstandskartelle ist unzweifelhaft nicht europarechtlich geprägt, da entsprechende Regelungen im europäischen Recht fehlen. Darüber hinaus sollen diese staatlichen Sachverhalte ausdrücklich anders als die übrigen – staatlichen oder zwischenstaatlichen – Fälle behandelt werden, um dem Mittelstand Rechtssicherheit zu gewähren und diesem einen Strukturnachteilsausgleich zu verschaffen.[277]

Gleichwohl kann durchaus eine Vorlage zum EuGH auch in diesem Fall in Betracht kommen, da zu prüfen ist, ob nicht der Anwendungsbereich des vorrangig zu beachtenden europäischen Wettbewerbsrechtes eröffnet ist und daher die Frage, ob der Sachverhalt Auswirkungen auf den zwischenstaatlichen Handel hat, geklärt werden muss. Beispielhaft sei in diesem Zusammenhang auf die jüngste Entscheidung des EuGH in Sachen Manfredi ver-

---

[277] Vgl. RegE 7. GWB-Novelle, BT-Drs. 15/3640, S. 28. Hier wird betont, dass diese Sonderreglung nicht europäischem Recht entgegensteht. s. hierzu auch die Stellungnahme des Bundesrates, Stellungnahme 7. GWB-Novelle, BR-Drs. 441/04 (Beschluss), S. 1–3.

wiesen, in der von einer Seite bereits die Zulässigkeit der Vorlagefrage bestritten wurde, da keine Beeinträchtigung des zwischenstaatlichen Handels i. S. d. Art. 81 Abs. 1 EG gegeben sei. Der EuGH hatte, ohne zunächst die Frage des Zwischenstaatsbezugs zu beantworten, die Vorlagefähigkeit bejaht, mit dem Argument, er könne

> „die Entscheidung über die Vorlagefrage eines nationalen Gerichts nur ablehnen, wenn die erbetene Auslegung des Gemeinschaftsrechts offensichtlich in keinem Zusammenhang mit der Realität oder dem Gegenstand des Ausgangsrechtsstreits steht, wenn das Problem hypothetischer Natur ist oder wenn er nicht über die tatsächlichen oder rechtlichen Angaben verfügt, die für eine sachdienliche Beantwortung der ihm vorgelegten Fragen erforderlich sind (vgl. u. a. Urt. Bosman, RdNr. 61, und Stichting Zuid-Hollandse Milieufederatie, RdNr. 30). [...] Zum anderen ist [...] nicht offensichtlich, dass die Auslegung des Art. 81 EG in keinem Zusammenhang mit der Realität oder dem Gegenstand der Ausgangsrechtsstreitigkeiten steht."[278]

Gegenstand der Vorlage könnte dabei aber nur die Frage nach dem Zwischenstaatlichkeitsbezug sein. Da § 3 GWB ohne Vorbild im europäischen Recht ist, wird die hier zu beurteilende Frage, ob der EuGH den Tatbestand des § 3 GWB an sich für vorlagefähig halten wird, wohl zu verneinen sein. Hier handelt es sich um einen rein nationalen Tatbestand, der nicht vorlagefähig ist.

c) Eindeutig „europäisch": Die dynamische Verweisung auf die GVOen in § 2 Abs. 2 GWB

Völlig unstreitig dürfte andererseits sein, dass der Gesetzgeber mit der in § 2 Abs. 2 GWB enthaltenen dynamischen Verweisung auf die GVOen auch für nationale Sachverhalte ausdrücklich und am augenfälligsten europäisches Recht zur Rechtsgrundlage auch für rein nationale Sachverhalte machen wollte. Gerade mit der dynamischen Verweisung wollte der Gesetzgeber die Entwicklung eines eigenständigen deutschen Rechtes im Rahmen der Freistellungstatbestände verhindern, vielmehr ganz im Gegenteil die enge Bindung des nationalen an das europäische Recht festschreiben. Wie aufgezeigt, besteht im Rahmen dieser Gruppenfreistellungsverordnungen selbst kein Raum für eine rein nationale, vom europäischen Recht losgelöste Auslegung oder gar analoge Anwendung über den europäisch geregelten Bereich hinaus.

---

[278] *EuGH*, 13.07.2006, Az.: C-295/04–C-298/04 – Manfredi, Slg. 2006, I-06619, Tz. 27 ff.

d) Einzelfallbezogen: § 2 Abs. 1 GWB und § 1 GWB

Vor dem Hintergrund des aufgezeigten gesetzgeberischen Willens, im Einzelfall auch von der Entscheidungspraxis europäischer Institutionen abweichen zu können, sind sowohl die grundlegende Verbotsregelung des § 1 GWB als auch die Freistellungsmöglichkeit des § 2 Abs. 1 GWB trotz ihrer Anpassung an das europäische Vorbild jeweils im konkreten Einzelfall daraufhin zu untersuchen, ob nicht die einzelstaatlichen Besonderheiten die europäischen Auslegungsgrundsätze überlagern. Wenn der Sachverhalt jedoch vergleichbar ist mit demjenigen, der bereits Entscheidungen europäischer Institutionen zugrunde lag, so ist durchaus auch in diesem Bereich von der Vorlagefähigkeit der streiterheblichen Auslegungsfragen auszugehen. Dies trifft insbesondere auch auf Konstellationen zu, in denen Mitteilungen der Kommission nach den oben aufgezeigten Grundsätzen als Entscheidungsgrundlage herangezogen werden müssen: Hier wäre in jedem Fall die Vorlagefähigkeit zu bejahen, da der Gesetzgeber eine Berücksichtigungspflicht hinsichtlich der Mitteilungen der Kommission angeordnet hat. Die Frage, wie diese Mitteilungen im konkreten Einzelfall auszulegen sind, ist vor diesem Hintergrund vorlagefähig.

III. Ergebnis

Der Gesetzgeber hat die Frage, wie eng die Anbindung des nationalen Rechts an die Entscheidungspraxis der europäischen Institutionen letzten Endes sein soll, nicht eindeutig beantwortet. Er hat vielmehr eine eigenständige Auslegung des deutschen GWB jedenfalls im Einzelfall für möglich, sogar für erwünscht erachtet. Gleichwohl hat er durchaus auch zum Ausdruck gebracht, dass im Regelfall nationales Wettbewerbsrecht nicht anders als europäisches ausgelegt werden soll. Es muss daher jeweils im konkreten Einzelfall geprüft werden, ob – wie regelmäßig – die europäische Entscheidungspraxis auf den nationalen Sachverhalt übertragen werden kann oder ob nationale Besonderheiten einer solchen Übertragung entgegenstehen. Erst wenn diese Frage beantwortet ist, kommt eine Vorlage des nationalen Richters zum EuGH gem. Art. 234 EG in Betracht. Einzig die Frage, wie eine Gruppenfreistellung oder Mitteilungen der Kommission im Einzelfall auszulegen ist, kann aufgrund des hier festzustellenden eindeutigen Anpassungswillens des Gesetzgebers stets dem EuGH vorgelegt werden, unabhängig ob ein rein nationaler oder ein zwischenstaatlich relevanter Sachverhalt beurteilt werden soll.

C. Übergangsregelungen

Von entscheidender Bedeutung für bestehende Altverträge (Verträge vor dem Inkrafttreten des GWB n.F. am 01.07.2005) ist die Frage, ob bislang freigestellte Vereinbarungen weiterhin wirksam sind oder nicht. § 131 GWB enthält hierzu Übergangsbestimmungen, die jedoch eine Zweiteilung enthalten: Horizontale Vereinbarungen, die nach früherem Recht als Widerspruchskartelle freigestellt waren, bleiben bis 31.12.2007[279] in jedem Fall wirksam. Erfasst werden damit sämtliche über § 9 Abs. 1 und 3 i.V.m. §§ 2 Abs. 1 oder Abs. 2, 3, 4 Abs. 1 GWB a.F. mangels Widerspruchs der Kartellbehörden freigestellte Vereinbarungen, vgl. § 131 Abs. 1 GWB. Gleiches gilt für Erlaubniskartelle (§ 10 Abs. 1 i.V.m. §§ 5, 6, 7 oder 8 GWB a.F.) und für ausdrücklich für freigestellt erklärte Vereinbarungen, außer diese Erlaubnis läuft vorher aus, § 131 Abs. 2 GWB.[280] Vertikale Vereinbarungen, die bislang nur ab einer entsprechenden Missbrauchsverfügung des Bundeskartellamtes unwirksam wurden, sind dagegen grundsätzlich mit Inkrafttreten des GWB in der Fassung der 7. GWB-Novelle gem. § 1 GWB n.F. verboten und damit gem. § 134 BGB unwirksam, es sei denn, sie erfüllen die Voraussetzungen einer Freistellung gem. § 2 Abs. 1 GWB. Eine Übergangsregelung gibt es für solche Vereinbarungen nicht. Es sei an dieser

---

[279] Der Bundesrat hatte in seiner Stellungnahme zum Regierungsentwurf diese Übergangsfristen als zu kurz bemängelt und damit indirekt deutlich gemacht, dass auch seines Erachtens das neue Recht keineswegs nur Erleichterungen für die Betroffenen enthält und auch nicht alle bisher zulässigen Vereinbarungen auch zukünftig zulässig bleiben: „*Oftmals haben Unternehmen im Vertrauen auf in Verwaltungsverfahren legalisierte Kartelle Investitions- und andere langfristig wirkende Entscheidungen unter Einsatz erheblicher finanzieller Mittel getroffen, zumal insbesondere die Legalisierung von Spezialisierungs- und Mittelstandskartellen nach geltendem Recht keiner Befristung unterliegt. Gleiches gilt für die gemäß § 10 Abs. 1 GWB einer Genehmigungspflicht unterliegenden Kooperationsvorhaben, wie z.B. Rationalisierungskartelle. Vor diesem Hintergrund ist die in § 131 Abs. 1 und 2 GWB-E insbesondere auch für diese freigestellten Kartelle vorgesehene Übergangsfrist von einem Jahr zu kurz bemessen. Im Hinblick auf den für solche Kooperationen gebotenen Bestands- und Vertrauensschutz erscheinen insoweit mindestens fünf Jahre angebracht und angemessen. Dementsprechend sollte die in § 131 Abs. 1 und 2 GWB-E hierfür vorgesehene Jahresfrist jeweils entsprechend verlängert werden.*" (Bundesrat in: RegE 7. GWB-Novelle, BT-Drs. 15/3640, S. 84) Deutlich wird aber auch, dass er die noch zu erörtende Problematik bei Vertikalvereinbarungen als vernachlässigbar einstuft, da er hierfür keine Übergangsfristen fordert.

[280] Eine Übergangsregelung fehlt für nach altem Recht legalisierte Mittelstandsempfehlungen nach § 22 Abs. 2 GWB a.F. Dies dürfte auf ein Redaktionsversehen zurückzuführen sein. Der Entwurf eines Gesetztes zur Änderung von Untereinstandspreis-Verkäufen und anderer Vorschriften macht deutlich, dass die allgemeine Übergangsfrist des § 131 GWB auch für Mittelstandsempfehlungen gilt (vgl. *Rißmann,* Kartellverbot und Kooperation, WuW 2006, 881, Fn. 4).

Stelle nur angedeutet, dass Unternehmen, deren (Vertikal-)Vereinbarungen bislang wirksam waren, damit möglicherweise ab 01.07.05 dessen nicht mehr so sicher sein können. Selbst wenn dem entgegengehalten werden kann, dass auch bislang die Gefahr einer jederzeitigen Missbrauchsverfügung seitens des BKartA bestand, ein Vertrauenstatbestand also auch nach bisherigem Recht nie geschaffen werden konnte, so ist doch einerseits zu beachten, dass solche Missbrauchsverfügungen äußerst selten ergingen[281] und diese auch nur mit Wirkung *ex tunc* ausgestattet waren, andererseits der entscheidende Unterschied darin zu sehen ist, dass nunmehr die Unternehmen selbst im Rahmen von Zivilprozessen beweisen müssen, dass ihre Vereinbarung zulässig ist, während bislang sämtliche Beweislast beim Bundeskartellamt lag.

Auf einen anderen Punkt sei hier eingegangen: In § 131 Abs. 4 GWB wird klargestellt, dass eine Rückwirkung der erheblich ausgeweiteten Vorteilsabschöpfung in §§ 34 f. GWB auf Wettbewerbsverstöße, die bis zum 30.06.2005 begangen worden sind, nicht in Betracht kommt. So bleibt es für solche Altfälle dabei, dass nur bei einem (sehr seltenen) Verstoß gegen eine Verfügung der Kartellbehörden eine Mehrerlösabschöpfung in Betracht kommen würde.[282] Keine Regelung enthält § 131 GWB allerdings zu der Frage, ob ein solcher Altfall dem bisherigen (§ 33 GWB a.F.), oder dem nun stark erweiterten, neuen Schadensersatzrecht des § 33 GWB n.F. unterfällt. Es ist damit nicht geklärt, ob zivilrechtliche Schadensersatzansprüche von „Betroffenen“ (i.S.d. § 33 Abs. 1 GWB n.F.) auch dann bestehen, wenn das in Anspruch genommene Unternehmen die inkriminierte Vereinbarung fristgerecht bis 30.06.05 in wettbewerbskonformer Weise abgeändert hat.

Kapitel 3

Das Verhältnis des europäischen zum nationalen Wettbewerbsrecht und die Frage nach verbliebenen Anwendungsbereichen des nationalen Rechts

Die nicht nur im Schrifttum, sondern offenbar auch vom Gesetzgeber selbst vertretene These, es hätte angesichts des durch den Art. 3 Abs. 2 VO 1/2003 weiter gefassten Vorrangs des europäischen Rechts mangels verblei-

---

[281] Vgl. die hierzu veröffentlichten Zahlen *BKartA,* TB 2003/04, S. 230: 0 x Missbrauchsverfügungen; *BKartA,* TB 2001/2002, S. 274: 1 x Untersagungsverfügung, 2 x Aufgabe des beanstandeten Verhaltens; *BKartA,* TB 1999/2000: 0 x Missbrauchsverfügungen, 1 x Aufgabe des beanstandeten Verhaltens.

[282] Vgl. ausführlich zu dieser Problematik: *Zimmer/Logemann,* Altfälle, WuW 2006, 982.

bender Anwendungsbereiche für nationales Recht „keinen Sinn“[283] mehr gemacht, Sonderregelungen für rein nationale Sachverhalte aufrechtzuerhalten, hat zur fast vollständigen Aufgabe der nationalen Regelungen im Bereich der horizontalen und vertikalen Wettbewerbsbeschränkungen geführt (s. o.). Anlass für die Novellierung des GWB ist nach ausdrücklichem Bekunden des Gesetzgebers dabei die Verabschiedung der Verordnung (EG) Nr. 1/2003 vom 16. Dezember 2002 zur Durchführung der in den Artikeln 81 und 82 des Vertrages niedergelegten Wettbewerbsregeln.[284]

Obwohl auch kleine und mittlere Unternehmen zukünftig in jedem Fall die Änderungen der Rechtslage zu beachten haben, drängen sich doch mehrere Fragen auf, die zukünftig für die Auslegung des nunmehr geltenden Rechts bei rein nationalen Sachverhalten Bedeutung erlangen können: Es ist zu klären, ob die VO 1/2003 tatsächlich eine solch erhebliche Ausweitung des Anwendungsbereichs des europäischen Wettbewerbsrechtes mit sich gebracht hat, wie allgemein behauptet. Zu hinterfragen ist, ob und wenn ja, welche bisher rein nationalem Recht unterfallenden Sachverhalte nach Inkrafttreten der VO 1/2003 denkbar sind, die nunmehr erstmalig (auch) an europäischem Recht zu messen sind. Es geht dabei auch um das generelle Verhältnis des europäischen zum nationalen Wettbewerbsrecht, denn wenn der Anwendungsvorrang des europäischen Rechtes so erheblich ausgeweitet worden wäre, dass zukünftig stets und ohne Rücksicht auf einen rein nationalen Bezug der zu beurteilenden Wettbewerbshandlung europäisches Recht zur Geltung kommen würde, dann wären tatsächlich keine Sachverhalte mehr denkbar, bei denen ein eigenständiges nationales Recht noch Sinn gemacht hätte. Dann wäre aber auch für die Regelung des § 3 GWB kein Raum mehr verblieben. Wenn aber lediglich solche Sachverhalte, die schon bislang zumindest auch an europäischem Recht zu messen gewesen sind, nunmehr vollständig europäischem Recht zu unterstellen sind, dann ist die Situation eine andere: Solche Verhaltensweisen, die bislang mangels einer wie auch immer zu definierenden europarechtsrelevanten Wirkung nur nationalem Recht unterworfen waren, wären dies grundsätzlich auch nach dem Inkrafttreten der VO 1/2003 gewesen. Die 7. GWB-Novelle hätte dann aber keineswegs nur die Gesetzlage an eine bereits durch die VO 1/2003 veränderte Rechtswirklichkeit angepasst, sondern selbst für bestimmte, nämlich rein nationale Sachverhalte, ein völlig neues System mit möglicherweise weit reichenden Veränderungen eingeführt: Während sich diejenigen Unternehmen, die schon bisher zumindest auch europäisches Recht zum Maßstab ihres Handelns machen mussten, nun an-

---

[283] *Bechtold/Buntscheck,* 7. GWB-Novelle, NJW 2005, 2966; *Schütz,* in: GK (2004), VO 1/03, Einf., Rn. 33 und 42.

[284] RegE 7. GWB-Novelle, BT-Drs. 15/3640, S. 21.

gesichts der VO 1/2003 nur auf das neue System der Legalausnahme einzustellen hätten, wären rein national bzw. regional handelnde Unternehmen durch die 7. GWB-Novelle einem vollständig neuen Rechtsregime, nämlich dem europäischen Recht unterworfen – und zwar ohne, dass dies durch die VO 1/2003 in irgendeiner Weise bedingt gewesen wäre.

Von besonderer Bedeutung ist die Abgrenzung zwischen europäischem und rein nationalem Sachverhalt auch weiterhin für die (wenigen) verbliebenen Sonderregelungen des nationalen Rechts, insbesondere für die hier im Mittelpunkt des Interesses stehende Freistellungsmöglichkeit für Mittelstandskartelle in § 3 GWB. Nach dem im Einzelnen noch zu erläuternden Vorrang des europäischen Rechts bei Sachverhalten mit Zwischenstaatsbezug, ist eine solche gesonderte Freistellung nach nationalem Recht grundsätzlich nur in den Fällen denkbar, in denen der Anwendungsbereich des europäischen Rechts nicht eröffnet ist.[285]

Schließlich ist zu beachten, dass nur bei einem europäischen Sachverhalt neben den neuerdings vorrangig zur Durchsetzung des Rechts berufenen nationalen Instanzen zumindest *auch* die europäische Kommission weitreichende Ermittlungen einleiten, Entscheidungen treffen, das Verfahren an sich ziehen und Bußgelder verhängen kann etc. Vor allem können aber dann auch gleichzeitig mehrere Mitgliedstaaten zur Durchsetzung des europäischen Wettbewerbsrechts bereits auf der Grundlage des europäischen Wettbewerbsrechts berufen sein. M.a.W. nur bei einem „europäischen" Sachverhalt ist das ganze Spektrum rein „europäischer" Verfahrensmöglichkeiten und -probleme eröffnet. Die Abgrenzung dieser beiden Bereiche und die Frage, ob sich hierbei etwas für kleine und mittelständische Unternehmen geändert hat, ist daher auch aufgrund dieses Aspektes von Relevanz.

Dies alles macht deutlich, dass eine Abgrenzung des nationalen vom europäischen Recht auch nach der weitgehenden Harmonisierung des GWB mit dem europäischen Wettbewerbsrecht erforderlich bleibt. Gleichzeitig kann das neugeordnete Verhältnis des nationalen zum europäischen Recht nicht unerörtert bleiben, da es stets als eines der Hauptargumente für die weitgehende Anpassung des deutschen an das europäische Recht genannt wird, die hier zu erörternden Veränderungen des nationalen Rechts nur vor diesem Hintergrund verstehbar werden.

---

[285] Einzelheiten in Teil 1, Kap. 3, B. und C.

A. Die Zwischenstaatlichkeitsklausel und das Kriterium der Spürbarkeit der Beeinträchtigung des zwischenstaatlichen Handels

I. Die Zwischenstaatlichkeitsklausel der Artt. 81 und 82 EG[286]

Um den Anwendungsbereich der europäischen Wettbewerbsregeln ganz grundsätzlich von dem des nationalen Rechts abzugrenzen, setzen die Artt. 81, 82 EG und damit das unmittelbar zu beachtende Primärrecht des EG voraus, dass die in Rede stehende wettbewerbsbeschränkende Maßnahme geeignet ist, „den Handel zwischen den Mitgliedstaaten" zu beeinträchtigen (sog. Zwischenstaatlichkeitsklausel). Die europäischen Wettbewerbsregeln verfolgen den Zweck, einen freien Binnenmarkt ohne Wettbewerbsbeschränkungen zu schaffen (Art. 3 lit. g EG). Das Kriterium der Zwischenstaatlichkeit ist deshalb grundsätzlich weit auszulegen.[287] Folglich ist nach der Rechtsprechung des EuGH die Voraussetzung der Zwischenstaatlichkeit bereits erfüllt, wenn die betreffende Maßnahme angesichts der gesamten Umstände als geeignet anzusehen ist, den Handel[288] zwischen den Staaten unmittelbar oder mittelbar, tatsächlich oder auch nur potentiell zu beeinträchtigen und damit die Verwirklichung der Ziele eines einheitlichen zwischenstaatlichen Marktes, insbesondere durch die Errichtung von Handelsschranken zu gefährden. Diese weite Auslegung der Zwischenstaatlichkeitsklausel wurde bereits durch das schon erwähnte Urteil des EuGH in Sachen Maschinenbau Ulm[289] eingeführt und so in ständiger Rechtspre-

---

[286] Vgl. zur Zwischenstaatlichkeitsklausel ausführlich: *Soltész,* Zwischenstaatlichkeitsklausel(n), S. 501 m.z.N.; *Mayer,* Zwischenstaatlichkeitsklausel; *Emmerich,* Kartellrecht (2006), § 3 Rn. 18 ff.; *Emmerich,* in: Dauses, Handbuch (2006), H.I § 1, Rn. 31 ff.; *Rehbinder,* in: Immenga/Mestmäcker, EG-WbR (1997–2001), Einl., E), Rn. 8–49 m.z.N.; *Stockmann,* in: Wiedemann, Hdb. KartellR. (1999), § 7, Rn. 24 f.; *Schröter,* in: v. d. Groeben/Schwarze (Bd. 2) (2003), Art. 81, Rn. 176 ff.; *Mestmäcker/Schweitzer,* Europäisches Wettbewerbsrecht (2004), § 4. Aus der Rechtsprechung zuletzt *EuGH,* 13.07.2006, Az.: C-295/04–C-298/04 – Manfredi, Slg. 2006, I-06619, Tz. 40 ff. Kritisch zu diesem Abgrenzungskriterium bspw. *v. Bogdandy/Buchhold,* Dezentralisierung, GRUR 2001, 798, 803 und Fn. 65 f.; *Gröning,* Dezentrale Anwendung, WRP 2001, 83, 87, beide allerdings noch vom ersten Verordnungsentwurf ausgehend, der nationales Recht bei Anwendbarkeit des europäischen vollständig ausschloss. *Rittner,* Kartellpolitik, EuZW 2000, 129, sieht in der weiten Anwendung des Zwischenstaatlichkeitskriteriums durch die Kommission eine selbstgesetzte Ursache für die bisherige Überhäufung der Kommission mit Anmeldeverfahren nach Art. 81 Abs. 3 EG.

[287] Zur Kritik an der sehr weiten Auslegung *Gleiss/Hirsch,* 1993, Art. 85, Rn. 238; *Bechtold,* Entwicklung, NJW 1990, 481.

[288] Es wird der gesamte wirtschaftliche Verkehr erfasst.

[289] *EuGH,* 30.06.1966, Az.: 56/65 – Maschinenbau Ulm, Slg. 1966, 282.

chung[290] übernommen. Dabei ist zu beachten, dass es bereits nach dem Wortlaut („geeignet“) des Art. 81 EG nicht auf eine tatsächliche Beeinträchtigung ankommt, sondern die Gefahr einer solchen für die Bejahung dieses Tatbestandsmerkmales genügt.[291] Im Übrigen ist stets darauf abzustellen, ob zum Zeitpunkt des Abschlusses der Vereinbarung diese geeignet wäre, zu einer Beeinträchtigung des Handelsverkehrs zu führen. Unbeachtlich wäre es dagegen, wenn sich bei einer nachträglichen Beurteilung einer beendeten Zuwiderhandlung herausstellen sollte, dass die Vereinbarung tatsächlich keine Auswirkungen auf den Handelsverkehr hatte.[292] Es ist also genauer nachzufassen, was unter einer „Beeinträchtigung des zwischenstaatlichen Handels“ bzw. der „Eignung“ zu einer solchen Beeinträchtigung nach Ansicht des EuGH eigentlich zu verstehen ist. Bemerkenswert ist dabei, dass nach Ansicht des EuG das grundsätzlich zu beachtende Subsidiaritätsprinzip im Kartellsektor des europäischen Wettbewerbsrechtes über Art. 81 Abs. 3 EG gewahrt werden kann, der hier als Spezialvorschrift etwaige Konflikte zwischen der Aufrechterhaltung eines unverfälschten Wettbewerbs und anderen legitimen wirtschaftspolitischen Zielen zu lösen hat.[293] Fragen der Subsidiarität im Hinblick auf wirtschaftspolitische Zielsetzungen stellen sich daher nur in begrenztem Umfang.

1. Beeinträchtigung des zwischenstaatlichen Handels bzw. Eignung hierzu

Der Begriff „Beeinträchtigung“ ist nicht nur im Sinne einer negativen Wirkung auf den zwischenstaatlichen Handel, sondern weiter, nämlich als „Beeinflussung“ auf den zwischenstaatlichen Handel zu verstehen.[294] Entscheidend ist, ob die zu beurteilende Verhaltensweise geeignet ist, die Freiheit des Handels so zu beeinträchtigen, dass sie den Zielen des Wett-

---

290 Vgl. bspw. *EuGH,* 13.07.1966, Az.: 56, 58/64 – Grundig/Consten, Slg. 1966, 321.

291 Vgl. zuletzt bspw. *EuG,* 14.12.2006, Az.: T-259/02 bis T-264/02, T-271/02 – Lombardclub, Tz. 166 (abrufbar unter http://eur-lex.europa.eu/LexUriServ/LexUriServ.do?uri=CELEX:62002A0259:DE:HTML (Letzter Abruf: 06.09.2008)); s. a. *EuGH,* 17.07.1997, Az.: C-219/95 P – Ferriere Nord SpA, Slg. 1997, I-04411; *EuGH,* 09.11.1983, Az.: 322/81 – Michelin, Slg. 1983, 3461. Vgl. *Schröter* in: v. d. Groeben/Schwarze (Bd. 2) (2003), Art. 81, Rn. 183, (Fn. 891).

292 *EuG,* 14.12.2006, Az.: T-259/02 bis T-264/02, T-271/02 – Lombardclub, Tz. 166.

293 *EuG,* 14.12.2006, Az.: T-259/02 bis T-264/02, T-271/02 – Lombardclub, Tz. 166.

294 Vgl. statt vieler nur *Degen,* Zwischenstaatlichkeitsklausel, S. 39 m. z. N. s. zuletzt bspw. *EuG,* 14.12.2006, Az.: T-259/02 bis T-264/02, T-271/02 – Lombardclub, Tz. 164.

bewerbsrechtes des EG und dabei insbesondere der Schaffung eines einheitlichen zwischenstaatlichen Marktes, aber auch allgemeinen wettbewerbspolitischen Zielen entgegensteht bzw. zumindest entgegenstehen kann.[295] Eine solche Auswirkung ist anzunehmen, wenn sich eine Veränderung im Vergleich der tatsächlichen mit der hypothetischen Struktur des zwischenstaatlichen Handels ergibt, wobei auch mittelbare Veränderungen relevant werden können.[296] Hier greift die bereits zitierte Rechtsprechung des EuGH in Sachen Maschinenbau Ulm ein: Eine unmittelbare oder mittelbare, tatsächliche oder potentielle Beeinflussung des Warenverkehrs zwischen den Mitgliedstaaten „hängt daher insbesondere davon ab, ob [der Vertrag] auf dem Markt für bestimmte Waren Handelsschranken zwischen Mitgliedstaaten errichten und so die vom [EG-]Vertrag gewollte gegenseitige wirtschaftliche Durchdringung erschweren kann."[297] Hieraus ergibt sich aber auch zwingend die weitere Voraussetzung, dass gerade die in Rede stehende Vereinbarung eine Durchdringung des Marktes erschweren muss, nicht also bereits Handelsschranken bestehen, die eine solche Durchdringung von vornherein unmöglich machen. In einem solchen Fall fehlte es bereits an der Eignung zur Beeinträchtigung. Gleiches gilt, wenn beispielsweise die Spezifikation des Produktes bzw. der Dienstleistung dazu führt, dass es bzw. sie nicht in einem anderen Mitgliedstaat gehandelt werden kann, also ein zwischenstaatlicher Handel bereits daran scheitert.[298]

Insgesamt lassen sich drei Arten von Auswirkungen feststellen: Die Veränderung der Richtung der Handelsströme, die Marktabschottung und die Veränderung der Wettbewerbsstruktur.[299] Gerade bei letztgenanntem Kriterium, das zunehmend im Vordergrund der Beurteilung steht, drängt sich aber die Frage auf, welcher eigenständige Aussagewert ihm im Verhältnis zum weiteren Merkmal des Wettbewerbsrechtes, nämlich der Wettbewerbsbeschränkung an sich, noch zukommen kann.[300] Wird eine Handelsbeeinträchtigung von den Unternehmen sogar bezweckt, so schließt der EuGH hieraus auch auf eine Eignung zur Beeinträchtigung.[301]

---

[295] *Degen,* Zwischenstaatlichkeitsklausel, S. 39 f.; *Rehbinder,* in: Immenga/Mestmäcker, EG-WbR (1997–2001), Einl., Kap. E.), Rn. 12 ff.; *Schröter,* in: v. d. Groeben/Schwarze (Bd. 2) (2003), Art. 81, Rn. 179.

[296] *Rehbinder,* in: Immenga/Mestmäcker, EG-WbR (1997–2001), Einl., E.), Rn. 15

[297] *EuGH,* 30.06.1966, Az.: 56/65 – Maschinenbau Ulm, Slg. 1966, 282, 303.

[298] Vgl. bspw *EuGH,* 27.01.1987, Az.: 45/85 – Verband der Sachversicherer, Slg. 1987, 405.

[299] s. zu den einzlenen Arten und ihrer Analyse: *Degen,* Zwischenstaatlichkeitsklausel, S. 42.

[300] *Rehbinder,* in: Immenga/Mestmäcker, EG-WbR (1997–2001), Einl., E.), Rn. 14. s. hierzu im Einzelnen: *Degen,* Zwischenstaatlichkeitsklausel, S. 42 ff.

[301] *EuGH,* 11.01.1990, Az.: C-277/87 – Sandoz, Slg. 1990, I-00045; *Rehbinder,* in: Immenga/Mestmäcker, EG-WbR (1997–2001), Einl., E.), Rn. 19.

2. *Die Bündeltheorie*

Grundsätzlich ist Gegenstand der wettbewerbsrechtlichen Untersuchung nur die jeweilige konkrete Vereinbarung. Es muss bei der Frage nach der zwischenstaatlichen Auswirkung aber zudem berücksichtigt werden, dass möglicherweise der inkriminierte Vertrag ein Teil eines umfassenderen Vertragssystems nicht nur des gerade in Rede stehenden Unternehmens, sondern auch anderer Unternehmen ist, das wenigstens in seiner Gesamtheit entsprechend negative Auswirkungen zeitigt. Diese sog. Bündeltheorie, deren Anwendungsbereich insbesondere bei gleichartigen Liefervereinbarungen wie beispielsweise Bierliefer-, Franchise- oder Kfz-Vertriebsvereinbarungen eröffnet ist, hat der EuGH erstmals in der Entscheidung Brasserie de Haecht[302] verwendet. Erforderlich sind grundsätzlich gleichartige Verträge zwischen einem der Beteiligten und einer größeren Zahl dritter Unternehmen. In der Entscheidung Delimitis hat der EuGH jedoch weiter klargestellt,

> „dass ein Bierlieferungsvertrag nach Artikel 85 Absatz 1 EWG-Vertrag verboten ist, wenn zwei Voraussetzungen kumulativ erfüllt sind. Erstens muss unter Berücksichtigung der wirtschaftlichen und rechtlichen Begleitumstände des streitigen Vertrags der nationale Markt für den Absatz von Bier in Gaststätten für Mitbewerber, die auf diesem Markt Fuß fassen oder ihren Marktanteil vergrößern könnten, schwer zugänglich sein. Dass der streitige Vertrag zu einem Bündel gleichartiger Verträge auf diesem Markt gehört, die sich kumulativ auf den Wettbewerb auswirken, ist nur einer unter mehreren Faktoren, anhand deren zu beurteilen ist, ob dieser Markt tatsächlich schwer zugänglich ist. Zweitens muss der streitige Vertrag in erheblichem Masse zu der Abschottungswirkung beitragen, die das Bündel dieser Verträge aufgrund ihres wirtschaftlichen und rechtlichen Gesamtzusammenhangs entfaltet. Die Bedeutung des Beitrags des einzelnen Vertrags hängt von der Stellung der Vertragspartner auf dem relevanten Markt und von der Vertragsdauer ab."[303]

Es ist folglich keineswegs so, dass jeder Vertrag, der in gleicher Weise mehrfach verwendet wird, gleichsam automatisch die Hürde der Zwischenstaatlichkeit nimmt. Erforderlich ist vielmehr zusätzlich eine durch den konkret in Rede stehenden Vertrag bewirkte Abschottung des jeweiligen Marktes in erheblichem Maße. Um dies beurteilen zu können bedarf es einer Gesamtschau sämtlicher Marktfaktoren. Jeder einzelne Vertrag muss dabei noch eine Beziehung zur konkreten Handelsbeeinträchtigung haben.[304]

---

[302] *EuGH,* 12.12.1967, Az.: 23/67 – Brasseries de Haecht, Slg. 1967, 543; s. auch *EuGH,* 01.02.1977, Az.: 47/76 – Concordia, Slg. 1977, 65, Tz. 6–8; *EuGH,* 03.07.1985, Az.: 243/83. – Binon, Slg. 1985, 2015, Tz. 18; *EuGH,* 27.09.1988, Az.: 65/86 – Süllhöfer, Slg. 1988, 5249, Tz. 18; *EuGH,* 28.02.1991, Az.: C-234/89 – Delimitis, Slg. 1991, I-00935, Tz. 19–27; *EuGH,* 27.04.1994, Az.: C-393/92 – Almelo, Slg. 1994, I-01477, Tz. 37–39.

[303] *EuGH,* 28.02.1991, Az.: C-234/89 – Delimitis, Slg. 1991, I-00935, Tz. 27.

3. Die Entscheidung „Ambulanz Glöckner" – eine Überdehnung der Zwischenstaatlichkeitsklausel?

Es ist erkennbar, dass der EuGH insgesamt dazu tendiert, die Zwischenstaatlichkeit unter Heranziehung „einer Gesamtheit objektiver rechtlicher oder tatsächlicher Umstände"[305] zu beurteilen. Dies kann dazu führen, dass „aus dem Zusammenwirken mehrerer Umstände, die für sich genommen nicht in jedem Fall erheblich wären"[306], ein Zwischenstaatlichkeitsbezug abgeleitet werden muss. Gleichwohl ist daraus noch nicht zu schließen, dass der EuGH für jeden, noch so regional beschränkten Sachverhalt den Zwischenstaatlichkeitsbezug konstruieren kann und will, dieses Kriterium also völlig überdehnt und aushöhlt. Auch die in diesem Kontext mitunter angeführte[307] Entscheidung „Ambulanz Glöckner"[308] zeigt eher eine dem besonderen Sachverhalt geschuldete Ausnahme als eine Regel: In diesem vom Oberverwaltungsgericht Rheinland-Pfalz initiierten Vorabentscheidungsverfahren vor dem EuGH ging es u. a. um die Frage, ob europäisches Wettbewerbsrecht Anwendung auf einen auf ein Bundesland beschränkten Sachverhalt finden kann. Im Ausgangsverfahren hatte die privatrechtliche Firma Ambulanz Glöckner gegen den Landkreis Südwestpfalz wegen Ablehnung der Verlängerung einer Genehmigung zur Durchführung von Krankentransporten geklagt. Mit der Begründung, die zwei bereits im Markt vorhandenen Anbieter, die auch die öffentlichen Rettungsdienste durchführten, seien bei erneuter Zulassung der klagenden Firma nicht mehr hinreichend ausgelastet, war die Genehmigung von der zuständigen Behörde versagt worden. Zu klären war, ob das so geschaffene faktische Monopol für Krankentransportleistungen in einem abgegrenzten geographischen Bereich gegen europäisches Wettbewerbsrecht verstieß oder nicht. Nach Verurteilung zur Genehmigungserteilung durch die Erstinstanz ging die Beklagte in Berufung, woraufhin das Berufungsgericht die Frage dem EuGH vorlegte.

---

[304] Vgl. *EuGH,* 28.02.1991, Az.: C-234/89 – Delimitis, Slg. 1991, I-00935, Tz. 19–27; *EuG,* 08.06.1995, Az.: T-7/93 – Langnese-Iglo, Slg. 95, Tz. 119–121; s. auch *Rehbinder,* in: Immenga/Mestmäcker, EG-WbR (1997–2001), Einl., E.), Rn. 16; *Mestmäcker/Schweitzer,* Europäisches Wettbewerbsrecht (2004), § 4, Rn. 35.

[305] Vgl. *EuGH,* 21.01.1999, Az.: C-215/96, C-216/96 – Carlo Bagnasco, Slg. 1999, I-00135, Tz. 47 ff.

[306] Vgl. *EuGH,* 21.01.1999, Az.: C-215/96, C-216/96 – Carlo Bagnasco, Slg. 1999, I-00135, Tz. 47 ff.

[307] Bspw. *Kahlenberg/Haellmigk,* Referentenentwurf, BB 2004, 389, 390 (Fn. 5); *Schweda,* Bindungswirkung, WuW 2004, 1133, 1134 (Fn. 9).

[308] *EuGH,* 25.10.2001, Az.: C-475/99 – Ambulanz Glöckner, Slg. 2001, I-08089, Tz. 49.

Der EuGH führte daraufhin aus:

„Nach der Rechtsprechung des Gerichtshofes müssen Auslegung und Anwendung des Tatbestandsmerkmals der Beeinträchtigung des Handels zwischen Mitgliedstaaten in den Artikeln 85 und 86 EG-Vertrag von dessen Zweck ausgehen, auf dem Gebiet des Wettbewerbsrechts den Geltungsbereich des Gemeinschaftsrechts von dem des Rechts der Mitgliedstaaten abzugrenzen. Unter den Geltungsbereich des Gemeinschaftsrechts fallen so alle Kartelle und alle Verhaltensweisen, die geeignet sind, die Freiheit des Handels zwischen Mitgliedstaaten in einer Weise zu gefährden, die der Verwirklichung der Ziele eines einheitlichen Marktes zwischen den Mitgliedstaaten nachteilig sein kann, indem insbesondere die nationalen Märkte abgeschottet werden oder die Wettbewerbsstruktur im Gemeinsamen Markt verändert wird (Urteil vom 31. Mai 1979 in der Rechtssache 22/78, Hugin/Kommission, Slg. 1979, 1869, RandNr. 17). Ein Beschluss, eine Vereinbarung oder eine Verhaltensweise kann den Handel zwischen Mitgliedstaaten nur beeinträchtigen, wenn sich anhand einer Gesamtheit objektiver rechtlicher und tatsächlicher Umstände mit hinreichender Wahrscheinlichkeit voraussehen lässt, dass sie unmittelbar oder mittelbar, tatsächlich oder potenziell den Handel zwischen Mitgliedstaaten in einer Weise beeinflussen kann, die der Verwirklichung der Ziele eines einheitlichen zwischenstaatlichen Marktes nachteilig sein kann. Außerdem darf diese Beeinträchtigung nicht nur geringfügig sein (Urteil vom 28. April 1998 in der Rechtssache C-306/96, Javico, Slg. 1998, I-1983, RandNr. 16). Soweit es um Dienstleistungen geht, kann dieser Einfluss, wie der Gerichtshof bereits entschieden hat, darin bestehen, dass die fraglichen Tätigkeiten in einer Weise organisiert sind, dass sie eine Aufteilung des Gemeinsamen Marktes und eine Behinderung des freien Dienstleistungsverkehrs, eines der Ziele des EG-Vertrags, zur Folge haben (vgl. Urteil vom 4. Mai 1988 in der Rechtssache 30/87, Bodson, Slg. 1988, 2479, RandNr. 24). Desgleichen kann der Handel zwischen Mitgliedstaaten durch eine Maßnahme beeinträchtigt werden, die ein Unternehmen daran hindert, in einem anderen Mitgliedstaat eine Niederlassung zu errichten, um dort auf dem fraglichen Markt Leistungen zu erbringen (vgl. in diesem Sinne Urteil vom 28. Januar 1986 in der Rechtssache 161/84, Pronuptia, Slg. 1986, 353, RandNr. 26). Es ist also Sache des vorlegenden Gerichts, zu prüfen, ob es angesichts der wirtschaftlichen Beschaffenheit der Märkte für Notfall- und für Krankentransport ausreichend wahrscheinlich ist, dass eine Vorschrift wie § 18 Absatz 3 RettDG 1991 Unternehmer mit Sitz in einem anderen als dem betreffenden Mitgliedstaat tatsächlich daran hindert, dort Krankentransport zu betreiben oder sich dort niederzulassen."

Der EuGH hat daher keineswegs faktisch ganz auf das Erfordernis eines zwischenstaatlichen Bezuges verzichtet. Der EuGH hat hierzu schon mehrfach ausgeführt, dass es von der „Gesamtheit objektiver rechtlicher oder tatsächlicher Umstände"[309] abhängt, ob eine Beeinträchtigung des zwischenstaatlichen Handels anzunehmen ist oder nicht. Fakt ist auch, dass die Rechtsprechung des Gerichtshofes mitunter auch für die Annahme eines

---

[309] Vgl. *EuGH,* 21.01.1999, Az.: C-215/96, C-216/96 – Carlo Bagnasco, Slg. 1999, I-00135, Tz. 47 ff.

Zwischenstaatsbezuges ausreichen ließ, dass durch die Beschränkung des Wettbewerbs im Innern des Landes mittelbar die Import- oder Exporttätigkeit beeinflusst wird.[310] Dabei hat eine Vereinbarung, die sich auf das gesamte Gebiet eines Mitgliedstaates erstreckt, schon ihrem Wesen nach „die Wirkung, die Abschottung der Märkte auf nationaler Ebene zu verfestigen; es verhindert somit die vom Vertrag gewollte gegenseitige wirtschaftliche Durchdringung und schützt die inländische Produktion“[311]. Damit wird eine tatsächliche Vermutung für die Anwendbarkeit des Art. 81 EG aufgestellt. Im hier vorliegenden Einzelfall ist angesichts der Nähe zu immerhin drei anderen Mitgliedstaaten und der Besonderheiten der hier in Rede stehenden Dienstleistung, die gerade durch hohe Mobilität gekennzeichnet ist, nicht abzustreiten, dass durchaus eine potentielle Beeinträchtigung des Handels bestehen kann. Eine Verallgemeinerung dahingehend, dass dem Zwischenstaatlichkeits-Kriterium überhaupt keine Bedeutung mehr zukäme, ist jedenfalls auch unter Berufung auf diese Einzelentscheidung nicht zulässig.

4. Tendenz zur restriktiven Handhabung des Zwischenstaatlichkeits-Kriteriums?

Fraglich ist, ob ganz im Gegenteil zur vorstehend erläuterten These eine restriktivere Handhabung des Zwischenstaatlichkeitskriteriums auch durch den EuGH erkennbar ist.[312] In der Entscheidung in Sachen Carlo Bagnasco[313] hat der EuGH die quantitativen Auswirkungen einer wettbewerbsbeschränkenden Vereinbarung auf dem italienischen Bankenmarkt hervorgehoben und unter Bezugnahme auf entsprechenden Vortrag der Kommission ausgeführt, dass

> „die betreffende Bankdienstleistung nur einen sehr beschränkten Einfluss auf den Handel zwischen Mitgliedstaaten habe und dass auch die Beteiligung von Tochtergesellschaften und Zweigstellen nichtitalienischer Finanzinstitute gering sei (vgl. RandNr. 15). Außerdem hat die Kommission in Beantwortung einer Frage des Gerichtshofes ausgeführt, die mit einer Generalbürgschaft verbundenen Kre-

---

[310] s. Rspr.-Nachweise bei *Schröter,* in: v. d. Groeben/Schwarze (Bd. 2) (2003), Art. 81, Rn. 186 (Fn. 916).

[311] Vgl. Rechtsprechung des EuGH: *EuGH,* 14.07.1981, Az.: 172/80. – Züchner, Slg. 1981, 2021, Tz. 18; *EuGH,* 19.02.2002, Az.: C-309/99 – Wouters, Slg. 2002, I-01577, Tz. 95, *EuGH,* 25.10.2001, Az.: C-475/99. – Ambulanz Glöckner, Slg. 2001, I-08089, Tz. 49; *EuGH,* 21.01.1999, Az.: C-215/96, C-216/96 – Carlo Bagnasco, Slg. 1999, I-00135, Tz. 51, jüngst *EuGH,* 13.07.2006, Az.: C-295/04–C-298/04 – Manfredi, Slg. 2006, I-06619, Tz. 45.

[312] So *Salzbrunn,* Fassung des § 1 GWB, S. 292; *Schütz,* in: GK (2004), VO 1/03, Art. 3, Rn. 11; *Bechtold,* Modernisierung, BB 2000, 2425, 2428.

[313] *EuGH,* 21.01.1999, Az.: C-215/96, C-216/96 – Carlo Bagnasco, Slg. 1999, I-00135.

ditverträge hätten für die Hauptkundschaft der ausländischen Banken, bei der es sich um Großunternehmen und ausländische Wirtschaftsteilnehmer handele, keine große, jedenfalls aber keine ausschlaggebende Bedeutung für die Entscheidung ausländischer Banken, sich in Italien niederzulassen. Denn Verträge wie die in den Ausgangsverfahren streitigen würden von diesem Kundenkreis nur selten geschlossen."[314]

Entscheidend für die Beurteilung der Spürbarkeit der Handelsbeeinträchtigung ist nach Ansicht des EuGH also die Frage, ob aus quantitativen Gesichtspunkten heraus eine Handelsbeeinträchtigung droht. Im genannten Fall wurde diese Frage vom EuGH verneint.

Daraus den Schluss zu ziehen, die europäischen Gerichte würden insgesamt zu einer restriktiveren Handhabung des Zwischenstaatlichkeitskriteriums neigen, erscheint indes verfrüht zu sein: Der EuG hat unter ausdrücklicher Bezugnahme auf das Urteil des EuGH in Sachen Bagnasco[315] klargestellt, dass auch weiterhin zumindest eine Gesamtprüfung der Eignung der relevanten Vereinbarungen zur Beeinträchtigung des Handels erfolgen darf und muss, auch wenn einzelne Vereinbarungen Teil eines ganzen Systems sind und in unmittelbarem Zusammenhang stehen.[316]

5. *Ergebnis*

Im Ergebnis ist eine eindeutige Tendenz zu einer restriktiveren Handhabung des bislang eher weit ausgelegten Zwischenstaatlichkeitskriteriums nicht zu erkennen. Vielmehr sind die Entscheidungen der europäischen Gerichte in diesem Bereich sehr stark vom jeweiligen Einzelfall geprägt.

II. Spürbarkeit der Beeinträchtigung des zwischenstaatlichen Handels als weiteres Abgrenzungskriterium[317]

Als Korrektiv dieses grundsätzlich weit auszulegenden Abgrenzungskriteriums wurde bereits in der o. g. Entscheidung Maschinenbau Ulm[318] als zusätzliche Voraussetzung der Anwendbarkeit der europäischen Wettbewerbs-

---

[314] *EuGH,* 21.01.1999, Az.: C-215/96, C-216/96 – Carlo Bagnasco, Slg. 1999, I-00135, Tz. 51.

[315] *EuGH,* 21.01.1999, Az.: C-215/96, C-216/96 – Carlo Bagnasco, Slg. 1999, I-00135.

[316] *EuG,* 14.12.2006, Az.: T-259/02 bis T-264/02, T-271/02 – Lombardclub, Tz. 168–171.

[317] Vgl. zur Kritik an diesem häufig für zu unbestimmt gehaltenen Kriterium: *Rehbinder,* in: Immenga/Mestmäcker, EG-WbR (1997–2001), Einl., E.), Rn. 22 m. w. N.

[318] *EuGH,* 30.06.1966, Az.: 56/65 – Maschinenbau Ulm, Slg. 1966, 282, 303 f.

regeln die *Spürbarkeit* der *Beeinträchtigung des zwischenstaatlichen Handels*[319] als ein ungeschriebenes Tatbestandsmerkmal postuliert.[320] Diese Einschränkung des Anwendungsbereiches des europäischen Rechts ist gerade für kleine und mittelständische Unternehmen von mitunter erheblicher Bedeutung, da diese bereits aufgrund ihrer geringen Größe am seltensten zu spürbaren Beeinträchtigungen des zwischenstaatlichen Handels beitragen können. Allerdings ist damit keine Einschränkung dahingehend verbunden, dass nun auch eine tatsächlich spürbare Beeinträchtigung vorliegen muss. Es genügt auch hier die grundsätzliche *Eignung* zur spürbaren Beeinträchtigung.[321] An der Spürbarkeit fehlt es i.d.R., wenn die Auswirkungen einer wettbewerbsbeschränkenden Maßnahme vernachlässigt werden können, weil die hiervon betroffenen Erzeugnisse nur „einen unbedeutenden Prozentsatz des Gesamtmarktes dieser Erzeugnisse im Gebiet des Gemeinsamen Marktes ausmachten"[322]. Der Handel muss sich ohne die zu beurteilende Vereinbarung *wesentlich* anders entwickelt haben.[323]

Die Rechtsprechung des EuGH und des EuG ist bei der Auslegung des Spürbarkeitskriteriums der Handelsbeeinträchtigung (ebenso wie bei dem der Wettbewerbsbeschränkung) stark vom jeweiligen Einzelfall geprägt. Entscheidungsrelevant wurden der Inhalt der Bestimmung, Art und Menge der betroffenen Erzeugnisse, Stellung und Bedeutung der Beteiligten auf dem Markt, sowie die allgemeinen wirtschaftlichen Zusammenhänge. Hinzu kam jedenfalls bislang, dass das Merkmal der spürbaren Handelsbeeinträch-

---

[319] Dieses Kriterium, das der Abgrenzung der Anwendungsbereiche der jeweiligen Wettbewerbsregeln dient, darf nicht mit der Frage nach der Spürbarkeit der Wettbewerbsbeeinträchtigung verwechselt werden, auch wenn beide Kriterien grundsätzlich gleich ausgelegt und häufig zusammen geprüft werden. Erstgenanntes Kriterium dient *innerhalb* des Anwendungsbereichs des europäischen Wettbewerbsrechts zur Selektion von Bagatellfällen, während zweiteres Kriterium früher ansetzt, nämlich bei der Frage, ob überhaupt europäisches Wettbewerbsrecht Anwendung findet. (Vgl. hierzu *Mestmäcker/Schweitzer,* Europäisches Wettbewerbsrecht (2004), § 10, Rn. 81 m.w.N.).

[320] s. ferner *EuGH,* 09.07.1969, Az.: 5/69 – Franz Völk, Slg. 1969, 295, Tz. 5–7; *EuGH,* 25.11.1971, Az.: 22/71 – Béguelin, Slg. 1971, 949, Tz. 16–18; *EuGH,* 01.02.1978, Az.: 19/77 – Miller International, Slg. 1978, 131, Tz. 15; *EuGH,* 31.05.1979, Az.: 22/78 – Hugin, Slg. 1979, 1869, Tz. 17–26; *EuGH,* 16.06.1981, Az.: 126/80 – Salonia, Slg. 1981, 1563, Tz. 17 f.; *EuGH,* 28.04.1998, Az.: C-306/96 – Javico Internat., 1998, I-01983, 2003 ff.; *EuGH,* 21.01.1999, Az.: C-215/96, C-216/96 – Carlo Bagnasco, Slg. 1999, I-00135. Vgl. auch *Rehbinder,* in: Immenga/Mestmäcker, EG-WbR (1997–2001), Einl. E.), Rn. 20 ff.; *Schröter,* in: v. d. Groeben/Schwarze (Bd. 2) (2003), Art. 85 RdNr. 152; *Emmerich,* in: Dauses, Handbuch (2006), H.I § 1, Rn. 35.

[321] Vgl. zuletzt klargestellt in *EuGH,* 29.042004, Az.: C-359/01 P – British Sugar, Slg. 2004, I-04933, Tz. 31.

[322] *EuGH,* 28.04.1998, Az.: C-306/96 – Javico Internat., 1998, I-01983, Tz. 26.

[323] Vgl. *EuGH,* 25.11.1971, Az.: 22/71 – Béguelin, Slg. 1971, 949, 960.

tigung und das der spürbaren Wettbewerbsbeschränkung nicht nur von der Kommission (dazu sogleich), sondern auch von der Rechtsprechung gerade bei wirtschaftlich komplexen Sachverhalten mitunter wenig differenziert geprüft wurde.[324] Ausreichend für den EuGH ist häufig die Feststellung, dass ein nicht unerheblicher Marktanteil betroffen sei. Die Grenze, ab der nach Ansicht des EuGH regelmäßig von einer spürbaren Handelsbeeinträchtigung gesprochen werden muss, liegt bei 5% Marktanteil.[325]

III. Die „Leitlinien über den Begriff der Beeinträchtigung des zwischenstaatlichen Handels in den Artt. 81 und 82 EG"[326] und der Hinweis in der de-minimis-Bekanntmachung 2001

Mit dem Ziel, klarere Abgrenzungen zu ermöglichen, hat die Kommission – im Rahmen ihres bereits vorgestellten „Modernisierungspaketes" – auch diesbezüglich Leitlinien erlassen, die den Begriff der Beeinträchtigung des zwischenstaatlichen Handels handhabbarer machen, und die gleichzeitig die Kommission grundsätzlich und abgesehen von atypischen Einzelfällen[327] im Wege der Selbstbindung ihres Ermessens binden sollen, um so den Betroffenen Rechtssicherheit zu vermitteln.[328] Wie aufgezeigt geht die Wirkung der Mitteilungen der Kommission über die einer reinen Selbstbindung hinaus: Über Art. 10 EG entfalten die Leitlinien und Bekanntmachungen der Kommission nach der hier vertretenen Auffassung vielmehr rechtliche Bindungswirkung für alle Rechtsanwender mit Ausnahme der europäischen Gerichte.

Im Zusammenhang mit der Frage nach der Beeinträchtigung des zwischenstaatlichen Handels ist dabei zunächst auch der de-minimis-Bekanntmachung des Jahres 2001[329] Beachtung zu schenken.

1. Der „Hinweis" in der de-minimis-Bekanntmachung 2001

Die Kommission hat seit 1970 in verschiedenen zeitlichen Abständen Leitlinien erlassen, die die Kriterien benennen, die die Kommission einer-

---

324 *EuGH,* 28.02.1991, Az.: C-234/89 – Delimitis, Slg. 1991, I-00935; *EuGH,* 01.10.1998, Az.: C-279/95 P – Langnese-Iglo, Slg. 1998, I-05609. So auch bspw. *Schröter,* in: v. d. Groeben/Schwarze (Bd. 2) (2003), Art. 81, Rn. 177; *Rehbinder,* in: Immenga/Mestmäcker, EG-WbR (1997–2001), Einl. E.), Rn. 20 ff.

325 Vgl. *Rehbinder,* in: Immenga/Mestmäcker, EG-WbR (1997–2001), Einl. E.), Rn. 24.

326 Zwischenstaatlichkeits-Leitlinien, ABl. 2004/C 101/81.

327 *Schweda,* Bindungswirkung, WuW 2004, 1133, m. w. N.

328 s. hierzu ausführlich oben, Teil 1, Kap. 1. D. I.

329 *De-minimis*-Bekanntmachung (2001), ABl. 2001/C 368/07.

seits bei der Frage der Spürbarkeit der Wettbewerbsbeeinträchtigung („de-minimis"- oder „Bagatell"-Bekanntmachungen), andererseits bei der Frage nach der Spürbarkeit der zwischenstaatlichen Handelsbeeinträchtigung heranziehen.[330] Bis zur Bagatellbekanntmachung des Jahres 2001 wurde das Kriterium Spürbarkeit der Handelsbeeinträchtigung und das der Wettbewerbsbeschränkung gemeinsam in den jeweils gültigen Bagatellbekanntmachungen der Kommission behandelt. Dieser Gleichlauf zwischen dem Kriterium „Spürbarkeit der Wettbewerbsbeschränkung" und dem Kriterium „Spürbarkeit der Beeinträchtigung des zwischenstaatlichen Handels" wurde nunmehr aufgegeben, damit nicht durch eine Lockerung des erstgenannten Kriteriums gleichzeitig der einzig durch das zweitgenannte Kriterium zu bestimmende Anwendungsbereich des europäischen Wettbewerbsrechtes eingeschränkt wird.[331]

Der jetzt aktuellen und parallel zu den „Zwischenstaatlichkeits-Leitlinien"[332] zu beachtenden „Bagatellbekanntmachung" des Jahres 2001 ist gleichwohl möglicherweise ein eigenständiger Hinweis für die Beurteilung der Spürbarkeit der Handelsbeeinträchtigung zu entnehmen – obwohl zukünftig doch beide Bekanntmachungen getrennte Anwendungsbereiche haben sollen. Unter Bezugnahme auf die Kommissionsempfehlung zur Definition von KMU[333] wird in der Bagatellbekanntmachung ausdrücklich und unter Hinweis darauf, dass die Frage nach der Handelsbeeinträchtigung nicht mehr von der Bagatellbekanntmachung erfasst wird, ausgeführt, dass Vereinbarungen so definierter KMU „selten geeignet sind, den Handel zwischen Mitgliedstaaten spürbar zu beeinträchtigen."[334] Damit wären – unter Berücksichtigung der zwischenzeitlich in Kraft getretenen, neuen Kommissionsempfehlung[335] zur Definition von KMU – Vereinbarungen zwischen Unternehmen, deren Jahresumsatz die Grenze von 50 Mio. €, oder eine Bilanzsumme von 43 Mio. € nicht übersteigen, und die dabei nicht mehr als 250 Mitarbeiter beschäftigen, nur selten geeignet, den zwischenstaatlichen Handel spürbar zu beeinträchtigen. Fraglich ist jedoch, ob diesem „Hinweis" in der Bagatellbekanntmachung tatsächlich ein eigener Aussagewert beigemessen werden kann, wonach auch zukünftig regelmäßig KMU ent-

---

330 s. zu den Bagatellbekanntmachungen ausführlich unten, Teil 2, Kap. 1, B. III.

331 Vgl. *Mestmäcker/Schweitzer,* Europäisches Wettbewerbsrecht (2004), § 10, Rn. 85.

332 Zwischenstaatlichkeits-Leitlinien, ABl. 2004/C 101/81.

333 *Europäische Kommission,* Empfehlung der Kommission vom 6. Mai 2003 betreffend die Definition der Kleinstunternehmen sowie der kleinen und mittleren Unternehmen, (KMU-Empfehlung (2003)), ABl. 2003/L 124/36.

334 *De-minimis*-Bekanntmachung (2001), ABl. 2001/C 368/07, Tz. 3.

335 Vgl. KMU-Empfehlung (2003), ABl. 2003/L 124/36, Anhang, in Kraft getreten am 01.01.2005.

sprechend der Definition der KMU-Empfehlung der Kommission selten geeignet wären, den zwischenstaatlichen *Handel* zu beeinträchtigen. Die Kommission nimmt in den Zwischenstaatlichkeits-Leitlinien ausdrücklich auf diese Ausführungen in der de-minimis-Bekanntmachung Bezug[336], macht jedoch eine deutliche und entscheidende Einschränkung. Sie weist nämlich darauf hin, dass so definierte

> „KMU den Handel zwischen Mitgliedstaaten normalerweise nicht zu beeinträchtigen geeignet sind, *weil die Tätigkeiten der KMU in der Regel lokal oder regional ausgerichtet sind* [Herv. d. Verf.]. KMU können jedoch insbesondere dann der Anwendung des Gemeinschaftsrechts unterliegen, wenn sie grenzüberschreitend tätig werden."

M. a. W. führt die Klassifizierung als KMU anhand der o. g. Empfehlung nicht mehr bereits für sich genommen regelmäßig dazu, dass sowohl eine spürbare Handels-, als auch eine spürbare Wettbewerbsbeeinträchtigung ausgeschlossen werden kann. Vielmehr kann eine grenzüberschreitende Tätigkeit durchaus zu einer spürbaren Handelsbeeinträchtigung führen, was zur Folge hat, dass dann unabhängig von der Einstufung als KMU anhand der Bagatellbekanntmachung zu prüfen ist, ob auch eine spürbare Wettbewerbsbeeinträchtigung gegeben ist.[337] Die Einstufung als KMU allein sagt daher zukünftig nichts mehr aus über die Frage, ob die zu beurteilende Vereinbarung auch zu einer spürbaren Beeinträchtigung des zwischenstaatlichen Handels führen kann. Hinsichtlich der Frage nach der Eignung zur Beeinträchtigung des zwischenstaatlichen Handels kommt es entscheidend darauf an, dass solche KMU i. d. R. *lokal oder regional* tätig sind. Die Einstufung als kleines oder mittleres Unternehmen i. S. d. KMU-Empfehlung bietet daher nur noch einen widerlegbaren Anhaltspunkt dafür, dass die Tätigkeiten dieses Unternehmens regional bzw. lokal beschränkt sind und *deshalb* eine Beeinträchtigung des zwischenstaatlichen Handels nicht in Betracht kommt.[338] Allein die Einstufung als KMU anhand der absoluten Werte der KMU-Empfehlung führt nicht (mehr) per se zum Ausschluss einer Beeinträchtigung des zwischenstaatlichen Handels. Vielmehr kommt es zukünftig im Hinblick auf diese Frage allein auf die Kriterien der „Zwischenstaatlichkeits-Leitlinien" an.

---

336 Zwischenstaatlichkeits-Leitlinien, ABl. 2004/C 101/81, Tz. 50.

337 Ähnlich auch *Schneider,* in: Langen/Bunte, GWB (2006), § 3, Rn. 41 ff., (42); s. auch *Pfeffer/Wegner,* Neue Bekanntmachungen, BB 2007, 1173, 1176. Vgl. ausführlich zur Frage der spürbaren Wettbewerbsbeeinträchtigung: Teil 2, Kap. 1, B.

338 Vgl. *Schneider,* in: Langen/Bunte, GWB (2006), § 3, Rn. 42.

2. *Die „Leitlinien über den Begriff der Beeinträchtigung des zwischenstaatlichen Handels in den Artt. 81 und 82 des Vertrags“*

Die Kommission hat die bisherigen Entscheidungen der europäischen Rechtsprechung zum Begriff der „spürbaren Beeinträchtigung des zwischenstaatlichen Handels“ als Grundlage für eine Art Kommentierung dieses Tatbestandsmerkmales in Gestalt der „Leitlinien über den Begriff der Beeinträchtigung des zwischenstaatlichen Handels in den Artikeln 81 und 82 des Vertrags“ herangezogen.[339] In dieser Kommentierung erörtert sie zunächst die Grundsätze, die die Rechtsprechung zur Auslegung des hier interessierenden Tatbestandsmerkmals aufgestellt hat.[340] Unter Bezugnahme auf diese Rechtsprechung werden im Anschluss daran die Tatbestandsmerkmale „Handel zwischen Mitgliedstaaten“, „zu beeinträchtigen geeignet“ und „Spürbarkeit“ ausführlich erörtert.[341] Auch diese Leitlinien binden dabei nach der hier vertretenen Ansicht auch die nationalen Gerichte und Wettbewerbsbehörden.[342]

a) Die „Beeinträchtigung des zwischenstaatlichen Handels“

Die Kommission unterscheidet – nachdem an erster Stelle der Begriff des „Handels zwischen den Mitgliedstaaten“ erläutert wird – zunächst im Hinblick auf die qualitative „Eignung zur Beeinträchtigung“ zwischen solchen Vereinbarungen und Verhaltensweisen, die ihrem Wesen nach geeignet sind, den Handel zwischen den Mitgliedstaaten zu beeinträchtigen und solchen, die hierfür ungeeignet sind.[343] Grenzüberschreitende Kartelle bieten ein Beispiel für erstere, auf das Gebiet eines einzelnen Mitgliedstaats begrenzte Gemeinschaftsunternehmen hingegen ein Beispiel für letztere. In einem eigenen Abschnitt[344] wird dabei die gerade für kleine und mittelständische Unternehmen bedeutsame Frage erörtert, ob und wenn ja, wann, eine Vereinbarung, die nur einen Mitgliedstaat oder gar nur einen Teil eines Mitgliedstaates betrifft, geeignet ist, den zwischenstaatlichen Handel zu beeinträchtigen. Dabei ist zunächst anzumerken, dass die Leitlinien in einem weiteren Unterabschnitt (Tz. 89 ff.) die Frage nach den Wirkungen von

339 Vgl. zu diesem Verständnis von den Leitlinien auch *OLG Düsseldorf,* 10.06.2005, Az.: VI-2 KArt. 12/04 – Filigranbetondecken, WuW/E DE-R 1610.

340 Zwischenstaatlichkeits-Leitlinien, ABl. 2004/C 101/81, Tz 12 ff.

341 Zwischenstaatlichkeits-Leitlinien, ABl. 2004/C 101/81, Tz. 18 ff.

342 Vgl. hierzu oben, Teil 1, Kap. 1, D. II.

343 Zwischenstaatlichkeits-Leitlinien, ABl. 2004/C 101/81, Tz. 29.

344 Zwischenstaatlichkeits-Leitlinien, ABl. 2004/C 101/81, Tz. 77 ff.

Vereinbarungen, die nur einen Teil eines Mitgliedstaates erfassen, gesondert behandeln. Allerdings wird in diesem Unterabschnitt im Grunde nur im Hinblick auf die *Spürbarkeit* der Handelsbeeinträchtigung weitergehend differenziert, während im Hinblick auf die Handelsbeeinträchtigung nicht differenziert wird – so liest sich jedenfalls die Einleitung der Kommission zu diesem Unterabschnitt:

> „In qualitativer Hinsicht [also in Hinblick auf die Handelsbeeinträchtigung selbst, Anm. d. V.] erfolgt die Beurteilung von Vereinbarungen, die nur einen Teil eines Mitgliedstaats erfassen, auf die gleiche Weise wie bei Vereinbarungen, die sich auf das gesamte Gebiet eines Mitgliedstaats erstrecken. Dies bedeutet, dass die Prüfung gemäß Abschnitt 2 durchzuführen ist. Bei der Beurteilung der Spürbarkeit muss jedoch zwischen diesen beiden Kategorien unterschieden werden, da zu berücksichtigen ist, dass nur ein Teil eines Mitgliedstaats von der Vereinbarung erfasst wird. Es muss ferner berücksichtigt werden, welcher Anteil des nationalen Hoheitsgebiets dem Handel offen steht."[345]

Anschließend wird die Tatsache, dass sich die Vereinbarung nur auf einen Teil des Mitgliedstaates erstreckt, jedoch nicht nur im Hinblick auf die *Spürbarkeit,* sondern auch auf die qualitative Frage der Handelsbeeinträchtigung erörtert. So heißt es im ersten Absatz:

> „Wenn es beispielsweise aufgrund der Transportkosten oder des Aktionsradius der Transportmittel für Unternehmen aus anderen Mitgliedstaaten wirtschaftlich unrentabel ist, das gesamte Gebiet eines anderen Mitgliedstaats zu beliefern, kann *der Handel beeinträchtigt* [Herv. d. V.] werden, wenn die Vereinbarung den Teil des Gebiets eines Mitgliedstaats, der für den Handel offen ist, abschottet, sofern es sich nicht um einen unbedeutenden Teil dieses Gebiets handelt."[346]

Diese Feststellung stimmt mit den Ausführungen zur Handelsbeeinträchtigung im Falle der Abschottung einer sich auf den gesamten Mitgliedstaat erstreckenden Vereinbarung horizontaler Zusammenarbeit (Ziffer 84) überein. Eine Konkretisierung dahingehend, dass in diesem Fall der Handel auch *spürbar* beeinträchtigt werden würde, erfolgt erst in Ziffer 90, wo erläutert wird, wann bei einer Abschottung eines regionalen Marktes der Handel auch *spürbar* beeinträchtigt wird. Unsystematisch und indifferent im Hinblick auf die Frage, was nur den Handel an sich beeinträchtigt, und was ihn auch *spürbar* beeinträchtigt, heißt es in Ziffer 91:

> „Vereinbarungen von rein lokaler Bedeutung können ihrem Wesen nach den Handel zwischen Mitgliedstaaten nicht spürbar beeinträchtigen, selbst wenn der örtliche Markt in einer Grenzregion liegt. Umgekehrt kann der Handel beeinträchtigt werden, wenn der Anteil am abgeschotteten nationalen Markt erheblich ist, auch dann, wenn sich der betreffende Markt nicht in einer Grenzregion befindet."[347].

---

[345] Zwischenstaatlichkeits-Leitlinien, ABl. 2004/C 101/81, Tz. 89.

[346] Zwischenstaatlichkeits-Leitlinien, ABl. 2004/C 101/81, Tz. 89.

[347] Zwischenstaatlichkeits-Leitlinien, ABl. 2004/C 101/81, Tz. 91.

Einerseits wird hier nicht nur festgestellt, dass eine (lokale) Vereinbarung *ihrem Wesen nach* nicht geeignet ist, den Handel an sich zu beeinträchtigen, sondern dass solche Vereinbarungen *ihrem Wesen nach* (nur) nicht geeignet sind, den Handel *spürbar* zu beeinträchtigen. Relevant ist dies jedoch nicht, da in keinem Fall von der Erfüllung des Tatbestandes des Art. 81 Abs. 1 EG ausgegangen werden kann, da die Vereinbarung jedenfalls nicht zu einer spürbaren Beeinträchtigung des zwischenstaatlichen Handels führen kann. Andererseits aber bezieht sich der Umkehrschluss in diesem Absatz wiederum nur auf den Handel, ohne dass die Spürbarkeit erwähnt werden würde, so dass dieses Kriterium hier wohl geprüft werden muss.

Den Leitlinien kann in allgemeiner Hinsicht weiterhin Folgendes entnommen werden: Während ein Rückgang des Handels nicht erforderlich ist, um die zwischenstaatliche Relevanz bejahen zu können, hierfür vielmehr ganz grundsätzlich die Möglichkeit einer spürbaren Veränderung im Warenverkehr ausreicht, kann es nach Ansicht der Kommission dann, wenn eine Vereinbarung oder eine missbräuchliche Verhaltensweise nur das Gebiet eines Mitgliedstaats erfasst, notwendig sein, genauer zu untersuchen, ob die Vereinbarung oder die missbräuchliche Verhaltensweise tatsächlich geeignet ist, den Handel zwischen Mitgliedstaaten zu beeinträchtigen.[348] Die Art der mutmaßlichen Zuwiderhandlung und ihre Eignung, den Inlandsmarkt abzuschotten[349], geben dabei wertvolle Hinweise für die Beurteilung dieser Frage. Anhand einer nicht abschließenden Aufzählung von Beispielen erläutert die Kommission, in welchen Konstellationen eine Beeinträchtigung des zwischenstaatlichen Handels möglich erscheint:

Horizontale Kartelle, die das gesamte Gebiet eines Mitgliedstaates betreffen, sind regelmäßig geeignet, den Handel zwischen den Mitgliedstaaten zu beeinträchtigen, da sie die Aufteilung der Märkte entlang der Grenzen der Mitgliedstaaten verfestigen durch aktive Verteidigung der mit den nationalen Grenzen übereinstimmenden, räumlichen Grenzen der Kartellvereinbarung.[350] Ausreichend, aber auch erforderlich ist dabei eine hinreichende Wahrscheinlichkeit dafür, dass die Kartellanten die räumlichen (= nationalen) Grenzen ihrer Kartellvereinbarung aktiv gegen potentielle Wettbewerber aus anderen Mitgliedstaaten verteidigen werden. Entscheidend ist hierfür die Frage, ob natürliche Handelsschranken auf diesem Markt bestehen und ob insbesondere die betreffende Ware handelbar ist oder nicht, was beispielsweise bei einer intensiven (nachweisbaren) Befassung der Kartellanten mit ausländischen[351]

[348] Zwischenstaatlichkeits-Leitlinien, ABl. 2004/C 101/81, Tz. 77.

[349] Zwischenstaatlichkeits-Leitlinien, ABl. 2004/C 101/81, Tz. 77

[350] Zwischenstaatlichkeits-Leitlinien, ABl. 2004/C 101/81, Tz. 78 f.

[351] „Ausländisch“ meint in diesem Kontext stets „aus anderen Mitgliedstaaten der EU“, in Abgrenzung zu inländischen Marktteilnehmern.

Wettbewerbern nahe liegt.[352] Die Kommission stellt hier ebenso wie die Rechtsprechung den Abschottungseffekt der mitgliedstaatsweiten Kartelle in den Vordergrund ihrer Überlegungen. Dieser Abschottungseffekt, der durch die solchen Kartellen immanente Notwendigkeit, zur Verteidigung des Kartells und seiner räumlichen Grenzen gegenüber ausländischen Wettbewerbern, hervorgerufen wird, kann bei sämtlichen Kartellarten und nicht nur bei Import-Exportkartellen entstehen.

Vereinbarungen über horizontale Zusammenarbeit und insbesondere Nichtvollfunktions-Gemeinschaftsunternehmen[353] sind dann, wenn sie sich nur auf einen Mitgliedstaat beschränken und nicht direkt Einfuhren und Ausfuhren betreffen, *ihrem Wesen nach* nicht geeignet, den Handel zwischen den Mitgliedstaaten zu beeinträchtigen.[354] Allerdings weisen die Leitlinien auch hier auf den möglichen Abschottungseffekt bestimmter horizontaler Kooperationen hin, der dazu führt, dass sich entsprechende Vereinbarungen in concreto, also nicht allgemein ihrem Wesen nach, doch zu einer Beeinträchtigung eignen.[355] Beispielhaft werden hier Vereinbarungen über die branchenweite Normung und Zertifizierung genannt, da dadurch ausländische Unternehmen diskriminiert werden können, wenn inländischen Unternehmen die Einhaltung der Vergabekriterien einfacher gelingt. Gleiches gilt auch im Hinblick auf Nichtvollfunktions-Gemeinschaftsunternehmen, wenn ausländische Unternehmen von wichtigen Vertriebswegen oder Nachfragemärkten abgeschnitten werden (weil beispielsweise nur noch das Gemeinschaftsunternehmen als Importeur auftritt), oder wenn durch das Gemeinschaftsunternehmen Produkte hergestellt werden, die bislang von den einzelnen Muttergesellschaften aus anderen Mitgliedstaaten eingeführt worden sind.[356] Bei diesen Beispielen muss aber berücksichtigt werden, dass die Leitlinien hier – anders als bei horizontalen Kartellen – nicht davon ausgehen, dass entsprechende Vereinbarungen generell, regelmäßig, und *ihrem Wesen nach* geeignet sind, entsprechende Handelsbeeinträchtigungen

---

352 Zwischenstaatlichkeits-Leitlinien, ABl. 2004/C 101/81, Tz. 79 f.

353 Bei Nichtvollfunktions-Gemeinschaftsunternehmen tritt die gemeinsame Einheit, von der bestimmte wirtschaftliche Tätigkeiten (bspw. der Produktion oder des Vertriebs) zweier oder mehrerer Unternehmen übernommen werden, nicht als eigenständiger Anbieter (oder Abnehmer) am Markt auf. Diese Einheit dient lediglich den Muttergesellschaften, die selbst auf dem Markt tätig bleiben. (Vgl. Zwischenstaatlichkeits-Leitlinien, ABl. 2004/C 101/81, Tz. 66). (Vollfunktions-Gemeinschaftsunternehmen sind dagegen solche Einheiten, die auf Dauer alle Funktionen einer selbständigen wirtschaftlichen Einheit erfüllen. Sie unterliegen grundsätzlich den Vorschriften der Fusionskontrolle, mitunter parallel hierzu auch den Kartellvorschriften.)

354 Zwischenstaatlichkeits-Leitlinien, ABl. 2004/C 101/81, Tz. 83.

355 Zwischenstaatlichkeits-Leitlinien, ABl. 2004/C 101/81, Tz. 84.

356 Zwischenstaatlichkeits-Leitlinien, ABl. 2004/C 101/81, Tz. 85.

hervorzurufen. Vielmehr *kann* die Eignung zur Handelsbeeinträchtigung in den genannten Beispielsfällen horizontaler Zusammenarbeit bzw. Nichtvollfunktions-Gemeinschaftsunternehmen bestehen, nämlich dann, wenn sie zu einer Marktabschottung oder zu einer Veränderung des Warenverkehrs führen, was wiederum im Einzelnen geprüft werden muss.

b) Das Kriterium der „Spürbarkeit" der Handelsbeeinträchtigung

In Bezug auf das Kriterium der „Spürbarkeit" der Handelsbeeinträchtigung stellen die Leitlinien sodann auf eine neuen, sog. NAAT-Regeln[357] ab,[358] deren Anwendung auf die verbreiteten Formen von Vereinbarungen und missbräuchlichen Verhaltensweisen anschließend erläutert wird.[359] Diese NAAT-Regel bestimmt, dass Vereinbarungen grundsätzlich nicht geeignet sind, den *Handel* zwischen den Mitgliedstaaten *spürbar* zu beeinträchtigen, wenn

- der gemeinsame Marktanteil der Parteien auf keinem von der Vereinbarung betroffenen relevanten Markt innerhalb der Gemeinschaft 5% überschreitet
- und zudem der Jahresumsatz innerhalb der Gemeinschaft mit den von der Vereinbarung erfassten Waren 40 Mio. Euro nicht übersteigt.[360]

Auch hierbei kommt der Frage, ob eine Vereinbarung bereits *ihrem Wesen* nach geeignet ist, den zwischenstaatlichen Handel zu beeinträchtigen, Bedeutung insoweit zu, als die Schwelle für die Spürbarkeit dann niedriger anzusetzen ist.[361] Allerdings konkretisiert die Kommission in ihren Leitlinien nicht, ob und wenn ja, um welche Größenordnung die gerade genannten Schwellenwerte denn dann herabzusetzen seien, wenn beispielsweise ein mitgliedstaatsweites horizontales Kartell beurteilt werden soll. Erst für die Beantwortung der im Umkehrschluss zu stellenden Frage, ob denn jede Vereinbarung, bei der die beteiligten Unternehmen die genannten Schwellenwerte überschreiten, zu einer *spürbaren* Beeinträchtigung des zwischenstaatlichen Handels führen kann, nimmt die Kommission konkret Bezug auf die Einstufung als wesensmäßig zur Handelsbeeinträchtigung geeignete Vereinbarung: Wenn Unternehmen die o.g. Umsatzgrenze (40 Mio. €) überschreiten, dann besteht nur dann, wenn die in Rede stehende Vereinbarung

---

[357] NAAT ist die Abkürzung für „*no appreciable affection of trade*".

[358] Zwischenstaatlichkeits-Leitlinien, ABl. 2004/C 101/81, Tz. 52 ff.

[359] Zwischenstaatlichkeits-Leitlinien, ABl. 2004/C 101/81, Tz. 58 ff.

[360] Dabei wird zwischen horizontalen und vertikalen Vereinbarungen genauer differenziert, Zwischenstaatlichkeits-Leitlinien, ABl. 2004/C 101/81, Tz. 52.

[361] Zwischenstaatlichkeits-Leitlinien, ABl. 2004/C 101/81, Tz. 45.

ihrem Wesen nach geeignet zur zwischenstaatlichen Handelsbeeinträchtigung ist, eine widerlegbare positive Vermutung, dass die Beeinträchtigung des Handels auch spürbar ist. Insoweit ist also auch von einer Beweislastumkehr auszugehen. Des Weiteren sieht die Kommission auch nur dann, wenn eine Vereinbarung ihrem Wesen nach zur Handelsbeeinträchtigung geeignet ist, in der Tatsache, dass die in Rede stehende Vereinbarung von Unternehmen geschlossen wird, die die Marktanteilsschwellen übertreffen, zwar offenbar keine widerlegbare positive Vermutung, aber doch wohl ein starkes Indiz („kann häufig davon ausgegangen werden") für die Spürbarkeit dieser Beschränkung.

Eine Einschränkung macht die Kommission jedoch in diesem Zusammenhang indem sie erklärt, dass „dies [...] jedoch nicht [gilt], wenn sich die Vereinbarung nur auf einen Teil des Mitgliedstaats erstreckt (siehe Ziffer 90)."[362] Erst in Zusammenschau mit den Ausführungen in Ziffer 90 der Leitlinien wird deutlich, dass sich diese Einschränkung sowohl auf die genannte Vermutung bei Überschreiten der Umsatzzahlen, als auch der Indizwirkung der Überschreitung der Marktanteilsgrenzen bezieht. In Ziffer 89 ff. behandeln die Leitlinien Vereinbarungen, die nur einen Teil eines Mitgliedstaates erfassen (s. o.). Ganz grundsätzlich wird dabei hinsichtlich der Frage, ob eine Vereinbarung, die nur ein Teilgebiet eines Mitgliedstaates erfasst, (auch bereits ihrem Wesen nach) eine Handelsbeeinträchtigung hervorrufen kann, auf die Ausführungen zum Gesamtgebiet eines Mitgliedstaates verwiesen.[363] In der hier in Bezug genommenen Ziffer 90 wird dann ausgeführt, dass eine *spürbare* Handelsbeeinträchtigung dann vorliegt, wenn eine Vereinbarung einen regionalen Markt, auf dem ein erheblicher Teil des Gesamtumsatzes der fraglichen Ware innerhalb des betreffenden Mitgliedstaates erzielt wird, abgeschottet wird. Weder der erzielte Jahresumsatz noch der Marktanteil sind dabei allein entscheidend, vielmehr kommt es auf die Frage an, welcher mengenmäßige Anteil am Gesamtumsatz der fraglichen Ware von der Vereinbarung erfasst wird. Vereinbarungen, „die Gebiete mit einer hohen Nachfragekonzentration abdecken, werden daher schwerer wiegen als solche, die Gebiete mit geringerer Nachfragekonzentration betreffen. Für die Anwendbarkeit des Gemeinschaftsrechts muss der Anteil an dem abgeschotteten nationalen Markt erheblich sein."[364] Damit aber wird deutlich, dass dann, wenn Teilbereiche eines Mitgliedstaates betroffen sind, die Überschreitung der NAAT-Grenzen eine Prüfung des Einzelfalles unter besonderer Berücksichtigung des Anteils des von der Verein-

[362] Zwischenstaatlichkeits-Leitlinien, ABl. 2004/C 101/81, Tz. 45.

[363] Beispielhaft sei eine Vereinbarung über die horizontale Zusammenarbeit betreffend Ein- und Ausfuhr genannt, da diese gerade nicht zu der in Tz. 83 genannten Kategorie von grundsätzlich nicht handelsbeeinträchtigenden Vereinbarungen zählt.

[364] Zwischenstaatlichkeits-Leitlinien, ABl. 2004/C 101/81, Tz. 90.

barung erfassten Regionalmarktes am mitgliedstaatlichen Gesamtmarkt erforderlich macht. Dies geschieht unabhängig von der Frage, ob die Vereinbarung ihrem Wesen nach geeignet ist, zur Handelsbeeinträchtigung zu führen oder nicht. Gerade für kleine und mittlere Unternehmen bedeutsam ist, dass abschließend klargestellt wird, dass

> „Vereinbarungen von rein lokaler Bedeutung [...] ihrem Wesen nach den Handel zwischen Mitgliedstaaten nicht spürbar beeinträchtigen [können], selbst wenn der örtliche Markt in einer Grenzregion liegt.“[365]

IV. Deutsche Entscheidungspraxis – die Fälle „Filigranbetondecken“ und „Hintermauerziegel“

Im Zentrum der Betrachtungen stehen die kleinen und mittelständischen Unternehmen und ihre wettbewerbsrechtliche Beurteilung. Wie bereits aufgezeigt, ist und bleibt die Frage, ob ein Sachverhalt geeignet ist, den Handel zwischen den Mitgliedstaaten spürbar zu beeinträchtigen, gerade mit Blick auf kleine und mittelständische Unternehmen bedeutsam. Es erstaunt, dass die Rechtsprechung diesen besonderen Blickwinkel auf die Zwischenstaatlichkeitsklausel i. V. m. kleinen und mittelständischen Unternehmen bislang nicht berücksichtigen musste.

1. Der Fall „Filigranbetondecken“

Das Oberlandesgericht Düsseldorf[366] hat jüngst, wenngleich noch unter Geltung des GWB in der Fassung der 6. Novelle, als erster Kartellsenat die Frage nach den zwischenstaatlichen Auswirkungen von Mittelstandskartellen nach Art. 81 EG und deren Bedeutung für eine Freistellung nach nationalem Recht (damals § 4 GWB a. F., jetzt § 3 GWB) erörtert.[367] Es hob in seinem Beschluss vom 10.06.2005 in der Sache Filigranbetondecken eine Widerspruchsverfügung des Bundeskartellamtes auf, mit der ein Mittelstandskartell wegen behaupteten Verstoßes gegen Art. 81 Abs. 1 EG i. V. m. Art. 1 Nr. 1 VO 1/2003 untersagt worden war. Gegenstand der Kooperationsvereinbarung war zum einen die Zusammenlegung der Vertriebsaktivitäten in einem Gebiet mit Radius 150 km um Oldenburg durch Gründung einer Innen-GbR und die Koordinierung der Produktionsaktivitäten. Das Vertragsgebiet war ausdrücklich auf den deutschen Teil dieses Liefergebietes beschränkt worden; einer der beiden Vertragspartner hatte mangels nie-

---

[365] Zwischenstaatlichkeits-Leitlinien, ABl. 2004/C 101/81, Tz. 91.

[366] *OLG Düsseldorf,* 10.06.2005, Az.: VI-2 KArt. 12/04 – Filigranbetondecken, WuW/E DE-R 1610.

[367] Vgl. *Wimmer-Leonhardt,* Zwischenstaatlichen Bedeutung, WuW 2006, 486.

derländischer Zertifizierung seiner Produkte schon vor Abschluss des Kooperationsvertrages nur höchst selten und dabei nie aufgrund niederländischer Verträge in die Niederlande geliefert, womit eine Kooperation in diesem Bereich für die Vertragsparteien nicht erstrebenswert war.[368]

Das Bundeskartellamt ging jedoch in seiner durch das OLG aufgehobenen Widerspruchsentscheidung davon aus, dass die Definition des Vertragsgebietes ohne Relevanz sei, da die Waren „ihrem Wesen nach problemlos in den grenzüberschreitenden Handel gelangen“ würden, der Vertrag sich „zwangsläufig auch in den Niederlande auswirken“[369] würde. Die Vertragspartei, die auf dem niederländischen Markt bereits tätig sei, würde aufgrund der Kooperationsvereinbarung festgesetzte Preise auch auf dem niederländischen Markt verlangen. Jedenfalls mittelbar seien Beeinträchtigungen des zwischenstaatlichen Handels erkennbar. Hinsichtlich der Frage der Spürbarkeit der Handelsbeeinträchtigung setzte sich das Bundeskartellamt zwar sowohl mit den Leitlinien über den Begriff der Beeinträchtigung des zwischenstaatlichen Handels in den Artikeln 81 und 82 des Vertrags als auch mit der Bagatellbekanntmachung auseinander, kam jedoch zu dem Schluss, dass zum einen auch trotz Unterschreitung der in den Leitlinien genannten Umsatzschwelle von 40 Mio. € angesichts des Überschreitens der Marktanteilsgrenze (5%-Grenze) nach der Art der Vereinbarung, der Art der erfassten Waren und der Marktstellung der beteiligten Unternehmen eine spürbare Handelsbeeinträchtigung festzustellen sei, zum anderen die Bagatellgrenzen der de-minimis-Bekanntmachung der Kommission überschritten seien.[370]

Das OLG Düsseldorf sah dagegen keine *spürbare* Beeinträchtigung des zwischenstaatlichen Handels. Es ging zwar mit dem Bundeskartellamt von einer grundsätzlichen Eignung zur Beeinträchtigung des zwischenstaatlichen Handels aus, da die räumliche Beschränkung des Vertrages tatsächliche Auswirkungen nicht verhindern könne, beurteilte indes die Frage der Spürbarkeit anders. Die Leitlinien der Kommission wurden dabei vom Gericht ausdrücklich als Orientierungshilfen herangezogen, wenngleich eingangs die fehlende Bindungswirkung dieser Leitlinien betont wurde.[371] Die in Rede stehende Vereinbarung sei als Vereinbarung über eine horizontale Zusammenarbeit ihrem Wesen nach nicht geeignet, den Handel spürbar zu beein-

---

368 Vgl. zu weiteren Einzelheiten: *BKartA,* Beschluss vom 17.06.2004, Az.: B 1-25/04 – Vetra/Danzer (Filigranbetondecken), WuW/E DE-V 960, Abschnitt 2a).

369 *BKartA,* Beschluss vom 17.06.2004, Az.: B 1-25/04 – Vetra/Danzer (Filigranbetondecken), WuW/E DE-V 960, Abschnitt 2a).

370 *BKartA,* Beschluss vom 17.06.2004, Az.: B 1-25/04 – Vetra/Danzer (Filigranbetondecken), WuW/E DE-V 960, Abschnitt 2a).

371 *OLG Düsseldorf,* 10.06.2005, Az.: VI-2 KArt. 12/04 – Filigranbetondecken, WuW/E DE-R 1610, 1611.

trächtigen. Die in den Leitlinien als Beispiel für eine spürbare Handelsbeeinträchtigung im Einzelfall genannte Abschottung des Marktes oder das Abschneiden der Handelswege für andere Wettbewerber bestanden nach Ansicht des OLG nicht. Die insoweit bestehenden Prognoseschwierigkeiten könnten nicht zu Lasten der Betroffenen gehen. Da die in Rede stehende Vereinbarung nicht bereits ihrem Wesen nach geeignet sei, den Handel zu beeinträchtigen, seien die Vermutungsregelungen der Leitlinien (dort Ziffer 53) nicht einschlägig. Da nach Ansicht des Gerichts erhebliche Zweifel an der Spürbarkeit der zwischenstaatlichen Handelsbeeinträchtigung verblieben, fehlte es im vorliegenden Fall insgesamt am Merkmal der Beeinträchtigung i. S. d. Art. 81 EG.[372]

2. *Der Fall „Hintermauerziegelkartell"*

Das Bundeskartellamt hatte jüngst in einer Entscheidung gem. § 32 lit. c) GWB – „Hintermauerziegel"[373] – erneut Gelegenheit, zur Frage der spürbaren Handelsbeeinträchtigung grundlegend Stellung zu beziehen. Die Kriterien für eine spürbare Beeinträchtigung des zwischenstaatlichen Handels bei Regionalkartellen sind dabei – wie auch das Bundeskartellamt betont – auslegungsbedürftig, noch nicht Gegenstand der Amtspraxis gewesen und für eine Vielzahl von Mittelstandskartellen von Bedeutung.[374] Auch hier war Gegenstand der Entscheidung ein regional beschränktes Mittelstandskartell, jetzt geregelt in § 3 GWB n. F. Da die von den Vertragsparteien hergestellten Waren auch ins europäische Ausland geliefert wurden, ist es nach Ansicht des BKartA unerheblich, ob sich die Vereinbarung selbst nur auf das Inland beschränken sollte. Diese räumliche Beschränkung des Vertrages kann nicht verhindern, dass die in Deutschland realisierten Wettbewerbsbeschränkungen tatsächlich auch auf den zwischenstaatlichen Handel mit anderen Mitgliedstaaten abstrahlen.[375] Da die beteiligten Unternehmen – obwohl als KMU eingestuft[376] – grenzüberschreitend tätig sind, ist die Spürbarkeit der Handelsbeeinträchtigung nicht von vornherein ausgeschlossen. Auch die Vermutungsregeln der Ziffern 52 und 53 der Leitlinien grei-

---

[372] *OLG Düsseldorf,* 10.06.2005, Az.: VI-2 KArt. 12/04 – Filigranbetondecken, WuW/E DE-R 1610, 1611.

[373] *BKartA,* 25.10.2005, Az.: B 1-248/04 – Hintermauerziegelkartell, WuW/E DE-V 1142.

[374] *BKartA,* 25.10.2005, Az.: B 1-248/04 – Hintermauerziegelkartell, WuW/E DE-V 1142, 187.

[375] *BKartA,* 25.10.2005, Az.: B 1-248/04 – Hintermauerziegelkartell, WuW/E DE-V 1142, 187.

[376] *BKartA,* 25.10.2005, Az.: B 1-248/04 – Hintermauerziegelkartell, WuW/E DE-V 1142, 188 – eine Subsumtion unter eine Definition „kleiner und mittlerer Unternehmen" erfolgt in der Entscheidung nicht.

fen nicht, da zum einen die Grenze von 5% Marktanteil und 40 Mio. € Jahresumsatz überschritten werden (negative Spürbarkeitsvermutung, Ziffer 52 der Leitlinien), zum anderen die Vereinbarung nicht bereits ihrem Wesen nach geeignet ist, den Handel zwischen Mitgliedstaaten zu beeinträchtigen (positive Spürbarkeitsvermutung, Ziffer 53 der Leitlinien). Das Bundeskartellamt musste daher eine Einzelfallprüfung durchführen. Dabei hat es die Marktstellung der beteiligten Unternehmen untersucht, und ausgeführt, dass

> „bei Vereinbarungen, die nur einen Teil eines Mitgliedstaates betreffen, [...] die Marktstellung der betroffenen Unternehmen einen höheren Schwellenwert als den der positiven Spürbarkeitsvermutung überschreiten [muss], um die spürbare Handelsbeeinträchtigung bejahen zu können."[377]

Bei der Bestimmung dieser höheren Schwelle ist die räumliche und mengenmäßige Betroffenheit des Marktes, also die Frage, welche Teile des Mitgliedstaates betroffen sind, zu berücksichtigen, ebenso wie die Marktstellung im betroffenen Ausland. Nach Auffassung des Bundeskartellamtes ist die Spürbarkeit einer Beeinträchtigung des zwischenstaatlichen Handels bei einer Vereinbarung mittelständischer Baustoffunternehmen, die räumlich und mengenmäßig jedenfalls weniger als die Hälfte des Gebietes der Bundesrepublik betrifft, i. d. R. zu verneinen, wenn die Beteiligten einen Marktanteil von weniger als 10% auf dem betroffenen Markt haben und im Ausland eine nur unbedeutsame Marktstellung aufweisen.[378] Eine Abschottung des von der Vereinbarung erfassten Teils des Mitgliedstaates gegenüber anderen Wettbewerbern war angesichts eines insgesamt auf diesem Markt gehaltenen Marktanteils von 10% nicht zu erwarten.[379]

V. Zusammenfassung

Die sehr subtilen Differenzierungen insbesondere in den relevanten Verlautbarungen der Kommission und der Entscheidungspraxis der europäischen Gerichte lassen sich wie folgt zusammenfassen:

1. De-minimis-Bekanntmachung

Zwar ist der de-minimis-Bekanntmachung, die auf die KMU-Empfehlung der Kommission verweist, zu entnehmen, dass Vereinbarungen bestimmter, kleiner und mittlerer Unternehmen grundsätzlich selten geeignet sind, den

[377] *BKartA,* 25.10.2005, Az.: B 1-248/04 – Hintermauerziegelkartell, WuW/E DE-V 1142, 189.

[378] *BKartA,* TB 2005/2006, S. 38.

[379] *BKartA,* 25.10.2005, Az.: B 1-248/04 – Hintermauerziegelkartell, WuW/E DE-V 1142, 190.

Handel zwischen den Mitgliedstaaten spürbar zu beeinträchtigen, wenn die kooperationswilligen Unternehmen also

- maximal 250 Mitarbeiter beschäftigen und
- ihr Jahresumsatz die Grenze von 50 Mio. € oder ihre Bilanzsumme die Grenze von 43 Mio. € nicht übersteigen.

Sind diese absoluten Grenzen eingehalten, so sind Vereinbarungen dieser Unternehmen allerdings nur dann und deshalb nicht geeignet, den zwischenstaatlichen Handel zu beeinträchtigen, wenn ihre Tätigkeiten rein regional bzw. lokal beschränkt sind. Die Einstufung als KMU ist (nur) ein widerlegbares Indiz für eine solche Beschränkung des Tätigkeitsradius. Im Übrigen ist auf die Zwischenstaatlichkeits-Leitlinien zu rekurrieren:

2. *Beeinträchtigung des zwischenstaatlichen Handels*

Die grundsätzlich zuerst zu stellende Frage ist die nach der Eignung zur Beeinträchtigung des zwischenstaatlichen Handels. Hier lässt sich zunächst folgendes festhalten: Erstreckt sich die Vereinbarung auf das *Gesamtgebiet eines Mitgliedstaates,* so sind

- Vereinbarungen über ein *horizontales Kartell* bereits dem Wesen nach geeignet den zwischenstaatlichen Handel zu beeinträchtigen,
- sonstige Vereinbarungen über *horizontale Zusammenarbeit* (wenn sie sich nicht auf Ein- und Ausfuhr beziehen) und *Nicht-Vollfunktionsgemeinschaftsunternehmen* jedoch nur im Einzelfall, also nicht bereits ihrem Wesen nach, geeignet, den zwischenstaatlichen Handel zu beeinträchtigen. Dies ist beispielsweise bei Abschottung des Marktes und bei Abschneiden von Vertriebs- oder Absatzwegen der Fall. Erstreckt sich die Vereinbarung nur auf das *Teilgebiet eines Mitgliedstaates* kommt eine Einstufung als „dem Wesen nach" zur Handelsbeeinträchtigung geeignet, in Betracht. Im jeweils zu prüfenden Einzelfall kommt wiederum die Abschottung des (Teil-)Marktes als Handelsbeeinträchtigung in Betracht.

3. *Spürbare Beeinträchtigung des zwischenstaatlichen Handels*

In der zweiten, entscheidenden Stufe ist nach der *Spürbarkeit* der in Rede stehenden Handelsbeeinträchtigung zu fragen. Hier helfen die NAAT-Regeln weiter: Ist das *Gesamtgebiet eines Mitgliedstaates* erfasst, so besteht

- eine *negative* Spürbarkeitsvermutung, wenn der gemeinsame Marktanteil der beteiligten Unternehmen die Grenze von 5% und der Jahresumsatz die Grenze von 40 Mio. € nicht überschreitet;

- eine *positive* Spürbarkeitsvermutung, wenn die Vereinbarung ihrem Wesen nach geeignet ist, den Handel zu beeinträchtigen und die genannte *Umsatz*grenze überschritten wird;
- ein *Indiz* („häufig davon auszugehen")[380] für die Spürbarkeit der Handelsbeeinträchtigung, wenn die genannten Marktanteilsgrenzen überschritten werden.

Ist nur ein *Teilbereich eines Mitgliedstaates* erfasst, so besteht

- in jedem Fall eine *negative* Spürbarkeitsvermutung, wenn der gemeinsame Marktanteil der beteiligten Unternehmen die Grenze von 5% und der Jahresumsatz die Grenze von 40 Mio. € nicht überschreitet;
- eine weitere *negative* Spürbarkeitsvermutung, wenn es sich um eine Vereinbarung von rein lokaler Bedeutung handelt, selbst wenn der Markt in einer Grenzregion liegt;
- *keine positive* Spürbarkeitsvermutung und *keine Indizwirkung* bei Überschreiten der genannten Grenzen. Vielmehr ist im jeweiligen Einzelfall zu prüfen, ob eine spürbare Handelsbeeinträchtigung vorliegt – was u.a. anhand des Anteils des betroffenen Marktes am Gesamtmarkt zu beurteilen ist.

4. Fazit

Werden diese teilweise alternativ, teilweise kumulativ zu erfüllenden Voraussetzungen erfüllt, so dürfen die Unternehmen darauf vertrauen, dass ihre Vereinbarungen grundsätzlich nur anhand des nationalen Rechts beurteilt werden. Sollte wider Erwarten und entgegen den Bekanntmachungen der Kommission doch eine spürbare Beeinträchtigung des zwischenstaatlichen Handels von einem Gericht festgestellt werden, so ist den insoweit gutgläubig handelnden Unternehmen kein Verschuldensvorwurf zu machen. Schadensersatz- und bußgeldrechtliche Ansprüche müssen dann entfallen.

B. Die Pflicht zur Anwendung europäischen Rechts gem. Art. 3 Abs. 1 VO 1/2003

Fraglich könnte sein, ob nicht durch die in Art. 3 Abs. 1 VO 1/2003 aufgestellte Pflicht zur parallelen Anwendung beider, sowohl der nationalen als auch der europäischen Rechtsordnung eine solche Veränderung eingetreten ist, dass tatsächlich nur noch wenige Sachverhalte verbleiben, die rein nationalem Recht unterworfen wären. Dem sind jedoch zwei Argumente

---

[380] Zwischenstaatlichkeits-Leitlinien, ABl. 2004/C 101/81, Tz. 53.

entgegenzuhalten: Zum einen sind die Wettbewerbsregeln des EG unmittelbar geltendes Recht in den Mitgliedstaaten. Damit aber hatten die nationalen Richter – soweit dies im Hinblick auf Art. 81 Abs. 3 EG nicht durch europäisches Recht selbst nur eingeschränkt möglich war – seit jeher nicht nur die Befugnis, sondern die Verpflichtung, neben nationalem auch europäisches Recht auf Sachverhalte anzuwenden, die die Voraussetzungen hierfür erfüllten. Lediglich die nationalen Kartellbehörden waren in vielen Fällen nicht mit entsprechenden Befugnissen zur parallelen Anwendung ausgestattet.[381] Allerdings bildete gerade Deutschland hier eine Ausnahme, da es mit § 50 GWB a. F. das Bundeskartellamt zur Durchführung der durch europäisches Recht übertragenen Aufgaben bereits ermächtigt worden war. Zum anderen aber stellte sich die Frage nach der parallelen Anwendung europäischen neben nationalem Rechte nur dann, wenn der Sachverhalt zwischenstaatlichen Bezug aufwies. Damit aber kommt man auch jetzt wieder zu dem aufgrund des im Hinblick auf das Zwischenstaatlichkeitserfordernis eindeutigen und durch die VO 1/2003 auch nicht abänderbaren EG-Vertrages nicht überraschenden Ergebnis, dass eine Ausweitung des Anwendungsbereiches des europäischen Rechts nicht erfolgt ist.

C. Die Neuerung des Art. 3 VO 1/2003 – Klärung des Verhältnisses des europäischen zum nationalen Recht im Anwendungsbereich des europäischen Rechts

Wenn also das allein den Anwendungsbereich des europäischen Rechts eröffnende Kriterium der „spürbaren Beeinträchtigung des zwischenstaatlichen Handels“ durch die VO 1/2003 nicht verändert worden ist, so stellt sich die Frage, was sich überhaupt in diesem Bereich insbesondere durch Art. 3 VO 1/2003 geändert hat:

I. Die Zweischrankentheorie und der (teilweise) Vorrang des EG-Rechtes – die Situation unter Geltung der VO 17/62

Wie gezeigt ist die Eröffnung des Anwendungsbereichs des europäischen Wettbewerbsrechtes vor gewisse Hürden gestellt, die zwar im Allgemeinen eher niedrig angesetzt sind, die jedoch von kleinen und mittleren Unternehmen gleichwohl nicht so leicht übersprungen werden.[382] Letzteres ist auch darauf zurückzuführen, dass die Kommission Vereinbarungen bestimmter

---

[381] Vgl. bspw. die Übersicht bei *Rehbinder,* in: Immenga/Mestmäcker, EG-WbR (1997–2001), Einl., E.), Rn. 43 ff.

[382] So auch *Schütz,* in: GK (2004), VO 1/03, Einf., Rn. 32 a. E.

Unternehmen dieser Gruppe grundsätzlich bereits die erforderliche spürbare Handelsbeeinträchtigung abspricht und auch weil der EuGH vorsichtige Ansätze erkennen lässt, denen zufolge die Zwischenstaatlichkeitsklausel nicht mehr in ex tenso ausgedehnt werden soll. Die VO 1/2003 hat hier zumindest für das deutsche Recht keine Veränderungen mit sich gebracht.

Ist jedoch einmal der Anwendungsbereich des europäischen Rechts nach den unverändert geltenden Kriterien eröffnet, dann kann dies zur Kollision der europäischen mit den nationalen Regelungen führen. Hier setzt Art. 3 VO 1/2003 an: Bis zur VO 1/2003 fehlte eine gesetzliche Regelung für solche Kollisionsfälle. Die so genannte Zweischrankentheorie[383], die früher vollumfänglich als herrschend angesehen wurde, stellte nationale und europäische Wettbewerbsordnung gleichberechtigt nebeneinander, was dazu führte, dass sich im Kollisionsfall das jeweils strengere Recht durchsetzte. Der EuGH hatte demgegenüber, aufbauend auf der Entscheidung Walt Wilhelm[384], einer solchen vollständigen Gleichberechtigung nationalen neben europäischen Rechts eine Absage erteilt und Letzterem dann den Vorrang eingeräumt wenn ein förmlicher, positiv gestaltender Akt der Kommission vorausging, von dem nun nationale Behörden abweichen wollten[385]. Ein so wie beschrieben zu lösender Konfliktfall lag dann vor, wenn ein nationales Verbot zu einer positiv gestaltenden Freistellungsentscheidung der Kommission – jedenfalls soweit die Kommission damit „eine auf die einheitliche Gestaltung der Wettbewerbsbedingungen in der Gemeinschaft gerichtete grundsätzliche Wettbewerbspolitik“ verfolgte – in Widerspruch geraten wäre.[386]

Der umgekehrte Fall, die Kollision einer nationalen Erlaubnis mit einem europäischen Verbot – war schon früher durch den (allgemeinen) Vorrang des europäischen Rechts zu lösen. Unvereinbar mit diesem vom EuGH in mehreren Entscheidungen[387] klargestellten allgemeinen Vorrang wäre es also schon nach bisherigem Recht gewesen, wenn eine Vereinbarung, die das Gemeinschaftsrecht verbietet, aufgrund des Fehlens eines nationalen

---

383 Zusammengefasst dargestellt bspw. bei *Bunte,* Verhältnis, WuW 1989, 7, 11 f.; ausführlich insbes. *Walz,* Vorrang, S. 110 ff., 186 ff.

384 *EuGH,* 13.02.1969, Az.: 14/68 – Walt Wilhelm, Slg. 1969, 1.

385 Vgl. *Wolf,* Verhältnis, EuZW 1994, 233, 234; *Schütz,* in: GK (2004), VO 1/03, Einf., Rn. 7.

386 s. ausführlich zum Rangverhältnis des europäischen zum nationalen Wettbewerbsrecht bis 2004: statt vieler: *Rehbinder,* in: Immenga/Mestmäcker, EG-WbR (1997–2001), Einl., F), Rn. 1 ff. m. w. N.; *Wiedemann,* in: Wiedemann, Hdb. KartellR. (1999); ferner: *Mestmäcker/Schweitzer,* Europäisches Wettbewerbsrecht (2004), § 5.

387 Vgl. u. a. *EuGH,* 19.06.1990, Az.: C-213/89 – Factortame Ltd, Slg. 1990, I-2433, Tz. 19 ff.; *EuGH,* 20.03.1997, Az.: C-24/95 – Land Rheinland-Pfalz/Alcan, Slg. 1997, I-01591, Tz. 27 ff.

Rechtsbehelfs oder entsprechenden nationalen Verfahrensrechts hätte gleichwohl verwirklicht werden können.[388] In jedem Fall hatten die Unternehmen, deren Vereinbarungen über der Zwischenstaatlichkeitsschwelle lagen, sowohl nationales als auch (sicherheitshalber) europäisches Recht zu beachten. Hätte sich – trotz Anmeldung aber ohne positiv gestaltende Erklärung der Kommission – beispielsweise im Rahmen eines Gerichtsverfahrens herausgestellt, dass die dort zu überprüfende Vereinbarung gegen Art. 81 EG verstieß, so wäre das europäische Verbot einer möglichen nationalen Freistellungsmöglichkeit vorgegangen, auch ohne dass der eigentliche Anwendungsbereich der Walt-Wilhelm-Doktrin eröffnet gewesen wäre. Lag indes kein Konfliktfall vor, so konnte auf denselben Sachverhalt neben europäischem auch nationales Kartellrecht Anwendung finden[389], wobei sich im Ergebnis dann das strengere Recht durchsetzte.

Betrachtet man die Zahl der tatsächlich durch einen förmlichen Bescheid der Kommission entschiedenen Fälle, so muss man feststellen, dass nur in weniger als fünf Prozent der Fälle[390], die nicht bereits durch die Gruppenfreistellungsverordnungen freigestellt worden waren, eine – einen tatsächlichen Konfliktfall nach der der Walt-Wilhelm-Rechtsprechung und damit den Vorrang der europarechtlichen Erlaubnis gegenüber dem nationalen Verbot auslösende – positive Entscheidung der Kommission erging.[391] Negativatteste und förmliche Verwaltungsschreiben (comfort letters)[392], die der Kommission bei der Erledigung der Fülle von Neuanmeldungen als Entlastungsmöglichkeit dienten und in einer Vielzahl von Fällen ergingen, lösten den Vorrang des europäischen Rechtes dagegen nicht aus.[393] Von einer wirk-

---

[388] *EuGH,* 17.01.1984, Az.: 43, 63/82 – VBVB/VBBB, Slg. 1984, 19, Tz. 38–40; *Europäische Kommission,* 29.11.1974, Az.: 74/634/EWG – Französisch-japanische Kugellager, ABl. 1974/L 343/9; *Rehbinder,* in: Immenga/Mestmäcker, EG-WbR (1997–2001), Einl., F), Rn. 14 f.; *Bunte,* Verhältnis, WuW 1989, 7, 15; *Lieberknecht, Otfried* Vorrang, S. 589, 594; *Klaue,* Zukunft der Zweischrankentheorie, S. 979, 984; *Ritter/Rawlinson/*Braun, EC competition law, p. 38; *Steindorff,* Spannungen, S. 27, 45; *Bartosch,* Von der Freistellung zur Legalausnahme, EuZW 2001, 101, 103; *Mestmäcker,* in: Immenga/Mestmäcker, GWB (2001), Einl., Rn. 81; ausführlich auch *Walz,* Vorrang, S. 97 f.

[389] *EuGH,* 13.02.1969, Az.: 14/68 – Walt Wilhelm, Slg. 1969, 1. Vgl. auch *Rehbinder,* in: Immenga/Mestmäcker, EG-WbR (1997–2001), Einl. F), Rn. 1 ff. m.w.N.; *Schütz,* in: GK (2004), VO 1/03, Einf. S. 6.

[390] *Schaub/Dohms,* Weißbuch, WuW 1999, 1055, 1069; *v. Bogdandy/Buchhold,* Dezentralisierung, GRUR 2001, 798, 799; *Deselaers/Obst,* Weißbuch, EWS 2000, 41, 42.

[391] Vgl. *Schütz,* in: GK (2004), VO 1/03, Einf. S. 6.

[392] Zu Verwaltungsschreiben und ihren Auswirkungen auf nationale Zivilprozesse ausführlich *Zuber, Amicus curiae,* S. 78 ff.

[393] Vgl. *Bunte,* Verhältnis, WuW 1989, 7, 16; *Schütz,* in: GK (2004), VO 1/03, Einf. S. 6; *Wolf,* Verhältnis, EuZW 1994, 233, 234.

lichen Vorrangregelung des europäischen gegenüber dem deutschen Recht unter Geltung der VO 17/62, die eine wirklich einheitliche, gemeinschaftsweite Durchsetzung der Wettbewerbsregelungen des EG bewirkt hätte, konnte daher im Grunde nicht gesprochen werden.[394] Allerdings galt dies, und das ist der entscheidende Punkt, nur im Hinblick auf den beschriebenen Konflikt eines nationalen Verbotes mit einer europarechtlichen Erlaubnis. Im umgekehrten Fall – einer nationalen Erlaubnis in Konflikt mit einem europäischen Verbot – setzte sich das europäische Recht so und so durch, wenn einmal die Zwischenstaatlichkeitsschwelle überschritten war.

II. Das neue Verhältnis des nationalen zum europäischen Recht – die Regelung des Art. 3 der VO 1/2003[395]

Seit Erlass der neuen Durchführungsverordnung VO 1/2003[396] ist das gegenseitige Verhältnis von vornherein festgelegt, wobei auch im deutschen Recht (§ 22 GWB) explizit eine hiermit korrespondierende Regelung getroffen wurde.[397] Bemerkenswert ist, dass die Kommission trotz der umfassenden Neugestaltung des europäischen Wettbewerbsrechtes durch die VO 1/2003 erst relativ spät eine Klärung des Rangverhältnisses zu einem Thema ihres Verordnungsentwurfes gemacht hat.[398] Beim Erlass der Regelung des Art. 3 der VO 1/2003 konnte sich der Rat auf die in Art. 83 Abs. 2 lit. e EG enthaltene Ermächtigungsgrundlage stützen.

Zunächst stellt Art. 3 Abs. 1 VO folgendes klar:

> Wenden die Wettbewerbsbehörden der Mitgliedstaaten oder einzelstaatliche Gerichte das einzelstaatliche Wettbewerbsrecht auf Vereinbarungen zwischen Unter-

---

[394] *Schütz,* in: GK (2004), VO 1/03, Einf. S. 5 f., 16.

[395] Vgl. ausführlich zu Art. 3 VO 1/2003: *Mestmäcker/Schweitzer,* Europäisches Wettbewerbsrecht (2004), § 5; *Schütz,* in: GK (2004), VO 1/03, Art. 3;

[396] s. hierzu o., Teil 1, Kap. 1, B.

[397] § 22 Abs. 1 S. 2 GWB n.F. bestimmt, dass im Anwendungsbereich des europäischen Wettbewerbsrechtes neben dem nationalen stets auch das europäische Recht anzuwenden ist.

[398] Vgl. *Schütz,* in: GK (2004), Rn. 31. Ob eine solche Überarbeitung der soeben dargestellten, tradierten Vorrangregelungen im Konfliktfall für eine wirkungsvolle Umstellung des Systems vom Anmelde- und Genehmigungs- zum Legalausnahmesystem zwingend geboten war, weil ansonsten zukünftig das nationale Recht, das das Anmeldesystem beibehielt, nahezu immer dem europäischen Recht vorgehen konnte, da konfliktauslösende Kommissions- Entscheidungen zukünftig nur noch selten vorgekommen wären, so *Mestmäcker/Schweitzer,* Europäisches Wettbewerbsrecht (2004), § 5, Rn. 15, dürfte zweifelhaft sein: Wie aufgezeigt wurden bereits bislang nur selten von der Kommission formelle und damit konfliktauslösende Entscheidungen getroffen; eine Änderung der Sachlage geht mit der Systemumstellung daher nicht einher.

nehmen, Beschlüsse von Unternehmensvereinigungen und aufeinander abgestimmte Verhaltensweisen im Sinne des Artikels 81 Absatz 1 des Vertrags an, welche den Handel zwischen Mitgliedstaaten im Sinne dieser Bestimmung beeinträchtigen können, so wenden sie auch Artikel 81 des Vertrags auf diese Vereinbarungen, Beschlüsse und aufeinander abgestimmten Verhaltensweisen an. Wenden die Wettbewerbsbehörden der Mitgliedstaaten oder einzelstaatliche Gerichte das einzelstaatliche Wettbewerbsrecht auf nach Artikel 82 des Vertrags verbotene Missbräuche an, so wenden sie auch Artikel 82 des Vertrags an.

In der Konsequenz wird dadurch die bisherige *Befugnis* der nationalen Wettbewerbsbehörden und Gerichte zur parallelen Anwendung des europäischen neben dem nationalen Recht zu einer *Verpflichtung* erweitert. Im Zusammenspiel mit Art. 3 Abs. 2 der VO 1/2003 wird damit tatsächlich der Anwendungsbereich nationaler Rechtsordnungen insoweit eingeschränkt, als ihnen die Möglichkeit einer im Verhältnis zum europäischen Recht strengeren Handhabung wettbewerbsbeschränkender Vereinbarungen untersagt wird. Der geschilderte Konflikt einer nationalen Erlaubnis mit einem gemeinschaftsrechtlichen Verbot wird, ohne dass das in Art. 3 der VO 1/2003 erwähnt wird, weiterhin mit dem Vorrang von Gemeinschaftskartellrecht gelöst; die Rechtsprechung des EuGH bleibt hierbei unberührt.[399]

Das Bild der Rangverhältnisse stellt sich nunmehr (insbesondere nach Art. 3 Abs. 2 der VO) wie folgt dar:[400]

(a) Wettbewerbsbeeinträchtigungen auf der Grundlage *kooperativer* Strategien (horizontale/vertikale Vereinbarungen) die den Handel zwischen den Mitgliedsstaaten beeinträchtigen können, sind sowohl nach deutschem (§§ 1–3 GWB) als auch nach europäischem Recht zu beurteilen, wobei die Regelungen des deutschen Rechts nicht anders ausgelegt werden dürfen als nach europäischem Recht (Art. 81 EG) (vgl. Art 3 Abs. 1 S. 1, Abs. 2 S. 1 VO 1/2003; § 22 Abs. 1, 2 GWB).[401] Dies führt dazu, dass eine wettbewerbsbeschränkende Vereinbarung aufgrund nationalen Rechts nur noch dann verboten werden kann, wenn sie auch nach Art. 81 EG verboten ist bzw. nicht nach europäischem Recht explizit erlaubt ist; wird beispielsweise eine Vereinbarung durch eine Gruppenfreistellungsverordnung nach Art. 81 Abs. 3 EG freigestellt, so kann sie nicht mehr nach nationalem Recht untersagt werden. Umgekehrt kann eine solche Vereinbarung nicht auf der

---

[399] s. *Zwiener,* Auswirkungen, S. 240; im Ergebnis auch *Hossenfelder/Lutz,* Neue Durchführungsverordnung, WuW 2003, 118, 121.

[400] Ausführlich bspw.: *Schütz,* in: GK (2004), VO 1/03, Art. 3, Rn. 1 ff.; *Zuber,* in: Loewenheim, EG-Wbr. (2005), Rn. 1 ff.; *Klees,* Kartellverfahrensrecht, § 4, Rn. 1 ff.

[401] Eine sich daraus ergebende Ungleichbehandlung von kleineren, trotz des weiten Anwendungsbereichs des europäischen Rechts eindeutig nicht unter die Zwischenstaatlichkeitsklausel fallenden, allein auf dem nationalen Markt tätigen Unternehmen gegenüber europaweit tätigen Unternehmen soll durch die 7. Novelle des GWB vermieden werden.

Grundlage nationalen Rechts toleriert werden, wenn sie gegen Art. 81 EG verstößt. Diese Kernaussage der VO 1/2003 wird auch durch jüngste Rechtsprechung des EuGH bestätigt, derzufolge

> „der Vorrang des Gemeinschaftsrechts verlangt, dass jede nationale Rechtsvorschrift, die einer Gemeinschaftsvorschrift entgegensteht, unangewendet bleibt, unabhängig davon, ob sie älter oder jünger ist als diese.“[402]

(b) Bei wettbewerbswidrigen Konfrontationsstrategien[403] (Missbrauch marktbeherrschender Stellungen; Boykott) wird – zwischenstaatliche Wirkungen im o. g. Sinne vorausgesetzt – ebenfalls europäisches (Art. 82 EG) parallel zu deutschem Recht (§ 19 GWB) angewandt, wobei allerdings die Anwendung der strengeren nationalen Vorschriften (§§ 20, 21 GWB) uneingeschränkt zulässig bleibt (vgl. Art. 3 Abs. 1 S. 2, Abs. 2 S. 2 VO 1/2003; § 22 Abs. 2 S. 2; Abs. 3 GWB).[404] Definitions- und Abgrenzungsfragen stellen sich hierbei hinsichtlich der Tatbestände „überragende Marktstellung“ (§ 19 Abs. 2 Ziff. 2 GWB) im Verhältnis zur „marktbeherrschenden Stellung“ (Art. 82 EG) und „Missbrauch“ (i. S. d. § 19 GWB) im Verhältnis zur „missbräuchlichen Ausnutzung“ (Art. 82 EG).[405]

(c) Der hier nicht weiter interessierende Fall von Konzentrationsstrategien in Gestalt von Unternehmenszusammenschlüssen wird bei gemeinschaftsweiter Bedeutung gemäß Art. 21 EG-FKVO[406] ausschließlich nach europäischem Recht und auch nur von der Kommission selbst[407] behandelt (vgl. Art. 21 EG-FKVO und § 35 Abs. 3 GWB) (one-stop-shop-Prinzip). Die VO 1/2003 hat hieran nichts geändert.

---

[402] EuGH *EuGH,* 13.07.2006, Az.: C-295/04–C-298/04 – Manfredi, Slg. 2006, I-06619. Vgl. bspw. auch *EuGH,* 09.09.2003, Az.: C-198/01 – CIF, Slg. 2003, I-08055.

[403] Die VO 1/2003 spricht in diesem Zusammenhang auch von „einseitigen Maßnahmen“, vgl. Art. 3 Abs. 2 S. 2 VO 1/2003.

[404] Im ursprünglichen Kommissionsvorschlag war auch für wettbewerbsbeschränkende, zwischenstaatlich wirkende Konfrontationsstrategien ein Vorrang des europäischen Rechts (Art. 82 EG) vorgesehen. Schon die Entwurfsfassung, vor allem aber die Endfassung der VO 1/2003 lassen strengere nationale Regelungen dagegen ausdrücklich zu (Art. 3 Abs. 2 S. 2 VO 1/2003). Insoweit greift – wie bisher auch in diesem Bereich – die Zwei-Schranken-Theorie, mit der Konsequenz, dass das strengere Recht sich durchsetzt.

[405] Ausführlich: *Mestmäcker/Schweitzer,* Europäisches Wettbewerbsrecht (2004), § 5, Rn. 27 ff.

[406] *Europäischer Rat,* Verordnung (EG) Nr. 139/2004 des Rates vom 20. Januar 2004 über die Kontrolle von Unternehmenszusammenschlüssen, (EG-FKVO), ABl. 2004/L 24/1.

[407] Ausnahmen von der Alleinzuständigkeit der Kommission zum Schutz berechtigter Interessen der Mitgliedstaaten sieht Art. 21 Abs. 3 EG-FKVO vor. Art. 9 EG-FKVO (sog. „deutsche Klausel“) sieht unter engen Voraussetzungen auch eine Rückverweisung des Zusammenschlusses an die nationalen Behörden vor.

Der in lit. (a) skizzierte absolute Vorrang des europäischen Rechts stellt die wahre Veränderung in diesem Bereich des materiellen Rechts dar. Selbstverständlich muss aber, auch wenn nun für den Bereich des Art. 81 EG eine allgemeine Vorrangregelung für das europäische Recht getroffen wurde, zunächst nach o. g., direkt dem Primärrecht des Art. 81 EG entstammender Zwischenstaatlichkeitsklausel überhaupt erst der Anwendungsbereich des EG-Wettbewerbsrechtes eröffnet sein. Zur Klärung dieser Frage muss auch weiterhin auf die angeführte Rechtsprechung des EuGH[408] und die Bekanntmachungen der Kommission[409] rekurriert werden. Ist der Anwendungsbereich nicht eröffnet, so gilt ausschließlich nationales Recht. Ist er aber eröffnet, so gilt die skizzierte Vorrangregelung, auch wenn sich nach europäischem Recht herausstellen sollte, dass die zu beurteilende Maßnahme/Vereinbarung entweder schon die Voraussetzungen des Art. 81 Abs. 1 EG nicht erfüllt[410] oder aber unter Art. 81 Abs. 3 EG fällt, womit das System der Legalausnahme auch auf nationaler Ebene durchgesetzt wird. Die Wertentscheidung des Gemeinschaftsrechts – egal, ob sie in der Verneinung der Grundvoraussetzungen des Art. 81 Abs. 1 EG oder in der Bejahung der Freistellungsvoraussetzungen des Art. 81 Abs. 3 EG zu sehen ist – ist nicht mehr durch nationales Recht in Frage zu stellen.[411] Dieser Vorrang des Gemeinschaftsrechtes in den genannten Konstellationen gilt – und das ist die entscheidende Änderung durch die VO 1/2003 – immer, also insbesondere gerade auch dann, wenn ein positiv gestaltender Akt der Gemeinschaftsorgane[412] nicht vorliegt, was angesichts der schon besprochenen Verlagerung der Zuständigkeiten nunmehr noch häufiger als bislang schon[413] der Fall sein wird. Zu beachten ist, dass hier die endgültige Fassung der VO 1/2003 in einem wichtigen Detail vom Verordnungsentwurf abweicht: Während nach letzterem, in Anlehnung an die Regelung der Fusionskontrolle in Art. 21 Abs. 3 VO 139/2004, die Anwendung nationalen Rechts beim Eingreifen der Vorrangregelung vollständig ausgeschlossen werden sollte, will die VO in ihrer endgültigen Fassung mit der unter lit. (a) geschilderten Regelung nur den Konflikt ver-

---

[408] s. die in den Fn. 291 ff. genannten Entscheidungen.

[409] Insbesondere die Zwischenstaatlichkeits-Leitlinien, ABl. 2004/C 101/81, Tz. 44 ff.

[410] Vgl. *Schütz,* in: GK (2004), VO 1/03, Art. 3, Rn. 13. So auch schon zum Verordnungsentwurf *Bechtold,* Modernisierung, BB 2000, 2425, 2428, dem allerdings im Hinblick auf den Verordnungsentwurf *Zwiener,* Auswirkungen, S. 240 f., widerspricht. Zu den Voraussetzungen des Art. 81 Abs. 1 EG (neben dem ausdrücklich formulierten Tatbestand: *de-minimis*-Regel, rule of reason) s. o., Teil 1, Kap. 1, A. II. 1.

[411] Vgl. *Schütz,* in: GK (2004), VO 1/03, Art. 3, Rn. 13.

[412] *Schütz,* in: GK (2004), VO 1/03, Art. 3, Rn. 7.

[413] s. o., Teil 1, Kap. 3, B.

meiden bzw. eine Regelung hierfür bereithalten, nationales Recht indes nicht vollständig ausschließen.[414]

D. Zusammenfassung

Die VO 1/2003 hat den Anwendungsbereich des nationalen Kartellrechtes zugunsten des europäischen Wettbewerbsrechtes durchaus in beachtlichem Maße eingeschränkt. Während bis zum Inkrafttreten dieser Verordnung sich strengeres nationales Recht solange gegenüber milderem Gemeinschaftsrecht durchsetzen konnte, bis eine der wenigen positiv gestaltenden Akte der Kommission erging, geht nunmehr stets, und damit stets auch weniger strenges, europäisches Recht dem nationalen Verbot vor. Im Kontext mit dem nunmehr geltenden Legalausnahmesystem ist der nationale Richter bzw. die nationale Behörde im Ergebnis gehalten, nur europäisches Recht zu beachten.

Aber: Die VO 1/2003 hat keinerlei Änderungen hinsichtlich solcher Sachverhalte mit sich gebracht, die bislang rein nationalem Recht unterfielen. Der Anwendungsbereich des europäischen Rechts ist auch weiterhin einzig und allein nach der fortgeltenden Rechtsprechung des EuGH zur Zwischenstaatlichkeitsschwelle und den hierzu ergangenen Bekanntmachungen zu bestimmen gewesen. Rein nationale Sachverhalte, die die Zwischenstaatlichkeitsschwelle nicht überschreiten, wären daher weiterhin allein an den nationalen Regelungen des GWB a.F. zu messen gewesen. Die These, die Aufrechterhaltung nationaler Sonderregelungen hätte vor dem Hintergrund der VO 1/2003 keinen Sinn mehr gemacht, ist daher nur insoweit richtig, als sie strengere nationale Sonderregelungen meint. Die Existenzberechtigung strengerer einzelstaatlicher Regelungen ist in der Tat angesichts des umfassender gewordenen Anwendungsvorrangs des Gemeinschaftsrechtes verloren gegangen, wobei bemerkenswerterweise die erheblich strengeren nationalen Regelungen im Hinblick auf Konfrontationsstrategien (§ 20 f. GWB) gerade von diesem Anwendungsvorrang des europäischen Rechts ausgenommen worden sind. Die im GWB enthaltenen einzelnen Erlaubnisse und Freistellungsmöglichkeiten (insbesondere im Hinblick auf Vertikalvereinbarungen) betrafen dagegen schon seit langer Zeit einzig und allein rein nationale Sachverhalte, die die Zwischenstaatlichkeitsschwelle nicht überschritten. Eine Änderung in diesem Bereich ist jedenfalls durch das neue europäische Kartellverfahrensrecht nicht indiziert gewesen. Diese Vorschriften hätten daher auch nach der Reform soviel Sinn gemacht, wie sie es seit Gründung der EG und der damit eingeführten Differenzierung zwischen nationalen und „europäischen" Sachverhalten getan haben.

[414] Vgl. *Schütz*, in: GK (2004), VO 1/03, Art. 3, Rn. 9.

Während also Unternehmen, deren Vereinbarungen zwischenstaatlichen Bezug aufweisen, wie bislang auch schon, europäisches Recht zu beachten haben, dabei jedoch nunmehr nicht mehr der Gefahr eines auf strengerem nationalem Recht beruhenden Verbotes ausgesetzt sind, wären Unternehmen, deren Vereinbarungen ohne zwischenstaatlichen Bezug sind, durch die VO 1/2003 in keiner Weise tangiert worden: Ihre Vereinbarungen wären weiterhin allein an nationalem Recht zu messen gewesen, und wären insbesondere, soweit nationales weniger streng als europäisches Recht gewesen wäre, in den Vorzug dieser nationalen Regelungen gekommen. In einem nächsten Schritt ist zu untersuchen, wie sich die Rechtslage für diese letztgenannten Unternehmen durch die 7. GWB-Novelle geändert hat.

Teil 2

§ 3 GWB und die europarechtsorientierte Neubewertung horizontaler Rationalisierungskooperationen im GWB

Die engen Verknüpfungen des deutschen mit dem europäischen Wettbewerbsrecht wurden ebenso erörtert wie einzelne Vorfragen, ohne deren Beantwortung es nicht möglich ist, die Zulässigkeit horizontaler Kooperationen im GWB zu beurteilen. Im zweiten Teil dieser Arbeit sind nun horizontale Kooperationen kleiner und mittlerer Unternehmen anhand des GWB in der Fassung der 7. GWB-Novelle zu bewerten. Der Prüfungsschwerpunkt liegt dabei auf Rationalisierungskooperationen, die im GWB n.F. Gegenstand einer Freistellung als sog. Mittelstandskartell sein können. Drei Prüfungsstufen folgen dabei grundsätzlich aufeinander: In einem ersten Schritt (Kapitel 1) ist zu untersuchen, ob überhaupt eine von § 1 GWB erfasste spürbare Wettbewerbsbeschränkung vorliegt. Fehlt es an einer solchen Wettbewerbsbeschränkung i.S.d. § 1 GWB, so ist das Vorhaben grundsätzlich zulässig, außer es handelt sich um ein Gemeinschaftsunternehmen, das nach Auffassung des Bundesgerichtshofes grundsätzlich einer Doppelkontrolle und damit auch den Fusionskontrollvorschriften der §§ 35 ff. GWB unterliegt.[1] Mit gleicher Zielrichtung, nämlich bestimmte Vereinbarungen bereits als kartellfrei einzustufen und damit dem Verbot des Art. 81 Abs. 1 EG bzw. des § 1 GWB zu entziehen, wurden von der Europäischen Kommission Leitlinien zur Anwendbarkeit des Art. 81 EG auf Vereinbarungen über horizontale Zusammenarbeit (Horizontal-Leitlinien)[2] erstellt. Auf diese Leitlinien und ihre Bedeutung für die horizontale Zusammenarbeit von kleinen und mittleren Unternehmen auch im deutschen Recht wird im zweiten Kapitel eingegangen werden. Greift nach alledem das Verbot des § 1 GWB grundsätzlich ein, so stellt sich in einem dritten Prüfungsschritt (Kapitel 3) die Frage, ob nicht eine Freistellung vom Verbot

---

[1] Vgl. nur *BGH,* 01.10.1985, Az.: KVR 6/84 – Mischwerke, WuW/E BGH 2169; *BGH,* 08.05.2001, Az.: KVR 12/99 – Ostfleisch, WuW/E DE-R 711; *Zimmer,* in: Immenga/Mestmäcker, GWB (2007), § 1, Rn. 316. Die Problematiken die sich im Zusammenhang mit Gemeinschaftsunternehmen stellen, werden im Folgenden nicht gesondert behandelt.

[2] Horizontal-Leitlinien, ABl. 2001/C 3/2.

des § 1 GWB über die hier besonders interessierende Freistellungsmöglichkeit des § 3 GWB in Betracht kommt. Wie bereits ausführlich erörtert[3], sind dabei gerade in dem nun sehr stark europäisierten, neuen deutschen Wettbewerbsrecht die Mitteilungen der Kommission zu den einzelnen Prüfungsstufen von erheblicher Bedeutung für den nationalen Rechtsanwender. Es besteht eine Berücksichtigungspflicht hinsichtlich dieser Mitteilungen – nicht zuletzt zur Vermeidung einer Benachteiligung von kleinen und mittelständischen Unternehmen – auch bei Vorliegen eines nicht-zwischenstaatlichen Sachverhaltes. Dies gebietet eine ausführliche Auseinandersetzung mit diesen Verlautbarungen der Kommission.[4]

Kapitel 1

Kartellfreie Kooperationen

An erster Stelle ist der Frage nachzugehen, welche Kooperationen ganz grundsätzlich als kartellfrei einzustufen sind und deshalb schon von vornherein regelmäßig nicht dem Kartellverbot des § 1 GWB unterfallen.

A. Fehlende Wettbewerbsbeschränkung

Zentrales Tatbestandsmerkmal des § 1 GWB ist die Verhinderung, Einschränkung oder Verfälschung des Wettbewerbs[5], die durch die zu überprüfenden Vereinbarungen bezweckt oder bewirkt werden. Kennzeichnend für eine Wettbewerbsbeschränkung ist die Beschränkung der Handlungsfreiheit der an der Vereinbarung beteiligten Unternehmen durch Koordination von Wettbewerbsparametern, durch die sich die Unternehmen den Risiken des Wettbewerbs entziehen.[6] Kommt eine solche Wettbewerbsbeeinträchtigung von vornherein nicht in Betracht, weil gerade keine Koordination von Wett-

---

[3] s. o., Teil 1, Kap. 1, D.

[4] So wohl auch *Rißmann*, Kartellverbot und Kooperation, WuW 2006, 881, 884 f. Die Bayerische Landeskartellbehörde hat erklärt, dass sie „*Vereinbarungen in aller Regel nicht aufgreifen [wird], die nach den Horizontal-Leitlinien als zulässig erachtet werden.*" (*Bayerisches Staatsministerium für Wirtschaft, Verkehr und Technologie*, Kooperation und Wettbewerb, S. 25).

[5] Seit der 6. GWB-Novelle ist das Tatbestandsmerkmal „Wettbewerbsbeschränkung" ersetzt worden durch das Merkmal der „Verhinderung, Einschränkung oder Verfälschung", um so den Tatbestand an die Formulierung des Art. 81 Abs. 1 EG anzupassen.

[6] *Nordemann*, in: Loewenheim, GWB (2006), § 1, Rn. 98. Zur Frage, ob dem Begriff der „Verfälschung" des Wettbewerbs im Hinblick auf Drittwettbewerb eigenständige Bedeutung zukommt, vgl. *Nordemann*, in: Loewenheim, GWB (2006), § 1,

bewerbsparametern erfolgt, so ist auch der Tatbestand des § 1 GWB nicht erfüllt. Dabei ist allerdings zu beachten, dass Unternehmen mit erheblicher Marktmacht den Markt auch mit grundsätzlich unbedenklichen Vereinbarungen abschotten können.

Ob eine Eignung zur Wettbewerbsbeeinträchtigung besteht, hängt davon ab, welche Handlungsparameter durch die Vereinbarung einer Regelung unterworfen werden. Nur wenn es sich hierbei um solche Parameter handelt, die im konkreten Einzelfall beschränkenden Einfluss auf eine wettbewerbsrelevante Handlungsfreiheit der beteiligten Unternehmen haben, ist das zentrale Tatbestandsmerkmal des § 1 GWB ganz grundsätzlich erfüllt. Da es für die Beurteilung der wettbewerblichen Relevanz stets auf den konkreten Einzelfall ankommt, ist eine allgemein gültige Definition der wettbewerbsrelevanten Handlungsfreiheiten nicht zu formulieren.[7] Allerdings lassen sich durchaus einzelne Gruppen von Vereinbarungen bilden, bei denen auf der Grundlage bisheriger Rechtspraxis davon ausgegangen werden kann, dass kein Verstoß gegen das Kartellverbot des § 1 GWB gegeben ist.[8] Solche Vereinbarungen sind von den grundsätzlich als wettbewerbsrelevant einzustufenden Bereichen der Produktion, der Preisgestaltung, der Innovation oder der Produktvielfalt ausreichend weit entfernt, um eine Auswirkung auf den Wettbewerb ausschließen zu können.

Zu diesen Gruppen kartellfreier Kooperationen sind insbesondere Vereinbarungen zwischen Nichtwettbewerbern, kurzfristig angelegte Arbeitsgemeinschaften[9], ebenso wie solche Vereinbarungen, die keine Koordinierung des Wettbewerbsverhaltens mit sich bringen, zu zählen. Letztgenannte Vereinbarungen sind beispielsweise solche über Marktinformationsverfahren[10] oder die gemeinsame Nutzung marktferner Ressourcen (beispielsweise

---

Rn. 122 f., verneinend: *Zimmer,* in: Immenga/Mestmäcker, GWB (2007), § 1, Rn. 150.

7 *Zimmer,* in: Immenga/Mestmäcker, GWB (2007), § 1, Rn. 109 ff.

8 Vgl. zu einer ähnlichen, detaillierteren Kategorisierung im europäischen Recht: *Gippini-Fournier,* in: Loewenheim, EG-Wbr. (2005), Art. 81 Abs. 1, Rn. 108 ff., der auch (Rn. 130) auf die Horizontal-Leitlinien, kurz eingeht. Vgl. zur Kategorisierung „Kartellfreier Kooperationen" auch *Bayerisches Staatsministerium für Wirtschaft, Verkehr und Technologie,* Kooperation und Wettbewerb, S. 41 ff.

9 Vgl. zum Arbeitsgemeinschaftsgedanken im deutschen und europäischen Kartellrecht *Nordemann,* in: Loewenheim, GWB (2006), § 1, Rn. 184; *Bunte,* in: Langen/Bunte, GWB (2006), § 1, Rn. 144 ff.; *Braun,* in: Langen/Bunte, GWB (2006), nach § 2, Rn. 60 ff.; *Braun,* in: Langen/Bunte, EG (2006), Art. 81, Rn. 55 ff.; *Zimmer,* in: Immenga/Mestmäcker, GWB (2007), § 1, Rn. 182 ff.; *Bechtold,* Kartellgesetz, § 1, Rn. 85.

10 Vgl. zur kartellrechtlichen Beurteilung von Marktinformationsverfahren *Bunte,* in: Langen/Bunte, GWB (2006), § 1, Rn. 165 ff.; *Braun,* in: Langen/Bunte, GWB (2006), nach § 2, Rn. 70 ff.; *Braun,* in: Langen/Bunte, EG (2006), Art. 81,

Inkasso, Buchhaltung, Aus- und Fortbildung der Mitarbeiter, soziale Einrichtungen und Leistungen).[11] Schließlich sind auch so genannte vertragsimmanente Wettbewerbsbeschränkungen, also Vereinbarungen die nur der Sicherstellung des Zwecks und der Durchführungsmöglichkeit eines ansonsten kartellrechtsneutralen Vertrages dienen, als kartellfreie Kooperation anzusehen.[12] Betont werden muss dabei jedoch, dass es auch bei diesen grundsätzlich kartellfreien Kooperationen im Einzelfall zu wettbewerbsbeschränkenden Wirkungen kommen kann, die dazu führen, dass die Kooperation dem Kartellverbot des § 1 GWB doch unterfällt.

B. Spürbarkeit der Wettbewerbsbeeinträchtigung

I. Einleitung

1. Notwendigkeit eines eingrenzenden Tatbestandsmerkmals

Das früher in § 1 GWB enthaltene Tatbestandsmerkmal der „Eignung zur Marktbeeinflussung“ ist zwar bereits seit der 6. GWB-Novelle nicht mehr ausdrücklich im Tatbestand genannt, gleichwohl besteht Einigkeit darüber, dass die „Spürbarkeit der Wettbewerbsbeeinträchtigung“ auch weiterhin ein positives, ungeschriebenes Tatbestandsmerkmal des Kartellverbots des § 1 GWB ist.[13] Nicht die Beschränkung der wirtschaftlichen Handlungsfreiheit der Beteiligten allein rechtfertigt ein Eingreifen des Kartellverbotes, zu fordern ist vielmehr, dass die zwischen mehreren beteiligten Unternehmen abgeschlossene Vereinbarung im Außenverhältnis Wirkung zeigt und geeignet ist, die Marktverhältnisse zu beeinflussen. Bei der Prüfung der Spürbarkeit der Wettbewerbsbeeinträchtigung kommt es nicht auf die Spürbarkeit bei den Beteiligten an, da der Grad der Einschränkung der Handlungsfreiheit

---

Rn. 62 ff.; *Zimmer,* in: Immenga/Mestmäcker, GWB (2007), § 1, Rn. 303 ff.; *Bechtold,* Kartellgesetz, § 1, Rn. 76.

[11] Vgl. hierzu *Braun,* in: Langen/Bunte, GWB (2006), nach § 2, Rn. 79 ff.; *Braun,* in: Langen/Bunte, EG (2006), Art. 81, Rn. 60 ff.

[12] s. zur Immanenztheorie im Kartellrecht *Nordemann,* in: Loewenheim, GWB (2006), § 1, Rn. 147 ff.; *Zimmer,* in: Immenga/Mestmäcker, GWB (2007), § 1, Rn. 175 ff.; *Bechtold,* Kartellgesetz, § 1, Rn. 29 a.E.

[13] Vgl. *BGH,* 08.05.2001, Az.: KVR 12/99 – Ostfleisch, WuW/E DE-R 711; *BKartA,* 25.08.1999, Az.: B 6-22131-M-49/99 – Stellenmarkt für Deutschland II, WuW/E DE-V 209; *Bahr,* Verhinderung, WuW 2000, 954, 963; *Zimmer,* in: Immenga/Mestmäcker, GWB (2007), § 1, Rn. 165 ff.; *Bunte,* in: Langen/Bunte, GWB (2006), § 1, Rn. 227 ff.; *Bechtold,* Kartellgesetz, § 1, Rn. 30 ff.; *Emmerich,* Kartellrecht (2001), S. 42 ff.; *Nordemann,* in: Loewenheim, GWB (2006), § 1, Rn. 141 ff.; vgl. hierzu ferner ausführlich: *Salzbrunn,* Fassung des § 1 GWB, S. 426 ff. m.w.N.

ohne Bedeutung ist, solange überhaupt eine Einschränkung vorliegt.[14] Zu untersuchen sind vielmehr allein die Außenwirkungen der wettbewerbsbeschränkenden Vereinbarung auf dem jeweils relevanten Markt.[15] Hieran hat sich durch die 7. GWB-Novelle grundsätzlich nichts geändert; ein entgegenstehender Wille des Gesetzgebers ist den Gesetzesmaterialien nicht zu entnehmen. Das Bedürfnis nach einer solchen restriktiven Auslegung des § 1 GWB (a. F.) wurde u. a. mit dem Argument in Frage gestellt, es habe bereits mit der in § 4 GWB (a. F.) vorgesehenen Kooperationsmöglichkeit für mittelständische Unternehmen eine ausreichende Legalisierungsmöglichkeit bestanden.[16] Unbeachtet blieb bei dieser Kritik jedoch, dass gerade kleine und mittelständische Unternehmen ohne entsprechende Bagatellklausel auch für die Inanspruchnahme der Legalisierungsmöglichkeit des § 4 GWB a. F. mit einer im Ergebnis unverhältnismäßigen zeit-, und arbeits-, und damit kostenintensiven Anmeldeprozedur (vgl. § 9 GWB a. F.) belastet gewesen wären, obwohl die in Rede stehenden Verhaltensabstimmungen den Wettbewerb nur unerheblich beeinträchtigen, eine Legalisierung daher unproblematisch erfolgen könnte. Von dieser Belastung wollten das Bundeskartellamt[17] bzw. auch die Bayerische Landeskartellbehörde[18] durch ihre Bagatellbekanntmachungen die KMU befreien.[19] Es kann darüber hinaus nicht Aufgabe des Kartellrechts sein, für den Wettbewerb an sich nicht ins Gewicht fallende Beschränkungen aufzugreifen und zu sanktionieren. Es muss stets gefragt werden, ob von der wettbewerbsbeschränkenden Vereinbarung eine spürbare Auswirkung auf Dritte und damit auf den Markt ausgeht bzw. – und das genügt – wenigstens das Potential vorhanden ist, eine solche Wirkung hervorzurufen. Es muss also früher, bereits vor der Frage, ob eine Legalisierung in Betracht kommt, geprüft werden, ob überhaupt eine ein grundsätzliches Verbot rechtfertigende Wettbewerbsbeeinträchtigung vorliegt.

Das ungeschriebene Tatbestandsmerkmal der Spürbarkeit der Wettbewerbsbeeinträchtigung soll folglich eine erste Filterfunktion ausüben.[20]

---

[14] *Nordemann,* in: Loewenheim, GWB (2006), § 1, Rn. 142.

[15] *Nordemann,* in: Loewenheim, GWB (2006), § 1, Rn. 142; *Bechtold,* Kartellgesetz, § 1, Rn. 30; vgl. so auch zu Art. 81 EG bspw. *Emmerich,* in: Immenga/Mestmäcker, WbR-EG (2007), Art. 81 Abs. 1, Rn. 185, 205.

[16] *Zimmer,* in: Immenga/Mestmäcker, GWB (2001), § 1, Rn. 266 m. w. N.

[17] *BKartA,* Bekanntmachung über die Nichtverfolgung von Kooperationsabreden mit geringer wettbewerbsbeschränkender Bedeutung, (Bagatellbekanntmachung (1980)), BAnz. 1980 Nr. 133.

[18] *Bay. LKartB,* Bekanntmachung über die Nichtverfolgung von Kooperationsabreden kleinerer und mittlerer Unternehmen mit geringer wettbewerbsbeschränkender Bedeutung, (Bagatellbekanntmachung (Bay.)), BayStAnz Nr. 40/2000.

[19] Vgl. nur *Rißmann,* Kartellverbot und Kooperation, WuW 2006, 881, 883 f.

[20] Ausführlich: *Schneider,* Bagatellkartell, S. 45 ff.

Die Aufgabe des Spürbarkeitskriteriums liegt darin, solche Vereinbarungen vom Anwendungsbereich des § 1 GWB auszuschließen, deren Auswirkungen auf Dritte so gering sind, dass die wirtschaftliche Handlungsfreiheit dieser Dritten nicht in nennenswerter Weise beeinträchtigt wird.[21] Erforderlich ist daher eine quantitative oder qualitative Beeinträchtigung der Dritten im Wettbewerb offen stehenden Handlungsalternativen, also eine spürbare Außenwirkung.[22] Entscheidend ist dabei bereits die bloße Eignung zu einer solchen Beeinträchtigung, ob tatsächlich eine entsprechende Wirkung eingetreten ist, ist unerheblich.

2. *Allgemeines zur Marktabgrenzung*

Wie im Einzelnen sogleich aufgezeigt werden wird, ist die Frage der Spürbarkeit einer Wettbewerbsbeeinträchtigung weder im deutschen noch im europäischen Wettbewerbsrecht losgelöst von der jeweiligen Marktstellung der Wettbewerber und deren Marktanteilen zu beantworten. Notwendig ist daher stets die Definition des jeweils relevanten Marktes,[23] um überhaupt die Marktanteile und die Marktstellung messen zu können. Ob eine spürbare Beeinträchtigung der Wettbewerbsstruktur auf den relevanten Märkten vorliegt, kann nur beurteilt werden, wenn die jeweiligen relevanten Märkte in sachlicher, räumlicher und zeitlicher Hinsicht bestimmt und abgegrenzt werden. Es sind zunächst keine Gründe ersichtlich, warum hierbei nicht auf die zu § 19 GWB entwickelten Grundsätze zur Abgrenzung des relevanten Marktes und dabei insbesondere auf das sog. Bedarfsmarktkonzept zurückgegriffen werden dürfte.[24] Hier wie dort geht es um die Frage, welcher Markt auf eine Wettbewerbsbeschränkung hin untersucht werden soll. Unter Heranziehung des genannten Bedarfsmarktkonzeptes bestimmt sich daher der sachlich relevante Markt grundsätzlich danach, welche Waren oder gewerblichen Leistungen aus der verständigen Sicht der jeweiligen Marktgegenseite funktionell ausgetauscht werden können. Gleiche Kriterien gelten grundsätzlich auch für die Bestimmung des räumlich relevanten Marktes. Auch hier geht es um die Frage, bis zu welcher örtlichen Grenze

---

[21] *Emmerich,* in: Immenga/Mestmäcker, WbR-EG (2007), Art. 81 Abs. 1, Rn. 205; vgl. ferner *Zimmer,* in: Immenga/Mestmäcker, GWB (2001), § 1, Rn. 257; *Mestmäcker/Schweitzer,* Europäisches Wettbewerbsrecht (2004), § 10, Rn. 80.

[22] *Nordemann,* in: Loewenheim, GWB (2006), § 1, Rn. 142; *Zimmer,* in: Immenga/Mestmäcker, GWB (2001), § 1, Rn. 257; *Bechtold,* Kartellgesetz, § 1, Rn. 30 ff.

[23] *Emmerich,* in: Immenga/Mestmäcker, EG-WbR (1997–2001), Art. 85 Abs. 1, Rn. 216 f.

[24] Vgl. bspw. *Nordemann,* in: Loewenheim, GWB (2006), § 1, Rn. 142 i.V.m. Fn. 645; *Emmerich,* in: Immenga/Mestmäcker, WbR-EG (2007), Art. 81 Abs. 1, Rn. 204.

ein verständiger Abnehmer Waren oder gewerbliche Leistungen abfragen wird, die mit den gegenständlichen Waren oder gewerbliche Leistungen funktionell ausgetauscht werden können.

Allerdings ist zu betonen, dass die Marktabgrenzung im Hinblick auf das Spürbarkeitskriterium des § 1 GWB nicht völlig identisch mit der Marktabgrenzung im Rahmen der Missbrauchsaufsicht oder der Fusionskontrolle verläuft: Während bei letzteren die Marktposition einzelner Unternehmen beurteilt werden muss, stellt sich im Hinblick auf das Spürbarkeitskriterium die Frage, ob die in Rede stehende Vereinbarung geeignet ist, die wirtschaftliche Handlungsfreiheit Dritter in nennenswerter Weise zu beeinträchtigen.[25] Auf diese Notwendigkeit einer Differenzierung soll hier lediglich hingewiesen werden. Im Übrigen darf hinsichtlich der Fragen im Kontext mit der Marktabgrenzung auf die allgemeine Kommentarliteratur[26] und auf die von der Europäischen Kommission entwickelten Definition des relevanten Marktes[27] zunächst verwiesen werden. Im Rahmen der Analyse der Horizontal-Leitlinien der Kommission[28] ist jedoch dann auch der Frage nachzugehen, ob bei bestimmten Kooperationsbereichen der relevante Markt anders abzugrenzen ist, bzw. ob gleichzeitig verschiedene Märkte auf das Vorliegen einer spürbaren Wettbewerbsbeschränkung hin zu untersuchen sind.[29] Weiter zu vertiefen ist diese Frage dann erneut im Kontext mit dem Freistellungstatbestand des § 3 GWB.[30]

II. Europarechtliche Grundsätze

Für das europäische Wettbewerbsrecht ist seit langem anerkannt, dass Bagatellfälle vom Anwendungsbereich des Art. 81 Abs. 1 EG ausgenommen

---

25 *Emmerich,* in: Immenga/Mestmäcker, WbR-EG (2007), Art. 81 Abs. 1, Rn. 205; *Mestmäcker/Schweitzer,* Europäisches Wettbewerbsrecht (2004), § 10, Rn. 80.

26 Vgl. zum EG-Wettbewerbsrecht bspw. *Emmerich,* in: Immenga/Mestmäcker, WbR-EG (2007), Art. 81 Abs. 1, Rn. 200 ff.; *Amato/Gonzalez-Diaz,* in: Loewenheim, EG-Wbr. (2005), Art. 81 Abs. 1, Rn. 164–168; *Mestmäcker/Schweitzer,* Europäisches Wettbewerbsrecht (2004), § 10, Rn. 100–103; *Bunte,* in: Langen/Bunte, EG (2006), Art. 81, Rn. 108 ff.; *Immenga/Körber,* in: Immenga/Mestmäcker, WbR-EG (2007), Art. 2, Rn. 16–182; *Möschel,* in: Immenga/Mestmäcker, WbR-EG (2007), Art. 82, Rn. 38–62. Zum GWB: *Möschel,* in: Immenga/Mestmäcker, GWB (2007), § 19, Rn. 23 ff.; *Emmerich,* Kartellrecht (2006), § 27, Rn. 11 ff.

27 *Europäische Kommission,* Bekanntmachung über die Definition des relevanten Marktes im Sinne des Wettbewerbsrechts der Gemeinschaft vom 9. Dezember 1997, (Marktdefinitions-Bekanntmachung), ABl. 1997/C 372/5.

28 Horizontal-Leitlinien, ABl. 2001/C 3/2.

29 s. ausführlich Teil 2, Kap. 2, A. III. 1.

30 Teil 2, Kap. 3, E. VI. 3. b) (3).

sind (sog. de-minimis-Regel). Der EuGH zieht bei seinen stark einzelfallorientierten Entscheidungen für die Auslegung dieser de-minimis-Regel verschiedene Kriterien heran[31] und prüft im Rahmen einer Gesamtwürdigung der in Rede stehenden Vereinbarung den mit ihr verfolgten Zweck und die daraus resultierenden Wirkungen auf Dritte, stützt sich aber überwiegend, wenngleich nicht ausschließlich, auf die Größe der Marktanteile der beteiligten Unternehmen.

Die Spürbarkeit wurde dabei häufig ab einem Marktanteil von 5% des relevanten Marktes angenommen, wobei zudem Berücksichtigung fand, dass die handelnden Unternehmen am innergemeinschaftlichen Handel einen erheblichen Anteil (10%) hatten.[32]

III. Die Bagatellbekanntmachungen der Kommission[33]

Die Kommission stellt zu der Frage der Spürbarkeit der Wettbewerbsbeeinträchtigung seit 1970 in wechselnden Zeitabständen[34] Bekanntmachungen vor, denen die von ihr angewandten Kriterien für die Beurteilung der Frage der Spürbarkeit der Wettbewerbsbeeinträchtigung entnommen werden können. Die Frage nach der rechtlichen Verbindlichkeit solcher Leitlinien wurde bereits erörtert.[35]

---

31 Vgl. die Beispiele bei *Mestmäcker/Schweitzer,* Europäisches Wettbewerbsrecht (2004), § 10, Rn. 83.

32 Vgl. *Emmerich,* in: Immenga/Mestmäcker, EG-WbR (1997–2001), Art. 85, Rn. 205 ff.; *Schröter,* in: v. d. Groeben/Schwarze (Bd. 2) (2003), Art. 81, Rn. 196.

33 Vgl. zur Kritik an der Bagatellbekanntmachung der Kommission bspw.: *Mestmäcker/Schweitzer,* Europäisches Wettbewerbsrecht (2004), § 10, Rn. 98; *Stockmann,* in: Wiedemann, Hdb. KartellR. (1999), § 7, Rn. 28.

34 *Europäische Kommission,* Bekanntmachung der Kommission vom 27.05.1970 über Vereinbarungen, Beschlüsse und aufeinander abgestimmte Verhaltensweisen von geringer Bedeutung, die nicht unter Artikel 85 Absatz 1 des Vertrages zur Gründung der Europäischen Wirtschaftsgemeinschaft fallen, (*De-minimis*-Bekanntmachung (1970)), ABl. 1970/C 64/1; *Europäische Kommission,* Bekanntmachung der Kommission vom 19. Dezember 1977 über Vereinbarungen von geringer Bedeutung, die nicht unter Artikel 85 Absatz 1 des Vertrages zur Gründung der Europäischen Wirtschaftsgemeinschaft fallen, (*De-minimis*-Bekanntmachung (1977)), ABl. 1977/C 313/3; *Europäische Kommission,* Bekanntmachung der Kommission vom 3. September 1986 über Vereinbarungen von geringer Bedeutung, die nicht unter Artikel 85 Absatz 1 des Vertrages zur Gründung der Europäischen Wirtschaftsgemeinschaft fallen, (*De-minimis*-Bekanntmachung (1986)), ABl. 1986/C 231/2; *Europäische Kommission,* Bekanntmachung über Vereinbarungen von geringer Bedeutung, die nicht unter Artikel 85 Absatz 1 des Vertrags zur Gründung der Europäischen Gemeinschaft fallen, (*De-minimis*-Bekanntmachung (1997)), Abl. 1997/C 372/0013;

35 Vgl. Teil 1, Kap. 1, D. und Kap. 2, A. III.

Die Kommission hat zuletzt im Jahr 2001 eine neue de-minimis-Bekanntmachung veröffentlicht, die erstmals getrennt von der Frage der Spürbarkeit der *Handelsbeeinträchtigung*[36] nur die Frage nach der Spürbarkeit der *Wettbewerbsbeeinträchtigung* behandelt, während die Auslegung beider Kriterien bislang weitgehend gleich verlief.[37] So soll verhindert werden, dass durch eine Aufweichung des zweitgenannten Kriteriums gleichzeitig der einzig durch das erstgenannte Kriterium zu bestimmende Anwendungsbereich des europäischen Wettbewerbsrechtes eingeschränkt wird.[38]

1. Die de-minimis-Bekanntmachungen der Jahre 1970 und 1986 – erklärtes Ziel ist die Förderung von kleinen und mittelständischen Unternehmen

Bereits mit ihren früheren de-minimis-Bekanntmachungen hat die Kommission versucht, die Kooperation zwischen kleinen und mittelständischen Unternehmen dadurch zu fördern[39], dass sie die Bagatellgrenzen, bis zu denen noch keine spürbare Wettbewerbsbeeinträchtigung anzunehmen ist, erhöhte. Schon in der ersten Bagatellbekanntmachung des Jahres 1970 hieß es:

> „Die Kommission hat schon bei mehreren Gelegenheiten gezeigt, dass sie es als eine wichtige Aufgabe ansieht, die Zusammenarbeit zwischen Unternehmen zu fördern, soweit sie wirtschaftlich erwünscht und wettbewerbspolitisch unbedenklich ist; sie will insbesondere die Zusammenarbeit zwischen kleinen und mittleren Unternehmen erleichtern. Zu diesem Zweck hat sie die ‚Bekanntmachung über Vereinbarungen, Beschlüsse und aufeinander abgestimmte Verhaltensweisen, die eine zwischenbetriebliche Zusammenarbeit betreffen‘ – die im folgenden kurz Vereinbarungen genannt werden – veröffentlicht [...], in der eine Reihe von Vereinbarungen aufgeführt worden sind, die ihrer Natur nach nicht als Wettbewerbseinschränkungen anzusehen sind. Mit der jetzt vorliegenden Bekanntmachung unternimmt die Kommission einen weiteren Schritt zur Abgrenzung des Anwendungsbereichs des Artikels 85 Absatz 1 des Vertrages zur Gründung der Europäischen Wirtschaftsgemeinschaft, um die Zusammenarbeit der kleinen und mittleren Unternehmen zu fördern.“[40]

---

[36] s. zur Frage der spürbaren Handelsbeeinträchtigung: Teil 1, Kap. 3, A.

[37] Vgl. *Emmerich,* in: Immenga/Mestmäcker, EG-WbR (1997–2001), Art. 85, Rn. 201.

[38] Vgl. *Mestmäcker/Schweitzer,* Europäisches Wettbewerbsrecht (2004), § 10, Rn. 85; *Peeperkorn,* Revision, CPN 2001, 5.

[39] Vgl. *Emmerich,* in: Immenga/Mestmäcker, EG-WbR (1997–2001), Art. 85, Kap. A), IV), Rn. 203 unter Bezugnahme auf den *Europäische Kommission,* XX. Wettbewerbsbericht 1998, Tz. 24 (S. 40); *ders.* auch zur Kritik an dieser Praxis der Kommission.

[40] *De-minimis*-Bekanntmachung (1970), ABl. 1970/C 64/1.

Um diese Förderung der Kooperation kleiner und mittlerer Unternehmen zu erreichen, wurden solche Vereinbarungen als für den Wettbewerb nicht spürbar eingestuft, die einen Umsatzanteil von 5% des Gesamtumsatzes des erfassten Erzeugnisses nicht überschritten und die von Unternehmen mit nicht mehr als 15 Mio. Rechnungseinheiten oder, soweit es sich um Vereinbarungen zwischen Handelsunternehmen handelt, 20 Mio. Rechnungseinheiten Jahresumsatz abgeschlossen wurden. Ein Überschreiten dieser Werte für die Dauer von zwei Jahren um bis zu 10% der genannten Grenzwerte war unschädlich für diese Einstufung.[41]

Diese klare Zielsetzung, nämlich die Förderung der Kooperation kleiner und mittlerer Unternehmen, wurde auch in nachfolgenden Bagatellbekanntmachungen deutlich hervorgehoben. So hieß es beispielsweise in der de-minimis-Bekanntmachung des Jahres 1986:

> „Die Kommission sieht es als eine wichtige Aufgabe an, die Zusammenarbeit zwischen Unternehmen zu erleichtern, soweit sie wirtschaftlich erwünscht und wettbewerbspolitisch unbedenklich ist; dies gilt insbesondere für die Zusammenarbeit zwischen kleinen und mittleren Unternehmen. Deshalb veröffentlichte sie die Bekanntmachung über Vereinbarungen, Beschlüsse und aufeinander abgestimmte Verhaltensweisen, die eine zwischenbetriebliche Zusammenarbeit betreffen (2); diese Bekanntmachung führt eine Reihe von Vereinbarungen auf, die ihrer Natur nach nicht als Wettbewerbsbeschränkungen anzusehen sind. Außerdem erklärte die Kommission in ihrer Bekanntmachung über die Beurteilung von Zulieferverträgen (3), dass Vereinbarungen dieser Art, die vor allem Entwicklungsmöglichkeiten für kleine und mittlere Unternehmen bieten, als solche nicht unter das Verbot des Artikels 85 Absatz 1 fallen. Mit der Bekanntmachung über Vereinbarungen von geringer Bedeutung unternimmt die Kommission einen weiteren Schritt zur Abgrenzung des Anwendungsbereichs des Artikels 85 Absatz 1, um die Zusammenarbeit der kleinen und mittleren Unternehmen zu erleichtern."[42]

Entscheidendes Kriterium für die Feststellung fehlender Spürbarkeit waren die in dieser Bekanntmachung genannten Gesamtumsatzzahlen (300 Mio. ECU). Kumulativ mussten dabei Marktanteilsgrenzen von maximal 5% eingehalten werden.

2. *Die Bekanntmachung des Jahres 1997*

Die Folgebekanntmachung des Jahres 1997[43] änderte im Hinblick auf die Förderung der kleinen und mittelständischen Unternehmen die Systematik, indem sie zur Definition der kleinen und mittleren Unternehmen auf eine

---

41 *De-minimis*-Bekanntmachung (1970), ABl. 1970/C 64/1, unter II.).

42 *De-minimis*-Bekanntmachung (1986), ABl. 1986/C 231/2, Tz. 1.

43 *De-minimis*-Bekanntmachung (1997), Abl. 1997/C 372/0013; vgl. hierzu ausführlich: *Jestaedt/Bergau,* Neue Bagatellbekanntmachung, WuW 1998, 119.

zwischenzeitlich ergangene Kommissionsempfehlung 96/280/EG[44] zur (finanziellen) Förderung von KMU Bezug nahm und ausführte, dass Vereinbarungen zwischen so definierten kleinen und mittleren Unternehmen

> „selten geeignet [sind], den Handel zwischen Mitgliedstaaten und den Wettbewerb innerhalb des Gemeinsamen Marktes spürbar zu beeinträchtigen. Sie fallen somit in aller Regel nicht unter das Verbot des Artikels 85 Absatz 1. Falls diese Vereinbarungen ausnahmsweise doch die Voraussetzungen für die Anwendung der genannten Vorschrift erfüllen sollten, bestünde an ihnen kein ausreichendes Interesse der Gemeinschaft, das ein Einschreiten gegen sie rechtfertigen würde. Die Kommission wird daher weder auf Antrag noch von Amts wegen ein Verfahren zur Anwendung von Artikel 85 Absatz 1 auf derartige Vereinbarungen einleiten, selbst wenn die in den Randnummern 9 und 10 genannten Schwellen überschritten sind“.[45] Zur Klassifizierung als KMU im Sinne der genannten Empfehlung wurden die Beschäftigtenzahl (höchstens 250) und die Jahresumsätze (40 Mio. ECU) bzw. die Jahresbilanzsumme (27 Mio. ECU) herangezogen.

Es wird deutlich, dass die Kommission einerseits annahm, dass Vereinbarungen so definierter KMU bereits nicht die Zwischenstaatlichkeitshürde in Gestalt einer spürbaren Handelsbeeinträchtigung (1. Regelungsinhalt der de-minimis-Bekanntmachung a. F.) nehmen würden; andererseits, wenn ausnahmsweise doch der Anwendungsbereich des Art. 81 Abs. 1 EG durch Überschreiten der Zwischenstaatlichkeitsgrenze eröffnet werden würde, bestünde aber gleichwohl kein Interesse an der Verfolgung solcher Vereinbarungen. Sie wären daher – unabhängig von der Frage der Handelsbeeinträchtigung – so unbedeutend, dass eine spürbare Wettbewerbsbeeinträchtigung (2. Regelungsinhalt der deminimis-Bekanntmachung a. F.) nicht in Betracht kommen konnte.[46] Ein Vorgehen gegen solche KMU schied daher auch dann aus, wenn die Absprache grundsätzlich verbotene, einzeln aufgelistete (Schwarze) Klauseln enthielt und die Marktanteilsschwellen überschritten wurden.[47] Zwei Ausnahmefälle waren gleichwohl vorgesehen, in denen auch eine Vereinbarung zwischen kleinen und mittleren Unternehmen von der Kommission geprüft werden konnte: Ein solches Vorgehen der Kommission war demnach dann denkbar, wenn a) die Vereinbarungen der kleinen und mittleren Unternehmen den Wettbewerb auf einem wesentlichen Teil des relevanten Marktes behinderten oder wenn b) der Wettbewerb auf dem relevanten Markt durch die kumulativen Auswirkungen

---

[44] *Europäische Kommission,* Empfehlung der Kommission vom 3. April 1996 betreffend die Definition der kleinen und mittleren Unternehmen, (KMU-Empfehlung (1996)), ABl. 1996/L 107/4.

[45] *De-minimis*-Bekanntmachung (1997), Abl. 1997/C 372/0013, Tz. 19.

[46] Vgl. hierzu auch *Roth/Ackermann,* in: FK (1999), (Stand: 11/1999), Grundfragen Art. 81, Rn. 340; *Stockenhuber,* in: Grabitz/Hilf, (1989), (Stand: 07/2000), Art. 81, Rn. 220.

[47] *Schröter,* in: v. d. Groeben/Schwarze (Bd. 2) (2003), Art. 81, Rn. 212.

nebeneinander bestehender Netze gleichartiger Vereinbarungen beschränkt wurde, die von mehreren Herstellern oder Händlern errichtet worden sind (Netzwerkeffekt).[48]

Für andere, nicht als KMU im Sinne o. g. Definition einzustufende Unternehmen, kam es nunmehr erstmals[49], ohne dass Umsatzschwellen zu beachten gewesen wären, einzig und allein auf die Einhaltung der in der Bekanntmachung genannten Marktanteilsschwellen[50] und die Vermeidung einzeln aufgelisteter, Schwarzer Klauseln an, wobei erstmals auch zwischen horizontalen und vertikalen Vereinbarungen differenziert wurde.[51] Das ursprüngliche Ziel, gerade und ausschließlich kleine und mittelständische Unternehmen zu fördern, wurde in dieser Absolutheit mit der Bekanntmachung des Jahres 1997 aufgegeben, stattdessen wurden grundsätzlich auch Absprachen zwischen Großunternehmen, die die Marktanteilsgrenzen einhielten und das Verbot bestimmter Schwarzer Klauseln beachteten, für nicht geeignet zur spürbaren Wettbewerbsbeschränkung eingestuft.[52]

Es gab für KMU daher im Ergebnis grundsätzlich zwei Möglichkeiten, dem Verbot des Art. 81 Abs. 1 EG bereits auf der Tatbestandsebene des Abs. 1 zu entgehen: Entweder die Vereinbarungen der Unternehmen wurden bereits aufgrund der Einstufung der beteiligten Unternehmen als KMU (max. 250 Mitarbeiter, max. 40 Mio. ECU Umsatz) in jedem Fall – also insbesondere auch dann, wenn der Anwendungsbereich des Art. 81 EG grundsätzlich eröffnet war – als nicht spürbare Wettbewerbsbeeinträchtigung klassifiziert und von der Kommission nicht aufgegriffen; oder aber die beteiligten Unternehmen hielten, ohne dass es auf ihre Einstufung als KMU angekommen wäre, wie ein beliebiges anderes Unternehmen auch die in der Bagatellbekanntmachung genannten Marktanteilsgrenzen (5% bzw. 10%) ein und vermieden die Schwarzen Klauseln, womit ihre Vereinbarungen ebenfalls als nicht spürbare Wettbewerbsbeeinträchtigung anzusehen waren.

3. Neuerungen durch die Bekanntmachung des Jahres 2001

Mit der neuen Bekanntmachung des Jahres 2001 wurde der Gleichlauf zwischen der Spürbarkeit der Handelsbeeinträchtigung und der der Wettbewerbsbeeinträchtigung aufgegeben, um den durch die VO 1/2003 erwei-

---

48 *De-minimis*-Bekanntmachung (1997), Abl. 1997/C 372/0013, Tz. 20.

49 Befürwortet von *Roth/Ackermann,* in: FK (1999), (Stand: 11/1999), Grundfragen Art. 81 Abs. 1, Rn. 333.

50 Grundsätzlich für horizontale Vereinbarungen: 5% und für vertikale Vereinbarungen: 10%, *De-minimis*-Bekanntmachung (1997), Abl. 1997/C 372/0013, Tz. 9.

51 Vgl. hierzu bspw. auch *Rating,* Neue Bagatellbekanntmachung, CPN 1997, 8, 9.

52 *Schröter,* in: v. d. Groeben/Schwarze (Bd. 2) (2003), Art. 81, Rn. 201 ff.

terten Anwendungsvorrang (Art. 3 VO 1/2003) des europäischen Wettbewerbsrechtes nicht durch die Hintertür einer großzügigen Beurteilung der spürbaren Handelsbeeinträchtigung zu konterkarieren. Es ist daher zukünftig zwischen beiden Spürbarkeits-Kriterien zu differenzieren. Die Einstufung des die in Rede stehende Vereinbarung abschließenden Unternehmens als KMU nach o.g., zwischenzeitlich ausgeweiteter[53] Empfehlungsbekanntmachung der Kommission führt demnach nicht mehr (auch) wie bisher zur Verneinung der Spürbarkeit der *Wettbewerbsbeschränkung*. (Aber auch die bisherige Lösung, derzufolge im Regelfall bereits die Einstufung als KMU anhand der Empfehlung der Kommission für die Verneinung einer zwischenstaatlichen *Handelsbeeinträchtigung* führte, ist im neuen Regelwerk der Kommission nicht mehr gültig.)

Für die Frage nach der Spürbarkeit der Wettbewerbsbeeinträchtigung verbleiben zukünftig allein die in der Bekanntmachung genannten Marktanteilsschwellen; nur noch anhand dieser Kriterien wird zukünftig beurteilt, ob eine spürbare Wettbewerbsbeeinträchtigung vorliegt oder nicht. Umsatzschwellen wie in der Bekanntmachung des Jahres 1997 noch im Hinblick auf KMU vorgesehen, spielen endgültig keine Rolle mehr, so dass grundsätzlich auch Vereinbarungen von Großunternehmen mit geringen Marktanteilen nicht mehr zwingend zu einer spürbaren Wettbewerbsbeeinträchtigung führen. Die vorrangige Privilegierung kleiner und mittlerer Unternehmen ist damit weggefallen. Die Kommission folgt damit auch hier dem wesentlich stärker wirtschaftsorientierten Ansatz ihrer neuen Wettbewerbspolitik. Sie führt in der Bekanntmachung nunmehr generell folgendes aus, ohne besonders auf die Einstufung als KMU zur Begründung der gesetzten Grenzen Bezug zu nehmen:

> „Die Kommission ist der Auffassung, dass Vereinbarungen zwischen Unternehmen, die den Handel zwischen Mitgliedstaaten beeinträchtigen, den Wettbewerb im Sinne des Artikels 81 Absatz 1 nicht spürbar beschränken, a) wenn der von den an der Vereinbarung beteiligten Unternehmen insgesamt gehaltene Marktanteil auf keinem der von der Vereinbarung betroffenen relevanten Märkte 10% überschreitet in Fällen, wo die Vereinbarung zwischen Unternehmen geschlossen wird, die tatsächliche oder potenzielle Wettbewerber auf einem dieser Märkte sind (Vereinbarung zwischen Wettbewerbern) (4), oder b) wenn der von jedem der beteiligten Unternehmen gehaltene Marktanteil auf keinem der von der Vereinbarung betroffenen relevanten Märkte 15% überschreitet in Fällen, wo die Vereinbarung zwischen Unternehmen geschlossen wird, die keine tatsächlichen oder potenziellen Wettbewerber auf diesen Märkten sind (Vereinbarung zwischen Nichtwettbewerbern). Treten Schwierigkeiten bei der Einstufung einer Vereinbarung als Vereinbarung zwischen Wettbewerbern oder als Vereinbarung zwischen Nichtwettbewerbern auf, so gilt die 10%-Schwelle."[54]

---

[53] Vgl. KMU-Empfehlung (2003), ABl. 2003/L 124/36, Anhang, S. 36–41.

[54] *De-minimis*-Bekanntmachung (2001), ABl. 2001/C 368/07, Tz. 7.

Vertikalvereinbarungen[55] überschreiten die Bagatellgrenze ab einem Marktanteil der beteiligten Unternehmen von 15%, Horizontalvereinbarungen erreichen diese Grenze dagegen bereits ab einem Marktanteil von 10%, wobei diese Umsatzschwellen bei besonders schwerwiegenden Wettbewerbsbeschränkungen sowie bei ganzen Netzen gleichartiger Vereinbarungen herabgesetzt werden können (Bündeltheorie). So lässt die Kommission die genannten Schwellen auf 5% Marktanteil herabsinken, wenn ein Kumulativeffekt eintritt oder zu befürchten ist.[56] Gleichzeitig sind Überschreitungen um 2% dann zu dulden, wenn sie nur über maximal zwei Jahre hinweg auftreten.[57] Um Marktabschottungseffekten entgegenzutreten, wird dann, wenn 30% des relevanten Marktes durch die Kumulierung der Vertragsnetze gleichgeschaltet sind, die Spürbarkeitsschwelle auf 5% Marktanteil gesenkt.[58] Dagegen ist dann, wenn die streitgegenständlichen Vereinbarungen bestimmte, einzeln aufgeführte Kernbeschränkungen (beispielsweise Preisabsprachen, Marktaufteilungsvereinbarung oder Gebietsabsprachen) enthalten, die de-minimis-Regelung überhaupt nicht anwendbar.[59] Dies bedeutet gerade für kleine und mittlere Unternehmen, dass sie hinsichtlich Preis- und Quotenabsprachen, die beispielsweise im Rahmen von Vertriebsvereinbarungen getroffen werden, stets die Möglichkeit suchen müssen, eine Freistellung zu erlangen.[60] Ein Berufen auf den Charakter als kleines oder mittleres Unternehmen i.S. o.g. Definition hilft in Ansehung des Art. 81 Abs. 1 EG nicht (mehr) weiter.

Zusammenfassend lässt sich folgendes feststellen: Halten die betroffenen Unternehmen (unabhängig von ihrer Einstufung als kleines oder mittleres Unternehmen) Marktanteile, die unter den Grenzwerten der de-minimis-Bekanntmachung liegen (bei Horizontalvereinbarungen max. 10%, bei Vertikalvereinbarungen 15%) und frei von Kernbeschränkungen sind, so können sich die jeweiligen Vereinbarungen nicht spürbar auf den Wettbewerb auswirken. Sie erfüllen folglich, obwohl der Anwendungsbereich des europäischen Wettbewerbsrechtes aufgrund Überschreitens der genannten Umsatz- und Bilanzsummen eröffnet ist, nicht alle Tatbestandsmerkmale des Art. 81 Abs. 1 EG und sind damit bereits deshalb nicht von seinem Verbot

---

[55] Die Bezugnahme auf Unternehmen, die keine Wettbewerber sind und solche, die aktuell oder potentielle Wettbewerber sind, ist dabei nicht als Änderung der bisherigen Unterscheidungskriterien vertikal – horizontal anzusehen, sondern definiert nur die bisherigen Begriffe. Zumindest missverständlich *Schröter,* in: v. d. Groeben/Schwarze (Bd. 2) (2003), Art. 81, Rn. 206 einerseits und Rn. 219 andererseits.

[56] *De-minimis*-Bekanntmachung (2001), ABl. 2001/C 368/07, Tz. 8.

[57] *De-minimis*-Bekanntmachung (2001), ABl. 2001/C 368/07, Tz. 9.

[58] *De-minimis*-Bekanntmachung (2001), ABl. 2001/C 368/07, Tz. 8.

[59] *De-minimis*-Bekanntmachung (2001), ABl. 2001/C 368/07, Tz. 11.

[60] Vgl. hierzu *Kirchhain,* Gestaltung, WuW 2008, 167, 172 ff.

erfasst. Für kleine und mittlere Unternehmen bedeutet dies zwar in gewissem Umfang mehr Rechtssicherheit angesichts klar gezogener Marktanteilsschwellen. Gleichwohl aber ist gerade die Bestimmung des eigenen Marktanteils und des Gesamtmarktvolumens ein nicht zu unterschätzendes Problem,[61] das gerade kleine und mittlere Unternehmen, ohne die Analyse-Instrumente und entsprechende Budgets für Analyse und Beratung, besonders trifft. Schließlich können kleine und mittlere Unternehmen, die unterhalb der zitierten Schwellen der o. g. Kommissions-Empfehlung liegen, in ihrem jeweiligen Spezialgebiet bei entsprechend enger Marktabgrenzung die neuen Spürbarkeits-Schwellen durchaus überschreiten. Die bisherige Rechtssicherheit der KMU ist durch das alleinige Abstellen auf die Marktanteilsschwellen für diese Fälle weggefallen; es verbleibt nur noch die Möglichkeit, darzulegen, warum die Spürbarkeit trotz Überschreitens der Marktanteilsschwelle zu verneinen ist.[62]

Abschließend gilt es darauf hinzuweisen, dass die Kommission betont, dass die Leitlinien zu vertikalen Vereinbarungen[63] und die zur Zusammenarbeit von Wettbewerbern[64] unabhängig von der de-minimis-Bekanntmachung weiterhin vollumfänglich gültig sind.[65] Die Leitlinien zu vertikalen Vereinbarungen orientieren sich dabei überwiegend am Kriterium der Marktmacht. Erst ab der Überschreitung einer Marktanteilsschwelle von 30% soll die Kommission im Einzelnen prüfen, ob eine spürbare Wettbewerbsbeschränkung vorliegt. Bis dahin wird vermutet, dass die positiven Effekte einer vertikalen Zusammenarbeit die negativen Wettbewerbsbeeinträchtigungen überwiegen.[66] Gleichzeitig mussten die verbotenen Kernbeschränkungen im Bereich der vertikalen Vereinbarungen an die Erlaubnisse der GVO Vertikalvereinbarungen[67] angepasst werden. Deshalb sind einzelne Kernbeschränkungen im Bereich der Vertikalvereinbarungen großzügiger zu beurteilen.[68]

4. *Fazit*

Die gezielte Förderung kleiner und mittlerer Unternehmen im Rahmen der Bagatellbekanntmachungen der Kommission wurde zunächst kumulativ

---

[61] Vgl. ausführlich *Schweizer,* Safe harbours, S. 253 ff.

[62] *De-minimis*-Bekanntmachung (2001), ABl. 2001/C 368/07, Tz. 2.

[63] Vertikal-Leitlinien, ABl. 2000/C 291/01.

[64] Horizontal-Leitlinien, ABl. 2001/C 3/2; s. dazu ausführlich Teil 2, Kap. 2.

[65] *De-minimis*-Bekanntmachung (2001), ABl. 2001/C 368/07, Fn. 2; vgl. hierzu auch *Mestmäcker/Schweitzer,* Europäisches Wettbewerbsrecht (2004), § 10, Rn. 86.

[66] Vgl. *Immenga,* in: MüKo, Bd. 11 (2006), V, Rn. 56.

[67] GVO-Vertikal (VO 2790/1999), ABl. 1999/L 336/21.

[68] *De-minimis*-Bekanntmachung (2001), ABl. 2001/C 368/07, Tz. 11, Ziffer 2.

an Umsatz- und Marktanteilsschwellen ausgerichtet. Im Laufe der Zeit trat immer mehr das Umsatzkriterium in den Hintergrund, bis es zuletzt als eigenständiges Beurteilungskriterium vollständig ausgeschieden ist. Eine Förderung derjenigen Unternehmen, die anhand absoluter Umsatz- und Beschäftigungszahlen als KMU einzustufen wären, ist damit entfallen. Einerseits unterfallen damit auch Großunternehmen, die einen geringen Marktanteil halten, nicht mehr Art. 81 Abs. 1 EG; andererseits besteht auch für – anhand der Umsatz- und Beschäftigungszahlen zu beurteilende – kleine und mittlere Unternehmen die Gefahr, aufgrund höherer Marktanteile, die sie mitunter in den von ihnen besetzten Marktnischen halten, grundsätzlich Art. 81 Abs. 1 EG zu unterfallen.

IV. Das Spürbarkeitskriterium im GWB

Wie eingangs dieses Kapitels erwähnt, ist völlig unstreitig, dass auch in § 1 GWB in der Fassung der 7. Novelle das ungeschriebene Tatbestandsmerkmal der Spürbarkeit der Wettbewerbsbeschränkung enthalten ist. Lange Zeit wurde dieses Tatbestandsmerkmal nur im Hinblick auf horizontale Vereinbarungen (§ 1 GWB a. F.) geprüft. Die Grenze wurde hier grundsätzlich bei einem Marktanteil der Beteiligten von 5% gezogen, eine feste Quantifizierung des Merkmals der Spürbarkeit erfolgte allerdings nicht.[69] Ähnlich wie bei den Kernbeschränkungen im europäischen Recht sind in der deutschen Rechtspraxis im jeweiligen Einzelfall bestimmte weitere Kriterien herangezogen worden, die zur Bejahung der Spürbarkeit auch in Fällen unter 5% Marktanteil führten.[70] Diese 5%-Grenze ergab sich im deutschen Recht auch aus der nationalen Bagatellbekanntmachung des Bundeskartellamtes. Diese stellte bestimmte leistungssteigernde Kooperationen kleiner und mittlerer Unternehmen vom Kartellverbot des § 1 GWB frei und sah im Übrigen eine Spürbarkeitsschwelle von 5% vor.

---

[69] Vgl. nur *Zimmer,* in: Immenga/Mestmäcker, GWB (2007), § 1, Rn. 167 ff. Ferner ausführlich zur Frage einer marktanteilsabhängigen Spürbarkeitsgrenze *Schweizer,* Safe harbours, S. 104 ff., 174 ff.

[70] So führten bspw. Preis- und Gebietsabsprachen in folgenden Fällen schon bei wesentlich geringeren Marktanteilsschwellen zur Annahme der Spürbarkeit: *BGH,* 08.05.2001, Az.: KVR 12/99 – Ostfleisch, WuW/E DE-R 711; *OLG München,* 23.10.1986, Az.: U (K) 2833/86 – Fassadenbau, WuW/E OLG 3946; die Vereinbarung eines längeren Wettbewerbsverbotes nahm bspw. das OLG Düsseldorf zum Anlass, von Spürbarkeit auszugehen: *OLG Düsseldorf,* 18.10.2000, Az.: U (Kart) 5/00 – Kfz-Werkstätten, WuW/E DE-R 585. Ferner sei auch auf die von *Schweizer,* Safe harbours, S. 105, zitierte Entscheidung *BGH,* 12.03.1991, Az.: KVR 1/90 – Golden Toast, BGHZ 40, verwiesen, wo angesichts einer in Rede stehenden berühmten Marke bereits bei einem Marktanteil in Höhe von 4% von einer spürbaren Wettbewerbsbeeinträchtigung ausgegangen wurde.

Unabhängig von der nunmehr vollzogenen Gleichstellung von vertikalen und horizontalen Vereinbarungen hatte der BGH bereits im Jahr 2003 erstmals auch bei der Beurteilung von Vertikalvereinbarungen im Rahmen des § 14 GWB a.F. das Merkmal der Spürbarkeit geprüft.[71] Allerdings stand hier weniger die Spürbarkeit der Wettbewerbsbeschränkung an sich, als vielmehr die Spürbarkeit der Einschränkung der Preisgestaltungsfreiheit des gebundenen Händlers auf dem Prüfstand. Diese ist nach Ansicht des BGH das überwiegend durch § 14 GWB a.F. geschützte Rechtsgut, demzufolge muss auch die Preisgestaltungsfreiheit spürbar beeinträchtigt sein. Im Rahmen von sonstigen Vertikalvereinbarungen ist bislang nicht darüber entschieden worden, ob eine spürbare Beeinträchtigung des Interbrand- und Intrabrand-Wettbewerbs zu fordern ist, oder ob bereits die spürbare Beeinträchtigung der Gestaltungsfreiheit des gebundenen Händlers für das grundsätzliche Eingreifen des § 1 GWB (n.F.) genügt.[72]

1. Bedürfnis nach einer Definition des Spürbarkeitskriteriums

Aufgabe der nationalen Bagatellbekanntmachungen war es in erster Linie, die kleinen und mittleren Unternehmen, deren Vereinbarungen keine spürbaren Auswirkungen auf den Wettbewerb hatten, von den Belastungen und Unsicherheiten eines Anmeldeverfahrens zu befreien. Mit dem Übergang zum System der Legalausnahme ist diese Funktion zwar entfallen, da ein Anmeldeverfahren nun gerade nicht mehr zu durchlaufen ist.[73] Die Bayerische Landeskartellbehörde hat deshalb ihre Bagatellbekanntmachung gestrichen. Sie weist jedoch darauf hin, dass sie zukünftig bei der Beurteilung entsprechender Sachverhalte auf die oben genannte de-minimis-Bekanntmachung der Europäischen Kommission rekurrieren werde.[74] Andererseits ist angesichts des Übergangs zum Legalausnahmesystem die Rechtsunsicherheit insbesondere für kleine und mittlere Unternehmen, die nicht über das Instrumentarium zur Bestimmung ihrer Marktanteile und der weiteren relevanten Faktoren verfügen, das Großunternehmen zur Verfügung steht, erheblich gestiegen. Die Möglichkeit einer prophylaktischen Anmeldung in den Fällen, in denen Unsicherheit hinsichtlich des eigenen Marktanteils und damit der Nähe zur Spürbarkeitsschwelle besteht, ist weggefallen. Die Bagatellbekanntmachungen der Kartellämter dienten, wie aufgezeigt, nicht als Definition des materiellrechtlichen Spürbarkeitskriteriums,

---

[71] *BGH,* 08.04.2003, Az.: KZR 3/02 – „1-Riegel-Extra", WuW/E DE-R 1101.

[72] *Nordemann,* in: Loewenheim, GWB (2006), § 1, Rn. 143.

[73] So auch *Rißmann,* Kartellverbot und Kooperation, WuW 2006, 881, Fn. 24.

[74] s. *Bayerisches Staatsministerium für Wirtschaft, Verkehr und Technologie,* Kooperation und Wettbewerb, S. 40.

sondern zeigten nur auf, bis zu welcher Grenze die Kartellbehörden die in Rede stehende Vereinbarung selbst nicht aufgreifen würden. Da unabhängig von der Frage, ob ein Anmeldeverfahren zu beachten ist oder nicht, die nationalen Kartellbehörden auch weiterhin – angesichts der neuen Zuständigkeitsverteilungen durch Art. 5 VO 1/2003 sogar vermehrt im Anwendungsbereich des europäischen Rechts – zur Verfolgung von Verstößen gegen das nationale, aber auch das EG-Wettbewerbsrecht berufen sind, besteht auch weiterhin ein Bedürfnis nach einer Definition des Spürbarkeitskriteriums, in jedem Fall aber nach der Bekanntmachung von Nicht-Aufgreif-Schwellen. Bagatellbekanntmachungen können hier dazu beitragen, Rechtsunsicherheiten abzubauen. Es muss den betroffenen Unternehmen eindeutig aufgezeigt werden, ab welcher Grenze sie auf die Einhaltung der Freistellungskriterien der §§ 2 und 3 GWB achten müssen und bis wohin sie grundsätzlich frei Vereinbarungen mit Mitbewerbern und/oder Dritten treffen können.[75] Auch das bisher generell gegen eine restriktive Auslegung des § 1 GWB ins Feld geführte Argument, es bestünde bereits eine Legalisierungsmöglichkeit für den Mittelstand, kann nach dem Übergang zum Legalausnahmesystem und dem Wegfall insbesondere des § 4 GWB a. F. in keinem Fall mehr überzeugen.

2. Übernahme der europäischen de-minimis-Kriterien durch nationale Behörden und Gerichte

Die Frage, die sich hier nun stellt, ist, ob für eine eigenständige, von der Beurteilung der Kommission abweichende Definition der Spürbarkeit im nationalen Recht vernünftigerweise Raum bleiben kann.[76] Bereits im Rahmen der 6. GWB-Novelle wurde die Frage aufgeworfen, ob nicht auch im nationalen Recht auf die Bagatellbekanntmachung der EU-Kommission abzustellen wäre.[77] Das hiergegen ins Feld geführte Argument,[78] diese Bekanntmachung müsse angesichts der einheitlichen Regelung des Art. 81 EG für horizontale und vertikale Vereinbarungen unterschiedliche Spürbarkeitskriterien für beide Bereiche aufstellen, passe also nicht zu dem ausdifferenzierteren deutschen System, greift jedenfalls jetzt nicht mehr, da auch im nationalen Recht im Rahmen des § 1 GWB nicht mehr zwischen horizontalen und vertikalen Vereinbarungen differenziert wird. Vielmehr ist diese Berücksichtigung unterschiedlicher Auswirkungen von vertikalen und horizon-

---

[75] So bereits *Salzbrunn,* Fassung des § 1 GWB, S. 429.

[76] Vgl. zu dieser Frage: *Rißmann,* Kartellverbot und Kooperation, WuW 2006, 881, 883 ff.

[77] *Bunte,* in: Langen/Bunte, GWB (2001), § 1 GWB, Rn. 189–191.

[78] *Salzbrunn,* Fassung des § 1 GWB, S. 428.

talen Vereinbarungen bereits bei der Prüfung der Spürbarkeit nunmehr gerade ein Argument für die Heranziehung der de-minimis-Bekanntmachung.

Möglich erscheint zunächst alles: Im zwischenstaatlichen Bereich, in dem grundsätzlich europäisches Recht vorrangig gilt (vgl. Art. 3 Abs. 2 VO 1/2003), entfaltet die de-minimis-Bekanntmachung nach der hier vertretenen Ansicht nicht nur eine Selbstbindungswirkung gegenüber der Kommission, sondern auch eine Bindungswirkung gegenüber den nationalen Institutionen. Gleichwohl könnten aber rein nationale, also nicht-zwischenstaatliche Fälle, durchaus auch anders beurteilt werden. Hier sind die nationalen Instanzen grundsätzlich frei in ihrer Beurteilung. Gerade die durch die dezentrale Rechtsanwendung eröffnete Möglichkeit, die örtlichen Marktverhältnisse besser bei der wettbewerbsrechtlichen Beurteilung zu berücksichtigen, könnte als Argument für eine von der de-minimis-Bekanntmachung der Kommission losgelöste Spürbarkeits-Beurteilung dienen.[79]

Gegen einen solchen nationalen Alleingang bei der Auslegung des hier diskutierten Tatbestandsmerkmals sprechen allerdings die bereits eingangs gestellten Überlegungen zu einer Berücksichtigungspflicht hinsichtlich der Kommissionsmitteilungen auch bei rein nationalen Sachverhalten,[80] die hier nochmals aufgegriffen und konkretisiert werden sollen: Der Gesetzgeber selbst hat – wie bereits mehrfach aufgezeigt – ausdrücklich erklärt, durch die 7. GWB-Novelle solle eine weitestgehende, bereits durch die 6. Novelle eingeleitete, Angleichung des deutschen an das europäische Recht erreicht werden. Würde also etwa an der Zwischenstaatlichkeitsschwelle nun doch zwischen einem europäischen und einem nationalen Sachverhalt differenziert werden, so würde dies dem Ziel der Rechtsvereinheitlichung ganz erheblich entgegenwirken. Zudem würde in der Konsequenz genau das eintreten, was der Gesetzgeber durch die Rechtsvereinheitlichung gerade zu verhindern suchte: Aufgrund der wesentlich niedrigeren Spürbarkeitsschwelle in der bisherigen nationalen Entscheidungspraxis (5% Marktanteil, statt grundsätzlich mindestens 10% im europäischen Recht) würden gerade die nicht-zwischenstaatlich agierenden KMU viel eher von dem Verbot des § 1 GWB erfasst werden bzw. müssten viel früher auf die Einhaltung von Legalisierungskriterien achten, als dies dann bei europaweit handelnden Unternehmen der Fall wäre. Die eigentlich angestrebte Beseitigung möglicher Inländerdiskriminierungen würde hier in ihr Gegenteil verkehrt werden. Darüber hinaus würde es einerseits der Rechtsvereinfachung dienen, andererseits zu einem (halbwegs) gesicherten Gleichlauf in der Rechtsanwendung seitens der Gerichte einerseits und der Behörden andererseits führen, wenn so-

---

[79] So auch *Rißmann,* Kartellverbot und Kooperation, WuW 2006, 881, 884.

[80] Vgl. Teil 1, Kap. 3, A. III.

wohl im europäischen als auch im nationalen Recht die gleichen Aufgreifschwellen zu beachten wären.[81]

Weiterhin ist zu beachten, dass der Gesetzgeber selbst die Anwendbarkeit der de-minimis-Bekanntmachung der Kommission bei der Auslegung des § 1 GWB angeordnet hat:

> „Bei der Auslegung der Tatbestandsmerkmale des § 1, auch soweit sie schon bisher in dieser Vorschrift enthalten waren, wie etwa der Definition von Unternehmen und Unternehmensvereinigungen oder dem Merkmal einer Verhinderung, Einschränkung oder Verfälschung des Wettbewerbs, sind die Grundsätze des europäischen Wettbewerbsrechts auch weiterhin zu berücksichtigen. Diese Rechtsfolge, die sich durch die Angleichung des Wortlauts bereits seit der 6. GWB-Novelle ergibt, wird durch den Grundsatz der europafreundlichen Anwendung nach Maßgabe der neuen Vorschrift des § 23 bekräftigt. Darin einbezogen sind auch Bekanntmachungen und Leitlinien der Kommission. Solche Hinweise zur Auslegung des Artikels 81 Abs. 1 EG sind etwa enthalten in den Leitlinien zu horizontalen Vereinbarungen (ABl. EG Nr. C 3 vom 6. Januar 2001; S. 2) oder zu vertikalen Vereinbarungen (ABl. EG Nr. C 291 vom 13. Oktober 2000; S. 1) ebenso wie in speziellen sektorspezifischen Regelungen. Maßstäbe für die Verwaltungspraxis der Kommission zur Anwendung von Artikel 81 Abs. 1 EG enthält auch die Bekanntmachung der Kommission über Vereinbarungen von geringer Bedeutung (sog. De-minimis-Bekanntmachung, ABl. EG Nr. C 368 vom 22. Dezember 2001; S. 13), die insbesondere quantitative Kriterien für die Spürbarkeit einer Wettbewerbsbeschränkung aufstellt."[82]

An anderer Stelle führt er noch deutlicher gerade im Kontext mit den hier interessierenden Mittelstandskartellen aus:

> „Insgesamt ist zu erwarten, dass die Anwendung des neuen § 3 im Wesentlichen zu gleichen Ergebnissen führt wie die Entscheidungspraxis zum bisherigen § 4 Abs. 1. Dabei ist jedoch auch zu berücksichtigen, dass die Vorschrift des § 3 in den neuen europäischen Kontext einzuordnen ist. Vereinbarungen zwischen Wettbewerbern, die nicht einen kumulierten Marktanteil von 10% überschreiten, sind nicht spürbare Wettbewerbsbeschränkungen im Sinne der De-minimis-Bekanntmachung der Kommission und damit grundsätzlich auch nicht nach § 1, sofern sie nicht grundsätzlich bedenkliche Kernbeschränkungen enthalten. Dies ist bei der Prüfung der Freistellungsfähigkeit von spürbaren wettbewerbsbeschränkenden Vereinbarungen nach dem neuen § 3, insbesondere mit Blick auf die dann relevanten Marktanteilsgrenzen, zu berücksichtigen."[83]

---

[81] Vgl. zu diesem Problemkreis unter Bezugnahme auf die Bagatellbekanntmachung 2007 des Bundeskartellamtes *Pfeffer/Wegner,* Neue Bekanntmachungen, BB 2007, 1173, 1175

[82] RegE 7. GWB-Novelle, BT-Drs. 15/3640, S. 23.

[83] RegE 7. GWB-Novelle, BT-Drs. 15/3640, S. 28. Hieraus zieht bspw. auch *Nordemann,* in: Loewenheim, GWB (2006), § 3, Rn. 54, den Schluss, dass der nationale Gesetzgeber die Bagatellgrenze der *de-minimis*-Bekanntmachung auch auf rein innerstaatliche Sachverhalte übernehmen wollte.

Damit hat der Gesetzgeber mehrfach deutlich gemacht, dass er hier an Auslegungsgrundsätze anknüpft, die bereits seit der Anpassung des § 1 GWB an Art. 81 EG im Rahmen der 6. GWB-Novelle zu beachten waren. Die in der Endfassung der 7. GWB-Novelle wieder gestrichene Regelung des § 23 GWB-E sollte diesen Grundsatz nur „bekräftigen", nicht indes eine neue Auslegungsmaxime schaffen. Auch wenn durch die Streichung des § 23 GWB-E keine unmittelbare rechtliche Bindungswirkung der Bekanntmachungen und Leitlinien in das GWB aufgenommen wurde, so bleibt es in Fortführung der bisherigen Methodik doch bei der Heranziehung der de-minimis-Bekanntmachung als Auslegungshilfe bei der Anwendung des § 1 GWB. Dies führt zumindest zu einer Berücksichtigungspflicht hinsichtlich der de-minimis-Bekanntmachung auch bei nicht-zwischenstaatlichen Konstellationen.

Der nationale Gesetzgeber liegt dabei auf einer Linie mit der Kommission, die selbst anregt, die Bekanntmachung zumindest als Leitfaden für die mitgliedstaatlichen Gerichte und Behörden zu betrachten.[84] Was dabei für die Anwendung des Art. 81 EG gilt, muss angesichts der eindeutigen Entscheidung des deutschen Gesetzgebers, das deutsche mit dem europäischen Recht zu vereinheitlichen, auch in Ansehung des § 1 GWB gelten. Die deminimis-Bekanntmachung der EU-Kommission ist daher – auch wenn ihr keine unmittelbare rechtliche Bindungswirkung bei rein nationalen Sachverhalten zukommen kann – in jedem Fall zu berücksichtigen. Dies gilt dabei nicht nur für solche Sachverhalte, die aufgrund zwischenstaatlichen Bezugs unmittelbar dem europäischen Recht unterworfen sind; es gilt angesichts des mehrfach aufgezeigten Ziels des Gesetzgebers, das deutsche Recht an das europäische anzupassen, auch und erst recht im nationalen, nicht-zwischenstaatlichen Bereich, in dem nicht auf eine europäische Rechtspraxis zurückgegriffen werden kann.

3. Die Bagatellbekanntmachung 2007 des BKartA

Das Bundeskartellamt hat durch die Bagatellbekanntmachung 2007[85] deutlich gemacht, dass es die gleichen Schwellenwerte, wie sie in der europäischen de-minimis-Bekanntmachung enthalten sind, regelmäßig zur Grundlage

---

[84] *De-minimis*-Bekanntmachung (2001), ABl. 2001/C 368/07, Rn. 4. Zu beachten ist hierbei, dass die Bekanntmachung noch aus dem Jahr 2001 stammt, also aus einer Zeit vor Inkrafttreten der neuen Durchführungsverordnung (VO 1/2003). Zu diesem Zeitpunkt konnte es die Kommission dabei belassen, eine entsprechende Anwendung lediglich „anzuregen", da sie selbst bis dahin angesichts des Freistellungsmonopols grundsätzlich alle Fäden in der Hand behielt. Damit ist aber keineswegs gesagt, dass sie nicht auch im Rahmen des neuen Systems ihrer eigenen *de-minimis*-Bekanntmachung bindende Wirkung zumessen möchte.

seiner eigenen Entscheidungen machen wird. In seiner jüngst veröffentlichten Bagatellbekanntmachung konkretisiert in rechtlich bindender Weise das Bundeskartellamt die Ausübung seines eigenen Ermessens wie folgt: Bei horizontalen Vereinbarungen wird von einer Verfahrenseinleitung abgesehen, wenn der gemeinsame Marktanteil eine Schwelle von 10% nicht überschreitet. Bei vertikalen Vereinbarungen gilt die aus der de-minimis-Bekanntmachung bekannte Marktanteilsschwelle von 15%. Bei Zweifeln über die Einstufung als vertikale oder horizontale Vereinbarung gilt die Schwelle von 10%. Ferner gelten auch hier die bekannten Einschränkungen, wonach zum einen die Marktanteilsschwelle auf 5% sinkt, wenn Netzeffekte zu befürchten sind oder zum anderen das Vorliegen von Kernbeschränkungen die Anwendbarkeit der Bagatellbekanntmachung generell ausschließt. Dabei nimmt die Bagatellbekanntmachung zwei Kernbeschränkungen aus: Die Festsetzung von Preisen oder Preisbestandteilen beim Ein- oder Verkauf von Erzeugnissen/Dienstleistungen in Bezug auf mit Dritten ausgehandelte Verträge und die Beschränkung von Produktion, Bezug oder Absatz von Waren oder Dienstleistungen, insbesondere durch die Aufteilung von Versorgungsquellen, Märkten oder Abnehmern. Anders als die de-minimis-Bekanntmachung der Kommission besteht das Bundeskartellamt damit auch im Hinblick auf Preisabreden beim Einkauf auf seinem Aufgreifermessen. Auch werden undifferenziert auf vertikale und horizontale Vereinbarungen die gleichen Maßstäbe angelegt.[86]

Zwar schließt das Bundeskartellamt ausdrücklich nicht aus, dass nicht auch bei Einhaltung der genannten Schwellen ein Verstoß gegen § 1 GWB oder Art. 81 EG vorliegt, gleichwohl wird es in diesen Fällen regelmäßig von einer Verfahrenseinleitung absehen. Damit bleibt die Bagatellbekanntmachung 2007 hinter den rechtlichen und faktischen Wirkungen der de-minimis-Bekanntmachung der Kommission erheblich zurück: Während sich im Rahmen der de-minimis-Bekanntmachung die Kommission in materiellrechtlicher Weise festlegt und die von ihr genannten Kriterien zur Auslegung des Spürbarkeitskriteriums stets heranziehen wird, beschränkt sich die Aussage der Bagatellbekanntmachung 2007 lediglich auf eine rein verfahrensrechtliche Selbstbindung, die zusätzlich dadurch aufgeweicht wird, dass sich das Amt Ausnahmen ausdrücklich vorbehält.[87] Eine verbindliche Rechtsmeinung ist der Bagatellbekanntmachung anders als der de-minimis-Bekanntmachung nicht zu entnehmen.

---

[85] *BKartA,* Bekanntmachung Nr. 18/2007 des Bundeskartellamtes über die Nichtverfolgung von Kooperationsabreden mit geringer wettbewerbsbeschränkender Bedeutung, (Bagatellbekanntmachung (2007)), WuW 2007, 369. s. hierzu *Pfeffer/Wegner,* Neue Bekanntmachungen, BB 2007, 1173; *Zimmer,* in: Immenga/Mestmäcker, GWB (2007), § 1, Rn. 171 f.

[86] Vgl. *Pfeffer/Wegner,* Neue Bekanntmachungen, BB 2007, 1173, 1174 f.

[87] Ausführlich *Pfeffer/Wegner,* Neue Bekanntmachungen, BB 2007, 1173.

Aussagen über die zivilrechtliche Wirksamkeit entsprechender Vereinbarungen sollen der nationalen Bagatellbekanntmachung darüber hinaus ebenfalls nicht entnommen werden können.[88] Dies ist angesichts des Charakters der Bagatellbekanntmachung und der Normenhierarchie richtig. Hier ist ein entscheidender Unterschied zu der de-minimis-Bekanntmachung der Kommission zu erkennen: Das Bundeskartellamt ist den Zivilgerichten keineswegs übergeordnet, so dass es keine zivilrechtlich verbindlichen Aussagen treffen kann. Wie mehrfach betont ist dagegen die Kommission als Hüterin der Verträge und aufgrund ihrer Stellung im System des europäischen Wettbewerbsrechtes durchaus in der Lage, im Anwendungsbereich des europäischen Rechts rechtlich verbindliche, jedenfalls zu berücksichtigende Leitlinien und Bekanntmachungen zu erlassen. Nationale Gerichte sind daher nach der hier vertretenen Ansicht im Anwendungsbereich des europäischen Rechts verpflichtet, zwar nicht die Bagatellbekanntmachung des Bundeskartellamtes, jedoch die de-minimis-Bekanntmachung der Europäischen Kommission zu berücksichtigen.

Kapitel 2

Leitlinien der Kommission zur Anwendbarkeit von Art. 81 EG auf Vereinbarungen über horizontale Zusammenarbeit

Wenn Kooperationen die oben genannten Kriterien erfüllen und deshalb nicht schon als kartellfrei einzustufen sind, so bleibt, folgt man der Ausrichtung des europäischen Wettbewerbsrechts hin zu einem more economic approach, im Rahmen einer wirtschaftlichen Betrachtungsweise gleichwohl zu prüfen, ob das Kartellverbot des Art. 81 Abs. 1 EG (bzw. des § 1 GWB) tatsächlich eingreift. Bei dieser Neubewertung horizontaler Kooperationen anhand ökonomischer Überlegungen spielen insbesondere die „Leitlinien zur Anwendbarkeit von Artikel 81 EG-Vertrag auf Vereinbarungen über horizontale Zusammenarbeit“[89] eine zentrale Rolle. Diese neuen Leitlinien er-

---

[88] Bagatellbekanntmachung (2007), WuW 2007, 369, Tz. 2.

[89] Horizontal-Leitlinien, ABl. 2001/C 3/2. Vgl. zu den Horizontal-Leitlinien *Heckenberger,* in: Loewenheim, EG-Wbr. (2005), nach Art. 81 EG, Rn. 22 ff.; *Haag,* in: v. d. Groeben/Schwarze (Bd. 2) (2003), Kap. II; *Braun,* in: Langen/Bunte, GWB (2006), nach § 2, Rn. 52–58; *Geiger,* Die neuen Leitlinien, EuZW 2000, 325; *Lücking/Woods,* Co-operation Agreements, CPN 2001, 8; *Immenga/Stopper,* Leitlinien zur horizontalen Kooperation, RIW 2001, 241; *Stopper,* Leitlinien für Horizontalvereinbarungen, EuZW 2001, 426; *Griffiths/Nüesch,* Modernising, ECLR 2000, 452. Zu den wirtschaftlichen Überlegungen im Kontext mit horizontalen Kooperationen ferner *Glader,* Innovation economics, World Competition 2001, 513. s. insgesamt

setzen dabei die sog. „Kooperationsbekanntmachung“[90] aus dem Jahr 1968, die bereits damals bestimmte horizontale Kooperationsvereinbarungen als ihrer Natur nach nicht wettbewerbsbeschränkend ansah. Sie wurden von der Europäischen Kommission 2001 veröffentlicht. Sie enthalten einen „auf wirtschaftlichen Kriterien beruhende[n] analytische[n] Rahmen [der] die Unternehmen bei der Ermittlung der Vereinbarkeit ihrer jeweiligen Kooperationsvereinbarung mit Art. 81 unterstützen [soll]“.[91] Nach hier vertretener Ansicht sind diese Leitlinien dabei auch im deutschen Recht bei Überschreiten der Zwischenstaatlichkeitsklausel rechtlich bindend, außerhalb des Anwendungsbereichs des europäischen Rechts in jedem Fall zu berücksichtigen.[92] Dabei darf die hier postulierte Berücksichtigungspflicht im Rahmen rein nationaler Sachverhalte nicht missverstanden werden: Nur soweit die Leitlinien feststellen, dass bereits das Verbot des Art. 81 Abs. 1 EG nicht greift, ist auch im nationalen Recht angesichts der hier geltenden Pflicht zur Berücksichtigung der Leitlinien davon auszugehen, dass auch das Kartellverbot des § 1 GWB nicht eingreift. Von den Leitlinien nicht erfasst und nicht präjudiziert wird dagegen die Frage nach einer möglichen rein nationalen *Freistellung* über § 3 GWB. Hier geben die Leitlinien jedoch wichtige Anhaltspunkte dafür, welche Kriterien im Rahmen der Prüfung des § 3 GWB mit zu berücksichtigen sind. So sind den Leitlinien wichtige Hinweise auf die Bestimmung des relevanten Marktes, der im Rahmen des § 3 GWB auf eine (nicht) wesentliche Beeinträchtigung des Wettbewerbs hin zu untersuchen ist,[93] zu entnehmen. Gleiches gilt auch im Hinblick auf eine Einzelfreistellung nach § 2 Abs. 1 GWB: Die Frage nach einer Freistellung ist losgelöst von der zunächst zu stellenden Frage zu beantworten, ob überhaupt das Kartellverbot des § 1 GWB eingreift. Die Leitlinien befassen sich, wie im Einzelnen noch zu erörtern sein wird, überwiegend nur mit der Frage, ob überhaupt das Kartellverbot des § 1 GWB eingreift.[94] Ihr Anwendungsbereich ist dabei nur dann eröffnet, wenn die bereits untersuchte Spür-

---

zum Thema auch *BKartA – AK Kartellrecht,* Kooperationen zwischen Wettbewerbern; *Polley/Seeliger,* Das neue EG-Kartellrecht, WRP 2001, 494.

[90] *Europäische Kommission,* Bekanntmachung über Vereinbarungen, Beschlüsse und aufeinander abgestimmte Verhaltensweisen, die eine zwischenbetriebliche Zusammenarbeit betreffen, (Kooperationsbekanntmachung (1968)), ABl. 1968/C 75/3.

[91] Horizontal-Leitlinien, ABl. 2001/C 3/2, Tz. 7.

[92] A.A. bspw. *Stopper,* Leitlinien für Horizontalvereinbarungen, EuZW 2001, 426, 430 ff., der diese fehlende Bindungswirkung als das einzige, große Manko der Leitlinien ansieht; ferner *BKartA – AK Kartellrecht,* Kooperationen zwischen Wettbewerbern, S. 26 ff.

[93] Dazu im Anschluss, unter Teil 2, Kap. 3, E. VI.

[94] A.A. bspw. *Braun,* in: Langen/Bunte, GWB (2006), nach § 2 GWB, Rn. 57, die davon ausgeht, dass die Horizontal-Leitlinien überwiegend Auslegungshilfen für § 2 GWB sein sollen.

barkeitsgrenze (de-minimis) überschritten ist.[95] Erst im Anschluss an die Prüfung dieser Spürbarkeitsschwelle können die nachfolgend erörterten Leitlinien der Kommission Bedeutung erlangen. Damit schließt die Kommission an eine zweigleisige Verwaltungspraxis zur Beurteilung horizontaler Vereinbarungen im europäischen Recht – verdeutlicht insbesondere schon in der früheren „Kooperationsbekanntmachung" der Kommission des Jahres 1968[96] – an, die frühzeitig zwischen besonders schwerwiegenden Verstößen (Hardcore-Kartelle) und unproblematischen Kooperationen im horizontalen Bereich bereits bei der Frage nach der Eröffnung des Anwendungsbereichs des Art. 81 Abs. 1 EG differenzierte.[97] Grundlegend neu ist dabei indes der Ansatz, die Marktstellung der beteiligten Unternehmen wesentlich stärker schon bei der Interpretation des Art. 81 Abs. 1 EG zu berücksichtigen.[98]

Dabei treffen die Leitlinien Aussagen sowohl zur Bewertung nach Art. 81 Abs. 1 EG, als auch – wesentlich knapper – zur Bewertung gem. Art. 81 Abs. 3 EG. Die Leitlinien erfassen generell nur solche Vereinbarungen, die zu Effizienzgewinnen führen können[99]. Sie beschäftigen sich daher im Einzelnen ausführlich mit FuE-, Produktions-, Einkaufsvereinbarungen etc., die stets auch Gegenstand einer Prüfung gem. § 3 GWB sein können.[100] Es kommt ihnen daher im Kontext mit der hier zu untersuchenden Zulässigkeit horizontaler Kooperationen kleiner und mittlerer Unternehmen gem. § 3 GWB und des auch dort im Mittelpunkt stehenden Erfordernisses von Effizienzgewinnen in Gestalt von Rationalisierungseffekten erhebliche Bedeutung zu. Hier wie dort stehen horizontale Kooperationen als insbesondere „für kleine und mittlere Unternehmen [...] wichtiges Mittel der Anpas-

---

95 Nicht behandelt wird in den Leitlinien das Kriterium „Beeinträchtigung des zwischenstaatlichen Handels". Auch die Anwendung der *de-minimis*-Bekanntmachung wird von diesen Leitlinien nicht berührt (Tz. 15 der Horizontal-Leitlinien).

96 s. hierzu schon die durch die hier behandelten Leitlinien ersetzte „Kooperationsbekanntmachung", Kooperationsbekanntmachung (1968), ABl. 1968/C 75/3: „Die Kommission begrüsst eine zwischenbetriebliche Zusammenarbeit zwischen kleinen und mittleren Unternehmen, soweit diese dadurch in die Lage versetzt werden, rationeller zu arbeiten und ihre Leistungs- und Wettbewerbsfähigkeit in einem grösseren Markt zu verstärken. Die Kommission sieht es als ihre Aufgabe an, insbesondere die Kooperation zwischen kleinen und mittleren Unternehmen zu erleichtern. Auch die Kooperation zwischen grossen Unternehmen kann wirtschaftlich sinnvoll und wettbewerbspolitisch unbedenklich sein.".

97 Vgl. *Heckenberger,* in: Loewenheim, EG-Wbr. (2005), Anhang 1 zu Art. 81 EG, Rn. 1 ff. (4 ff.).

98 *Haag,* in: v. d. Groeben/Schwarze (Bd. 2) (2003), Anhang zu Art. 81, Kap. II, Rn. 2 a.E.

99 Horizontal-Leitlinien, ABl. 2001/C 3/2, Tz. 10.

100 Vgl. zur unterschiedlichen Reichweite des Begriffs der Rationalisierung und des der Effizenz ausführlich unten, Teil 2, Kap. 3, G. II. 1. a).

sung an die sich verändernden Marktbedingungen“[101] und die Frage ihrer Vereinbarkeit mit dem Verbot des Art. 81 Abs. 1 EG bzw. des § 1 GWB im Zentrum der Betrachtungen. Den Leitlinien, die sich also mit den gleichen Kooperationsbereichen befassen wie § 3 GWB, lassen sich durch eine ausführliche Analyse wichtige Anhaltspunkte für die Auslegung einzelner Tatbestandsmerkmale des § 3 GWB – namentlich des Tatbestandsmerkmals „(keine) wesentliche Beeinträchtigung des Wettbewerbs“, § 3 Abs. 1 Nr. 1 GWB – entnehmen. Daneben kommt eine Prüfung des § 3 GWB nur dann in Betracht, wenn die zu prüfenden Vereinbarungen überhaupt von § 1 GWB erfasst werden. Diese Frage ist dabei u. a. ebenfalls unter Heranziehung der Leitlinien zu beantworten. Es ist daher angezeigt, die Aussagen der Leitlinien zu Kriterien der wettbewerbsrechtlichen Bewertung der erfassten Vereinbarungen genauer zu erörtern.

A. Grundsätze für die Bewertung nach Art. 81 EG

Bevor die Kommission sich im einzelnen ausführlich mit Vereinbarungen über Forschung und Entwicklung (FuE)[102], Produktion[103], Einkauf[104], Vermarktung[105], Normen[106], Umweltschutz[107] befasst, die weitgehend auch Gegenstand von Rationalisierungs- bzw. Mittelstandskartellen im Sinne des § 3 GWB sein können, erläutert sie in den Leitlinien die Grundsätze für die Bewertung solcher, auf Effizienzgewinne abzielenden Vereinbarungen nach Art. 81 EG.

I. Wirtschaftliche Betrachtungsweise

Dabei betont sie, dass

> „bei der Bewertung [...] größerer Nachdruck auf ökonomische Kriterien gelegt werden [muss], um so den jüngsten Entwicklungen in der Entscheidungspraxis und der Rechtsprechung des Gerichtshofes und des Gerichts erster Instanz besser Rechnung zu tragen.“[108]

Während also die frühere Entscheidungspraxis der Kommission ausschließlich dem Selbstständigkeitspostulat verpflichtet war und hieran ge-

---

[101] Horizontal-Leitlinien, ABl. 2001/C 3/2, Tz. 3.
[102] Horizontal-Leitlinien, ABl. 2001/C 3/2, Tz. 39–77.
[103] Horizontal-Leitlinien, ABl. 2001/C 3/2, Tz. 78–114.
[104] Horizontal-Leitlinien, ABl. 2001/C 3/2, Tz. 115–138.
[105] Horizontal-Leitlinien, ABl. 2001/C 3/2, Tz. 139–158.
[106] Horizontal-Leitlinien, ABl. 2001/C 3/2, Tz. 159–178.
[107] Horizontal-Leitlinien, ABl. 2001/C 3/2, Tz. 179–198.
[108] Horizontal-Leitlinien, ABl. 2001/C 3/2, Tz. 6.

messen wurde, ob Kooperationen ausnahmsweise zulässig sind, hat sich diese Sichtweise gewandelt: Gefordert wird nunmehr eine wirtschaftliche Betrachtungsweise bei der Beurteilung horizontaler Kooperationen und dieser wirtschaftliche Ansatz wird in den Leitlinien näher konkretisiert.[109] Als Grund für die Betonung wirtschaftlicher Kriterien bei der wettbewerbsrechtlichen Analyse wird sowohl die Globalisierung als auch die Entwicklung neuer Märkte genannt.[110] Die hieraus resultierende Notwendigkeit einer Betonung wirtschaftlicher Kriterien erkennt beispielsweise auch das Bundeskartellamt an, wenngleich es die von der Kommission gewählte Verortung dieser Kriterien in einem Prüfungspunkt außerhalb des Art. 81 Abs. 3 EG aus dogmatischer Sicht ablehnt.[111]

II. Erste Einteilung nach der Art der Zusammenarbeit

Anhand der Art der Zusammenarbeit und der daraus ableitbaren Relevanz für den Wettbewerb lassen sich nach Ansicht der Kommission solche Vereinbarungen, die kartellfrei („nicht von Artikel 81 Abs. 1 erfasst") sind, von solchen, die „fast immer" von Art. 81 Abs. 1 EG verboten sind, als auch von solchen, die nur „von Art. 81 Abs. 1 erfasst werden können" unterscheiden. Die Art einer Vereinbarung ergibt sich dabei aus dem Gebiet und dem Zweck der Zusammenarbeit, dem Wettbewerbsverhältnis zwischen den Beteiligten und dem Umfang der Zusammenarbeit.[112] Während bestimmte Vereinbarungsarten entweder mangels Koordinierung des Wettbewerbsverhaltens der Vertragspartner[113], oder weil eine eigenständige Durchführung des Vorhabens gar nicht möglich ist, nur dann in den Anwendungsbereich des Art. 81 Abs. 1 EG fallen, wenn Unternehmen mit erheblicher Marktmacht beteiligt sind und Abschottungsprobleme entstehen können,[114] sind andere Vereinbarungsarten (Hardcore-Kartelle) per se als eine Gruppe anzusehen, die in den Anwendungsbereich des Art. 81 Abs. 1 EG fällt: Dies sind Vereinbarungen, die darauf zielen, den Wettbewerb einzuschränken, also eine Wettbewerbsbeschränkung bezwecken. Genannt werden die Festsetzung von Preisen, die Beschränkung der Produktion oder die Aufteilung von Märkten oder Kunden.[115] Dazwischen liegen Vereinbarun-

---

109 *Braun,* in: Langen/Bunte, GWB (2006), nach § 2, Rn. 53. Vgl. zum *more economic approach* auch *Bechtold,* Kartellgesetz, Einf., Rn. 64–74.

110 Horizontal-Leitlinien, ABl. 2001/C 3/2, Tz. 3.

111 Vgl. *BKartA – AK Kartellrecht,* Kooperationen zwischen Wettbewerbern, S. 16, 24, 26; ablehnend hierzu auch *Mestmäcker,* Interdependenz, S. 19.

112 Horizontal-Leitlinien, ABl. 2001/C 3/2, Tz. 21.

113 Beispielsweise bei Zusammenarbeit zwischen Nichtwettbewerbern.

114 Horizontal-Leitlinien, ABl. 2001/C 3/2, 24.

115 Horizontal-Leitlinien, ABl. 2001/C 3/2, Tz. 25.

gen, die von Art. 81 Abs. 1 EG erfasst werden können, aber nicht zwingend erfasst sind („Graue Klauseln“).[116]

III. Weitergehende Untersuchung von Vereinbarungsarten, die von Art. 81 Abs. 1 EG erfasst werden können

Bei Vereinbarungsarten, die von Art. 81 Abs. 1 EG erfasst werden können, steht nicht von vornherein fest, dass sie tatsächlich wettbewerbsbeeinträchtigend im Sinne des Art. 81 *Abs. 1* EG sind. Sie müssen deshalb weitergehend untersucht werden. Hierfür bedarf es einer Analyse der marktbezogenen Kriterien, also der Marktstellung der Partner sowie sonstiger struktureller Faktoren.[117] Wesentlicher Bestandteil bei der Ermittlung der von einer Zusammenarbeit zu erwartenden Auswirkungen und damit für eine Bewertung gemäß Art. 81 Abs. 1 EG sind wirtschaftliche Kriterien, wie die Marktmacht der Beteiligten und anderen Merkmale der Marktstruktur.[118] Hier ist zu untersuchen, ob die Kartellteilnehmer durch die Zusammenarbeit Marktmacht behalten, erlangen oder ausbauen können.[119]

1. Bestimmung der relevanten Märkte – weitergehende Bedeutung auch für das Spürbarkeitskriterium

Die zu untersuchenden Märkte sind anhand der Bekanntmachung der Kommission über die Definition des relevanten Marktes[120] abzugrenzen. Allerdings kann es erforderlich sein, bei der Bestimmung der relevanten Märkte die Besonderheiten der jeweiligen Art der Zusammenarbeit gesondert zu berücksichtigen und deshalb auch die Verhältnisse vor- und nachgelagerter und benachbarter Märkte zu untersuchen; die Leitlinien enthalten hierfür ebenfalls besondere Hinweise.[121] Unbeantwortet bleibt jedoch die Frage, in welchem Verhältnis diese zusätzlichen besonderen Hinweise zur Bestimmung der relevanten Märkte bei Kooperationen in bestimmten Bereichen stehen zu der Abgrenzung des relevanten Marktes für die Bestimmung der Spürbarkeit der Wettbewerbsbeeinträchtigung. Zwar betont die Kommission, dass die Leitlinien die Anwendung der Bekanntmachung über Vereinbarungen von geringer Bedeutung (de-minimis-Bekanntmachung) unberührt

[116] Horizontal-Leitlinien, ABl. 2001/C 3/2, Tz. 26.
[117] Horizontal-Leitlinien, ABl. 2001/C 3/2, Tz. 26.
[118] Horizontal-Leitlinien, ABl. 2001/C 3/2, Tz. 7.
[119] Horizontal-Leitlinien, ABl. 2001/C 3/2, Tz. 27.
[120] Marktdefinitions-Bekanntmachung, ABl. 1997/C 372/5.
[121] Horizontal-Leitlinien, ABl. 2001/C 3/2, Tz. 38, 82, 142; Einzelheiten bei der jeweiligen Vereinbarungsart.

lassen;[122] es stellt sich aber die Frage, ob damit gleichzeitig gesagt sein soll, dass die für die Beurteilung der Spürbarkeit der Wettbewerbsbeeinträchtigung ebenfalls notwendige Bestimmung der relevanten Märkte anders zu erfolgen habe, als dies in den Hinweisen der Leitlinien vorgegeben ist.

Die weiteren Ausführungen der Kommission in den Leitlinien machen deutlich, dass eine differenzierte Bestimmung der relevanten Märkte bei einzelnen Kooperationsbereichen nicht allein für die Berechnung der Marktanteile im Sinne der Leitlinien, sondern auch der Marktanteile im Sinne der jeweiligen Gruppenfreistellungsverordnungen zu erfolgen hat. So führt sie beispielsweise im Kontext mit den sogleich zu besprechenden Forschungs- und Entwicklungsvereinbarungen aus, dass „bei der Errechnung der Marktanteile im Sinne der FuE-Gruppenfreistellungsverordnung und dieser Leitlinien [...] zwischen bestehenden Märkten und dem Wettbewerb bei der Innovation zu trennen“[123] ist. Es wird deutlich, dass für einzelne Bereiche einer Kooperation ganz allgemein die jeweils relevanten Märkte differenziert, genauer: differenzierter als auf der Grundlage der Bekanntmachung der Kommission über die Definition des relevanten Marktes[124], bestimmt werden müssen.

Fraglich ist, ob diese Kriterien zur Bestimmung des relevanten Marktes auch hinsichtlich des Spürbarkeitskriteriums anzuwenden sind: Die Aufgabe des Spürbarkeitskriteriums liegt darin, solche Vereinbarungen vom Anwendungsbereich des § 1 GWB auszuschließen, deren Auswirkungen auf Dritte so gering sind, dass die wirtschaftliche Handlungsfreiheit dieser Dritten nicht in nennenswerter Weise beeinträchtigt wird.[125] Die Leitlinien zielen dagegen darauf ab, solche Vereinbarungen vom Anwendungsbereich des Art. 81 Abs. 1 EG auszuschließen, die nicht geeignet sind, den Wettbewerb im betroffenen Markt in einem Maße zu beeinträchtigen, dass negative Auswirkungen hinsichtlich Preisen, Produktion, Innovation oder Vielfalt und Qualität der Waren und Dienstleistungen zu erwarten sind.[126] Sowohl die Frage nach der Spürbarkeit als auch die nach dem Beeinträchtigungspotenzial der Vereinbarung auf die genannten Wettbewerbsfaktoren kann dabei nur beantwortet werden, wenn neben der Art der Vereinbarung insbesondere auch die Marktstellung der Vertragspartner analysiert wird.[127] Zu untersuchen ist an-

---

[122] Horizontal-Leitlinien, ABl. 2001/C 3/2, Tz. 15.

[123] Horizontal-Leitlinien, ABl. 2001/C 3/2, Tz. 53.

[124] Marktdefinitions-Bekanntmachung, ABl. 1997/C 372/5.

[125] *Emmerich,* in: Immenga/Mestmäcker, WbR-EG (2007), Art. 81 Abs. 1, Rn. 205; vgl. ferner *Zimmer,* in: Immenga/Mestmäcker, GWB (2001), § 1, Rn. 257; *Mestmäcker/Schweitzer,* Europäisches Wettbewerbsrecht (2004), § 10, Rn.

[126] Horizontal-Leitlinien, ABl. 2001/C 3/2, Tz. 19.

[127] *Nordemann,* in: Loewenheim, GWB (2006), § 1, Rn. 142; *Bechtold,* Kartellgesetz, § 1, Rn. 32; Horizontal-Leitlinien, ABl. 2001/C 3/2, Tz. 20, 27.

gesichts der gleichen Ausgangslage beider Prüfungspunkte der gleiche relevante Markt – jedoch mit jeweils unterschiedlicher Akzentuierung: Das Spürbarkeitskriterium erfordert eine Untersuchung der Beeinträchtigung der Handlungsfreiheit Dritter, die Leitlinien haben dagegen den bestehenden und zukünftig noch verbleibenden Wettbewerb zum Untersuchungsgegenstand. Gleichwohl ist die Ausgangslage, nämlich die Frage nach der Stellung der Unternehmen im Markt zunächst identisch. Die Ausführungen der Kommission zur Bestimmung des relevanten Marktes müssen folglich schon vor Eröffnung des eigentlichen Anwendungsbereichs der Leitlinien, nämlich schon bei der Prüfung der Spürbarkeit der Wettbewerbsbeeinträchtigung berücksichtigt werden. Anderenfalls würde man im Hinblick auf die Spürbarkeit der Wettbewerbsbeeinträchtigung – also bei der Frage nach einem generellen Eingreifen des Verbots des Art. 81 Abs. 1 EG – mitunter zu anderen Marktanteilen und damit zu einer anderen Gewichtung der Kooperation gelangen, als im Hinblick auf die an den wirtschaftlichen Überlegungen der Leitlinien zu orientierende Frage nach dem konkreten Eingreifen des Art. 81 Abs. 1 EG. Dies kann nicht richtig sein, vielmehr müssen sowohl für die Prüfung der Spürbarkeitsschwelle als auch für die Prüfung der Auswirkungen auf den Wettbewerb im Sinne der Horizontal-Leitlinien die gleichen Marktanteile auf den gleichen Märkten bestimmt werden. Die jeweils im Einzelnen erörterten besonderen Hinweise der Kommission zur Bestimmung der relevanten Märkte sind daher auch schon im Bereich der Spürbarkeits-Untersuchung zu berücksichtigen. Wie weit dies auch für die Prüfung des Tatbestandsmerkmals „(keine) wesentliche Wettbewerbsbeeinträchtigung“ des § 3 GWB zu gelten hat, wird noch zu prüfen sein. Grundsätzlich lässt sich festhalten, dass auch dort eine differenziertere Bestimmung der jeweils zu untersuchenden, relevanten Märkte erforderlich sein kann. Hierauf wird im Einzelnen im nachfolgenden Kapitel einzugehen sein.[128]

2. *Relevanz von Marktanteilsschwellen*

Die Frage, ob eine einheitliche, allgemein verbindliche Marktanteilsschwelle festgelegt werden kann, oberhalb der von dem Vorliegen ausreichender Marktmacht zur Verursachung beschränkender Wirkungen ausgegangen werden kann, verneint die Kommission unter Hinweis auf die Vielzahl der Arten von Zusammenarbeit und der von ihnen unter verschiedenen Marktverhältnissen verursachten Wirkungen.[129] Da die Leitlinien wie aufgezeigt nur Sachverhalte, die spürbare Auswirkungen auf den Markt haben und die Marktanteilsschwellen der de-minimis-Bekanntmachung über-

---

[128] s. u., Teil 2, Kap. 3, E. VI. 3. b) (3).

[129] Horizontal-Leitlinien, ABl. 2001/C 3/2, Tz. 28.

schreiten, behandeln, ist die umgekehrte Frage nach einer allgemein verbindlichen Marktanteilsschwelle, *unterhalb* der regelmäßig zu geringe Marktmacht für eine Verursachung beschränkender Wirkungen besteht, bereits beantwortet.

Ist der gemeinsame Marktanteil der beteiligten Unternehmen auf den so ermittelten Märkten gering, so ist eine beschränkende Wirkung der Zusammenarbeit unwahrscheinlich und eine weitere Untersuchung in der Regel nicht erforderlich.[130] Beteiligen sich nur zwei Unternehmen und verfügt das eine nur über einen geringen („unbedeutenden") Marktanteil und verfügt auch nicht über bedeutende Ressourcen, dann ist auch ein hoher gemeinsamer Marktanteil nicht als Anzeichen für eine wettbewerbsbeschränkende Wirkung im Markt anzusehen.[131] Freilich muss hierbei hinterfragt werden, was die Kommission unter einem „unbedeutenden Marktanteil" tatsächlich versteht. Eine Definition dieses Merkmals findet sich nicht, was jedoch damit zusammenhängen kann, dass die Kommission allgemein verbindliche Marktanteilsschwellen nicht benennen möchte und auch nicht benennen kann. Unbedeutend kann ein Marktanteil dabei nur dann sein, wenn er für sich betrachtet nicht einmal die Schwelle zur Spürbarkeit überschreitet. Unter Heranziehung der de-minimis-Regelung, die grundsätzlichen für *gemeinsame* Marktanteile *aller* beteiligten Unternehmen gilt, sind unbedeutende Marktanteile jedenfalls unterhalb der dortigen 10%-Schwelle, da es sich hierbei nur um die Beurteilung des Marktanteils eines einzelnen Unternehmens handelt, eher noch unterhalb einer Grenze von 5 bis 7% anzusiedeln.

3. Marktkonzentration

Nicht nur die ermittelten Marktanteile der beteiligten Unternehmen, die es jeweils gesondert zu bewerten gilt und für die keine allgemein verbindlichen Schwellenwerte gelten, sondern auch die Marktkonzentration sind zu untersuchen. Die Marktkonzentration, d.h. die Stellung und Anzahl der Wettbewerber im relevanten Markt, kann dabei anhand des sog. Herfindahl-Hirshman-Index gemessen werden:[132] diese Messgröße, die aus der Summe des Quadrats der Marktanteile sämtlicher Wettbewerber gebildet wird, lässt bei einem Wert von unter 1000 auf eine niedrige, einem Wert zwischen 1000 und 1800 auf eine mäßige und jenseits von 1800 auf eine

---

130 Horizontal-Leitlinien, ABl. 2001/C 3/2, Tz. 28.

131 Horizontal-Leitlinien, ABl. 2001/C 3/2, Tz. 28.

132 Vgl. zur Kritik an der Übertragung dieses aus der US-Fusionskontrolle entliehenen Instruments: *Businesseurope,* Draft Commission, S. 2; *Bueren,* New economic approach, WRP 2004, 567, 571 f.; *Polley/Seeliger,* Das neue EG-Kartellrecht, WRP 2001, 494, 498 m.w.N.

hohe Marktkonzentration schließen.[133] Auch der Konzentrationsgrad der führenden Unternehmen kann als Messgröße herangezogen werden.[134] Zurecht wird in der Literatur hierbei jedoch darauf hingewiesen, dass es den beteiligten Unternehmen dabei sehr schwer fallen dürfte, anhand dieser für sie in der Regel kaum ermittelbaren Kriterien den Konzentrationsgrad zu messen.[135]

4. Weitere Faktoren

Schließlich sind auch weitere Faktoren, wie die Stabilität der Marktanteile über einen bestimmten Zeitraum, über Wahrscheinlichkeit und Schnelligkeit eines Markteintritts und die Nachfragemacht der Käufer und die Eigenarten der Produkte zu berücksichtigen.[136] Während die o. g. Kriterien der Analyse der aktuellen Markt- und Wettbewerbsverhältnisse dient (Querschnittsanalyse), ist für eine möglichst exakte Aussage über die Auswirkungen einer Kooperationsvereinbarung auch eine Prognose der zukünftigen Markt- und Wettbewerbsverhältnisse (Längsschnittanalyse) erforderlich.[137]

Anhand dieser soeben erörterten Kriterien ist zu beurteilen, ob horizontale Kooperationsvereinbarungen tatsächlich von Art. 81 Abs. 1 EG erfasst sind. Erst in einem weiteren Schritt ist dann zu prüfen, ob die von Art. 81 Abs. 1 erfassten Vereinbarungen über Art. 81 Abs. 3 EG freigestellt werden können. Auch hierfür enthalten die Leitlinien Beurteilungsmaßstäbe, auf die im Folgenden jedoch nicht ausführlich eingegangen werden soll, da im Zentrum der Untersuchung von Freistellungsmöglichkeiten § 3 GWB steht.

IV. Zwischenergebnis

Die Leitlinien spiegeln die Bemühungen der Kommission wider, ökonomischen Überlegungen eine wesentlich größere Rolle zukommen zu lassen und bei der Beurteilung von Vereinbarungen die Auswirkungen auf den

---

[133] Horizontal-Leitlinien, ABl. 2001/C 3/2, Tz. 29. Die Kommission gibt selbst ein Rechenbeispiel in Fn. 22 vor. Auf dieses wird zur weiteren Erläuterung verwiesen.

[134] Horizontal-Leitlinien, ABl. 2001/C 3/2, Tz. 29, Fn. 23; zu weiteren, von der Kommission nicht erwähnten, Methoden zur Konzentrationsmessung vgl. die Nachweise bei *Bueren,* New economic approach, WRP 2004, 567, 572.

[135] Vgl. *Veelken,* Anmerkungen zum Grünbuch, ZVglRWiss 1998, 241, 280 zur vergleichbaren Problematik bei der *GVO*-Vertikal (GVO-Vertikal (VO 2790/1999), ABl. 1999/L 336/21).

[136] Horizontal-Leitlinien, ABl. 2001/C 3/2, Tz. 30.

[137] *Bueren,* New economic approach, WRP 2004, 567, 572.

Markt stärker zu berücksichtigen (more economic approach).[138] Das Kriterium der Spürbarkeit der Wettbewerbsbeschränkung spielt demnach zwar auch weiterhin eine sehr wichtige Rolle bei der Frage, ob eine Vereinbarung von Art. 81 Abs. 1 EG erfasst wird oder nicht; gleichwohl bedarf es im Einzelfall einer Analyse des Marktes und der zu erwartenden Marktwirkungen der in Rede stehenden Vereinbarung, um endgültig beurteilen können, ob die Vereinbarung tatsächlich eine von Art. 81 Abs. 1 EG verbotene Wettbewerbsbeschränkung darstellt. Die mit dem more economic approach im Rahmen des Art. 81 Abs. 1 EG verbundenen Streitfragen,[139] insbesondere darüber, ob die Kommission zu Recht oder zu Unrecht damit bereits bei der Anwendung des Art. 81 Abs. 1 EG eine eigentlich Art. 81 Abs. 3 EG vorbehaltene Abwägung gegenläufiger Auswirkungen einer Vereinbarung im Sinne einer Prüfung der rule of reason vornimmt[140], soll im Folgenden nicht entschieden werden. Es muss aber konstatiert werden, dass die Kommission in ihren Leitlinien selbst die Trennung zwischen Art. 81 Abs. 1 und Abs. 3 EG nicht immer konsequent durchhält, vielmehr durchaus unter dem Prüfungspunkt „Bewertung nach Artikel 81 Abs. 1" auf Kriterien der Gruppenfreistellungsverordnungen und damit auf Art. 81 Abs. 3 EG rekurriert.[141] Die Leitlinien sind geprägt von einer nicht stringenten Reihenfolge und Systematik, was umso schwerer wiegt, als sie – anders als die Leitlinien über vertikale Beschränkungen – nicht lediglich eine (Schirm-)Gruppenfreistellungsverordnung kommentieren und auslegen, sondern vielmehr „multifunktional" sind und sowohl der Auslegung des Art. 81 Abs. 1, des Abs. 3 als auch einzelner Gruppenfreistellungsverordnungen dienen wollen.[142] Zutreffend ist ferner die Einschätzung, dass die strikten Verbote des Art. 81 Abs. 1 EG, Preise festzusetzen, Produktion zu beschränken oder

---

[138] *Schaub,* Wandel, S. 13 f.; *Heckenberger,* in: Loewenheim, EG-Wbr. (2005), Anhang 1 zu Art. 81 EG, Rn. 37. Vgl. hierzu Horizontal-Leitlinien, ABl. 2001/C 3/2, Tz. 2: „*Die Unternehmen müssen sich im Zuge der Globalisierung, des raschen technischen Wandels und der zunehmenden Dynamik der Märkte dem zunehmenden Wettbewerbsdruck und sich verändernden Märkten stellen. Die Zusammenarbeit kann einen Weg darstellen, um Risiken zu teilen, Kosten einzusparen, Know-how zusammenzulegen und die Innovation zu beschleunigen.*"

[139] Vgl. nur *Schweizer,* Safe harbours, S. 52 f.; *Hildebrand,* Economic Analysis; *Hildebrand, „more economic approach"*, WuW 2005, 513; *Böge, „more economic approach"*, WuW 2004, 726; *Schmidtchen, „more economic approach"*, WuW 2006, 6; *Schmidtchen,* Fehlurteile, WuW 2006, 707; *Bueren,* New economic approach, WRP 2004, 567.

[140] s. dazu explizit *Stopper,* Leitlinien für Horizontalvereinbarungen, EuZW 2001, 426; ferner *BKartA – AK Kartellrecht,* Kooperationen zwischen Wettbewerbern; *Immenga/Stopper,* Leitlinien zur horizontalen Kooperation, RIW 2001, 241, 249.

[141] Im Einzelnen dazu sogleich bei den jeweiligen Vereinbarungsarten.

[142] *Immenga/Stopper,* Leitlinien zur horizontalen Kooperation, RIW 2001, 241, 249.

Märkte aufzuteilen, relativiert und in Abhängigkeit zu den jeweils wirtschaftlich zu beurteilenden Marktverhältnissen gesetzt werden.[143] Ob dieser Wandel hin zu einer mehr wirtschaftlich ausgerichteten Betrachtungsweise richtig oder falsch ist, kann jedoch hier nicht weiter erörtert werden.

Als Zwischenergebnis lässt sich Folgendes festhalten: Die Arten von Vereinbarungen, die zwar nicht als kartellfrei einzustufen sind, aber auch nicht zu der Gruppe von Vereinbarungen gehören, die Kernbeschränkungen im weitesten Sinne enthalten, sind nur dann von Art. 81 Abs. 1 EG erfasst, wenn die Untersuchung marktbezogener Kriterien wie Marktmacht und Marktstruktur negative Auswirkungen auf die relevanten Wettbewerbsfaktoren (Preis, Produktion, Innovationen, Vielfalt und Qualität der Waren) befürchten lässt.[144] Ist dies nicht der Fall, so unterliegen diese Vereinbarungen schon nicht dem Anwendungsbereich des Art. 81 Abs. 1 EG. Die Leitlinien stellen daher eine Regelung zur marktstrukturabhängigen Privilegierung Effizienz steigernder Vereinbarungen dar.

B. Kernaussagen der Leitlinien zu einzelnen Kooperationsformen und ihrer Vereinbarkeit mit Art. 81 Abs. 1 EG

Auf der Grundlage dieses einleitend dargestellten Prüfungsschemas werden in den Leitlinien anschließend die verschiedenen von den Leitlinien erfassten Kerngebiete einer denkbaren horizontalen Kooperation in den Leitlinien untersucht und die Beurteilungsweise der Kommission anhand einer Vielzahl von Beispielen erläutert. Dabei werden die einzelnen Kooperationen je nach dem „Schwerpunkt der Zusammenarbeit"[145] den von den Leitlinien behandelten Kooperationsformen zugeordnet. Der Schwerpunkt der folgenden Erörterungen liegt, wie bei den Leitlinien selbst, bei der Frage, ob die einzelnen horizontalen Kooperationsvereinbarungen überhaupt dem Verbot des Art. 81 Abs. 1 EG unterfallen oder ob sie – unter welchen Voraussetzungen im Einzelnen – kartellfrei sind bzw. kartellfrei sein können. Die in den Leitlinien enthaltenen besonderen Hinweise auf Besonderheiten im Kontext mit horizontalen Rationalisierungsvereinbarungen, beispielsweise hinsichtlich der zu untersuchenden Märkte, können dabei auch Bedeutung für die Auslegung des § 3 GWB erlangen, was später zu untersuchen sein wird. Die in den Leitlinien ebenfalls enthaltenen Hinweise auf die Auslegung der Gruppenfreistellungsverordnung über FuE und über Spe-

[143] Vgl. ausführlich *Stopper,* Leitlinien für Horizontalvereinbarungen, EuZW 2001, 426, 427 ff.

[144] Horizontal-Leitlinien, ABl. 2001/C 3/2, Tz. 19.

[145] Horizontal-Leitlinien, ABl. 2001/C 3/2, Tz. 12

zialisierungsvereinbarungen werden dagegen nur in gebotener Kürze erörtert, da es nicht Ziel der vorliegenden Arbeit ist, die Gruppenfreistellungsverordnungen als eigenständige Freistellungsmöglichkeit kleiner und mittlerer Unternehmen ausführlicher zu untersuchen.

I. Kooperation im Bereich Forschung und Entwicklung[146]

1. Vorbemerkungen, insbesondere zur Definition der relevanten Märkte

Bevor die Leitlinien horizontale Kooperationen im Bereich Forschung und Entwicklung (FuE) nach Art. 81 Abs. 1 EG bewerten, machen sie einige Vorbemerkungen: Einer Definition und allgemeinen Bewertung solcher Kooperationen (2.1.) folgt eine genauere Bestimmung der relevanten Märkte (2.2).

a) Formen erfasster FuE-Vereinbarungen

Von diesem Kapitel der Leitlinien werden, sofern der Schwerpunkt der Zusammenarbeit im Bereich von Forschung und Entwicklung liegt, sämtliche Formen von FuE-Vereinbarungen erfasst: Die Auslagerung bestimmter FuE-Tätigkeiten wird ebenso erfasst wie die gemeinsame Verbesserung bestehender Techniken und die Zusammenarbeit bei Forschung, Entwicklung und Vermarktung völlig neuer Erzeugnisse.[147] Die positiven Effekte einer solchen Zusammenarbeit werden von der Kommission darin gesehen, dass unnötige Doppelkosten verringert werden, die gegenseitige Befruchtung mit Ideen und Erfahrungen gesteigert und dass so eine schnellere Entwicklung von Produkten und Techniken bewirkt wird.[148] Betont wird dabei insbesondere auch, dass gerade für kleine und mittlere Unternehmen solche Kooperationen erhebliche Bedeutung erlangen können. Durch FuE-Vereinbarungen erhöht sich nach Ansicht der Kommission die gesamte Forschungs- und Entwicklungstätigkeit von KMU, „wodurch sie in die Lage versetzt werden, im Wettbewerb mit größeren Unternehmen besser bestehen zu können."[149] Hier wird eine Parallele zur Zielsetzung des § 3 GWB deutlich erkennbar. Es fällt allerdings auf, dass die Kommission nicht definiert, was sie unter einem kleinen oder mittleren Unternehmen versteht. Auch eine Bezugnahme auf

---

[146] Vgl. hierzu *Haag,* in: v. d. Groeben/Schwarze (Bd. 2) (2003), nach Artikel 81 EG, Kap. II., Rn. 5 ff.; *Schweizer,* Safe harbours, S. 83 f., 249 ff.; *Braun,* in: Langen/Bunte, EG (2006), Art. 81, Rn. 119 ff.

[147] Horizontal-Leitlinien, ABl. 2001/C 3/2, Tz. 39.

[148] Horizontal-Leitlinien, ABl. 2001/C 3/2, Tz. 40.

[149] Horizontal-Leitlinien, ABl. 2001/C 3/2, Tz. 41.

die bereits im Zusammenhang mit der de-minimis-Bekanntmachung genannten Kommissionsempfehlung zur Definition von kleinen und mittleren Unternehmen[150] fehlt. Es kann daher nicht genau bestimmt werden, ob sich der Begriff der „kleinen und mittleren Unternehmen" in den Leitlinien mit dem in § 3 GWB deckt. Berücksichtigt man aber die identische Zielsetzung, so liegt es nahe, für die Definition von kleinen und mittleren Unternehmen im Rahmen der Leitlinien die gleichen Überlegungen wie im Kontext mit § 3 GWB anzustellen und hier die Unternehmensgrößen ebenfalls in Relation zu den einzelnen Wettbewerbern zu bestimmen und nicht in die absoluten Schwellenwerte der KMU-Empfehlung für die Auslegung heranzuziehen.

b) Relevante Märkte

Die Kommission hält es im Bereich von FuE-Kooperationen für erforderlich, besondere Hinweise für die Definition der relevanten Märkte zu geben.[151] Die Bedeutung, die diese Hinweise auch schon für das Tatbestandsmerkmal der Spürbarkeit der Wettbewerbsbeeinträchtigung haben, wurde bereits herausgearbeitet. Die Überlegungen, die die Kommission hier anstellt, sind möglicherweise auch von Bedeutung für die weitere Analyse einzelner Tatbestandsmerkmale des § 3 GWB, namentlich des Tatbestandsmerkmals der „nicht wesentlichen Beeinträchtigung des Wettbewerbs" als oberster Grenze zulässiger horizontaler Kooperationen. Es ist daher der Mühe wert, die Ausführungen in den Leitlinien gerade zur Definition der relevanten und zu untersuchenden Märkte genauer zu analysieren:

Die Leitlinien trennen nicht nur zwischen dem Wettbewerb auf „vorhandenen Märkten" einerseits und dem „Innovationswettbewerb" als solchem andererseits, sondern erläutern auch das Vorgehen zur Errechnung von Marktanteilen genauer. Je nachdem, ob die FuE-Tätigkeit dazu dienen soll, ein bereits vorhandenes Produkt lediglich zu verbessern, ein völlig neues Produkt zu schaffen oder ob – wie in den meisten Fällen – die FuE-Tätigkeit dazwischen liegt, also ein Produkt geschaffen werden soll, das erst im Laufe der Zeit vorhandene Produkte vollständig ersetzen soll, ist zwischen den Auswirkungen auf vorhandene Märkte und auf den Innovationswettbewerb als solchem zu differenzieren. Auch sind dabei die Wechselbeziehungen zwischen den einzelnen Märkten zu untersuchen.

Auf den *vorhandenen Märkten* ist zwischen Produktmärkten und Technologiemärkten zu unterscheiden: Während es bei Ersterem direkt um das

[150] KMU-Empfehlung (2003), ABl. 2003/L 124/36.

[151] Horizontal-Leitlinien, ABl. 2001/C 3/2, Tz. 43 ff. s. zu den Schwierigkeiten einer Marktabgrenzung im Bereich der FuE-Kooperationen ausführlich *Schweizer,* Safe harbours, S. 247 ff. m.z.N.

Produkt der FuE-Tätigkeit geht – wobei auch hier weiter differenziert werden kann zwischen dem Markt für einen unmittelbar aus der FuE-Tätigkeit entstammenden wichtigen Bestandteil eines Endproduktes und dem möglicherweise ebenfalls zu analysierenden, nur mittelbar von der FuE-Tätigkeit betroffenen Markt für das Enderzeugnis selbst[152] –, geht es bei Letzterem um den Markt für die geistigen Eigentumsrechte an den Ergebnissen der gemeinsamen Forschungs- und Entwicklungsarbeit.[153] Auch zur Definition dieser Technologiemärkte gelten die gleichen Grundsätze wie bei der Definition des Produktmarktes.[154] Dabei ist jedoch die Stellung der Beteiligten auf dem Markt der *bestehenden* Technologie zwar ein relevantes Bewertungskriterium sowohl dann, wenn die FuE-Zusammenarbeit auf eine spürbare Verbesserung einer bestehenden Technologie abzielt, als auch dann, wenn sie auf eine neue Technologie abzielt, die das Potenzial hat, die bestehende Technologie abzulösen; der Marktanteil der Beteiligten ist jedoch nur ein erster Ausgangspunkt, da in diesem Bereich der Prognose zukünftigen Auswirkungen auf den Technologiemarkt (beispielsweise: Abschottung des Marktes durch gezielte Lizenzpolitik) besondere Bedeutung zukommt.[155] Neben dem Wettbewerb auf den vorhandenen Märkten ist auch der *Innovationswettbewerb,* also der Wettbewerb für Produkte, „die eines Tages die vorhandenen Produkte und Technologien ersetzen können, oder die für einen neuen Verwendungszweck entwickelt werden und deshalb nicht die vorhandenen Produkte ersetzen, sondern eine vollständig neue Nachfrage begründen sollen“[156], zu untersuchen. Zur Beurteilung der Auswirkungen auf diesem Markt kann es in einigen Fällen notwendig sein, „je nach Art des in einem Wirtschaftszweig stattfinden Innovationsprozesses zwei Sachverhalte zu unterscheiden“[157]: Beim ersten Sachverhalt sind mehrere sog. „FuE-Pole“ im Markt vorhanden. Dabei handelt es sich um FuE-Arbeiten, „die auf ein neues Produkt oder eine neue Technologie gerichtet sind, und die Arbeiten, die auf die Entwicklung von Substituten für diese Produkte oder Technologien abzielen, einen ähnlichen Zugang zu den Ressourcen haben, und den gleichen Zeitplan aufweisen.“[158] Ausgehend von den eigenen Arbeiten der Beteiligten der Kooperation ist zu untersuchen, ob „glaubhafte konkurrierende FuE-Pole“[159] anderer Wettbewerber bestehen, wobei „Art, Erfassungsbereich und Umfang möglicher anderer FuE-

---

[152] Horizontal-Leitlinien, ABl. 2001/C 3/2, Tz. 45 f.
[153] Horizontal-Leitlinien, ABl. 2001/C 3/2, Tz. 4.
[154] Horizontal-Leitlinien, ABl. 2001/C 3/2, Tz. 48 i.V.m. Fn. 25.
[155] Horizontal-Leitlinien, ABl. 2001/C 3/2, Tz. 49.
[156] Horizontal-Leitlinien, ABl. 2001/C 3/2, Tz. 50.
[157] Horizontal-Leitlinien, ABl. 2001/C 3/2, Tz. 50.
[158] Horizontal-Leitlinien, ABl. 2001/C 3/2, Tz. 51.
[159] Horizontal-Leitlinien, ABl. 2001/C 3/2, Tz. 51.

Arbeiten, deren Zugang zu Finanz- und Humanressourcen, Know-how/Patente oder andere spezifische Aktiva sowie der entsprechende Zeitplan und die Fähigkeit, die entstehenden Ergebnisse zu nutzen“ zu berücksichtigen und zu untersuchen sind.[160] Beim zweiten Sachverhalt sind solche FuE-Pole mangels hinreichender Strukturiertheit nicht auszumachen. Die Kommission verzichtet in diesen Fällen grundsätzlich darauf, die Auswirkungen auf die Innovationen in einem Markt zu ermitteln und untersucht lediglich die Produkt- und/oder Technologiemärkte, die mit der betreffenden Zusammenarbeit verbunden sind.[161]

Die Leitlinien geben auch Hinweise zur Errechnung von Marktanteilen im Bereich der Forschungs- und Entwicklungsvereinbarungen. Dabei weisen sie nochmals ausführlich darauf hin, dass für die Errechnung der Marktanteile sowohl im Sinne der FuE-Gruppenfreistellungsverordnung als auch der Leitlinien selbst zwischen dem Wettbewerb auf den bereits bestehenden Märkten einerseits und dem Innovationswettbewerb andererseits zu trennen ist. Die bestehenden Märkte sind dann zu untersuchen, wenn Ziel der Vereinbarung die Verbesserung oder die Ersetzung bereits bestehender Produkte ist. Auf den Innovationswettbewerb allein ist dagegen dann abzustellen, wenn die FuE-Vereinbarung auf die Schaffung eines neuen Produktes abzielt. Die Kommission weist abschließend noch darauf hin, dass die Gruppenfreistellungsverordnung für beide Konstellationen ein bestimmtes Vorgehen vorsieht – nämlich beim Ziel einer bloßen Verbesserung beziehungsweise eines Ersatzes bestehender Produkte die Heranziehung einer Marktanteilsschwelle von 25% auf den bestehenden Märkten, bei der Schaffung eines vollständig neuen Produktes unabhängig vom jeweiligen Marktanteil eine Freistellung für sieben Jahre.[162]

2. *Bewertung nach Art. 81 Abs. 1 EG*[163]

Bei der Bewertung des Art. 81 Abs. 1 EG zeigt sich an mehreren Stellen, dass die Kommission annimmt, dass ganz grundsätzlich von FuE-Kooperationen nur geringe Gefahren für den Wettbewerb ausgehen.[164] Vor

[160] Horizontal-Leitlinien, ABl. 2001/C 3/2 Tz. 51.

[161] Horizontal-Leitlinien, ABl. 2001/C 3/2 Tz. 52.

[162] Horizontal-Leitlinien, ABl. 2001/C 3/2 Tz. 53 f.

[163] Vgl. hierzu ausführlich *Schweizer,* Safe harbours, S. 83 f., 241 ff.; *Haag,* in: v. d. Groeben/Schwarze (Bd. 2) (2003), nach Artikel 81 EG, Kap. II., Rn. 7 ff., mit Darstellung der bisherigen Verwaltungspraxis der Kommission, die angesichts der wirtschaftlichen Ausrichtung der Leitlinien nicht mehr unbesehen übernommen werden kann.

[164] Horizontal-Leitlinien, ABl. 2001/C 3/2, Tz. 55, 64, dabei in einer Linie mit der bisherigen Entscheidungspraxis stehend (vgl. bspw. *Europäische Kommission,*

allem Vereinbarungen über Forschungs-und Entwicklungsarbeiten, die sich noch in einem theoretischen Stadium befinden, sind nach Ansicht der Kommission bereits aufgrund ihrer Art nicht von Art. 81 Abs. 1 EG erfasst.[165] Das gilt auch für Kooperationen zwischen Nicht-Wettbewerbern oder Vereinbarungen über die Auslagerung der Forschung und Entwicklung auf spezialisierte Forschungseinrichtungen, die mit der gewerblichen Nutzung der Forschungsergebnisse nicht befasst sind. Gleiches gilt schließlich, solange nicht der Innovationswettbewerb wesentlich verringert wird, auch für Kooperationen, die sich auf die reine Forschung und Entwicklung beschränken und die keine weiterreichende Zusammenarbeit hinsichtlich der gemeinsamen Nutzung der Ergebnisse vorsehen.[166] Aber auch dann, wenn die Forschungs- und Entwicklungsarbeit in der Phase kurz vor der Markteinführung steht und die beteiligten Unternehmen Wettbewerber entweder in bestehenden Produkt-/Technologiemärkten oder den Innovationsmärkten tätig sind, sind nachteilige Wirkungen für den Wettbewerb in der Regel nur dann zu befürchten, wenn die Beteiligten „erhebliche Macht in den vorhandenen Märkten ausüben, und/oder der Wettbewerb im Bereich der Innovation wesentlich zurückgeht.“[167] Nur dann steht zu befürchten, dass erstens die Innovation eingeschränkt, zweitens das Verhalten der Beteiligten in vorhandenen Märkten abgestimmt und drittens der Markt abgeschottet werden kann.[168] Offen bleibt dabei, was unter erheblicher Marktmacht beziehungsweise einem wesentlichen Rückgang des Wettbewerbs zu verstehen ist. Fest steht nur, dass die Kommission hierunter jedenfalls auch schon Machtverhältnisse zählt, die unterhalb der Schwelle der Markt-

---

26.02.1968, Az.: 68/128/EWG – Eurogypsum, ABl. 1968/L 57/9; *Europäische Kommission,* 17.07.1968, Az.: 68/319/EWG – ACEC, ABl. 1968/L201/7; *Europäische Kommission,* 23.11.1977, Az.: 77/781/EWG – GEC, ABl. 1977/L 327/26; *Europäische Kommission,* 12.01.1990, Az.: 90/46/EWG – ALCATEL, ABl. 1990/L 32/19; *Europäische Kommission,* 12.12.1990, Az.: 91/38/EWG – KSB, ABl. 1991/L 19/25; *Europäische Kommission,* 06.10.1994, Az.: 94/770/EG – Pasteur Merieux-Merck, ABl. 1994/L 309/1; *Europäische Kommission,* 16.12.1994, Az.: 94/896/EG – Asahi, ABl. 1994/L 354/87; *Europäische Kommission,* 14.09.1999, Az.: 2000/182/EG – GEAE, ABl. 2000/L 58/16). s. die kritische Auseinandersetzung mit dieser These bei: *Schweizer,* Safe harbours, S. 241 ff.

165 Horizontal-Leitlinien, ABl. 2001/C 3/2, Tz. 55 ff.

166 Horizontal-Leitlinien, ABl. 2001/C 3/2, Tz. 58. Vgl. hierzu Entscheidungen der Kommission i. S. *Europäische Kommission,* 17.01.1979, Az.: 79/298/EWG – Beecham, ABl. 1979/L70/11; *Europäische Kommission,* 18.12.1985, Az.: 85/618/EWG – Siemens/Fanuc, ABl. 1985/L 376/29.

167 Horizontal-Leitlinien, ABl. 2001/C 3/2, Tz. 61. Der Hinweis der Kommission, dass dann, wenn mit der Kooperationsvereinbarung *Hardcore-Kartelle* verschleiert werden sollen, in jedem Fall das Kartellverbot des Art. 81 Abs. 1 EG eingreift, formuliert eine Selbstverständlichkeit.

168 Horizontal-Leitlinien, ABl. 2001/C 3/2, Tz. 61.

beherrschung im Sinne des Art. 82 EG liegen.[169] Im Übrigen betont die Kommission auch hier, dass die Machtverhältnisse nicht allein anhand absoluter Marktanteilsschwellen beurteilt werden können, dass allerdings unter Heranziehung der GVO-FuE erst ab einem gemeinsamen Marktanteil von 25% nachteilige Wirkungen auf den Wettbewerb überhaupt denkbar sind und erst dann eine genauere Untersuchung der Frage, ob die Vereinbarung von Art. 81 Abs. 1 EG erfasst wird, erforderlich wird.[170] Hier wird erneut deutlich, dass die Kommission nicht strikt zwischen der Bewertung nach Art. 81 Abs. 1 und der nach Art. 81 Abs. 3 EG trennt, vielmehr beide Prüfungspunkte vermengt.[171] Auch in den anschließenden Ausführungen zur genaueren Untersuchung der Vereinbarkeit der Kooperation mit Art. 81 Abs. 1 EG erörtert die Kommission – immer noch unter der Überschrift „Bewertung nach Art. 81 Abs. 1“ – Fragen einer möglichen Freistellung über Art. 81 Abs. 3 EG.[172] Bei der eigentlichen Bewertung nach Art. 81 Abs. 1 EG ist entsprechend der jeweiligen Auswirkung auf die oben genannten, differenzierten Märkte zu prüfen, ob die Verbesserung vorhandener Produkte, die Entwicklung neuer Produkte, die einen eigenen neuen Markt bilden, oder ein Ergebnis dazwischen das Ziel der Vereinbarung ist.[173]

II. Kooperationen im Bereich der Produktion (einschließlich Spezialisierungsvereinbarungen)

1. Vorbemerkungen

a) Kooperationsformen

Die Leitlinien erfassen in ihrem Kapitel über Produktionsvereinbarungen drei denkbare Arten der Kooperationen, nämlich Vereinbarung über die gemeinsame Produktion im Rahmen eines Gemeinschaftsunternehmens[174], Spezialisierungsvereinbarungen, bei denen die Partner allein oder gemeinsam die Produktion eines bestimmten Erzeugnisses vereinbaren und Zuliefervereinbarungen, bei denen der Auftragnehmer dem Zulieferer die Her-

---

169 Horizontal-Leitlinien, ABl. 2001/C 3/2, Fn. 17.

170 Horizontal-Leitlinien, ABl. 2001/C 3/2, Tz. 62 f.

171 *Schweizer,* Safe harbours, S. 84, der hierin jedoch keinen Systembruch erkennt.

172 Horizontal-Leitlinien, ABl. 2001/C 3/2, Tz. 67.

173 Horizontal-Leitlinien, ABl. 2001/C 3/2, Tz. 64 ff.

174 Es wurde bereits darauf hingewiesen, dass im Rahmen dieser Arbeit nicht gesondert auf die Problematiken im Zusammenhang mit Gemeinschaftsunternehmen eingegangen werden kann.

stellung eines Erzeugnisses überlässt.[175] Letztere Vereinbarungen sind jedoch nur dann erfasst, wenn die Kooperation zwischen Wettbewerbern getroffen wird, da anderenfalls die Bestimmungen über vertikalen Vereinbarungen eingreifen.[176] Auch Spezialisierungsvereinbarungen zwischen Nichtwettbewerbern werden nach den Leitlinien der Kommission grundsätzlich nicht von Art. 81 Abs. 1 EG erfasst. Etwas anderes kann dann gelten, wenn die in Rede stehende Vereinbarung marktabschottend wirkt.[177] Schließlich werden auch Spezialisierungsvereinbarungen zwischen Wettbewerbern nicht von Art. 81 Abs. 1 EG erfasst, wenn sie die einzige Möglichkeit darstellen, in einen neuen Markt einzutreten, ein neues Erzeugnis oder eine neue Dienstleistung einzuführen oder ein bestimmtes Projekt durchzuführen.[178]

b) Relevante Märkte

Zu berücksichtigen ist bei der anschließenden Untersuchung der Vereinbarungen, dass durch eine Produktionsvereinbarung in einem Markt auch das Wettbewerbsverhalten der Beteiligten in einem anderen, nachgeordneten, vorgelagerten oder benachbarten Markt betroffen sein kann. Dies ist nach den Leitlinien jedoch nur dann der Fall, wenn die Zusammenarbeit in einem Markt zur Abstimmung des Wettbewerbsverhaltens in einem anderen Markt führt. Das kann dann zutreffen, wenn die jeweiligen Märkte durch gegenseitige Abhängigkeiten verbunden sind und sich die Vertragspartner in einer starken Stellung auf dem Nachbarmarkt befinden.[179] Grundsätzlich werden Nachbarmärkte nur dann in die Untersuchung einzubeziehen sein, wenn bestimmte Voraussetzungen vorliegen, beispielsweise

---

[175] Horizontal-Leitlinien, ABl. 2001/C 3/2, Tz. 79. Vgl. hierzu *Schweizer,* Safe harbours, S. 84 f.; *Haag,* in: v. d. Groeben/Schwarze (Bd. 2) (2003), nach Artikel 81 EG, Kap. II., Rn. 23 ff.; ferner *Braun,* in: Langen/Bunte, EG (2006), Art. 81, Rn. 140 ff., insbes., Rn. 145–155.

[176] Horizontal-Leitlinien, ABl. 2001/C 3/2, Tz. 80 f. Wenn Gegenstand der Zulieferervereinbarung eine Essentialia für das Endprodukt des Wettbewerbers ist, so können Abschottungsprobleme und nachteilige Wirkungen auf den Nachbarmärkten auftreten (vgl. Tz. 100), was zum Eingreifen des Art. 81 Abs. 1 EG führt. Weitergehende Hinweise zur Beurteilung von Zulieferervereinbarungen, bei denen der Auftraggeber dem Zulieferer bestimmte Ressourcen zur Verfügung stellt, lassen sich einer weiteren Bekanntmachung der Kommission (*Europäische Kommission,* Bekanntmachung der Kommission vom 18. Dezember 1978 über die Beurteilung von Zulieferverträgen nach Artikel 85 Absatz 1 des Vertrages zur Gründung der Europäischen Wirtschaftsgemeinschaft, (Zuliefer-Bekanntmachung), ABl. 1979/C/1/2.) entnehmen.

[177] Horizontal-Leitlinien, ABl. 2001/C 3/2, Tz. 71.

[178] Horizontal-Leitlinien, ABl. 2001/C 3/2, Tz. 87.

[179] Horizontal-Leitlinien, ABl. 2001/C 3/2, Tz. 82.

„die Vertragspartner gemeinsam eine starke Stellung auf vorgelagerten oder nachgeordneten Märkten oder auf Märkten einnehmen, die auf andere Weise mit dem unmittelbar von der Zusammenarbeit betroffenen Markt zusammenhängen. Dies gilt insbesondere für die Zusammenarbeit in vorgelagerten Märkten durch Unternehmen, die auch auf der nachgeordneten Stufe gemeinsam eine starke Marktstellung einnehmen."[180]

2. *Bewertung gemäß Art. 81 Abs. 1 EG*

Im Zentrum der Bewertung nach Art. 81 Abs. 1 EG steht die Gefahr einer Koordinierung des Wettbewerbsverhaltens der Partner auf den relevanten Märkten und die Gefahr einer Abschottung, die jedoch eine „sehr starke Marktstellung"[181] von wenigstens einem der Beteiligten voraussetzt.[182] Vereinbarungen, die eine Koordinierung des Wettbewerbsverhaltens gerade bezwecken, unterfallen daher fast immer Art. 81 Abs. 1 EG. Hierzu zählen vor allem bestimmte Kernbeschränkungen, nämlich die Festsetzung der Preise für Lieferungen der Partner, die Beschränkung der Produktion und die Aufteilung von Märkten oder Kundengruppen.[183] Von diesem Grundsatz ausgenommen sind jedoch Vereinbarungen über die Warenmenge, die mit der Produktionsvereinbarung gemeinsam ausgestoßen werden soll, und sogar Vereinbarungen über die *Verkaufspreise* für die in einem *Gemeinschaftsunternehmen* produzierten und gleichzeitig von diesem Gemeinschaftsunternehmen vertriebenen Produkte.[184]

Eine Koordinierung des Wettbewerbsverhaltens wird durch eine spürbare Kostenangleichung und die Homogenität der hergestellten Produkte begünstigt, die jedoch nur dann zu erzielen sind, wenn wesentliche Teile der Tätigkeiten zusammengelegt werden.[185] Solche Produktionsvereinbarungen, die zwar keine der soeben genannten Kernbeschränkungen enthalten, die aber gleichwohl zu einer erheblichen und spürbaren Angleichung der Kosten führen, zählen zu den Arten von Vereinbarungen, die von Art. 81 Abs. 1 EG erfasst werden *können*. Diese Vereinbarungen sind gemäß dem dargestellten analytischen Rahmen in ihrem wirtschaftlichen Umfeld zu untersuchen.[186] Im Umkehrschluss ist dann, wenn nur ein kleiner Teil der Gesamtkosten gemeinsame Kosten sind, eine Wirkung auf

---

180 Horizontal-Leitlinien, ABl. 2001/C 3/2, Tz. 95.

181 Horizontal-Leitlinien, ABl. 2001/C 3/2, Tz. 85, eine Definition des Begriffs „sehr starke Marktstellung" geben die Leitlinien nicht.

182 Horizontal-Leitlinien, ABl. 2001/C 3/2, Tz. 85.

183 Horizontal-Leitlinien, ABl. 2001/C 3/2, Tz. 90.

184 Horizontal-Leitlinien, ABl. 2001/C 3/2, Tz. 90.

185 Horizontal-Leitlinien, ABl. 2001/C 3/2, Tz. 84.

186 Horizontal-Leitlinien, ABl. 2001/C 3/2, Tz. 91.

das Wettbewerbsverhalten der Beteiligten sehr unwahrscheinlich, weshalb solche Vereinbarungen – obwohl sie zwischen Wettbewerbern geschlossen wurden – zu der Art von Vereinbarungen zu zählen sind, die, ebenso wie Vereinbarungen zwischen Nichtwettbewerbern, von Art. 81 Abs. 1 EG nicht erfasst werden und deshalb nicht mehr genauer untersucht werden müssen.[187]

Da sich die Kommission dem Ziel einer vermehrt an ökonomischen Kriterien ausgerichteten Bewertung verpflichtet hat,[188] geht sie konsequenterweise auch bei der Beurteilung von Produktionsvereinbarungen von der Analyse der Stellung der Beteiligten auf den betroffenen Märkten aus und untersucht die Marktmachtverhältnisse der Partner der in Rede stehenden Produktionsvereinbarung. Auch hier benennt die Kommission keine absoluten Marktanteilsschwellen, bei deren Überschreiten ein erforderliches Maß an Marktmacht begründet wäre und Art. 81 Abs. 1 EG grundsätzlich eingreifen würde; auch hier bezieht sich die Kommission auf die Marktanteilsschwellen der einschlägigen Gruppenfreistellungsverordnung für Spezialisierungsvereinbarungen[189], und stellt fest, dass eine eingehende Untersuchung erst bei einem gemeinsamen Marktanteil der Beteiligten von über 20% zu erfolgen habe.[190] Wird diese Grenze überschritten sind die anzunehmenden Auswirkungen der Produktionsvereinbarung auf den Markt anhand des bereits aufgezeigten analytischen Instrumentariums zu untersuchen: Neben dem gemeinsamen Marktanteil ist die Marktkonzentration, die Marktdynamik, die Entstehung von Netzeffekten und der potentielle Wettbewerb zu analysieren.[191] Handelt es sich bei den Produktionsvereinbarungen um *gegenseitige* Spezialisierungsvereinbarungen[192], die von Wettbewerbern mit höheren Marktanteilen als in der Spezialisierungs-GVO[193] (20% gemeinsamer Marktanteil) vorgesehen, getroffen wer-

[187] Horizontal-Leitlinien, ABl. 2001/C 3/2, Tz. 86 ff., (88).

[188] Vgl. Horizontal-Leitlinien, ABl. 2001/C 3/2, Tz. 6. Vgl. zu der bereits vor den Horiztonal-Leitlinien in Einzelentscheidungen feststellbaren Hinwendung zu einem „wirtschaftlicheren Ansatz“ ausführlich *Braun,* in: Langen/Bunte, EG (2006), Art. 81, Rn. 152 f.

[189] GVO Spezialisierung (VO 2658/2000), ABl. 2000/L 304/3.

[190] Horizontal-Leitlinien, ABl. 2001/C 3/2, Tz. 93.

[191] Horizontal-Leitlinien, ABl. 2001/C 3/2, Tz. 96 ff.

[192] Unter einer gegenseitigen Spezialisierung ist eine Vereinbarung zu sehen, derzufolge die beteiligten Unternehmen wechselseitig darauf verzichten, bestimmte Waren herzustellen, und die Produktion dieser Waren dem jeweils anderen Vertragspartner überlassen. Sie ist von der einseitigen Spezialisierung zu unterscheiden, bei der einzelne Leistungen zukünftig nur noch von einem Partner erbracht werden. Vgl. zu weiteren Erscheinungsformen der Spezialisierung und ihrer Beurteilung durch die Kommission außerhalb der Leitlinien: *Haag,* in: v. d. Groeben/Schwarze (Bd. 2) (2003), Anhang zu Artikel 81 EG, Kap. II., Rn. 24 f.

den, sind diese nach Einschätzung der Kommission angesichts der drohenden Marktaufteilung in beinahe sämtlichen Fällen von Art. 81 Abs. 1 EG erfasst und angesichts der drohenden Marktaufteilung genauestens zu untersuchen.[194]

III. Einkaufskooperationen

1. Vorbemerkungen

Im sich anschließenden Kapitel befassen sich die Leitlinien mit Einkaufskooperationen.[195] Die Leitlinien beschränken sich dabei entsprechend ihrem Anwendungsbereich auf die Beurteilung horizontaler Vereinbarungen, auch wenn eine Einkaufskooperation neben horizontalen auch vertikale Vereinbarungen beinhaltet. Letztere wären gegebenenfalls im Rahmen einer Zweistufenanalyse nach den in der Gruppenfreistellungsverordnung und den Leitlinien für vertikale Beschränkungen[196] enthaltenen Grundsätzen zu untersuchen.[197]

Zu den relevanten Märkten zählen neben den unmittelbar von der Zusammenarbeit betroffenen Märkten, d.h. den Einkaufsmärkten, auch die Verkaufsmärkte, auf denen die kooperierenden Unternehmen als Verkäufer tätig sind.[198] Auswirkungen auf diese nachgeordneten Märkte korrelieren mit der Marktmacht, die die Partner durch die Abstimmung ihres Verhaltens gewinnen und damit, dass sie einen spürbaren Anteil der Gesamtkosten gemeinsam tragen.[199]

2. Bewertung nach Art. 81 Abs. 1 EG

Die Kommission geht davon aus, dass die meisten Einkaufsvereinbarungen in ihrem rechtlichen und wirtschaftlichen Umfeld daraufhin untersucht werden müssen, ob sie von Art. 81 Abs. 1 EG erfasst werden oder nicht.[200]

---

[193] GVO Spezialisierung (VO 2658/2000), ABl. 2000/L 304/3.

[194] Horizontal-Leitlinien, ABl. 2001/C 3/2, Tz. 101.

[195] Vgl. hierzu auch *Schweizer,* Safe harbours, S. 86; *Haag,* in: v. d. Groeben/Schwarze (Bd. 2) (2003), nach Artikel 81 EG, Kap. II., Rn. 42 ff.; *Braun,* in: Langen/Bunte, EG (2006), Art. 81, Rn. 185 f.

[196] GVO-Vertikal (VO 2790/1999), ABl. 1999/L 336/21; Vertikal-Leitlinien, ABl. 2000/C 291/01.

[197] Horizontal-Leitlinien, ABl. 2001/C 3/2, Tz. 117.

[198] Horizontal-Leitlinien, ABl. 2001/C 3/2, Tz. 119 ff.

[199] Horizontal-Leitlinien, ABl. 2001/C 3/2, Tz. 122.

[200] Horizontal-Leitlinien, ABl. 2001/C 3/2, Tz. 125.

Die früher gestellte Frage[201] nach einem Bezugszwang, der für die Annahme einer Beschränkung des Wettbewerbs zwingende Voraussetzung war, wird bei der Bewertung nach Art. 81 Abs. 1 EG durch die Horizontal-Leitlinien nicht mehr erörtert. Somit kann grundsätzlich auch ohne Bezugszwang eine Wettbewerbsbeschränkung vorliegen und umgekehrt auch bei einem Bezugszwang nicht zwingend auf ein Eingreifen des Kartellverbots des Art. 81 Abs. 1 EG geschlossen werden.[202] Im Vordergrund der Untersuchung steht dabei, so wie auch bei der Beurteilung der anderen Kooperationsbereiche, nunmehr die Beurteilung der Marktmacht und der Marktstrukturen. Am Ausgangspunkt steht die Erforschung der Nachfragemacht der beteiligten Unternehmen. Nachfragemacht besteht,

> „wenn auf die Einkaufsvereinbarungen ein hinreichend großer Anteil des Gesamtumfangs eines Einkaufsmarktes entfällt, so dass die Preise über das Wettbewerbsniveau gedrückt werden können oder der Marktzugang konkurrierenden Abnehmern versperrt werden kann."[203]

Können schon allein durch die Ausübung von Nachfragemacht negative Auswirkungen bei den Anbietern auf einem Markt hervorgerufen werden (Qualitätsrückgang, Nachlassen von Innovationen, nicht-optimales Angebot), so können die negativen Auswirkungen dann erst recht jegliche wettbewerbsfördernde Wirkung überwiegen, wenn entsprechende Wechselwirkungen zwischen den Einkaufs- und Verkaufsmärkten festgestellt werden müssen. Verfügen die beteiligten Unternehmen nicht nur über Nachfragemacht, sondern üben sie auch gemeinsam auf dem Verkaufsmarkt Macht aus, dann werden häufig die durch die gebündelte Nachfrage erzielten Kosteneinsparungen nicht an die Abnehmer auf der nachgelagerten Marktstufe weitergegeben. Gleichzeitig steigt der Anreiz für die Vertragspartner, ihr Verhalten auch auf diesem nachgeordneten Markt abzustimmen.[204] Eine weitere Wechselwirkung zwischen Einkaufs- und Verkaufsmärkten ist darin zu sehen, dass die Macht auf den Verkaufsmärkten begründet oder verstärkt werden kann, wenn die Nachfragemacht zu einer Abschottung von Wettbewerbern oder zur Heraufsetzung deren Kosten verwendet wird.[205]

Auch hier hängt die Frage nach dem Umfang der Marktmacht von dem gemeinsamen Marktanteil der Beteiligten ab. Die Kommission vermeidet es ebenso wie bei der Beurteilung anderer Kooperationsbereiche, feste Markt-

---

[201] *Europäische Kommission,* 17.07.1968, Az.: 68/318/EWG – SOCEMAS, ABl. 1968/L 201/4, 6; *Europäische Kommission,* 14.07.1975, Az.: 75/482/EWG – INTERGROUP, ABl. 1975/L 212/23, 25.

[202] Vgl. *Braun,* in: Langen/Bunte, EG (2006), Art. 81, Rn. 191 f.

[203] Horizontal-Leitlinien, ABl. 2001/C 3/2, Tz. 126.

[204] Horizontal-Leitlinien, ABl. 2001/C 3/2, Tz. 126 ff.

[205] Horizontal-Leitlinien, ABl. 2001/C 3/2, Tz. 129.

anteilsschwellen zu benennen, deren Überschreiten automatisch anzeigen würde, dass die Zusammenarbeit nachteilige Folgen im Markt zeitigt und deshalb unter Art. 81 Abs. 1 EG fällt. Dagegen sieht sie eine Grenze bei 15% gemeinsamen Marktanteils sowohl auf dem Einkaufs- als auch auf dem Verkaufsmarkt, bis zu der es regelmäßig unwahrscheinlich ist, dass Marktmacht vorhanden ist, die die gezeigten nachteiligen Folgen befürchten ließe. Würde diese Schwelle von 15% Marktanteil überschritten, so bedarf es einer Prüfung der Wettbewerbswirkungen der konkret in Rede stehenden Vereinbarung.[206]

Angesichts des Schwerpunktes der vorliegenden Arbeit ist einer weiteren Aussage der Leitlinien im Kontext mit horizontalen Einkaufsvereinbarungen besondere Bedeutung beizumessen: Noch im Rahmen ihrer Vorbemerkungen betonen die Leitlinien, dass Einkaufsvereinbarungen

> „häufig von kleinen und mittleren Unternehmen geschlossen werden, um ähnliche Bezugsmengen und Rabatte wie ihre großen Wettbewerber erzielen zu können. Diese Vereinbarungen zwischen kleinen und mittleren Unternehmen sind daher normalerweise wettbewerbsfördernd. Selbst wenn ein bestimmtes Maß an Marktmacht geschaffen wird, würde dies durch die Größenvorteile gutgemacht, sofern die Partner ihre Einkaufsmengen tatsächlich bündeln.“[207]

Zunächst fällt auf, dass auch hier, ebenso wie im Rahmen der Verlautbarungen zu den FuE-Kooperationen, eine Definition der kleinen und mittleren Unternehmen fehlt. Angesichts der identischen Zielsetzung, nämlich *relativ* kleine und mittlere Unternehmen zu privilegieren, kann hier auf die Ausführungen im Kontext mit den Forschungs- und Entwicklungskooperationen verwiesen werden. Hier wie dort hat die Bestimmung der privilegierten Unternehmen *relativ* zu den weiterhin im Markt vorhandenen Großunternehmen zu erfolgen. Darüber hinaus weist Schweizer zu Recht daraufhin, dass ungeklärt ist, ob die Kommission sich mit dieser Erläuterung auf Abs. 1 oder auf Abs. 3 des Art. 81 EG bezieht.[208] Sollte es sich hierbei um die Frage einer Freistellung nach Abs. 3 handeln, so wäre das Verhältnis dieser Aussage zu der im Kontext mit einer Freistellung erhobenen Forderung der Leitlinien nach einem wirtschaftlichen Nutzen, der nicht allein auf die Ausübung von Macht zurückzuführen ist[209], fraglich. Bei genauer Betrachtung kommt man zu folgendem Ergebnis: Die zitierte Aussage steht unter der Überschrift „Definition“ und damit außerhalb des zweigeteilten Bewertungsschemas, das zwischen Art. 81 Abs. 1 und Art. 81 Abs. 3 EG differenziert. Eine aus der Systematik der Leitlinien resultierende, zwin-

---

206 Horizontal-Leitlinien, ABl. 2001/C 3/2, Tz. 130 f.

207 Horizontal-Leitlinien, ABl. 2001/C 3/2, Tz. 116.

208 *Schweizer,* Safe harbours, S. 87.

209 Horizontal-Leitlinien, ABl. 2001/C 3/2, Tz. 132.

gende Einordnung ist damit nicht möglich; allerdings ist die Systematik des Art. 81 EG an sich zu berücksichtigen, derzufolge eine Abwägung zwischen negativen und positiven Wettbewerbswirkungen grundsätzlich erst im Rahmen des Art. 81 Abs. 3 EG zu erfolgen hat. Wenn die Kommission hier betont, dass ein bestimmtes Maß an Marktmacht durch Größenvorteile „gutgemacht" wird, so handelt es sich hier um eine Abwägung, die einer Prüfung gemäß Art. 81 Abs. 3 EG vorbehalten ist. Die zitierte Aussage ist daher so zu verstehen, dass Einkaufsvereinbarungen kleiner und mittlerer Unternehmen über Art. 81 Abs. 3 EG freigestellt werden können und hierbei der Ausgleich von Größenvorteilen für sich genommen wettbewerbsfördernd und deshalb über Art. 81 Abs. 3 EG freizustellen ist. Parallel hierzu bleibt – da das Kartellverbot des Art. 81 Abs. 1 EG beziehungsweise des § 1 GWB grundsätzlich eingreift – die Prüfung einer Freistellung über § 3 GWB dann, wenn mit der Einkaufskooperation auch Rationalisierungswirkungen verfolgt werden, möglich.

IV. Vermarktungskooperationen[210]

1. Vorbemerkungen

a) Anwendungsbereich

Unter dem Begriff Vermarktungsvereinbarungen lassen sich sehr verschiedene Formen der Zusammenarbeit subsumieren: Kooperationen beim Verkauf oder beim Vertrieb sind ebenso erfasst wie sonstige Vereinbarungen zur Produktförderung. Während beim gemeinsamen Verkauf sämtliche mit dem Verkauf eines Produktes verbundenen geschäftlichen Gesichtspunkte einschließlich des Preises einvernehmlich geregelt werden, werden von anderen Vereinbarungen nur bestimmte Absatzfunktionen, wie zum Beispiel Vertrieb, Wartungsleistungen oder Werbung erfasst.[211] Im Hinblick auf Vertriebsvereinbarungen weist die Kommission darauf hin, dass die Leitlinien nur dann eingreifen, wenn die in Rede stehende Vereinbarung nicht bereits von der Gruppenfreistellungsverordnung und den Leitlinien für vertikale Beschränkungen erfasst wird. Dies ist grundsätzlich der Fall, wenn es um vertikale Beschränkungen geht, bei denen die Vertragspartner nicht Wettbewerber sind oder wenn es sich um vertikale, nicht-gegenseitige Vereinbarungen zwischen Wettbewerbern handelt, die bestimmte, in der Vertikal-

[210] Vgl. *Schweizer,* Safe harbours, S. 87 f. s. ferner zur Entscheidungspraxis der Kommission außerhalb der Leitlinien die Nachweise bei *Schweizer,* Safe harbours, nach Artikel 81 EG, Kap. II., Rn. 47 ff.

[211] Horizontal-Leitlinien, ABl. 2001/C 3/2, Tz. 139.

GVO[212] genannte Kriterien erfüllen. Wenn jedoch Wettbewerber den Vertrieb ihrer Produkte auf gegenseitiger Basis regeln, oder wenn Wettbewerber einer „bestimmten Größe“[213] entsprechende Vereinbarungen auf nicht gegenseitiger Basis treffen, dann kann eine Aufteilung der Märkte bezweckt oder bewirkt werden. In diesem Fall sind zunächst die Horizontal-Leitlinien für eine Untersuchung heranzuziehen; hieran würde sich dann gegebenenfalls eine weitere Prüfung unter Heranziehung der Vertikal-Leitlinien anschließen.

b) Relevante Märkte

Als relevante Märkte kommen zum einen die Märkte, die von der Zusammenarbeit unmittelbar betroffen sind, in Betracht. Sind Nachbarmärkte mit dem direkt betroffenen Markt eng verbunden, so sind auch diese zu untersuchen.

2. Bewertung nach Art. 81 Abs. 1 EG

Vermarktungsvereinbarungen zwischen Nichtwettbewerbern werden schon ihrer Art nach nicht von Art. 81 Abs. 1 EG erfasst. Auch solche Kooperationen, die den Eintritt in einen Markt erst ermöglichen und hierfür auch erforderlich sind, zählen zu den kartellfreien Vereinbarungen.[214] Vor allem auf Gegenseitigkeit beruhende Vertriebsvereinbarungen zwischen Wettbewerbern, die in verschiedenen räumlichen Märkten tätig sind, können für Marktaufteilungen benutzt werden. Gerade hier ist es notwendig zu prüfen, ob diese Art von Vereinbarung für die Beteiligten tatsächlich erforderlich ist, um in den jeweils anderen Markt eintreten zu können. Ist dies nicht der Fall, so fällt die Vereinbarung unter Art. 81 Abs. 1 EG.[215] Vereinbarungen über den gemeinsamen Verkauf, die in der Regel eine Abstimmung des Preisverhaltens von konkurrierenden Herstellern bezwecken oder gar bewirken, fallen stets und unabhängig von der vorhandenen Marktmacht unter Art. 81 Abs. 1 EG, da sie nicht nur den Preiswettbewerb untereinander beseitigen, sondern auch die zu liefernde Warenmenge beschränken[216] und somit das Angebot verknappen können. Vermarktungsvereinbarungen, die nicht den gemeinsamen Verkauf insgesamt regeln, können ihrer Art nach

---

212 Art. 2 Abs. 4 GVO-Vertikal (VO 2790/1999), ABl. 1999/L 336/21.

213 Horizontal-Leitlinien, ABl. 2001/C 3/2, Tz. 140. Unklar bleibt, wann Unternehmen eine „bestimmte Größe“ erreichen.

214 Horizontal-Leitlinien, ABl. 2001/C 3/2, Tz. 143, 148.

215 Horizontal-Leitlinien, ABl. 2001/C 3/2, Tz. 147.

216 Horizontal-Leitlinien, ABl. 2001/C 3/2, Tz. 144.

dann von Art. 81 Abs. 1 EG erfasst werden, wenn sie den Austausch vertraulicher Geschäftsinformationen oder die Angleichung eines wesentlichen Teils der Kosten bewirken. In diesen Fällen ist unter Heranziehung des bereits bekannten analytischen Rahmens zu untersuchen, über welche Stellung die beteiligten Unternehmen am Markt verfügen. Dabei ist eine genaue Ermittlung der voraussichtlichen Auswirkungen der Vermarktungsvereinbarung unter Heranziehung der Kriterien Marktkonzentration und Marktanteil erst ab einem gemeinsamen Marktanteil von mehr als 15% angezeigt. Bis zu dieser Schwelle ist es „in den meisten Fällen [...] unwahrscheinlich, dass Marktmacht besteht". Vermarktungsvereinbarungen zwischen Wettbewerbern, die keine Preisfestsetzung enthalten, unterfallen aber nur dann dem Verbot des Artikels 81 Abs. 1 EG, wenn die Partner ein gewisses Maß an Marktmacht haben,[217] was unterhalb der genannten Schwelle damit nicht der Fall ist. Die Leitlinien trennen hier erneut nicht konsequent zwischen der Bewertung nach Abs. 1 und der nach Abs. 3 des Art. 81 EG, wenn sie darauf hinweisen, dass bis zu dieser Schwelle von 15% Marktanteil es unwahrscheinlich sei, dass Marktmacht besteht, im Folgenden aber ausführen, dass bis zu dieser Marktanteilsgrenze auf jeden Fall eine Freistellung über Abs. 3 wahrscheinlich sei. Anderenorts hat die Kommission klargestellt, dass sie mit dieser Marktanteilsschwelle einen geschützten Bereich schaffen möchte, der grundsätzlich als kartellfrei angesehen wird.[218]

V. Vereinbarung über Normen

1. Vorbemerkungen

Kooperationen im Bereich von Normen bezwecken vor allem die Festlegung technischer oder qualitätsmäßiger Anforderungen an bestehende oder zukünftige Erzeugnisse, Herstellungsverfahren oder -Methoden.[219] Betroffen von solchen Vereinbarungen über Normen können drei verschiedene Märkte sein: neben dem Markt für das normierte Produkt steht der Markt für die Dienstleistung der Festlegung von Normen und der Markt für die Erprobung und Zertifizierung.[220] Auch die Bedingungen für die Nutzung ei-

---

[217] Horizontal-Leitlinien, ABl. 2001/C 3/2, Tz. 149. *Schweizer,* Safe harbours, S. 88, weist zutreffend nach, dass unter dem Begriff „gewisses Maß an Marktmacht" bereits in einem Bereich klar unterhalb der Marktbeherrschung vorliegen kann.

[218] *Europäische Kommission,* 30. Wettbewerbsbericht, Tz. 34; vgl. auch *Schweizer,* Safe harbours, S. 87 f.

[219] Horizontal-Leitlinien, ABl. 2001/C 3/2, Tz. 159. Vgl. hierzu auch *Schweizer,* Safe harbours, S. 89; *Haag,* in: v. d. Groeben/Schwarze (Bd. 2) (2003), nach Artikel 81 EG, Kap. II., Rn. 55 ff.

[220] Horizontal-Leitlinien, ABl. 2001/C 3/2, Tz. 161.

nes gemeinsamen Gütezeichens oder der Genehmigung durch eine Regulierungsbehörde können Normen im Sinne der Leitlinien sein.

2. Bewertung nach Art. 81 Abs. 1 EG

Vereinbarungen über Normen, die für alle zugänglich und transparent sind und die die beteiligten Unternehmen nicht zur Einhaltung der Normen verpflichten, sind ebenso bereits ihrer Art nach nicht von Art. 81 Abs. 1 EG erfasst, wie Vereinbarungen, die Bestandteil einer umfassenderen Vereinbarung zur Gewährleistung der Kompatibilität von Erzeugnissen sind.[221]

Von ganz besonderer Bedeutung für die hier zu erörternde Thematik ist die Feststellung der Kommission in den Leitlinien, dass

> „keine spürbare Beschränkung des Wettbewerbs [vorliegt] bei Vereinbarungen, mit denen KMU gemeinsam die Formen oder Bedingungen des Zugangs zu gemeinsamen Ausschreibungen vereinheitlichen oder Aspekte wie unbedeutende Produkteigenschaften, Formen und Berichte normieren, die sich kaum auf die wesentlichen Wettbewerbsfaktoren in den relevanten Märkten auswirken."[222]

Diese Aussage steht im Kontext mit der Feststellung, dass eine spürbare Beschränkung des Wettbewerbs dann nicht vorliegt, wenn Normen sich nur auf einen geringen Teil des relevanten Marktes erstrecken. Aus dem Sinnzusammenhang ergibt sich, dass die Vereinbarungen kleiner und mittlerer Unternehmen deshalb privilegiert werden, weil ihre Auswirkungen regelmäßig nur einen geringen Teil des relevanten Marktes erfassen.[223] Ganz grundsätzlich aber messen die Leitlinien bei der Bewertung von Vereinbarungen über Normen der Marktmacht der beteiligten Unternehmen eine wesentlich geringere Bedeutung zu und betonen, dass auch hohe Anteile bei Vereinbarung über Normen nicht unbedingt Bedenken aufwerfen, vielmehr gerade die Wirksamkeit derartiger Vereinbarungen mit einer möglichst hohen Beteiligungsquote korreliert. Im Zentrum der Untersuchungen steht vielmehr die Frage, ob die Normen Dritten zugänglich sind und mit welcher Wahrscheinlichkeit Zutrittsschranken, die die relevanten Märkte abzuschotten drohen, überwunden werden können.[224] Vereinbarungen dagegen, die einer Marktabschottung dienen sollen, werden fast immer von Art. 81 Abs. 1 EG erfasst. Hierzu zählen die Leitlinien beispielsweise Vereinbarungen, mit

---

221 Horizontal-Leitlinien, ABl. 2001/C 3/2, Tz. 163.

222 Horizontal-Leitlinien, ABl. 2001/C 3/2, Tz. 164.

223 Bemerkenswert ist, dass die Leitlinien nun doch das Kriterium der *spürbaren* Beschränkung des Wettbewerbs, das ja eigentlich bereits erfüllt sein muss, um den Anwendungsbereich der Leitlinien zu eröffnen (s.o.), heranziehen und beurteilen. Eine Erklärung findet sich hierfür nicht.

224 Horizontal-Leitlinien, ABl. 2001/C 3/2, Tz. 168.

der ein nationaler Herstellerverband eine Norm setzt und Druck auf Dritte ausübt, keine Produkte auf den Markt zu bringen, die mit dieser Norm nicht übereinstimmen.[225]

VI. Umweltschutzkooperationen

Abschließend behandeln die Leitlinien auch Vereinbarungen, die unmittelbar die Verringerung der Umweltverunreinigung zum Ziel haben.[226] Vereinbarungen, die nur nebenbei auch zu einer Entlastung der Umwelt führen, werden dagegen ebenso wenig erfasst, wie Vereinbarungen, die ihren Schwerpunkt in der Festlegung von Normen haben und deshalb von dem vorstehend erörterten Abschnitt der Leitlinien behandelt werden.[227] Die relevanten Märkte, die zu untersuchen sind, umfassen den Markt des Produkts, das den Schadstoff enthält, bei Entsorgung-/Verwertungsvereinbarungen daneben den Markt, auf dem die Vertragspartner als Hersteller oder Vertriebshändler tätig sind, und schließlich den Markt für den betreffenden Schadstoff selbst.[228]

Vereinbarungen, die nur in allgemeiner Form die Verpflichtung zur Erfüllung eines Umweltschutzzieles enthalten, dabei aber den Beteiligten selbst überlassen, wie sie dieses Ziel erreichen, werden von Art. 81 Abs. 1 EG nicht erfasst. Zu berücksichtigen ist dabei jedoch auch, ob tatsächlich mehrere Möglichkeiten zur Erreichung des vereinbarten Ziels offen stehen.[229] Werden die Beteiligten dagegen durch die Vereinbarung in erheblicher Weise darin eingeschränkt, die Eigenschaften ihrer Produkte sowie der Herstellungsverfahren selbst zu bestimmen, so kann eine entsprechende Umweltschutzvereinbarung durchaus unter Art. 81 Abs. 1 EG fallen. Dies ist dann der Fall, wenn Umweltschutzvereinbarungen den wesentlichen Teil eines Wirtschaftszweiges auf nationaler oder EG-Ebene erfassen.[230] Gleiches gilt auch dann, wenn aufgrund der getroffenen Vereinbarung bestimmte Produkte oder Herstellungsverfahren eingestellt werden, auf die ein erheblicher Anteil des Marktes entfällt.[231] Das Kartellverbot des Artikels 81 Abs. 1 EG greift dagegen dann wiederum nicht ein, wenn Vereinbarungen zur Entstehung neuer Märkte führen, sofern und soweit die Beteiligten anderweitig

---

[225] Horizontal-Leitlinien, ABl. 2001/C 3/2, Tz. 165.

[226] Vgl. dazu auch *Schweizer,* Safe harbours, S. 89 f.; *Haag,* in: v. d. Groeben/Schwarze (Bd. 2) (2003), nach Artikel 81 EG, Kap. II., Rn. 59 ff.

[227] Horizontal-Leitlinien, ABl. 2001/C 3/2, Tz. 179 f. i.V.m. Fn. 52.

[228] Horizontal-Leitlinien, ABl. 2001/C 3/2, Tz. 182.

[229] Horizontal-Leitlinien, ABl. 2001/C 3/2, Tz. 185.

[230] Horizontal-Leitlinien, ABl. 2001/C 3/2, Tz. 189 f.

[231] Horizontal-Leitlinien, ABl. 2001/C 3/2, Tz. 190.

nicht die Möglichkeit gehabt hätten, die Tätigkeiten durchzuführen.[232] Nicht von Art. 81 Abs. 1 EG erfasst werden weiterhin Vereinbarungen, die die Vielfalt von Erzeugnissen oder Produktionen in dem relevanten Markt nicht spürbar beeinträchtigen, oder die die Kaufentscheidungen nur unerheblich beeinflussen können.[233] Schließlich sind auch Vereinbarungen nicht geeignet, den Wettbewerb spürbar zu beeinflussen, die Produkte aus dem Markt nehmen, deren Marktanteile unerheblich sind. Offen bleibt jedoch, wann tatsächlich ein solcher Marktanteil als unerheblich einzustufen ist. Marktanteilsschwellen werden auch in diesem Abschnitt nicht genannt.

C. Ergebnis

Die Leitlinien sind im Ergebnis der Kooperationsfibel des Bundeswirtschaftsministeriums aus dem 1963[234] nicht unähnlich. Hier wie dort wird § 1 GWB bzw. Art. 81 Abs. 1 EG ausgelegt und dabei aufgezeigt, dass bestimmte Kooperationen, die bestimmte Kriterien enthalten, nicht vom Kartellverbot erfasst werden. Im Einzelnen bestimmen die Leitlinien dabei wesentlich konkretere, wirtschaftlich orientierte Maßstäbe und Kriterien, anhand derer zu beurteilen ist, ob und inwieweit überhaupt der Anwendungsbereich des Art. 81 Abs. 1 EG (bzw. des § 1 GWB) eröffnet ist. Die Leitlinien eröffnen damit Kooperationen weitere Entfaltungsmöglichkeiten, die noch vor den kartellrechtlichen Verbotsbarrieren angesiedelt sind. Bei dem hier vertretenen Verständnis der Leitlinien als ein eigenständiger, allgemein zu berücksichtigender bzw. sogar zwingend zu beachtender Prüfungsschritt steht zu erwarten, dass Kooperationen in den von den Leitlinien erfassten Bereichen in weitem Umfang als kartellrechtlich unbedenklich einzustufen sein werden. Ob auch hier, so wie nach Herausgabe der Kooperationsfibel 1963, eine „Evolution der kartellfreien Kooperation"[235] die Folge dieser weiteren Kooperationsmöglichkeiten sein wird, „neben der die Zusammenarbeit aufgrund kartellrechtlicher Einzelbefreiungen [...] geringere Bedeutung"[236] einnehmen wird, ist gleichwohl sehr zweifelhaft. Insbesondere dann, wenn man entgegen der hier vertretenen Ansicht den Leitlinien und Bekanntmachungen der Kommission nur höchstens faktische Bindungswirkung beimisst, wird die dadurch bewirkte Rechtsunsicherheit von einer extensiven Anwendung der Leitlinien abhalten. Zudem steht zu erwarten, dass eine Vielzahl von Rechtsanwendern nicht den eigenständigen Bedeu-

[232] Horizontal-Leitlinien, ABl. 2001/C 3/2, Tz. 187.
[233] Horizontal-Leitlinien, ABl. 2001/C 3/2, Tz. 186.
[234] Abgedruckt bei *Benisch,* Kooperationsfibel (1966), S. 9 ff.
[235] *Benisch,* Kartellfreie Kooperation, WuW 1974, 69.
[236] *Benisch,* Kartellfreie Kooperation, WuW 1974, 69.

tungsgehalt der Leitlinien erkennen bzw. anerkennen wird. So wird auch zukünftig das Hauptaugenmerk der kartellrechtlichen Beurteilung von Kooperationen auf den Freistellungstatbeständen (Art. 81 Abs. 3 EG, § 2 GWB) und dabei im Bereich der Mittelstandskooperation auf § 3 GWB liegen.

Kapitel 3

Rationalisierungskooperationen kleiner und mittlerer Unternehmen und ihre Freistellung gem. § 3 GWB

Im Mittelpunkt der Betrachtungen über die wettbewerbsrechtliche Zulässigkeit horizontaler Kooperationen kleiner und mittlerer Unternehmen steht § 3 GWB und der darin enthaltenen Freistellungstatbestand für so genannte Mittelstandskartelle. Diese auch im Rahmen der 7. GWB-Novelle beibehaltene Legalisierungsmöglichkeit gilt es im Folgenden ausführlich zu untersuchen.

A. Historische und wettbewerbstheoretische Hintergründe

Zunächst sollen kurz die historischen und wettbewerbstheoretischen Hintergründe des § 3 GWB beleuchtet werden:[237] Das GWB, das 1958 nach fast zehnjährigen Vorbereitungen und unzähligen Entwürfen[238] in Kraft trat, orientierte sich an dem Leitbild des „vollkommenen Wettbewerbs". Dieses von Anhängern der Freiburger Schule[239] entworfene Leitbild war das vorherrschende Marktideal, da es zu einem erstrebenswerten Zustand allgemeiner Machtlosigkeit führen sollte.[240] Unternehmerische Zusammenarbeit war mit diesem Leitbild nicht vereinbar, das Selbstständigkeitspostulat stand im Vordergrund. Allerdings waren bereits im GWB (1958) Freistellungsmöglichkeiten für Rationalisierungskartelle, nicht weiter beachtete Angebotsschemata-Kartelle, und Normen- und Typen-Vereinbarungen vorgesehen. In den sechziger Jahren des vorigen Jahrhunderts wandelte sich das Leitbild der Wettbewerbspolitik: Wirtschaftliche Wirklichkeit und Dy-

---

[237] Vgl. die überblicksmäßigen Darstellungen bspw. bei *Werner,* Unternehmerische Kooperation, S. 12–17; *Kapteina,* Mittelstandskooperationen, S. 2–4, jeweils mit weiteren Nachweisen; ferner auch ausführlich *Benisch,* Kooperationserleichterungen, S. 400.

[238] Insgesamt können 18 Entwürfe gezählt werden. Vgl. zur Entstehung des GWB instruktiv *Robert,* Konzentrationspolitik; *Murach-Brand,* Antitrust; s. auch den Überblick bei *von Götz,* 50 Jahre GWB, WRP 2007, 741 ff.

[239] Zu nennen sind hier *Walter Eucken, Franz Böhm* und *Alfred Müller-Armack.*

[240] *Böhm,* Monopolkampf, S. 20.

namik des Wettbewerbs waren die Grundlage des an erster Stelle von Kantzenbach[241] vertretenen, so genannten „funktionsfähigen Wettbewerbs“. Dieses neue Leitbild wurde damit begründet, dass die Wettbewerbsintensität im weiten Oligopol größer sei als auf Märkten mit vollkommenem Wettbewerb. Bereits 1963 brachte das Bundeswirtschaftsministerium daraufhin erstmals die sog. „Kooperationsfibel“[242] heraus. Mit ihr sollten kleinen und mittleren Unternehmen die bereits bestehenden Möglichkeiten einer zulässigen Kooperation verdeutlicht werden. Um dem Kooperationsgedanken gerecht zu werden, zielte die Kooperationsfibel darauf ab, das Kartellverbot bei unbedeutenden, unschädlichen oder gar nützlichen Absprachen möglichst einschränkend zu interpretieren.[243] 1965 wurde durch die 1. GWB-Novelle ein weiterer Schritt zur Privilegierung bestimmter horizontaler Kooperationen unternommen: Mit der Einführung des § 5a GWB wurden Spezialisierungskartelle, die bislang als Untergruppe der erlaubnispflichtigen Rationalisierungskartelle von § 5 Abs. 2 S. 3 GWB (1958) miterfasst waren, durch eine Vereinfachung des Freistellungsverfahrens (statt Erlaubnis-, nunmehr Widerspruchsverfahren) einerseits und durch eine Erhöhung der Eingriffsschwelle (statt „kein Ausschluss des Wettbewerbs“ nur noch „Bestehenlassen wesentlichen Wettbewerbs“) andererseits aufgewertet. Der 1968 erstmals unterbreitete Vorschlag des Gesetzgebers, in Gestalt eines § 1a GWB eine generelle Freistellung für sog. Bagatellkartelle einzuführen, die eine an Marktanteilen orientierte Erweiterung des Spürbarkeitskriteriums (zulässig sollten Vereinbarungen sein, die nur zu einer „unwesentlichen Beeinflussung der Marktverhältnisse“ führten) dargestellt hätte, wurde nach heftiger Kritik in Politik und Wissenschaft nicht umgesetzt.[244] Schließlich wurde mit der 2. GWB-Novelle des Jahres 1973 der hier im Mittelpunkt des Interesses stehende Freistellungstatbestand für sog. Mittelstandskartelle eingeführt. Die Kooperationsfibel des Bundeswirtschaftsministeriums wurde durch § 5b GWB a. F. nicht berührt. Während Erstere den Bereich der Kooperationen bestimmte, die mangels Wettbewerbsbeschränkung von vornherein nicht unter das Kartellverbot fielen, schuf § 5b GWB a. F. einen neuen Freistellungstatbestand vom dann grundsätzlich einschlägigen Kartellverbot.[245]

---

241 *Kantzenbach,* Funktionsfähigkeit; s. auch *Kantzenbach/Kallfass,* Konzept des funktionsfähigen Wettbewerbs, S. 103.

242 *Benisch,* Kooperationsfibel (1963).

243 *Benisch,* Kooperationserleichterungen, S. 400, 401.

244 *Immenga,* in: Immenga/Mestmäcker, GWB (2001), § 4, Rn. 7.

245 So bspw. auch *Wirtschaftsausschuß des Bundestages,* Bericht zur zweiten GWB-Novelle, 585.

B. § 3 GWB im Gesetzgebungsverfahren zur 7. GWB-Novelle und das anwendbare Übergangsrecht

I. Die Beibehaltung einer Freistellungsmöglichkeit für Mittelstandskartelle

Im Rahmen der 7. GWB-Novelle hat der Gesetzgeber im Bereich der horizontalen Korporationen lediglich den Freistellungstatbestand für Mittelstandskartelle übernommen, während alle anderen kasuistisch ausgestalteten Freistellungstatbestände in der Generalklausel des § 2 Abs. 1 GWB aufgegangen sind. Der Gesetzgeber wollte hier zum Ausdruck bringen, dass Kooperationen der mittelständischen Wirtschaft, auch wenn sie den Wettbewerb beschränken, nützlich und strukturell wettbewerbsfördernd sein können.[246] Im Hintergrund soll dabei auch politischer Druck von Seiten der deutschen Mittelstandslobby auf den Gesetzgeber eingewirkt haben.[247]

Weiter führte der Gesetzgeber der 7. GWB-Novelle aus:

> „§ 3 übernimmt inhaltlich die Vorschrift des bisherigen § 4 Abs. 1 über sog. Mittelstandskartelle. Dadurch sollen insbesondere kleine und mittlere Unternehmen Rechtssicherheit erhalten und zu Kooperationen ermuntert werden, die ihre Wettbewerbschancen gegenüber großen Unternehmen verbessern."[248]

Insgesamt erwartet der Gesetzgeber, dass „die Anwendung des neuen § 3 GWB im Wesentlichen zu gleichen Ergebnissen führt wie die Entscheidungspraxis zum bisherigen § 4 Abs. 1"[249]. Angesichts der erheblichen Veränderungen im Hinblick auf die weiteren Regelungen der §§ 1 bis 18 GWB a.F. war es notwendig, § 3 GWB n.F. redaktionell zu überarbeiten. So entfiel einerseits das Erfordernis einer Anmeldung, da im Legalausnahmesystem keine administrativen Entscheidungen mehr für eine Freistellung erforderlich sind. Da § 3 GWB auch weiterhin nur horizontale Vereinbarungen erfassen sollte, musste dies im Wortlaut nunmehr klargestellt werden; die systematische Trennung zwischen horizontalen und vertikalen Vereinbarungen, letztere geregelt in den §§ 14 ff. GWB a.F., die eine entsprechende Beschränkung des § 4 GWB a.F. bereits aus systematischen Überlegungen heraus nahe gelegt hatte, wurde bekanntlich aufgehoben. Eine Regelung der Konkurrenzen insbesondere zu § 3 GWB a.F. (Spezialisierungskartelle) ist

---

246 RegE 7. GWB-Novelle, BT-Drs. 15/3640, S. 28.

247 Vgl. *Schneider,* in: Langen/Bunte, GWB (2006), § 3, Rn. 4; *Bechtold,* Grundlegende Umgestaltung, DB 2004, 235, 237: „*politische Gründe*"; *Karl/Beutelmann/Müller-Feldhammer,* Zwölf Thesen, BB 2008, 1014: „*Initative verschiedener Verbände der Steine- und Erdenindustrie*".

248 RegE 7. GWB-Novelle, BT-Drs. 15/3640, S. 44.

249 RegE 7. GWB-Novelle, BT-Drs. 15/3640, S. 28. So auch *Bunte,* in: FK (Stand: 04/2007) (1999), § 3, Rn. 14.

nun ebenfalls nicht mehr notwendig.[250] Ausdrücklich verzichtet wurde auch auf weitergehende Einschränkungen beispielsweise im Hinblick auf Preisabreden oder gemeinsame Vertriebseinrichtungen, da keine Missstände auf der Grundlage des § 4 GWB a.F. feststellbar gewesen seien.[251] Nach dem Willen des Gesetzgebers stellt, soweit nicht einschlägige Grundzüge des europäischen Rechts entgegenstehen, die bisherige Verwaltungs- und Rechtsprechungspraxis eine wichtige Auslegungshilfe für die Vorschriften des GWB n.F. dar.[252]

II. Übergangsrecht für erteilte Freistellungen nach dem GWB a.F. – Fristablauf 31.12.2007

Für diejenigen Vereinbarungen, die bisher freigestellt waren, sind in § 131 GWB Übergangsbestimmungen enthalten. Mittelstandskartelle blieben gem. § 131 Abs. 1 Var. 1 GWB n.F. i.V.m. § 9 Abs. 3 S. 1 GWB a.F. bis zum 31.12.2007 freigestellt, es sei denn, die Freistellung war bereits ursprünglich kürzer befristet. Mit Ablauf der Frist wurden die Administrativ-Freistellungen unwirksam, was allerdings lediglich dazu führte, dass die Vereinbarungen ab diesem Zeitpunkt an den Vorschriften des GWB in der Fassung der 7. GWB-Novelle gemessen werden. Für die Dauer der Freistellung bleiben im Übrigen auch die Missbrauchs- und Auskunftsbestimmungen (§§ 11 Abs. 1, 12 und 22 Abs. 6 GWB a.F.) in Kraft. Zu beachten ist dabei, dass jenseits der Zwischenstaatlichkeitsschwelle stets europäisches Recht Anwendung findet. Art. 81 EG greift in diesen Fällen angesichts des erweiterten Anwendungsvorrangs des Europäischen Wettbewerbsrechtes in Art. 3 VO 1/2003 unmittelbar und sofort ein,[253] was allerdings keine wirkliche Neuerung darstellt.[254]

C. Sinn und Zweck des § 3 Abs. 1 GWB

Bevor auf die einzelnen Tatbestandsmerkmale des § 3 GWB eingegangen werden kann, ist die Frage nach Sinn und Zweck einer solchen Bevorzugung kleiner und mittelständischer Unternehmen in gebotener Kürze zu

---

[250] Vgl. zu diesen redaktionellen Veränderungen auch *Nordemann,* in: Loewenheim, GWB (2006), § 3, Rn. 1.

[251] RegE 7. GWB-Novelle, BT-Drs. 15/3640, S. 45.

[252] RegE 7. GWB-Novelle, BT-Drs. 15/3640, S. 32; *Hartog,* 7. GWB-Novelle, WRP 2005, 1396, 1398; *Nordemann,* in: Loewenheim, GWB (2006), § 2, Rn. 45.

[253] Vgl. *BKartA,* TB 2003/04, S. 39 und 146; ferner *Braun,* in: Langen/Bunte, GWB (2006), nach § 2 GWB, Rn. 18 f.

[254] s.o., Teil 1, Kap. 3, D.

beantworten, da nur dann die Tatbestandsmerkmale im Sinne der Vorschrift ausgelegt werden können: Auf die wettbewerbspolitischen Überlegungen, die, ausgerichtet an dem Leitbild des funktionsfähigen Wettbewerbs, bestimmten Kooperationen wettbewerbsbegünstigende Wirkung zuerkennen, wurde bereits bei der Darstellung des historischen Kontextes eingegangen.[255] Hierauf aufbauend stützen folgende Überlegungen die Freistellung sog. Mittelstandskartelle: Relativ kleine und mittlere Unternehmen sind allein aufgrund ihrer relativ geringen Größe oftmals nicht in der Lage, auf dem relevanten Markt in gleichem Umfang und mit gleicher Wirkung wie relativ große Unternehmen tätig zu werden. Beispielsweise stehen großen Unternehmen andere Möglichkeiten im Bereich der Werbung[256] oder der Forschung offen als kleinen Unternehmen. Es kann hier von strukturellen Nachteilen gesprochen werden.[257] Die Begründung zur 7. GWB-Novelle unterstreicht, dass „Kooperationen der mittelständischen Wirtschaft, auch wenn sie den Wettbewerb beschränken, nützlich und strukturell wettbewerbsfördernd sein können."[258] In gewisser Weise ist diese Formulierung jedoch ebenso wie bereits die Überschrift des § 3 GWB missverständlich: Es ist nicht das Ziel des § 3 GWB, *mittelständische* Betriebe per se aus strukturpolitischen Überlegungen heraus zu erhalten und deshalb zu fördern.[259] Das GWB schützt die Handlungsfreiheiten auf dem Markt, nicht jedoch bestimmte Strukturen dieses Marktes, die vielleicht als ideal anerkannt werden könnten.[260] Auch ist nicht der Ausgleich von Marktmacht der Marktgegenseite das Ziel der Regelung,[261] da es als erwiesen angesehen werden kann, dass die positiven Wirkungen horizontalen Wettbewerbs höher zu bewerten sind, als die Wirkungen eines ausgeglicheneren Vertikalverhältnisses.[262] Zudem würde es bei einer Berücksichtigung der Markt-

[255] Vgl. oben, Teil 2, Kap. 3, A. und C.

[256] Bspw. genannt sei hier kostenintensive TV-Werbung, die sich erst ab großen Umsatzzahlen rechnen kann.

[257] Ausführlich *Görgemanns,* Begriff der kleinen und mittleren Unternehmen, S. 30 ff.

[258] RegE 7. GWB-Novelle, BT-Drs. 15/3640, S. 28.

[259] So auch ausführlich: *Görgemanns,* Begriff der kleinen und mittleren Unternehmen, S. 32 ff. m.w.N.; *Fuchs,* in: Immenga/Mestmäcker, GWB (2007), § 3, Rn. 2 ff.

[260] Vgl. m.w.N. *Nordemann,* in: Loewenheim, GWB (2006), § 1, Rn. 79, § 3, Rn. 2; *Immenga,* in: Immenga/Mestmäcker, GWB (2001), § 4, Rn. 10 ff. s. auch *Fuchs,* in: Immenga/Mestmäcker, GWB (2007), § 3, Rn. 2.

[261] So offenbar aber – in anderem Kontext – *Bundeskartellamt* in der Rechtsbeschwerdeerwiderung in Sachen *KG Berlin,* 19.07.1999, Az.: Kart 49/99 – Stellenmarkt, WuW/E DE-R 628, (nicht veröffentlicht), vgl. *BGH,* 09.07.2002, Az.: KVR 1/01 – Stellenmarkt für Deutschland, WuW/E DE-R 919, Tz. 41; indifferent dagegen der *Bundesgerichtshof* selbst, *BGH,* 09.07.2002, Az.: KVR 1/01 – Stellenmarkt für Deutschland, WuW/E DE-R 919, Tz. 41.

gegenmacht zu einem Wechselspiel gegenseitiger, stets noch weitergehenderer Kooperationen kommen und damit die Kartellierung beider Seiten vorangetrieben werden.[263] Ziel des § 3 GWB ist es vielmehr, unter gleichzeitiger Beibehaltung der Unternehmensgrößen der auf dem jeweiligen Markt tätigen Unternehmen, diesen strukturellen Nachteilen der in der Relation kleinen und mittleren Unternehmen dadurch entgegen zu wirken, dass leistungssteigernde Formen der Zusammenarbeit dieser Unternehmen ermöglicht und nicht durch eine (zu) strikte Anwendung des Kooperationsverbotes des § 1 GWB untersagt werden.[264] Durch die Regelung des § 3 GWB sollen „insbesondere kleine und mittlere Unternehmen Rechtssicherheit erhalten und zu Kooperationen ermuntert werden, die ihre Wettbewerbschancen gegenüber großen Unternehmen verbessern“[265].

Die Einführung des Freistellungstatbestandes für Mittelstandskartelle in das GWB wurde unter anderem auch deshalb kritisiert, weil die auszugleichenden Wettbewerbsnachteile der kleinen und mittleren Unternehmen „im Kern strukturelle Probleme eines Wettbewerbs zwischen Einstufen- und Einmarktunternehmen einerseits und Mehrstufen- und Mehrmarktunternehmen andererseits“ seien.[266] Da die strukturellen Nachteile, die es hier auszugleichen gilt, keineswegs nur absatzbezogen sind, sondern bereits daraus resultieren, dass Großunternehmen im Verhältnis zu kleinen und mittleren Unternehmen über ganz andere Ressourcen verfügen, ist diese Kritik am Sinn und Zweck des § 3 GWB nicht berechtigt. Einzige Alternative der kleinen und mittleren Unternehmen, um gegenüber solchen Großunternehmen zu bestehen, wäre die Aufgabe der Selbstständigkeit durch Konzentration. Die bloße Kooperation ist im Vergleich das geringere Übel:[267] Während konzentrative Gebilde aufgrund ihrer einheitlichen Organisation und Entscheidungsstruktur Entscheidungen – ohne auf Kompromisse angewiesen zu sein – schneller durchsetzen können, haben Kooperationen ein „or-

---

262 Ausführlich hierzu: *Moog,* Bildung gegengewichtiger Marktmacht, S. 75 ff.; *Nordemann,* Gegenmacht, S. 73 ff.; *Nordemann,* in: Loewenheim, GWB (2006), § 3, Rn. 2. s. auch *Immenga,* in: Immenga/Mestmäcker, GWB (2001), § 4, Rn. 11 ff.; *Fuchs,* in: Immenga/Mestmäcker, GWB (2007), § 3, Rn. 3; *Schneider,* in: Langen/Bunte, GWB (2006), § 3, Rn. 2; *Görgemanns,* Begriff der kleinen und mittleren Unternehmen, S. 22 ff. zu weiteren möglichen Begründungsansätzen; a. A. offenbar *Bechtold,* Kartellgesetz, § 3, Rn. 11.

263 *Immenga,* in: Immenga/Mestmäcker, GWB (2001), § 4, Rn. 11, 65; *Schneider,* in: Langen/Bunte, GWB (2006), § 3, Rn. 45.

264 Vgl. *Nordemann,* in: Loewenheim, GWB (2006), § 1, Rn. 79, § 3, Rn. 2; *Fuchs,* in: Immenga/Mestmäcker, GWB (2007), § 3, Rn. 2; *Schneider,* in: Langen/Bunte, GWB (2006), § 3, Rn. 1; *Bunte,* in: FK (Stand: 04/2007) (1999), § 3, Rn. 17.

265 RegE 7. GWB-Novelle, BT-Drs. 15/3640, S. 28, 44.

266 *Möschel,* Wettbewerbsbeschränkungen, Rn. 295.

267 *Bunte,* in: FK (Stand: 04/2007) (1999), § 3, Rn. 7 a. E.

ganisatorisches Handicap in der Bildung und Durchsetzung von Entscheidungen gegenüber den individuellen Triebkräften ihrer Träger".[268] Sie üben daher einen geringeren Einfluss auf den Wettbewerb aus als gleichgroße Konzerne.[269]

Diese eigentliche Zielsetzung des § 3 GWB, nämlich die Ermöglichung leistungssteigernder Kooperationen relativ kleiner und mittlerer Unternehmen zum Ausgleich struktureller Nachteile, ist bei der weiteren Auslegung der Tatbestandsmerkmale des § 3 GWB, insbesondere bei der Frage nach den möglichen Teilnehmern solch privilegierter Kooperationen, aber auch bei dem Erfordernis einer Rationalisierungswirkung, stets im Auge zu behalten. Da die 7. GWB-Novelle an dem Institut des bisherigen § 4 Abs. 1 GWB nichts ändern wollte,[270] kann an die bisherige Rechtslage angeknüpft werden.

D. Systematik des § 3 GWB

Der Übergang zum Legalausnahmesystem auch im deutschen Wettbewerbsrecht zeigt gerade im Kontext mit der Freistellungsmöglichkeit des § 3 GWB seine nicht unerheblichen Auswirkungen auf kleine und mittlere Unternehmen: Bislang wurden Mittelstandskartelle (gem. § 4 Abs. 1 GWB a.F.) als sog. Widerspruchskartelle gem. § 9 Abs. 1 GWB a.F. dadurch zulässig, dass die durch obligatorische Anmeldung informierte Kartellbehörde innerhalb einer Frist von drei Monaten ab Anmeldedatum der Vereinbarung nicht widersprochen hat (§ 9 Abs. 3 GWB a.F). Dieses administrative Freistellungsverfahren ist durch das auch in diesem Bereich nun geltende Legalausnahmesystem ersetzt worden, was nicht zuletzt zu einer erheblichen Rechtsunsicherheit (auch) in diesem Bereich führt. Im Wege einer „gesetzlichen Fiktion"[271] wird nunmehr fingiert, dass dann, wenn die gegenständlichen Vereinbarungen die Voraussetzungen des § 3 Abs. 1 GWB erfüllen, sie auch „[...] die Voraussetzungen des § 2 Abs. 1 [erfüllen]". Diese Formulierung ist etwas irreführend, da § 3 GWB keine Rechtsgrund-, sondern eine Rechtsfolgenverweisung enthält.[272] Eine Prüfung des Tatbestandes des

---

268 *Benisch,* Kooperationserleichterungen, S. 400, 412.

269 *Benisch,* Kooperationserleichterungen, S. 400, 412.

270 RegE 7. GWB-Novelle, BT-Drs. 15/3640, S. 27 f., 44 f.

271 RegE 7. GWB-Novelle, BT-Drs. 15/3640, S. 44. Vgl. zu der untechnischen Verwendung des Begriffs „gesetzliche Fiktion" im Zusammenhang mit der Rechtsfolgenverweisung des § 3 GWB: *Schneider,* in: Langen/Bunte, GWB (2006), § 3, Rn. 64.

272 *Schneider,* in: Langen/Bunte, GWB (2006), § 3, Rn. 64; *Fuchs,* in: Immenga/Mestmäcker, GWB (2007), § 3, Rn. 16 f.

§ 2 Abs. 1 GWB – die bei Vorliegen einer Rechtsgrundverweisung zusätzlich erforderlich wäre – entfällt nämlich nach der Systematik des Gesetzes, wenn die Voraussetzungen des § 3 GWB erfüllt sind. Es treten direkt die Rechtsfolgen des § 2 Abs. 1 GWB, also an erster Stelle die Freistellung vom Verbot des § 1 GWB, ein.

Bei einem Vergleich mit dem europäischen Recht fällt auf, dass der deutsche Gesetzgeber mit § 3 Abs. 1 GWB auch aus systematischer Sicht erheblich vom europäischen Konzept abweicht.[273] Während im europäischen Recht, das der Gesetzgeber durch die 7. GWB-Novelle weitestgehend übernommen hat, bestimmte Kooperationen entweder schon nicht dem Verbotstatbestand des Art. 81 Abs. 1 EG unterfallen oder aber über den allgemeinen Freistellungstatbestand des Art. 81 Abs. 3 EG freigestellt werden, steht der Freistellungstatbestand des § 3 Abs. 1 GWB losgelöst von dieser Systematik da[274] und passt nicht in dieses Regel-Ausnahmeverhältnis der §§ 1 und 2 GWB. Der Gesetzgeber wollte hier bewusst an die bisherige Sonderbehandlung der Mittelstandskartelle anknüpfen[275] und einen eigenen Freistellungstatbestand beibehalten.

Eine abschließende Regelung für Mittelstandskartelle ist dabei in § 3 GWB gleichwohl nicht zu sehen, vielmehr enthält § 3 GWB eine eigenständige Legalausnahme, die im Rahmen ihres Anwendungsbereiches gleichberechtigt und gleichrangig neben § 2 Abs. 1 GWB tritt.[276] Liegen die Voraussetzungen des § 3 GWB nicht vor, bleibt eine Freistellung auf der Grundlage des § 2 GWB jederzeit möglich.[277] Auch dort sind Rationalisierungskartelle unter bestimmten (teilweise strengeren) Voraussetzungen[278] vom Verbot des § 1 GWB freigestellt. Mittelstandskartelle i. S. d. § 3 GWB stellen lediglich einen Unterfall dieser Gruppe von Freistellungsmöglichkeiten wegen Rationalisierung dar, ohne dass zwischen § 2 Abs. 1 GWB und § 3 GWB ein Subsidiaritätsverhältnis bestünde.[279]

---

273 *Schneider,* in: Langen/Bunte, GWB (2006), § 3, Rn. 5.

274 *Schneider,* in: Langen/Bunte, GWB (2006), § 3, Rn. 5.

275 Vgl. RegE 7. GWB-Novelle, BT-Drs. 15/3640, S. 28, 44, 45; vgl. ferner die Stellungnahme des Bundesrates in (RegE 7. GWB-Novelle, BT-Drs. 15/3640, S. 73).

276 *Schneider,* in: Langen/Bunte, GWB (2006), § 3, Rn. 10; *Fuchs,* in: Immenga/Mestmäcker, GWB (2007), § 3, Rn. 17; a. A. *Nordemann,* in: Loewenheim, GWB (2006), § 3, Rn. 46.

277 Vgl. RegE 7. GWB-Novelle, BT-Drs. 15/3640, S. 45.

278 s. im Einzelnen zu den Unterschieden zwischen § 2 Abs. 1 und § 3 Abs. 1 GWB unten, Teil 2, Kap. 3, G. II.

279 *Schneider,* in: Langen/Bunte, GWB (2006), § 3, Rn. 10; *Fuchs,* in: Immenga/Mestmäcker, GWB (2007), § 3, Rn. 17; a. A. *Nordemann,* in: Loewenheim, GWB (2006), § 3, Rn. 46.

E. Tatbestand des § 3 Abs. 1 GWB

I. „Kleine und mittlere Unternehmen"

§ 3 GWB stellt entsprechend seinem Zweck „*kleine und mittlere Unternehmen*" durch gesetzliche Fiktion vom Verbot des § 1 GWB frei. Eine Definition dieses Tatbestandsmerkmales findet sich im GWB jedoch nicht. Angesichts der Zielsetzung des § 3 GWB scheidet eine Orientierung bei der Bestimmung dieses Tatbestandsmerkmales an den Größenverhältnissen auf der Marktgegenseite aus; es geht – wie oben dargelegt – nicht um den Ausgleich von Machtpositionen im Vertikalverhältnis. Es muss vielmehr von dem Konzept des strukturellen Nachteilausgleiches ausgegangen werden, will man den Begriff des „kleinen und mittleren Unternehmens" dem Sinn und Zweck des § 3 GWB entsprechend bestimmen.[280] Dabei kann auch die Auslegung des in § 20 GWB enthaltenen, ähnlichen Begriffes der „kleinen und mittleren Wettbewerber" Hilfestellung bieten:[281] Die Terminologie des § 5b GWB a.F. (die Vor-Vorgängerregelung des jetzigen § 3 GWB) diente ausdrücklich als Vorbild für die in § 20 Abs. 4 GWB verwendeten Begriffe.[282] Die Auslegung des § 20 Abs. 2 GWB erfolgt – ebenso wie bei § 3 GWB – anhand der Bestimmung der horizontalen Marktverhältnisse.[283] Nur in Sonderfällen, in denen beispielsweise Handelsunternehmen nach ihrer Unternehmensstruktur und ihrem Warenangebot gerade auf das Angebot eines bestimmten Unternehmens ausgerichtet sind, können auch die vertikalen Marktverhältnisse bei der Beurteilung des Begriffs der „kleinen und mittleren Unternehmen" herangezogen werden.[284]

1. Größenermittlung auf dem relevanten Markt

Strukturelle, größenbedingte Nachteile, von denen kleine und mittlere Unternehmen getroffen werden können, sind zwangsläufig nur in Relation zu den Marktstrukturen und Größenverhältnissen der einzelnen Wettbewerber festzustellen. Um das Ziel des § 3 GWB zu erreichen, solchen Nachtei-

---

280 *Görgemanns,* Begriff der kleinen und mittleren Unternehmen, S. 38.

281 So auch *Nordemann,* in: Loewenheim, GWB (2006), § 3, Rn. 11.

282 Vgl. *Bundesregierung,* Entwurf eines Fünften Gesetzes zur Änderung des Gesetzes gegen Wettbewerbsbeschränkungen, (RegE 5. GWB-Novelle), BT-Drs. 11/4610, S. 15.

283 *BGH,* 24.09.2002, Az.: KVR 8/01 – Konditionenanpassung, WuW/E DE-R 984, 206 f.

284 *BGH,* 19.01.1993, Az.: KVR 25/91 – Herstellerleasing, WuW/E BGH 2875, 2878; hierauf hinweisend: *BGH,* 24.09.2002, Az.: KVR 8/01 – Konditionenanpassung, WuW/E DE-R 984, 986 f.

len durch Zulassung von horizontalen, wettbewerbsbeschränkenden Vereinbarungen zu begegnen, kann der Begriff des kleinen und mittleren Unternehmens nur jeweils relativ zu den gegebenen Marktstrukturen und Größenverhältnissen bestimmt werden.[285] Es sind dabei grundsätzlich die Wettbewerber auf demselben sachlichen und räumlichen Markt miteinander zu vergleichen.[286]

Fraglich ist, ob, so wie von Nordemann vorgeschlagen, auch Wettbewerber auf zwar gleichen sachlichen, jedoch örtlich verschiedenen Märkten bei der Größenermittlung miteinbezogen werden können.[287] Freilich erscheint es nicht unmöglich, beispielsweise aus der Größe der Blumeneinzelhändler in Berlin Rückschlüsse auf die relative Größe eines Blumeneinzelhändlers in München zu ziehen – so das Beispiel von Nordemann. Drei Argumente sprechen jedoch eindeutig gegen eine solche Betrachtungsweise: Zum einen sind es mitunter gerade die örtlichen Besonderheiten, die einer Einstufung als relativ kleines Unternehmen entgegenstehen können, da sich strukturelle, größenbedingte Nachteile in verschiedenen Orten ganz unterschiedlich auswirken können, mancherorts durch die örtlichen Besonderheiten möglicherweise sogar nivelliert werden: Während möglicherweise in Berlin flächendeckend in allen Stadtbezirken geworben werden müsste, um eine bestimmte Zahl von Kunden zu erreichen, genügte es möglicherweise in München, an einigen wenigen zentralen Orten in der Innenstadt zu werben, um die gleiche Zahl an Kunden zu erreichen. Hier wirken sich unterschiedlich große Werbeetats zwangsläufig auch unterschiedlich stark aus. Darüber hinaus sollen nach der Zielsetzung des § 3 GWB gerade diejenigen Unternehmen gefördert werden, die relativ zu ihren Wettbewerbern Größennachteile erleiden. Dabei muss zwingend auf die Wettbewerber vor Ort abgestellt werden: Einen entscheidenden Maßstab für die Beurteilung der relativen Größe eines Unternehmens stellen die Umsatzzahlen dar.[288] Würde man nun die Umsatzzahlen eines Münchner mit einem Berliner Blumeneinzelhändler vergleichen, so würde man möglicherweise zu ganz erheblichen Unterschieden gelangen, ohne dass hieraus eine Aussage über die strukturellen Nachteile beispielsweise des Münchner Unternehmens abgeleitet werden könnte. Schließlich – und das ist entscheidend – ist es den kleinen und mittleren Unternehmen bereits unter Rechtsschutzgesichtspunkten nicht zu-

---

[285] Vgl. *Nordemann,* in: Loewenheim, GWB (2006), § 3, Rn. 12; *Fuchs,* in: Immenga/Mestmäcker, GWB (2007), § 3, Rn. 36. Vgl. auch *BKartA,* Merkblatt KMU (2007), Tz. 12. (s. ausführlich zum Merkblatt des BKartA, *Karl/Beutelmann/Müller-Feldhammer,* Zwölf Thesen, BB 2008, 1014.)

[286] *Nordemann,* in: Loewenheim, GWB (2006), § 3, Rn. 12.

[287] *Nordemann,* in: Loewenheim, GWB (2006), § 3, Rn. 12.

[288] *Nordemann,* in: Loewenheim, GWB (2006), § 3, Rn. 13; *Fuchs,* in: Immenga/Mestmäcker, GWB (2007), § 3, Rn. 38; *Werner,* Unternehmerische Kooperation, 180.

mutbar, alle in Betracht kommenden örtlichen Märkte in Deutschland daraufhin zu untersuchen, welche Umsätze welches Unternehmen in Relation zu welchen anderen Unternehmen auf den verschiedenen örtlichen Märkten erzielt, um anschließend hieraus Rückschlüsse auf die eigene Größenverhältnisse zu ziehen. Die kooperationswilligen Unternehmen können und müssen lediglich die Wettbewerber auf dem gleichen sachlichen und gleichen örtlichen Markt taxieren, um so eigene strukturelle größenbedingte Nachteile feststellen zu können.

Ein weiterer zu klärender Punkt ist, ob neben aktuellen auch potentielle Wettbewerber hier Berücksichtigung finden müssen: Bei der Beurteilung der Größenverhältnisse und der Frage nach rein strukturellen Nachteilen kleiner und mittlerer Unternehmen würde allerdings die Berücksichtigung nur potentiellen Wettbewerbs zu mit dem Sinn und Zweck des § 3 GWB nicht zu vereinbarenden Ergebnissen führen: Strukturelle Nachteile können jeweils nur im Blick auf die tatsächlichen, aktuellen Marktverhältnisse festgestellt werden. Möglicherweise gar nicht eintretender Wettbewerb durch nur potentielle Wettbewerber würde die als Ausnahmevorschrift gefasste und damit grundsätzlich eng auszulegende Regelung des § 3 GWB überdehnen, denn bei einer um potentielle Wettbewerber erweiterten Vergleichsgrundlage wären Unternehmen wesentlich eher als KMU einzustufen, ohne dass sie tatsächlich strukturell benachteiligt wären. Potentielle Wettbewerber sind daher grundsätzlich nicht zur Beurteilung der Größenverhältnisse auf dem relevanten Markt heranzuziehen, vielmehr sind nur aktuelle, also bereits auf dem einschlägigen Markt nebeneinander wirklich tätige Unternehmen zu berücksichtigen.[289] Etwas anderes gilt nur dann, wenn potentielle Wettbewerber kurz vor dem Markteintritt stehen; dann sind auch diese Unternehmen mit bei der Beurteilung der Größenverhältnisse zu berücksichtigen, denn dann kann mit hinreichender Sicherheit beurteilt werden, ob auf dem Markt in nächster Zukunft Größenunterschiede bestehen, die zu strukturellen Nachteilen führen werden und die über Kooperationen ausgeglichen werden sollten.[290]

2. *Die Ermittlung des Umsatzes als das entscheidende Marktstrukturkriterium*

Neben den schon genannten Umsatzzahlen kommen als Vergleichsmaßstab alle Marktstrukturkriterien in Betracht: Produktionskapazitäten lassen

[289] So, jedoch ohne Begründung, auch *Schneider,* in: Langen/Bunte, GWB (2006), § 3, Rn. 45.

[290] *Schneider,* in: Langen/Bunte, GWB (2006), § 3, Rn. 45. Zur mit dieser Sicht übereinstimmenden, engen Definition „potentieller" Wettbewerber vgl. auch Horizontal-Leitlinien, ABl. 2001/C 3/2, Tz 9 i.V.m. Fn. 9.

ebenso wie die erzielte Wertschöpfung, die Eigenkapitalausstattung und die Beschäftigtenzahl Rückschlüsse auf die bestehenden Größenunterschiede und vor allem auch auf die damit verbundenen, unterschiedlichen Aktionsmöglichkeiten der Wettbewerber zu.[291] Dabei sind diese Kriterien ihrerseits jeweils in Abhängigkeit zum Tätigkeitsfeld des Unternehmens zu beurteilen.[292] Entscheidende Bedeutung kommt jedoch in jedem Fall den Umsatzzahlen zu.[293] Diese sind über § 38 Abs. 1 GWB analog gem. § 277 Abs. 1 HGB zu ermitteln. Insoweit steht nicht der unterschiedliche Regelungszweck der Fusionskontrolle einerseits und die hier in Rede stehende Beseitigung größenbedingter struktureller Nachteile andererseits einer solchen analogen Anwendung des fusionskontrollrechtlichen und hier nur als Verweisungsnorm in das HGB dienenden § 38 GWB entgegen. Anders ist dies jedoch im Hinblick auf die in den § 38 Abs. 2 bis 5 vorgesehenen abweichenden Bewertungsansätze: Im Bereich der Fusionskontrolle gelten absolute, umsatzbezogene Grenzwerte (§ 35 Abs. 1 GWB). Das tatsächliche wirtschaftliche Gewicht einzelner Unternehmen bestimmter Branchen (Finanzdienstleister; Versicherer) lässt sich jedoch ebenso wenig allein durch Umsatzzahlen ermitteln, wie in anderen Branchen (Presse) die tatsächliche rechtspolitische Bedeutung einer möglichst großen Anzahl unabhängiger Unternehmen. Schließlich haben Umsatzerlöse im Handel eine andere Aussagekraft als in der Industrie.[294] Ziel der Differenzierungen in § 38 Abs. 2 ff. GWB ist es daher, den unterschiedlichen wirtschaftlichen und wettbewerbspolitischen Gewichtungen der Zusammenschlussvorhaben im Hinblick auf die absoluten Grenzwerte der Fusionskontrolle ausreichend Rechnung zu tragen. Im Rahmen des § 3 GWB ist das Ziel grundsätzlich ein anderes. Die Einstufung der einzelnen Unternehmen als kleines, mittleres oder großes Unternehmen erfolgt nur im Verhältnis zu den jeweiligen Marktteilnehmern der gleichen Branche auf dem gleichen sachlichen und örtlichen relevanten Markt. Für Differenzierungen bei der Umsatzberechnung besteht jedenfalls im Normalfall[295] also kein Bedarf.

---

[291] Vgl. *Nordemann,* in: Loewenheim, GWB (2006), § 3, Rn. 13; *Fuchs,* in: Immenga/Mestmäcker, GWB (2007), § 3, Rn. 38; *Werner,* Unternehmerische Kooperation, S. 180; *Bunte,* in: FK (Stand: 04/2007) (1999), § 3, Rn. 88.

[292] *Fuchs,* in: Immenga/Mestmäcker, GWB (2007), § 3, Rn. 38.

[293] *Nordemann,* in: Loewenheim, GWB (2006), § 3, Rn. 13; *Fuchs,* in: Immenga/Mestmäcker, GWB (2007), § 3, Rn. 38; *Werner,* Unternehmerische Kooperation, S. 180; *Bunte,* in: FK (Stand: 04/2007) (1999), § 3, Rn. 88. s. auch *Bayerisches Staatsministerium für Wirtschaft, Verkehr und Technologie,* Kooperation und Wettbewerb, S. 11.

[294] Zu den mitunter zudem europarechtlich geprägten Hintergründen der unterschiedlichen Umsatzgewichtungen und -berechnungen des § 38 GWB s. *Mestmäcker/Veelken,* in: Immenga/Mestmäcker, GWB (2007), § 38, Rn. 22.

Besonderheiten bei der Beurteilung gelten, wenn das zu untersuchende Unternehmen in einen Konzern eingebunden ist. Nach allgemeiner Ansicht können dann – auch ohne dass eine entsprechende Regelung in § 3 GWB enthalten wäre – die Umsätze der Konzerngesellschaften, mit denen das Unternehmen eine wettbewerbliche Einheit i. S. d. § 36 Abs. 2 GWB bildet, nicht generell unberücksichtigt bleiben.[296] Würden herrschende bzw. abhängige Unternehmen i. S. d. §§ 17 und 18 AktG nicht bei der Umsatzermittlung berücksichtigt werden, so würden vielfach im Vertrauen auf den Erfolg einer (wettbewerbspolitisch grundsätzlich unerwünschten) Kooperation Ressourcen des Konzerns geschont und nicht eingesetzt werden.[297] Es besteht Konsens darüber, dass das offenkundig den Zielsetzungen des § 3 GWB widersprechen würde, nur tatsächlich schwächeren Unternehmen eine Kooperation zu ermöglichen. Streitig ist allerdings, ob stets die Umsätze anderer Konzerngesellschaften den Unternehmen hinzuzurechnen,[298] oder ob nicht im jeweiligen Einzelfall die tatsächlichen Beziehungen zwischen Mutter- und Tochtergesellschaft zu berücksichtigen sind.[299] Da die Erfolge der Kooperation im Ergebnis dem herrschenden Unternehmen, jedenfalls aber dem gesamten Konzern zugute kommen, ist es nicht gerechtfertigt, die insgesamt im Konzern vorhandenen Möglichkeiten und Ressourcen bei der Förderung dieser Kooperation unberücksichtigt zu lassen.[300] Die von der Gegenauffassung beispielhaft genannte Situation, in der nur eine sehr lose Verbindung

---

[295] s. zu einer Ausnahme bei der Beteiligung verschiedenartiger Konzernunternehmen sogleich.

[296] Vgl. *BGH,* 30.09.1986, Az.: KVR 8/85 – Mischguthersteller, WuW/E BGH 2321; WuW *BKartA,* 01.06.1989, Az.: B 5-791000-Ib-220/88 – German Parcel Paket-Logistik, WuW/E BKartA 2384; für den Regelfall auch *KG Berlin,* 10.7.1985 – Mischguthersteller, WuW/E OLG 3663; *Nordemann,* in: Loewenheim, GWB (2006), § 3, Rn. 17; *Fuchs,* in: Immenga/Mestmäcker, GWB (2007), § 3, Rn. 38; *Werner,* Unternehmerische Kooperation, S. 180; *Bunte,* in: FK (Stand: 04/2007) (1999), § 3, Rn. 96; *Kapteina,* Mittelstandskooperationen, S. 235; *Bechtold,* Kartellgesetz, § 3, Rn. 11; *Görgemanns,* Begriff der kleinen und mittleren Unternehmen, S. 47 ff.; *Schneider,* in: Langen/Bunte, GWB (2006), § 3, Rn. 49.

[297] *Görgemanns,* Begriff der kleinen und mittleren Unternehmen, S. 48.

[298] So *Immenga,* in: Immenga/Mestmäcker, GWB (2001), § 4, Rn. 68; *Werner,* Unternehmerische Kooperation, S. 180. So auch in einem Fall des § 20 Abs. 2 GWB *LG Nürnberg-Fürth,* 03.08.2005, Az.: 4 HK O 6645/04 – Schuheinzelhandel, WuW/E DE-R 1659.

[299] So *Nordemann,* in: Loewenheim, GWB (2006), § 3, Rn. 17; *Bunte,* in: FK (Stand: 04/2007) (1999), § 3, Rn. 96; *Karl/Beutelmann/Müller-Feldhammer,* Zwölf Thesen, BB 2008, 1014, 1016; *BKartA,* Merkblatt KMU (1998), S. 2. Ähnlich auch *Görgemanns,* Begriff der kleinen und mittleren Unternehmen, S. 47 f., der von einer widerlegbaren Vermutung („Fiktion") ausgeht, derzufolge die im Konzern verfügbaren Ressourcen jedem Unternehmensteil vollumfänglich zur Verfügung stehen.

[300] So auch *Fuchs,* in: Immenga/Mestmäcker, GWB (2007), § 3, Rn. 38, allerdings indifferent zu möglichen Ausnahmen.

zwischen Tochter- und Muttergesellschaft besteht, steht dieser Auffassung nicht entgegen, da im Falle einer solch losen Verbindung schon keine wettbewerbliche Einheit i.S.d. § 36 Abs. 2 GWB vorliegt. Die Grenze, wann aus einer solchen losen Verbindung eine feste, wettbewerbliche Einheit entsteht, ist dabei § 36 Abs. 2 GWB zu entnehmen.[301] Liegt eine solche Einheit vor, so ist es allein der in dieser Hinsicht unzureichenden Ressourcenverteilung innerhalb des Konzerns geschuldet, dass dieses Unternehmen möglicherweise größen- und strukturbedingte Nachteilen auf dem relevanten Markt ausgesetzt ist. Diese verfehlte Ressourcenallokation dann gleichwohl durch eine wettbewerbsbeeinträchtigende Kooperation auszugleichen, kann nicht der Zielsetzung des § 3 GWB entsprechen.

Dann, wenn die Umsätze anderer verbundener Unternehmen dem relevanten Unternehmen hinzugerechnet werden müssen, kann es geboten sein, im Sinne des § 38 Abs. 2 GWB die Umsatzzahlen der verbundenen Unternehmen mit Blick auf den betroffenen Markt anders als im Normalfall (s.o.) zu relativieren: Bei einem Vergleich zweier unterschiedlich großer Handelsunternehmen auf einem bestimmten sachlich relevanten Markt kann bei der Berechnung der Umsätze nicht unberücksichtigt bleiben, dass das eine Unternehmen Tochterunternehmen eines Industrieunternehmens ist, während das andere Unternehmen ein reines Handelsunternehmen ist. Hier können die Überlegungen zu § 38 Abs. 2 GWB herangezogen werden, wonach die „Umsatzerlöse von Handels- und Industrieunternehmen unterschiedliches Gewicht für die Beurteilung der wirtschaftlichen Bedeutung dieser beiden Arten von Unternehmen haben“.[302] Hier ist eine Erhöhung der Umsatzzahlen des Industriebereiches des Konzerns um ein Viertel i.S.d. § 38 Abs. 2 GWB vorzunehmen, um die tatsächliche wirtschaftliche Bedeutung des zu untersuchenden Konzerns richtig beurteilen zu können.

Bei der Berechnung der Umsatzzahlen ist im Übrigen der Gesamtumsatz und nicht nur der von der Zusammenarbeit betroffene Umsatz heranzuziehen. Nur wenn der Gesamtumsatz Berücksichtigung findet, können auch die tatsächlich dem Unternehmen insgesamt zur Verfügung stehenden Ressourcen hinreichend beurteilt werden. Allein dann, wenn erhebliche Unterschiede festgestellt werden können, ist noch Raum für eine Anwendung des § 3 GWB.[303] Schließlich ist auch zu betonen, dass es bei der Beantwortung der Frage, ob ein Unternehmen klein oder mittelgroß ist, nicht unbeachtet

---

301 So jetzt unter Aufgabe der bisherigen Entscheidungspraxis (vgl. *BKartA,* Merkblatt KMU (1998), Einl.) auch das Bundeskartellamt, vgl. *BKartA,* Merkblatt KMU (2007), Tz. 13.

302 *Mestmäcker/Veelken,* in: Immenga/Mestmäcker, GWB (2007), § 38, Rn. 26.

303 *Fuchs,* in: Immenga/Mestmäcker, GWB (2007), § 3, Rn. 38; *Nordemann,* in: Loewenheim, GWB (2006), § 3, Rn. 15; *Bunte,* in: FK (Stand: 04/2007) (1999), § 3, Rn. 89.

bleiben kann, dass das Unternehmen im Ausland höhere Umsätze erwirtschaftet. Entsprechend der Vorgehensweise im Rahmen der Fusionskontrolle[304] sind daher auch hier Auslandsumsätze vollumfänglich bei der Berechnung der Unternehmensumsätze mit einzubeziehen.

3. Relativität des Begriffs „kleines und mittleres Unternehmen" – kein Raum für absolute Ober- oder Untergrenzen

Vor dem Hintergrund der Zielsetzung des § 3 GWB, strukturelle Nachteile, die allein auf die unterschiedlichen Größen der Unternehmen auf dem jeweils gleichen Markt zurückzuführen sind, durch leistungssteigernde Kooperationen zu beseitigen, verbietet es sich nahezu von selbst, absolute, fixe Ober- oder Untergrenzen zu bestimmen, anhand derer für alle Branchen gleich bestimmt werden könnte, ob ein Unternehmen klein, mittelgroß oder groß i. S. d. § 3 GWB ist. Eine Definition muss stets in Relation zu den vorhandenen Marktstrukturen erfolgen.[305] Ein Unternehmen mit einer bestimmten Umsatzhöhe kann auf einem Markt, auf dem Unternehmen mit wesentlich niedrigeren Umsätzen auftreten, als groß i. S. d. § 3 GWB anzusehen sein, während es auf einem örtlich, sachlich, aber auch zeitlich verschiedenen Markt angesichts anderer Marktteilnehmer mit noch höheren absoluten Umsatzzahlen als klein oder mittelgroß einzustufen ist.[306] Es ist daher nicht weiter verwunderlich, dass die gleichwohl genannten absoluten Obergrenzen, ab denen in jedem Fall von einem Großunternehmen auszugehen sein soll, zwischen Werten um 25 Mio. €[307] bis zu 500 Mio. €[308] in erheblichem Umfange schwanken. Angesichts der Relativität des Begriffs „kleines und mittleres Unternehmen" ist es eben gerade nicht möglich, hier verbindliche, absolute Grenzen zu ziehen.[309] Dies gilt dabei sowohl für Ober- aber auch

---

304 Statt vieler: *Mestmäcker/Veelken,* in: Immenga/Mestmäcker, GWB (2007), § 38, Rn. 5.

305 So auch schon *Wirtschaftsausschuß des Bundestages,* Bericht zur zweiten GWB-Novelle, S. 584.

306 *Schneider,* in: Langen/Bunte, GWB (2006), § 3, Rn. 44; *Nordemann,* in: Loewenheim, GWB (2006), § 3, Rn. 15; *Bunte,* in: FK (Stand: 04/2007) (1999), § 3, Rn. 85.

307 *Salje,* Mittelständische Kooperation, S. 73; *Teichmann,* Wesentliche Beeinträchtigung, WuW 1974, 449, 457.

308 *Keßler,* Einkaufskooperationen, WuW 2002, 1162, 1165; *Bechtold,* Kartellgesetz, § 3, Rn. 11.

309 Vgl. an erster Stelle die Gesetzesbegründung zur 5. GWB-Novelle 1989, RegE 5. GWB-Novelle, BT-Drs. 11/4610, S. 16, derzufolge *„angesichts der äußerst weit auseinanderliegenden Marktvolumina absolute Größengrenzen wettbewerbspolitisch nicht überzeugend"* zu rechtfertigen seien; damit wendet sich der Gesetzgeber ab von der Aussage des Wirtschaftsausschusses zur 2. GWB-Novelle, der

für Untergrenzen, will man nicht doch allein die mittelständische Struktur des relevanten Marktes schützen, sondern ohne Ansehen des Unternehmens größenbedingte Nachteile über § 3 GWB vermeiden helfen.

Fraglich ist, inwieweit wenigstens Vermutungsregelungen, ausgerichtet an bestimmten Schwellenwerten, aufgestellt werden können, die dann ihrerseits von den betroffenen Unternehmen widerlegt werden könnten. Der BGH hat in der bereits erwähnten Entscheidung Konditionenanpassung zwar branchenspezifische Schwellenwerte anerkannt, bis zu denen eine widerlegliche Vermutung für das Bestehen eines kleinen oder mittleren Unternehmens i.S.d. § 20 Abs. 2 GWB bestehen kann; erforderlich für eine solche Grenzziehung ist jedoch nach Ansicht des BGH, dass solche Schwellenwerte nachvollziehbar, widerspruchsfrei und plausibel begründet sind, was im konkret entschiedenen Fall nicht nur die Feststellung der Umsätze der mutmaßlich kleinen und mittleren Unternehmen, sondern des Gesamtumsatzes des relevanten sachlichen Marktes erforderlich gemacht hätte.[310] Nur dann kann sich die unter funktionalem Gesichtpunkt stets notwendige Prüfung der Schutzwürdigkeit des abhängigen Unternehmens an so ermittelten Schwellenwerten orientieren, nur dann kann diesen Schwellenwerten die Wirkung einer widerlegbaren Vermutung zukommen. Unabhängig von der Frage, ob die jeweiligen Schwellenwerte diesen Anforderungen entsprechen, sind jedoch diese Vermutungen zum einen zwangsläufig nur branchenspezifisch denkbar, mit der Folge, dass Schwellenwerte für jeden relevanten Markt gesondert ermittelt werden müssten;[311] zum anderen aber sind diese Schwellenwerte von nur kurzer Lebensdauer, da ständige Veränderungen der Wettbewerbsverhältnisse und auch der Gesamtumsatzzahlen auf dem relevanten Markt plausible Schwellenwerte mitunter in sehr kurzer Zeit unrealistisch werden lassen. Man muss daher von der Vorstellung abrücken, es könnte verbindliche, branchenspezifische Schwellenwerte geben, anhand de-

---

noch ausführte: „*Im übrigen enthält der Begriff ‚kleine oder mittlere Unternehmen‘ sowohl eine Relation, die sich aus der Stellung der betreffenden Unternehmen im Verhältnis zu ihren Mitbewerbern ergibt, also eine absolute Grenze, für die aus den Umsatzzahlen in den §§ 22 ff. Anhaltspunkte für die Kartellbehörde hergeleitet werden können.*“. Gegen absolute Grenzen ferner *Görgemanns,* Begriff der kleinen und mittleren Unternehmen, S. 46; *Fuchs,* in: Immenga/Mestmäcker, GWB (2007), § 3, Rn. 36; *Schneider,* in: Langen/Bunte, GWB (2006), § 3, Rn. 44. A.A. dagegen *Teichmann,* Wesentliche Beeinträchtigung, WuW 1974, 449, 457; *Dörinkel,* Kooperationserleichterungen, WuW 1973, 827, 828; *Bechtold,* Kartellgesetz, § 4, Rn. 4. Von einer verbindlichen, absoluten *Unter*grenze ausgehend: *Bunte,* in: FK (Stand: 04/2007) (1999), § 3, Rn. 94, jedoch gleichzeitig zweifelnd, ob angesichts der Globalisierung eine solche Grenze bestimmt werden kann.

310 *BGH,* 24.09.2002, Az.: KVR 8/01 – Konditionenanpassung, WuW/E DE-R 984, 986

311 So auch *Nordemann,* in: Loewenheim, GWB (2006), § 3, Rn. 16.

rer von vornherein beurteilt werden könnte, ob ein Unternehmen des jeweils relevanten Marktes als kleines, mittleres oder großes Unternehmen einzustufen ist.

Das ohne Zweifel bestehende praktische Bedürfnis nach branchenübergreifenden Leitwerten ohne Vermutungswirkung, das Nordemann anführt[312], kann ebenso wenig weder im Hinblick auf Ober-, noch im Hinblick auf Untergrenzen in ausreichender Weise befriedigt werden. Absolute Schwellenwerte, mögen sie auch nur als Orientierungshilfe dienen, können bei der hier allein relativ, d.h. in Abhängigkeit der jeweiligen konkreten Wettbewerbersitutation, zu bestimmenden Einstufung als kleines oder mittleres Unternehmen nicht weiterhelfen. Eine branchenübergreifende Bewertung verbietet sich angesichts der Relativität des Tatbestandsmerkmals in jedem Fall. Während Nordemann zwar „im Hinblick auf eine Obergrenze [...] schon wegen Kaufkraftschwundes die Grenze von 500 Mio. € nur als ersten groben Richtwert" versteht[313], möchte er im Hinblick auf eine Untergrenze „bei Umsatzzahlen von weniger als 25 Mio. € und regelmäßig auch bis 50 Mio. €" eine Einbeziehung in die Gruppe der Großunternehmen regelmäßig[314] ablehnen. Eine weitere Orientierungshilfe für die Einstufung als kleines oder mittleres Unternehmen wird in der bereits in anderem Zusammenhang genannten KMU-Empfehlung der EU-Kommission[315] gesehen[316], die Unternehmen dann nicht zu Großunternehmen zählt, wenn sie weniger als 250 Beschäftigte und einen Jahresumsatz von höchstens 50 Mio. € oder eine Jahresbilanzsumme von 43 Mio. € erwirtschaften.

Diese aus einem verständlichen Bedürfnis heraus genannten Untergrenzen können jedoch ebenso wenig wie die genannten Obergrenzen auch nur eine Orientierungshilfe bieten: Da es bei der Bestimmung der Unternehmensgrößen stets nur auf die Relation der am Kartell beteiligten Unternehmen zu den anderen auf dem gleichen Markt tätigen Unternehmen ankommen kann, ist weder die Bestimmung absoluter Ober- noch absoluter Untergrenzen,

---

312 *Nordemann,* in: Loewenheim, GWB (2006), § 3, Rn. 16.

313 Von solchen absoluten Obergrenzen geht unter Heranziehung der Aufgreifkriterien der Fusionskontrolle (§§ 35 ff. GWB) *Bechtold,* Kartellgesetz, § 3, Rn. 11, aus.

314 Ausnahmen sollen dann gelten, wenn der Vergleichsmaßstab nur kleine Unternehmen mit deutlich geringeren Umsatzzahlen als 1 Mio. € umfasst. Ebenfalls von einer absoluten Untergrenze (teilweise konkret bei 25 Mio. €) gehen aus: *Bunte,* in: FK (Stand: 04/2007) (1999), § 3, Rn. 94; *Kiecker,* in: Langen/Bunte, GWB (2001), § 4, Rn. 17; *Bechtold,* Kartellgesetz, § 3, Rn. 11; *Herresthal,* Praxis der Mittelstandskooperationen, S. 49 ff. Zurecht hieran zweifelnd: *Schneider,* in: Langen/Bunte, GWB (2006), § 3, Rn. 46.

315 KMU-Empfehlung (2003), ABl. 2003/L 124/36; vgl. hierzu Teil 1, Kap. 3, A. III.

316 *Nordemann,* in: Loewenheim, GWB (2006), § 3, Rn. 16.

selbst wenn diese branchenspezifisch wären, möglich.[317] Eine Bezugnahme auf die absoluten Aufgreifkriterien der Fusionskontrolle (§§ 35 ff. GWB) verbietet sich daher von vornherein.[318] Aber auch eine Anlehnung an die Kriterien der KMU-Empfehlung der Kommission ist bereits prinzipiell ungeeignet für die allein relativ zu bestimmenden Größenverhältnisse auf dem relevanten Markt: Zwar hat die Kommission die Grenzwerte ihrer KMU-Empfehlung, die primär im Kontext mit der Gewährung von staatlichen Beihilfen aufgestellt wurden, auch bei der Anwendung des Wettbewerbsrechtes herangezogen. Allerdings wurden anhand dieser Werte in Wirklichkeit keine Größenverhältnisse einzelner Unternehmen in Relation zu anderen Unternehmen bestimmt, etwa mit dem im Rahmen des § 3 GWB allein interessierenden Ziel, größenbedingte Nachteile auszugleichen. Die Einstufung als kleines oder mittleres Unternehmen anhand der KMU-Empfehlung erfolgte vielmehr bei der Frage nach einer spürbaren Handels-, und – jedenfalls bis zur Bagatellbekanntmachung des Jahres 2001 – nach einer spürbaren Wettbewerbsbeeinträchtigung. Durch die Bezugnahme auf die KMU-Empfehlung sollten diejenigen Sachverhalte bereits aus dem Anwendungsbereich des europäischen Wettbewerbsverbotes ausgeschlossen werden, die keine gemeinschaftsrechtliche, wettbewerbsrechtliche Relevanz aufwiesen. Dabei ist darauf hinzuweisen, dass spätestens seit Inkrafttreten der Zwischenstaatlichkeits-Leitlinien der Einstufung als kleines oder mittleres Unternehmen aufgrund der KMU-Empfehlung lediglich ein widerlegbarer Anhaltspunkt für die lokale bzw. regionale Beschränkung des Aktionsradius der kooperationswilligen Unternehmen zu entnehmen ist.[319] Die KMU-Empfehlung, die schon angesichts ihres eigentlichen Anwendungsbereichs und des völlig anderen, räumlichen Maßstabes nicht ohne weiteres auf die hier interessierenden Fragen des Kartellrechts übertragen werden kann, ist für die allein relativ zu erfolgende Bestimmung der Größenverhältnisse auf dem jeweils relevanten Markt daher ebenfalls nicht geeignet.

Ferner bleibt auch ungeklärt, was dann gelten sollte, wenn auf einem Markt nur Unternehmen tätig sind, die die genannten Untergrenzen nicht überschreiten. Kein Unternehmen eines von solch geringen Umsatzzahlen geprägten Marktes wäre in der Lage, unter Berufung auf § 3 GWB eine zulässige Kooperationsvereinbarung zu treffen; denn auch das vielleicht mit einem Abstand von fünf oder acht Millionen größte Unternehmen würde die o.g. Untergrenzen nicht überschreiten und wäre daher kein Großunternehmen i.S.d. § 3 GWB. Den Unternehmen bliebe dann nur die Berufung auf § 2 GWB mit all den damit verbundenen Einstufungsschwierigkeiten.

---

317 *Schneider,* in: Langen/Bunte, GWB (2006), § 3, Rn. 44.

318 So auch *Schneider,* in: Langen/Bunte, GWB (2006), § 3, Rn. 46.

319 *Schneider,* in: Langen/Bunte, GWB (2006), § 3, Rn. 42. Vgl. ausführlich hierzu oben, Teil 1, Kap. 3, A. III.

Dabei machen sich gerade in einem Markt mit kleinen Umsatzzahlen schon wesentlich geringere Umsatzdifferenzen in besonders deutlicher Weise bemerkbar. Gerade in solchen Märkten mit Umsätzen bis zu 25 Mio. € ist beispielsweise die Frage, ob ein weiteres Werbemedium wie beispielsweise das Fernsehen genutzt werden kann, noch eher vom tatsächlich erzielten Umsatz abhängig als auf Märkten, in denen Umsatzmillionäre auftreten, die bereits alle das Medium Fernsehen nutzen. Gerade auf Märkten mit geringen Umsatzzahlen muss daher § 3 GWB anwendbar bleiben, gerade hier wirken sich Größenunterschiede besonders spürbar aus. Aus einem völlig anderen Gesichtspunkt heraus können jedoch Umsatzzahlen in einer Größenordnung von über 40 Mio. € Bedeutung für die Anwendung des § 3 GWB erlangen: Die Grenze zur spürbaren zwischenstaatlichen Handelsbeeinträchtigung ist bei solchen Umsätzen möglicherweise überschritten, so dass der Anwendungsbereich des europäischen Wettbewerbsrechts eröffnet sein kann. Hier stellt sich dann die Frage nach dem konkreten Verhältnis des § 3 GWB zum europäischen Wettbewerbsrecht, die weiter unten noch beantwortet werden soll.

Eine andere Frage ist, ob nicht gerade aus dem Sinn und Zweck des § 3 GWB heraus eine Grenze bestimmt werden kann, bis zu der von ausgleichsbedürftigen Größenunterschieden ausgegangen werden kann. Während absolute Größen dem Sinn und Zweck des § 3 GWB nicht gerecht werden können, besteht durchaus die Möglichkeit, zumindest als grobe Regel das für die Anwendung des § 3 GWB im Zentrum der Prüfung stehende Verhältnis der zu untersuchenden Unternehmen zueinander zu bestimmen: Zu fordern ist eine deutliche Unterlegenheit der kooperationswilligen Unternehmen im Verhältnis zu den Großunternehmen im Markt. Nur dann kann von echten, rein strukturell bedingten Nachteilen gesprochen werden, die durch eine Kooperation ausgeglichen werden sollen.[320] Mit Nordemann[321] ist diese Grenze bei 50% des Umsatzes des umsatzstärksten Unternehmens zu ziehen. Ein Unternehmen, das weniger als 50% des Umsatzes des umsatzstärksten Unternehmens erzielt, ist bereits allein aufgrund seiner Größe und unabhängig von seiner sonstigen betriebswirtschaftlichen Ausrichtung nicht in der Lage, im selben Umfang auf dem relevanten Markt zu agieren, wie dies das umsatzstärkste Unternehmen tun kann. Dieses Unternehmen ist dann in der Regel als mittleres Unternehmen i. S. d. § 3 GWB einzustufen.

---

[320] Vgl. *Schneider,* in: Langen/Bunte, GWB (2006), § 3, Rn. 46. s. hierzu auch *Karl/Beutelmann/Müller-Feldhammer,* Zwölf Thesen, BB 2008, 1014, 1015 f.

[321] *Nordemann,* in: Loewenheim, GWB (2006), § 3, Rn. 15; a. A. dagegen *Schneider,* in: Langen/Bunte, GWB (2006), § 3, Rn. 46, der keine Anhaltspunkte für eine bestimmte Obergrenze erkennt – wobei allerdings offen bleibt, ob er nur eine absolute, an bestimmten Umsatzzahlen orientierte, oder auch eine relative, an einem bestimmten Größenverhältnis ausgerichtete Obergrenze ablehnt.

Unternehmen mit weniger als 10% Umsatz des umsatzstärksten Unternehmens sind dann als Kleinunternehmen einzustufen.[322] Den weiteren genannten Marktstrukturkriterien ist dabei jedoch immer stärkere Bedeutung zuzumessen, je geringer die Umsatzunterschiede sind.[323]

4. Die Beteiligung von Großunternehmen

Fraglich ist, ob angesichts des Normzwecks des § 3 GWB, nämlich den Ausgleich größenbedingter Nachteile durch zwischenbetriebliche Kooperation zu ermöglichen, bereits von vornherein die Beteiligung von Großunternehmen an dieser Kooperation ausscheidet.

Eine Ansicht[324] bejaht diese Frage und stützt ihre ablehnende Haltung gegenüber einer Beteiligung von Großunternehmen auf folgende Überlegung: Privilegiert durch § 3 GWB seien nur solche Kooperationen, die zu Rationalisierungserfolgen führen. Konsequenterweise sei deshalb auch ein Rationalisierungserfolg bei sämtlichen beteiligten Unternehmen zu fordern. Beteiligen sich jedoch Großunternehmen an einer zwischenbetrieblichen Zusammenarbeit, so erzielen sie selbst einen wirtschaftlichen Erfolg bereits allein daraus, dass sie eine bestimmte Größe erreicht haben, nicht daraus, dass sie in Kooperation Rationalisierungsmaßnahmen ergriffen. Hierin wird ein Widerspruch zum Normzweck des § 3 GWB gesehen, der nur unmittelbar aus der Kooperation entstehende Rationalisierungserfolge privilegieren würde.[325] Mit der überwiegenden Meinung in Rechtsprechung und Literatur[326], aber auch des Bundeskartellamtes[327] ist diesen Bedenken nicht nach-

---

322 Vgl. auch *Bunte,* in: FK (Stand: 04/2007) (1999), § 3, Rn. 88 ff., mit weiteren Rechenbeispielen.

323 Vgl. hierzu auch *Nordemann,* in: Loewenheim, GWB (2006), § 3, Rn. 15.

324 *Fuchs,* in: Immenga/Mestmäcker, GWB (2007), § 3, Rn. 42 ff., 63, allerdings in engsten Grenzen eine Ausnahme akzeptierend; *Möschel,* Wettbewerbsbeschränkungen, Rn. 297; *Emmerich,* Kartellrecht (2001), S. 76; *Emmerich,* Kartellrecht (2006), § 23, Rn. 13.

325 Vgl. ausführlich *Fuchs,* in: Immenga/Mestmäcker, GWB (2007), § 3, Rn. 42 ff.; kritisch zu einer Beteiligung von Großunternehmen auch *Herresthal,* Praxis der Mittelstandskooperationen, S. 54 ff.; *Salje,* Mittelständische Kooperation, S. 82 ff.

326 *BGH,* 12.11.2002, Az.: KZR 11/01 – Ausrüstungsgegenstände für Feuerlöschzüge, WuW/E DE-R 1087; *BGH,* 30.09.1986, Az.: KVR 8/85 – Mischguthersteller, WuW/E BGH 2321; RegE 5. GWB-Novelle, BT-Drs. 11/4610, S. 16; *Bunte,* in: FK (Stand: 04/2007) (1999), § 3, Rn. 100; *Schneider,* in: Langen/Bunte, GWB (2006), § 3, Rn. 47 ff.; *Kiecker,* in: Langen/Bunte, GWB (2001), § 4, Rn. 19; *Nordemann,* in: Loewenheim, GWB (2006), § 3, Rn. 19 f.; *Karl/Beutelmann/Müller-Feldhammer,* Zwölf Thesen, BB 2008, 1014, 1019

327 *BKartA,* Merkblatt KMU (2007), Tz. 37.

zugeben und die Beteiligung von Großunternehmen in Grenzen zuzulassen: Zum einen ist dem Wortlaut des § 3 Abs. 1 Ziff. 2 GWB nur zu entnehmen, dass die einzige Voraussetzung in diesem Zusammenhang die Förderung der Wettbewerbsfähigkeit kleiner oder mittlerer Unternehmen ist, nicht dagegen eine Beteiligung von Großunternehmen von vornherein ausgeschlossen wäre. Auch der Normzweck, nämlich der Ausgleich struktureller Größennachteile ist durch eine Beteiligung von Großunternehmen nicht gefährdet. Vielmehr sind durchaus Fälle denkbar, in denen erst die Möglichkeiten eines Großunternehmens beispielsweise im Bereich der Forschung oder des technischen Know-hows hinzukommen müssen, um durch eine Kooperation tatsächliche Rationalisierungseffekte bei den kleinen und mittleren Unternehmen erzielen zu können.[328] Schließlich ist auch den Gesetzesmaterialien zu § 5b GWB a. F. zu entnehmen, dass die gefundene Formulierung bewusst nicht ausschließt, dass „u. U. auch große Unternehmen an dem Vertrag beteiligt sind."[329] Dabei dürfen die beteiligten Großunternehmen selbst sich jedoch nicht nur deshalb an dem Kartell beteiligen, weil sie in erster Linie die mit dem Kartell verbundene Wettbewerbsbeschränkung anstreben, vielmehr müssen auch sie entweder allein die Steigerung der Wettbewerbsfähigkeit der kleinen und mittleren Unternehmen anstreben, was jedoch seltenst der Fall sein dürfte,[330] oder eigene Rationalisierungsziele – wenngleich in wesentlich geringerem Umfang als die beteiligten KMU[331] – verfolgen, beispielsweise in Gestalt einer Verbesserung der Forschung durch zwischenbetriebliche Zusammenarbeit und Bündelung von Kompetenzen der beteiligten Unternehmen.

Weitgehend Einigkeit besteht darüber, dass dann, wenn eine Beteiligung von Großunternehmen zulässig ist, in jedem Fall diese Beteiligung zur Erreichung des Rationalisierungserfolges auch notwendig und erforderlich sein muss,[332] und dass eine Kooperation allein zwischen Großunternehmen selbst dann, wenn sie kleinen und mittleren Unternehmen zugute kommen soll, nicht durch § 3 GWB gedeckt ist.[333] Auch eine Kooperation mehrerer Groß-

---

328 Vgl. *BKartA,* Merkblatt KMU (1998), S. 6; *Bunte,* in: FK (Stand: 04/2007) (1999), § 3, Rn. 102; *Nordemann,* in: Loewenheim, GWB (2006), § 3, Rn. 19 f.

329 *Wirtschaftsausschuß des Bundestages,* Bericht zur zweiten GWB-Novelle, 584.

330 Vgl. *Nordemann,* in: Loewenheim, GWB (2006), § 3, Rn. 44.

331 *Bunte,* in: FK (Stand: 04/2007) (1999), § 3, Rn. 103.

332 Vgl. *BGH,* 30.09.1986, Az.: KVR 8/85 – Mischguthersteller, WuW/E BGH 2321, 2325; ausdrücklich auch *BKartA,* Merkblatt KMU (2007), Tz. 37; *Bunte,* in: FK (Stand: 04/2007) (1999), § 3, Rn. 100; *Bechtold,* Kartellgesetz, § 3, Rn. 11 a. E.; *Immenga,* in: Immenga/Mestmäcker, GWB (2001), § 4 Rn. 71, jeweils m. w. N. *Schneider,* in: Langen/Bunte, GWB (2006), § 3, Rn. 51, betont, dass die Teilnahme großer Unternehmen aus wettbewerblichen Gesichtspunkten auf den unverzichtbaren Umfang zu begrenzen ist.

unternehmen bei gleichzeitiger Beteiligung nur eines kleinen oder mittleren Unternehmens wird für nicht freistellungsfähig nach § 3 Abs. 1 GWB erachtet, da der mittelständische Charakter einer solchen Kooperation zu verneinen sei und die Beteiligung des KMU wohl nur ein Vorwand sein dürfte, um die Vereinbarung nach § 3 Abs. 1 GWB freistellungsfähig darzustellen.[334]

Bei der Beteiligung von Großunternehmen ist schließlich stets auch die Zwischenstaatlichkeitsschwelle im Auge zu behalten. Häufig dürfte in diesen Konstellationen bereits diese Schwelle überschritten und damit der Anwendungsbereich des europäischen Wettbewerbsrechts eröffnet sein.[335]

II. Horizontales Wettbewerbsverhältnis

Der Wortlaut des § 3 GWB („zwischen miteinander im Wettbewerb stehenden Unternehmen") macht deutlich, dass nur horizontale Kooperationen von § 3 GWB erfasst werden.[336] Da die bisherige Unterscheidung zwischen horizontalen und vertikalen Vereinbarungen bereits im Grundtatbestand des § 1 GWB n. F. aufgegeben worden ist, war die Aufnahme dieses zusätzlichen Tatbestandsmerkmales in § 3 GWB erforderlich, da eine bislang bereits aus der systematischen Stellung ableitbare Beschränkung der Mittelstandskartelle auf horizontale Vereinbarungen nun nicht mehr mit dieser Eindeutigkeit zu erkennen gewesen wäre. Eine analoge Anwendung auf vertikale Vereinbarungen verbietet sich angesichts des eindeutigen, gerade zum Ausschluss von vertikalen Vereinbarungen aus dem Anwendungsbereich gewählten Wortlauts des § 3 GWB und des auch ausdrücklich erklärten Wil-

---

333 *Bunte,* in: FK (Stand: 04/2007) (1999), § 3, Rn. 60, 104; *Nordemann,* in: Loewenheim, GWB (2006), § 3, Rn. 20; *Fuchs,* in: Immenga/Mestmäcker, GWB (2007), § 3, Rn. 45; *Schneider,* in: Langen/Bunte, GWB (2006), § 3, Rn. 48 – der allerdings gleichzeitig eine Beteiligung der begünstigten kleinen beziehungsweise mittleren Unternehmen an der Zusammenarbeit nicht in jedem Fall für zwingend erachtet, ihre Nicht-Beteiligung lediglich für unwahrscheinlich hält (Rn. 32). Diese Differenzierung kann nicht nachvollzogen werden, da dann, wenn sich die kleinen und mittleren Unternehmen nicht an der Zusammenarbeit beteiligen, gerade eine – auch nach Ansicht von *Schneider* – nicht von § 3 GWB erfasste Zusammenarbeit lediglich zwischen Großunternehmen vorliegt.

334 *Bunte,* in: FK (Stand: 04/2007) (1999), § 3, Rn. 102, der jedoch auch darauf hinweist, dass eine Kooperation zwischen *einem* Großunternehmen und *einem* KMU zulässig sein muss. Während der Hinweis auf den mittelständischen Charakter nicht überzeugt, ist letzteres Argument nicht von der Hand zu weisen.

335 *Schneider,* in: Langen/Bunte, GWB (2006), § 3, Rn. 47.

336 Zur Beantwortung der Frage, wann eine horizontale in Abgrenzung zu einer vertikalen Vereinbarung vorliegt, ist auf die bisherige Rechtsprechung zu § 1 GWB a. F. und die einschlägige Kommentarliteratur zu § 1 GWB zu verweisen, die auch hinsichtlich der mitunter schwierigen Abgrenzung auf die bisherige Rechtsprechung verweist.

lens des Gesetzgebers.[337] Bei vertikalen Vereinbarungen bleibt also auch dann, wenn es sich um einen nicht-zwischenstaatlichen Sachverhalt handelt, zukünftig nur eine Freistellung über § 2 GWB möglich.[338]

Die Beibehaltung der Beschränkung des Freistellungstatbestandes auf horizontale Vereinbarungen auch im neuen System des GWB, das in § 1 GWB nunmehr horizontale und vertikale Vereinbarungen grundsätzlich gleich behandelt und dass damit an das System des Art. 81 EG angeglichen wurde, erscheint schon aus dogmatischer Sicht schwer verständlich.[339] Wenn das deutsche Recht einerseits vertikale und horizontale Vereinbarungen zukünftig grundsätzlich gleich behandelt, andererseits aus bestimmten Überlegungen heraus eigene Legalausnahmen außerhalb des europäischen Rechts formuliert, dann müsste es bereits aus dogmatischer Sicht auch den Anwendungsbereich dieser nationalen Legalausnahme auf vertikale Vereinbarungen erstrecken. Darüber hinaus ist auch aus rechtspolitischen Überlegungen heraus zu hinterfragen, warum nicht auch vertikale Kooperationsvereinbarungen von § 3 GWB erfasst werden: Der Verzicht auf die bislang eigentlich zu „sachgerechten und praktisch befriedigenden"[340] Ergebnissen führenden Unterscheidung zwischen grundsätzlich freigestellten (§§ 14 ff. GWB a. F.) vertikalen Vereinbarungen und nur über Administrativfreistellungen (§§ 2 ff. GWB a. F.) freistell*baren,* horizontalen Vereinbarungen im bisherigen Recht wurde allein mit dem Ziel der Harmonisierung des deutschen mit dem europäischen Recht begründet.[341] Lässt man aber trotz dieses Harmonisierungswillen eine nationale Sonderregelung zu, so überzeugt es nicht, dass diese Sonderregelung gerade für die nach allgemeiner Ansicht weniger wettbewerbsschädlichen Vertikalvereinbarungen nicht gelten soll. Es erscheint vielmehr fraglich, ob § 3 GWB nicht doch auch auf vertikale Vereinbarungen anwendbar sein sollte, um dieser jahrzehntealten Überzeugung von der geringeren „Schädlichkeit" vertikaler Vereinbarungen gerecht zu werden.[342]

---

337 RegE 7. GWB-Novelle, BT-Drs. 15/3640, S. 44. So bspw. auch *Bunte,* in: FK (Stand: 04/2007) (1999), § 3, Rn. 27.

338 Vgl. Vertikalvereinbarungen in Vertriebsverträgen *Kichhain,* Gestaltung, WuW (2008), 167.

339 *Schneider,* in: Langen/Bunte, GWB (2006), § 3, Rn. 24, spricht hier von dem, neben dem Ausschluss aufeinander abgestimmter Verhaltensweisen vom Anwendungsbereich des § 3, *„zweiten wichtigen dogmatischen Unterschied sowohl zu § 1 als auch zu Art. 81 Abs. 1 EG"*.

340 RegE 7. GWB-Novelle, BT-Drs. 15/3640, S. 21

341 In der Begründung der 6. GWB-Novelle wurde dabei eine solche Anpassung für *„nicht geboten"* gehalten, da mit der Gleichstellung beider Vereinbarungstypen im europäischen Recht allein das Ziel eines einheitlichen Binnenmarktes sichergestellt werden sollte, vgl. RegE 6. GWB-Novelle, BT-Drs. 13/9720, S. 31.

342 *Bechtold,* Kartellgesetz, § 3, Rn. 7. So auch *Pfeffer/Wegner,* Neue Bekanntmachungen, BB 2007, 1173, 1177.

Warum beispielsweise mitunter sogar eindeutig wettbewerbsbeschränkende Preisabsprachen, zumindest wenn sie Nebenbestimmung der Kooperationsvereinbarung sind, im horizontalen Bereich von § 3 GWB gedeckt sein sollen[343], im vertikalen Bereich dagegen bislang als wettbewerbsneutral eingestufte selektive Vertriebsbindungen zukünftig nur im Rahmen des § 2 GWB freigestellt werden können, erscheint schwer verständlich – gerade auch vor dem Hintergrund, dass auch im europäischen Recht mit der Schirm-Gruppenfreistellungsverordnung für vertikale Vereinbarungen ein Umdenken einsetzt.[344] Der Verweis auf die insoweit sicherlich als großzügig zu bezeichnende Gruppenfreistellungsverordnung für vertikale Vereinbarungen, die Vereinbarungen bis zu einem Marktanteil der beteiligten Unternehmen i. H. v. 30% freistellt,[345] kann über diese dogmatisch und wettbewerbspolitisch fragwürdige Ungleichbehandlung horizontaler und vertikaler Vereinbarungen im deutschen Kartellrecht nur bedingt hinweghelfen, zumal einerseits beispielsweise auch mittelständische Nischenspezialisten diese Marktanteilsschwelle bei einer – für sich schon problembehafteten[346] – engen Marktabgrenzung rasch überschreiten können,[347] und daneben schon die Bestimmung der Marktanteile die Unternehmen vor erhebliche Schwierigkeiten stellen kann.[348] Andererseits wäre eine jederzeit mögliche Änderung der Kriterien der Gruppenfreistellungsverordnung dem Einfluss des nationalen Gesetzgebers weitestgehend entzogen, mit der Folge, dass dann doch möglicherweise eine nationale Sonderregelung auch für kleine und mittlere Unternehmen notwendig werden würde.

Die (horizontale) Kooperation muss schließlich zwischen Unternehmen, die entweder in einem aktuellen oder zumindest in einem potentiellen Wett-

---

343 *Nordemann,* in: Loewenheim, GWB (2006), § 3, Rn. 41 unter Verweis auf RegE 7. GWB-Novelle, BT-Drs. 15/3640, S. 45; *Schneider,* in: Langen/Bunte, GWB (2006), § 3, Rn. 37.

344 Hierzu ausführlich *Veelken,* in: Immenga/Mestmäcker, EG-WbR (1997–2001), 2. Erg. GFVO, Rn. 1; *Veelken,* Anmerkungen zum Grünbuch, ZVglRWiss 1998, 241, ausführlich zu dem tiefgreifenden Wandel in der wettbewerbstheoretischen Behandlung vertikaler Vereinbarungen.

345 GVO-Vertikal (VO 2790/1999), ABl. 1999/L 336/21.

346 Vgl. hierzu ausführlich *Veelken,* in: Immenga/Mestmäcker, EG-WbR (1997–2001), 2. Erg. GFVO, Rn. 155, m. z. N.; *Bayreuther,* Reform, EWS 2000, 108. s. ferner *Bueren,* New economic approach, WRP 2004, 567, 573.

347 *Bauer,* in: Bauer/de Bronett, EU-Gruppenfreistellungsverordnung (2001), Rn. 179.

348 Vgl. bspw. *Schweizer,* Safe harbours, S. 253 ff. s. zu dieser Problematik bspw. auch *OLG Düsseldorf,* 28.02.2007, Az.: VI-U (Kart) 8/06 – Schmierstoffe (abrufbar unter www.juris.de, letzer Abruf 10.11.2008), Tz. 42: Hier gelang es nach Ansicht des Gerichts einem Kartellteilnehmer nicht, zur Stützung seiner Nichtigkeitseinrede gegen eine Vertikalvereinbarung einen Nachweis über bestimmte Marktanteile der Gegenseite zu erbringen.

bewerbsverhältnis zueinander stehen, getroffen werden.[349] Dieses Tatbestandsmerkmal ist dabei von der oben dargestellten und verneinten Frage zu unterscheiden, ob auch potentielle Wettbewerber bei der Größenbestimmung Berücksichtigung finden können. Um ein dogmatisch nicht zu rechtfertigendes Auseinanderfallen der Anwendungsbereiche des § 1 GWB einerseits und des § 3 GWB andererseits zu vermeiden, sind hinsichtlich der hier zu beantwortenden Frage nach möglichen Partnern einer Kooperationsvereinbarung auch potentielle Wettbewerber zu berücksichtigen. Eine solche Differenzierung ist auch gerechtfertigt: Während bei der Größenbestimmung im o. g. Sinn der Kreis der Kartellanten von dem der übrigen Wettbewerber abzugrenzen ist und die so erkennbaren Größenunterschiede zu untersuchen sind, ist hier allein der Kreis der möglichen Teilnehmer einer Kartellvereinbarung zu bestimmen, was eine enge Auslegung nicht erfordert.[350]

Nicht erfasst vom Wortlaut des § 3 GWB werden horizontale Vereinbarungen zwischen Nicht-Wettbewerbern. Da sie in der Regel schon nicht gegen das Kartellverbot des § 1 GWB bzw. Art. 81 Abs. 1 EG verstoßen, ist das Fehlen einer ausdrücklichen Erfassung solcher Kooperationsvereinbarungen unschädlich, ggfs. wäre § 3 GWB hier analog anzuwenden, da die Forderung nach einem „Wettbewerbsverhältnis", wie aufgezeigt, einzig und allein dazu dient, den Anwendungsbereich des § 3 GWB auf horizontale Vereinbarungen zu beschränken.[351] Daraus ergibt sich im Umkehrschluss jedoch auch, dass § 3 GWB nicht auf ganz typische Fälle von Vereinbarungen zwischen Nicht-Konkurrenten angewandt werden: Vereinbarungen von Nicht-Konkurrenten zum Nachteil Dritter sind typisches Phänomen der von § 3 GWB nicht erfassten Vertikalverträgen.[352]

III. Vereinbarungen und Beschlüsse von Unternehmensvereinigungen – Sind Mittelstandsempfehlungen erfasst?

1. Aufeinander abgestimmte Verhaltensweisen grundsätzlich nicht von § 3 Abs. 1 GWB erfasst

Von § 3 GWB werden sowohl (weit zu verstehende) Vereinbarungen als auch Beschlüsse von Unternehmensvereinigungen erfasst. Zur Definition

[349] *Nordemann,* in: Loewenheim, GWB (2006), § 3, Rn. 26, 29; *Bechtold,* Kartellgesetz, § 3, Rn. 6.

[350] Anders hier die Horizontal-Leitlinien, ABl. 2001/C 3/2, Tz. 9 i. V. m. Fn. 9.

[351] Ähnlich *Bechtold,* Kartellgesetz, § 3, Rn. 7. A. A., allerdings mit Blick auf Vertikalverträge, *Nordemann,* in: Loewenheim, GWB (2006), § 3, Rn. 34.

[352] *Nordemann,* in: Loewenheim, GWB (2006), § 3, Rn. 34.

dieses Tatbestandsmerkmals darf auf die Kommentarliteratur zu § 1 GWB[353] verwiesen werden, da insoweit keine Besonderheiten bei der Anwendung des § 3 GWB bestehen. Abgestimmte Verhaltensweisen, die sowohl von § 2 Abs. 1 GWB, als auch beispielsweise von der GVO Spezialisierungsvereinbarungen[354] erfasst werden, unterfallen bereits aufgrund des eindeutigen Wortlauts dagegen grundsätzlich nicht dem Anwendungsbereich des § 3 GWB, was der bisherigen Rechtslage gem. § 4 Abs. 1 GWB a.F. entspricht.[355] Es gilt näher zu untersuchen, welche Bedeutung im neuen Wettbewerbsrecht diesem Ausschluss der „aufeinander abgestimmten Verhaltensweisen" zukommt:

Sowohl § 1 GWB als auch Art. 81 Abs. 1 EG erfassen „aufeinander abgestimmte Verhaltensweisen", um möglichst alle Formen der Zusammenarbeit zwischen Unternehmen, die allein dem Ziel dienen, den Wettbewerb untereinander weitestgehend auszuschalten, grundsätzlich dem Kartellverbot zu unterwerfen. Den Kartellanten soll nicht ein Ausweg dadurch eröffnet werden, dass sie ohne verbindliche Vereinbarung gleichwohl ihr Verhalten aufeinander abstimmen können.[356] Im bisherigen Recht hatte die Beschränkung des § 4 Abs. 1 GWB a.F. auf Vereinbarungen und Beschlüsse von Unternehmensvereinigungen unter gleichzeitigem Ausschluss von bloßer Verhaltenskoordination ihre Berechtigung: Ohne entsprechende Vereinbarung konnte eine auf Rationalisierung abzielende, zwischenbetriebliche Zusammenarbeit zwischen mehreren autonomen Unternehmen nicht funktionieren. Darüber hinaus war es im Sinne einer effizienten Kartellrechtspraxis durchaus gerechtfertigt, eine Freistellung nur dann zu gewähren, wenn die beteiligten Unternehmen den verbindlichen Willen, eine auf Rationalisierung gerichtete Vereinbarung zu schließen, dadurch bezeugten, dass sie sich vertraglich banden. Anderenfalls drohte eine große Zahl überflüssiger Anmeldungen von eigentlich unverbindlichen Vereinbarungen.[357] Schließlich war es im Rahmen des § 4 GWB a.F. gerade das Ziel der Kartellanten, ihre Vereinbarung und insbesondere die prognostizierten Rationalisierungserfolge in irgendeiner Weise zu dokumentieren, um so in den Ge-

---

353 *Nordemann,* in: Loewenheim, GWB (2006), § 1, Rn. 40 ff.; *Zimmer,* in: Immenga/Mestmäcker, GWB (2007), § 1, Rn. 77 ff.; *Bechtold,* Kartellgesetz, § 1, Rn. 11 ff.

354 GVO Spezialisierung (VO 2658/2000), ABl. 2000/L 304/3.

355 Vgl. zum GWB a.F. *Bunte,* in: FK (Stand: 09/2000) (1999), § 4, Rn. 16. Vgl. instruktiv *Kapteina,* Mittelstandskooperationen, S. 17–28.

356 Vgl. zu „abgestimmten Verhaltensweisen" ausführlich *Zimmer,* in: Immenga/Mestmäcker, GWB (2007), § 1, Rn. 92 ff.; *Nordemann,* in: Loewenheim, GWB (2006), § 1, Rn. 53 ff.; *Bechtold,* Kartellgesetz, § 1, Rn. 14 ff.; *Bunte,* in: FK (Stand: 04/2007) (1999), § 3, Rn. 25.

357 *Kapteina,* Mittelstandskooperationen, S. 26 f.

nuss einer Freistellung gem. § 4 Abs. 1 GWB a.F. durch Freistellungsentscheidung des Kartellamtes zu gelangen.[358] Insoweit ist die Beibehaltung der Beschränkung des Anwendungsbereiches des § 3 GWB nicht zu hinterfragen, da auch zukünftig eine dokumentierbare Begründung – wenn auch nur für eine nachträgliche Kontrolle – für eine von Anfang an beabsichtigte Rationalisierungsvereinbarung von den kooperierenden Unternehmen erbracht werden muss. Hier eine vertragliche Vereinbarung zu fordern ist daher auch weiterhin gerechtfertigt.

2. Ausnahme: Mittelstandsempfehlungen?

Problematisch ist dies jedoch im Bezug auf den einzigen, nach alter Rechtslage zulässigen Fall einer explizit Vereinigungen kleinerer oder mittlerer Unternehmen zugebilligten, bloßen Verhaltenskoordination i.S. einer „aufeinander abgestimmten Verhaltensweise". Sog. Mittelstandsempfehlungen – also Empfehlungen, die von Vereinigungen kleiner oder mittlerer Unternehmen unter Beschränkung auf den Kreis der Mitglieder ausgesprochen wurden, und die dazu dienten, die Wettbewerbsfähigkeit der Mitglieder (= kleine und mittlere Unternehmen) gegenüber Großunternehmen zu verbessern (was auch Preisempfehlungen in gewissen Grenzen zuließ) – waren trotz des ausdrücklichen Empfehlungsverbotes in § 22 Abs. 1 GWB a.F. über § 22 Abs. 2 GWB a.F. grundsätzlich freigestellt.[359] Erforderlich war stets nur eine Anmeldung nach § 9 GWB a.F., auf die das Bundeskartellamt sogar seit dem 01.05.2004 verzichtet, „da das seither nach der VO Nr. 1/03 zwingend anzuwendende europäische Kartellrecht eine solche Anmeldung nicht kennt."[360]

Dieser Ausnahmetatbestand ist im Rahmen der 7. GWB-Novelle nunmehr weggefallen.[361] § 3 GWB schließt, wie bislang § 4 Abs. 1 GWB a.F. auch schon, grundsätzlich „aufeinander abgestimmte Verhaltensweisen" und damit der Systematik und dem Wortlaut nach auch Mittelstandsempfehlungen von seinem Anwendungsbereich explizit aus. Denn solche Empfehlungen waren nach § 22 Abs. 2 GWB a.F. nur dann freigestellt, wenn sie gerade keine rechtliche oder faktische Bindungswirkung entfalteten. Diese Unverbindlichkeit ist charakteristisch für Mittelstandsempfehlungen. Nunmehr eine Ver-

---

[358] So schon *Schmidt,* Karsten, in: Langen, Kartellgesetz (1977), § 5b, Rn. 2.

[359] Vgl. ausführlich zu Mittelstandsempfehlung im GWB a.F.: *Sauter,* in: Immenga/Mestmäcker, GWB (2001), § 22, Rn. 70 ff. m.w.N.

[360] *BKartA,* TB 2005/2006, S. 38.

[361] Das Bundeskartellamt hat auch in seinem *Merkblatt* (*BKartA,* Merkblatt KMU (2007)) auf eine Regelung bzw. Erläuterung von Mittelstandsempfehlungen verzichtet. Zur rechtlichen Einordnung von Empfehlungen will es sich gegebenenfalls zu einem späteren Zeitpunkt äußern (Fn. 1 des Merkblattes).

bindlichkeit zu fordern, nur um dann zu einer möglichen Freistellung zu gelangen, verbietet sich von selbst. Eine Subsumtion unter die Begriffe „Vereinbarung“ oder „Beschluss“ i. S. d. § 3 GWB, die, wie aufgezeigt, gerade eine verbindliche Vereinbarung voraussetzen, kommt damit grundsätzlich auch im neuen Recht nicht in Betracht.[362] Davon geht im Übrigen auch der Gesetzgeber selbst aus, der unter Verweis auf die Entscheidung des EuGH in Sachen Pronuptia[363] ausführt, dass dann, wenn eine Empfehlung befolgt wird, (nur) eine abgestimmten Verhaltensweise vorliegen kann.[364]

Fraglich ist, ob der Gesetzgeber ausnahmsweise § 3 GWB gleichwohl auch auf unverbindliche Mittelstandsempfehlungen erweitern wollte:[365] Er ging zwar offenbar davon aus, dass Mittelstandsempfehlungen nicht ausschließlich den meist strengeren Voraussetzungen des § 2 Abs. 1 GWB unterworfen sind, sondern sie vielmehr zumindest auch von § 3 Abs. 1 GWB erfasst sein könnten. Wörtlich heißt es in der Gesetzesbegründung zum Regierungsentwurf unter der Überschrift „Zur Aufhebung der bisherigen §§ 22 und 23“:

> „Empfehlungen sind insoweit allein am Maßstab des Artikels 81 EG zu messen. Mit der Streichung der bisherigen §§ 22 und 23 ist eine Übernahme der europarechtlichen Beurteilung von Empfehlungen auch für solche Fälle verbunden, die nicht zwischenstaatlich relevant sind. In Zukunft ist daher zu prüfen, ob Empfehlungen – entsprechend den im EG-Recht entwickelten Rechtsgrundsätzen – von der Verbotsnorm des § 1 erfasst sind. Soweit dies der Fall ist, gilt für die Freistellungsfähigkeit von Empfehlungen im Grundsatz die Regelung des § 2. Liegt nicht ausnahmsweise eine spezielle Regelung in einer GVO oder in diesem Gesetz (z. B. § 3) vor, ist anhand der allgemeinen Kriterien von § 2 Abs. 1 bzw. Artikel 81 Abs. 3 EG zu prüfen, ob die Voraussetzungen für eine Freistellung der Empfehlung erfüllt sind.“[366]

Dies führt den Gesetzgeber zu der Erwartung, dass

> „[f]ür den Bereich der Mittelstandsempfehlungen, die bisher in § 22 Abs. 2 geregelt sind, [...] im Ergebnis davon auszugehen [ist], dass – horizontal oder vertikal wirksame – Empfehlungen von Vereinigungen kleiner oder mittlerer Unternehmen im Regelfall jedenfalls nach § 2 Abs. 1 (evtl. in Verbindung mit § 3) freigestellt sind, sofern sie die Voraussetzungen des bisherigen § 22 Abs. 2 erfüllen.“[367]

---

362 *Schneider,* in: Langen/Bunte, GWB (2006), § 3, Rn. 21.

363 *EuGH,* 28.01.1986, Az.: 161/84 – Pronuptia, Slg. 1986, 353.

364 RegE 7. GWB-Novelle, BT-Drs. 15/3640, S. 45

365 So *Bechtold/Buntscheck,* 7. GWB-Novelle, NJW 2005, 2966, 2968; *Rißmann,* Kartellverbot und Kooperation, WuW 2006, 881, 888, die „Empfehlungen“ unter das Tatbestandsmerkmal „Beschluss“ subsumieren wollen. Vgl. auch *Bayerisches Staatsministerium für Wirtschaft, Verkehr und Technologie,* Kooperation und Wettbewerb, S. 90.

366 RegE 7. GWB-Novelle, BT-Drs. 15/3640, S. 45.

367 RegE 7. GWB-Novelle, BT-Drs. 15/3640, S. 30.

Grundsätzlich unterwirft der Gesetzgeber damit Mittelstandsempfehlungen auch bei rein innerstaatlichen Sachverhalten entsprechend seinem Willen, das deutsche dem europäischen Kartellrecht weitestgehend anzupassen, den Grundsätzen des europäischen Rechts. Die bisherigen Ausnahmetatbestände wurden ersatzlos abgeschafft. Gleichwohl bestehen Zweifel darüber, was der Gesetzgeber hinsichtlich der Mittelstandsempfehlungen nun neu regeln wollte.

Der Gesetzgeber machte einerseits in der Gesetzesbegründung deutlich, dass er es durchaus für möglich hält, dass Empfehlungen auch über § 3 GWB freigestellt werden können – aber eben nur, wenn die Voraussetzungen des § 3 GWB erfüllt sind. Hierin liegt aber das soeben skizzierte Problem der fehlenden, von § 3 GWB jedoch geforderten Verbindlichkeit entsprechender Mittelstandsempfehlungen. Fraglich ist, ob der Gesetzgeber *selbst* im Rahmen der 7. GWB-Novelle eine Erweiterung des § 3 GWB auch auf Mittelstandsempfehlungen einführen wollte, oder nur – zu optimistische – Erwartungen geäußert hat. Für letzteres Verständnis lassen sich mehrere Argumente ins Feld führen: Zunächst spricht der insofern unveränderte Wortlaut des § 3 GWB gegen eine vom Gesetzgeber gewollte Veränderung des Bedeutungsgehalts des § 3 GWB und eine Ausdehnung auch auf aufeinander abgestimmte Verhaltensweisen und damit auf Mittelstandsempfehlungen. Die grundsätzliche Beibehaltung der Beschränkung des § 3 GWB auf Vereinbarungen und Beschlüsse ist dabei wie aufgezeigt gerechtfertigt. Ferner betont der Gesetzgeber, dass Mittelstandsempfehlungen grundsätzlich nach europäischem Recht zu beurteilen sind. Ausnahmen für entsprechende Empfehlungen sind im europäischen Recht jedoch gerade nicht vorgesehen. Weiterhin finden sich in den Gesetzesmaterialien auch keine ausdrücklichen Hinweise dahingehend, dass der Gesetzgeber hier selbst eine Erweiterung des § 3 GWB vornehmen wollte. Auch Hinweise darauf, wie in einem solchen Fall die Abgrenzung zu den übrigen aufeinander abgestimmte Verhaltensweisen zu erfolgen habe, finden sich nicht. Darüber hinaus hat der Gesetzgeber keineswegs konsequent die Anwendung des § 3 GWB auf Mittelstandsempfehlungen gefordert. Dort, wo ein klarer Hinweis zum Prüfungsumfang hinsichtlich Empfehlungen gegeben wird und nicht bloß Erwartungen formuliert werden, wird § 3 GWB nicht als Freistellungsmöglichkeit benannt:

> „In Zukunft ist daher zu prüfen, ob Empfehlungen – entsprechend den im EG-Recht entwickelten Rechtsgrundsätzen – vom Kartellverbot des § 1 erfasst sind. Soweit dies der Fall ist, gilt für die Freistellungsfähigkeit von Empfehlungen die Regelung des § 2. Liegt nicht ausnahmsweise eine spezielle Regelung in einer GVO vor, ist danach an Hand der allgemeinen Kriterien von § 2 Abs. 1 bzw. Artikel 81 Abs. 3 EG zu prüfen, ob die Voraussetzungen für eine Freistellung der Empfehlung erfüllt sind.“[368]

Hätte der Gesetzgeber tatsächlich eine Ausdehnung des Anwendungsbereichs des § 3 GWB auch auf Mittelstandsempfehlungen vornehmen wollen, so hätte er dies deutlicher zum Ausdruck bringen müssen. Vor dem Hintergrund, dass er stets betont hat, an dem Anwendungsbereich § 3 GWB solle sich nichts ändern, kann aus den oben zitierten Passagen nicht geschlossen werden, dass der Gesetzgeber hier tatsächlich auch Mittelstandsempfehlungen erfassen wollte.

§ 3 GWB findet schon aus diesen Überlegungen heraus keine Anwendung, unabhängig von der wohl nur schwer zu beantwortenden Frage, worin in einer „Empfehlung" eine nach § 3 GWB zu fordernde „Rationalisierung durch zwischenbetriebliche Zusammenarbeit" gesehen werden kann. Es bleibt daher nur noch eine Freistellung über § 2 GWB möglich.[369] Die Annahme des Gesetzgebers, es würde sich an der bisherigen Zulässigkeit von Mittelstandsempfehlungen nichts ändern, dürfte etwas zu optimistisch sein, da die Voraussetzungen einer Freistellung gemäß § 2 Abs. 1 GWB – gerade im Hinblick auf Kernbeschränkungen, die bisher nach § 22 Abs. 2 GWB a.F. zulässig waren – erheblich strenger sind, als dies früher bei § 22 Abs. 2 GWB a.F. der Fall war[370] – und § 3 GWB, wie aufgezeigt, nicht einschlägig ist.

IV. Rationalisierung wirtschaftlicher Vorgänge durch zwischenbetriebliche Zusammenarbeit zur Verbesserung der Wettbewerbsfähigkeit kleiner und mittlerer Unternehmen (§ 3 Abs. 1 Nr. 2 GWB)

Nicht jede Form der Umsatzsteigerung, sondern nur Formen echter Leistungssteigerung durch Rationalisierung sollen durch § 3 GWB ermöglicht werden. Die Vereinbarung muss „die Rationalisierung wirtschaftlicher Vorgänge" zum Gegenstand haben, die ihrerseits einer Verbesserung der Wettbewerbsfähigkeit der kooperierenden Unternehmen dienen muss.

1. Rationalisierung

Mangels gesetzlicher Definition kann zunächst anhand des allgemeinen Verständnisses des Begriffs eine Rationalisierung als eine „zweckmäßige

368 RegE 7. GWB-Novelle, BT-Drs. 15/3640, S. 45.

369 Davon geht auch das Bundeskartellamt jedenfalls im Hinblick auf Konditionenempfehlungen aus, vgl. *BKartA,* TB 2005/2006, S. 38. So auch *Fuchs,* in: Immenga/Mestmäcker, GWB (2007), § 3, Rn. 28; ähnlich *Bunte,* in: FK (Stand: 04/2007) (1999), § 3, Rn. 26.

370 Vgl. so auch Rißmann, Kartellverbot und Kooperation, WuW 2006, 881.

Gestaltung von Arbeitsvorgängen zur Erhöhung der Wirtschaftlichkeit"[371] näher beschrieben werden. Unter Bezugnahme auf den in Verwaltungspraxis[372] und Literatur[373] regelmäßig wiederkehrenden ökonomischen Ansatz kann dieses Tatbestandsmerkmal noch etwas genauer als die „Herbeiführung eines Zustandes, der gegenüber dem sonst bestehenden Zustand das Verhältnis von Aufwand und Ertrag verbessert" definiert werden.

Es ist unstreitig, dass sich die Rationalisierung dabei auf innerbetriebliche und gleichzeitig wirtschaftliche Faktoren beziehen muss.[374] Dies setzt zweierlei voraus: Zum einen müssen innerbetriebliche Mittel, die von den einzelnen Unternehmen beherrscht werden, eingesetzt werden, um eine Rationalisierung zu erreichen. Die geforderte Verbesserung des Verhältnisses zwischen Aufwand und Ertrag kann also nicht allein auf die Verringerung des Wettbewerbs an sich oder nur auf Kosteneinsparungen wegen nachlassenden Wettbewerbsdrucks gestützt werden. Die Steigerung des Ertrags auf Kosten der Qualität, durch Verteuerung der Produkte oder durch kollektivierten Einkauf, jeweils unter Ausnutzung des aufgrund der Kooperation der früheren Wettbewerber nachlassenden Wettbewerbsdrucks genügt nicht.[375] Es muss vielmehr bei der Leistungserbringung und den diese bestimmenden innerbetrieblichen Faktoren angesetzt werden. Es muss sich um reale Vorteile in Abgrenzung zu solchen, die aus einem bloßen Machtzuwachs hervorgehen, handeln. Der innerbetriebliche Aufwand in Gestalt von Produktions- und Verarbeitungskosten, von Vertriebsverwaltungs-, Beschaffungs-, Bevorratungs- oder sonstiger Verwaltungskosten, oder von Forschungs- und Entwicklungs-, Finanzierungs- oder Werbungskosten muss bei gleich bleibendem Ertrag durch innerbetriebliche Maßnahmen verringert

---

[371] *Wahrig/Wahrig-Burfeind,* Deutsches Wörterbuch, unter dem Stichwort *„Rationalisieren"*.

[372] *BKartA,* 02.05.1960 – Buchenfaserholz, WuW/E BKartA 205, 206; *BKartA,* 04.10.1962 – Langfräsmaschinen, WuW/E BKartA 516, 520; *BKartA,* 16.12.1975 – Starkstromkabel, WuW/E BKartA 1605, 1608; *BKartA,* 21.03.1979 – Bimsbausteine III, WuW/E BKartA 1794, 1795; *BKartA,* 12.08.1997, Az.: B1-26612-J-26/97 – Spannbeton-Hohldecken, WuW/E BKartA 2903. Vgl. insbesondere auch *BKartA,* Merkblatt KMU (2007), Tz. 28.

[373] *Bunte,* in: FK (Stand: 04/2007) (1999), § 3, Rn. 33; *Fuchs,* in: Immenga/Mestmäcker, GWB (2007), § 3, Rn. 47 ff.; *Nordemann,* in: Loewenheim, GWB (2006), § 3, Rn. 36 ff.; *Schneider,* in: Langen/Bunte, GWB (2006), § 3, Rn. 35; *Bechtold,* Kartellgesetz, § 3, Rn. 8.

[374] Vgl. *Fuchs,* in: Immenga/Mestmäcker, GWB (2007), § 3, Rn. 47; *Nordemann,* in: Loewenheim, GWB (2006), § 3, Rn. 36 ff., jeweils m.w.N. auch der Entscheidungspraxis des BKartA.

[375] Vgl. *Immenga,* in: Immenga/Mestmäcker, GWB (2001), § 5 Rn. 25 f., § 4, Rn. 30; *Fuchs,* in: Immenga/Mestmäcker, GWB (2007), § 3, Rn. 48 f.; *Nordemann,* in: Loewenheim, GWB (2006), § 3, Rn. 38; *Bunte,* in: FK (Stand: 04/2007) (1999), § 3, Rn. 37 ff.

oder auf andere Weise (höherer Ertrag bei gleichem Aufwand; geringfügige Erhöhung des Aufwands bei wesentlich höherem Ertrag)[376] jedenfalls in ein wirtschaftlicheres Verhältnis zum Ertrag gesetzt werden.[377] Da eine speziellere Norm durch den Wegfall des bisherigen § 3 GWB a.F. (Spezialisierungskartelle) nicht mehr vorrangig zu beachten ist, kommt dabei auch eine Spezialisierungsvereinbarung als Gegenstand des § 3 GWB (n.F.) in Betracht, wenn dadurch Rationalisierungseffekte ermöglicht werden.[378] Zum anderen müssen innerbetriebliche, also betriebswirtschaftliche Vorgänge auf eine Rationalisierung hin untersucht werden. Volkswirtschaftliche Auswirkungen sind dagegen nicht zu prüfen, ausschließlich gesamtwirtschaftliche Vorteile rechtfertigen eine zwischenbetriebliche Kooperation i.S.d. § 3 GWB nicht.[379] Anders als bei § 2 GWB aber auch bei Art. 81 Abs. 3 EG sind also Vorteile, die Dritten oder gar der Allgemeinheit entstehen müssten, zwar in der Regel zu erwarten, jedoch nicht zwingend zu fordern.[380]

2. *Rationalisierung durch zwischenbetriebliche Zusammenarbeit*

Die Rationalisierung muss dabei „durch“ die zwischenbetriebliche Zusammenarbeit eintreten. Die Kooperation muss also (mit-)kausal für die Rationalisierung sein. Unschädlich ist dabei jedoch, dass auch andere Ursachen mit zur Rationalisierung beigetragen haben.[381] Unerheblich ist ferner die Frage, ob es sich um eine unmittelbare oder nur um eine mittelbare

---

376 *BKartA,* 18.12.1968 – Fernmeldekabel II, WuW/E BKartA 1259, 1261; *BKartA,* 25.07.1968 – Krawattenstoff-Submission, WuW/E BKartA 1225, 1227; *BKartA,* 02.05.1966 – Fernmeldekabel, WuW/E BKartA 1248, 1251; *Immenga,* in: Immenga/Mestmäcker, GWB (2001), § 5 Rn. 25; *Nordemann,* in: Loewenheim, GWB (2006), § 3, Rn. 36.

377 *BKartA,* 25.07.1968 – Krawattenstoff-Submission, WuW/E BKartA 1225, 1229; vgl. auch *Immenga,* in: Immenga/Mestmäcker, GWB (2001), § 5 Rn. 26 a.E.

378 *Rißmann,* Kartellverbot und Kooperation, WuW 2006, 881, 886; *Schneider,* in: Langen/Bunte, GWB (2006), § 3, Rn. 37; *Nordemann,* in: Loewenheim, GWB (2006), § 3, Rn. 46 ff.; *Bechtold,* Kartellgesetz, § 3, Rn. 8.

379 Allg. A., vgl. *BGH,* 19.06.1975 – Zementverkaufsstelle Niedersachsen, WuW/E BGH 1367, 1371; *BKartA,* 29.12.1960 – Textillohnveredelung, WuW/E BKartA 322, 327; *Immenga,* in: Immenga/Mestmäcker, GWB (2001), § 5 Rn. 21; *Fuchs,* in: Immenga/Mestmäcker, GWB (2007), § 3, Rn. 47; *Nordemann,* in: Loewenheim, GWB (2006), § 3, Rn. 39; *Bunte,* in: FK (Stand: 04/2007) (1999), § 3, Rn. 84; *Schneider,* in: Langen/Bunte, GWB (2006), § 3, Rn. 34. s. hierzu auch die nachfolgende Erörterung des Auswirkungsprinzips im Zusammenhang mit § 3 GWB, Teil 2, Kap. 3, E. V.

380 *Schneider,* in: Langen/Bunte, GWB (2006), § 3, Rn. 34.

381 *Nordemann,* in: Loewenheim, GWB (2006), § 3, Rn. 43.

Kausalität handelt.[382] Demnach sind von § 3 GWB auch solche wettbewerbsbeschränkenden Abreden erfasst, die beispielsweise eine zentrale Auftragslenkung erst ermöglichen. Hier wäre beispielsweise die vertragliche Vereinbarung, unmittelbar erteilte Aufträge nicht selbst auszuführen, von § 3 GWB auch dann erfasst, wenn die Rationalisierung unmittelbar schon durch eine Vereinbarung der zentralen Auftragslenkung eintritt.[383] Nicht ausreichend wäre dagegen, dass allein eine andere Ursache zu diesem Rationalisierungseffekt geführt hat.[384]

Als mögliche Formen zwischenbetrieblicher Zusammenarbeit im Sinne des § 3 GWB kommen sämtliche Arten unternehmerischer Kooperation in Betracht.[385] Erfasst werden damit von der bloßen Koordinierung bestimmter Tätigkeiten, über die Ausgliederung einzelner Unternehmensfunktionen beziehungsweise Übertragung auf ein Gemeinschaftsorgan, bis hin zur Abstimmung der gesamten Geschäftspolitik grundsätzlich jede gemeinsame, zwischenbetriebliche Maßnahme, sei es im Bereich der Unternehmensplanung, der Forschung und Entwicklung, des Einkaufs, des Vertriebs, der Werbung, der Finanzierung, der Verwaltung oder der Produktion.[386] Dabei ist bereits nach dem Wortlaut des § 3 Abs. 1 GWB eine „zwischenbetriebliche" Zusammenarbeit erforderlich, was eine zumindest zweiseitige Maßnahme erforderlich erscheinen lässt.[387] Fraglich ist daher in diesem Zusammenhang, ob prinzipiell auch Produktionsverzichte oder Stilllegungsvereinbarungen als solche zweiseitige Maßnahmen einzustufen sind. Hierbei muss zunächst darauf verwiesen werden, dass durch Wegfall des früheren speziellen Freistellungstatbestandes für Spezialisierungskartelle (§ 3 GWB a.F.) nunmehr von § 3 GWB n.F. auch Spezialisierungsvereinbarungen erfasst werden, solange sie der Rationalisierung dienen.[388] Im Rahmen solcher Spezialisierungsvereinbarungen ist es zur Sicherung des Rationalisierungserfolges mitunter zwingend notwendig, dass einzelne Kartellmitglieder (teilweise) auf ihre eigene Produktion verzichten beziehungsweise bestimmte

---

[382] s. ausführlich *Bunte,* in: FK (Stand: 04/2007) (1999), § 3, Rn. 48.

[383] So schon *Bunte,* in: FK (Stand: 09/2000) (1999), § 4, Rn. 31; ihm folgend: *Nordemann,* in: Loewenheim, GWB (2006), § 3, Rn. 43.

[384] *Nordemann,* in: Loewenheim, GWB (2006), § 3, Rn. 43.

[385] *Wirtschaftsausschuß des Bundestages,* Bericht zur zweiten GWB-Novelle, 584. Allg. Ansicht, vgl. *Schneider,* in: Langen/Bunte, GWB (2006), § 3, Rn. 28 ff.; *Bunte,* in: FK (Stand: 04/2007) (1999), § 3, Rn. 42; *Fuchs,* in: Immenga/Mestmäcker, GWB (2007), § 3, Rn. 48, 54; *Nordemann,* in: Loewenheim, GWB (2006), § 3, Rn. 41.

[386] *Schneider,* in: Langen/Bunte, GWB (2006), § 3, Rn. 28 ff.; *Bunte,* in: FK (Stand: 04/2007) (1999), § 3, Rn. 42; *Fuchs,* in: Immenga/Mestmäcker, GWB (2007), § 3, Rn. 54; *Nordemann,* in: Loewenheim, GWB (2006), § 3, Rn. 41.

[387] *Schneider,* in: Langen/Bunte, GWB (2006), § 3, Rn. 31.

[388] Vgl. *Bunte,* in: FK (Stand: 04/2007) (1999), § 3, Rn. 45.

Unternehmensteile stilllegen.[389] Hier kann folglich nicht gefordert werden, dass sich tatsächlich alle Kartellteilnehmer auch an der eigentlichen Rationalisierungsmaßnahme beteiligen.[390] In diesem Kontext sind daher auch Produktionsverzichte und Stilllegungsvereinbarungen zumindest als Nebenbestimmungen zu Spezialisierungsvereinbarungen von § 3 GWB prinzipiell erfasst, solange die Spezialisierungsvereinbarungen selbst Rationalisierungszwecken dienen. Dagegen ist die bloße Vereinbarung eines Produktionsverzichts als einseitige Maßnahme nicht als „zwischenbetriebliche Zusammenarbeit" zu werten, da weder zusammengearbeitet wird noch eine zweiseitige und damit zwischenbetriebliche Maßnahme vorliegt. In jedem Fall aber wird durch einen reinen Produktionsverzicht nicht das Verhältnis von Aufwand zu Ertrag verbessert, so dass bereits das Tatbestandsmerkmal der „Rationalisierung" nicht erfüllt ist.[391]

3. Rationalisierungsmaßnahme als Gegenstand der Vereinbarung

Diskutiert werden muss in diesem Zusammenhang weiter auch die Frage, ob mit der Forderung, die Vereinbarung müsse „die Rationalisierung wirtschaftlicher Vorgänge durch zwischenbetriebliche Zusammenarbeit ‚zum Gegenstand'" haben, tatsächlich die Rationalisierungsmaßnahme als solche Gegenstand der Vereinbarung sein muss, auch wenn dabei weder Einzelheiten zur Durchführung entsprechender Rationalisierungsmaßnahmen noch der angestrebte Rationalisierungserfolg im Vertrag ausdrücklich festgelegt werden müssten.[392] Hier erscheint es angesichts des ausdrücklichen Wortlauts durchaus denkbar, dass dieser im Hinblick auf § 1 GWB bereits seit längerem als überholt geltenden Gegenstandstheorie[393] weiterhin Bedeutung beizumessen ist. Die Gegenauffassung zu dieser Theorie folgte entweder der Zwecktheorie[394], oder – noch weitergehend – der Folgetheo-

---

[389] So auch *Karl/Beutelmann/Müller-Feldhammer,* Zwölf Thesen, BB 2008, 1014, 1018 f., die zu Recht darauf hinweisen, dass sich der Rationalisierungseffekt einer Stilllegung „*verbraucht*".

[390] *Nordemann,* in: Loewenheim, GWB (2006), § 3, Rn. 44.

[391] *Fuchs,* in: Immenga/Mestmäcker, GWB (2007), § 3, Rn. 54.

[392] So *Bunte,* in: FK (Stand: 04/2007) (1999), § 3, Rn. 24, 44; *Fuchs,* in: Immenga/Mestmäcker, GWB (2007), § 3, Rn. 25; *Werner,* Unternehmerische Kooperation, S. 174.

[393] Dieser früher im Zusammenhang mit § 1 GWB a. F. lange diskutierten Theorie zufolge, sollten vom Kartellverbot des § 1 GWB a. F. nur solche Wettbewerbsbeschränkungen erfasst sein, die die Parteien ausdrücklich oder stillschweigend zum Gegenstand ihrer Vereinbarung gemacht hatten.

[394] Die Zwecktheorie lässt es ausreichen, dass die Parteien bei Vertragsschluss die Wettbewerbsbeschränkung als gemeinsames Motiv der Vereinbarung ansehen, um ein Eingreifen des Kartellverbotes postulieren zu können.

rie[395].[396] Der BGH[397] entschied diesen Streit 1975 zugunsten der Zwecktheorie. Der Gesetzgeber ist diesem Urteil gefolgt und hat durch die Neufassung des § 1 GWB im Rahmen der 6. GWB-Novelle den Streit *im Rahmen des § 1 GWB* endgültig dadurch beendet, dass nunmehr eine Wettbewerbsbeschränkung – ganz im Sinne der Zweck- und der (eingeschränkten) Folgetheorie – lediglich „bezweckt“ oder „bewirkt“ werden muss, um die Vereinbarung ganz grundsätzlich dem Verbot des § 1 GWB zu unterwerfen.[398]

Anders als beim § 1 GWB steht jedenfalls nicht der Wortlaut der Vorschrift einer solchen engen Auslegung des § 3 GWB entgegen. Vielmehr macht die Tatsache, dass der Wortlaut des § 3 GWB trotz der seit langem geführten Diskussion um die Gegenstandstheorie in keiner der Novellen abgeändert worden ist, deutlich, dass diese hier zu erörternde Problematik zumindest keine praktische Auswirkung gehabt hat. Gleichwohl ist dieser Streit zu entscheiden, da bei Anwendung der (eingeschränkten) Folgetheorie § 3 GWB – zumindest theoretisch – einen wesentlich weiter gefassten Anwendungsbereich hätte als bei Anwendung der Gegenstandstheorie, aber auch bei Anwendung der Zwecktheorie.

Eine Ansicht[399] lehnt die Anwendung der Gegenstandstheorie auch bei § 3 GWB ausdrücklich ab und stützt sich hierbei überwiegend auf die Argumentation zu § 1 GWB: Wenn bereits § 1 GWB es genügen lasse, dass die Wettbewerbsbeschränkung Zweck oder Folge des Vertrages ist, so müsse dies auch im Hinblick für die positive Bewertung entsprechend bezweckter oder bewirkter Wettbewerbsbeschränkungen gelten. Ferner sei auch ein Missbrauch nicht zu befürchten, da dann, wenn eine Rationalisierung nicht bezweckt sei, bereits das Tatbestandsmerkmal „zwischenbetriebliche Zusammenarbeit“ oder „Rationalisierung wirtschaftlicher Vorgänge“ nicht erfüllt sei. Schließlich wird auch darauf verwiesen, dass sich den Gesetzesmaterialien kein Hinweis darauf entnehmen lasse, „dass der Gesetzgeber mit der Formulierung ‚zum Gegenstand‘ einen Hinweis auf die seit Jahren überwundene Gegenstandstheorie geben wollte.“[400]

---

[395] Der Folgetheorie zufolge können allein die wettbewerbsbeschränkenden Auswirkungen der Vereinbarung zum Anlass für ein Eingreifen des § 1 GWB genommen werden.

[396] Vgl. ausführlich zu den genannten Theorien *Immenga,* in: Immenga/Emmerich, GWB (1992), § 1 a.F., Rn. 283.

[397] Grundlegend *BGH,* 19.06.1975 – Zementverkaufsstelle Niedersachsen, WuW/E BGH 1367; *BGH,* 01.12.1981, Az.: KRB 3/79 – Transportbeton-Vertrieb, WuW/E BGH 1871, 1874, sowie *BGH,* 18.11.1986, Az.: KVR 1/86 (KG) – Baumarkt-Statistik, WuW/E BGH 2313, 231.

[398] Instruktiv *Zimmer,* in: Immenga/Mestmäcker, GWB (2007), § 1, Rn. 55 ff.; *Nordemann,* in: Loewenheim, GWB (2006), § 1, Rn. 129.

[399] *Nordemann,* in: Loewenheim, GWB (2006), § 3, Rn. 51.

Jedenfalls diese letzte Argumentation überzeugt indes nicht, da bei Einführung der Sonderregelung des § 5b GWB a.F. im Jahr 1973 die insoweit wegweisende Entscheidung des BGH vom 19.06.1975 noch zwei Jahre auf sich warten ließ, der Streit bei Einführung des § 5b GWB a.F. also keineswegs entschieden war. Die nachfolgenden Novellen haben sogar ganz im Gegenteil stets die Regelung des § 5b GWB a.F. in diesem Punkt wörtlich übernommen, während spätestens mit der 6. GWB Novelle auch seitens des Gesetzgebers der Wechsel hin zur Zweck-, und eingeschränkten Folgetheorie nachvollzogen worden ist. Das Schweigen der Gesetzesmaterialien ist angesichts des insoweit eindeutigen Wortlauts des § 3 GWB (= § 5b GWB a.F.) folglich ein „beredetes Schweigen". Aber auch der generelle Hinweis auf § 1 GWB und die in diesem Zusammenhang überholte Gegenstandstheorie führt nicht zwingend dazu, dass stets jede positive Auswirkung einzelner bezweckter oder bewirkter Wettbewerbsbeschränkungen für eine Freistellung der gesamten wettbewerbsbeschränkenden Vereinbarung über § 3 GWB ausreichen müsste: Aus dogmatische Sicht ist es nicht zu beanstanden, wenn der Freistellungstatbestand des § 3 GWB an engere Voraussetzungen geknüpft ist als das generelle Verbot des § 1 GWB und insofern – unter Hinweis auf den, anders als bei § 1 GWB a.F., insoweit eindeutigen Wortlauts des § 3 GWB – gefordert wird, dass die Rationalisierungsmaßnahme als solche Gegenstand der Vereinbarung sein muss.[401]

Diese Gegenansicht ist auch aus Praktikabilitätsgesichtspunkten heraus vorzugswürdig: Nur wenn die Parteien sich vertraglich zur zwischenbetrieblichen Zusammenarbeit verpflichten, wird sichergestellt, dass die insoweit wettbewerbsbeschränkende Vereinbarung tatsächlich der gemeinsamen Rationalisierung wirtschaftlicher Vorgänge dient. Anders ist eine solche von § 3 GWB geforderte zwischenbetriebliche Zusammenarbeit nicht vorstellbar. Fälle, in denen zwei oder mehr Unternehmen sich zwar im Sinne der Zwecktheorie darüber einig sind, dass eine wettbewerbsbeschränkende Vereinbarung der zwischenbetrieblichen Zusammenarbeit dienen soll, diese zwischenbetriebliche Zusammenarbeit aber nicht gleichzeitig zum Gegenstand der Vereinbarung machen, sind nicht denkbar. Der hier zu behandelnde Sachverhalt unterscheidet sich deshalb ganz erheblich von dem Sachverhalt, den es bei § 1 GWB zu untersuchen gilt: Dort setzen die Unternehmen alles daran, die eigentlich wettbewerbsbeschränkende Vereinbarung so auszugestalten, dass der Nachweis dieser wettbewerbsbeschränkenden Wirkung der Vereinbarung unmöglich wird. Deshalb findet sich in diesen Verträgen nur selten eine konkrete Vereinbarung, die die Parteien

---

400 *Nordemann,* in: Loewenheim, GWB (2006), § 3, Rn. 51.

401 *Bunte,* in: FK (Stand: 04/2007) (1999), § 3, Rn. 44; *Immenga,* in: Immenga/Mestmäcker, GWB (2001), vor §§ 2 ff., Rn. 7; *Werner,* Unternehmerische Kooperation, S. 174.

zum gemeinsamen wettbewerbsbeschränkenden Verhalten verpflichten. Vor diesem Hintergrund kann es, um die Wirksamkeit des § 1 GWB nicht zu gefährden, nicht nur auf die konkrete vertragliche Vereinbarung, sondern auch auf den mit dieser Vereinbarung eigentlich verfolgten Zweck beziehungsweise die Wirkung dieser Vereinbarung ankommen. Anders verhält es sich dagegen im Rahmen des § 3 GWB, wo bereits klar ist, dass die in Rede stehende Vereinbarung eine Wettbewerbsbeschränkung bezweckt oder bewirkt: Hier ist es gerade Aufgabe der Vereinbarung, zu belegen, dass mit der wettbewerbsbeschränkenden vertraglichen Verpflichtung eine zwischenbetriebliche Zusammenarbeit verfolgt wird, die letzten Endes auf die Steigerung der Wettbewerbsfähigkeit durch Rationalisierung abzielt.[402] Für die Anwendung des § 3 GWB genügt es daher nicht, dass durch eine wettbewerbsbeschränkende Vereinbarung im Sinne des § 1 GWB eigentlich „nur" eine zwischenbetriebliche Zusammenarbeit bezweckt oder bewirkt werden soll, ohne dass diese Zielsetzung Gegenstand der Vereinbarung selbst ist. Bloße Absichtserklärungen können vielmehr nicht als „zwischenbetriebliche Zusammenarbeit" gewertet werden.[403] Dabei ist aber auch ausreichend, dass sich die beteiligten Unternehmen rechtlich zur zwischenbetrieblichen Zusammenarbeit, die objektiv geeignet ist einen Rationalisierungserfolg herbeizuführen, verpflichten. Gegenstand der Vereinbarung muss also eine generelle Verständigung über Vorgänge im Geschäftsablauf sein.[404] Einzelheiten der Rationalisierungsmaßnahmen müssen ebenso wenig vertraglich vereinbart werden, wie eine Festlegung der beteiligten Unternehmen auf einen bestimmten Rationalisierungserfolg.[405]

4. Durch Rationalisierung Steigerung der Wettbewerbsfähigkeit gem. § 3 Abs. 1 S. 2 GWB

In § 3 Abs. 1 Nr. 2 GWB kommt der bereits eingangs erläuterte Normzweck des § 3 GWB zum Ausdruck:[406] Ziel der Rationalisierung muss es sein, die Wettbewerbsfähigkeit der relativ kleinen und mittleren Unternehmen im Vergleich zu den relativ großen Unternehmen auf dem relevanten Markt unmittelbar oder auch nur mittelbar zu verbessern. Nur wenn die

---

[402] So auch *Immenga,* in: Immenga/Mestmäcker, GWB (2001), vor §§ 2 ff., Rn. 7.

[403] *Schneider,* in: Langen/Bunte, GWB (2006), § 3, Rn. 29 a.E.

[404] *Bunte,* in: FK (Stand: 04/2007) (1999), § 3, Rn. 44.

[405] *Bunte,* in: FK (Stand: 04/2007) (1999), § 3, Rn. 44.

[406] *Wirtschaftsausschuß des Bundestages,* Bericht zur zweiten GWB-Novelle, 584. Die aktuelle Formulierung wurde im Rahmen der 6. GWB-Novelle eingeführt, um deutlicher als die bisherige Formulierung „*Steigerung der Leistungsfähigkeit*" (§ 5b GWB a.F.) den Gedanken der strukturellen Nachteilsausgleichs zu betonen (vgl. *Bunte,* in: FK (Stand: 04/2007) (1999), § 3, Rn. 8).

Wettbewerbsfähigkeit durch die Rationalisierung gesteigert, also größenbedingte Wettbewerbsnachteile ausgeglichen werden, ist es entsprechend den Wertungen des § 3 GWB gerechtfertigt, eine wettbewerbsbeschränkende Vereinbarung zu akzeptieren.

Die zwischenbetriebliche Kooperation und damit die Rationalisierung muss dabei der Verbesserung der Wettbewerbsfähigkeit der beteiligten Unternehmen „dienen“. Während also in einem ersten Schritt[407] zu prüfen war, ob die Rationalisierung an sich auch tatsächlich auf die Kooperation zurückzuführen ist, muss nun in einem zweiten Schritt geprüft werden, ob auch die Steigerung der Wettbewerbsfähigkeit der Kartellanten auf die Kooperation und damit auf die Rationalisierung zurückgeführt werden kann. Diese Unterscheidung zwischen der Rationalisierung an sich (= Verbesserung des Aufwand-Ertrag-Verhältnisses) und der Steigerung der Wettbewerbsfähigkeit als anzustrebendem Rationalisierungserfolg wird dabei häufig nicht nachvollzogen, vielmehr werden beide Punkte undifferenziert und einheitlich geprüft.[408] Zwar soll nicht in Abrede gestellt werden, dass zwischen der Kooperationsvereinbarung, der Rationalisierung und der Steigerung der Wettbewerbsfähigkeit ein unmittelbarer und sehr enger Sinnzusammenhang besteht;[409] gleichwohl muss zwischen beiden Prüfungspunkten unterschieden werden, da es sich hierbei angesichts der eindeutigen Formulierung des § 3 Abs. 1 GWB um zwei separate Tatbestandsmerkmale handelt:[410] Eine Voraussetzung des § 3 Abs. 1 GWB ist, dass eine Rationalisierung „durch“ zwischenbetriebliche Zusammenarbeit vereinbart wird; die andere Voraussetzung lautet: Diese Rationalisierungsvereinbarung muss der Steigerung der Wettbewerbsfähigkeit „dienen“.

Der Wortlaut des § 3 Abs. 1 Nr. 2 GWB („dienen“) macht einerseits deutlich, dass die Rationalisierungsvereinbarung nicht alleinige Ursache für eine Steigerung der Wettbewerbsfähigkeit sein muss. Es genügt, wenn ein nicht unbedeutender Teil der Verbesserung durch die Kooperationsvereinbarung bewirkt worden ist.[411] Auch wenn die Rationalisierungsverein-

---

[407] s. o., Teil 2, Kap. 3, E. IV. 2.

[408] So bezieht sich bspw. *Schneider,* in: Langen/Bunte, GWB (2006), § 3, Rn. 38 offenbar zwar selbst auf den angesichts des Wortlauts („durch“) zu fordernden Zusammenhang zwischen „zwischenbetrieblicher Kooperation“ und „Rationalisierung“, zitiert jedoch dabei Kommentarliteratur (*Immenga,* in: Immenga/Mestmäcker, GWB (2001), § 4, Rn. 25), die sich insoweit eindeutig auf die Frage des Kausalzusammenhangs zwischen „Rationalisierung“ und „Steigerung der Wettbewerbsfähigkeit“ bezieht.

[409] *Fuchs,* in: Immenga/Mestmäcker, GWB (2007), § 3, Rn. 59.

[410] Ähnlich auch *Emmerich,* Kartellrecht (2006), § 23, Rn. 16.

[411] Ähnlich *Fuchs,* in: Immenga/Mestmäcker, GWB (2007), § 3, Rn. 62; *Nordemann,* in: Loewenheim, GWB (2006), § 3, Rn. 63; *Bunte,* in: FK (Stand: 04/2007)

barung nur mittelbaren Einfluss hatte, ist den Anforderungen des § 3 GWB genüge getan, solange wenigstens ein spürbarer Wirkungszusammenhang festgestellt werden kann.[412] In jedem Fall aber muss die Rationalisierungsvereinbarung dazu *dienen,* die Wettbewerbsfähigkeit[413] der beteiligten kleinen und mittleren Unternehmen zu steigern. Hierunter ist das marktwirksame, anhand der jeweiligen Bedingungen des Einzelfalls zu beurteilende Leistungspotential[414] der beteiligten Unternehmen zu verstehen, dass durch die Rationalisierungsmaßnahme gesteigert werden muss bzw. für dessen Steigerung die Rationalisierungsmaßnahme jedenfalls geeignet[415] sein muss. Das zu steigernde Leistungs- bzw. Wettbewerbspotential eines Unternehmens ist dabei nicht nur im Bereich der Produktion selbst zu suchen. Vielmehr kann eine Steigerung der Wettbewerbsfähigkeit auch durch eine Verbesserung der Qualität zum Ausdruck gebracht werden oder durch Verbesserung der Lieferfähigkeit des hergestellten Produkts/der angebotenen Dienstleistung.[416]

Anhand einer objektiven Beurteilung muss festgestellt werden, ob die Vereinbarung die Wettbewerbsfähigkeit der kleinen und mittleren Unternehmen zumindest mit hinreichender Wahrscheinlichkeit[417] fördern wird, wobei in Anbetracht des Normzwecks des Nachteilsausgleichs grundsätzlich eine großzügige Auslegung geboten ist.[418] Auf die subjektiven Vorstellungen und Absichten der Kartellteilnehmer kommt es indes nicht an.[419] Dabei führt aber schon definitionsgemäß die Rationalisierung wirtschaftlicher Vorgänge zu einer Verbesserung der Wettbewerbsfähigkeit, da nur dann von ei-

---

(1999), § 3, Rn. 79 ff.; *BKartA,* 25.07.1968 – Krawattenstoff-Submission, WuW/E BKartA 1225, 1229.

412 Vgl. *Fuchs,* in: Immenga/Mestmäcker, GWB (2007), § 3, Rn. 59 a.E.

413 § 5b GWB a.F. sprach noch von einer Verbesserung der „*Leistungsfähigkeit*". Mit der Änderung durch die 6. GWB-Novelle gingen jedoch keine inhaltlichen Änderungen einher, *Bunte,* in: FK (Stand: 04/2007) (1999), § 3, Rn. 61; *Nordemann,* in: Loewenheim, GWB (2006), § 3, Rn. 62.

414 Vgl. *Schneider,* in: Langen/Bunte, GWB (2006), § 3, Rn. 50.

415 Vgl. *Nordemann,* in: Loewenheim, GWB (2006), § 3, Rn. 63.

416 Ausführlich zu denkbaren Möglichkeiten der Förderung der Wettbewerbsfähigkeit *Bunte,* in: FK (Stand: 04/2007) (1999), § 3, Rn. 61 ff.; dazu auch *Fuchs,* in: Immenga/Mestmäcker, GWB (2007), § 3, Rn. 61.

417 *BKartA,* 12.09.1960 – Einheitshydraulik, WuW/E BKartA 271; *Nordemann,* in: Loewenheim, GWB (2006), § 3, Rn. 63; *Bunte,* in: FK (Stand: 04/2007) (1999), § 3, Rn. 81. Vgl. auch *Karl/Beutelmann/Müller-Feldhammer,* Zwölf Thesen, BB 2008, 1014, 1019, zur Frage eines erforderlichen Eintritts des prognostizierten Erfolges.

418 *Schneider,* in: Langen/Bunte, GWB (2006), § 3, Rn. 50.

419 *Nordemann,* in: Loewenheim, GWB (2006), § 3, Rn. 63; *Schneider,* in: Langen/Bunte, GWB (2006), § 3, Rn. 50; *Bunte,* in: FK (Stand: 04/2007) (1999), § 3, Rn. 81; *Immenga,* in: Immenga/Mestmäcker, GWB (2001), § 5, Rn. 23.

ner Rationalisierung im Sinne des § 3 GWB gesprochen werden kann, wenn – wie oben aufgezeigt – das Verhältnis von Aufwand zu Ertrag verbessert wird, was gleichsam spiegelbildlich auch zu einer Steigerung der Wettbewerbsfähigkeit im Sinne des § 3 GWB führt.[420]

In diesem Zusammenhang ist auch zu fragen, ob die Wettbewerbsfähigkeit aller an der Vereinbarung beteiligten Unternehmen, und zwar in gleicher Intensität, gesteigert werden muss, oder ob es für die Anwendung des § 3 GWB genügt, wenn einzelne Teilnehmer ihre Wettbewerbsfähigkeit durch die Rationalisierungsvereinbarung in nennenswertem Umfang steigern können. Nach überwiegender Ansicht ist es grundsätzlich erforderlich, dass eine Steigerung der Wettbewerbsfähigkeit durch die Rationalisierungsmaßnahmen bei allen beteiligten Unternehmen eintreten muss.[421] An einem solchen Kausalzusammenhang fehlt es z. B., wenn die Kartellteilnehmer einem anderen Kartellmitglied ohne sachlichen Zusammenhang mit der Rationalisierungsmaßnahme lediglich Wettbewerb abkaufen, dieses Kartellmitglied also beispielsweise mit finanziellen Anreizen von einer eigenen Produktion abhalten und dies als Rationalisierungsmaßnahme darstellen wollen. Die Gegenansicht[422], die es für nicht zwingend erforderlich erachtet, dass die Wettbewerbsfähigkeit aller beteiligten Unternehmen verbessert wird, kommt aber über einen anderen Begründungsansatz zum gleichen Ergebnis: Unternehmen werden sich nur dann auf das Wagnis eines Mittelstandskartells, das ja stets dem Risiko eines Verbots gemäß § 1 GWB und einer Versagung der Freistellung über § 3 GWB unterliegt, einlassen, wenn sie in irgendeiner Weise von diesem Kartell profitieren – und nur wenn dieser Profit auf die Rationalisierungsvereinbarungen zurückzuführen ist, ist die Einbeziehung dieser Unternehmen in die wettbewerbsbeschränkende Vereinbarung von § 3 GWB gedeckt. Faktisch ist daher – was auch die Gegenansicht zugesteht – kein Fall denkbar, in dem nicht die Wettbewerbsfähigkeit sämtlicher beteiligten Unternehmen gesteigert wird.

Dieses faktische Ergebnis gilt dabei auch im Hinblick auf die Beteiligung von Großunternehmen: Auch diese werden sich nicht aus altruistischen

---

420 *Schneider,* in: Langen/Bunte, GWB (2006), § 3, Rn. 50; *Nordemann,* in: Loewenheim, GWB (2006), § 3, Rn. 64.

421 *BGH,* 18.05.1982, Az.: KVR 3/81 (KG) – Basalt-Union, WuW/E BGH 1930, 1931; *BKartA,* 18.12.1968 – Fernmeldekabel II, WuW/E BKartA 1259, 1260; *Bunte,* in: FK (Stand: 04/2007) (1999), § 3, Rn. 83; *Nordemann,* in: Loewenheim, GWB (2006), § 3, Rn. 44; *Fuchs,* in: Immenga/Mestmäcker, GWB (2007), § 3, Rn. 58; a. A. *Schneider,* in: Langen/Bunte, GWB (2006), § 3, Rn. 51.

422 *Schneider,* in: Langen/Bunte, GWB (2006), § 3, Rn. 51; sich hier auch auf *Kiecker,* in: Langen/Bunte, GWB (2001), § 4, Rn. 12 berufend. Kiecker selbst fordert indes sehr wohl, dass die Vereinbarung allen kleinen und mittleren Unternehmen – wenn auch in unterschiedlicher Intensität – Vorteile verschaffen muss. Nur im Hinblick auf Großunternehmen wird dies nicht gefordert.

Gründen an einem Kartell beteiligen,[423] so dass auch hier keine Ausnahme vom oben skizzierten Grundsatz gemacht werden muss, insbesondere wenn man folgendem allgemeinen Konsens zustimmt: Weitgehend Einigkeit besteht nämlich darüber, dass – anders als bei § 5 GWB a.F.[424] – die Wettbewerbsfähigkeit jedenfalls nicht bei allen Unternehmen die gleiche Intensität haben muss.[425] Es genügt daher, dass die Förderung der kleinen und mittleren Unternehmen bei den beteiligten Großunternehmen nur marginale Steigerungen der Wettbewerbsfähigkeit bewirken. Dabei wird auch die Ansicht vertreten, dass es nach Sinn und Zweck der Vorschrift gar nicht so sein darf, dass die Großunternehmen die Wettbewerbsfähigkeit im gleichen Umfang wie die kleinen und mittleren Unternehmen steigern können.[426]

Im Ergebnis lässt sich daher folgendes festhalten: Die Steigerung der Wettbewerbsfähigkeit muss grundsätzlich bei allen beteiligten Unternehmen eintreten. Soweit Großunternehmen an der Vereinbarung beteiligt sind wird zwar bereits aus faktischen Gründen auch hier eine Steigerung der Wettbewerbsfähigkeit eintreten, die dann, wenn man die Beteiligung von Großunternehmen an Kartellen im Sinne des § 3 GWB nicht von vornherein ausschließen möchte, auch in Kauf genommen werden muss. Allerdings muss und darf diese Steigerung der Wettbewerbsfähigkeit der beteiligten Großunternehmen nicht dazu führen, dass diese Großunternehmen in gleichem Umfang oder gar mehr als die kleinen und mittleren Unternehmen gefördert werden. Vielmehr ist – wie oben bereits dargestellt – die Teilnahme von Großbetrieben aus wettbewerblichen Gesichtspunkten auf den unverzichtbaren Umfang einer Beteiligung zu beschränken.

5. Wesentliche Verbesserung der Wettbewerbsfähigkeit in Relation zur konkreten Wettbewerbsbeeinträchtigung?

Die soeben erörterte Frage, ob bei allen beteiligten Unternehmen in gleicher Intensität die Wettbewerbsfähigkeit gesteigert werden muss, ist zu tren-

---

[423] *Nordemann,* in: Loewenheim, GWB (2006), § 3, Rn. 44; *Salje,* Mittelständische Kooperation, S. 83; *Kiecker,* in: Langen/Bunte, GWB (2001), § 4, Rn. 12.

[424] Bei § 5 GWB musste der geforderte *wesentliche* Rationalisierungserfolg zwar ebenfalls nicht bei jedem beteiligten Unternehmen gleich groß sein, aber er musste „*jedoch für das betreffende Kartellmitglied in Bezug auf die eigenen Unternehmensverhältnisse von wesentlicher Bedeutung sein.*“, vgl. *BGH,* 18.05.1982, Az.: KVR 3/81 (KG) – Basalt-Union, WuW/E BGH 1930, 1931.

[425] *Nordemann,* in: Loewenheim, GWB (2006), § 3, Rn. 44; *Kiecker,* in: Langen/Bunte, GWB (2001), § 4, Rn. 12; *Fuchs,* in: Immenga/Mestmäcker, GWB (2007), § 3, Rn. 58; *Schneider,* in: Langen/Bunte, GWB (2006), § 3, Rn. 51.

[426] *Kiecker,* in: Langen/Bunte, GWB (2001), § 4, Rn. 12; *Schneider,* in: Langen/Bunte, GWB (2006), § 3, Rn. 51 a.E.; *Bunte,* in: FK (Stand: 04/2007) (1999), § 3, Rn. 103.

nen von der weiter gefassten Frage, ob die Steigerung der Wettbewerbsfähigkeit im Rahmen des § 3 GWB jedenfalls bei den beteiligten kleinen und mittleren Unternehmen jeweils wesentlich gesteigert werden muss. Anders als beispielsweise bei den in § 5 Abs. 1 GWB a.F. geregelten allgemeinen Rationalisierungskartellen erfordert § 3 GWB weder eine wesentliche Verbesserung der Wettbewerbsfähigkeit noch ein angemessenes Verhältnis des Rationalisierungserfolges zu der damit verbundenen Wettbewerbsbeschränkung. Damit sind die Anforderungen des § 3 GWB an die Steigerung der Wettbewerbsfähigkeit grundsätzlich geringer als beispielsweise die des § 5 Abs. 1 GWB a.F. Gleichwohl aber kann, da es um nichts Geringeres als um die Freistellung einer eigentlich wettbewerbsbeschränkenden und damit gem. § 1 GWB streng verbotenen Vereinbarung geht, und bereits der Wortlaut „dienen" Finalität einfordert, nicht jede kaum wahrnehmbare bzw. nur marginale Steigerung der Wettbewerbsfähigkeit der beteiligten Unternehmen ausreichen[427] – sieht man von der o.g. Beteiligung von Großunternehmen einmal ab. Vielmehr muss zwischen der eingetreten Wettbewerbsbeschränkung und dem damit erzielten Rationalisierungserfolg auch im Rahmen des § 3 GWB eine Abwägung erfolgen,[428] wenngleich dabei schon bloß spürbare Steigerungen der Wettbewerbsfähigkeit der beteiligten Unternehmen eine Wettbewerbsbeschränkung rechtfertigen können.

6. *Ex-ante Betrachtung – Prognose des Rationalisierungserfolges*

Mittelstandskartelle waren bis zur 7. GWB-Novelle Widerspruchskartelle i.S.d. § 9 Abs. 1 GWB a.F. Bei der Beurteilung der Frage, ob die Kooperationsvereinbarung tatsächlich eine Verbesserung der Wettbewerbsfähigkeit der beteiligten kleinen und mittleren Unternehmen herbeiführen konnte, musste eine Prognose der wahrscheinlichen Wirkungen der Vereinbarung genügen. Die Kartellbehörde musste daher im Zeitpunkt ihrer Entscheidung (gem. § 9 Abs. 1 GWB a.F.: max. drei Monate nach Anmeldung) ein entsprechendes Wahrscheinlichkeitsurteil fällen.[429] Durch den Übergang zum Legalausnahmesystem im Rahmen der 7. GWB-Novelle ist eine solche Vorabprüfung seitens der Kartellbehörden entfallen. Dies darf aber nicht dazu führen, dass an die Stelle einer ex-ante-Betrachtung nunmehr eine ex-post-

---

427 *Fuchs,* in: Immenga/Mestmäcker, GWB (2007), § 3, Rn. 62; *Schneider,* in: Langen/Bunte, GWB (2006), § 3, Rn. 51; *Kapteina,* Mittelstandskooperationen, S. 105; *Teichmann,* Wesentliche Beeinträchtigung, WuW 1974, 449, 450.

428 *Fuchs,* in: Immenga/Mestmäcker, GWB (2007), § 3, Rn. 62. Ausführlich auch zu den Schwierigkeiten einer richtigen Abwägung *Bunte,* in: FK (Stand: 04/2007) (1999), § 3, Rn. 114 ff.

429 Vgl. zum alten Recht ausführlich: *Immenga,* in: Immenga/Mestmäcker, GWB (2001), § 5 Rn. 23.

Betrachtung des Rationalisierungserfolges treten darf und so beispielsweise private Kläger im Rahmen von Schadensersatzprozessen auf die zwar im Zeitpunkt des Vertragsschlusses erwartete, nunmehr jedoch offenkundig nicht eingetretene Steigerung der Wettbewerbsfähigkeit verweisen und damit nachträglich eine Legalisierung über § 3 GWB verneinen könnten. Es ist vielmehr auch jetzt nur im Rahmen einer ex-ante-Betrachtung zu prüfen, ob die zwischenbetriebliche Kooperation geeignet war, die Wettbewerbsfähigkeit der beteiligten Unternehmen zu verbessern.[430] Zum einen ist darauf zu verweisen, dass der Gesetzgeber der 7. GWB-Novelle den Regelungsgehalt § 4 Abs. 1 GWB a.F. nicht grundsätzlich ändern wollte[431]. Zum anderen würde eine ex-post-Betrachtung verhindern, dass neuartige Rationalisierungsmaßnahmen getestet werden könnten, die zwar aus (damaliger) Sicht als geeignet zur Steigerung der Wettbewerbsfähigkeit angesehen wurden, die dieses Ziel jedoch aus welchen Gründen auch immer nicht erreichen konnten.

V. Das Auswirkungsprinzip gem. § 130 Abs. 2 GWB – welche Beziehungen müssen zum deutschen Markt bestehen?

1. Das Auswirkungsprinzip des § 130 Abs. 2 GWB

Im Zusammenhang mit den beiden zuletzt behandelten Tatbestandsmerkmalen des § 3 GWB, nämlich der Forderung nach einer „Rationalisierung" die zu einer „Verbesserung der Wettbewerbsfähigkeit kleiner und mittlerer Unternehmen" führen muss, wurde bereits vor der 7. GWB-Novelle die Frage aufgeworfen, ob und wie das in der Kollisionsnorm des § 130 Abs. 2 GWB festgeschriebene Auswirkungsprinzip auch bei der Beurteilung von Legalisierungsmöglichkeiten für Mittelstandskartelle zu beachten ist.[432] Das Auswirkungsprinzip, das den Anwendungsbereich des GWB im Verhältnis zu anderen Staaten abgrenzt,[433] lässt sich dabei im Hinblick auf Kartellverträge wie folgt kurz charakterisieren:[434] Der Anwendungsbereich

---

[430] Vgl. ähnlich *Nordemann,* in: Loewenheim, GWB (2006), § 3, Rn. 63; *Bunte,* in: FK (Stand: 04/2007) (1999), § 3, Rn. 35; *BKartA,* 20.07.1960 – Niedersächsische Kalkwerke, WuW/E BKartA 224, 230.

[431] RegE 7. GWB-Novelle, BT-Drs. 15/3640, S. 27 u. 44. Zu der durch das Legalausnahmesystem entfallenen Missbrauchskontrolle gem. § 12 GWB a.F. und der damit verbundenen rechtssichernden Funktion des Nicht-Widerrufs vgl. *Immenga,* in: Immenga/Mestmäcker, GWB (2001), § 12, Rn. 27 ff.

[432] Vgl. *Rehbinder,* in: Immenga/Mestmäcker, GWB (2001), § 130 Abs. 2, Rn. 109 ff.; *Wiedemann,* in: Wiedemann, Hdb. KartellR. (1999), § 5, Rn. 32.

[433] *Emmerich/Rehbinder/Markert,* in: Immenga/Mestmäcker, GWB (2007), § 130 Abs. 2, Rn. 155; *Wiedemann,* in: Wiedemann, Hdb. KartellR. (1999), § 5, Rn. 23.

[434] Vgl. ausführlich zum Auswirkungsprinzip und der Bedeutung des § 130 Abs. 2 GWB die Kommentarliteratur, bspw. *Emmerich/Rehbinder/Markert,* in: Immenga/

des GWB ist nur dann eröffnet, wenn die zu prüfende Vereinbarung eine Wettbewerbsbeschränkung mit spürbarer Marktbeeinflussung im Inland bewirkt oder eine solche Wettbewerbsbeschränkung zum Ziel hat und gleichzeitig im konkreten Fall zu einer spürbaren Marktbeeinflussung geeignet ist.[435] Dabei führt ein Kartell inländischer Unternehmen, das sich allein auf einem ausländischen Markt auswirkt (z.B. bestimmte Exportkartelle) noch nicht zwingend zu einer Inlandsauswirkung i.S.d. § 130 Abs. 2 GWB, vielmehr ist mit dem BGH[436] eine Beeinträchtigung auch des inländischen freien Wettbewerbs, beispielsweise in Bezug auf Warenherstellung oder -vertrieb im Inland zu fordern.[437] Allerdings ist dabei bislang nicht geklärt, ob hierfür bereits eine mittelbare Auswirkung auf dem Inlandsmarkt als ausreichend für die Anwendung des GWB anzusehen ist oder nur unmittelbare Auswirkungen genügen.[438] Da auch durch eine primär auf den ausländischen Markt abzielenden Kooperationsvereinbarung die Wirtschaftskraft der am Kartell beteiligten Unternehmen insgesamt und damit auch auf dem inländischen Markt gesteigert wird, können die bereits allein aus dieser gesteigerten Wirtschaftskraft resultierenden Auswirkungen auch auf dem inländischen Markt nicht unberücksichtigt bleiben. Die Zielsetzungen der Kartellteilnehmer sind hierbei unbeachtlich, entscheidend sind die Wirkungen, die die Kartellvereinbarung auf dem inländischen Markt tatsächlich hervorruft. Eine Differenzierung zwischen mittelbaren und unmittelbaren Auswirkungen ist weder vom Wortlaut des § 130 Abs. 2 GWB noch nach dessen Sinn und Zweck geboten. Bei einem Kartellvertrag zwischen ausländischen Unternehmen ist dagegen von einer entsprechenden Inlandswirkung dann auszugehen, wenn die damit verbundene Wettbewerbsbeschränkung mit spürbarer Marktbeeinflussung im Inland *unmittelbar* bewirkt wird oder wenn eine Wettbewerbsbeschränkung im Inland beabsichtigt wird und die konkreten Umstände des Vertrages eine unmittelbare und spürbare Beeinflussung der inländischen Marktverhältnisse

---

Mestmäcker, GWB (2007), § 130 Abs. 2, Rn. 155 ff., speziell zu Kartellverträgen: Rn. 190 ff.; *Wiedemann,* in: Wiedemann, Hdb. KartellR. (1999), § 5, Rn. 1 ff.

435 *Emmerich/Rehbinder/Markert,* in: Immenga/Mestmäcker, GWB (2007), § 130 Abs. 2, Rn. 190; dagegen kritisch zur Frage, ob die bloße Eignung für eine Wettbewerbsbeschränkung im Inland ausreicht: *Stadler,* in: Langen/Bunte, GWB (2006), § 130, Rn. 114 m.w.N.

436 *BGH,* 12.07.1973, Az.: KRB 2/72 – Ölfeldrohre, WuW/E BGH 1276, 1279; vgl. auch *Stadler,* in: Langen/Bunte, GWB (2006), § 130, Rn. 109.

437 *Stadler,* in: Langen/Bunte, GWB (2006), § 130, Rn. 136, 109.

438 Diese Frage bejahend: *Emmerich/Rehbinder/Markert,* in: Immenga/Mestmäcker, GWB (2007), § 130 Abs. 2, Rn. 196; *Stadler,* in: Langen/Bunte, GWB (2006), § 130, Rn. 112; wohl auch *BGH,* 12.07.1973, Az.: KRB 2/72 – Ölfeldrohre, WuW/E BGH 1276, 1279; a.A. *OLG Düsseldorf,* 08.07.1969 – Kundenschutzvereinbarung, WuW/E OLG 1061, 1063.

befürchten lässt.[439] Ist nach diesen Grundsätzen eine Auswirkung im Inland zu erwarten, so ist unabhängig vom Sitz der Unternehmen oder dem Ort der Vereinbarung, deutsches Kartellrecht anwendbar.

2. *Erfordernis volkswirtschaftlicher Auswirkungen bei § 3 GWB?*

Unter Bezugnahme auf dieses Prinzip der Inlandswirkung wurden Rationalisierungsvereinbarungen ausländischer Unternehmen oder auch inländischer Unternehmen mit nur mittelbaren Auswirkungen auf den Inlandsmarkt nach einer am deutlichsten von Rehbinder vertretenen Ansicht[440] als nicht von den Legalisierungsmöglichkeiten für Rationalisierungskartelle erfasst angesehen, wenn nicht von solchen Vereinbarungen auch unmittelbar die deutsche Volkswirtschaft profitierte. Rehbinder führt hierzu aus:

> „Eher zweifelhaft ist der internationale Anwendungsbereich des § 3. Die Rationalisierung ausländischer Unternehmen für sich und die dadurch gewährleistete bessere Bedarfsdeckung ausländischer Volkswirtschaften ist nicht Aufgabe des deutschen Rechts (Rehbinder S. 186; Schwartz S. 108). Es ist allerdings möglich, dass die Rationalisierung ausländischer Unternehmen unmittelbar der deutschen Volkswirtschaft zugutekommt, z. B. wenn ein beteiligtes ausländisches Unternehmen eine (rechtlich unselbstständige) inländische Produktionsstätte besitzt und wohl auch, wenn eine sachliche Spezialisierung für den Inlandsmarkt erfolgt. Hier sind die Freistellungsregelungen in vollem Umfang anwendbar. Im Übrigen lässt sich ein Mittelstandskartell grds. nicht damit rechtfertigen, dass (auch) bei einem ausländischen Unternehmen ein eine Verbesserung der Wettbewerbsfähigkeit eintritt. Die Beteiligung ausländischer Unternehmen an einem Mittelstandskartell ist aber entgegen der bisher bei innerstaatlichen Sachverhalten h. M. (s. Voraufl. § 5 Rdnr. 45) schon dann zulässig, wenn die Teilnahme inländischer Unternehmen die Wettbewerbsbeschränkung rechtfertigt. Andernfalls würden wünschenswerte Rationalisierungen deutscher Unternehmen verhindert."[441]

Dieser Ansatz, demzufolge § 3 GWB im Ergebnis volkswirtschaftlichen Zielen dienen soll, ist jedoch bereits nicht mit der nach überzeugender Ansicht rein betriebswirtschaftlichen Betrachtungsweise der von § 3 GWB geforderten Rationalisierung[442] einerseits und dem Fehlen weiterer, volkswirtschaftlichen Voraussetzungen des § 3 GWB andererseits zu vereinbaren.

---

[439] *Emmerich/Rehbinder/Markert,* in: Immenga/Mestmäcker, GWB (2007), § 130 Abs. 2, Rn. 190; *Stadler,* in: Langen/Bunte, GWB (2006), § 130, Rn. 113, 136.

[440] So bereits *Rehbinder,* in: Immenga/Mestmäcker, GWB (2001), § 130 Abs. 2, Rn. 110. In der 4. Auflage: *Emmerich/Rehbinder/Markert,* in: Immenga/Mestmäcker, GWB (2007), § 130 Abs. 2, Rn. 211.

[441] *Emmerich/Rehbinder/Markert,* in: Immenga/Mestmäcker, GWB (2007), § 130 Abs. 2, Rn. 211.

[442] Vgl. statt vieler: *Immenga,* in: Immenga/Mestmäcker, GWB (2001), § 5, Rn. 21, § 4, Rn. 27; *Nordemann,* in: Loewenheim, GWB (2006), § 3, Rn. 39.

Volkswirtschaftliche Verbesserungen sind gerade bei § 3 GWB nicht zu fordern. Anders als bei § 5 GWB a.F. oder auch bei § 2 Abs. 1 GWB n.F. wird im Rahmen des § 3 GWB nur die Steigerung der Wettbewerbsfähigkeit der beteiligten Unternehmen, nicht jedoch eine volkswirtschaftlich orientierte Prüfung einer verbesserten Bedarfsbefriedigung oder einer angemessenen Verbraucherbeteiligung an der gesteigerten Ertragskraft der Unternehmen gefordert. Während § 2 GWB ausdrücklich eine Beteiligung der Verbraucher und damit volkswirtschaftliche Effekte verlangt, die dann unter Heranziehung des Auswirkungsprinzips zwingend auch im Inland eintreten müssen[443], fehlt eine solche Bezugnahme auf die (deutsche) Volkswirtschaft in § 3 GWB völlig. Da der Ausnahmetatbestand des § 3 GWB gleichberechtigt neben § 2 Abs. 1 GWB steht, verbietet sich auch eine Auslegung des § 3 GWB anhand der Wertungen des § 2 Abs. 1 GWB, also auch eine Prüfung der Beteiligung von Verbrauchern an den Rationalisierungserfolgen unter Heranziehung dieses aus § 2 Abs. 1 GWB stammenden Kriteriums. Beide Tatbestände sind unabhängig voneinander zu prüfen.[444] Wie Rehbinder[445] selbst ausführt, finden dann, wenn der Anwendungsbereich der zentralen Verbotsnormen des GWB eröffnet ist, grundsätzlich auch die materiellrechtlichen Folgeregelungen Anwendung.[446] Die von Rehbinder genannten Einschränkungen sind nur dann, wenn diese Folgeregelungen das allgemeine Auswirkungsprinzip weiter spezifizieren und beispielsweise ausdrücklich volkswirtschaftliche Belange zum weiteren Anknüpfungspunkt machen, richtigerweise zu fordern. Fehlt es indes – wie bei § 3 GWB – an einem solchem weiteren Tatbestandsmerkmal, ist eine volkswirtschaftliche Auswirkungen berücksichtigende Prüfung des § 3 GWB daher bereits aus systematischen Überlegungen heraus nicht, auch nicht im Hinblick auf § 130 Abs. 2 GWB, zulässig. Schließlich aber ist auch unter teleologischen Gesichtspunkten die Forderung nach inländischen, volkswirtschaftlichen Effekten nicht berechtigt: Ziel des § 3 GWB ist weder die unmittelbare noch die mittelbare Förderung der inländischen Volkswirtschaft durch Beschränkung des Anwendungsbereiches ausschließlich auf *inländische* Unternehmen. Der Gesetzesbegründung lassen sich keine Hinweise darauf entnehmen, dass der Gesetzgeber nur *inländische* Unternehmen fördern wollte. Vielmehr sollen (lediglich) strukturelle, größenbedingte Nachteile ausgeglichen werden, um die Alternative, nämlich die Verdrängung kleiner und

---

443 Nicht ausdrücklich zwischen den Voraussetzungen des § 2 und denen des § 3 GWB differenzierend: *Stadler,* in: Langen/Bunte, GWB (2006), § 130, Rn. 139.

444 s.o.; vgl. auch *Schneider,* in: Langen/Bunte, GWB (2006), § 3, Rn. 10.

445 *Rehbinder,* in: Immenga/Mestmäcker, GWB (2001), § 130 Abs. 2, Rn. 11. Nun *Emmerich/Rehbinder/Markert,* in: Immenga/Mestmäcker, GWB (2007), § 130 Abs. 2, Rn. 209.

446 So auch *Stadler,* in: Langen/Bunte, GWB (2006), § 130, Rn. 139.

mittlerer Unternehmen vom Markt einzig aufgrund größenbedingter Nachteile, zu verhindern. Zuzugestehen ist jedoch, dass in dieser Stärkung der Wettbewerbsfähigkeit der kleinen und mittlerer Unternehmen durch kooperative Rationalisierungsmaßnahmen zum Ausgleich für Größenvorteile der auf dem Markt tätigen Großunternehmen ein mittelbares volkswirtschaftliches Ziel erkannt werden kann, das durch § 3 GWB erreicht werden soll. Gleichzeitig bewirkt die Tatsache, dass § 3 GWB in Abs. 1 Ziff. 1 das Fortbestehen wirksamen Wettbewerbs verlangt, dass aufgrund des folglich fortbestehenden Wettbewerbsdrucks die Rationalisierungserfolge mittelbar auch an die Nachfrager weitergegeben werden.[447] Auch dies stellt einen weiteren positiven Effekt von Mittelstandskartellen auf die inländische Volkswirtschaft dar, ohne dass dies jedoch zwingende Voraussetzung des § 3 GWB wäre.

3. Andere Beschränkungen des Anwendungsbereiches des § 3 GWB?

Offen bleibt jedoch, ob von § 3 GWB tatsächlich auch zwischenbetriebliche Kooperationsvereinbarungen erfasst sind, die keine unmittelbaren Auswirkungen auf den inländischen Markt haben, oder an denen nur ausländische Unternehmen beteiligt sind. Fraglich ist, ob es mit der Zielsetzung des § 3 GWB zu vereinbaren ist, wenn nur ausländische Unternehmen eine Kooperationsvereinbarung treffen, die sich – unmittelbar oder mittelbar – auf den inländischen Markt auswirken oder wenn umgekehrt inländische Unternehmen entsprechende Vereinbarungen treffen, die nur mittelbar Auswirkungen auf den Inlandsmarkt haben.

Dabei ist stets zu beachten, dass bei der Beteiligung ausländischer Unternehmen beziehungsweise bei Kooperationsvereinbarungen inländischer Unternehmen mit nur mittelbaren Auswirkungen auf den inländischen Markt, die Grenze zur Überschreitung der Zwischenstaatlichkeitsschwelle und damit zur Eröffnung des Anwendungsbereichs des europäischen Rechts gefährlich nahe ist, häufig sogar überschritten sein dürfte.[448] Auf die Anwendbarkeit des GWB käme es dann nicht mehr an. Andererseits sind durchaus auch wettbewerbsbeschränkende Vereinbarungen mit außereuropäischen Partnern denkbar, bei denen der Anwendungsbereich des europäischen Wettbewerbsrechtes keineswegs zwingend eröffnet ist.

---

[447] *Fuchs,* in: Immenga/Mestmäcker, GWB (2007), § 3, Rn. 64; *Nordemann,* in: Loewenheim, GWB (2006), § 3, Rn. 53.

[448] Zum Verhältnis des § 3 GWB zum Europäischen Recht sogleich, Teil 2, Kap. 3, F.

a) Kooperationsvereinbarungen ausländischer Unternehmen mit unmittelbaren Auswirkungen auf den deutschen Markt

Hat die Vereinbarung der ausländischen Unternehmen *unmittelbare* Auswirkungen auf den inländischen Markt – und nur dann ist nach oben Gesagtem der Anwendungsbereich des § 1 GWB überhaupt eröffnet –, so wirkt sich auch die Steigerung der Wettbewerbsfähigkeit der ausländischen Unternehmen durch die getroffene, an sich wettbewerbsbeschränkende, aber gem. § 3 GWB grundsätzlich zu billigende Vereinbarung unmittelbar auf den inländischen Markt aus: Eine Kooperation zwischen ausländischen Unternehmen führt dann zu einer unmittelbaren Wettbewerbsbeschränkung mit spürbarer Marktbeeinflussung i. S. d. § 130 Abs. 2 GWB, wenn diese Unternehmen auf dem inländischen Markt in irgendeiner Weise präsent und aktiv sind. Treffen diese Unternehmen eine Rationalisierungsvereinbarung, so werden sie auf dem inländischen Markt gegenüber den dort vorhandenen (inländischen oder ausländischen) Großunternehmen wettbewerbsfähiger. Und genau damit sind die Voraussetzungen des § 3 GWB erfüllt: Um den Vorzug der Regelung des § 3 GWB erlangen zu können, müssen sie im Verhältnis zu den auf dem sachlichen und räumlichen Markt vorhandenen Großunternehmen als klein oder mittelgroß einzustufen sein. Durch die Einbeziehung auch der Auslandsumsätze bei der Größenbeurteilung wird dabei verhindert, dass ausländische Großunternehmen über § 3 GWB im Inland bevorzugt werden. Wird von diesen Unternehmen nun die Wettbewerbsfähigkeit gesteigert, so entspricht dies dem alleinigen, oben skizzierten Ziel des § 3 GWB. Dass es sich hierbei um ausländische Unternehmen handelt, deren Wettbewerbsfähigkeit im inländischen Markt gestärkt wird, ist dabei für die Anwendung des § 3 GWB ohne Belang. Eine Beschränkung des § 3 auf inländische Unternehmen ist weder mit Sinn und Zweck des § 3 GWB, noch mit dem Auswirkungsprinzip zu vereinbaren, dass ja gerade auch solche unmittelbaren Auswirkungen ausländischer Unternehmen dem deutschen Kartellrecht unterwirft.

b) Kooperationsvereinbarungen von Unternehmen mit nur mittelbaren Auswirkungen auf den inländischen Markt

Anders verhält es sich jedoch möglicherweise bei Kooperationsvereinbarungen mit nur mittelbaren Auswirkungen auf den inländischen Markt:

Dabei kann die erste der beiden denkbaren Konstellationen, nämlich Vereinbarungen ausländischer Unternehmen mit nur mittelbaren Auswirkungen auf den deutschen Markt, zu keinen Konflikten mit dem Auswirkungsprinzip führen: Schließen ausländische Unternehmen auf dem ausländischen Markt entsprechende Vereinbarungen, die sich nur *mittelbar* auf den deutschen Markt auswirken, so ist nach oben Gesagtem bereits der Anwendungsbereich des deutschen Kartellrechtes nicht eröffnet.[449] Die Frage nach einer möglichen Freistellung über § 3 GWB stellt sich demnach nicht, Konflikte mit dem Auswirkungsprinzip können nicht auftreten.

Ungleich schwieriger ist die Frage zu beantworten, ob auch Kooperationsvereinbarungen inländischer Unternehmen mit nur mittelbaren Auswirkungen auf den inländischen Markt von § 3 GWB erfasst werden: Wie oben aufgezeigt genügt es für die Eröffnung des Anwendungsbereiches des § 1 GWB, dass die auf den ausländischen Markt bezogene Kooperationsvereinbarung inländischer Unternehmen nur mittelbare Auswirkungen auf den inländischen Markt hat. Die durch eine solche Kooperationsvereinbarung bewirkte Stärkung der Wirtschaftskraft der beteiligten inländischen Unternehmen und gleichzeitige Beeinträchtigung des inländischen Wettbewerbs ist als mittelbare Auswirkung der Kooperationsvereinbarung ausreichend, um die Vereinbarung auf den Prüfstand des § 1 GWB zu stellen. Fraglich ist, ob diese nur *mittelbare* Stärkung der Wirtschaftskraft und damit ebenfalls nur mittelbare Stärkung der Wettbewerbsfähigkeit der inländischen Unternehmen auch für eine Freistellung gemäß § 3 GWB genügen kann. Während sich nämlich in allen anderen Konstellationen die Steigerung der Wettbewerbsfähigkeit als unmittelbare Folge der Rationalisierung darstellt, gleichsam die wettbewerbsbeschränkende Vereinbarung (= Rationalisierungsvereinbarung) die eine Seite, die Steigerung der Wettbewerbsfähigkeit die andere Seite ein und derselben Medaille ist, ist dies bei der hier zu erörternden Konstellation möglicherweise anders: Als Beispiel soll ein Exportkartell inländischer Unternehmen dienen, die im Rahmen einer zwischenbetrieblichen Kooperation ihren Vertrieb für den ausländischen Markt rationaler gestalten wollen. Die Rationalisierung betrifft damit zunächst nur den ausländischen Markt. Unmittelbar wird dabei also auch nur die Wettbewerbsfähigkeit der beteiligten Unternehmen auf dem ausländischen Markt beziehungsweise dem Exportmarkt gestärkt. Nur mittelbar, als Folge dieser gestärkten Wettbewerbsfähigkeit, ist die Wirtschaftskraft und damit die Wettbewerbsfähigkeit der Unternehmen auch auf dem inländischen Markt gestärkt. Es stellt sich die Frage, ob § 3 GWB in diesen Fällen ausgeschlossen sein soll: Da nach oben Gesagtem volkswirtschaftliche Auswirkungen im Rahmen des § 3 GWB nicht zu fordern sind, sind andere Ansatzpunkte zu untersuchen, anhand derer die soeben geschilderte Konstellation vom Anwendungsbereich des § 3 GWB wegen Konfliktes mit dem Auswirkungsprinzip ausgeschlossen werden müsste:

---

[449] Vgl. *Emmerich/Rehbinder/Markert,* in: Immenga/Mestmäcker, GWB (2007), § 130 Abs. 2, Rn. 190; *Wiedemann,* in: Wiedemann, Hdb. KartellR. (1999), § 5, Rn. 31; *Stadler,* in: Langen/Bunte, GWB (2006), § 130, Rn. 109, 136.

Zunächst kommt eine Bezugnahme auf den Ort, an dem die Rationalisierungsmaßnahme ihre unmittelbare Wirkung entfaltet, in Betracht. Nur wenn sich die Rationalisierungsmaßnahme selbst unmittelbar auf den inländischen Markt auswirken würde, wäre in diesem Fall der Anwendungsbereich des § 3 GWB eröffnet: In oben geschildertem Beispielsfall würde sich die in Rede stehende Kooperationsvereinbarung unmittelbar nur auf den ausländischen Markt auswirken (s. o.). Nur der Vertrieb auf dem ausländischen Markt würde durch das Exportkartell unmittelbar rationaler gestaltet. Hier wäre, würde man auf den unmittelbaren Erfolgsort der *Rationalisierungsmaßnahme an sich* abstellen, § 3 GWB nicht anwendbar. Gleichwohl muss sich eine solche Bezugnahme auf den Erfolgsort der Rationalisierungsmaßnahme schon von vornherein verbieten. Denn auch in Fällen, in denen inländische Unternehmen, die allein auf dem *inländischen Markt* tätig sind, eine Kooperationsvereinbarung treffen, die beispielsweise die gemeinsame Produktion zum Gegenstand hat, ist es ohne Bedeutung, wo die Rationalisierungsmaßnahme unmittelbar ansetzt beziehungsweise wo sie sich selbst unmittelbar auswirkt: § 3 GWB bleibt in solchen Fällen auch dann anwendbar, wenn die an der Kooperation beteiligten Unternehmen beispielsweise im Ausland produzieren und über diese Produktion im Ausland eine Kooperationsvereinbarung treffen würden, in deren Folge sie auf dem inländischen Markt wettbewerbsfähiger werden würden. Soweit ersichtlich wird nirgends gefordert, dass in diesen Fällen nur die inländische Produktion Gegenstand einer gemäß § 3 GWB zulässigen Kooperationsvereinbarung sein kann. Es kann deshalb auch keine Rolle spielen, ob eine Kooperationsvereinbarung den Vertrieb für den inländischen oder für den ausländischen Markt rationaler gestaltet. Ob der gemeinsame Vertrieb inländischer Unternehmen auf die Versorgung des Marktes in Berlin, Hamburg oder München gerichtet ist oder auf die Versorgung des Marktes in New York kann ebenso wenig ausschlaggebend sein wie die Frage, ob eine gemeinsame Produktionsvereinbarung inländischer Unternehmen für den inländischen Markt, sich auf die Produktion in Bochum oder in Schanghai bezieht.

Scheidet demnach eine solche Bezugnahme auf den Erfolgsort der Rationalisierungsmaßnahme an sich bereits aus diesen Überlegungen heraus aus, lässt sich auch aus einem anderen, etwas weiteren Blickwinkel kein anderes Ergebnis erkennen: Betrachtet man nicht die Rationalisierungsmaßnahme an sich, sondern den Ort, an dem sich die *wettbewerbsbeschränkende Vereinbarung unmittelbar* auswirkt – also hier den ausländischen Markt, auf dem die Unternehmen unmittelbar tätig sind – so ist folgendes zu überlegen: Würden nun die inländischen Unternehmen kein Exportkartell vereinbaren, sondern *für den ausländischen Markt* ihre Produktion in einem Drittstaat durch zwischenbetriebliche Kooperation rationalisieren, und würde damit mittelbar auch die Wettbewerbsfähigkeit im inländischen Markt gesteigert werden, so wäre zu hinterfragen, ob auch solche Kooperationsvereinbarungen über § 3 GWB freigestellt werden könnten. Ort der Rationalisierung wäre der Drittstaat, in dem sich die Produktion befindet. Die wettbewerbsbeschränkende Vereinbarung würde sich unmittelbar auf dem ausländischen Markt auswirken, auf dem die Unternehmen unmittelbar tätig sind; mittelbar würde damit aber auch die Wettbewerbsfähigkeit der Unternehmen im Inland gesteigert werden. Würde man nun hier ansetzen und entsprechende Vereinbarungen aufgrund ihrer nur mittelbaren Auswirkung auf den inländischen Wettbewerb von vornherein vom Anwendungsbereich des § 3 GWB ausschließen, so würde dies einen nicht zu begründenden, dogmatischen Unterschied zu § 1 GWB darstellen, wo gerade auch solche mittelbar wirkenden wettbewerbsbeschränkenden Vereinbarungen erfasst werden: Bei solchen Vereinbarungen ist nach oben Gesagtem von einer – den Anwendungsbereich des § 1 GWB eröffnenden – mittelbaren Auswirkung auf den inländischen Wettbewerb durch die Stärkung der Wirtschaftskraft der an der Wettbewerbsbeschränkung Beteiligten auszugehen.[450] Sind diese Beteiligten als kleine und mittlere Unternehmen einzustufen, so ist diese Stärkung der Wirtschaftskraft und damit auch der Wettbewerbsfähigkeit genau der Effekt, den die wettbewerbsbeschränkende Vereinbarung erreichen muss, um durch § 3 GWB freigestellt zu werden. Wenn dieser Effekt nur mittelbar auf dem inländischen Markt eintritt, so muss dies aus dogmatischer Sicht jedenfalls dann genügen, wenn auch die Wettbewerbsbeschränkung selbst nur mittelbar auf dem inländischen Markt eintritt.

Ein letzter Ansatzpunkt könnte darin zu sehen sein, dass die Rationalisierungsmaßnahme *auf dem inländischen Markt* nur *mittelbar* die Wettbewerbsfähigkeit der beteiligten Unternehmen steigert. Nach einer Ansicht[451] reicht es nicht aus, dass sich die Steigerung der Wettbewerbsfähigkeit als bloße Folge der Vereinbarung darstellt, sofern nicht zugleich zwischen der wettbewerbsbeschränkenden Maßnahme und der Verbesserung der Wettbewerbsfähigkeit ein unmittelbarer Zusammenhang besteht. Diese Forderung nach einem unmittelbaren Zusammenhang dient jedoch allein dazu, solche Vereinbarungen, die keine Rationalisierung, sondern eine Ausschaltung des Wettbewerbs verfolgen, von vornherein von § 3 GWB auszuschließen.[452] Sie wird indes auch in den hier zu diskutierenden Fällen erfüllt: Im Ergebnis ist es nämlich doch allein die Rationalisierungsmaß-

---

450 *Stadler,* in: Langen/Bunte, GWB (2006), § 130, Rn. 112; s.o. Teil 2, Kap. 3, E. V. 1.

451 *BKartA,* 25.07.1968 – Krawattenstoff-Submission, WuW/E BKartA 1225, 1229; *BKartA,* 12.09.1960 – Einheitshydraulik, WuW/E BKartA 271, 276; *Nordemann,* in: Loewenheim, GWB (2006), § 3, Rn. 63.

452 Vgl. *BKartA,* 25.07.1968 – Krawattenstoff-Submission, WuW/E BKartA 1225, 1230; *BKartA,* 12.09.1960 – Einheitshydraulik, WuW/E BKartA 271, 276.

nahme, die zur Steigerung der Wettbewerbsfähigkeit der beteiligten Unternehmen geführt hat, wenngleich hierfür der Umweg über den ausländischen Markt genommen werden musste. Die Rationalisierungsmaßnahme steigerte zunächst die Wettbewerbsfähigkeit auf dem ausländischen Markt. Diese Steigerung der Wettbewerbsfähigkeit führt dann jedoch automatisch auch dazu, dass die beteiligten Unternehmen insgesamt gestärkt aus der Kooperation hervorgehen und damit zwangsläufig auch auf dem inländischen Markt wettbewerbsfähiger sind – so sie dort überhaupt auftreten. Anders wäre es, wenn die Unternehmen auf dem ausländischen Markt Preisabsprachen etc. treffen und damit mittelbar auch ihre Wettbewerbsfähigkeit auf dem inländischen Markt steigern würden. In solchen Konstellationen wäre § 3 GWB in keinem Fall einschlägig, da dann schon keine Rationalisierungsmaßnahme zur Steigerung der Wettbewerbsfähigkeit geführt hätte.

4. Ergebnis

Als Fazit kann daher folgendes festgehalten werden: Volkswirtschaftliche Auswirkungen werden von § 3 GWB – anders als von § 2 GWB – gerade nicht gefordert. Eine Beschränkung des Anwendungsbereiches auf solche Vereinbarungen, die positive Effekte auf die inländische Volkswirtschaft haben, ist daher nicht zulässig. Aber auch andere Versuche, den Anwendungsbereich des § 3 GWB zu beschränken, können nicht gelingen: Ein Abstellen auf den Ort der Rationalisierungsmaßnahme würde zu einer Ungleichbehandlung von rein auf dem Inlandsmarkt tätigen und (auch) auf ausländischen Märkten tätigen Unternehmen führen, für die es im Gesetz keinen Anhaltspunkt gibt. Abgrenzungen anhand der Auswirkung der wettbewerbsbeschränkenden Vereinbarung selbst verbieten sich ebenfalls: Im gleichen Umfang, wie sich die *wettbewerbsbeschränkende* Wirkung der Vereinbarung *im Inland* auswirkt, wirkt sich auch die von § 3 GWB geforderte *Verbesserung der Wettbewerbsfähigkeit* der Vereinbarung *im Inland* aus. Anderenfalls wäre bereits der Tatbestand des § 3 Abs. 1 GWB nicht erfüllt, der zwischen der wettbewerbsbeschränkenden Maßnahme einerseits und der Verbesserung der Wettbewerbsfähigkeit andererseits einen unmittelbaren Zusammenhang erfordert.[453] Die negative (= Wettbewerbsbeschränkung) und die positive (= Steigerung der Wettbewerbsfähigkeit) Auswirkung einer Rationalisierungsvereinbarung i.S.d. § 3 GWB sind stets die zwei Seiten derselben Medaille.

---

[453] *BKartA,* 25.07.1968 – Krawattenstoff-Submission, WuW/E BKartA 1225, 1229; *BKartA,* 12.09.1960 – Einheitshydraulik, WuW/E BKartA 271, 276; *Bunte,* in: FK (Stand: 04/2007) (1999), § 3, Rn. 23; *Nordemann,* in: Loewenheim, GWB (2006), § 3, Rn. 63.

VI. „Spürbare", aber nicht „wesentliche" Wettbewerbsbeschränkung

1. Spürbare Wettbewerbsbeschränkung als Anwendungsvoraussetzung

§ 3 GWB soll bestimmte wettbewerbsbeschränkende Vereinbarungen vom generellen Verbot des § 1 GWB freistellen. Folglich muss deshalb diese durch die Kartellvereinbarung bewirkte Wettbewerbsbeschränkung grundsätzlich den gesamten Tatbestand des § 1 GWB erfüllen, da anderenfalls eine Freistellung nicht notwendig wäre.[454] Konsequenterweise kann § 3 GWB deshalb auch erst dann Anwendung finden, wenn unter anderem die Spürbarkeitsgrenze des § 1 GWB überschritten ist.[455] Da im System der Legalausnahme grundsätzlich keine Freistellungen seitens der Kartellbehörden mehr erteilt werden, hat sich die Rolle des Kriteriums der Spürbarkeit der Wettbewerbsbeschränkung gewandelt: Während im bisherigen Recht die Rolle der spürbaren Marktbeeinflussung eine untergeordnete war, da die Unternehmen die Kooperation vorsorglich anmelden konnten und die Kartellbehörde entsprechend nur im Fall einer *wesentlichen* Wettbewerbsbeeinträchtigung der Kooperation widersprach,[456] bietet angesichts der gestiegenen Rechtsunsicherheit im Hinblick auf die einzelnen Freistellungsmöglichkeiten des § 3 GWB das überwiegend am Marktanteil orientierte Spürbarkeitskriterium durchaus schon einen ersten safe harbour für die Unternehmen. Die Bedeutung des Spürbarkeitskriteriums ist damit erheblich gestiegen. Wie in einem eigenen Kapitel bereits ausführlich dargelegt, ist diese Spürbarkeitsgrenze nunmehr auch im deutschen Recht entsprechend der Bagatellbekanntmachung der Europäischen Kommission und der dieser folgenden, jüngsten Bagatellbekanntmachung des Bundeskartellamtes, bei horizontalen Vereinbarungen bei einem Marktanteil von 10% anzusiedeln, außer es handelt sich um Kernbeschränkungen. Diese Grenze muss deshalb jedenfalls überschritten sein, damit der Anwendungsbereich des § 3 GWB überhaupt eröffnet ist. Auf die diesbezüglichen Ausführungen darf an dieser Stelle ganz grundsätzlich verwiesen werden.[457]

Zu betonen ist, dass auch hinsichtlich des Kriteriums „wesentliche Wettbewerbsbeeinträchtigung" nicht etwa die Beeinträchtigung des Wettbewerbs zwischen den Kartellteilnehmern selbst gemeint sein kann;[458] denn dass

---

[454] *Nordemann,* in: Loewenheim, GWB (2006), § 3, Rn. 54; *Bunte,* in: FK (Stand: 04/2007) (1999), § 3, Rn. 23.

[455] *Bunte,* in: FK (Stand: 04/2007) (1999), § 3, Rn. 29 f.

[456] *Bunte,* in: FK (Stand: 09/2000) (1999), § 4, Rn. 21.

[457] s. zum Kriterium der spürbaren Wettbewerbsbeschränkung oben, Teil 2, Kap. 1, B.

[458] *Bunte,* in: FK (Stand: 04/2007) (1999), § 3, Rn. 105; *Schneider,* in: Langen/Bunte, GWB (2006), § 3, Rn. 53.

dieser Wettbewerb mitunter sogar vollständig beseitigt wird, ist immanente Konsequenz der zwischenbetrieblichen Kooperationsvereinbarung. Es gilt daher bei beiden hier zu behandelnden Tatbestandsmerkmalen („spürbare Wettbewerbsbeeinträchtigung“ und „nicht wesentliche Wettbewerbsbeeinträchtigung“) jeweils der gleiche Ansatz: Schon bei der Prüfung der Spürbarkeit der Wettbewerbsbeeinträchtigung kommt es nicht auf die Spürbarkeit bei den Beteiligten an, da der Grad der Einschränkung der Handlungsfreiheit ohne Bedeutung ist, solange überhaupt eine Einschränkung vorliegt.[459] Zu untersuchen sind vielmehr allein die Außenwirkungen der wettbewerbsbeschränkenden Vereinbarung auf dem jeweils relevanten Markt.[460] Dies gilt es sowohl bei der Prüfung der Spürbarkeit der Wettbewerbsbeeinträchtigung als auch bei deren Nicht-Wesentlichkeit zu beachten.

Der Gesetzgeber der 7. GWB-Novelle hat in diesem Zusammenhang – nicht ganz zutreffend – vorgetragen, dass Vereinbarungen zwischen kleinen und mittleren Unternehmen

> „nach Auffassung der Kommission nur selten geeignet [sind], den Handel zwischen den Mitgliedstaaten spürbar zu beeinträchtigen (De-minimis-Bekanntmachung, Nr. 3; s.o. unter 4. Buchstabe a). Für derartige Vereinbarungen gilt daher im Regelfall nicht der Vorrang des europäischen Rechts; der nationale Gesetzgeber hat hier einen weiten Spielraum für eigenständige Regelungen.“[461]

Wie an anderer Stelle[462] bereits dargelegt ist diese Aussage über die Einschätzung kleiner und mittlerer Unternehmen durch die Kommission nicht, jedenfalls nicht in dieser Absolutheit, richtig. Vielmehr betont die Kommission in den zeitlich der Bagatellbekanntmachung nachfolgenden Zwischenstaatlichkeits-Leitlinien, dass Vereinbarungen von KMU nur deshalb selten geeignet sind, den Handel zu beeinträchtigen, weil die Tätigkeiten der KMU meist regional und lokal begrenzt, und deshalb keine Auswirkungen auf den zwischenstaatlichen Handel zu befürchten sind. Unabhängig davon ist die oben zitierte Aussage des Gesetzgebers jedoch nicht so zu verstehen, dass bei Mittelstandskartellen im Sinne des § 3 GWB die Grenze zur Spürbarkeit der *Wettbewerbsbeeinträchtigung* in Höhe von 10% Marktanteil nur selten überschritten werde.[463] Der Gesetzgeber wollte hier vielmehr allein den Haupt-Anwendungsbereich des § 3 GWB gegenüber dem des europäischen Wettbewerbsrechtes erkennbar machen und die Möglichkeit einer deutschen Sonderregelung im Bereich der Mittelstandskartelle begründen.

---

459 *Nordemann,* in: Loewenheim, GWB (2006), § 1, Rn. 142.

460 *Nordemann,* in: Loewenheim, GWB (2006), § 1, Rn. 142; *Bechtold,* Kartellgesetz, § 1, Rn. 30.

461 RegE 7. GWB-Novelle, BT-Drs. 15/3640, S. 28.

462 Teil 1, Kap. 3, A. III. 1.

463 So aber zumindest missverständlich *Nordemann,* in: Loewenheim, GWB (2006), § 3, Rn. 3.

2. *Regelungsgehalt der Leitlinien der Kommission über die zwischenbetriebliche Zusammenarbeit*

Auf die Bedeutung der Leitlinien der Kommission über die zwischenbetriebliche Zusammenarbeit auch bei rein innerstaatlichen Sachverhalten wurde bereits hingewiesen. Zunächst ist nochmals zu rekapitulieren, dass nach der hier vertretenen Ansicht auch bei der Auslegung des nationalen Kartellrechts ohne zwischenstaatlichen Bezug eine Pflicht der nationalen Gerichte und Behörden zur Berücksichtigung der Mitteilungen der Kommission besteht. Dies führt im Hinblick auf die Leitlinien der Kommission über die zwischenbetriebliche Zusammenarbeit zu Folgendem: Ziel der Leitlinien ist es, diejenigen Vereinbarungen von vornherein dem Anwendungsbereich des Art. 81 Abs. 1 EG zu entziehen, die unter Heranziehung marktbezogener Kriterien, wie Marktmacht und Marktstruktur, keine negativen Auswirkungen auf die relevanten Wettbewerbsfaktoren (Preis, Produktion, Innovationen, Vielfalt und Qualität der Waren) befürchten lassen.[464] Die Leitlinien gehen also im Ergebnis über das Kriterium der spürbaren Wettbewerbsbeeinträchtigung hinaus und fordern für die Anwendbarkeit des Art. 81 Abs. 1 EG zusätzliche negative Auswirkungen auf die genannten Wettbewerbsfaktoren. Gegenstand der Leitlinien ist also wie bereits aufgezeigt[465] primär die Frage, ob bestimmte Vereinbarungen überhaupt vom Anwendungsbereich des Kartellverbotes erfasst werden.

Da die Leitlinien gleichzeitig im nationalen Recht zu beachten sind, ist auch bei rein nationalen Sachverhalten im Anschluss an die Prüfung des Spürbarkeitskriteriums, weiter zu prüfen, ob die in Rede stehende horizontale Kooperationsvereinbarung angesichts der vorherrschenden Marktstruktur überhaupt geeignet ist, zusätzliche negative Auswirkungen auf die relevanten Wettbewerbsfaktoren hervorzurufen. Ist dies nicht der Fall, so greift bereits § 1 GWB nicht ein. Die Frage, ob eine Freistellung dieser Vereinbarung über § 3 GWB möglich ist, stellt sich dann nicht mehr. Anders als § 3 Abs. 1 GWB stellen die Leitlinien über die horizontale Zusammenarbeit also keinen eigenständigen Freistellungstatbestand und auch keine bloße Auslegungshilfe für § 3 GWB, sondern bereits eine eigenständige, weitere Anwendungsvoraussetzung des § 1 GWB dar.

Gemeinsam ist den Leitlinien und § 3 GWB, dass nur solche Vereinbarungen erfasst werden, die zu Effizienzgewinnen in der Folge von vereinbarten Rationalisierungsmaßnahmen führen sollen. Während aber die Leitlinien bei Vorliegen bestimmter marktspezifischer Voraussetzungen davon ausgehen, dass bereits das Kartellverbot an sich nicht eingreift, will § 3

---

[464] Horizontal-Leitlinien, ABl. 2001/C 3/2, Tz. 19.

[465] Vgl. ausführlich Teil 2, Kap. 2.

GWB als Freistellungstatbestand bestimmte, durchaus unter das Kartellverbot fallende Vereinbarungen zulassen. Bedeutsam ist in diesem Zusammenhang, dass § 3 Abs. 1 GWB auch Vereinbarungen im Hardcore-Bereich, also Preis-, Quoten- oder Gebietsabsprachen, dann, wenn sie nicht alleiniger Gegenstand der Vereinbarung sind, durchaus mit freistellt.[466] Da der Gesetzgeber mehrfach betont hat, an die bisherige Rechtsprechung anknüpfen zu wollen,[467] hat sich hieran grundsätzlich nichts geändert. Auch durch die Anpassung an das europäische Recht bleibt es im rein innerstaatlichen Bereich durchaus möglich, weitergehende Freistellungen als nach europäischem Recht zuzulassen. Die Leitlinien dagegen zählen solche Kernbeschränkungen zu der Gruppe von Vereinbarungen, die fast immer von Art. 81 Abs. 1 erfasst werden.[468]

Die Zielsetzung beider Regelungen ist damit verschieden: Nach den Leitlinien sollen solche Vereinbarungen, die unter Zugrundelegung des more economic approach als für den Markt irrelevant anzusehen sind, vom Kartellverbot unberührt bleiben. Trotz ihrer im Einzelnen inkonsequenten Systematik bewegen sich die Leitlinien damit systematisch im Rahmen des europäischen Konzeptes, wenn sie bestimmte Kooperationsformen entweder schon aus dem Anwendungsbereich des Verbotstatbestandes des Art. 81 Abs. 1 EG (und damit des § 1 GWB) ausschließen oder zu einer Freistellung aufgrund Art. 81 Abs. 3 EG gelangen. Nach § 3 GWB sollen dagegen Vereinbarungen, die für den Markt durchaus Relevanz besitzen, aus anderen wettbewerbspolitischen Überlegungen heraus gleichwohl zugelassen und freigestellt werden. § 3 GWB steht daher wie bereits eingangs dieses Kapitels[469] ausgeführt, außerhalb der europarechtlichen Systematik. Im Ergebnis sind beide Regelungen jeweils eigenständig anzuwenden. So wie auf europäischer Ebene nunmehr die kartellrechtliche Beurteilung einer horizontalen Kooperation anhand vier verschiedener Schritte erfolgen kann, sind im deut-

---

466 s. *Schneider,* in: Langen/Bunte, GWB (2006), § 3, Rn. 37, 60; *Nordemann,* in: Loewenheim, GWB (2006), § 3, Rn. 41; *Bechtold,* Kartellgesetz, § 3, Rn. 9. Zum GWB a.F.: *Immenga,* in: Immenga/Mestmäcker, GWB (2001), § 4, Rn. 30; *Bunte,* in: FK (Stand: 09/2000) (1999), § 4, Rn. 26. *Schroeder,* in: Wiedemann, Hdb. KartellR. (1999), § 8, Rn. 249, 255.

467 RegE 7. GWB-Novelle, BT-Drs. 15/3640, S. 28, 44, 45. Gerade mit Blick auf die genannten Kernbeschränkungen führte die Regierungsbegründung (S. 45) aus: *„Weitergehende Einschränkungen dieser Vorschrift, etwa mit Blick auf Preisabreden und bei der Bildung von gemeinsamen Beschaffungs- oder Vertriebseinrichtungen, sind nicht erforderlich. Der Freistellungstatbestand des bisherigen § 4 Abs. 1 hat nicht zu erkennbaren Missständen geführt. Auch für den künftigen § 3 ist die Besorgnis von Missständen nicht gerechtfertigt.“* Noch deutlicher die Stellungnahme des Bundesrates in (RegE 7. GWB-Novelle, BT-Drs. 15/3640, S. 73. Ausführlich zu einzelnen Kooperationsvereinbarungen Teil 2, Kap. 3, G.

468 Horizontal-Leitlinien, ABl. 2001/C 3/2, Tz. 25.

469 Teil 2, Kap. 3, D.

schen Recht sogar fünf Beurteilungsstufen zu differenzieren, um nicht im Ergebnis zu einer Inländerdiskriminierung zu gelangen: Zum einen ist zu prüfen, ob das Verbot des § 1 GWB überhaupt eingreift, ob also eine *spürbare* Wettbewerbsbeeinträchtigung vorliegt. Daneben ist die Anwendbarkeit von § 1 GWB anhand der Leitlinien ganz grundsätzlich zu hinterfragen. Weiterhin ist dann bei Unvereinbarkeit mit § 1 GWB entweder eine Freistellung über § 2 Abs. 2 GWB in Verbindung mit den Gruppenfreistellungsverordnungen, eine Einzelfreistellung über § 2 Abs. 1 GWB oder eine hier besonders interessierende Einzelfreistellung gemäß § 3 Abs. 1 GWB zu prüfen.[470]

3. Wesentliche Beeinträchtigung des Wettbewerbs im relevanten Markt

Die positiven Voraussetzungen des § 3 Abs. 1 GWB wurden vorstehend erläutert. Die wichtigste negative Voraussetzung des § 3 Abs. 1 GWB ist in der Nummer 1 des Absatzes 1 formuliert: Eine Freistellung nach § 3 Abs. 1 GWB setzt voraus, dass durch die Kooperationsvereinbarung der bereits spürbar beeinträchtigte Wettbewerb nicht so beeinträchtigt wird, dass eine ausgewogene Wettbewerbsstruktur auf den betreffenden Märkten beseitigt werden würde.[471] Die Vereinbarung darf deshalb nicht zu einer wesentlichen Beeinträchtigung des Wettbewerbs und nicht zu Kooperationen, deren gesamte Marktstärke erheblich über derjenigen der verbleibenden Mitbewerber liegt, führen.[472] Dass nur dann auch ausreichender Wettbewerbsdruck vorhanden ist, der dazu führt, dass die durch die Rationalisierungsvereinbarungen erzielten Vorteile wenigstens zum Teil an die Nachfrage weitergegeben werden[473], ist dabei jedoch nur ein Nebenaspekt, der für sich allein genommen nicht geeignet ist, die Forderung nach einer ausgewogenen Wettbewerbsstruktur zu begründen. Solche positiven Auswirkungen für Nachfrager, Verbraucher oder gar die Allgemeinheit gehen zwar häufig mit entsprechenden Rationalisierungsvereinbarungen einher, stellen aber, wie ausgeführt, keine Voraussetzung des § 3 GWB dar.[474]

---

470 Vgl. zu dieser Sichtweise im Bezug auf das *europäische* Recht *Stopper,* Leitlinien für Horizontalvereinbarungen, EuZW 2001, 426, 428.

471 Vgl. *Nordemann,* in: Loewenheim, GWB (2006), § 3, Rn. 53; *Schneider,* in: Langen/Bunte, GWB (2006), § 3, Rn. 10; *Bunte,* in: FK (Stand: 04/2007) (1999), § 3, Rn. 105.

472 Vgl. *Rißmann,* Kartellverbot und Kooperation, WuW 2006, 881, 888; *Nordemann,* in: Loewenheim, GWB (2006), § 3, Rn. 53; *Fuchs,* in: Immenga/Mestmäcker, GWB (2007), § 3, Rn. 65.

473 Vgl. *Nordemann,* in: Loewenheim, GWB (2006), § 3, Rn. 53; *Fuchs,* in: Immenga/Mestmäcker, GWB (2007), § 3, Rn. 64 a.E.

474 So auch ausdrücklich *Schneider,* in: Langen/Bunte, GWB (2006), § 3, Rn. 34 unter Bezugnahme auf *Kiecker,* in: Langen/Bunte, GWB (2001), § 4, Rn. 4 und 10 m.w.N.

a) Beeinträchtigung

Eine Wettbewerbsbeeinträchtigung liegt nur dann vor, wenn eine quantitative oder qualitative Minderung des Wettbewerbs entsteht bzw. zu entstehen droht.[475] Anders als bei der Frage nach einer spürbaren Handelsbeeinträchtigung im Rahmen der Zwischenstaatlichkeitsklausel, bei der jede, folglich auch eine positive Veränderung und damit jede Beeinflussung der Handelsströme das Kriterium erfüllt, ist hier tatsächlich nach einer negativen Beeinträchtigung des Wettbewerbs zu fragen. Kommt es zu einer positiven Beeinflussung des Wettbewerbs, also einer Förderung des Wettbewerbs, so wird damit gerade dem Ziel des § 3 GWB genüge getan. Bereits die Frage nach der Beeinträchtigung ist daher nur unter Heranziehung der konkreten Marktverhältnisse zu beantworten, da auf von marktstarken Unternehmen dominierten Märkten horizontale Kooperationen kleiner und mittlerer Unternehmen sich eher positiv auf den Wettbewerb auswirken können.[476] Dies führt dazu, dass die Frage der Beeinträchtigung einen Vergleich des wettbewerblichen Zustandes bis zum Abschluss der Kartellvereinbarung mit dem Zustand nach Inkrafttreten der Kartellvereinbarung erfordert.[477]

b) Die zu untersuchenden, relevanten Märkte

(1) Differenzierung zwischen dem Spürbarkeits- und dem Wesentlichkeits-Kriterium

Ob eine einerseits durchaus spürbare, andererseits nicht-wesentliche Beeinträchtigung der Wettbewerbsstruktur auf den relevanten Märkten vorliegt, kann nur beurteilt werden, wenn die jeweiligen relevanten Märkte in sachlicher, räumlicher und zeitlicher Hinsicht bestimmt und abgegrenzt werden. Auf den ersten Blick sind keine Gründe ersichtlich, warum nicht auch bei der Bestimmung des Marktes für die Beurteilung der nicht-wesentlichen Beeinträchtigung des Wettbewerbs auf die zu § 19 GWB entwickelten Grundsätze zur Abgrenzung des relevanten Marktes und dabei insbesondere auf das Bedarfsmarktkonzept rekurriert werden sollte und warum nicht die erforderliche Marktabgrenzung sowohl hinsichtlich des Spürbarkeitskriteriums als auch hinsichtlich der Frage nach der wesentlichen Wettbewerbsbeeinträchtigung zu gleichem Ergebnis gelangen muss.[478]

---

[475] *Schneider,* in: Langen/Bunte, GWB (2006), § 3, Rn. 55.

[476] *Schneider,* in: Langen/Bunte, GWB (2006), § 3, Rn. 56.

[477] *Schneider,* in: Langen/Bunte, GWB (2006), § 3, Rn. 55.

[478] Vgl. *Fuchs,* in: Immenga/Mestmäcker, GWB (2007), § 3, Rn. 67; *Nordemann,* in: Loewenheim, GWB (2006), § 3, Rn. 60; *Schneider,* in: Langen/Bunte, GWB

Bei genauerer Betrachtung zeigt sich jedoch, dass eine Differenzierung zwischen dem Spürbarkeits- und dem Wesentlichkeits-Kriterium geboten ist: Die Aufgabe des Spürbarkeitskriteriums liegt darin, solche Vereinbarungen vom Anwendungsbereich des § 1 GWB auszuschließen, deren Auswirkungen *auf Dritte* so gering sind, dass die wirtschaftliche Handlungsfreiheit dieser Dritten nicht in nennenswerter Weise beeinträchtigt wird.[479] Dagegen liegt die Aufgabe des Kriteriums „(nicht) wesentliche Beeinträchtigung des Wettbewerbs" woanders: Es soll verhindert werden, dass durch die Kooperationsvereinbarung auf den betroffenen Märkten eine unausgewogene Wettbewerbsstruktur entsteht und die Marktstärke der entstehenden Unternehmenskooperation wesentlich über die der verbleibenden Außenseiter hinausragt.[480] Der Gesetzgeber möchte hier deutlich machen, dass Rationalisierung durch Wettbewerb und nicht durch Ausschaltung von Wettbewerb anzustreben ist.[481] Zu prüfen ist hier also das Verhältnis der einzelnen Wettbewerber zueinander. Die Marktpositionen einzelner Unternehmen muss realistisch abgeschätzt werden. Geprüft werden muss, ob noch genügender Wettbewerbsdruck vorhanden ist, damit die durch die Kooperation erzielten Vorteile wenigstens zum Teil an die Nachfrager weitergegeben werden.[482] Es geht vorliegend um die Frage, ob die Kooperation genügend Wettbewerb im Markt bestehen lässt, nicht um die Beurteilung eines wettbewerbswidrigen, weil die Handlungsfreiheit Dritter beeinträchtigenden Verhaltens. So wird beispielsweise bei § 19 GWB für die Bestimmung der Marktbeherrschung unmittelbar von der missbräuchlichen Verhaltensweise ausgegangen und nicht umgekehrt eine abstrakte Bestimmung der Marktverhältnisse der eigentlichen Missbrauchsprüfung vorangestellt;[483] dagegen müssen bei der Beurteilung der „wesentlichen Wettbewerbsbeschränkung" i. S. d. § 3 Abs. 1 GWB zuvorderst die Marktverhältnisse abstrakt bestimmt werden. Die Bestimmung der Marktverhältnisse im Rahmen dieses Kriteriums kann folglich nur strukturell erfolgen.

(2006), § 3, Rn. 54; *Bunte,* in: FK (Stand: 04/2007) (1999), § 3, Rn. 109, mit mehreren Beispielen zur Substituierbarkeit verschiedener Produkte.

479 *Emmerich,* in: Immenga/Mestmäcker, WbR-EG (2007), Art. 81 Abs. 1, Rn. 205; vgl. ferner *Zimmer,* in: Immenga/Mestmäcker, GWB (2001), § 1, Rn. 257; *Mestmäcker/Schweitzer,* Europäisches Wettbewerbsrecht (2004), § 10, Rn. 80.

480 *Schneider,* in: Langen/Bunte, GWB (2006), § 3, Rn. 52; *Nordemann,* in: Loewenheim, GWB (2006), § 3, Rn. 53; *Bunte,* in: FK (Stand: 04/2007) (1999), § 3, Rn. 105; *Fuchs,* in: Immenga/Mestmäcker, GWB (2007), § 3, Rn. 65.

481 *Immenga,* in: Immenga/Mestmäcker, GWB (2001), § 4, Rn. 49 m. w. N.

482 So auch *Werner,* Unternehmerische Kooperation, S. 47; *Nordemann,* in: Loewenheim, GWB (2006), § 3, Rn. 38.

483 Vgl. sehr ausführlich mit m. z. N.: *Möschel,* in: Immenga/Mestmäcker, GWB (2007), § 19, Rn. 17 ff.

(2) Parallelen zur Marktabgrenzung bei der Fusionskontrolle

Hier zeigen sich sehr deutlich Parallelen zu der Bestimmung der Marktverhältnisse im Rahmen der Fusionskontrolle, die ebenfalls strukturell zu erfolgen hat:[484] Hier wie dort kann nicht wie bei § 19 GWB an eine mutmaßlich wettbewerbswidrige Verhaltensweise angeknüpft werden, so dass es wesentlich stärker auf quantitative Indikatoren für die Marktstellung der fusionierenden (§§ 35 ff. GWB)[485] (oder eben der kooperierenden (§ 3 GWB)) Unternehmen ankommt. So wie es bei der Fusionskontrolle um die voraussichtlichen Wirkungen eines Zusammenschlusses auf den relevanten Markt geht, geht es bei den Mittelstandskartellen um die voraussichtlichen Auswirkungen einer, im Vergleich zu einem Zusammenschluss lediglich loseren Zusammenarbeit. In beiden Fällen müssen vorhandene und aktuelle Informationen über die Marktstellung der beteiligten Unternehmen vorausschauend auf mögliche *strukturelle* Auswirkungen hin untersucht werden.[486]

Bei der Marktabgrenzung im Hinblick auf die „wesentliche Wettbewerbsbeeinträchtigung“ gilt es daher, so wie im Rahmen der Fusionskontrolle auch, dynamische Elemente mit einzubeziehen, und den zukünftig zu erwartenden Veränderungen der technischen und rechtlichen Rahmenbedingungen Rechnung zu tragen.[487] Im Ergebnis hat sich die Lösung von Zweifelsfragen bei der Marktabgrenzung hier eher an der zur Fusionskontrolle entwickelten Rechtsprechung und Literatur zu orientieren, als an der zum allgemeinen Bedarfsmarktkonzept der §§ 19 ff. GWB. Insbesondere zukünftige Entwicklungen sind bei der Beurteilung des relevanten Marktes mit zu berücksichtigen.

(3) Besonderheiten bei der Marktabgrenzung unter Berücksichtigung der Leitlinien der Kommission über die zwischenbetriebliche Zusammenarbeit

Auch wenn, wie aufgezeigt, den Leitlinien eine eigenständige Bedeutung zukommt und sie grundsätzlich losgelöst von der Frage einer Freistellung über § 3 Abs. 1 GWB anzuwenden sind, lassen sich ihnen doch auch für die Anwendung des § 3 GWB wertvolle Hinweise entnehmen: Die Leitlinien der Kommission über die zwischenbetriebliche Zusammenarbeit stel-

[484] *Mestmäcker/Veelken,* in: Immenga/Mestmäcker, GWB (2007), § 38, Rn. 37; *Möschel,* in: Immenga/Mestmäcker, GWB (2007), § 19, Rn. 17.

[485] *Mestmäcker/Veelken,* in: Immenga/Mestmäcker, GWB (2007), § 38, Rn. 37.

[486] *Mestmäcker/Veelken,* in: Immenga/Mestmäcker, GWB (2007), § 38, Rn. 37.

[487] So zur FKVO *Immenga/Körber,* in: Immenga/Mestmäcker, WbR-EG (2007), FKVO, Art. 2, Rn. 21.

len eine Regelung zur marktstrukturabhängigen Privilegierung Effizienz steigernder Vereinbarungen dar, die dabei primär schon auf der Stufe des Anwendungsbereiches des Art. 81 Abs. 1 EG (bzw. des § 1 GWB) ansetzt. § 3 GWB kann gerade unter Berücksichtigung der Beschränkung der Freistellungsmöglichkeit auf nicht-wesentliche Wettbewerbsbeeinträchtigungen ebenfalls als eine solche marktstrukturabhängige Privilegierung Effizienz steigernder Vereinbarungen charakterisiert werden, die allerdings auf einer anderen Stufe, nämlich der Stufe einer möglichen Freistellung, ansetzt.

Gemeinsam ist beiden Regelungen daher die Relevanz der jeweiligen Marktstruktur und der Stellung der Unternehmen in ihr. Die Leitlinien zeigen dabei auf, dass in Abhängigkeit zum Schwerpunkt der in Rede stehenden Kooperation die auf eine Wettbewerbsbeeinträchtigung hin zu untersuchenden, relevanten Märkte mitunter differenziert bestimmt werden müssen.[488] Diese Hinweise zur Bestimmung des relevanten Marktes sind auch für die Beurteilung der nicht-wesentlichen Wettbewerbsbeeinträchtigung gem. § 3 GWB fruchtbar zu machen. Dafür spricht zum einen die insoweit gleichgelagerte Ausgangsposition der Beurteilung, nämlich die soeben benannte Frage nach Marktstruktur und Marktstellung. Zum anderen muss die Aufgabe des Kriteriums „nicht-wesentlicher Wettbewerb" nochmals vor Augen geführt werden: Es soll verhindert werden, dass durch die Kooperation eine ausgewogene Wettbewerbsstruktur auf den betreffenden Märkten beseitigt wird.[489] Dabei lässt sich diese Aufgabe nicht nur auf einzelne Märkte beschränken, vielmehr müssen alle in Betracht kommenden Märkte auf eine Gefährdung ihrer Wettbewerbsstruktur hin untersucht werden. Welche Märkte von der Vereinbarung dabei betroffen werden können, ist jeweils von verschiedenen Faktoren, wie beispielsweise der Art der Vereinbarung oder der Stellung der Unternehmen in den einzelnen Handelsstufen abhängig. Die Leitlinien geben dabei Hinweise darauf, wann unter welchen Gesichtspunkten welche Märkte gefährdet werden können. Nur wenn diesen Hinweisen[490] nachgegangen wird, kann weitestgehend sichergestellt werden, dass das Kriterium „(keine) wesentliche Beeinträchtigung des Wettbewerbs" seiner Aufgabe, die Beseitigung einer ausgewogenen Marktstruktur in Folge einer nach § 3 GWB grundsätzlich zulässigen horizontalen Kooperationsvereinbarung zu verhindern, gerecht wird.

---

488 Horizontal-Leitlinien, ABl. 2001/C 3/2, Tz. 27; vgl. ausführlich bereits oben, Teil 2, Kap. 2, A. III. 1.

489 Vgl. *Nordemann,* in: Loewenheim, GWB (2006), § 3, Rn. 53; *Schneider,* in: Langen/Bunte, GWB (2006), § 3, Rn. 10; *Bunte,* in: FK (Stand: 04/2007) (1999), § 3, Rn. 105.

490 Ausführlich hierzu oben, Teil 2, Kap. 2, A. III. 1.

(4) Ausreichend: Wesentliche Wettbewerbsbeeinträchtigung auf wesentlichem Teil des räumlich relevanten Gesamtmarktes

Wenn die Kooperationsvereinbarung einen räumlich größeren Markt erfasst, so kann möglicherweise der auf diesen Gesamtmarkt bezogene Durchschnitts-Marktanteil (als eines der wesentlichen Kriterien zur Bestimmung der Wettbewerbsbeeinträchtigung) geringer sein, als in einzelnen Teilen dieses räumlichen Marktes. Sowohl die Verwaltung als auch die Rechtsprechung hat es hier für eine Versagung einer Freistellung gem. § 3 GWB ausreichen lassen, wenn auf einem wesentlichen Teil des räumlich relevanten Gesamtmarktes der Wettbewerb wesentlich beeinträchtigt ist.[491] Es ist Aufgabe des Wesentlichkeitskriteriums, eine ausgewogene Wettbewerbsstruktur zu erhalten. Wenn nun der Wettbewerb auf einem wesentlichen Teil des Gesamtmarktes wesentlich beeinträchtigt wird, mit anderen Worten hier die Wettbewerbsstruktur nicht mehr ausgewogen ist, so besteht die Gefahr, dass auf diesem wesentlichen Teil des Marktes kleine und mittlere Unternehmen zu einer wettbewerbspolitisch unerwünschten Machtfülle gelangten, die von § 3 GWB nicht mehr gedeckt ist. Deshalb ist der Auffassung der Verwaltung und Rechtsprechung zuzustimmen.[492]

c) Wesentlichkeit der Beeinträchtigung

Die Beeinträchtigung des Wettbewerbs darf, wenn § 3 GWB die Vereinbarung freistellen soll, nicht wesentlich sein. Während also die Untergrenze für den Anwendungsbereich des § 3 Abs. 1 GWB bei der Spürbarkeitsschwelle (s. o.) und der ökonomisch-orientierten Untersuchung anhand der Horizontal-Leitlinien der Kommission zu suchen ist, ist eine Obergrenze durch das Kriterium „nicht-wesentliche Beeinträchtigung“ vorgegeben. Dabei sind die Auswirkungen der Wettbewerbsbeschränkung auf die Marktverhältnisse („Wettbewerb auf dem Markt“, § 3 Abs. 1 Ziff. 1 GWB) und nicht auf den Wettbewerb zwischen den Beteiligten zu untersuchen.[493]

---

491 *OLG Stuttgart,* 17.12.1982, Az.: 2 Kart 3/82 – Gebrochener Muschelkalkstein, WuW/E OLG 2807; *BKartA,* 28.02.1977 – Bimsbausteine, WuW/E BKartA 1699; *KG Berlin,* 10.7.1985 – Mischguthersteller, WuW/E OLG 3663, 3669; *BGH,* 30.09.1986, Az.: KVR 8/85 – Mischguthersteller, WuW/E BGH 2321, 2323.

492 So auch *Veltins,* Gebrochener Muschelkalkstein, DB 1984, 915; *Nordemann,* in: Loewenheim, GWB (2006), § 3, Rn. 60; *Bunte,* in: FK (Stand: 04/2007) (1999), § 3, Rn. 109; bedingt zustimmend: *Fuchs,* in: Immenga/Mestmäcker, GWB (2007), § 3, Rn. 68 a. E.

493 *Bunte,* in: FK (Stand: 04/2007) (1999), § 3, Rn. 105.

(1) Nicht erforderlich: Marktbeherrschung i. S. d. § 19 GWB

Zu fragen ist zunächst, in welchem Verhältnis eine wesentliche Wettbewerbsbeeinträchtigung zu der in § 19 Abs. 2 GWB genannten Grenze der Marktbeherrschung steht. In § 19 Abs. 2 Ziff. 1 GWB wird als marktbeherrschend dasjenige Unternehmen definiert, das „ohne Wettbewerber ist oder keinem wesentlichen Wettbewerb mehr ausgesetzt ist". Aus der Systematik der früheren Ausnahmekartelle wurde bislang geschlossen, dass die Grenze der wesentlichen Wettbewerbsbeeinträchtigung für Mittelstandskartelle gemäß § 4 Abs. 1 GWB a. F. unterhalb der Schwelle der „marktbeherrschenden Stellung" des § 19 Abs. 2 GWB, und damit niedriger lag:[494] Während in den bisherigen, weiteren Ausnahmetatbeständen der §§ 3, 5, 7 GWB a. F. die Privilegierungen nur durch eine „marktbeherrschende Stellung" nach oben begrenzt waren, habe der Gesetzgeber der 6. GWB-Novelle das Kriterium der wesentlichen Wettbewerbsbeeinträchtigung zur Obergrenze der Privilegierung von Mittelstandskartellen bewusst beibehalten.[495] Auch wenn auf diese Systematik angesichts der Streichung der anderen Ausnahmetatbestände nunmehr nicht mehr verwiesen werden kann, lassen sich doch mehrere Argumente dafür ins Feld führen, dass diese niedrigere Grenze auch weiterhin für den § 3 Abs. 1 GWB n. F. gilt: Der Gesetzgeber wollte § 4 GWB a. F. inhaltlich vollständig übernehmen. Deshalb entspricht auch der Gesetzeswortlaut des § 3 GWB n. F. in diesem Punkt § 4 GWB a. F. Darüber hinaus ist zu beachten, dass die Begründung zur Beibehaltung der o. g. Differenzierung im Rahmen der 6. GWB-Novelle auch weiterhin Bestand hat:[496] Während die früheren Ausnahmetatbestände der §§ 3, 5, 7 GWB a. F. einen eng umgrenzten Anwendungsbereich hatten, war § 4 GWB a. F., und ist der neue § 3 GWB n. F., wesentlich weiter gefasst. Er stellt ein wesentlich größeres Spektrum von Kooperationen vom Verbot des § 1 GWB frei.

Zu beachten ist allerdings, dass dann, wenn es sich um qualitativ verhältnismäßig unbedeutende Beschränkungen und nicht um Kernbeschränkungen handelt, die Marktanteile durchaus auch den Bereich der Marktbeherrschung erreichen dürfen.[497]

---

[494] Vgl. *KG Berlin,* 10.7.1985 – Mischguthersteller, WuW/E OLG 3663, 3669; *BKartA,* Merkblatt KMU (1998), A.III, *Möschel* S. 176 m. w. N.; *Immenga,* in: Immenga/Mestmäcker, GWB (2001), § 4, Rn. 57; *Bunte,* in: FK (Stand: 04/2007) (1999), § 3, Rn. 105; *Kiecker,* in: Langen/Bunte, GWB (2001), § 4, Rn. 28.

[495] *Bundesrat,* Stellungnahme zum Regierungsentwurf eines Sechsten Gesetzes zur Änderung des Gesetzes gegen Wettbewerbsbeschränkungen, (Stellungnahme BR 6. GWB-Novelle), BT-Drs. 13/9720 (Anlage 2), S. 71 einerseits, *Bundesregierung,* Gegenäußerung zur Stellungnahme des BR zur 6. GWB-Novelle, (Gegenäußerung 6. GWB-Novelle), BT-Drs. 13/9720 (Anlage 3), S. 79 andererseits. s. auch *Fuchs,* in: Immenga/Mestmäcker, GWB (2007), § 3, Rn. 65.

[496] Gegenäußerung 6. GWB-Novelle, BT-Drs. 13/9720 (Anlage 3), S. 79.

(2) Bedeutung von Marktanteilsgrenzen

Wann eine wesentliche Wettbewerbsbeeinträchtigung im Sinne des § 3 GWB vorliegt, hat der Gesetzgeber nicht genauer bestimmt. Trotz der damit verbundenen, erheblichen Beurteilungsschwierigkeiten für die betroffenen Unternehmen sind weder dem Gesetz selbst noch den Gesetzesmaterialien messbare Kriterien, wie beispielsweise Marktanteilsschwellen für die Bestimmung dieses bedeutendsten einschränkenden Tatbestandsmerkmals des § 3 Abs. 1 GWB, zu entnehmen. Lediglich hinsichtlich des wohl wichtigsten Wettbewerbsparameters, des Preises, hat der Ausschuss für Wirtschaft im Gesetzgebungsverfahren eine kritische Grenze von 10 bis 15% Marktanteil genannt, für alle anderen Arten der Kooperation auf die Aufnahme bestimmter Marktanteilsgrenzen ausdrücklich verzichtet, da die „Qualität der Beschränkung" entscheidend sein sollte.[498] Wörtlich heißt es:

> „Der Ausschuss sieht die kritische Grenze für eine wesentliche Beeinträchtigung des Wettbewerbs in der Regel bei einem kartellierten Marktanteil von 10 bis 15 vH., wenn z. B. Preise, Rabatte oder Zahlungsbedingungen, die im konkreten Fall tatsächlich Preisbestandteile sind, abgesprochen werden. Eine Aufnahme bestimmter Marktanteilsgrenzen in das Gesetz erschien dem Ausschuss jedoch nicht angezeigt, weil es entscheidend auf die Qualität der Beschränkung ankommt. Ist z. B. allein die Werbung betroffen, ohne dass weitere für den Wettbewerb wichtige Faktoren wie Preise, Konditionen, Qualität abgesprochen werden, kann u. U. auch eine branchenumfassende Beteiligung hingenommen werden."[499]

Trotz des Fehlens gesetzlich normierter Marktanteilsschwellen wurde mitunter die Ansicht vertreten, bei Überschreiten bestimmter absoluter Marktanteilsgrenzen sei eine wesentliche Beeinträchtigung des Wettbewerbs stets zu unterstellen. Diese Grenze wurde dabei entsprechend der so verstandenen „Regelgrenze" des Wirtschaftsausschusses bei 10 bis 15% Marktanteil angesiedelt.[500] Wie bereits das Zitat des entscheidenden Passus im Bericht des Wirtschaftsausschusses zeigt, ist von einer solchen Regelgrenze nur im Hinblick auf bestimmte Kernbeschränkungen auszugehen. Im Übrigen ist eine solche absolute Höchstgrenze jedoch nicht anzuerkennen.[501] Diese Fixierung auf Marktanteilsschwellen kann dabei als „Nachwirkung der Bagatelldiskussion anlässlich der Entstehung der Vor-

---

[497] *OLG Frankfurt/Main,* 20.09.1982, Az.: 6 VA 1/82 – Taxi-Funkzentrale Kassel, WuW/E OLG 2771.

[498] *Wirtschaftsausschuß des Bundestages,* Bericht zur zweiten GWB-Novelle, 585.

[499] *Wirtschaftsausschuß des Bundestages,* Bericht zur zweiten GWB-Novelle, 585.

[500] *Kapteina,* Mittelstandskooperationen, S. 191, 226.

[501] So auch *Karl/Beutelmann/Müller-Feldhammer,* Zwölf Thesen, BB 2008, 1014, 1019.

schrift"[502] erklärt werden, die der Bedeutung dieses Tatbestandsmerkmals des § 3 GWB nicht gerecht wird. Um einerseits zu vermeiden, dass die Unternehmen ihre Ziele durch eine Ausschaltung des Wettbewerbs und Beeinträchtigung oder gar Beseitigung einer ausgewogenen Wettbewerbsstruktur erreichen, andererseits aber um für diese Wettbewerbsstruktur unschädliche Kooperationen nicht von vornherein zu stark zu beschränken, muss eine auf den jeweiligen Einzelfall bezogene Analyse sowohl quantitativer als auch qualitative Kriterien erfolgen.[503] Anders als dies das Bundeskartellamt bislang in ständiger Verwaltungspraxis angenommen hatte,[504] ist die kritische Grenze für eine wesentliche Beeinträchtigung des Wettbewerbs deshalb keineswegs stets und immer bei einem Marktanteil von 10 bis 15% zu suchen.[505] Von dieser zu engen Verwaltungspraxis hat sich das Bundeskartellamt zwischenzeitlich auch selbst zumindest etwas entfernt und dem neuen Merkblatt über die Kooperations- Erleichterungen für kleine und mittlere Unternehmen ausgeführt:

> „Entsprechend seiner bestehenden Verwaltungspraxis geht das Bundeskartellamt davon aus, dass die kritische Grenze für eine wesentliche Beeinträchtigung des Wettbewerbs in der Regel bei einem kartellierten Marktanteil von 10–15% liegt. Ein solcher Marktanteil gilt in jedem Fall für Absprachen über wesentliche Wettbewerbsparameter wie etwa die Festsetzung von Verkaufspreisen, Rabatten oder sonstigen Preisbestandteilen. Betrifft die Kooperation dagegen Absprachen über qualitativ weniger bedeutsame Parameter, kann der Marktanteil der Beteiligten auch oberhalb einer Schwelle von 15% liegen".[506]

Der Marktanteil ist daher (nur) eines von mehreren zur Beurteilung der Wesentlichkeit einer Wettbewerbsbeschränkung heranzuziehendes Kriterium.[507] Nochmals klargestellt werden muss dabei, dass unabhängig von der Bedeutung von Marktanteilen bei der Bestimmung der Wesentlichkeit einer Wettbewerbsbeschränkung § 3 GWB jedoch nur eingreift, wenn der Anwendungsbereich des § 1 GWB eröffnet ist. Dies setzt voraus, dass die

---

502 *Möschel,* Wettbewerbsbeschränkungen, Rn. 298.

503 *BGH,* 12.11.2002, Az.: KZR 11/01 – Ausrüstungsgegenstände für Feuerlöschzüge, WuW/E DE-R 1087, 1091; *OLG Frankfurt/Main,* 20.09.1982, Az.: 6 VA 1/82 – Taxi-Funkzentrale Kassel, WuW/E OLG 2771, 2774; *Fuchs,* in: Immenga/Mestmäcker, GWB (2007), § 3, Rn. 70.

504 *BKartA,* TB 1999/2000, S. 110: Zementgebundene Baustoffe; *BKartA,* TB 1981/1982, S. 44: – Kies und Sand, S. 55: optische Erzeugnisse; *BKartA,* TB 1976, S. 12, 41: Baustoffe; *BKartA,* 28.02.1977 – Bimsbausteine, WuW/E BKartA 1699.

505 *Bunte,* in: FK (Stand: 04/2007) (1999), § 3, Rn. 111; *Nordemann,* in: Loewenheim, GWB (2006), § 3, Rn. 55; *Bechtold,* Kartellgesetz, § 3, Rn. 10.

506 *BKartA,* Merkblatt KMU (2007), Tz. 35.

507 *Nordemann,* in: Loewenheim, GWB (2006), § 3, Rn. 55; ähnlich *Schneider,* in: Langen/Bunte, GWB (2006), § 3, Rn. 61; so bereits auch schon *Veltins,* Wettbewerbsgrenze, DB 1982, 93, 96 f.

Wettbewerbsbeeinträchtigung überhaupt spürbar ist. Zur Bestimmung der Spürbarkeit ist dabei wie aufgezeigt auf die de-minimis-Bekanntmachung der Europäischen Kommission zu rekurrieren, mit der Folge, dass bei horizontalen Kooperationen erst ab einer Marktanteilsschwelle von 10% der Anwendungsbereich des § 1 GWB und damit auch des § 3 GWB eröffnet ist – solange keine Kernbeschränkungen, die von § 3 GWB mit freigestellt werden können, vorliegen. Erst ab dieser Schwelle ist zu prüfen, ob eine wesentliche Wettbewerbsbeeinträchtigung im Sinne des § 3 GWB vorliegt. Konsequenterweise muss folglich regelmäßig die Grenze von 10% Marktanteil überschritten werden, um eine wesentliche Wettbewerbsbeeinträchtigung überhaupt andenken zu können. Anders verhält es sich nur im Kontext mit Kernbeschränkungen, wo die Marktanteilsschwelle zur Spürbarkeit und damit auch zur Wesentlichkeit geringer angesetzt werden kann.

(3) Einzelfallbetrachtung

Neben dem Marktanteil als quantitativem Kriterium sind verschiedene weitere quantitative und qualitative Merkmale bei der Beurteilung der Frage nach einer wesentlichen Wettbewerbsbeeinträchtigung zu untersuchen.[508] Entscheidend sind die Gesamtumstände des Einzelfalls,[509] die im Rahmen einer Gesamtschau zu beurteilen sind.[510] In quantitativer Hinsicht sind neben dem bereits erwähnten Marktanteil auch die vorhandene Marktstruktur, Marktzugangsmöglichkeiten und die Markttransparenz zu untersuchen.[511] Hierzu zählen auch weitere Kriterien wie Aktivität und Stärke/Größe der beteiligten Unternehmen und der Außenseiter, der Substitutionswettbewerb von benachbarten Märkten, und der potentielle Wettbewerb.[512] Zur Beurteilung der Qualität der Wettbewerbsbeschränkung ist die Art und Intensität der Vereinbarung zu untersuchen, da eine Verände-

---

[508] Vgl. *BGH,* 12.11.2002, Az.: KZR 11/01 – Ausrüstungsgegenstände für Feuerlöschzüge, WuW/E DE-R 1087, 633; *OLG Frankfurt/Main,* 20.09.1982, Az.: 6 VA 1/82 – Taxi-Funkzentrale Kassel, WuW/E OLG 2771, 2774; *Fuchs,* in: Immenga/Mestmäcker, GWB (2007), § 3, Rn. 72; *Bunte,* in: FK (Stand: 04/2007) (1999), § 3, Rn. 107; *Nordemann,* in: Loewenheim, GWB (2006), § 3, Rn. 55.

[509] *OLG Frankfurt/Main,* 20.09.1982, Az.: 6 VA 1/82 – Taxi-Funkzentrale Kassel, WuW/E OLG 2771, 2774; *KG Berlin,* 10.7.1985 – Mischguthersteller, WuW/E OLG 3663, 3696; *Veltins,* Wettbewerbsgrenze, DB 1982, 93, 96; *Bunte,* in: FK (Stand: 04/2007) (1999), § 3, Rn. 107, 111 *Schneider,* in: Langen/Bunte, GWB (2006), § 3, Rn. 59; *Fuchs,* in: Immenga/Mestmäcker, GWB (2007), § 3, Rn. 72.

[510] *Schneider,* in: Langen/Bunte, GWB (2006), § 3, Rn. 59; *Fuchs,* in: Immenga/Mestmäcker, GWB (2007), § 3, Rn. 72.

[511] *Fuchs,* in: Immenga/Mestmäcker, GWB (2007), § 3, Rn. 66.

[512] *Ebel,* Novellierung, NJW 1973, 1577, 1578. Vgl. auch *Bunte,* in: FK, (Stand: 04/2007) (1999), § 3, Rn. 109.

rung der Wettbewerbsstruktur eher zu befürchten ist, wenn bedeutsame Wettbewerbsparameter wie Preis oder Qualität von der Vereinbarung erfasst werden, als wenn beispielsweise die Werbeaktivitäten gebündelt werden sollen.[513] Die quantitativen und qualitativen Elemente der Beurteilung stehen dabei in ständiger Wechselbeziehung zueinander:[514] Enthält die in Rede stehende Vereinbarung auch Preisabsprachen oder andere Kernbeschränkungen, so ist eine wesentliche Wettbewerbsbeeinträchtigung schon bei geringeren Marktanteilen zu erwarten als bei Absprachen, die bedeutsame Wettbewerbsparameter unberührt lassen.[515] Zu beurteilen ist auch, welche Bedeutung die von der Absprache betroffenen Wettbewerbsparameter für die Entscheidung der jeweiligen Marktgegenseite auf den relevanten Märkten haben.[516] So kann beispielsweise der in vielen Bereichen (noch) unbedeutende Kundendienst in einzelnen Bereichen schon lange eine sehr große Rolle spielen.[517]

Unter Berücksichtigung der oben genannten Ausführungen in den Gesetzesmaterialien besteht allgemeiner Konsens darüber, dass für Preisabsprachen Marktanteilsgrenzen von 10 bis 15% eine „wesentliche Wettbewerbsbeeinträchtigung" zumindest nahe legen.[518] Im Übrigen jedoch können keine allgemein verbindlichen, konkret messbaren Werte, insbesondere Marktanteilsschwellen genannt werden, anhand derer beurteilt werden könnte, ob eine wesentliche Wettbewerbsbeeinträchtigung im Sinne des § 3 Abs. 1 GWB tatsächlich vorliegt.[519] Vielmehr können insbesondere Vereinbarungen, die keine Kernbeschränkungen enthalten, auch bei wesentlich höheren Marktanteilen freigestellt werden.[520] Das daraus für die Praxis resultierende erhebliche Bewertungsrisiko kann nur dadurch gelindert werden,

---

513 Vgl. *Immenga,* in: Immenga/Mestmäcker, GWB (2001), § 4, Rn. 60.

514 *OLG Frankfurt/Main,* 20.09.1982, Az.: 6 VA 1/82 – Taxi-Funkzentrale Kassel, WuW/E OLG 2771, 2774; *Nordemann,* in: Loewenheim, GWB (2006), § 3, Rn. 55.

515 *Nordemann,* in: Loewenheim, GWB (2006), § 3, Rn. 55.

516 *Bunte,* in: FK (Stand: 04/2007) (1999), § 3, Rn. 110.

517 *Bunte,* in: FK (Stand: 04/2007) (1999), § 3, Rn. 110.

518 Vgl. *OLG Stuttgart,* 17.12.1982, Az.: 2 Kart 3/82 – Gebrochener Muschelkalkstein, WuW/E OLG 2807; *Bunte,* in: FK (Stand: 04/2007) (1999), § 3, Rn. 111; *Nordemann,* in: Loewenheim, GWB (2006), § 3, Rn. 55 unter Bezugnahme auf *Wirtschaftsausschuß des Bundestages,* Bericht zur zweiten GWB-Novelle; *Bechtold,* Kartellgesetz, § 3, Rn. 10; *Möschel,* Wettbewerbsbeschränkungen, Rn. 298, der bei einer Kombination von gemeinsamen Vertriebs- und gemeinsamer Preispolitik eher von einer Grenze von 10% Marktanteil ausgeht.

519 Vgl. *Bunte,* in: FK (Stand: 04/2007) (1999), § 3, Rn. 111.

520 *OLG Frankfurt/Main,* 20.09.1982, Az.: 6 VA 1/82 – Taxi-Funkzentrale Kassel, WuW/E OLG 2771, 2774; *KG Berlin,* 10.7.1985 – Mischguthersteller, WuW/E OLG 3663, 3670; *Bechtold,* Kartellgesetz, § 3, Rn. 10 a. E.

dass eine Entscheidung nach § 32 lit. c) GWB über § 3 Abs. 2 S. 1 GWB bei den Kartellbehörden beantragt wird.[521]

Da nunmehr die früheren weiteren Freistellungstatbestände abgeschafft worden sind, liegt die Versuchung nahe, die bisherige Rechtsprechung und Verwaltungspraxis zu diesen anderen Freistellungstatbeständen auf entsprechende Sachverhalte im Rahmen der Prüfung des § 3 GWB unbesehen zu übernehmen. Insbesondere im Hinblick auf Spezialisierungsvereinbarungen, die seit jeher Gegenstand einer Freistellung als Mittelstandskartell hätten sein können, wäre nicht § 3 GWB a.F. lex specialis gewesen (vgl. § 4 Abs. 1 GWB a.F.), wurden Marktanteile von bis zu 50%, sogar bis zu 95% noch toleriert.[522] Allerdings muss hierbei beachtet werden, dass dabei nun nicht die Grenze der Marktbeherrschung gemäß § 3 GWB a.F. zu beachten ist, sondern in § 3 GWB n.F. weiterhin die Grenze der spürbaren Wettbewerbsbeeinträchtigung gilt. Rückschlüsse auf die Zulässigkeit einer entsprechenden Vereinbarung im Rahmen eines Mittelstandskartells können aus der bisherigen Verwaltungspraxis zu Spezialisierungskartellen daher nicht in jedem Fall gezogen werden.[523]

(4) Rückgriff auf die Horizontal-Leitlinien der Kommission?

Diese stets in Relation zueinander stehenden, qualitativen und quantitativen Kriterien zur Beurteilung der Wesentlichkeit der Wettbewerbsbeeinträchtigung werden auch von den Leitlinien der Kommission über die horizontale Zusammenarbeit[524] zur Beurteilung der Frage herangezogen, ob bestimmte Rationalisierungsvereinbarungen überhaupt geeignet sind, den Wettbewerb in einem so erheblichen Maße zu beeinträchtigen, dass überhaupt das Verbot des Art. 81 Abs. 1 EG eingreift.[525] Es stellt sich folglich auch hier die Frage, inwieweit ein Rückgriff auf die Horizontal-Leitlinien der Kommission zur Auslegung des Wesentlichkeitskriteriums des § 3 GWB möglich ist. Es lassen sich dabei zwei verschiedene Aspekte voneinander trennen:

Soweit die Leitlinien hinsichtlich bestimmter Kooperationsformen Marktanteilsgrenzen formulieren, ab deren Überschreiten das Verbot des Art. 81 Abs. 1 EG eingreift, und soweit die Leitlinien Kernbeschränkungen als re-

---

521 *Nordemann,* in: Loewenheim, GWB (2006), § 3, Rn. 56. Vgl. dazu sogleich, unter Teil 2, Kap. 3, H.

522 Vgl. die Nachweise bei *Nordemann,* in: Loewenheim, GWB (2006), § 3, Rn. 56.

523 Etwas unkritischer *Nordemann,* in: Loewenheim, GWB (2006), § 3, Rn. 56.

524 Horizontal-Leitlinien, ABl. 2001/C 3/2, Tz. 20.

525 s.o., unter Teil 2, Kap. 2, A. III.

gelmäßig unter das Kartellverbot fallend beurteilen, können ihnen keine verwertbaren Aussagen für die Beurteilung des Wesentlichkeitskriteriums entnommen werden. Hier treffen die Leitlinien eine eigenständige Regelung, die mit der Frage einer Freistellung über § 3 GWB in keiner Beziehung steht. Allgemein soll, soweit nicht bereits eine regelmäßig verbotene Kernbeschränkung vorliegt, ein Überschreiten der Marktanteilsschwellen nur auf die Notwendigkeit einer eingehenderen Analyse hinweisen. Die in den Leitlinien genannten Grenzen stellen eine Art Unbedenklichkeitsgrenze dar, jenseits derer die Unternehmen für eine Freistellung konkrete Vorteile nachweisen müssen.[526] Ganz anders dagegen der Regelungsgehalt des § 3 GWB: Hier werden die Voraussetzungen genannt, die eine Freistellung vom grundsätzlich eingreifenden Kartellverbot ermöglichen. Den Leitlinien lassen sich für die Frage, ob bei Vorliegen bestimmter qualitativer oder quantitativer Elemente eine wesentliche Wettbewerbsbeeinträchtigung besteht, keine Anhaltspunkte entnehmen.[527] Auch soweit die Leitlinien Auslegungshinweise zu Art. 81 Abs. 3 EG enthalten, können diese im Rahmen des § 3 Abs. 1 GWB nicht verwertet werden, da nach dem ausdrücklichen Willen des Gesetzgebers § 3 GWB eine eigenständige, nicht-europäische Regelung bleiben sollte. Allerdings ist zu beachten, dass die in den Leitlinien genannten Grenzen erst überschritten sein müssen, um überhaupt den Anwendungsbereich des § 3 GWB zu eröffnen; anderenfalls läge nach hier vertretener Ansicht schon keine von § 1 GWB erfasste Vereinbarung vor, die freigestellt werden müsste.

Auf der anderen Seite sind in den Leitlinien benannte Kriterien zur Beurteilung wettbewerbsbeeinträchtigender Vereinbarungen auch im Rahmen der hier zu erörternden Frage nach der Wesentlichkeit der Beeinträchtigung hilfreich. Der nationale Gesetzgeber hat deutlich gemacht, dass er das deutsche dem europäischen Wettbewerbsrecht weitestgehend anpassen wollte.[528] Um diesem Ziel weitestgehend gerecht zu werden, sollte der im europäischen Recht vorherrschende Trend zu einem more economic approach auch im deutschen Recht nachvollzogen werden. Die in den Leitlinien aufgezeigten Kriterien und Instrumente sind an diesem more economic approach ausgerichtet. Es liegt daher nahe, sie auch bei der Beurteilung des Wesentlichkeitskriteriums heranzuziehen. Im Einzelnen ist daher zur Beantwortung der Frage, ob eine wesentliche Beeinträchtigung des Wettbewerbs im Sinne des § 3 GWB vorliegt, die Marktkonzentration gegebenenfalls anhand des Her-

---

[526] *Bueren,* New economic approach, WRP 2004, 567, 571.

[527] A.A. *Nordemann,* in: Loewenheim, GWB (2006), § 3, Rn. 56, der für Einkaufs- und Vermarktungsvereinbarungen den Leitlinien Anhaltspunkte entnehmen möchte.

[528] Vgl. hierzu Teil 1, Kap. 2, A. II. 2. a) und B. II. 2. f).

findahl-Hirshman-Index zu messen, ferner sind Stabilität der Marktanteile über einen bestimmten Zeitraum, Wahrscheinlichkeit und Schnelligkeit eines Markteintritts und die Nachfragemacht der Käufer und die Eigenarten der Produkte zu berücksichtigen.[529]

(5) Voraussetzung: Bestehender wesentlicher Wettbewerb?

Fraglich ist, ob einer Legalisierung entgegenstehen kann, dass auf dem relevanten Markt schon kein wesentlicher Wettbewerb mehr besteht. So wird die Ansicht vertreten, dass die Freistellung in der Erwartung einer Verbesserung der Wettbewerbsbedingungen erfolge, dieses Ziel aber dann nicht mehr erreicht werden kann, wenn schon kein wesentlicher Wettbewerb mehr besteht. In diesem Fall wäre jede weitere Wettbewerbsbeschränkung wesentlich im Sinne des § 3 GWB n. F.[530] Einer anderen Ansicht zufolge mache schon der Wortlaut des § 3 Abs. 1 GWB deutlich, dass es nur auf die *Beeinträchtigung* des Wettbewerbs weitgehend unabhängig von dessen eigener Stärke ankomme.[531] Selbst wenn der Markt durch ein oder mehrere Großunternehmen beherrscht werde, sei eine Weitergabe des Rationalisierungserfolges noch gewährleistet: Nur die Waren oder Dienstleistungen des Marktbeherrschers seien keinem wesentlichen Wettbewerb ausgesetzt, die der Kartellmitglieder dagegen schon.[532]

Da die Frage der wesentlichen Wettbewerbsbeeinträchtigung stets bezogen auf den jeweiligen Einzelfall zu beantworten ist, und hierbei auch die vorhandene Marktstruktur eine entscheidende Rolle spielt, kann nicht unberücksichtigt bleiben, dass der Wettbewerb in einem bestimmten Markt bereits erheblich eingeschränkt ist. Jede weitere Beschränkung wirkt sich vor einem solchen Hintergrund in einem größeren Ausmaß auf die Wettbewerbsintensität aus, als dies bei einem funktionierenden, scharfen Wettbewerb der Fall wäre. Würde eine bestimmte Kooperationsvereinbarung dazu führen, dass kein wesentlicher Wettbewerb auf dem Markt mehr besteht, so liegt auch eine wesentliche Beeinträchtigung dieses Wettbewerbs vor.[533]

---

[529] Horizontal-Leitlinien, ABl. 2001/C 3/2, Tz. 30.

[530] *Werner,* Unternehmerische Kooperation, S. 185.

[531] *Nordemann,* in: Loewenheim, GWB (2006), § 3, Rn. 58.

[532] *Nordemann,* in: Loewenheim, GWB (2006), § 3, Rn. 58.

[533] Vgl. *Teichmann,* Wesentliche Beeinträchtigung, WuW 1974, 449, 459; *Schneider,* in: Langen/Bunte, GWB (2006), § 3, Rn. 60.

F. § 3 Abs. 1 GWB und sein Verhältnis zum Europarecht

Zwei eng miteinander verbundene Fragen drängen sich auf, wenn es um das Verhältnis des § 3 Abs. 1 GWB zum europäischen Wettbewerbsrecht geht: Einerseits ist fraglich, ob § 3 Abs. 1 GWB nur dann eingreift, wenn die Zwischenstaatlichkeitsschwelle nicht überschritten, also nur ein rein innerstaatlicher Sachverhalt zu beurteilen ist. Ist dies nicht der Fall, so ist zu prüfen, welche Bedeutung dem Freistellungstatbestandes § 3 GWB im Bezug auf europäische Sachverhalte zukommen kann.

I. Anwendbarkeit des § 3 Abs. 1 GWB bei zwischenstaatlichen Sachverhalten?

1. Ungeschriebenes Tatbestandsmerkmal: „keine Zwischenstaatlichkeit"?

Es stellt sich die Frage, ob angesichts des erweiterten Vorrangs des europäischen Wettbewerbsrechts Voraussetzung und ungeschriebenes Tatbestandsmerkmal des § 3 Abs. 1 GWB ist, dass es sich um einen innerstaatlichen Sachverhalt unterhalb der Zwischenstaatlichkeitsschwelle handelt. Diese Interpretation, wonach § 3 Abs. 1 GWB nur dann eingreifen könne, wenn allein § 1 GWB, nicht aber zugleich auch Art. 81 Abs. 1 EG anwendbar ist, stützt sich darauf, dass anderenfalls der vorrangige Art. 81 Abs. 3 EG umgangen werden könnte.[534] In zwischenstaatlichen Fällen würde § 3 Abs. 1 GWB durch Art. 81 Abs. 3 EG verdrängt und damit unanwendbar werden.[535]

Der Gesetzgeber selbst hat dagegen zu erkennen gegeben, dass er § 3 Abs. 1 GWB auch bei zwischenstaatlichen Sachverhalten geprüft wissen wollte, allerdings angesichts der in Art. 3 Abs. 1 VO 1/2003 formulierten Pflicht zur Anwendung des europäischen Rechts dieses parallel hierzu zu prüfen sei. Aufgrund des Vorrangs des europäischen Rechts setzte sich dieses gegen das deutsche Recht durch. So heißt es in der Gesetzesbegründung:

> „§ 3 unterscheidet nicht zwischen Mittelstandskartellen, die – wie im Regelfall – keine zwischenstaatlichen Auswirkungen haben und solchen, die zwischenstaat-

---

[534] *Schneider,* in: Langen/Bunte, GWB (2006), § 3, Rn. 14.

[535] *BKartA,* Beschluss vom 17.06.2004, Az.: B 1-25/04 – Vetra/Danzer (Filigranbetondecken), WuW/E DE-V 960, S. 26, noch zu § 4 Abs. 1 GWB a.F. Das *OLG Düsseldorf,* 10.06.2005, Az.: VI-2 KArt. 12/04 – Filigranbetondecken, WuW/E DE-R 1610, dass den Beschluss des BKartA aufhob, hat sich mit der Frage, ob eine parallele Prüfung möglich ist, nicht befasst, da es bereits die Zwischenstaatlichkeit verneinte. Vgl. auch *BKartA,* TB 2003/04, S. 39. Zustimmend auch unter Geltung des § 3 GWB n.F.: *Schneider,* in: Langen/Bunte, GWB (2006), § 3, Rn. 6, 14.

lich relevant sind. Mittelstandskartelle mit zwischenstaatlichen Auswirkungen sind jedoch immer auch am Maßstab des europäischen Rechts zu prüfen (Artikel 3 Abs. 1 VO 1/2003; § 22 Abs. 1). Im Verhältnis zum deutschen Recht setzt sich dabei das vorrangige europäische Recht durch.“[536]

Angesichts dieser klaren Vorgaben des Gesetzgebers wäre § 3 Abs. 1 GWB parallel zu Art. 81 Abs. 3 EG bei zwischenstaatlich relevanten Sachverhalten zu prüfen.[537] An diese Feststellungen anschließend stellt sich jedoch die Frage, welche rechtliche Bedeutung § 3 Abs. 1 GWB im generellen Anwendungsbereich des europäischen Kartellrechts zukommen kann.[538]

2. *Bedeutung des § 3 GWB für europäische Sachverhalte?*

Die Frage des generellen Vorrangs des europäischen vor dem nationalen Wettbewerbsrecht wurde bereits ausführlich erörtert.[539] Europäisches Recht setzt sich im Konfliktfall gegenüber nationalem Recht durch, und zwar sowohl dann, wenn das nationale Recht strenger, als auch dann, wenn es freizügiger als das europäische Recht ist. Liegt ein zwischenstaatlicher Sachverhalt vor, ist daher in erster Linie zu prüfen, ob der Anwendungsbereich des Art. 81 Abs. 1 EG eröffnet ist. Dabei sind Fragen nach der Spürbarkeit der Wettbewerbsbeeinträchtigung, aber auch nach der Eröffnung des Anwendungsbereichs im Hinblick auf die in den Horizontal-Leitlinien aufgestellten Kriterien zu beantworten. Ist der Anwendungsbereich des Art. 81 Abs. 1 EG eröffnet, so kommt eine Freistellung nur unter den Voraussetzungen des Art. 81 Abs. 3 EG in Betracht. Aber auch dann, wenn Art. 81 Abs. 1 EG nicht eingreift, gilt bei einem zwischenstaatlich relevanten Sachverhalt die Vorrangregelung des Art. 3 VO 1/2003, da die Wertungen des europäischen Rechts nicht durch nationales Recht übergangen werden dürfen. Konsequenz ist in diesem Fall, dass es mangels Eingreifens des Art. 81 Abs. 1 EG keinerlei Freistellung mehr bedarf. § 1 GWB kann angesichts des Vorrangs des europäischen Rechts dabei auch nicht strenger sein.

Kernbeschränkungen, die nach § 3 Abs. 1 GWB freigestellt werden könnten, werden dabei keineswegs immer auch über Art. 81 Abs. 3 EG freigestellt. Wie oben bereits aufgezeigt, bestehen im Übrigen teilweise erhebliche Unterschiede zwischen § 2 Abs. 1 (und damit auch Art. 81 Abs. 3 EG) einerseits und § 3 GWB andererseits. Zwar gibt es hier eine nicht unerhebliche Schnittmenge immer dann, wenn eine horizontale Kooperation

---

[536] RegE 7. GWB-Novelle, BT-Drs. 15/3640, S. 45.

[537] So auch *Lutz,* Schwerpunkte, WuW 2005, 718, 720; *Bunte,* in: FK (Stand: 04/2007) (1999), § 3, Rn. 20.

[538] s. zur Zwischenstaatlichkeitsklausel bereits ausführlich oben, Teil 1, Kap. 3, A.

[539] Vgl. hierzu bereits oben Teil 1, Kap. 3, C.

den Wettbewerb nicht wesentlich beeinträchtigt (Voraussetzung des § 3 GWB) und ihn damit auch nicht ausschaltet (Voraussetzung des Art. 81 Abs. 3 EG), eine Rationalisierungsmaßnahme Gegenstand der Vereinbarung ist (§ 3 GWB), und diese tatsächlich die einzige Möglichkeit zur Leistungssteigerung darstellt (des Art. 81 Abs. 3 EG), schließlich keine Kernbeschränkung enthält (Art. 81 Abs. 3 EG) und die Vorteile an die Verbraucher weitergegeben werden (Art. 81 Abs. 3 EG); allerdings sind unterschiedliche Kombinationen dieser Kriterien möglich, so dass eine Überprüfung der jeweiligen Voraussetzungen des Art. 81 Abs. 3 EG nicht unter Verweis auf die Erfüllung der Tatbestandsmerkmale des § 3 GWB obsolet werden würde.

Angesichts des weiten Vorrangs des europäischen Kartellrechts in seinem Anwendungsbereich kann § 3 GWB daher keine eigenständige Bedeutung zukommen: Die Zielsetzungen des § 3 Abs. 1 GWB sind von denen des Art. 81 Abs. 3 EG grundverschieden. Folglich sind auch die jeweiligen Freistellungsvoraussetzungen nicht vollständig in Deckung zueinander zu bringen, so dass keineswegs davon ausgegangen werden könnte, dass dann, wenn die Voraussetzungen des § 3 Abs. 1 GWB erfüllt sind, auch stets die Voraussetzungen des Art. 81 Abs. 3 EG erfüllt wären. Bereits die Forderung der Horizontal-Leitlinien nach einer „Unerlässlichkeit“[540] der wettbewerbsbeschränkenden Vereinbarung für die Erreichung der wirtschaftlichen Ziele einerseits und die insoweit höhere Freistellungsgrenze „keine Ausschaltung des Wettbewerbs“ (Art. 81 Abs. 3 lit. b EG) andererseits zeigen, dass eine Freistellung über Art. 81 Abs. 3 EG (und damit auch über § 2 Abs. 1 GWB) an andere Voraussetzungen als bei Anwendbarkeit des § 3 GWB gebunden ist.

§ 3 Abs. 1 GWB kann daher nicht stets als „Auslegung“ des Art. 81 Abs. 3 EG gesehen werden, vielmehr müssen im konkreten Einzelfall die Voraussetzungen des Art. 81 Abs. 3 EG geprüft werden. Im Anwendungsbereich des Art. 81 EG sind nur die Vereinbarungen freistellbar, die die Voraussetzungen des Art. 81 Abs. 3 EG erfüllen; bei zwischenstaatlichen Sachverhalten, die nicht unter den Anwendungsbereich des Art. 81 Abs. 1 EG fallen, bedarf es überhaupt keiner Freistellung. Raum für einen weiteren eigenständigen, nationalen Freistellungstatbestand besteht bei zwischenstaatlichen Sachverhalten daher nicht.[541]

---

[540] Horizontal-Leitlinien, ABl. 2001/C 3/2, Tz. 35.

[541] So im Ergebnis auch *Rißmann,* Kartellverbot und Kooperation, WuW 2006, 881, 885, Fn. 35; *Lutz,* Schwerpunkte, WuW 2005, 718, 720 f.; *Fuchs,* 7. GWB-Novelle, WRP 2005, 1384, 1394. Vgl. auch *Schneider,* in: Langen/Bunte, GWB (2006), § 3, Rn. 3, 6, 14; *Nordemann,* in: Loewenheim, GWB (2006), § 3, Rn. 80; *Bunte,* in: FK (Stand: 04/2007) (1999), § 3, Rn. 9.

3. *Fazit*

Zwar geht der Gesetzgeber offenbar davon aus, dass § 3 Abs. 1 GWB auch bei Zwischenstaatlichkeitsbezug zu prüfen ist. Gleichwohl erkennt er selbst explizit den Vorrang des europäischen Rechts an. Im Ergebnis kann daher § 3 Abs. 1 GWB keine eigenständige Bedeutung im Anwendungsbereich des europäischen Wettbewerbsrechts (der bereits aufgrund des Zwischenstaatlichkeitsbezuges eröffnet ist) zukommen.[542]

II. Bedeutung des europäischen Rechts für § 3 GWB

Klargestellt werden soll an dieser Stelle nochmals, welche Bedeutung dem europäischen Wettbewerbsrecht für die Auslegung des § 3 GWB zukommen kann: Wie im Kontext mit den Horizontal-Leitlinien der Kommission bereits erörtert, stellt § 3 GWB einen eigenständigen, nur auf innerstaatliche Sachverhalte anwendbaren Freistellungstatbestand dar. Dem europäischen Recht, insbesondere den Horizontal-Leitlinien kann und sollte jedenfalls die Methodik zur Bestimmung der relevanten Märkte und zur Untersuchung der vorhandenen Marktstruktur und Wettbewerbsintensität entnommen und für die Auslegung des § 3 GWB nutzbar gemacht werden. Materiellrechtliche Grundsätze des europäischen Rechts, beispielsweise das Verbot von Kernbeschränkungen, sind dagegen – anders als bei § 2 Abs. 1 GWB – weder in einschränkender noch in erweiternder Weise bei der Auslegung des § 3 Abs. 1 GWB zu berücksichtigen. Mangels Zwischenstaatlichkeitsbezug besteht keine Verpflichtung, § 3 Abs. 1 GWB in einschränkender Weise nach den Grundsätzen des europäischen Rechts auszulegen.[543] Eine solche Auslegung würde dem Willen des Gesetzgebers, die bisherige Entscheidungspraxis zu den Mittelstandskartellen zu übernehmen, entgegenstehen. Soweit das europäische Recht bestimmte Vereinbarungen großzügiger behandelt als § 3 Abs. 1 GWB stellt eine möglicherweise strengere Behandlung im Rahmen des § 3 Abs. 1 GWB keinen Verstoß gegen das Verbot der Inländerdiskriminierung dar: Soweit eine Freistellung nach Art. 81 Abs. 3 EG noch in Betracht kommt, ist es den Unternehmen unbenommen, sich für eine Freistellung auf § 2 Abs. 1 GWB zu berufen.

---

[542] s. auch *Rißmann,* Kartellverbot und Kooperation, WuW 2006, 881, 885 (Fn. 35).

[543] So – wenngleich grundsätzlicher – *Karl/Beutelmann/Müller-Feldhammer,* Zwölf Thesen, BB 2008, 1014 f.: *„nicht ‚europarechtsfrundlich' auszulegen"*.

G. Wichtige Grundkonstellationen – Freistellung gem. § 3 Abs. 1 GWB im Vergleich zu einer Freistellung gem. § 2 Abs. 1 GWB

I. Vorbemerkungen

Es stellt sich die Frage, welche Bedeutung der Freistellungsmöglichkeit gem. § 3 GWB zukommt, wenn mit § 2 Abs. 1 GWB bereits eine Generalklausel in das GWB integriert wurde, über die grundsätzlich alle freistellungswürdigen Sachverhalte hinreichend berücksichtigt werden könnten. Im Folgenden ist daher anhand wichtiger Einzelfälle die Freistellungsmöglichkeit nach § 3 GWB mit der nach § 2 Abs. 1 GWB zu vergleichen, um die eigenständige Bedeutung des § 3 GWB herausarbeiten zu können. Gegenstand der Untersuchung sind Rationalisierungsvereinbarungen kleiner und mittlerer Unternehmen. Auch die nachfolgende vergleichende Analyse der Freistellungsmöglichkeiten nach §§ 2 Abs. 1 und 3 Abs. 1 GWB beschränkt sich daher auf solche horizontalen Kooperationen, die bislang im nationalen Recht als Rationalisierungsabreden freistellbar waren. Folglich sind die Fälle, die bislang über §§ 3, 4 und 5 GWB a.F. legalisiert werden konnten, nunmehr anhand der §§ 2 Abs. 1 und 3 Abs. 1 GWB zu untersuchen. Vereinbarungen, die nach o.g. Kriterien als kartellfrei anzusehen sind, bleiben bei den nachfolgenden Betrachtungen außen vor. Soweit es nicht für eine Auslegung des § 2 Abs. 1 GWB erforderlich ist, wird im Übrigen auch nicht vertieft auf die speziellen Regelungen für Horizontalvereinbarungen, insbesondere in Gestalt der Gruppenfreistellungsverordnung für Spezialisierungsvereinbarungen[544] und der für Forschung- und Entwicklung[545] eingegangen, die über § 2 Abs. 2 GWB in das deutsche Kartellrecht integriert worden sind.[546] Vorab kann im Übrigen Folgendes festgehalten werden: Soweit bislang bestimmte Kooperationsformen (beispielsweise Spezialisierungsvereinbarungen), die im Kern Rationalisierungsvereinbarungen sind, statt über § 4 GWB a.F. über die Freistellungstatbestände der §§ 3 und 5 GWB a.F. freigestellt waren, besteht grundsätzlich nunmehr eine Freistellungsmöglichkeit über § 3 GWB n.F. – vorausgesetzt die weiteren Erfordernisse des § 3 GWB n.F., insbesondere Einstufung als kleines und mittleres Unternehmen, keine wesentliche Beeinträchtigung des Wettbewerbs, sind erfüllt.

---

[544] GVO Spezialisierung (VO 2658/2000), ABl. 2000/L 304/3.

[545] GVO FuE (VO 2659/2000), ABl. 2000/L 304/7.

[546] Es sei hierzu auf die jeweiligen sehr umfassenden Kommentierungen dieser Gruppenfreistellungsverordnungen verwiesen.

II. Grundsätzliche Unterschiede zwischen einer Freistellung nach § 3 Abs. 1 und nach § 2 Abs. 1 GWB

Mit § 2 Abs. 1 GWB steht nunmehr statt der bisherigen kasuistisch formulierten Freistellungstatbestände der §§ 2 bis 8 GWB a.F. eine Generalklausel zur Verfügung, um horizontale Kooperationen vom Kartellverbot des § 1 GWB freizustellen. Mit diesem Übergang sollte nach dem Willen des Gesetzgebers in der Regel keine sachliche Änderung verbunden sein, da sich die Freistellungsvoraussetzungen nach Art. 81 Abs. 3 EG bzw. des § 2 Abs. 1 GWB n.F. mit denen der bisherigen Freistellungstatbeständen der §§ 2–8 GWB a.F. deckten,[547] so dass in der Folge die bisherige Verwaltungs- und Rechtsprechungspraxis grundsätzlich zur Auslegung des § 2 Abs. 1 GWB mit herangezogen werden kann.[548] Gleichwohl ist § 2 Abs. 1 GWB, wie § 2 GWB allgemein, die Norm, die das europäische Recht in das nationale Recht transferieren soll. In der Konsequenz ist § 2 Abs. 1 GWB daher keineswegs losgelöst von Art. 81 Abs. 3 EG auszulegen, vielmehr gelten hier wie dort die gleichen Auslegungsgrundsätze. Insbesondere die in den Horizontal-Leitlinien der Kommission enthaltenen Auslegungshinweise[549] sind daher auch bei der Auslegung des § 2 Abs. 1 GWB zu beachten. Bei der Auslegung des § 3 Abs. 1 GWB, einer rein nationalen Freistellungsmöglichkeit, sind dagegen europäische, materiell-rechtliche Vorgaben grundsätzlich nicht zu beachten.

Es lassen sich insgesamt vier Freistellungskriterien unterscheiden, die jeweils miteinander korrespondieren. Stets vorausgesetzt werden muss dabei, dass die Unternehmen aufgrund ihrer Einstufung als kleines oder mittleres Unternehmen überhaupt in den Anwendungsbereich auch des § 3 GWB fallen.

1. Die erfassten Maßnahmen

a) Rationaliserung vs. Wirtschaftlicher Nutzen/Effizienzgewinne

Während für eine Freistellung gem. § 3 GWB (entsprechend der Vorgängerregelungen in §§ 4 Abs. 1 und 5 Abs. 1 GWB a.F.) auch weiterhin eine Rationalisierung wirtschaftlicher Vorgänge erforderlich ist[550], fordert § 2

---

[547] RegE 7. GWB-Novelle, BT-Drs. 15/3640, S. 26.

[548] RegE 7. GWB-Novelle, BT-Drs. 15/3640, S. 32. So bspw. auch *Nordemann,* in: Loewenheim, GWB (2006), § 2, Rn. 45; *Hartog,* 7. GWB-Novelle, WRP 2005, 1396, 1398.

[549] Horizontal-Leitlinien, ABl. 2001/C 3/2, Tz. 31–37, 68–74, 102–105, 132–134, 151–155, 169–175, 192–197.

[550] s.o., Teil 2, Kap. 3, E. IV.

Abs. 1 GWB (entsprechend Art. 81 Abs. 3 EG), dass die „Vereinbarung zur Verbesserung der Erzeugung oder Verteilung von Produkten oder zur Förderung des technischen oder wirtschaftlichen Fortschritts beiträgt." Diese Voraussetzung wird von der Kommission sowohl unter dem Begriff *Wirtschaftlicher Nutzen*[551] als auch unter dem Schlagwort *Effizienzgewinne*[552] zusammengefasst.

Erfasst werden neben Synergiegewinnen und Verbundvorteilen auch sämtliche weiteren, denkbaren Formen der Leistungssteigerung: Kosteneinsparungen gehören ebenso dazu, wie qualitative Effizienzgewinne, die einen Mehrwert in Form neuer oder verbesserter Produkte, größerer Produktvielfalt etc. erbringen.[553] Dabei werden auch wirtschaftliche Effizienzgewinne, die nicht durch eine Rationalisierungsmaßnahme entstehen, anerkannt. Gerade die von den Horizontal-Leitlinien erfasste Vielfalt von Kooperationsbereichen belegt bereits, dass keineswegs nur Rationalisierungsvereinbarungen im Sinne der bisherigen Freistellungstatbestände des GWB a.F. zu Effizienzgewinnen führen können.[554] Im Einzelnen sind hier beispielsweise Selbstbeschränkungsabkommen im Bereich des Umweltschutzes, die zu einem wirtschaftlichen Nutzen der Verbraucherseite führen sollen, aber auch die großzügige Erfassung von Einkaufskooperationen ohne Rationalisierungseffekt,[555] ebenso der als Effizienzgewinn anerkannte „technische Fortschritt" zu nennen.

Es kann hier von einem verbreiterten Spektrum der von § 2 Abs. 1 GWB erfassten Maßnahmen im Verhältnis zu § 3 GWB gesprochen werden:[556] Während § 3 GWB eine konkrete Form der Leistungssteigerung, nämlich allein Rationalisierungsmaßnahmen i.S.d. einer Verbesserung des Verhältnisses von Nutzen zu Aufwand erfasst und damit gleichsam nur eine einzige Ursache eines erzielbaren Erfolges freistellen möchte, setzt § 2 Abs. 1 GWB später an und stellt alle Maßnahmen frei, die zu einem bestimmten Erfolg führen. Die Rationalisierung dagegen ist eine Ursache, die wirtschaftlichen Nutzen als Ergebnis bewirken soll.[557]

---

551 Bspw. Horizontal-Leitlinien, ABl. 2001/C 3/2, Tz. 32.

552 Bspw. Leitlinien zu Art. 81 Abs. 3, ABl. 2004/C 101/97, Tz. 48.

553 Vgl. im Einzelnen Leitlinien zu Art. 81 Abs. 3, ABl. 2004/C 101/97, Tz. 59–72.

554 Vgl. *Nordemann,* in: Loewenheim, GWB (2006), § 2, Rn. 21.

555 Dazu sogleich, Teil 2, Kap. 3, G. III. 2.

556 Vgl. *Braun,* in: Langen/Bunte, GWB (2006), nach § 2, Rn. 92.

557 *Braun,* in: Langen/Bunte, GWB (2006), nach § 2, Rn. 92.

b) (Keine) Kernbeschränkungen

Andererseits erfasst § 3 GWB alle Formen von Rationalisierungsvereinbarungen und insbesondere auch die Maßnahmen, die der Sicherstellung des Rationalisierungserfolges dienen. Damit werden u. a. auch Preisabsprachen gedeckt, wenn sie der Rationalisierung förderlich sind.[558] Zulässig sind dabei beispielsweise Mengen- und Quotenabsprachen.[559] Im europäischen Recht sind dagegen solche Kernbeschränkungen weder von den Gruppenfreistellungsverordnungen erfasst, noch grundsätzlich über Art. 81 Abs. 3 EG freistellbar – mit der Konsequenz, dass eine Freistellung auch über § 2 Abs. 1 GWB regelmäßig ausscheiden dürfte.[560]

c) Ergebnis

Als erstes Zwischenergebnis kann daher festgehalten werden, dass im Hinblick auf die Breite des erfassten Maßnahmenspektrums § 2 Abs. 1 GWB im Vergleich zu § 3 Abs. 1 GWB die großzügigere Regelung darstellt. Im Hinblick auf die wettbewerbsrechtliche Relevanz der erfassten Maßnahmen ist dagegen § 3 Abs. 1 GWB die großzügigere Regelung.

2. *(Keine) Unerlässlichkeit der Kooperation*

Weitere Voraussetzung für eine Freistellung über § 2 Abs. 1 GWB ist die Unerlässlichkeit der Wettbewerbsbeschränkung. Hierin kommt der Grundsatz der Verhältnismäßigkeit[561] und das Gebot der Angemessenheit der Mittel[562] zum Ausdruck. Die Unternehmen dürfen keine Wettbewerbsbeschränkungen vereinbaren, die zur Erreichung der zuvor festgestellten Vorteile nicht unerlässlich sind.[563] Hierfür ist in einer zweistufigen Prüfung zunächst zu untersuchen, ob die Wettbewerbsbeschränkung für die Erzielung der Ef-

---

558 Vgl. *Bunte,* in: FK (Stand: 04/2007) (1999), § 3, Rn. 49. *Karl/Beutelmann/Müller-Feldhammer,* Zwölf Thesen, BB 2008, 1014, 1015 u. 1016.

559 Vgl. hierzu explizit auch RegE 7. GWB-Novelle, BT-Drs. 15/3640, S. 45. Krit. *BKartA,* Merkblatt KMU (2007), Tz. 33. Vgl. hierzu *Karl/Beutelmann/Müller-Feldhammer,* Zwölf Thesen, BB 2008, 1014, 1018.

560 Vgl. *Rißmann,* Kartellverbot und Kooperation, WuW 2006, 881, 886. Einzelheiten nachfolgend bei der Erörterung jeweiliger Grundkonstellationen.

561 *Ellger,* in: Immenga/Mestmäcker, WbR-EG (2007), Art. 81 Abs. 3, Rn. 260.

562 *Hirsch,* Kartellverfahrensordnung, ZWeR 2003, 233, 238.

563 Vgl. hierzu ausführlich *Nordemann,* in: Loewenheim, GWB (2006), § 2, Rn. 27 ff.; *Ellger,* in: Immenga/Mestmäcker, WbR-EG (2007), Art. 81 Abs. 3, Rn. 260–286; *Mestmäcker/Schweitzer,* Europäisches Wettbewerbsrecht (2004), § 13, Rn. 62–67.

fizienzgewinne überhaupt notwendig ist; dies ist dann nicht der Fall, wenn die positiv festgestellten Ziele auf eine andere wirtschaftliche gangbare und weniger wettbewerbsbeschränkende Weise erreicht werden können.[564] In einem zweiten Schritt ist zu untersuchen, ob auch jede einzelne, aus der Vereinbarung resultierende Wettbewerbsbeschränkung notwendig ist. Bei diesen Prüfungen ist stets die Angemessenheit der wettbewerbsbeschränkenden Vereinbarung zu berücksichtigen.[565] Die Nachteile für den Wettbewerb sind gegen die erreichbaren Effizienzgewinne ins Verhältnis zu setzen.[566]

Diese Forderung nach einer Unerlässlichkeit der Kooperation wird dagegen von § 3 GWB nicht aufgestellt. Zwar ist nicht jede unerhebliche Steigerung der Wettbewerbsfähigkeit der beteiligten Unternehmen ausreichend um eine massive Wettbewerbsbeschränkung freizustellen; zwischen der eingetreten Wettbewerbsbeschränkung und dem damit erzielten Rationalisierungserfolg muss auch im Rahmen des § 3 GWB eine Abwägung erfolgen.[567] Allerdings genügt dabei schon eine bloß spürbare Steigerung der Wettbewerbsfähigkeit der beteiligten Unternehmen, um eine Wettbewerbsbeschränkung rechtfertigen zu können. In keinem Fall müssen die horizontale Kooperation und die darin enthaltene Wettbewerbsbeschränkung unerlässlich für die Steigerung der Wettbewerbsfähigkeit sein.

3. (Keine) Verbrauchervorteile

Eine angemessene Beteiligung der Verbraucher ist nächste Voraussetzung einer Freistellung nach Art. 81 Abs. 3 EG und damit auch nach § 2 Abs. 1 GWB.[568] Hinter der Freistellung einzelner, nicht auf Rationalisierung gerichteter Vereinbarungen steht dieser Gedanke der Verbraucherbeteiligung an erster Stelle. Erfasst werden hier nicht nur die Endverbraucher, sondern alle unmittelbaren Abnehmer im Absatzgefüge.[569]

---

564 *Nordemann,* in: Loewenheim, GWB (2006), § 2, Rn. 28.

565 Vgl. Leitlinien zu Art. 81 Abs. 3, ABl. 2004/C 101/97, Tz. 73–82. Weiterführend *Nordemann,* in: Loewenheim, GWB (2006), § 2, Rn. 27 ff.; *Ellger,* in: Immenga/Mestmäcker, WbR-EG (2007), Art. 81 Abs. 3, Rn. 260–286; *Mestmäcker/Schweitzer,* Europäisches Wettbewerbsrecht (2004), § 13, Rn. 62–67.

566 Vgl. Leitlinien zu Art. 81 Abs. 3, ABl. 2004/C 101/97, Tz. 79: „*Je ausgeprägter die Wettbewerbsbeschränkungen, um so strenger fällt die Prüfung gemäß der dritten Voraussetzung aus.*"

567 *Fuchs,* in: Immenga/Mestmäcker, GWB (2007), § 3, Rn. 62; *Bunte,* in: FK (Stand: 04/2007) (1999), § 3, Rn. 114.

568 Vgl. Leitlinien zu Art. 81 Abs. 3, ABl. 2004/C 101/97, Tz. 83–105. s. hierzu weiterführend *Nordemann,* in: Loewenheim, GWB (2006), § 2, Rn. 27 ff.; *Ellger,* in: Immenga/Mestmäcker, WbR-EG (2007), Art. 81 Abs. 3, Rn. 260–286; *Mestmäcker/Schweitzer,* Europäisches Wettbewerbsrecht (2004), § 13, Rn. 62–67.

569 Leitlinien zu Art. 81 Abs. 3, ABl. 2004/C 101/97, Tz. 82.

Auch dieses Kriterium ist keine Freistellungsvoraussetzung des § 3 GWB. Zwar wird hier, wie im einzelnen bereits dargelegt, durch die Forderung nach einer Aufrechterhaltung einer ausgewogenen Wettbewerbsstruktur auf den relevanten Märkten mittelbar auch erreicht, dass der Wettbewerbsdruck im Markt hoch genug ist, damit die erzielten Rationalisierungserfolge an die Verbraucher weitergegeben werden. Dies ist jedoch nur häufige Folge, nicht jedoch Voraussetzung einer Freistellung nach § 3 Abs. 1 GWB.

4. Wesentliche Beeinträchtigung des Wettbewerbs vs. Ausschaltung des Wettbewerbs

Fraglich ist, inwieweit die begrenzenden Merkmale „wesentliche Beeinträchtigung des Wettbewerbs" (§ 3 Abs. 1 Ziff. 1 GWB) einerseits und „Ausschaltung des Wettbewerbs" (Art. 81 Abs. 3 lit. b) EG, § 2 Abs. 1 GWB) andererseits[570] unterschiedliche Stufen einer Wettbewerbsbeeinträchtigung (noch) zulassen.

Unter „Ausschaltung des Wettbewerbs" ist dabei keineswegs ein Zustand zu verstehen, bei dem im relevanten Markt überhaupt kein Wettbewerb mehr vorhanden wäre, m. a. W. also eine Monopolisierung vorläge.[571] Auch ist das Kriterium „Ausschaltung des Wettbewerbs" nicht gleichzusetzen mit der „Entstehung oder Verstärkung einer marktbeherrschenden Stellung".[572] Allerdings ist dann, wenn ein Unternehmen eine marktbeherrschende Stellung innehat oder durch die Vereinbarung erlangt, eine Vereinbarung grundsätzlich nicht freistellungsfähig.[573] Die Leitlinien der Kommission aus dem Jahr 2004 zur Anwendung des Art. 81 Abs. 3 lit. b) EG[574] enthalten auch detaillierte Ausführungen zu der Frage, anhand welcher Kriterien die Ausschaltung des Wettbewerbs im Sinne des Art. 81 Abs. 3 lit. b) EG zu beurteilen ist: Ähnlich wie bei den Horizontal-Leitlinien wird auch hier betont, dass die Marktanteile zwar von Bedeutung, jedoch nicht allein entscheidend für das Ausmaß der verbleibenden Quellen tatsächlichen Wettbewerbs sind.[575] Entscheidend ist auch hier eine Gesamtwürdigung der tatsächlichen

---

[570] Vgl. ausführlich die Kommentierungen bei *Mestmäcker/Schweitzer,* Europäisches Wettbewerbsrecht (2004), § 13, Rn. 68–74; *Ellger,* in: Immenga/Mestmäcker, WbR-EG (2007), Art. 81 Abs. 3, Rn. 287–317; *Meessen,* in: Loewenheim, EG-Wbr. (2005), Art. 81 Abs. 3, Rn. 28–31. Ferner auch *Nordemann,* in: Loewenheim, GWB (2006), § 2, Rn. 36–39; *Bunte,* in: Langen/Bunte, GWB (2006), § 2, Rn. 52–54.

[571] Vgl. *Nordemann,* in: Loewenheim, GWB (2006), § 2, Rn. 37.

[572] *Bunte,* in: Langen/Bunte, GWB (2006), § 2, Rn. 52; *Nordemann,* in: Loewenheim, GWB (2006), § 2, Rn. 37

[573] Horizontal-Leitlinien, ABl. 2001/C 3/2, Tz. 36.

[574] Leitlinien zu Art. 81 Abs. 3, ABl. 2004/C 101/97.

[575] Leitlinien zu Art. 81 Abs. 3, ABl. 2004/C 101/97, Tz. 109.

Auswirkungen der Vereinbarung auf die Marktverhältnisse.[576] Die qualitativen und quantitativen Elemente, die es zu beurteilten gilt, entsprechen denen im Kontext mit den Horizontal-Leitlinien bereits vorgestellten: Marktstruktur, betroffene Wettbewerbsparameter, potentieller Wettbewerb etc. sind in die Betrachtung mit einzubeziehen.[577] Entscheidend ist, ob das Verhalten der Unternehmen noch so vom Wettbewerb kontrolliert wird, dass die Interessen der Verbraucher, die Bewegungsfreiheit von Lieferanten und Abnehmern und der Zugang zum Markt gesichert bleiben.[578] Eine erste Grenze wird hier bei – jeweils in Abhängigkeit zu den betroffenen Wettbewerbsparametern – Marktanteilen von 30% gezogen. Bis zu dieser Schwelle haben die Unternehmen in der Regel keine Möglichkeit, den Wettbewerb auf den relevanten Märkten im Sinne des Art. 81 Abs. 3 lit. b) EG auszuschließen.[579] Dieser Grenze tragen im Übrigen die Gruppenfreistellungsverordnungen größtenteils Rechnung.[580] In Abhängigkeit zu den von der Vereinbarung betroffenen Wettbewerbsparametern, der Marktstruktur etc. sind auch bei wesentlich höheren Marktanteilen noch Freistellungen über Art. 81 Abs. 3 lit. b) EG möglich.[581]

Im Vergleich zur Wettbewerbsklausel des § 3 Abs. 1 Ziff. 1 GWB fällt zunächst der unterschiedliche Wortlaut auf.[582] Während eine Ausschaltung des Wettbewerbs eine sehr hohe Eingriffsschwelle postuliert, ist eine wesentliche Beeinträchtigung des Wettbewerbs schon bei einer erheblich niedrigeren Schwelle erreicht: Bei der Frage nach einer Ausschaltung des Wettbewerbs geht es um die Frage des noch verbleibenden Restwettbewerbs, bei der wesentlichen Beeinträchtigung dagegen um eine Verschiebung der Wettbewerbsverhältnisse zugunsten der beteiligten Kartellteilnehmer. Zwar stehen wie oben aufgezeigt auch im Bereich der Wettbewerbsklausel des § 3 GWB durchaus sehr hohe Marktanteilsschwellen einer Freistellung nicht zwingend entgegen, gleichwohl ist die Grenze des Art. 81 Abs. 3 lit. b) EG

---

576 *Bunte,* in: Langen/Bunte, GWB (2006), § 2 Rn. 53.

577 Ausführlich *Mestmäcker/Schweitzer,* Europäisches Wettbewerbsrecht (2004), § 13, Rn. 68–74; *Ellger,* in: Immenga/Mestmäcker, WbR-EG (2007), Art. 81 Abs. 3, Rn. 287–317; *Meessen,* in: Loewenheim, EG-Wbr. (2005), Art. 81 Abs. 3, Rn. 28–31. Ferner auch *Nordemann,* in: Loewenheim, GWB (2006), § 2, Rn. 36–39; *Bunte,* in: Langen/Bunte, GWB (2006), § 2, Rn. 52–54.

578 *Mestmäcker/Schweitzer,* Europäisches Wettbewerbsrecht (2004), § 13, Rn. 73.

579 *Ellger,* in: Immenga/Mestmäcker, WbR-EG (2007), Art. 81 Abs. 3, Rn. 294.

580 Vgl. bspw. Art. 3 GVO-Vertikal (VO 2790/1999), ABl. 1999/L 336/21: Marktanteilsschwelle von 30%; Art. 4 GVO Spezialisierung (VO 2658/2000), ABl. 2000/L 304/3: Marktanteilsschwelle von 20%; Art. 4 Abs. 2 GVO FuE (VO 2659/2000), ABl. 2000/L 304/7: Marktanteilsschwelle von 25%.

581 Vgl. die Nachweise bei *Ellger,* in: Immenga/Mestmäcker, WbR-EG (2007), Art. 81 Abs. 3, Rn. 299–304.

582 Vgl. *Rißmann,* Kartellverbot und Kooperation, WuW 2006, 881, 888.

zumindest im unteren Marktanteilsbereich höher anzusetzen: Wie aufgezeigt, ist im Anwendungsbereich des Art. 81 Abs. 3 EG erst oberhalb einer Schwelle von 30% Marktanteil überhaupt erst zu prüfen, ob eine Wettbewerbsbeeinträchtigung im erforderlichen Ausmaß vorliegt. Eine solche generelle Grenze lässt sich für § 3 GWB nicht formulieren, vielmehr hat die bisherige Verwaltungs- und Rechtspraxis hier wesentlich strengere Maßstäbe angelegt.

Darüber hinaus divergieren auch die Zielsetzungen beider Klauseln:[583] Mit der Wettbewerbsklausel des § 3 GWB soll verhindert werden, dass die beteiligten Unternehmen aufgrund der Kooperation die Marktstruktur zu ihren Gunsten verändern, die Wettbewerbsverhältnisse sich zu ihren Gunsten so verschieben, dass deren Marktstärke erheblich über derjenigen der verbleibenden Mitbewerber liegt.[584] Es soll m. a. W. nicht zu einer Umkehrung der Verhältnisse infolge der horizontalen Kooperation kommen. Das Verhältnis der kooperierenden Unternehmen zu den Außenseitern steht folglich im Zentrum der Betrachtungen. Dagegen zielt die Wettbewerbsklausel des Art. 81 Abs. 3 GWB darauf ab, zu verhindern, dass auf einem wesentlichen Teil der Wettbewerb als solcher nahezu ausgeschaltet wird.[585] Dieses Kriterium macht deutlich, dass eine wettbewerbsbeschränkende Vereinbarung nicht mit einer noch so großen Effizienzsteigerung gerechtfertigt werden kann, wenn sie dazu führt, dass für einen wesentlichen Teil der betreffenden Waren der Wettbewerb ausgeschaltet wird.[586] Sichergestellt werden soll, dass der Wettbewerb seine Anreiz-, Koordinierungs-, und Steuerungsfunktion auch trotz einer Kooperation einzelner Unternehmen weiterhin erfüllen kann.[587] Auch diese Zielsetzungen machen deutlich, dass die Wettbewerbsklausel des Art. 81 Abs. 3 EG ein höheres Maß an Beeinträchtigung des Wettbewerbs toleriert, als die Wettbewerbsklausel des § 3 Abs. 1 Ziff. 2 GWB.

5. *Zusammenfassung*

Zusammenfassend lässt sich festhalten, dass es zwar durchaus eine große gemeinsame Schnittmenge hinsichtlich der sowohl über § 2 Abs. 1 GWB als auch über § 3 Abs. 1 GWB freistellbaren Vereinbarungen gibt. Insbesondere in Grenzfällen zeigen sich jedoch durchaus erhebliche Unter-

---

[583] *Rißmann,* Kartellverbot und Kooperation, WuW 2006, 881, 888.

[584] Vgl. *Rißmann,* Kartellverbot und Kooperation, WuW 2006, 881, S. 888; *Nordemann,* in: Loewenheim, GWB (2006), § 3, Rn. 53; ähnlich *Fuchs,* in: Immenga/Mestmäcker, GWB (2007), § 3, Rn. 62.

[585] *Ellger,* in: Immenga/Mestmäcker, WbR-EG (2007), Art. 81 Abs. 3, Rn. 287.

[586] *Ellger,* in: Immenga/Mestmäcker, WbR-EG (2007), Art. 81 Abs. 3, Rn. 287.

[587] *Ellger,* in: Immenga/Mestmäcker, WbR-EG (2007), Art. 81 Abs. 3, Rn. 287.

schiede zwischen einer Freistellung nach § 2 Abs. 1 GWB und einer solchen nach § 3 Abs. 1 GWB. Hinsichtlich des jeweils erfassten Maßnahmenkataloges ist § 2 Abs. 1 GWB einerseits weiter gefasst, als er nicht zwingend nur reine Rationalisierungsmaßnahmen für grundsätzlich freistellbar erachtet, sondern alle Maßnahmen erfasst, die zu einem wirtschaftlichen Nutzen führen. Anderseits aber ist er entsprechend seiner europäischen Vorlage grundsätzlich nicht anwendbar auf Kernbeschränkungen; hier ist § 3 Abs. 1 GWB toleranter. § 3 Abs. 1 GWB fordert auch im Gegensatz zu § 2 Abs. 1 GWB nicht zwingend nachweisbare Vorteile für die Verbraucher, lässt vielmehr die Steigerung der Wettbewerbsfähigkeit der beteiligten Unternehmen für eine Freistellung grundsätzlich genügen. Anderseits aber schränkt die enger gefasste und auch bislang schon enger ausgelegte Wettbewerbsklausel des § 3 Abs. 1 GWB dessen Freistellungsbereich wiederum stärker ein als § 2 Abs. 1 GWB.

III. Wichtige Grundkonstellationen

Anhand wichtiger Grundkonstellationen soll exemplifiziert werden, welche Unterschiede zwischen einer Freistellung nach § 2 Abs. 1 und § 3 Abs. 1 GWB einerseits und im Verhältnis zu den bisherigen Freistellungsmöglichkeiten des GWB a.F. andererseits bestehen. Die folgende Darstellung beschränkt sich dabei auf die Vereinbarungsarten, die typischerweise Rationalisierungseffekte hervorrufen bzw. zum Ziel haben und die damit auch Gegenstand einer Freistellung als Mittelstandskartell sein können.[588] Nicht hierunter fallen dagegen beispielsweise die nach bisherigem Recht über § 6 GWB a.F. freistellbaren Strukturkrisenkartelle, da deren Ziel nicht in einem effizienteren Einsatz von Produktionsfaktoren, sondern in der Reduzierung von strukturbedingten Überkapazitäten oder Überproduktion liegt.[589] Auch reine Konditionen- oder Rabattkartelle haben keine Rationalisierung im Sinne einer Verbesserung des Aufwand-Nutzen-Verhältnisses[590] zum Ziel und sind deshalb hier nicht weiter zu untersuchen. Gleichwohl bleiben auch Kooperationen in anderen als den hier nur exemplarisch dargestellten Bereichen möglich und über die §§ 2 und 3 GWB freistellbar, so denn die jeweiligen Voraussetzungen erfüllt sind.

---

[588] Weitere Einzelbeispiele finden sich insbesondere bei *Bunte,* in: FK (Stand: 04/2007) (1999), § 3, Rn. 50–59 und *Bunte,* in: Langen/Bunte, GWB (2006), § 1, Rn. 135–200.

[589] Vgl. die einschlägige Kommentierung des § 6 GWB. s. auch *Braun,* in: Langen/Bunte, GWB (2006), nach § 2 GWB, Rn. 168–175. Zum europäischen Recht s. bspw. *Braun,* in: Langen/Bunte, GWB (2006), Art. 81, Rn. 171–177 m.w.N.

[590] Vgl. *Nordemann,* in: Loewenheim, GWB (2006), § 3, Rn. 38.

1. Produktions- und Spezialisierungsvereinbarungen

a) Vorbemerkungen

Drei Gruppen von Vereinbarungen lassen sich unter der Überschrift Produktions- und Spezialisierungsvereinbarungen zusammenfassen: Neben der Vereinbarung einer gemeinsamen Produktion kann auch eine Spezialisierung- oder eine Zuliefervereinbarung getroffen werden. Spezialisierungskartelle gehören dabei zu den in der Praxis wichtigsten Rationalisierungsvereinbarungen. Dabei liegt nach verbreiteter Ansicht eine Spezialisierung stets dann vor, wenn zwischen mehreren Unternehmen eine Arbeitsteilung im weitesten Sinne vereinbart wird.[591] Während bei der einseitigen Spezialisierung nur ein (Teil der) Partner auf eine eigenständige Produktion eines bestimmten Produkts verzichtet, um zukünftig von den weiterhin produzierenden Partner das Produkt zu beziehen, bedingt die gegenseitige Spezialisierung gegenseitige Produktions- und Bezugsvereinbarungen. Bei der gemeinsamen Produktion verpflichten sich die Partner – häufig im Rahmen eines Gemeinschaftsunternehmens – zur gemeinsamen Herstellung eines Produktes. Bei Zuliefervereinbarungen überlässt der eine Partner ebenfalls die Produktion einem anderen Partner, um zukünftig von diesem das Erzeugnis zu beziehen. Wie bei allen Rationalisierungskartellen ist eine Freistellung deshalb gerechtfertigt, weil von einer Spezialisierungsvereinbarung leistungssteigernde Wirkungen ausgehen und gleichzeitig Effizienzgewinne entstehen. Die Konzentration der Unternehmenstätigkeit auf einzelne betriebliche Abläufe ermöglicht eine rationellere Arbeitsweise. Ermöglicht werden Größen- oder Verbundvorteile.[592] Auch die Verbesserung der Produktionstechniken können – im Rahmen des § 2 GWB – als Förderung des technischen oder wirtschaftlichen Fortschritts freistellungsfähig sein.[593]

Auf die Frage, welche Voraussetzungen erfüllt sein müssen, damit schon nicht das Verbot des § 1 GWB eingreift („Kartellfreie Kooperation") wurde ebenso bereits eingegangen wie auf die in den Leitlinien der Kommission enthaltene Beurteilung von Produktions- und Spezialisierungsvereinbarungen.[594] Im Hinblick auf Produktionsgemeinschaften ist zu beachten, dass al-

---

[591] *Nordemann,* in: Loewenheim, GWB (2006), § 3, Rn. 47; *Immenga,* in: Immenga/Mestmäcker, GWB (2001), § 3, Rn. 17. s. zum GWB a.F. *Bunte,* in: FK (Stand: 09/2000) (1999), § 3, Rn. 19; *Kiecker,* in: Langen/Bunte, GWB (2001), § 3, Rn. 8.

[592] Vgl. *Nordemann,* in: Loewenheim, GWB (2006), § 2, Rn. 82; *Immenga,* in: Immenga/Mestmäcker, GWB (2001), § 3, Rn. 8, 32.

[593] s. *Bayerisches Staatsministerium für Wirtschaft, Verkehr und Technologie,* Kooperation und Wettbewerb, S. 62.

[594] Vgl. oben, Teil 1, Kap. 1 und 2.

lein die gemeinschaftliche Benutzung von Produktionsanlagen grundsätzlich kartellrechtlich unbedenklich ist. Zweifel an der Kartellrechtskonformität bestehen jedoch dann, wenn durch die in Rede stehende Vereinbarung die Befugnis der Beteiligten zur eigenen Fertigung unmittelbar oder mittelbar eingeschränkt wird.[595]

Betrachtet werden soll nunmehr die Möglichkeit einer Freistellung vom Kartellverbot grundsätzlich erfasster Kooperationen. Dabei können verschiedene Auswirkungen auf den Wettbewerb sowohl auf vor- als auch auf nachgelagerten Märkten eintreten. Neben der Abstimmung von Produktionsprogrammen ist die Angleichung von Produktionskosten (Folge: Angleichung der Verkaufspreise), die Abstimmung von Produktionstechnologien (kein Technologie-Wettbewerb mehr), negative Veränderung des Produktionsvolumens (Verknappung des Warenangebots) zu nennen.[596] Im bisherigen deutschen Recht kamen je nach Gegenstand der Vereinbarung unterschiedliche Freistellungstatbestände in Betracht: Spezialisierungsvereinbarungen wurden vorrangig anhand des § 3 GWB a. F. beurteilt. Nach § 3 GWB a. F. konnten dabei alle und nicht nur kleine und mittlerer Unternehmen Nutznießer einer Freistellung sein; abgestellt wurde im Übrigen auf den Grad des verbleibenden Wettbewerbs und nicht auf den der Wettbewerbsbeeinträchtigung. Dafür aber war der Anwendungsbereich des § 3 GWB a. F. beschränkt auf reine Rationalisierungsvereinbarungen in Form von Spezialisierungsabreden; kamen Zusatzabreden oder Preisabsprachen hinzu, so mussten die Freistellungsvoraussetzungen des § 5 GWB a. F. („Rationalisierungskartelle") erfüllt sein.[597] Kooperationen im Bereich der im Gegensatz zur Spezialisierung *gemeinsamen* Herstellung konnten entweder über § 4 Abs. 1 GWB a. F. oder über §§ 5 Abs. 1, 6 oder 7 GWB a. F. freigestellt werden.

Sowohl im europäischen als auch – über § 2 Abs. 2 GWB n. F. – nunmehr auch im deutschen Kartellrecht liegt es nahe, bei der Beurteilung von Spezialisierungsvereinbarungen[598] an erster Stelle nun die GVO über die Anwendung von Art. 81 Abs. 3 des Vertrages auf Gruppen von Spezialisierungsvereinbarungen zu prüfen.[599] Entscheidend ist hierbei in erster Linie, dass insgesamt ein Marktanteil von 20% nicht überschritten wird. Ferner

---

595 *Bunte,* in: Langen/Bunte, GWB (2006), § 1, Rn. 158; vgl. auch *Bayerisches Staatsministerium für Wirtschaft, Verkehr und Technologie,* Kooperation und Wettbewerb, S. 59 f.

596 *Braun,* in: Langen/Bunte, EG (2006), Art. 81, Rn. 144.

597 Vgl. *Bunte,* in: FK, (Stand: 09/2000) (1999), § 3, Rn. 28; *Immenga,* in: Immenga/Mestmäcker, GWB (2001), § 3, Rn. 48.

598 Erfasst werden einseitige oder gegenseitige Spezialisierungsvereinbarungen ebenso wie Vereinbarungen über eine ausschließlich gemeinsame Produktion.

599 GVO Spezialisierung (VO 2658/2000), ABl. 2000/L 304/3.

dürfen keine Kernbeschränkungen in Gestalt von Preisabsprachen, – außerhalb eines bestimmten, gerade noch zulässigen Umfangs – Absprachen über Produktions- und Absatzbeschränkung oder Marktaufteilungen getroffen werden, vgl. Art. 5 GVO Spezialisierung.[600] Freigestellt über die GVO sind jedoch im Bereich der Spezialisierungsvereinbarungen Absprachen über die Menge der von der Spezialisierung erfassten Produkte, über eine gemeinsame Produktion, Regelungen zum Kapazitäts- und Produktionsumfang eines gemeinschaftlichen Produktionsunternehmens und Vereinbarungen über eine gemeinsame Produktion mit gemeinsamer Vermarktung der Vertragsprodukte. Schließlich sind auch Vereinbarungen über Preise, die das gemeinschaftliche Produktionsunternehmen seinen unmittelbaren Abnehmern in Rechnung stellt, zulässig.[601] Es steht zu erwarten, dass aufgrund der relativ hohen Marktanteilsschwelle ein Großteil der Spezialisierungsabreden auf diesem Weg vom Kartellverbot des § 1 GWB freigestellt werden kann.[602] Werden Spezialisierungsvereinbarungen nicht zwischen Wettbewerbern geschlossen, handelt es sich vielmehr um Zuliefererbeziehungen, so sind die Vereinbarungen als vertikale Vereinbarungen einzustufen. In diesem Bereich gelten vorrangig die Gruppenfreistellungsverordnung über die Anwendung von Art. 81 Abs. 3 des Vertrages auf Gruppen von vertikalen Vereinbarungen und aufeinander abgestimmten Verhaltensweisen[603] und die Vertikal-Leitlinien der Kommission[604]. Der hier zu beachtende Marktanteil des Zulieferers darf nicht über 30% liegen. Sofern aber die genannten Marktanteilsschwellen überschritten sind, ist die Möglichkeit einer Einzelfreistellung zu prüfen. Gleiches gilt auch dann, wenn die Produktion nur teilweise vergemeinschaftet wird, die Partner die gegenständlichen Produkte parallel dazu auch weiterhin selbst herstellen. In diesem Fall greift die GVO ebenfalls nicht ein und ist eine Einzelfreistellung zu prüfen, da die verfügbaren Effizienzgewinne nicht vollständig realisiert werden.[605]

---

600 Ausführlich *Fuchs,* in: Immenga/Mestmäcker, WbR-EG (2007), GFVO Kap. f., Rn. 1 ff. s. auch *Braun,* in: Langen/Bunte, EG (2006), Art. 81, Rn. 157–164.

601 GVO Spezialisierung (VO 2658/2000), ABl. 2000/L 304/3, Artt. 1, 3, 5 Abs. 2 lit. b). Vgl. ausführlich: *Fuchs,* in: Immenga/Mestmäcker, WbR-EG (2007), GFVO Kap. f., Rn. 23–41 und 53–61.

602 Vgl. *Nordemann,* in: Loewenheim, GWB (2006), § 2, Rn. 81.

603 GVO-Vertikal (VO 2790/1999), ABl. 1999/L 336/21. Vgl. hierzu ausführlich m.z.N. *Veelken,* in: Immenga/Mestmäcker, WbR-EG (2007), GFVO, Kap. B, Rn. 1 ff.

604 Vertikal-Leitlinien, ABl. 2000/C 291/01.

605 Vgl. *Braun,* in: Langen/Bunte, EG (2006), Art. 81, Rn. 160; *Schroeder,* in: Grabitz/Hilf, (Stand: 01/2001) (1989), Art. 81, Rn. 574.

b) Bewertung nach § 2 Abs. 1 GWB[606]

Wie bereits aufgezeigt, unterscheiden sich die Freistellungsvoraussetzungen des § 2 Abs. 1 GWB von denen des § 3 Abs. 1 GWB in mehreren Punkten. Grundsätzlich kommt eine Freistellung nach beiden Tatbeständen in Betracht. Nach Ansicht des Gesetzgebers der 7. GWB-Novelle entsprechen im Allgemeinen die in § 3 GWB a. F. festgelegten Freistellungsvoraussetzungen den tatbestandlichen Voraussetzungen des Art. 81 Abs. 3 EG, weshalb eine Freistellung nach § 2 Abs. 1 GWB n. F. regelmäßig in Betracht kommen soll.[607] Es muss jedoch bezweifelt werden, dass dem tatsächlich so ist. Für die Auslegung des § 2 Abs. 1 GWB sind dabei – wie mehrfach aufgezeigt – grundsätzlich allein die Wertungen des Art. 81 Abs. 3 EG und die hierzu ergangene Entscheidungspraxis zu rekurrieren.

Beiden Freistellungstatbeständen gemeinsam ist zwar die Forderung nach Effizienzgewinnen bzw. nach einem wirtschaftlichen Nutzen – allerdings auch das nur mit gewissen Einschränkungen. Hier kann, ebenso wie im direkten Vergleich mit § 3 Abs. 1 GWB n. F., sogar von einer gewissen Erweiterung des von § 2 Abs. 1 GWB erfassten Maßnahmenspektrums gesprochen werden, da nicht zwingend ein Rationalisierungseffekt von § 2 Abs. 1 GWB gefordert wird, vielmehr jeder wirtschaftliche Nutzen genügt.[608] Diese Voraussetzungen sind gerade bei Produktions- und Spezialisierungsvereinbarungen regelmäßig erfüllt,[609] gleichwohl sind die Kooperationspartner wie stets bei der Inanspruchnahme einer Freistellungsmöglichkeit verpflichtet,[610] diese Vorteile nachzuweisen.

Damit enden jedoch die Gemeinsamkeiten. Spezialisierungsvereinbarungen waren nämlich nach § 3 GWB a. F. bereits dann freigestellt, wenn sie nicht zu einer marktbeherrschenden Stellung führten beziehungsweise eine solche verstärkten. Insoweit stellt § 2 Abs. 1 GWB n. F. wesentlich größere Anforderungen: Insbesondere die Frage der Unerlässlichkeit der Wettbewerbsbeschränkung stellt sich als beachtliche Erschwerung einer Freistellungsmöglichkeit dar. Nach den auch bei der Auslegung des § 2 Abs. 1 GWB zu beachtenden Hinweisen zur Auslegung des Art. 81 Abs. 3 EG in den Horizontal-Leitlinien der Kommission fallen Produktionsvereinbarun-

---

[606] Darstellung der Entscheidungspraxis hinsichtlich einer Einzelfreistellung nach Art. 81 Abs. 3 EG bei *Braun,* in: Langen/Bunte, EG (2006), Art. 81, Rn. 165–170.

[607] RegE 7. GWB-Novelle, BT-Drs. 15/3640, S. 26.

[608] s. o., Teil 2, Kap. 3, G. II. 1. a). Vgl. ferner *Braun,* in: Langen/Bunte, GWB (2006), nach § 2, Rn. 114.

[609] Vgl. zur Entscheidungspraxis der Europäischen Kommission die Nachweise bei *Braun,* in: Langen/Bunte, EG (2006), Art. 81, Rn. 166.

[610] Vgl. Art. 3 VO 1/2003; s. auch Horizontal-Leitlinien, ABl. 2001/C 3/2, Tz. 103.

gen zwischen Wettbewerbern nur dann nicht unter das Verbot wettbewerbsbeschränkender Verhaltensweisen, wenn sie der einzige wirtschaftlich gerechtfertigte und mögliche Weg sind, in einen neuen Markt einzutreten.[611] Im Übrigen ist bei der Bewertung nach Art. 81 Abs. 3 EG zu beachten, dass Beschränkungen, die über das zur Erzielung der erwähnten wirtschaftlichen Vorteile erforderliche Maß hinausgehen, nicht zulässig sind. Die Beteiligten dürfen zum Beispiel nicht hinsichtlich der von der Zusammenarbeit nicht erfassten Produktion in irgendeiner Weise eingeschränkt werden.[612] Auf der anderen Seite ist hinsichtlich der Frage nach dem verbleibenden Wettbewerb kein Unterschied zwischen dem früheren Freistellungstatbestand des § 3 GWB a. F. und § 2 Abs. 1 in GWB n. F. zu erkennen. In beiden Fällen ist eine Freistellung grundsätzlich dann nicht möglich, wenn die Vereinbarung zu einer Ausschaltung des Wettbewerbs (§ 2 Abs. 1 GWB n. F.) beziehungsweise zu einer marktbeherrschenden Stellung (§ 3 GWB a. F.) führt. In beiden Fällen ist eine Freistellung also nicht möglich, wenn eine marktbeherrschende Stellung erreicht wird, die eine Ausschaltung des Wettbewerbs ermöglicht.[613]

c) Bewertung nach § 3 Abs. 1 GWB

Alternativ zu einer Freistellung über § 2 GWB kommt eine solche nach § 3 Abs. 1 GWB in Betracht. Die sich hierbei bemerkbar machenden allgemeinen Unterschiede zwischen den Freistellungsalternativen wurden bereits herausgearbeitet. Daran anknüpfend drängen sich folgende weitere Überlegungen auf: Während bei Spezialisierungsvereinbarungen im bisherigen Recht eine Freistellung als Mittelstandskartell aufgrund des Vorrangs des § 3 Abs. 1 GWB a. F.[614] regelmäßig nicht in Betracht kam, konkurriert nunmehr die Freistellungsmöglichkeit des § 3 Abs. 1 GWB n. F. mit der des § 2 GWB n. F. Es ist der erklärte Wille des Gesetzgebers, dass einerseits die bisherige Rechtsprechungspraxis für kleine und mittlere Unternehmen übernommen werden soll,[615] und dass andererseits von § 3 Abs. 1 GWB n. F. nunmehr auch mittelständische Spezialisierungskartelle erfasst werden sollen.[616]

---

611 Horizontal-Leitlinien, ABl. 2001/C 3/2, Tz. 87.

612 Horizontal-Leitlinien, ABl. 2001/C 3/2, Tz. 104.

613 Vgl. hierzu Horizontal-Leitlinien, ABl. 2001/C 3/2, Tz. 105, wo klargestellt wird, dass das Kriterium der Ausschaltung des Wettbewerbs gleichzusetzen ist mit der Frage einer marktbeherrschenden Stellung, beide Kriterien synonym verwendet werden. s. ferner die weiteren Beispiele in den Horizontal-Leitlinien, (Horizontal-Leitlinien, ABl. 2001/C 3/2) Tz. 106 ff.

614 Vgl. explizit die Vorrangregelung des § 4 Abs. 1 GWB a. F.

615 Vgl. bspw. RegE 7. GWB-Novelle, BT-Drs. 15/3640, 32.

616 RegE 7. GWB-Novelle, BT-Drs. 15/3640, S. 45.

Im Vergleich zu § 3 GWB a.F. ist aber auch hier eine Freistellung an strengere Voraussetzungen geknüpft. Aus dem Willen des Gesetzgeber ist zwingend zu folgern, dass dann, wenn die weiteren Voraussetzungen des § 3 Abs. 1 GWB insbesondere im Hinblick auf den Zwischenstaatlichkeitsbezug und die Einstufung als kleines und mittleres Unternehmen erfüllt sind, die bisherige Entscheidungspraxis zu § 3 GWB a.F. im Hinblick auf eine *Rationalisierungswirkung* horizontaler Spezialisierungsvereinbarungen übernommen werden und als Auslegungshilfe für dieses Tatbestandsmerkmal des § 3 Abs. 1 GWB n.F. dienen soll.

Eine Betrachtung der bisher zu § 3 Abs. 1 GWB a.F. ergangenen Entscheidungspraxis und der hierzu vorhandenen Literatur bestätigt dabei, was angesichts der unterschiedlichen Freistellungsvoraussetzungen des § 3 Abs. 1 GWB einerseits und des § 2 GWB andererseits[617] auf der Hand liegt: Anders als im europäischen Recht sind über § 3 GWB auch Kernbeschränkungen im Rahmen von Produktions- und Spezialisierungsvereinbarungen freistellbar – soweit die übrigen, teils engeren, teils weiteren Voraussetzungen des § 3 Abs. 1 GWB erfüllt sind. Festzustellen ist dabei zunächst, dass unter Berücksichtigung der bisherigen Entscheidungspraxis und der überwiegenden Meinung im Schrifttum eine Spezialisierung i.S.d. § 3 Abs 1 GWB a.F. und damit auch des § 3 Abs. 1 GWB n.F. nicht nur im Rahmen des industriellen Herstellungsprogramms denkbar ist, sondern auch im Bereich sämtlicher anderer Unternehmensfunktionen.[618] Demgegenüber ist im europäischen Recht unter dem Begriff Spezialisierung regelmäßig eine Spezialisierung nur innerhalb des Produktionsprozesses zu verstehen.[619] Eine Freistellung von Spezialisierungsvereinbarungen in anderen Bereichen (FuE, Vertrieb, Einkauf etc.) sind im europäischen Recht vorrangig an den dann für den jeweiligen Bereich relevanten Freistellungstatbeständen mit anderen Voraussetzungen[620] zu messen.

Dies vorangestellt kann unter Rekurs auf die bisherige Entscheidungspraxis und die Literatur zu § 3 GWB a.F. Folgendes festgehalten werden: Zum einen lassen sich bestimmte Vertriebsvereinbarungen auch als Spezialisierungen verstehen, die zu Rationalisierungen führen und damit zukünftig über § 3 Abs. 1 GWB n.F. freistellbar sind. Hierunter zählen in begrenztem

---

617 s.o., Teil 2, Kap. 3, G. II.

618 Vgl. *Nordemann,* in: Loewenheim, GWB (2006), § 3 Rn. 47 f. m.w.N. Zum GWB a.F. *Immenga,* in: Immenga/Mestmäcker, GWB (2001), § 3, Rn. 18–31; *Bunte,* in: FK (Stand: 09/2000) (1999), § 3, Rn. 18–30.

619 Vgl. Horizontal-Leitlinien, ABl. 2001/C 3/2, Tz. 79; GVO Spezialisierung (VO 2658/2000), ABl. 2000/L 304/3, Art. 1 Abs. 1 S. 1.

620 Vgl. bspw. die unterschiedlichen Markanteilsschwellen für FuE-Vereinbarungen (25%) und Spezialisierungsvereinbarungen (20%) in Horizontal-Leitlinien, ABl. 2001/C 3/2, Tz. 62 u. 93.

Umfang insbesondere auch Vertriebsspezialisierungen, die zu einer örtlichen Marktaufteilung führen. Dabei ist allerdings erforderlich, dass die örtliche hinter eine leistungsbezogene und „vernünftige"[621], sachliche Marktaufteilung tritt, da nur dann, wenn eine Angebotsspezialisierung im Vordergrund steht, auch mit Rationalisierungsgewinnen zu rechnen ist.[622] Zum anderen ist eben auch in anderen Bereichen außerhalb des eigentlichen Produktionsprozesses eine Spezialisierung denkbar: Auf den Handelsstufen kommen Waren- und Angebotsspezialisierungen in Betracht, bei denen in arbeitsteiliger Weise das Verhältnis von Aufwand zu Ertrag beispielsweise durch Reduzierung der abgenommenen Warengruppen oder Typen bei gleichzeitig erhöhter Abnahmezahl der dann bezogenen Warengruppen Rationalisierungseffekte (verringerter Stückpreis, geringere Lagerhaltungs- oder Verwaltungskosten) erzielt werden können.[623] Schließlich sind auch in anderen Bereichen wirtschaftlicher Vorgänge Spezialisierungen möglich, die zu Rationalisierungseffekten führen können.[624] In all diesen Fällen kann eine Spezialisierung Rationalisierungswirkungen hervorrufen, die bereits nach § 3 GWB a. F. zu einer Freistellung führen konnten. Nimmt man den Gesetzgeber beim Wort, so können auch zukünftig diese Spezialisierungen als Rationalisierung i. S. d. § 3 Abs. 1 GWB n. F. anerkannt werden. Sind die weiteren Voraussetzungen des § 3 Abs. 1 GWB erfüllt, so ist von einer Freistellung der betreffenden Vereinbarungen auszugehen. Die vom Bundeskartellamt im Rahmen des § 3 Abs. 1 GWB a. F. mitunter noch akzeptierten hohen Marktanteile von bis zu 50% sind schon vor dem insoweit großzügigeren Kriterium „Entstehung oder Verstärkung einer marktbeherrschenden Stellung" des § 3 Abs. 1 GWB a. F. umstritten gewesen,[625] dürften aber vor dem insoweit strengeren Kriterium des § 3 Abs. 1 GWB n. F. („(keine) wesentliche Beeinträchtigung") keinen Bestand mehr haben.

---

621 *Immenga,* in: Immenga/Mestmäcker, GWB (2001), § 3, Rn. 27.

622 Vgl. ausführlich *Immenga,* in: Immenga/Mestmäcker, GWB (2001), § 3, Rn. 27–29 m. z. N.; *Bunte,* in: FK (Stand: 09/2000) (1999), § 3, Rn. 23. s. auch *Nordemann,* in: Loewenheim, GWB (2006), § 3, Rn. 50, der zwar eine Paralelle zu Art. 5 Abs 1 lit. c) GVO Spezialisierung erkennen möchte, allerdings übersieht, dass, anders, als wie soeben aufgezeigt im nationalen Recht, in der GVO sämtliche (*„unmittelbar oder mittelbar, für sich allein oder in Verbindung mit anderen Umständen")* Marktaufteilungen, von einer Freistellung ausgeschlossen werden.

623 *Immenga,* in: Immenga/Mestmäcker, GWB (2001), § 3, Rn. 30. s. auch *Nordemann,* in: Loewenheim, GWB (2006), § 3, Rn. 50.

624 Vgl. *Immenga,* in: Immenga/Mestmäcker, GWB (2001), § 3, Rn. 31 m. w. N.

625 Vgl. *Bunte,* in: FK (Stand: 09/2000) (1999), § 3, Rn. 11.

2. *Einkaufskooperationen*

a) Überblick

Bei Einkaufskooperationen schließen sich Unternehmen zusammen um bestimmte Erzeugnisse gemeinsam zu erwerben. Eine Einkaufskooperation liegt dabei unabhängig von der Rechtsform und Organisation und Abwicklung dieses gemeinsamen Einkaufs vor. Gegenstand des gemeinsamen Einkaufs können dabei Waren, Dienstleistungen, aber auch Rechte sein. Ziel des gemeinsamen Einkaufes ist es, durch Bündelung des Nachfragevolumens die Nachfragemacht Einzelner zu stärken.[626] Dass diese Möglichkeit der Nachfragebündelung gerade und insbesondere kleinen und mittleren Unternehmen zugute kommt, ist offensichtlich. Nach überwiegender Ansicht auch des EuGH werden deshalb Einkaufsvereinbarungen, durch die die Beteiligten überhaupt erst in die Lage versetzt werden, entsprechende Einkäufe zu tätigen, vom Kartellverbot nicht erfasst.[627] Ganz generell aber ist in der Koordination des Nachfrageverhaltens und der damit verbundenen Nachfolgebündelung gleichzeitig auch regelmäßig eine Wettbewerbsbeschränkung im Sinne des § 1 GWB zu sehen,[628] so dass es regelmäßig auf die Erfüllung eines Freistellungstatbestandes ankommt.[629] Gruppenfreistellungsverordnungen, die sich speziell mit Einkaufsvereinbarungen befassen, bestehen nicht. Dagegen befassen sich, wie bereits dargestellt, die Horizontal-Leitlinien der Kommission ausdrücklich auch mit der Effizienz steigernden Wirkung von Einkaufsvereinbarungen. Auf die Ausführungen hierzu kann verwiesen werden.[630]

---

626 Vgl. zur wirtschaftlichen und wettbewerbspolitischen Bedeutung nach dem GWB a.F. ausführlich *Bunte,* in: FK (Stand: 09/2000) (1999), § 4, Rn. 86 ff.

627 Vgl. *EuGH,* 15.12.1994, Az.: C-250/92 – Goettrup-Klim, 1994, I-05641. s. ferner *Bunte,* in: Langen/Bunte, GWB (2006), § 1, Rn. 155; *Braun,* in: Langen/Bunte, EG (2006), Art. 81, Rn. 182–186; *Zimmer,* in: Immenga/Mestmäcker, GWB (2007), § 1, Rn. 270.

628 Vgl. *BGH,* 12.11.2002, Az.: KZR 11/01 – Ausrüstungsgegenstände für Feuerlöschzüge, WuW/E DE-R 1087; *BKartA,* 06.05.2004, Az.: B 10-37202-N-97/02-1 – Boykott Landkreis Neu-Ulm; *BKartA,* TB 2003/04, S. 40, 90 f.: Polizeidienstkleidung; *BKartA,* TB 2003/04, S. 40: Apotheken-Einkaufskooperation. *Bunte,* in: Langen/Bunte, GWB (2006), § 1, Rn. 152; differenzierter *Nordemann,* in: Loewenheim, GWB (2006), § 2, Rn. 95.

629 Vgl. ausführlich zur europarechtlichen Beurteilung der Kartellfreiheit von Einkaufskooperationen vor und nach Bekanntmachung der Horizontal-Leitlinien *Braun,* in: Langen/Bunte, EG (2006), Art. 81, Rn. 187 ff.

630 Horizontal-Leitlinien, ABl. 2001/C 3/2, Tz. 115 ff.; vgl. ausführlich oben, Teil 2, Kap. 2, A.

b) Erweiterung des Spielraums

Der Gesetzgeber der 7. GWB-Novelle ist zum einen davon ausgegangen, dass eine Sonderregelung, wie sie bislang in § 4 Abs. 2 GWB a.F. enthalten war, aufgrund des erweiterten Vorrangs des europäischen Rechts zukünftig nicht mehr notwendig sei, da in aller Regel Einkaufskooperationen spürbare Auswirkungen auf den Handel zwischen den Mitgliedstaaten hätten.[631] Grundsätzlich sollen daher Einkaufskooperationen zukünftig ohne Sonderregelungen einheitlich wie im europäischen Recht beurteilt werden. Diese Vorgabe führte den Gesetzgeber zum anderen zu dem Ergebnis, dass zukünftig Einkaufskooperationen in weit größerem Umfang als bislang kartellrechtlich zulässig sind.

Diese Ansicht wird dadurch bestätigt, dass in den Horizontal-Leitlinien der Kommission zum einen nicht mehr wie bei § 4 Abs. 2 GWB a.F. auf die Einstufung als kleines oder mittleres Unternehmen als Privilegierungsvoraussetzung abgestellt wird. Somit unterfallen zukünftig auch Unternehmen, die nicht als kleines oder mittleres Unternehmen im Sinne oben vorgestellter Definition einzustufen sind, grundsätzlich der Freistellungsmöglichkeit des Art. 81 Abs. 3 EG – wenn sie denn überhaupt die von der Kommission in den Horizontal-Leitlinien aufgestellten Marktanteilsschwelle von 15% auf dem Einkaufs- und dem Verkaufsmarkt überschreiten und damit überhaupt grundsätzlich unter das Kartellverbot fallen.[632] Bleiben sie auf beiden Märkten unterhalb der 15%-Schwelle, so greift nach den Horizontal-Leitlinien das Kartellverbot noch nicht ein. Zum anderen setzt eine Freistellung über Art. 81 Abs. 3 EG und damit auch über § 2 Abs. 1 GWB im Gegensatz zu § 4 Abs. 2 GWB a.F. nicht mehr voraus, dass es sich um eine Einkaufsgemeinschaft ohne Bezugszwang handelt.[633] Andererseits kommt es für die Frage, ob das Kartellverbot eingreift oder nicht, nicht mehr darauf an, ob eine Bezugspflicht vereinbart ist oder nicht – auch ohne Bezugspflicht können Einkaufsgemeinschaften unter das Verbot des § 1 GWB fallen.[634]

Insoweit kann tatsächlich von einer Erweiterung des Spielraums für die Bildung und Tätigkeit von Einkaufskooperationen gesprochen werden.[635] Die Entscheidung des Bundeskartellamtes in Sachen Citiworks[636] aus dem Jahr

---

[631] RegE 7. GWB-Novelle, BT-Drs. 15/3640, S. 26 f.

[632] Vgl. Horizontal-Leitlinien, ABl. 2001/C 3/2, Tz. 130.

[633] s. Horizontal-Leitlinien, ABl. 2001/C 3/2, Tz. 133; *Braun,* in: Langen/Bunte, EG (2006), Art. 81, Rn. 191 ff.

[634] Vgl. die Nachweise bei *Bunte,* in: Langen/Bunte, GWB (2006), § 1, Rn. 156 f.; ausführlich *Nordemann,* in: Loewenheim, GWB (2006), § 2, Rn. 92 ff.

[635] Vgl. RegE 7. GWB-Novelle, BT-Drs. 15/3640, S. 27.

[636] *BKartA,* 15.07.2002, Az.: B8-87/01 – Citiworks, Tz. 55–62.

2002 wäre beispielsweise vor diesem veränderten Hintergrund anders zu begründen gewesen: Es wäre nicht, wie geschehen, auf ein Rationalisierungskartell gem. § 5 GWB a.F. abzustellen gewesen. Eine Freistellung hätte trotz des vereinbarten Bezugszwangs auch als Einkaufskooperation gem. § 2 Abs. 1 GWB n.F. erfolgen können. Gleichzeitig aber stellt sich die Frage, ob dieser erweiterte Spielraum nicht eine zusätzliche Belastung für kleine und mittlere Unternehmen mit sich bringen wird: Während früher die Freistellung von Einkaufskooperationen der Privilegierung kleiner und mittlerer Unternehmen diente, um so einen strukturellen Nachteilsausgleich zu schaffen, kann die jetzige Erweiterung des Anwendungsbereichs dazu führen, dass auch Großunternehmen, die die Marktanteilsschwellen nicht überschreiten, zukünftig ebenfalls ihre Nachfrage bündeln. Damit kann beispielsweise auf Zulieferer, die in vielen Fällen kleine und mittlere Unternehmen sind, der Druck der Großunternehmen zusätzlich gesteigert werden. Die Wettbewerbshüter sind hier aufgefordert, auf einen solchen Missbrauch der Freistellungsmöglichkeit durch Großunternehmen besonders zu achten und ggfs. über die Instrumente der Machtmissbrauchskontrolle der §§ 19 ff. GWB hier Grenzen aufzuzeigen.

c) Bewertung nach § 2 Abs. 1 GWB

Auch im Bereich der Einkaufskooperationen gelten die eingangs dieses Kapitels dargestellten Unterschiede zwischen einer Freistellung über § 2 Abs. 1 GWB und einer solchen über § 3 GWB. Darüber hinaus sind bei einer Beurteilung nach § 2 Abs. 1 GWB folgende Aspekte besonders hervorzuheben: für eine Freistellung nach § 2 Abs. 1 GWB bedarf es keiner Rationalisierung, vielmehr genügt auch die auf reine Größenvorteile beruhende Verbesserung der Einkaufskonditionen, jedenfalls dann, wenn die damit erzielten Effizienzgewinne aufgrund weiterhin bestehenden Wettbewerbs an die Folgeabnehmer weitergeleitet werden.[637]

Im Verhältnis zum rein nationalen Freistellungstatbestand des § 3 GWB könnte bei Anwendung des § 2 Abs. 1 GWB grundsätzlich relevant werden, dass das nationale Kartellrecht auch die Nachfragetätigkeit der öffentlichen Hand als Unternehmertätigkeit i.S.d. § 1 GWB ansieht, wohingegen das EuG eine Unternehmenseigenschaft verneint, wenn die öffentliche Hand auf dem Absatzmarkt nicht unternehmerisch tätig wird.[638] In diesem Zusammenhang ist die Feuerlöschzüge-Entscheidung des BGH[639] auf der einen

---

637 Horizontal-Leitlinien, ABl. 2001/C 3/2, Tz. 132.

638 Vgl. hierzu *Fuchs,* in: Immenga/Mestmäcker, GWB (2007), § 3, Rn. 41; *Bunte,* in: FK (Stand: 04/2007) (1999), § 3, Rn. 97.

639 *BGH,* 12.11.2002, Az.: KZR 11/01 – Ausrüstungsgegenstände für Feuerlöschzüge, WuW/E DE-R 1087.

Seite, die Entscheidung des EuGH in Sachen AOK Bundesverband[640] auf der anderen Seite an erster Stelle zu nennen, die diese unterschiedliche Betrachtungsweise erneut verdeutlicht haben.[641] Für die hier zu entscheidende Frage, ob eine solche Einkaufskooperation grundsätzlich freistellungsfähig ist, kommt es jedoch nicht darauf an, wie man dieses Problem lösen könnte: Diese Problematik setzt bereits bei der Frage an, ob überhaupt das Kartellverbot des § 1 GWB anwendbar ist oder nicht. Für die Frage einer Freistellung dagegen muss man davon ausgehen, dass eine entsprechende Nachfragetätigkeit grundsätzlich dem Verbot des § 1 GWB unterfällt, denn anderenfalls bedarf es schon keiner Freistellung mehr. Gleichzeitig ist aber dann auch tatsächlich der Anwendungsbereich der §§ 2 und 3 GWB n.F. eröffnet, da nicht zwischen dem Unternehmensbegriff des § 1 und dem der §§ 2 und 3 GWB zu differenzieren ist. Allerdings gilt zu beachten, dass für eine Freistellung nach § 2 Abs. 1 GWB stets die Weitergabe der Effizienzgewinne an den Verbraucher erforderlich ist. Zweifelhaft erscheint es, ob eine Einkaufskooperation der öffentlichen Hand überhaupt zu einer solchen Weitergabe in der Lage ist – denn in vielen Bereichen ist sie eben nicht auf dem Verbrauchermarkt unternehmerisch tätig, vielmehr fehlt es an einer eigenen Absatzseite.[642] Während nach der Rechtsprechung der europäischen Gerichte schon die Anwendung des Kartellverbotes sehr fraglich ist, könnte im innerstaatlichen Bereich das Kartellverbot greifen und eine Freistellung über § 2 Abs. 1 GWB mangels Weitergabe des Effizienzgewinns an die Verbraucher scheitern.[643] Zu prüfen wären dann die Freistellungsvoraussetzungen des § 3 GWB.

Ein wirtschaftlicher Nutzen bzw. Effizienzgewinn i.S.d. § 2 Abs. 1 GWB liegt wie bereits gesagt schon dann vor, wenn durch die Einkaufskooperationen Größenvorteile im Auftragseingang oder der Auftragsbearbeitung sowie beim Transport entstehen.[644] Daneben können – ebenso wie im Rahmen von Vermarktungsvereinbarungen (dazu sogleich) – Effizienzgewinne durch Rationalisierungen erzielt werden. Wie aufgezeigt, ist im Rahmen des § 2 Abs. 1 GWB das erfasste Maßnahmenspektrum weiter als im Vergleich zu den §§ 3–5 GWB a.F., so dass auch Rationalisierungseffekte als Effizienzgewinne i.S.d. § 2 Abs. 1 GWB anzusehen und entsprechende Vereinbarungen freistellbar sind. An erster Stelle kann deshalb

---

640 *EuGH,* 16.03.2004 – AOK Bundesverband, WuW EU-R 801.

641 Auf diese Problematik weist auch das Bundeskartellamt hin, sieht aber bislang keinen Anlass, von dieser Auffassung abzuweichen, vgl. *BKartA,* TB 2005/2006, S. 38.

642 Vgl. *BKartA,* TB 2003/04, S. 91.

643 s. *Nordemann,* in: Loewenheim, GWB (2006), § 2, Rn. 99.

644 Beispiele für Effizienzgewinne bei *Braun,* in: Langen/Bunte, EG (2006), Art. 81, Rn. 194.

bei diesem Punkt der Prüfung des § 2 Abs. 1 GWB an der Entscheidungs- und Rechtsprechungspraxis zu § 4 Abs. 1 GWB a.F., insbesondere aber auch des § 5 GWB a.F. angeknüpft werden.[645] Die Fälle, in denen eine Rationalisierungswirkung i.S.d. §§ 4 und 5 GWB a.F. anerkannt worden ist, können als Beispiel und Auslegungshilfe für den Prüfungspunkt Effizienzvorteil i.S.d. § 2 Abs. 1 GWB dienen. Notwendig ist allerdings auch hier, dass diese Effizienzgewinne an die Verbraucher weitergegeben werden, denn bloße Machtausübung ohne Vorteil für den Kunden genügt für eine Freistellung nicht.[646] Ferner muss auch bei Einkaufskooperationen die Wettbewerbsbeschränkung unerlässlich sein, was beispielsweise dann der Fall ist, wenn der erforderliche Umfang der jeweiligen Zusammenarbeit zur Erzielung von Größenvorteilen notwendig ist.[647] Eine übermäßige Bindung an die Einkaufskooperation beispielsweise als reines Filialsystem unter Gefährdung der unternehmerischen Selbständigkeit der Kooperationsteilnehmer kann als eine nicht unerlässliche Wettbewerbsbeschränkung angesehen werden.[648] Das Bundeskartellamt sieht dabei insbesondere Bezugsbindungen durchaus kritisch.[649] Es gilt abzuwarten, ob das Amt versuchen wird, die bisherige Entscheidungspraxis zu § 4 Abs. 2 GWB a.F., die unter der Prämisse der Bezugsfreiheit stand, über das Kriterium der Unerlässlichkeit in § 2 Abs. 1 GWB weitergehend aufrechtzuerhalten, als dies eigentlich der Entscheidungspraxis der Kommission entsprechen würde.[650] Schließlich darf die Vereinbarung auch nicht zur Ausschaltung des Wettbewerbs in wesentlichen Teilen des Marktes führen. Hierbei sind sowohl die Einkaufs- als auch die Verkaufsmärkte zu untersuchen.[651] Der Bundesgerichtshof hat hier Marktanteile von unter 10% für unkritisch gehalten.[652] Dabei sind zukünftig jedoch auch wesentlich höhere Marktanteile noch kein zwingendes Indiz

---

645 Vgl. hierzu *Immenga,* in: Immenga/Mestmäcker, GWB (2001), § 5, Rn. 67 ff.

646 Horizontal-Leitlinien, ABl. 2001/C 3/2, Tz. 132. Bemerkenswert ist, dass das Bundeskartellamt offenbar im Hinblick auf eine Einkaufskooperation im Lebensmitteleinzelhandel (EDEKA/ALIDIS) unmittelbar darauf abstellte, dass die erzielten günstigeren Bezugspreise aufgrund signifikaten Wettbewerbs an die Verbraucher weitergegeben werden. Die Frage der Spürbarkeit wurde vor diesem Hintergrund gar nicht erst gestellt, vgl. *BKartA,* TB 2005/2006, S. 137.

647 Horizontal-Leitlinien, ABl. 2001/C 3/2, Tz. 133. Vgl. auch die Analyse der Fallpraxis zu § 4 Abs. 2 GWB von *Nordemann,* in: Loewenheim, GWB (2006), § 2, Rn. 97. Zum europäischen Recht vgl. *Braun,* in: Langen/Bunte, EG (2006), Art. 81, Rn. 196 f.

648 Vgl. *Bayerisches Staatsministerium für Wirtschaft, Verkehr und Technologie,* Kooperation und Wettbewerb, S. 70.

649 *BKartA,* Merkblatt KMU (2007), Tz. 38 a.E.

650 Ähnlich *Pfeffer/Wegner,* Neue Bekanntmachungen, BB 2007, 1173, 1178.

651 Horizontal-Leitlinien, ABl. 2001/C 3/2, Tz. 134.

652 *BGH,* 12.11.2002, Az.: KZR 11/01 – Ausrüstungsgegenstände für Feuerlöschzüge, WuW/E DE-R 1087.

für eine Ausschaltung des Wettbewerbs mit der Folge einer Versagung der Freistellung: Die Horizontal-Leitlinien gehen davon aus, dass durchaus auch Fälle bis zu einem Marktanteil von 15% noch nicht einmal unter das Kartellverbot des Art. 81 Abs. 1 EG fallen.[653] In jedem Fall ist nach Ansicht der Kommission „wahrscheinlich, dass die nachstehend beschriebenen Voraussetzungen des Artikels 81 Abs. 3 durch die fragliche Vereinbarung erfüllt werden." Hieraus lässt sich ableiten, dass bis zu einer Marktanteilsschwelle von 15% eine Ausschaltung des Wettbewerbs in wesentlichen Teilen des Marktes im Sinne des § 2 Abs. 1 GWB regelmäßig nicht vorliegt. Davon geht nunmehr auch das Bundeskartellamt aus. Zukünftig wird regelmäßig erst ab einer Überschreitung dieses Schwellenwerts § 2 GWB vom Bundeskartellamt geprüft werden.[654] Ausgehend von den Marktanteilen ist zu ermitteln, ob hier eine „beherrschende Stellung vorliegt und ob mildernde Faktoren wie zum Beispiel Gegenmacht der Lieferanten auf den Einkaufsmärkten oder Potenzial für einen Marktzutritt in den Verkaufsmärkten gegeben sind."[655] Auch hier sind neben quantitativen auch qualitative Faktoren, wie sie hier bereits mehrfach aufgezeigt worden sind, zu berücksichtigen und zu prüfen.[656]

d) Bewertung nach § 3 Abs. 1 GWB

Auch im Bereich der Einkaufskooperationen kommt neben einer Freistellung über § 2 Abs. 1 GWB auch und insbesondere eine Freistellung über § 3 Abs. 1 GWB in Betracht.[657] Während im bisherigen Recht allein die Steigerung der Wettbewerbsfähigkeit für eine Freistellung als Einkaufskooperation gem. § 4 Abs. 2 GWB a.F. genügte (sofern die Teilnehmer kleine oder mittlere Unternehmen waren), ist für eine Freistellung nach § 3 GWB eine Rationalisierung i.S. einer echten Steigerung der Leistungsfähigkeit durch den gemeinsamen Warenbezug erforderlich.[658] Dabei kann diese Freistellungsvoraussetzung des § 3 Abs. 1 GWB durchaus auch von Einkaufskooperationen erfüllt werden.[659] Eine solche Rationalisierungswirkung wurde zuletzt beispielsweise vom Bundeskartellamt auf der Grundlage der 7. GWB-Novelle im Hinblick auf eine Einkaufskooperation in der Entscheidung Hintermauerziegelkartell[660] anerkannt. Allerdings liegt der Schwer-

---

[653] Horizontal-Leitlinien, ABl. 2001/C 3/2, Tz. 130.
[654] *BKartA,* Merkblatt KMU (2007), S. 17, Tz. 38.
[655] Horizontal-Leitlinien, ABl. 2001/C 3/2, Tz. 134.
[656] Vgl. hierzu auch *Nordemann,* in: Loewenheim, GWB (2006), § 2, Rn. 101.
[657] s. *Bunte,* in: Langen/Bunte, GWB (2006), § 1, Rn. 152.
[658] Zu den Einzelheiten s.o., Teil 2, Kap. 3, E. IV. 4.
[659] Vgl. bspw. *BKartA,* 15.07.2002, Az.: B8-87/01 – Citiworks, Tz. 64.

punkt dieser Entscheidung eindeutig bei der Abgrenzung der Anwendungsbereiche des nationalen und des europäischen Rechts. Hinsichtlich der hier interessierenden Frage, in welchen Konstellationen eine Einkaufskooperation Rationalisierungswirkung entfaltet, enthält die Entscheidung keine weiteren Hinweise. Das Amt belässt es in der veröffentlichten Entscheidung vielmehr bei allgemeinen Ausführungen, ohne diese auf den konkret entschiedenen Fall nachvollziehbar anzuwenden. Aufschlussreicher ist dabei die noch auf der Grundlage des bisherigen Rechts erlassene, vorerwähnte Entscheidung des Bundeskartellamtes in Sachen citiworks[661]. Im Hinblick auf die hier interessierende Frage nach Rationalisierungswirkungen von Einkaufskooperationen zeigt die Entscheidung zweierlei: Zum einen führt eine Zusammenfassung von Einkaufsvolumina nicht zu Rationalisierungseffekten i. S. d. § 5 GWB a. F., folglich auch nicht i. S. d. § 3 GWB n. F.[662] Zum anderen aber kann im Rahmen des gebündelten Einkaufs jedenfalls dann, wenn die beteiligten Unternehmen auch selbstständig bestimmte Produkte herstellen,

> „ein verbessertes Risikomanagement erreicht werden, da die Absicherung von Bezugs- und Lieferverträgen, insbesondere die Abdeckung von Mengen und Preisdifferenzen zwischen Absatz und Beschaffung, bei einer größeren Einheit mit Eigenerzeugung erleichtert wird."[663]

Rationalisierungswirkungen können bei der Kooperation im Bereich des Handels – worunter auch der sogleich zu behandelnde Vertrieb fällt – zudem auch daraus resultieren, dass „Einsparpotentiale bei den Investitionskosten für die Hard- und Software eines Handelssystems und die Organisation der Handelsprozesse, bei den Kapitalkosten für Finanzierung der Anlaufverluste einer Handelsabteilung sowie durch Personaleinsparungen"[664] verwirklicht werden können. Ein weiterer, richtiger Aspekt wird in der Entscheidung hervorgehoben: Durch die Bündelung von Fachwissen in einer einzigen, damit auch größeren Handelsabteilung wird der Bedarf an und die Abhängigkeit von externen Beratern reduziert, was ebenfalls als Rationalisierungseffekt anzuerkennen sein kann.[665] Im Übrigen wurden auch im bisherigen Recht im Rahmen des § 5 GWB a. F., insbesondere dessen Absatz 2, Rationalisierungswirkungen von Einkaufskooperationen geprüft und im Einzelfall für zulässig erachtet.[666] An diese Entscheidungspraxis

---

660 *BKartA,* 25.10.2005, Az.: B 1-248/04 – Hintermauerziegelkartell, WuW/E DE-V 1142.

661 *BKartA,* 15.07.2002, Az.: B8-87/01 – Citiworks.

662 *BKartA,* 15.07.2002, Az.: B8-87/01 – Citiworks, Tz. 72.

663 *BKartA,* 15.07.2002, Az.: B8-87/01 – Citiworks, Tz. 70.

664 *BKartA,* 15.07.2002, Az.: B8-87/01 – Citiworks, Tz. 66.

665 *BKartA,* 15.07.2002, Az.: B8-87/01 – Citiworks, Tz. 67.

666 *Immenga,* in: Immenga/Mestmäcker, GWB (2001), § 5, Rn. 67 ff.

kann unter Geltung des § 3 GWB n. F. angeknüpft werden. Deshalb ist davon auszugehen, dass beispielsweise auch weiterhin sowohl Quotenvereinbarungen als auch Auftragslenkungsvereinbarungen als Rationalisierungsmaßnahme angesehen und damit über § 3 GWB freigestellt sind.[667] Dagegen sind insbesondere Ausgleichszahlungen bei Überschreiten von vereinbarten Quoten o. ä. nicht geeignet, eine Rationalisierungswirkung hervorzurufen;[668] eine Freistellung kann daher auch nicht über § 3 Abs. 1 GWB erfolgen.

3. Vermarktungsvereinbarungen

a) Überblick

Häufig gemeinsam mit Vereinbarungen über den gemeinsamen Einkauf werden auch Absatz- und Vermarktungskooperationen eingegangen.[669] Diese Verkopplung von Einkaufs- mit Verkaufskooperationen wurde vom Bundeskartellamt unter Geltung des GWB a. F. häufig einheitlich und durchaus großzügig anhand des jedenfalls vom Wortlaut auf Einkaufskooperationen beschränkten § 4 Abs. 2 GWB beurteilt.[670] Ob diese Praxis zulässig war oder nicht, braucht hier nicht mehr entschieden zu werden.[671] Vielmehr sind auch im Hinblick auf Vermarktungsvereinbarungen (sog. Syndikate), unabhängig davon, ob sie in Kombination mit einer Einkaufskooperation oder allein stehend beurteilt werden müssen, die Freistellungsvoraussetzungen der §§ 2 und 3 GWB zu prüfen.

Gegenstand von Vermarktungsvereinbarungen ist die Zusammenarbeit beim Verkauf, beim Vertrieb oder der Produktförderung zwischen Wettbewerbern.[672] Hier kann der Wettbewerb in ganz unterschiedlicher Intensität beeinträchtigt werden. Von einem auch hierunter fallenden gemeinsamen

---

667 Krit. allerdings *BKartA,* Merkblatt KMU(2007), Tz. 33. Vgl. hierzu *Karl/Beutelmann/Müller-Feldhammer,* Zwölf Thesen, BB 2008, 1014, 1018.

668 *Immenga,* in: Immenga/Mestmäcker, GWB (2001), § 5, Rn. 69.

669 Vgl. hierzu *Bunte,* in: Langen/Bunte, GWB (2006), § 1, Rn. 153; *Nordemann,* in: Loewenheim, GWB (2006), § 2, Rn. 102. s. bspw. auch *BKartA,* 15.07.2002, Az.: B8-87/01 – Citiworks.

670 *BKartA,* TB 1987/1989, S. 24 f. So auch: *Bunte,* in: FK (Stand: 09/2000) (1999), § 4, Rn. 108; *Kiecker,* in: Langen/Bunte, GWB (2001), § 4, Rn. 45 f.; a. A. bspw. *Lutz,* Einkaufskooperationen, WRP 2002, 47, 51; *Immenga,* in: Immenga/Mestmäcker, GWB (2001), § 4, Rn. 103; *Dittrich,* Fünfte Kartellgesetznovelle, DB 1990, 98.

671 Vgl. *Nordemann,* in: Loewenheim, GWB (2006), § 2, Rn. 103.

672 Horizontal-Leitlinien, ABl. 2001/C 3/2, Tz. 139; vgl. auch *Bayerisches Staatsministerium für Wirtschaft, Verkehr und Technologie,* Kooperation und Wettbewerb, S. 63.

Verkauf wird einer der wettbewerbsrechtlich sensibelsten Bereiche berührt, da ein gemeinsamer Vertrieb eine Verständigung über Preise, Quoten und Marktstrategien und damit über die wichtigsten Wettbewerbsparameter zumindest nahe legt. Sind Preisfestsetzungen Gegenstand der Kooperation, so wird diese vom Kartellverbot ganz grundsätzlich erfasst, unabhängig von den gehaltenen Marktanteilen;[673] ansonsten gilt nach den Horizontal-Leitlinien der Kommission auch hier eine Marktanteilsgrenze von 15%, bis zu der eine wettbewerbsbeschränkende Wirkung und damit ein Eingreifen des Art. 81 Abs. 1 EG bzw. des § 1 GWB unwahrscheinlich sein soll.[674] Ferner sind Vereinbarungen nicht wettbewerbsbeschränkend, die einen Markteintritt erst ermöglichen.[675] Auch ist es eine Frage des Einzelfalls, ob eine Kooperation im Bereich der Werbung unter das Kartellverbot fällt.[676] Im Übrigen ist eine kartellfreie Kooperation im Bereich Vermarktung nur in engen Grenzen möglich:[677] So ist beispielsweise nach Ansicht der Bayerischen Landeskartellbehörde eine gemeinschaftliche Nutzung von Inkassostellen oder Logistikzentren nur möglich, sofern die Kooperationspartner eigenständig die Preise, Geschäftsbedingungen, Absatzmengen etc. festsetzen und es sich bei der gemeinschaftlichen Nutzung um eine rein technische Erleichterung handelt, die nicht zu einer Koordinierung und Ausschaltung des Wettbewerbs genutzt wird.[678] Da eine Gruppenfreistellungsverordnung für diesen Bereich nicht existiert, ist im Übrigen auch hier eine Einzelfreistellung über § 2 Abs. 1 GWB oder § 3 Abs. 1 GWB von den Kartellteilnehmern anzustreben.

b) Bewertung nach § 2 Abs. 1 GWB

Im Rahmen des § 2 Abs. 1 GWB n.F. haben horizontale Vertriebskooperationen ganz ähnliche Voraussetzungen zu erfüllen wie bislang unter Anwendung des § 5 GWB a.F., insbesondere des § 5 Abs. 2 GWB a.F. Die Horizontal-Leitlinien der Kommission, die bei der Frage einer Freistellung nach § 2 Abs. 1 GWB ganz maßgeblich zu berücksichtigen sind, betonen,

---

[673] Horizontal-Leitlinien, ABl. 2001/C 3/2, Tz. 144, 148.

[674] Horizontal-Leitlinien, ABl. 2001/C 3/2, Tz. 149.

[675] Vgl. Horizontal-Leitlinien, ABl. 2001/C 3/2, Tz. 143; *Nordemann,* in: Loewenheim, GWB (2006), § 2, Rn. 105; *Braun,* in: Langen/Bunte, GWB (2006), nach § 2, Rn. 141.

[676] Vgl. *Nordemann,* in: Loewenheim, GWB (2006), § 2, Rn. 105, 136; *Bechtold,* Kartellgesetz, § 1, Rn. 83.

[677] Vgl. zum bisherigen Stand der Rechtsprechung *Bechtold,* Kartellgesetz, § 1, Rn. 81. Zu nicht-wettbewerbsbeschränkenden Vermarktungsvereinbarungen im europäischen Recht vgl. *Braun,* in: Langen/Bunte, EG (2006), Art. 81, Rn. 203–206.

[678] *Bayerisches Staatsministerium für Wirtschaft, Verkehr und Technologie,* Kooperation und Wettbewerb, S. 64.

dass die zu erbringenden Effizienzgewinne nicht durch Wettbewerbsvermeidung, sondern durch die Zusammenlegung wirtschaftlicher Tätigkeiten entstehen müssen.[679] Nicht ausreichend ist daher eine Senkung der Transportkosten als Folge einer Aufteilung der Kundenkreise ohne Zusammenlegung des logistischen Systems.[680] Effizienzgewinne werden dagegen regelmäßig durch den Verzicht auf ein paralleles Vertriebssystem erzielt.[681] Ebenso streng wie bei § 5 Abs. 2 GWB a.F. ist die zukünftige Beurteilung von Preisfestsetzungen im Rahmen des § 2 Abs. 1 GWB: Während bislang eine solche Preisfestsetzung dann zulässig war, wenn der Rationalisierungszweck auf andere Weise nicht zu erreichen war, kann zukünftig unter Heranziehung der Horizontal-Leitlinien ebenfalls im Ausnahmefall auch eine Preisfestsetzung zu einem wirtschaftlichen Nutzen führen – dann nämlich, wenn sie für die Integration anderer Vertriebsfunktionen erforderlich ist und hierdurch erhebliche Leistungsgewinne entstehen. Erforderlich sind also wie auch bisher[682] in jedem Fall echte Leistungsverbesserungen, die bloße Preisabsprache genügt den Freistellungsvoraussetzungen nicht.

Die oben aufgezeigte[683] Erweiterung des von § 2 Abs. 1 GWB erfassten Maßnahmespektrums schließt nicht aus, dass auch zukünftig Effizienzgewinne in klassischer Weise durch Rationalisierungsmaßnahmen erzielt werden. Hier kann die bisherige Entscheidungspraxis und Literatur zu § 5 GWB a.F., insbesondere zu § 5 Abs. 2 GWB a.F. herangezogen werden, um zu beurteilen, ob eine horizontale Vertriebskooperation Rationalisierungseffekte und damit Effizienzvorteile i.S.d. § 2 Abs. 1 GWB zeitigen kann.[684] Bei einer Kooperation im Vertrieb können Effizienzgewinne beispielsweise durch rationalisierende Auftragslenkung entstehen, die den nächstgelegenen Kooperationspartnern oder demjenigen mit freien Kapazitäten den jeweiligen Auftrag zuweist.[685] Zu verweisen ist hierbei allerdings auch auf die jüngere Entscheidung des Bundeskartellamtes in Sachen Filigranbetondecken[686], in der die Zusammenlegung der Vertriebsaktivitäten zweier Baustoffunternehmen inkl. Preis- und Quotenabsprachen an Art. 81 Abs. 3 EG gemessen und für nicht freistellungswürdig gehalten

679 Horizontal-Leitlinien, ABl. 2001/C 3/2, Tz. 152.

680 Horizontal-Leitlinien, ABl. 2001/C 3/2, Tz. 152.

681 Vgl. zum europäischen Recht *Braun,* in: Langen/Bunte, EG (2006), Art. 81, Rn. 214–219.

682 Vgl. *Immenga,* in: Immenga/Mestmäcker, GWB (2001), § 5, Rn. 62.

683 Vgl. Teil 2, Kap. 3, G. II. 1.

684 Vgl. ausführlich *Immenga,* in: Immenga/Mestmäcker, GWB (2001), § 5, Rn. 67 ff.

685 *Nordemann,* in: Loewenheim, GWB (2006), § 2, Rn. 108.

686 *BKartA,* Beschluss vom 17.06.2004, Az.: B 1-25/04 – Vetra/Danzer (Filigranbetondecken), WuW/E DE-V 960.

wurde.[687] Insbesondere die für eine Freistellung erforderliche Unerlässlichkeit[688] der (wettbewerbsbeschränkenden) Quoten- und Preisfestsetzungen, die in diesem Fall fehlte, führte zur Versagung einer Freistellung. In anderen Fällen wurden aber Quoten- und Preisfestsetzungen auch vom Bundeskartellamt als unerlässlich akzeptiert.[689] Bei der Frage der Unerlässlichkeit ist gerade im Hinblick auf kleine und mittlere Unternehmen auch zu berücksichtigen, dass schon nach bisherigem Recht der Bundesgerichtshof unter Anwendung des § 7 GWB a.F., dem „Vorgänger" des jetzigen § 2 Abs. 1 GWB, eine Vermachtung und Erhöhung der Marktzutrittsschranken durch horizontale Vermarktungskooperationen dann für zulässig erachtet hat, wenn dadurch ein horizontaler Marktmachtausgleich durch ein sog. Aufholkartell ermöglicht wird, durch das der Wettbewerb belebt wird.[690] Die so erzielten Effizienzgewinne müssen wie stets auch an die Verbraucher in angemessenem Umfang weitergegeben werden.[691] Dabei darf auch in diesen Konstellationen keine Ausschaltung des Wettbewerbs auf einem wesentlichen Teil des Marktes eintreten.[692] Auch hier sehen die Horizontal-Leitlinien eine Zäsur bei 15% Marktanteil, sofern nicht Preisabreden vorliegen; bis zu 15% Marktanteil sind dabei auch Preisabreden in jedem Fall immerhin einer Einzelbetrachtung zugänglich.

---

[687] s. hierzu auch *OLG Düsseldorf,* 10.06.2005, Az.: VI-2 KArt. 12/04 – Filigranbetondecken, WuW/E DE-R 1610, dass den Widerspruchsbescheid des Bundeskartellamtes mangels Anwendbarkeit des europäischen Rechts aufhob. (Dazu bereits oben, Teil 1, Kap. 3, A. IV. 1.

[688] Beispiele von für unerlässlich gehaltenen wettbewerbsbeschränkenden Vereinbarungen bei *Nordemann,* in: Loewenheim, GWB (2006), § 2, Rn. 109 f.

[689] Vgl. zu Quotenfestsetzungen *BKartA,* 16.06.1964 – Hydromechanik, WuW/E BKartA 846, 851; *BKartA,* 12.11.1962 – Westfälische Zementwerke I, WuW/E BKartA 549, 553; zu Preisfestsetzungen *BKartA,* 12.02.1982 – AKO-Abflusskontor, WuW/E BKartA 2047, 2048. Weitere Nachweise bei *Nordemann,* in: Loewenheim, GWB (2006), § 2, Rn. 110. Siehe dazu auch das Beispiel in den Horizontal-Leitlinien, Horizontal-Leitlinien, ABl. 2001/C 3/2, Tz. 156.

[690] *BGH,* 09.07.2002, Az.: KVR 1/01 – Stellenmarkt für Deutschland, WuW/E DE-R 919, unter Aufhebung der Entscheidung des *KG Berlin,* 19.07.1999, Az.: Kart 49/99 – Stellenmarkt, WuW/E DE-R 628, die keine Unerlässlichkeit anerkennen wollte; zustimmend *Bunte,* Stellenmarkt für Deutschland, EWiR 2002, 913; *Nordemann,* in: Loewenheim, GWB (2006), § 2, Rn. 113; a. A. *Hartmann-Rüppel/Wagner,* Stellenmarkt für Deutschland, ZWeR 2004, 128. Vgl. ferner zur Frage einer Nebengewichtsbildung: *Nordemann,* Gegenmacht, m. w. N.

[691] Siehe hierzu *Nordemann,* in: Loewenheim, GWB (2006), § 2, Rn. 111 m. w. N.

[692] Siehe hierzu *Nordemann,* in: Loewenheim, GWB (2006), § 2, Rn. 112 m. w. N.

c) Bewertung nach § 3 Abs. 1 GWB

Für eine Freistellung nach § 3 Abs. 1 GWB sind die oben aufgezeigten Voraussetzungen zu erfüllen, die denen des § 4 GWB a.F. entsprechen. Im bisherigen Recht kam eine Freistellung von Vermarktungskooperationen dabei sowohl über § 4 Abs. 2 GWB a.F., der zusätzliche Voraussetzungen neben denen des § 4 Abs. 1 GWB nannte, als auch über § 5 Abs. 2 GWB a.F. in Betracht. Eine Freistellung über § 5 Abs. 2 GWB a.F. war dabei, sieht man von dem Erfordernis, ein kleines oder mittleres Unternehmen zu sein, ab, an strengere Voraussetzungen geknüpft als eine Freistellung nach § 4 Abs. 2 GWB a.F. Sie entsprach eher der Freistellung nach Art. 81 Abs. 3 EG. Dabei beschränkte sich das von § 5 GWB a.F. erfasste Maßnahmenspektrum ebenso wie § 4 GWB a.F. auf Rationalisierungsmaßnahmen. So wie bei §§ 4 und 5 GWB a.F. stehen auch im Rahmen des § 3 GWB Rationalisierungseffekte im Mittelpunkt der Prüfung. Es ist daher – ebenso wie bei der Prüfung von Effizienzvorteilen im Rahmen des § 2 Abs. 1 GWB – auf die bisherige Entscheidungspraxis zu § 4 GWB a.F., insbesondere aber auch zu § 5 GWB a.F. zu rekurrieren. Je stärker sich die Vereinbarung beispielsweise durch Reduzierung der Zahl von Lagerstätten, der Dauer des Warenumschlags, des Zeitaufwands für den Vertrieb unmittelbar auf die Senkung von Vertriebskosten auswirkt, desto eher ist von einer Rationalisierungswirkung im Sinne des § 3 Abs. 1 GWB auszugehen.[693] Ebenso wie bei Einkaufskooperationen können darüber hinaus auch im Rahmen des Vertriebs und der Vermarktung Rationalisierungswirkungen durch Quoten- und Auftragslenkungsvereinbarungen erzielt werden.

4. Forschung und Entwicklung

Kleine und mittlere Unternehmen müssen, um gerade auch den wachsenden Ansprüchen größerer Unternehmen, für die sie häufig Zulieferer sind, entsprechen zu können, fortlaufend Neuerungen einführen.[694] Gleichzeitig ist der Bereich Forschung und Entwicklung ein besonders kostenintensiver und mit erheblichen Unsicherheiten im Hinblick auf den tatsächlich eintretenden Erfolg behafteter Unternehmensbereich. Eine Kooperation im Bereich Forschung und Entwicklung verringert zum einen unnötige Doppelkosten und macht damit Forschungsarbeit für kleine und mittlere Unternehmen mitunter erstmals bezahlbar. Zum anderen kann eine Kooperation gerade mit Großunternehmen, die über erhöhte Finanzkraft, technisches Know-how oder allgemein ein hohes Forschungspotenzial verfügen, die In-

---

693 *Immenga,* in: Immenga/Mestmäcker, GWB (2001), § 5, Rn. 73.

694 Vgl. Horizontal-Leitlinien, ABl. 2001/C 3/2, Tz. 41.

novation in kleinen und mittleren Unternehmen erheblich fördern beziehungsweise erst ermöglichen.[695] Vereinbarungen über Forschung und Entwicklung können dabei unterschiedlich weit gefasst sein: Eine Innovation in einem bereits vorhandenen Produkt- oder Technologiemarkt kann ebenso wie die Verbesserung bestehender Techniken oder gar die Entwicklung eines vollständig neuen Produkts Gegenstand einer Forschungs- und Entwicklungsvereinbarung sein.[696] Vor diesem Hintergrund verwundert nicht, dass im Jahr 2005 36% der forschenden KMU an FuE-Kooperationen beteiligt waren.[697]

a) Vorbemerkungen

Kooperationen im Bereich Forschung und Entwicklung stellen vielfach kartellfreie Formen der Zusammenarbeit dar. Erst, wenn sie durch eine gemeinsame Herstellung oder weitere Verwertung der Forschungsergebnisse auch zu Aktivitäten auf einem Produktmarkt führen, ist der Wettbewerb auf diesem Produktmarkt von der Abrede betroffen.[698] Als kartellfrei kommen beispielsweise in Betracht Kooperationen zwischen Nichtwettbewerbern, Kooperationen, die von den Beteiligten alleine nicht durchgeführt werden könnten, Grundlagenforschung, oder die Zusammenarbeit mit gemeinsam finanzierten, spezialisierten Forschungsinstituten oder einer akademischen Einrichtung, deren Forschungsergebnisse allen Beteiligten zur Verfügung stehen.[699] Kartellrechtsrelevant sind dagegen Vereinbarungen, in denen sich die Beteiligten verpflichten, keine selbstständige Forschungs- und Entwicklungstätigkeit mehr auszuüben. Die Wettbewerbsbeschränkung ist darin zu sehen, dass die Unternehmen ihre Freiheit aufgeben, selbstständig zu forschen und so Vorteile gegenüber anderen Wettbewerbern zu er-

---

695 Vgl. *Nordemann,* in: Loewenheim, GWB (2006), § 3, Rn. 19; *Zimmer,* in: Immenga/Mestmäcker, WbR-EG (2007), Art. 81 Abs. 1, Rn. 344; ausführlich *Fuchs,* in: Immenga/Mestmäcker, WbR-EG (2007), GFVO, Kap. E, Rn. 1–35.

696 Vgl. *Bayerisches Staatsministerium für Wirtschaft, Verkehr und Technologie,* Kooperation und Wettbewerb, S. 72.

697 *Maaß/Suprinovic/Werner,* FuE-Kooperationen, S. 111. Das Institut für Mittelstandsforschung als Auftraggeber dieser Studie definiert dabei KMU als Unternehmen mit bis zu 499 Mitarbeiter und bis zu 50 Mio. € Jahresumsatz.

698 Vgl. *Braun,* in: Langen/Bunte, GWB (2006), nach § 2 GWB, Rn. 83 f., die dabei zwischen grundsätzlich kartellfreier Forschungs- und kritischer anzusehender Entwicklungsarbeit differenziert. s. auch Horizontal-Leitlinien, ABl. 2001/C 3/2, Tz. 64, wonach solche Vereinbarungen nur erfasst werden, „*wenn wirksamer Wettbewerb in Bezug auf die Innovation wesentlich verringert wird.*"

699 *Bayerisches Staatsministerium für Wirtschaft, Verkehr und Technologie,* Kooperation und Wettbewerb, S. 73; vgl. auch *Bunte,* in: Langen/Bunte, GWB (2006), § 1, Rn. 176 ff.

langen.[700] Die Horizontal-Leitlinien der Europäischen Kommission[701] erklären dabei jedoch, dass unter Berücksichtigung der GVO FuE überhaupt erst bei einem Marktanteil von 25% nachteilige Marktwirkungen in Betracht kommen.[702]

Auch in diesem Bereich existiert eine Gruppenfreistellungsverordnung[703], die auch und gerade kleinen und mittleren Unternehmen mit relativ geringen Marktanteilen horizontale Kooperationen erleichtern soll.[704] Erfasst und freigestellt werden die gemeinsame Forschung und Entwicklung von Erzeugnissen oder Verfahren sowie die gemeinsame Verwertung der hieraus resultierenden Ergebnisse. Gemäß Art. 2 Abs. 4 GVO FuE definieren sich Forschungs- und Entwicklungsarbeiten als der Erwerb von Kenntnissen in Sinne von Know-how und als Durchführung theoretischer Analysen, Beobachtungen und Versuche. Gemäß Art. 2 Abs. 8 GVO FuE ist unter der Verwertung der Ergebnisse sowohl die Herstellung als auch der Vertrieb, die Benutzung der entwickelten Verfahren und die Weitergabe der gewerblichen Schutzrechte zu subsumieren. Die Vereinbarung der gemeinsamen Verwertung ist jedoch nur dann zulässig, wenn hiervon nur Ergebnisse der gemeinsamen Forschung und Entwicklung erfasst werden, die durch gewerbliche Schutzrechte geschützt sind oder Know-how darstellen, die in wesentlichem Maße zum technischen oder wirtschaftlichen Fortschritt beitragen und von entscheidender Bedeutung für die Herstellung der Vertragsprodukte und für die Anwendung der Vertragsverfahren sind.[705] Die in den Leitlinien genannten Marktanteilsschwellen von 25% Marktanteil entstammen dabei der GVO FuE, die bei gemeinsamen Forschungsvorhaben von Wettbewerbern eine Marktanteilsschwelle in dieser Höhe festsetzt, vgl. Art. 4 Abs. 2 GVO FuE. Schließlich ist zu berücksichtigen, dass die GVO FuE eine Freistellung nur für die Dauer der Durchführung des gemeinsamen FuE-Programms zuzüglich einer Frist für die gemeinsame Verwertung von weiteren sieben Jahren gewährt, vgl. Art. 4 Abs. 1 GVO FuE. In Art. 5 werden sog. Schwarze Klauseln aufgelistet, die grundsätzlich eine Freistellung über die GVO ausschließen: Neben sehr zahlreichen weiteren Verboten ist insbesondere das Verbot von weitergehenden Mengen- oder Preisbeschränkungen, von Kundenaufteilungen oder von Marktzugangs-

[700] *Bunte,* in: Langen/Bunte, GWB (2006), § 1, Rn. 178.

[701] Horizontal-Leitlinien, ABl. 2001/C 3/2; ausführlich bereits oben, Teil 2, Kap. 2, B. I.

[702] Horizontal-Leitlinien, ABl. 2001/C 3/2, Tz. 62.

[703] GVO FuE (VO 2659/2000), ABl. 2000/L 304/7.

[704] Ausführlich *Fuchs,* in: Immenga/Mestmäcker, WbR-EG (2007), GFVO FuE, Kap. E), Rn. 1 ff.; *Schütze,* in: Loewenheim, EG-Wbr. (2005), GVO FuE, Rn. 1 ff. s. auch *Jestaedt,* in: Langen/Bunte, EG (2006), Art. 81, Rn. 123–135.

[705] Art. 3 Abs. 4 GVO FuE (VO 2659/2000), ABl. 2000/L 304/7.

beschränkungen zu nennen. Dabei ist gleichzeitig jedoch hervorzuheben, dass Art. 5 Abs. 2 lit. b) GVO FuE ausnahmsweise sogar Preisfestsetzungen zulässt, nämlich dann, wenn die Vertragsparteien die Verwertungsvereinbarung hinsichtlich der Forschungsergebnisse ausnahmsweise auch auf den Vertrieb erstrecken.

b) Bewertung nach § 2 Abs. 1 GWB

Neben der soeben kurz vorgestellten Gruppenfreistellungsverordnung über die Anwendung von Art. 81 Abs. 3 EG auf Gruppen von Vereinbarungen über Forschung und Entwicklung[706] die über § 2 Abs. 2 GWB auch im deutschen Recht Geltung hat, kommen § 2 Abs. 1 GWB und § 3 GWB als Freistellungsmöglichkeiten in Betracht. Da § 2 Abs. 1 GWB im Ergebnis Art. 81 Abs. 3 EG weitestgehend entspricht, ist auch hier in erster Linie auf die europäische Auslegung dieser Norm zu rekurrieren. Hierbei lässt sich allgemein festhalten, dass Forschungs- und Entwicklungskooperationen überwiegend als Beitrag zur Förderung des technischen und wirtschaftlichen Fortschritts über Art. 81 Abs. 3 EG beziehungsweise § 2 Abs. 1 GWB freistellbar sind. Die Verbraucher profitieren hiervon, jedenfalls nach Ansicht der Kommission, durch neue oder verbesserte Produkte sowie durch niedrigere Preise infolge des Einsatzes neuer oder verbesserter Verfahren.[707] Allerdings müssen die wettbewerbsbeschränkenden Vereinbarungen auch im Bereich der Forschung und Entwicklung unerlässlich sein, um freistellungsfähig zu sein. An einer solchen Unerlässlichkeit fehlt es regelmäßig[708] dann, wenn in den horizontalen Kooperationsvereinbarungen Kernbeschränkungen enthalten sind.[709]

c) Bewertung nach § 3 Abs. 1 GWB

Die Voraussetzungen einer alternativ möglichen Freistellung über § 3 Abs. 1 GWB wurden mehrfach genannt. Von entscheidender Bedeutung ist,

---

[706] GVO FuE (VO 2659/2000), ABl. 2000/L 304/7. Vergleiche hierzu ausführlich die Kommentierungen bei *Fuchs,* in: Immenga/Mestmäcker, WbR-EG (2007), GFVO FuE, Kap. E), Rn. 1 ff.; *Schütze,* in: Loewenheim, EG-Wbr. (2005), Kap. E., Rn. 1 ff.

[707] Vgl. GVO FuE (VO 2659/2000), ABl. 2000/L 304/7, Erw.Gr. 12.

[708] Ausnahmen bilden insoweit die Entscheidungen *Europäische Kommission,* 11.10.1988, Az.: 88/541/EWG – BBC Brown Boveri, ABl. 1988/L 301/68, und *Europäische Kommission,* 12.01.1990, Az.: 90/46/EWG – ALCATEL, ABl. 1990/L 32/19.

[709] Vgl. GVO FuE (VO 2659/2000), ABl. 2000/L 304/7, Erw.Gr. 17; Horizontal-Leitlinien, ABl. 2001/C 3/2, Tz. 70.

dass mangels Bindung oder auch nur Orientierung an europäische Vorgaben auch – soweit die weiteren Voraussetzungen des § 3 GWB erfüllt sind – eine Freistellung von Kernbeschränkungen in Betracht kommt.[710]

H. Anspruch auf Entscheidung nach § 32 c GWB

I. Hintergrund

Die kartellrechtliche Bewertung einer Kooperation im Rahmen des § 3 Abs. 1 GWB ist von vielen Faktoren abhängig. So spielen Marktanteile, Marktsstruktur und Wettbewerbsintensität, Art und Dauer der in Rede stehenden Vereinbarung und einige Kriterien mehr eine entscheidende Rolle bei der Frage, ob eine Vereinbarung über § 3 Abs. 1 GWB freigestellt werden kann.[711] Bis zur 7. GWB-Novelle war im nationalen Recht ein administratives Freistellungssystem etabliert, mit der Folge, dass die schwebende Unwirksamkeit der von einem Kartellverbot erfassten Vereinbarung durch eine Entscheidung des Bundeskartellamtes beseitigt und die Vereinbarung wirksam wurde.[712] Dies führte im Vergleich zur europäischen Rechtspraxis zu einer größeren Rechtssicherheit, da die Europäische Kommission die angemeldeten Vereinbarungen in der Vielzahl der Fälle nur mit einem relativ unverbindlichen comfort letter verbeschied.[713] Diese Möglichkeit einer administrativen Entscheidung ist nunmehr auch im nationalen Recht durch den Übergang zum Legalausnahmesystem weggefallen. Konsequenz ist, dass die Unternehmen sich und die kartellrechtliche Zulässigkeit ihrer Vereinbarungen zukünftig selbst einschätzen, sich selbst veranlagen müssen. Diese Selbstveranlagung allein führt bereits zu erheblicher Rechtsunsicherheit. Hinzu kommt jedoch noch die bereits im Vorfeld einer Freistellung ansetzende Frage nach dem grundsätzlichen Eingreifen des Kartellverbotes anhand der insbesondere in den Horizontal-Leitlinien der Kommission zum Ausdruck kommenden Neuausrichtung der Wettbewerbspolitik an einem Leitbild des economic approach. Um eine Vereinbarung anhand dieser wirtschaftspolitischen Ausrichtung beurteilen zu können, sind erhebliche Marktkenntnisse erforderlich. Beide Systemänderungen führen auch und gerade für kleine und mittlere Unternehmen, die sich umfassende Rechtsberatung und insbesondere aufwendige Marktforschung nur in begrenztem Umfang

---

[710] Vgl. *BKartA*, Merkblatt KMU (2007), Tz. 39. s. ferner die Entscheidungsübersicht bei *Bunte*, in: FK (Stand: 09/2000) (1999), § 3, Rn. 38.

[711] Vgl. *Nordemann*, in: Loewenheim, GWB (2006), § 3, Rn. 69.

[712] Vgl. hierzu nur *Zimmer*, in: Immenga/Mestmäcker, GWB (2001), § 1, Rn. 320–325.

[713] s. o., Teil 1, Kap. 1, B. I. 2.

leisten können, zu einer erheblich belastenden Rechtsunsicherheit.[714] Erschwerend kommt hinzu, dass es gerade die kleinen und mittleren Unternehmen waren, die mangels zwischenstaatlicher Relevanz bislang in den Anwendungsbereich der §§ 2 ff. GWB a.F. fielen und sich daher anders als die „europäischen" Unternehmen folglich nicht selbst zu veranlagen hatten. Die Unternehmen, die schon bisher die Zwischenstaatlichkeitsschwelle überschritten hatten, waren dagegen dem europäischen Kartellrecht unterworfen und mussten sich deshalb schon früher selbst veranlagen, wenngleich das Freistellungsmonopol der Kommission und die von dieser erteilten comfort letters immerhin zu einer gewissen Rechtssicherheit geführt hatte.[715] Die Rechtsunsicherheit steht dabei in krassem Widerspruch zum eigentlichen Regelungsziel des § 3 Abs. 1 GWB n.F., nämlich kleinen und mittleren Unternehmen Rechtssicherheit zu verschaffen und sie zu Kooperationen zu ermuntern.[716]

Bemerkenswert ist, dass die Bundesregierung in ihrer Stellungnahme zum Tätigkeitsbericht 2005/2006 des Bundeskartellamtes ausdrücklich erklärt, sie würde „vor diesem Hintergrund eine Verbreiterung der bislang sehr schmalen Rechtsanwendungspraxis zu § 32c GWB begrüßen".[717]

II. Anspruch auf Entscheidung nach § 32 c GWB

Um dieser Rechtsunsicherheit (etwas)[718] abzuhelfen wurde § 3 Abs. 2 GWB kurz vor Abschluss des Gesetzgebungsverfahrens durch Beschluss-Empfehlung des Vermittlungsausschusses[719] in das Gesetz eingefügt. Eine amtliche Begründung findet sich für § 3 Abs. 2 GWB nicht. Das Ziel der Regelung liegt aber auch auf der Hand: Die besonders von den Neuerungen der 7. GWB-Novelle getroffenen kleinen und mittleren Unternehmen sollen im Hinblick auf „ihren" Freistellungstatbestand etwas mehr Rechtssicherheit erhalten, als dies im neuen System eigentlich vorgesehen ist.[720] Im europäi-

---

[714] Vgl. *Bechtold,* Kartellgesetz, Einf., Rn. 67; *Bunte,* in: FK (Stand: 04/2007) (1999), § 3, Rn. 10, 131; *Fuchs,* in: Immenga/Mestmäcker, GWB (2007), § 3, Rn. 79. So auch schon die Stellungnahme des Bundesrates in RegE 7. GWB-Novelle, BT-Drs. 15/3640, S. 73.

[715] Vgl. *Hartog,* 7. GWB-Novelle, WRP 2005, 1396, 1399 f., die, abstellend auf die Zahl der Neuanmeldungen beim Bundeskartellamt allerdings von einem geringen Zuwachs an Rechtsunsicherheit ausgeht. Davon geht auch aus *Fuchs,* 7. GWB-Novelle, WRP 2005, 1384, 1388.

[716] RegE 7. GWB-Novelle, BT-Drs. 15/3640, S. 44.

[717] *BKartA,* TB 2005/2006, S. VI.

[718] Zu den Rechtswirkungen des § 32 lit. c) GWB s. sogleich, Teil 2, Kap. 3, H. II. 2.

[719] *Wirtschafts- und Sozialausschuß,* Beschlussempfehlung, S. 2.

schen Recht hat die Kommission, um einer befürchteten Flut von entsprechenden Anträgen vorzubeugen, auf die Befugnis verzichtet, Negativatteste auszustellen. In Art. 5 S. 3 VO 1/2003 wird jedoch den nationalen Instanzen die Möglichkeit eröffnet, solche Negativatteste zu erteilen. Von dieser Möglichkeit hat der Gesetzgeber mit § 32 lit. c) GWB Gebrauch gemacht.[721]

Es sei auch kurz die Alternative bzw. weitere Möglichkeit parallel zu einem Antrag nach § 3 Abs. 2 GWB genannt: Bereits bislang hat das Bundeskartellamt in einer Vielzahl von informellen Mitteilungen und Gesprächen mit betroffenen Unternehmen diese auf rechtliche Risiken und Möglichkeiten einer Ausnahme vom Kartellverbot hingewiesen und solche informellen Auskünfte werden auch künftig eine wichtige Rolle spielen.[722] Bunte[723] verweist darauf, dass das Bundeskartellamt bereits selbst betont habe, dass es insbesondere Beratungsschreiben versenden werde. Diese sollen sich an den Grundsätzen der Bekanntmachung der EG-Kommission über Beratungsschreiben[724] orientieren.

1. Voraussetzungen

Der Anspruch auf eine Entscheidung nach § 32 c) GWB besteht nur unter bestimmten Voraussetzungen, die es im Folgenden vorzustellen gilt:

a) Anspruchsberechtigung

Dem Wortlaut des § 3 Abs. 2 GWB lässt sich keine Anspruchsbeschränkung entnehmen. Anspruchsteller können „Unternehmen und Unternehmensvereinigungen" sein. Allerdings sprechen sowohl die systematische Verortung innerhalb des § 3 GWB als auch Sinn und Zweck eindeutig dafür, den Anwendungsbereich auf mögliche Teilhaber an einer Freistellung des § 3 Abs. 1 GWB und damit auf kleine und mittlere Unternehmen zu beschränken.[725] Sinn und Zweck der Regelung widersprechen auch der

---

720 *Bechtold,* Kartellgesetz, § 3, Rn. 15. Vgl. ferner *Nordemann,* in: Loewenheim, GWB (2006), § 3, Rn. 69; *Herrlinger,* Änderungen der 7. GWB-Novelle, WRP 2005, 1136, 1138.

721 Vgl. *Bornkamm,* in: Langen/Bunte, GWB (2006), § 32 c, Rn. 1 f.

722 *Bunte,* in: Langen/Bunte, GWB (2006), § 2, Rn. 57; vgl. auch *Hartog,* 7. GWB-Novelle, WRP 2005, 1396, 1399; *Kahlenberg/Haellmigk,* Referentenentwurf, BB 2004, 389, 292; *Böge,* Netzwerk, EWS 2003, 441, 441.

723 *Bunte,* in: Langen/Bunte, GWB (2006), § 2, Rn. 57.

724 *Europäische Kommission,* Bekanntmachung der Kommission über Beratungsschreiben, ABl. 2004/C 101/78.

725 Vgl. *Nordemann,* in: Loewenheim, GWB (2006), § 3, Rn. 70; *Rißmann,* Kartellverbot und Kooperation, WuW 2006, 881, 890; *Bornkamm,* in: Langen/Bunte,

Überlegung, Kartellaußenseitern über § 3 Abs. 2 GWB eine zusätzliche Überprüfungsmöglichkeit eines Mittelstandskartells zu eröffnen, die ihnen beispielsweise gestatten würde, im Anschluss an eine ein Negativattest i. S. d. § 32 lit. c) GWB ablehnende Verbescheidung den Zivilrechtsweg gegen die Kartellanten zu beschreiten.[726] Auch eine Beiladung von Kartellaußenseitern nach § 54 Abs. 2 Nr. 3 GWB erscheint einerseits bereits angesichts der Zielsetzung des § 3 Abs. 2 GWB, kleine und mittlere Unternehmen neben der materiellrechtlichen Begünstigung durch § 3 Abs. 1 GWB auch verfahrensmäßig zu bevorzugen,[727] nicht denkbar:[728] Ziel ist es nur, den kleinen und mittleren Unternehmen (etwas) mehr Rechtssicherheit zu verschaffen. Andererseits ist die Wirkung einer Entscheidung nach § 32 lit. c) GWB eine rein deklaratorische.[729] Sie ergeht nur vorbehaltlich neuer Erkenntnisse und bindet zudem insbesondere die Zivilgerichte nicht.[730] Eine „erhebliche Berührung“ i. S. d. § 54 Abs. 2 Nr. 3 GWB von Interessen der Kartellaußenseiter ist mangels Außenwirkung der Entscheidung nach § 32 lit. c) GWB hier nicht anzuerkennen.

b) Antrag

Die Kartellbehörde wird ferner nur tätig, wenn ein entsprechender Antrag gestellt worden ist. Auch wenn eine schriftliche Antragstellung nicht zwingend nach dem Wortlaut des § 3 Abs. 2 GWB erforderlich ist, wird eine Entscheidung der Kartellbehörde nur dann ergehen können, wenn der Sachverhalt vollständig schriftlich fixiert worden ist.[731] Es müssen daher zumindest sämtliche Informationen hinsichtlich der konkret in Rede stehenden Vereinbarung übermittelt werden. Hierzu zählen auch alle den Unternehmen zur Verfügung stehenden Informationen zur eigenen wettbewerblichen Beurteilung des Vorhabens.[732] Auch wenn keine Sanktionen für den Fall unrich-

---

GWB (2006), § 32 c, Rn. 15; *Fuchs,* in: Immenga/Mestmäcker, GWB (2007), § 3, Rn. 80; *Bunte,* in: FK (Stand: 04/2007) (1999), § 3, Rn. 133.

[726] s. *Nordemann,* in: Loewenheim, GWB (2006), § 3, Rn. 70; *Bunte,* in: FK (Stand: 04/2007) (1999), § 3, Rn. 133.

[727] *Bechtold,* Kartellgesetz, § 3, Rn. 12.

[728] A. A. *Nordemann,* in: Loewenheim, GWB (2006), § 3, Rn. 70; *Bunte,* in: FK, (Stand: 04/2007) (1999), § 3, Rn. 133.

[729] Vgl. *Bornkamm,* in: Langen/Bunte, GWB (2006), § 32 c, Rn. 13. Einzelheiten zur Wirkung einer Entscheidung nach § 32 c GWB sogleich, Teil 2, Kap. 3, H. II. 2.

[730] Hierzu *Bornkamm,* in: Langen/Bunte, GWB (2006), § 32 c, Rn. 12 f.

[731] *Schneider,* in: Langen/Bunte, GWB (2006), § 3, Rn. 67.

[732] Vgl. *Bechtold,* Kartellgesetz, § 3, Rn. 13; *Nordemann,* in: Loewenheim, GWB (2006), § 3, Rn. 71. Ausführlich dazu auch *Bunte,* in: FK (Stand: 04/2007) (1999), § 3, Rn. 134; *Fuchs,* in: Immenga/Mestmäcker, GWB (2007), § 3, Rn. 84 ff.

tiger Angaben vorgesehen sind, ist es wenig ratsam, hier die Behörde mit der Unwahrheit zu bedienen; die Kartellbehörde kann ein Auskunftsverlangen nach § 59 GWB an die Antragssteller richten, dessen unrichtige Beantwortung eine Ordnungswidrigkeit gem. § 81 Abs. 2 Nr. 6 GWB darstellen würde.[733]

c) Zusätzlich: Voraussetzungen des § 3 Abs. 1 GWB

Nicht ausdrücklich geregelt ist die Frage, ob sämtliche Voraussetzungen des § 3 Abs. 1 GWB für einen Anspruch nach § 3 Abs. 2 GWB erfüllt sein müssen. Hierfür spricht in erster Linie die systematische Stellung des § 3 Abs. 2 GWB im Rahmen des Freistellungstatbestandes für Mittelstandskartelle, die es nahe legt, Absatz 2 als verfahrensrechtliche Ergänzung des materiellrechtlichen Freistellungstatbestandes in Absatz 1 zu verstehen.[734] Ein Anspruch auf Entscheidung nach § 32 lit. c) GWB besteht daher grundsätzlich nur dann, wenn sämtliche Voraussetzungen des § 3 Abs. 1 GWB vorliegen.[735] Einschränkend muss jedoch hinzugefügt werden, dass es dem Ziel des § 3 GWB insgesamt widersprechen würde, wenn ein Anspruch dann nicht bestünde, wenn zwar grundsätzlich alle Voraussetzungen des § 3 Abs. 1 GWB erfüllt sind, aber mangels spürbarer Wettbewerbsbeschränkung für eine Freistellung kein Bedarf und Raum mehr ist, da § 1 GWB schon nicht eingreift.[736] Kleine und mittlere Unternehmen sollen durch § 3 Abs. 1 GWB zu Kooperationen ermuntert werden, was durch § 3 Abs. 2 GWB auch in verfahrensrechtlicher Hinsicht unterstützt werden soll. Wäre ein Anspruch auf Entscheidung zu versagen, wenn eigentlich eine Kooperation möglich ist, diese dabei jedoch nicht einmal zu einer spürbaren Wettbewerbsbeschränkung führt, so wären diese wettbewerbsunschädlichen Kooperationen benachteiligt. Darüber hinaus ist zu beachten, dass gerade die Beantwortung der Frage nach der Spürbarkeit einer Wettbewerbsbeschränkung die Kenntnis von Marktanteilen und Marktstrukturen voraussetzt, die gerade bei kleinen und mittleren Unternehmen nicht immer besteht.[737] Der Anspruch auf Entscheidung darf deshalb nicht von dieser mitunter sehr feinsinnigen und sehr einzelfallorientierten Frage nach der Spürbarkeit der Wettbewerbsbeschränkung abhängig gemacht werden. Solange alle übrigen Voraussetzungen des § 3 Abs. 1 GWB erfüllt sind, muss ein Anspruch auf Entscheidung gemäß § 3 Abs. 2 GWB bejaht werden.[738]

---

[733] *Bechtold,* Kartellgesetz, § 3, Rn. 13.

[734] *Bechtold,* Kartellgesetz, § 3, Rn. 12.

[735] So auch *Bunte,* in: FK (Stand: 04/2007) (1999), § 3, Rn. 134.

[736] So auch *Bunte,* in: FK (Stand: 04/2007) (1999), § 3, Rn. 132.

[737] *Nordemann,* in: Loewenheim, GWB (2006), § 3, Rn. 74.

d) Beschränkung: „Erfüllung der Voraussetzungen des Art. 81 Abs. 1 EG"

Ein Anspruch auf Entscheidung nach § 32 lit. c) GWB besteht gemäß § 3 Abs. 2 S. 1 GWB nur, „sofern nicht die Voraussetzungen nach Artikel 81 Abs. 1 des Vertrages zur Gründung der europäischen Gemeinschaft erfüllt sind". Fraglich ist, wie dieser Passus zu verstehen ist: Eine Ansicht[739] sieht hierin eine Bestätigung dafür, dass bei Erfüllung der Zwischenstaatlichkeitsklausel für § 3 GWB insgesamt kein Raum ist. Eine andere Ansicht[740] möchte dagegen den zitierten Passus wörtlich verstehen und geht deshalb davon aus, dass selbst dann, wenn zwar die Zwischenstaatlichkeitsschwelle überschritten ist, aber die weiteren Voraussetzungen des Art. 81 Abs. 1 EG nicht erfüllt sind, bei Vorliegen der übrigen Voraussetzungen ein Anspruch auf Entscheidung gemäß § 3 Abs. 2 GWB besteht.

Unabhängig davon, wie man diese Frage beantworten möchte (dazu sogleich) wird bereits jetzt ein mit dieser Einschränkung verbundenes Dilemma deutlich: Einerseits soll im Anwendungsbereich des Art. 81 Abs. 1 EG ein Anspruch auf Entscheidung nicht bestehen, anderseits ist es aber gerade eines der Hauptprobleme der kleinen und mittleren Unternehmen, zu beurteilen, ob ihrer Vereinbarung zwischenstaatliche Bedeutung zukommt; gerade hier wäre eine Entscheidung der Kartellbehörde dringend erforderlich. Fraglich ist, wie diese Einschränkung zukünftig gehandhabt werden soll.

(1) Grundsätzliche Einschränkung des Anwendungsbereichs des § 32 lit. c) GWB i. V. m. § 3 Abs. 2 GWB

§ 32 lit. c) GWB in direkter Anwendung sieht keinen Anspruch auf Entscheidung, sondern lediglich eine Ermessensentscheidung der Kartellbehörde hinsichtlich des Ob einer solchen Entscheidung vor.[741] Mit § 32 lit. c) GWB soll die entsprechende Regelung des europäischen Rechts in Art. 5 VO 1/2003[742] konkretisiert werden,[743] die ebenfalls lediglich eine Ermessensentscheidung der Kartellbehörden vorsieht. Eine Entscheidung nach § 32 lit. c) GWB über das Nichttätigwerden der Kartellbehörden ist dabei auch dann möglich, wenn sie die Anwendbarkeit des Art. 81 Abs. 1,

---

[738] Vgl. *Nordemann,* in: Loewenheim, GWB (2006), § 3, Rn. 74.

[739] *Schneider,* in: Langen/Bunte, GWB (2006), § 3, Rn. 66.

[740] *Nordemann,* in: Loewenheim, GWB (2006), § 3, Rn. 73.

[741] Vgl. neben dem eindeutigen Wortlaut des § 32 lit. c) GWB auch RegE 7. GWB-Novelle, BT-Drs. 15/3640, S. 34.

[742] VO 1/2003, ABl. EG 2004 L 1/1.

[743] RegE 7. GWB-Novelle, BT-Drs. 15/3640, S. 34.

aber auch das Eingreifen eines Freistellungstatbestandes gem. §§ 2 f. GWB oder Art. 81 Abs. 3 EG zum Gegenstand hat.[744] Dieser weite Anwendungsbereich des § 32 lit. c) GWB wird dabei durch den Ermessensspielraum der Kartellbehörde relativiert. Fraglich bleibt vor diesem Hintergrund, ob ein solch weiter Anwendungsbereich des § 32 lit. c) GWB über § 3 Abs. 2 GWB auch dann bestehen soll, wenn es sich nicht um eine Ermessensentscheidung der Behörde, sondern um eine gebundene Entscheidung handelt.

Hiergegen streiten zwei Argumente: Zum einen sieht der Gesetzgeber ausdrücklich in § 3 Abs. 2 GWB eine Einschränkung des weiten Anwendungsbereiches des § 32 lit. c) GWB vor, deren Reichweite es zu bestimmen gilt. Zum anderen ist § 32 lit. c) GWB wie ausgeführt die Entsprechung des Art. 5 VO 1/2003, der grundsätzlich nur Ermessensentscheidungen der Kartellbehörden vorsieht. Mangels anders lautender amtlicher Begründungen muss hieraus geschlossen werden, dass der Gesetzgeber bewusst den Anwendungsbereich des § 32 lit. c) GWB i. V. m. § 3 Abs. 2 GWB enger gefasst wissen wollte als § 32 lit. c) GWB in seiner direkten Anwendung.

(2) Grenze des Anwendungsbereichs des § 32 lit. c) GWB i. V. m. § 3 Abs. 2 GWB

An diese Feststellung anschließend stellt sich die Frage, wo die Grenze des Anwendungsbereichs des § 32 lit. c) GWB i. V. m. § 3 Abs. 2 GWB zu ziehen ist. Das Bundeskartellamt hatte bereits Gelegenheit, auf der Grundlage des § 3 Abs. 2 GWB eine Entscheidung nach § 32 lit. c) GWB zu treffen. In der Entscheidung Hintermauerziegelkartell[745] nimmt das Kartellamt Stellung zu der Frage, ob und unter welchen Voraussetzungen ein regional beschränktes Mittelstandskartell zu einer spürbaren Beeinträchtigung des zwischenstaatlichen Handels führen kann. Im zur Entscheidung vorgelegten Sachverhalt war dies nicht der Fall, so dass eine Entscheidung nach §§ 32 c i. V. m. § 3 Abs. 2 GWB unproblematisch ergehen konnte. Wäre das Bundeskartellamt aber zu dem Ergebnis gelangt, das Mittelstandskartell habe zwischenstaatliche Auswirkungen, so hätte es gleichwohl über den Antrag gemäß § 3 Abs. 2 GWB entscheiden müssen. Zwei Alternativen hätten dem

---

[744] RegE 7. GWB-Novelle, BT-Drs. 15/3640, S. 52. A. A. aufgrund des Wortlauts des § 32 lit. c) GWB, *Schneider,* in: Langen/Bunte, GWB (2006), § 3 GWB, Rn. 66, der in § 3 Abs. 2 GWB eine Erweiterung des Anwendungsbereichs des § 32 c GWB über dessen eigentliche Zielrichtung hinaus auf einen Ausnahmetatbestand sieht.

[745] *BKartA,* 25.10.2005, Az.: B 1-248/04 – Hintermauerziegelkartell, WuW/E DE-V 1142.

Kartellamt hier zur Verfügung gestanden, da es mit Sicherheit nicht einfach untätig hätte bleiben können: Entweder es hätte lediglich knapp mitgeteilt, dass eine Entscheidung nach § 32 lit. c) GWB nicht ergehen könne, da ein zwischenstaatlicher Sachverhalt vorliege. Bereits damit wäre den Kartellbeteiligten insoweit geholfen, als sie nun wüssten, dass nach Ansicht des Bundeskartellamtes der Sachverhalt zwischenstaatliche Auswirkungen hat und sie hier also europäisches Recht zu beachten hätten. Oder aber es hätte ausführlich dargelegt, warum ein zwischenstaatlicher Sachverhalt vorliegt. Da es vor einer Verbescheidung den Sachverhalt ausführlich geprüft hätte, wäre eine solche ausführliche Begründung ohne zusätzlichen Arbeitsaufwand möglich und würde zudem den Vorteil haben, das zukünftig die Zwischenstaatlichkeitsklausel durch diese Entscheidung etwas weiter konkretisiert werden würde.

Gleiches würde auch dann gelten, wenn man einen Anspruch nach § 3 Abs. 2 GWB nur dann ausschließen würde, wenn tatsächlich die Voraussetzungen des Art. 81 Abs. 1 EG, d.h. insbesondere die Fragen nach einer Wettbewerbsbeschränkung und die nach der Spürbarkeit dieser Beschränkung geklärt sind. Damit aber wäre die Kartellbehörde genötigt, vertieft den Sachverhalt aus europarechtlicher Sicht zu analysieren. Während also bei den Varianten des oben geschilderten Szenarios des Hintermauerziegelkartells von der Kartellbehörde ein Kriterium zu beurteilen war, dass für eine rein nationale Beurteilung („keine Zwischenstaatlichkeit") von Bedeutung war und nur en passant auch eine europarechtliche Komponente enthielt, wäre bei einer vollständigen Prüfung des Art. 81 Abs. 1 EG die Kartellbehörde ausschließlich bei einer europarechtlichen Fragestellung angelangt. Fraglich ist, ob der Gesetzgeber auch für solche rein europarechtlichen Fragen den Kartellteilnehmern einen *Anspruch* auf Entscheidung nach § 32 lit. c) GWB gewähren wollte. An dieser Stelle ist die Vorrangregelung des Art. 3 VO 1/2003 nochmals ins Gedächtnis zu rufen: Wie dargelegt greift der Vorrang des europäischen Rechts bereits dann ein, wenn ein Sachverhalt zwischenstaatliche Auswirkungen hat. Selbst wenn sich im Rahmen der Prüfung des europäischen Rechts herausstellen sollte, dass das Verbot des Art. 81 Abs. 1 EG nicht eingreifen sollte, muss der nationale Rechtsanwender auch dies akzeptieren und darf keine widersprechende Entscheidung auf der Grundlage nationalen Rechts treffen.[746] Folglich ist hier auch kein Raum mehr für eine eigenständige Freistellung nach § 3 GWB. Dies wiederum lässt einen eng auszulegenden Anspruch auf Entscheidung gem. § 32 lit. c) GWB dann entfallen, wenn der Sachverhalt eindeutig zwischenstaatlichen Bezug aufweist.

---

[746] Vgl. hierzu ausführlich oben, unter Teil 1, Kap. 3, B. A.A.: offensichtlich *Fuchs,* in: Immenga/Mestmäcker, GWB (2007), § 3, Rn. 88.

(3) Ergebnis

Fragen hinsichtlich der Auslegung der Zwischenstaatlichkeitsklausel bilden damit die Grenze des Anwendungsbereichs des § 3 Abs. 2 GWB. Ist diese Grenze überschritten, besteht kein Anspruch auf Entscheidung über Fragen hinsichtlich der Auslegung des Art. 81 Abs. 1 EG.[747] Da in solchen Konstellationen bereits die Entscheidung über den Anspruch gem. § 3 Abs. 2 GWB an sich zum einen eine Analyse des Art. 81 Abs. 1 EG erfordern würde, zum anderen auch bei Verneinung dieses Anspruches selbst bereits indirekt über die vorgelegte Frage zu entscheiden wäre, wäre in diesem Fall der Anwendungsbereich des § 3 Abs. 2 GWB überschritten. Im Ergebnis genügt es für einen Ausschluss des Anspruchs nach § 3 Abs. 2 GWB zwar deshalb nicht, dass ein Sachverhalt möglicherweise zwischenstaatliche Wirkung hat – gerade diese Frage muss noch von der Kartellbehörde beantwortet werden; andererseits besteht jedoch kein Anspruch auf Entscheidung bei eindeutig zwischenstaatlich relevanten Sachverhalten.[748]

e) Erhebliches rechtliches oder wirtschaftliches Interesse

Schließlich ist entscheidende Voraussetzung für einen Anspruch auf Entscheidung nach § 32 lit. c) GWB ein erhebliches rechtliches oder wirtschaftliches Interesse. Was hierunter zu verstehen ist wird in § 3 Abs. 2 GWB nicht näher bestimmt und ist deshalb durch Auslegung zu ermitteln. § 3 Abs. 2 GWB ist dabei immanent, dass ein Anspruch auf Entscheidung nur im Hinblick auf eine konkrete Kooperationsvereinbarung bestehen kann. Eine rein hypothetische, abstrakte Fragestellung, die losgelöst ist von einer tatsächlich bereits geplanten oder gar schon begonnenen Kooperation, gibt keinen Anspruch auf eine Entscheidung. Unabhängig von der weiteren Definition des erheblichen Interesses kann eine rein abstrakte Problematik die Marktteilnehmer nicht in irgendeinem Interesse beeinträchtigen. Das Merkblatt des Bundeskartellamtes[749] betont eine strenge Anwendung der Regelung und lässt beispielhaft[750] folgende Gründe für einen Antrag nach

---

747 Kritisch zu dieser Beschränkung *Bunte,* in: FK (Stand: 04/2007) (1999), § 3, Rn. 133.

748 A. A. *Fuchs,* in: Immenga/Mestmäcker, GWB (2007), § 3, Rn. 88, der davon ausgeht, dass erst bei einer spürbaren Wettbewerbsbeschränkung i. S. d. Art. 81 Abs. 1 EG einen Anspruch auf Entscheidung versagt werden kann.

749 *BKartA,* Merkblatt KMU (2007), Tz. 43 f.

750 Fraglich ist, ob neben dieser „beispielhaften" Aufzählung („insbesondere") tatsächlich noch Raum für andere Antragsgründe besteht. Zweifel sind angebracht, da es anschließend heißt: *„Liegen diese Voraussetzungen* [Welche sind gemeint? Frage des Verf.] *nicht vor, ist es den Unternehmen zumutbar, unter Berücksichtigung der*

§ 3 Abs. 2 GWB genügen: Entweder es handelt sich um Kooperationsformen bzw. Arten von Absprachen, die als solche noch nicht Gegenstand der kartellamtlichen Praxis waren, die kartellrechtliche Bewertung der Kooperation hat Bedeutung für eine Vielzahl von Fällen (Musterfälle) oder es sollen erhebliche Investitionen im Zusammenhang mit der Kooperationsvereinbarung getätigt werden. Fraglich ist, welche weiteren Antragsgründe ausreichend sein könnten.[751]

Ein Vergleich mit der Regelung des § 54 Abs. 2 Nr. 3 GWB führt nicht weiter: Im Zusammenhang mit der Frage, ob Personen oder Personenvereinigungen zu einem Verfahren vor der Kartellbehörde gem. § 54 Abs. 2 Nr. 3 GWB beigeladen werden können, spielen die von einer Entscheidung berührten (nach allgemeiner Ansicht: rechtliche und/oder wirtschaftliche)[752] Interessen die entscheidende Rolle. Nur wenn eine erhebliche Berührung dieser Interessen durch die zu treffende Entscheidung besteht, erfolgt eine Beteiligung. Anders lautet dagegen die Formulierung des § 3 Abs. 2 GWB: Hier kommt es nicht auf die Frage an, ob Interessen durch eine (gar nicht direkt gegen die Beteiligten i.S.d. § 54 Abs. 2 Nr. 3 GWB gerichtete) Entscheidung erheblich berührt werden, sondern darauf, dass ein erhebliches Interesse an einer Entscheidung besteht. Diese unterschiedliche Formulierung entspringt dem unterschiedlichen Regelungsziel: Während bei § 54 Abs. 2 Nr. 3 GWB auch Dritte, die nicht selbst unmittelbare Partei des Kartellverwaltungsverfahrens sind, die Möglichkeit einer Beteiligung zur Wahrung ihrer eigenen Interessen erhalten sollen, gewährt § 3 Abs. 2 GWB zur Erhöhung der Rechtssicherheit einen Anspruch auf eine Entscheidung. Angesichts dieser unterschiedlichen Regelungsgegenstände kann § 54 Abs. 2 Nr. 3 GWB nicht für die Auslegung des § 3 Abs. 2 GWB herangezogen werden.[753]

Die Frage, die es im Rahmen des § 3 Abs. 2 GWB zu beantworten gilt, kann wie folgt auf den Punkt gebracht werden: Entweder besteht eine erhebliche Rechtsunsicherheit im Hinblick auf eine konkrete Kooperationsvereinbarung, unabhängig von den im Einzelfall hinter der Kooperation stehenden wirtschaftlichen Interessen; oder es liegt zwar nur eine in weiten

Praxis des Bundeskartellamts eine Selbsteinschätzung vorzunehmen." (*BKartA,* Merkblatt KMU (2007), Tz. 44). Von nicht zu hohen Voraussetzungen geht dagegen aus *Bunte,* in: FK (Stand: 04/2007) (1999), § 3, Rn. 135. Befürwortet auch von *Karl/Beutelmann/Müller-Feldhammer,* Zwölf Thesen, BB 2008, 1014, 1019.

[751] s. hierzu ausführlich auch *Bunte,* in: FK (Stand: 04/2007) (1999), § 3, Rn. 10, 135 f.; *Fuchs,* in: Immenga/Mestmäcker, GWB (2007), § 3, Rn. 81 f.

[752] Vgl. hierzu *Schmidt,* Karsten, in: Immenga/Mestmäcker, GWB (2007), § 54, Rn. 38 m.z.N. in Fn. 111.

[753] A.A., allerdings ebenfalls zurückhaltend, *Nordemann,* in: Loewenheim, GWB (2006), § 3, Rn. 72.

Bereichen bereits geklärte rechtliche Problematik vor, die beteiligten Unternehmen haben aber angesichts des hinter ihrem Vorhaben stehenden erheblichen wirtschaftlichen Interesses, insbesondere in Gestalt hoher Investitionssummen, ein erhebliches (wirtschaftliches) Interesse daran, auch die wenigen rechtlichen Fragen eines juristischen Graubereichs vorab beantwortet zu bekommen.[754] Gleiches gilt, wenn die bestehende rechtliche Unsicherheit angesichts der Häufigkeit ihres Auftretens bei verschiedenen Kooperationsvereinbarungen geeignet ist, die Zahl dieser eigentlich erwünschten Kooperationen gering zu halten. Das Bundeskartellamt hat bereits in der zitierten Entscheidung Hintermauerziegelkartell eine Entscheidung nach § 32 lit. c) GWB auf der Grundlage des § 3 Abs. 2 GWB getroffen und sich zur Zulässigkeitsbegründung darauf gestützt, dass die dort in Rede stehenden

> „Kriterien für eine spürbare Beeinträchtigung des zwischenstaatlichen Handels bei Regionalkartellen, die nur einen Teil eines Mitgliedstaates betreffen, auslegungsbedürftig sind, noch nicht Gegenstand der Amtspraxis waren und für eine Vielzahl von Mittelstandskartellen von Bedeutung sind.“[755]

2. *Wirkung einer Entscheidung nach § 32 c GWB*

Aus § 32 c S. 2 GWB ergibt sich, welche Wirkung eine Entscheidung der Kartellbehörde entfaltet:[756] Vorbehaltlich neuerer Erkenntnisse entsteht eine Selbstbindung der Kartellbehörde die aus dem allgemeinen Verwaltungsrecht (§ 38 Abs. 1 S. 1 Var. 2 VwVfG) entlehnt ist.[757] Eine administrative Freistellungsentscheidung i. S. d. §§ 9 f. GWB a. F. ist hierin nicht zu sehen, vielmehr beschränkt sich die Wirkung auf eine rein deklaratorische.[758] Die Entscheidung enthält nur eine Zusicherung dergestalt, dass die Kartellbehörde bei dem im Zeitpunkt der Entscheidung festgestellten Sachverhalt keine Verfügungen nach den §§ 32 und 32a GWB mehr erlassen wird.[759] Eine Bindung der Zivilgerichte oder sonstiger Dritter ist damit nicht verbunden. Allerdings können die Zivilgerichte die Entscheidung nach § 32 lit. c) GWB bei ihrer eigenen Entscheidung berücksichtigen.[760]

---

754 So auch *Bunte,* in: FK (Stand: 04/2007) (1999), § 3, Rn. 136

755 *BKartA,* 25.10.2005, Az.: B 1-248/04 – Hintermauerziegelkartell, WuW/E DE-V 1142, unter C).

756 Vgl. hierzu bspw. *Bornkamm,* in: Langen/Bunte, GWB (2006), § 32 c, Rn. 8 ff.

757 RegE 7. GWB-Novelle, BT-Drs. 15/3640, S. 52. Vgl. auch *Fuchs,* in: Immenga/Mestmäcker, GWB (2007), § 3, Rn. 100.

758 RegE 7. GWB-Novelle, BT-Drs. 15/3640, S. 52.

759 RegE 7. GWB-Novelle, BT-Drs. 15/3640, S. 52.

760 RegE 7. GWB-Novelle, BT-Drs. 15/3640, S. 52. Vgl. auch *Fuchs,* in: Immenga/Mestmäcker, GWB (2007), § 3, Rn. 100: „erhebliche faktische Bedeutung“.

3. Stichtag: 30.06.2009 – Auslaufen der Regelung

Gem. § 3 Abs. 2 S. 2 GWB tritt die Regelung am 30. Juni 2009 außer Kraft. Ein Anspruch auf Entscheidung nach § 32 lit. c) GWB besteht nur bis zu diesem Zeitpunkt. Die bis dahin getroffenen Entscheidungen sind dagegen selbst nicht zeitlich begrenzt, gelten vielmehr wie alle Entscheidungen nach § 32 lit. c) GWB unbegrenzt.[761] Gerade vor dem Hintergrund einer sich im immer rascheren Wandel befindenden Markt- und Wettbewerbsstruktur werden auch über das Jahr 2009 hinaus neue Kooperationsformen zu diskutieren und in der Folge juristische Graubereiche zu erörtern sein. Die fortschreitende globale Ausrichtung der Marktaktivitäten kleiner und mittlerer Unternehmen kann dazu führen, dass der Anwendungsbereich des § 3 GWB zunehmend durch vorrangiges europäisches Recht eingeschränkt werden wird. Um die Rechtssicherheit für diese verbleibenden Graubereiche erhöhen zu können, sollte über das bislang gesetzte Datum hinaus ein Anspruch auf Entscheidung nach § 3 Abs. 2 GWB bestehen.[762]

---

[761] *Bechtold,* Kartellgesetz, § 3, Rn. 15.

[762] Vgl. auch *Nordemann,* in: Loewenheim, GWB (2006), § 3, Rn. 69. Zurückhaltender *Fuchs,* in: Immenga/Mestmäcker, GWB (2007), § 3, Rn. 79. Abwartend: *Bunte,* in: FK (Stand: 04/2007) (1999), § 3, Rn. 10, 137.

Zusammenfassung in Thesen

Die wichtigsten Erkenntnisse, die im Rahmen dieser Arbeit gewonnen werden konnten, lassen sich in folgenden Thesen zusammenfassen:

1. Im Anwendungsbereich des europäischen Wettbewerbsrechtes entfalten die Leitlinien und Bekanntmachungen der Kommission rechtliche Bindungswirkung nicht nur für die Kommission selbst, sondern auch für nationale Kartellbehörden und Gerichte. Diese Wirkung resultiert aus der aus Art. 10 EG abgeleiteten Loyalitätspflicht der nationalen Behörden und Gerichte. Bei unterhalb der Zwischenstaatlichkeitsschwelle angesiedelten Sachverhalten besteht für den nationalen Rechtsanwender zumindest eine Berücksichtigungspflicht. Anderenfalls droht eine Ungleichbehandlung zum Nachteil kleiner und mittlerer, nur regional tätiger Unternehmen, was mit dem Willen des Gesetzgebers der 7. GWB-Novelle nicht zu vereinbaren wäre.

2. Die Gruppenfreistellungsverordnungen sind im Wege einer dynamischen Verweisung über § 2 Abs. 2 GWB in das deutsche Kartellrecht integriert worden. Sie bieten auch bei rein nationalen Sachverhalten eine weitere Freistellungsmöglichkeit, die eigenständig neben die Freistellungsmöglichkeiten der § 2 Abs. 1 GWB und § 3 Abs. 1 GWB tritt. Der Gesetzgeber der 7. GWB-Novelle hat sich eine Vereinheitlichung des europäischen und des nationalen Wettbewerbsrechtes zum Ziel gesetzt. Deshalb können die Gruppenfreistellungsverordnungen, trotz der hierin enthaltenen, rein europarechtlichen und der binnenmarktpolitischen Zielsetzung des EG geschuldeten Regelungen, im Anwendungsbereich des nationalen Rechts nicht anders ausgelegt werden als im europäischen Recht. Für die Berücksichtigung rein nationaler wettbewerbspolitischer Zielsetzungen im Rahmen von Freistellungen vom Kartellverbot muss vielmehr auf § 2 Abs. 1 GWB und § 3 Abs. 1 GWB zurückgegriffen werden.

3. Die Frage, wie Gruppenfreistellungen oder Mitteilungen der Kommission im Einzelfall auszulegen sind, kann aufgrund des feststellbaren eindeutigen Willens des Gesetzgebers der 7. GWB-Novelle zur Anpassung des deutschen an das europäische Recht stets dem EuGH gemäß Art. 234 EG vorgelegt werden, unabhängig davon, ob ein rein nationaler oder ein zwischenstaatlich relevanter Sachverhalt beurteilt werden soll. Im Übrigen muss im jeweiligen Einzelfall geprüft werden, ob die europäische Entscheidungspraxis nach dem Willen des Gesetzgebers auf den nationalen Sachver-

halt übertragen werden soll und damit ebenfalls der Anwendungsbereich des Art. 234 EG eröffnet ist oder nicht.

4. Der de-minimis-Bekanntmachung des Jahres 2001 ist ein Hinweis darauf zu entnehmen, dass Vereinbarungen kleiner und mittlerer Unternehmen dann, wenn sie die Kriterien der KMU-Empfehlung[1] erfüllen, selten geeignet sind, den zwischenstaatlichen Handel zu beeinträchtigen. Die Zwischenstaatlichkeits-Leitlinien[2] des Jahres 2004 konkretisieren diesen Hinweis jedoch dahingehend, dass dieser Einstufung als KMU nur eine Indizwirkung zukommen kann, die daran gekoppelt ist, dass die Tätigkeit dieser Unternehmen tatsächlich regional und lokal beschränkt ist. Sind dagegen kleine und mittlere Unternehmen überregional tätig, so gilt es die in den Zwischenstaatlichkeits-Leitlinien genannten Kriterien zu überprüfen.

Anders als vielfach angenommen hat die VO 1/2003 zwar den Anwendungsbereich des europäischen Wettbewerbsrechtes durchaus erweitert: Während bis zum Inkrafttreten dieser Verordnung sich *strengeres* nationales Recht solange gegenüber milderem Gemeinschaftsrecht durchsetzen konnte, bis eine der wenigen positiv gestaltenden Akte der Kommission erging, geht nunmehr stets, und damit auch weniger strenges europäisches Recht dem nationalen Verbot vor. Die VO 1/2003 hat aber keine Veränderungen hinsichtlich solcher Sachverhalte bewirkt, die bislang rein nationalem Recht unterfielen. Auch weiterhin bestimmt sich der Anwendungsbereich des europäischen Rechts einzig und allein nach den Kriterien der Zwischenstaatlichkeitsklausel beziehungsweise der Frage nach der Spürbarkeit einer Handelsbeeinträchtigung. Die These, die Aufrechterhaltung nationaler Sonderregelungen hätte vor dem Hintergrund der VO 1/2003 keinen Sinn mehr gemacht, ist daher nur insoweit richtig, als sie *strengere* nationale Sonderregelungen meint. Die Existenzberechtigung strengerer einzelstaatlicher Regelungen ist in der Tat angesichts des umfassender gewordenen Anwendungsvorrangs des Gemeinschaftsrechtes verloren gegangen, da eine strengere nationale Regelung nur noch bei rein nationalen Sachverhalten hätte Bedeutung erlangen können. Dies hätte zu einer Benachteiligung kleinerer und mittlerer Unternehmen, die die Zwischenstaatlichkeitsschwelle nicht überschreiten, geführt. Die im GWB enthaltenen einzelnen Erlaubnisse und Freistellungsmöglichkeiten betrafen dagegen schon auch vor Inkrafttreten der VO 1/2003 einzig und allein rein nationale Sachverhalte, die die Zwischenstaatlichkeitsschwelle nicht überschritten. Es war im Anwendungsbereich des europäischen Rechts bereits früher nicht möglich, Vereinbarungen über das nationale Recht freizustellen, die nach europäischem Recht verboten waren. Eine Änderung in diesem Bereich ist jedenfalls durch das

[1] KMU-Empfehlung (2003), ABl. 2003/L 124/36.

[2] Zwischenstaatlichkeits-Leitlinien, ABl. 2004/C 101/81.

neue europäische Kartellverfahrensrecht nicht indiziert gewesen. Die Aufgabe der einzelnen Freistellungstatbestände des GWB a.F. ist deshalb nicht der VO 1/2003, sondern dem Anpassungswillen des Gesetzgebers der 7. GWB-Novelle geschuldet.

5. Die Europäische Kommission definiert das Kriterium *Spürbarkeit der Wettbewerbsbeeinträchtigung* seit 1970 in ihrer sog. de-minimis-Bekanntmachung. Ziel dieser Bagatellbekanntmachung war bislang insbesondere die Förderung der Kooperation zwischen kleinen und mittleren Unternehmen. Zunächst wurde diese Förderung kleiner und mittlerer Unternehmen kumulativ an Umsatz- und Marktanteilsschwellen ausgerichtet. Im Laufe der Zeit trat in den zeitlich aufeinander folgenden Neufassungen der Bagatellbekanntmachung das Umsatzkriterium immer mehr in den Hintergrund. Daneben wurden jedoch auch weiterhin bestimmte kleine und mittlere Unternehmen, die die Kriterien der Kommissionsempfehlung zur Definition kleiner und mittlerer Unternehmen[3] erfüllten, als nicht geeignet für eine spürbare Wettbewerbsbeeinträchtigung angesehen. Seit der Bekanntmachung des Jahres 2001 führt die Einstufung als KMU anhand der Kriterien der Kommissionsempfehlung zur Definition kleiner und mittlerer Unternehmen[4] dagegen nicht mehr automatisch dazu, dass die Spürbarkeit der Wettbewerbsbeeinträchtigung verneint werden würde. Entscheidendes und alleiniges Kriterium sind nunmehr Marktanteilsschwellen in einer Größenordnung von 10% (horizontale Vereinbarungen) beziehungsweise 30% Marktanteil (vertikalen Vereinbarungen). Eine gezielte Förderung kleiner und mittlerer Unternehmen erfolgt im Rahmen der de-minimis- Bekanntmachung 2001 nicht mehr.

6. Während sich im Rahmen der de-minimis-Bekanntmachung die Kommission in materiell-rechtlicher Weise festlegt und die von ihr genannten Kriterien zur Auslegung des Spürbarkeitskriteriums stets heranziehen wird, bleibt dagegen die Aussage der Bagatellbekanntmachung 2007 des Bundeskartellamtes dahinter zurück: Sie beschränkt sich lediglich auf eine rein verfahrensrechtliche Selbstbindung, die zusätzlich dadurch aufgeweicht wird, dass sich das Amt Ausnahmen ausdrücklich vorbehält. Dabei gilt auch hier, wie stets im Hinblick auf die Leitlinien und Bekanntmachungen der Kommission, dass im Anwendungsbereich des europäischen Rechts auch die de-minimis-Bekanntmachung rechtlich bindend und bei rein nationalen Sachverhalten zumindest zu berücksichtigen ist. Die Frage nach der Spürbarkeit einer Wettbewerbsbeeinträchtigung beurteilt sich im Regelfall daher auch

---

[3] KMU-Empfehlung (1996), ABl. 1996/L 107/4, i.V.m. KMU-Empfehlung (2003), ABl. 2003/L 124/36, Anhang.

[4] KMU-Empfehlung (1996), ABl. 1996/L 107/4, i.V.m. KMU-Empfehlung (2003), ABl. 2003/L 124/36, Anhang.

dann, wenn es sich nicht um einen europäischen Sachverhalt handelt, nach den in der de-minimis-Bekanntmachung genannten Kriterien. Es besteht hinsichtlich der Bagatellbekanntmachung der Kommission eine Berücksichtigungspflicht auch bei rein nationalen Sachverhalten. Dies hat der Gesetzgeber der 7. GWB-Novelle mehrfach deutlich gemacht.

7. Die Leitlinien der Europäischen Kommission zur Anwendbarkeit von Art. 81 EG-Vertrag auf Vereinbarungen über horizontale Zusammenarbeit (Horizontal-Leitlinien) sind den Bemühungen der Kommission geschuldet, ökonomischen Überlegungen eine wesentlich größere Rolle zukommen zu lassen und bei der Beurteilung von Vereinbarungen die Auswirkungen auf den Markt stärker zu berücksichtigen (more economic approach). Das Kriterium der Spürbarkeit der Wettbewerbsbeeinträchtigung spielt zwar auch weiterhin eine sehr wichtige Rolle bei der Frage, ob eine Vereinbarung von Art. 81 Abs. 1 EG erfasst wird oder nicht; gleichwohl bedarf es jeweils im Einzelfall einer Analyse des Marktes und der zu erwartenden Marktwirkungen der in Rede stehenden Vereinbarung, um endgültig beurteilen können, ob die Vereinbarung tatsächlich eine von Art. 81 Abs. 1 EG verbotene Wettbewerbsbeschränkung darstellt. Die Arten von Vereinbarungen, die zwar nicht als kartellfrei einzustufen sind, aber auch nicht zu der Gruppe von Vereinbarungen gehören, die Kernbeschränkungen im weitesten Sinne enthalten, sind nur dann von Art. 81 Abs. 1 EG erfasst, wenn die Untersuchung marktbezogener Kriterien, wie Marktmacht und Marktstruktur, negative Auswirkungen auf die relevanten Wettbewerbsfaktoren (Preis, Produktion, Innovationen, Vielfalt und Qualität der Waren) befürchten lässt. Die Leitlinien der Kommission stellen m. a. W. eine Regelung zur marktstrukturabhängigen Privilegierung effizienzsteigernder Vereinbarungen dar.

8. Während im Anwendungsbereich des europäischen Rechts die Horizontal-Leitlinien ebenso wie alle anderen Bekanntmachungen und Leitlinien der Kommission Bindungswirkung entfalten, sind sie bei rein nationalen Sachverhalten jedenfalls zumindest zu berücksichtigen. Auch bei rein nationalen Sachverhalten ist daher im Anschluss an die Prüfung des Spürbarkeitskriteriums, weiter zu prüfen, ob die in Rede stehende horizontale Kooperationsvereinbarung angesichts der vorherrschenden Marktstruktur überhaupt geeignet ist, zusätzliche negative Auswirkungen auf die relevanten Wettbewerbsfaktoren, gemessen an den Leitlinien der Kommission, hervorzurufen. Ist dies nicht der Fall, so greift bereits § 1 GWB nicht ein. Die Frage, ob eine Freistellung dieser Vereinbarung über § 3 GWB möglich ist, stellt sich dann nicht mehr. Anders als § 3 Abs. 1 GWB stellen die Leitlinien über die horizontale Zusammenarbeit also keinen eigenständigen Freistellungstatbestand und auch keine bloße Auslegungshilfe für § 3 GWB, sondern eine eigenständige, weitere Anwendungsvoraussetzung des § 1 GWB dar.

9. Angesichts der unterschiedlichen Zielsetzungen und Anwendungsbereiche der Leitlinien einerseits und des § 3 GWB andererseits können die Leitlinien nicht unmittelbar für die Auslegung des § 3 GWB herangezogen werden. Insbesondere können nicht die in den Leitlinien genannten Marktanteilsschwellen nahtlos auf § 3 GWB übertragen werden. Den Leitlinien lassen sich allerdings bestimmte Kriterien entnehmen, anhand derer Tatbestandsmerkmale des § 3 GWB näher bestimmt werden können. So ist beispielsweise die Frage nach den relevanten Märkten bei bestimmten Kooperationsformen auch im Rahmen des § 3 GWB anhand der in den Leitlinien genannten Abgrenzungskriterien zu beantworten. Auch die Frage nach vorhandener Marktkonzentration im Rahmen der Prüfung des Tatbestandsmerkmals „Wesentliche Marktbeeinträchtigung" des § 3 GWB kann u. a. anhand der in den Leitlinien genannten Kriterien beantwortet werden.

10. Die Horizontal-Leitlinien eröffnen Kooperationen weitere Entfaltungsmöglichkeiten, die noch vor den kartellrechtlichen Verbotsbarrieren angesiedelt sind. Bei dem hier vertretenen Verständnis der Leitlinien als ein eigenständiger, allgemein zu berücksichtigender bzw. sogar zwingend zu beachtender Prüfungsschritt steht zu erwarten, dass Kooperationen in den von den Leitlinien erfassten Bereichen in weitem Umfang als kartellrechtlich unbedenklich einzustufen sein werden. Eine „Evolution der kartellfreien Kooperation, neben der die Zusammenarbeit aufgrund kartellrechtlicher Einzelbefreiungen [...] geringere Bedeutung"[5], ist gleichwohl nicht zu erwarten. Zum einen wird entgegen der hier vertretenen Ansicht den Leitlinien und Bekanntmachungen der Kommission häufig höchstens nur eine faktische Bindungswirkung beigemessen, was zu erheblicher Rechtsunsicherheit beiträgt. Zudem steht zu erwarten, dass eine Vielzahl von Rechtsanwendern nicht den eigenständigen Bedeutungsgehalt der Leitlinien erkennen bzw. anerkennen wird. So wird auch zukünftig das Hauptaugenmerk der kartellrechtlichen Beurteilung von Kooperationen auf den Freistellungstatbeständen (Art. 81 Abs. 3 EG, § 2 GWB) und dabei im Bereich der Mittelstandskooperation auf § 3 GWB liegen.

11. § 3 Abs. 1 GWB hat nicht zum Ziel, bestimmte Marktstrukturen zu erhalten. Anders als es die Überschrift des § 3 GWB nahe legt, wird folglich nicht der Mittelstand per se geschützt. Auch ist nicht der Ausgleich von Marktgegenmacht Ziel der Regelung des § 3 GWB. Ziel des § 3 GWB ist es vielmehr, unter gleichzeitiger Beibehaltung der Unternehmensgrößen der auf dem jeweiligen Markt tätigen Unternehmen, diesen strukturellen Nachteilen der in der Relation kleinen und mittleren Unternehmen dadurch entgegen zu wirken, dass leistungssteigernde Formen der Zusammenarbeit dieser Unternehmen ermöglicht und nicht durch eine übertrieben strikte An-

[5] *Benisch,* Kartellfreie Kooperation, WuW 1974, 69.

wendung des Kooperationsverbotes des § 1 GWB untersagt werden. Die Alternative zu solchen Kooperationen besteht in der Zunahme von Konzentrationen und Fusionen vormals kleinerer und mittlerer Unternehmen. Die Kooperation erscheint hierbei als das geringere wettbewerbspolitische Übel.

12. Der Anwendungsbereich des § 3 GWB bleibt auch zukünftig beschränkt auf horizontale Kooperationen. Vertikale Kooperationen werden nicht von § 3 GWB erfasst. Dies wirft sowohl dogmatische als auch rechtspolitische Fragen auf: Aus dogmatischer Sicht ist nicht verständlich, warum zwar § 1 GWB nunmehr grundsätzlich horizontale und vertikale Vereinbarungen gleichbehandelt, der einzige rein nationale Freistellungstatbestand dagegen beschränkt bleibt auf horizontale Kooperationen. Auch aus rechtspolitischer Sicht erscheint es zweifelhaft, warum vertikale Kooperationen zukünftig grundsätzlich allein anhand europarechtlicher Kriterien (vgl. § 2 GWB) beurteilt werden sollen, obwohl doch hier die bisherigen Freistellungsmöglichkeiten auch aus Sicht des Gesetzgebers zu sachgerechten und befriedigenden Ergebnissen geführt haben. Da eine totale Anpassung des GWB an das europäische Recht angesichts der Sonderregelung in § 3 GWB nicht verwirklicht worden ist, überzeugt die Begründung zur Aufgabe der bisherigen Freistellungstatbeständen für vertikalen Vereinbarungen, die gerade die Anpassung an das europäische Recht zitiert, nicht.

13. Angesichts der Zielsetzung des § 3 GWB, strukturelle Nachteile, die allein auf die unterschiedlichen Größen der Unternehmen auf dem jeweils gleichen Markt zurückzuführen sind, durch leistungssteigernde Kooperationen zu beseitigen, ist es nicht möglich, absolute, fixe Ober- oder Untergrenzen zu bestimmen, anhand derer für alle Branchen gleich festgelegt werden könnte, ob ein Unternehmen klein, mittelgroß oder groß i. S. d. § 3 GWB ist. Eine Definition muss stets in Relation zu den vorhandenen Marktstrukturen erfolgen. Tatsächlich besteht deshalb auch nicht die Möglichkeit, wenigstens Grenzen zu bestimmen, ab deren Über- oder Unterschreiten stets vermutet werden könnte, dass es sich um ein kleines oder mittleres oder großes Unternehmen im Sinne des §§ 3 GWB handeln würde.

14. Eine Beteiligung von Großunternehmen steht einer Freistellung einer Kooperation über § 3 GWB dann nicht entgegen, solange diese Beteiligung zur Erreichung eines Rationalisierungserfolges bei den beteiligten kleinen und mittleren Unternehmen notwendig und erforderlich ist. Dabei ist in diesen Konstellationen stets darauf zu achten, dass möglicherweise die Zwischenstaatlichkeitsschwelle durch die Beteiligung der Großunternehmen bereits überschritten und damit der Anwendungsbereich des europäischen Wettbewerbsrechtes eröffnet ist.

15. Im Hinblick auf Mittelstandsempfehlungen ging der Gesetzgeber der 7. GWB-Novelle offenbar davon aus, dass sich an der grundsätzlichen Zu-

lässigkeit solcher Empfehlungen durch die Novelle nicht ändern würde. Bislang waren Mittelstandsempfehlungen ausdrücklich in § 22 Abs. 2 GWB a.F. grundsätzlich freigestellt vom in § 22 Abs. 1 GWB a.F. bestimmten Verbot. Nach Wegfall dieses Ausnahmetatbestandes greift grundsätzlich das Verbot des § 1 GWB, das explizit auch aufeinander abgestimmte Verhaltensweisen erfasst. § 3 Abs. 1 GWB n.F. ist auf Mittelstandsempfehlungen nicht anwendbar, da hiervon nur Vereinbarungen oder Beschlüsse erfasst werden. Der Gesetzgeber der 7. GWB-Novelle hat nicht ausreichend deutlich gemacht, dass er auch Mittelstandsempfehlungen von § 3 Abs. 1 GWB erfasst wissen wollte. Die Annahme, es würde sich an der bisherigen Zulässigkeit von Mittelstandsempfehlungen nichts ändern, dürfte vor diesem Hintergrund zu optimistisch sein: Zukünftig sind Mittelstandsempfehlungen nur über § 2 Abs. 1 GWB freistellbar. Gerade im Hinblick auf von § 22 Abs. 2 GWB a.F. noch freigestellte Kernbeschränkungen ergibt sich hier im Vergleich ein strengerer Prüfungsrahmen.

16. Volkswirtschaftlich positive Effekte sind keine Anwendungsvoraussetzung des § 3 GWB. Anders als § 2 Abs. 1 GWB fordert § 3 Abs. 1 GWB keine angemessene Verbraucherbeteiligung an den zu erzielenden Rationalisierungserfolgen. Vor diesem Hintergrund kann der Anwendungsbereich des § 3 Abs. 1 GWB nicht auf solche Vereinbarungen beschränkt bleiben, die unmittelbare positive Effekte auf die inländische Volkswirtschaft haben. Auch ein Abstellen auf den Ort der Rationalisierungsmaßnahme würde zu einer Ungleichbehandlung von rein auf dem Inlandsmarkt tätigen und (auch) auf ausländischen Märkten tätigen Unternehmen führen, für die es im Gesetz keinen Anhaltspunkt gibt. Schließlich ist auch eine Anknüpfung an die Auswirkungen der wettbewerbsbeschränkenden Vereinbarung nicht geeignet, den Anwendungsbereich des § 3 GWB auf Vereinbarungen inländischer Unternehmen zu beschränken: Im gleichen Umfang, wie sich die *wettbewerbsbeschränkende* Wirkung der Vereinbarung *im Inland* auswirkt, wirkt sich auch die von § 3 GWB geforderte *Verbesserung der Wettbewerbsfähigkeit* der Vereinbarung *im Inland* aus. Anderenfalls wäre bereits der Tatbestand des § 3 Abs. 1 GWB nicht erfüllt, der zwischen der wettbewerbsbeschränkenden Maßnahme einerseits und der Verbesserung der Wettbewerbsfähigkeit andererseits einen unmittelbaren Zusammenhang erfordert. Die negative (= Wettbewerbsbeschränkung) und die positive (= Steigerung der Wettbewerbsfähigkeit) Auswirkung einer Rationalisierungsvereinbarung i.S.d. § 3 GWB sind stets die zwei Seiten derselben Medaille.

17. Auch wenn den Horizontal-Leitlinien im Verhältnis zu § 3 Abs. 1 GWB eine eigenständige Bedeutung zukommt und sie grundsätzlich losgelöst von der Frage einer Freistellung über § 3 Abs. 1 GWB anzuwenden sind, lassen sich ihnen doch auch für die Anwendung des § 3 GWB wert-

volle Hinweise entnehmen: Sowohl die Leitlinien der Kommission über die zwischenbetriebliche Zusammenarbeit als auch § 3 GWB stellen jeweils auf unterschiedlichen Stufen einer wettbewerbsrechtlichen Betrachtung eine Regelung zur marktstrukturabhängigen Privilegierung effizienzsteigernder Vereinbarungen dar. Gemeinsam ist beiden Regelungen folglich die Relevanz der jeweiligen Marktstruktur und der Stellung der Unternehmen in ihr.

18. Die Horizontal-Leitlinien zeigen auf, dass in Abhängigkeit zum Schwerpunkt der in Rede stehenden Kooperation die auf eine Wettbewerbsbeeinträchtigung hin zu untersuchenden relevanten Märkte mitunter differenziert bestimmt werden müssen. Daneben sind in den Leitlinien benannte Kriterien zur Beurteilung wettbewerbsbeeinträchtigender Vereinbarungen auch bei § 3 Abs. 1 GWB bei der Beantwortung der Frage nach der Wesentlichkeit der Beeinträchtigung heranzuziehen. Um dem Ziel der Anpassung des deutschen an das europäische Recht weitestgehend gerecht zu werden, ist der im europäischen Recht vorherrschende Trend zu einem more economic approach auch im deutschen Recht nachzuvollziehen. Im einzelnen ist daher zur Beantwortung der Frage, ob eine wesentliche Beeinträchtigung des Wettbewerbs im Sinne des § 3 GWB vorliegt, die Marktkonzentration gegebenenfalls anhand des Herfindahl-Hirshman-Index zu messen, ferner sind Stabilität der Marktanteile über einen bestimmten Zeitraum, Wahrscheinlichkeit und Schnelligkeit eines Markteintritts und die Nachfragemacht der Käufer und die Eigenarten der Produkte zu berücksichtigen.

19. Aufgrund des Vorrangs des europäischen Wettbewerbsrechts in seinem Anwendungsbereich gegenüber nationalen Regelungen kommt § 3 Abs. 1 GWB dann keine eigenständige Bedeutung mehr zu, wenn ein Zwischenstaatlichkeitsbezug besteht. Zwar geht der Gesetzgeber offenbar davon aus, dass § 3 Abs. 1 GWB auch bei Zwischenstaatlichkeitsbezug zu prüfen ist. Gleichwohl erkennt er selbst explizit den Vorrang des europäischen Rechts an. Eine eigenständige Bedeutung kommt § 3 Abs. 1 GWB deshalb im Anwendungsbereich des europäischen Wettbewerbsrechts nicht zu.

20. Es gibt durchaus eine große gemeinsame Schnittmenge an Voraussetzungen für eine Freistellung über § 2 Abs. 1 GWB einerseits und über § 3 Abs. 1 GWB andererseits. Vor allem in Grenzfällen zeigen sich jedoch durchaus erhebliche Unterschiede zwischen einer Freistellung nach § 2 Abs. 1 GWB und einer solchen nach § 3 Abs. 1 GWB. Hinsichtlich der jeweils erfassten Maßnahmen ist § 2 Abs. 1 GWB einerseits weiter gefasst als § 3 Abs. 1 GWB, da er nicht nur Rationalisierungsmaßnahmen für freistellbar erachtet, sondern alle Maßnahmen erfasst, die zu einem wirtschaftlichen Nutzen führen. Andererseits aber ist er entsprechend seiner europäischen Vorlage grundsätzlich nicht anwendbar auf Kernbeschränkungen; hier

ist § 3 Abs. 1 GWB weniger streng. § 3 Abs. 1 GWB fordert auch im Gegensatz zu § 2 Abs. 1 GWB keine nachweisbaren Vorteile für die Verbraucher, lässt vielmehr die Steigerung der Wettbewerbsfähigkeit der beteiligten Unternehmen für eine Freistellung genügen. Anderseits aber schränkt die enger gefasste und auch bislang schon enger ausgelegte Wettbewerbsklausel des § 3 Abs. 1 GWB dessen Freistellungsbereich wiederum stärker ein als § 2 Abs. 1 GWB.

21. Um der gerade für kleine und mittlere Unternehmen erheblich gestiegenen Rechtsunsicherheit etwas abzuhelfen, hatte der Gesetzgeber den Unternehmen, die (möglicherweise) die Voraussetzungen des § 3 Abs. 1 GWB erfüllen, in § 3 Abs. 2 GWB einen Anspruch auf Entscheidung nach § 32 lit. c) GWB eingeräumt. Voraussetzung hierfür ist entweder eine erhebliche Rechtsunsicherheit im Hinblick auf eine konkrete Kooperationsvereinbarung, unabhängig von den im Einzelfall hinter der Kooperation stehenden wirtschaftlichen Interessen; oder es liegt zwar eine in weiten Bereichen bereits geklärte rechtliche Problematik vor, die beteiligten Unternehmen haben aber angesichts des hinter ihrem Vorhaben stehenden erheblichen wirtschaftlichen Interesses, insbesondere in Gestalt hoher Investitionssummen, ein erhebliches (wirtschaftliches) Interesse daran, auch die wenigen rechtlichen Fragen eines juristischen Graubereichs vorab beantwortet zu bekommen. Da auch zukünftig gerade für kleine und mittlere Unternehmen erhebliche Unsicherheitsfaktoren (beispielsweise im Hinblick auf die Ermittlung von Marktanteilen der Wettbewerber) bestehen bleiben, sollte die Regelung des § 3 Abs. 2 GWB auch über den bisher vorgesehenen Endtermin 30.06.2009 hinaus bestehen bleiben.

Literaturverzeichnis

Ackermann, Thomas: Art. 85 Abs. 1 EGV und die rule of reason – zur Konzeption der Verhinderung, Einschränkung oder Verfälschung des Wettbewerbs, 1. Aufl. 1997, Köln

Amato, Filippo/*Gonzalez-Diaz,* Enrique: Art. 81 EG, in: Ablasser-Neuhuber, Astrid/Loewenheim, Ulrich (Hrsg.): Europäisches Recht, Kommentar, Bd. 1, 1. Aufl. 2005, München

Anweiler, Jochen: Art. 10 VO 1/2003, in: Ablasser-Neuhuber, Astrid/Loewenheim, Ulrich (Hrsg.): Europäisches Recht, Kommentar, Bd. 1, 1. Aufl. 2005, München

Bahr, Christian: Die Verhinderung, Einschränkung oder Verfälschung des Wettbewerbs in § 1 GWB, in: WuW 2000, 954

Bahr, Christian/*Loest,* Thomas: Die Beurteilung von Vereinbarungen über Forschung und Entwicklung nach europäischem Kartellrecht, in: EWS 2002, 263

Baron, Michael: GVO-Vertikal, in: Ablasser-Neuhuber, Astrid/Loewenheim, Ulrich (Hrsg.): Europäisches Recht, Kommentar, Bd. 1, 1. Aufl. 2005, München

– Die Rechtsnatur der Gruppenfreistellungsverordnungen im System der Legalausnahme – Ein Scheinproblem, in: WuW 2006, 358

Bartosch, Andreas: Von der Freistellung zur Legalausnahme – der Vorschlag der EG-Kommission für eine neue Verordnung Nr. 17, in: EuZW 2001, 101

Basedow, Jürgen: Wirtschaftskollisionsrecht – Theoretischer Versuch über die ordnungspolitischen Normen des Forumstaates, in: RabelsZ 1988, 8

– Entwicklungslinien des internationalen Kartellrechts – Ausbau und Differenzierung des Auswirkungsprinzips, in: NJW 1989, 627

Bauer, Michael, in: Bauer, Michael/de Bronett, Georg-Klaus (Hrsg.): Die EU-Gruppenfreistellungsverordnung für vertikale Wettbewerbsbeschränkungen, Bd. 11, 2001, Köln

Bayerische Landeskartellbehörde: Bekanntmachung über die Nichtverfolgung von Kooperationsabreden kleinerer und mittlerer Unternehmen mit geringer wettbewerbsbeschränkender Bedeutung, [Bagatellbekanntmachung (Bay.)], in: BayStAnz Nr. 40/2000 v. 25.09.2000

Bayerisches Staatsministerium für Wirtschaft, Verkehr und Technologie: Kooperation und Wettbewerb – Ein Ratgeber für kleine und mittlere Unternehmen, 6. Aufl., München

Bayreuther, Frank: Die Reform der EG-Wettbewerbspolitik gegenüber vertikalen Wettbewerbsbeschränkungen, in: EWS 2000, 108

Bechtold, Rainer: Die Entwicklung des deutschen Kartellrechts seit Mitte 1986, in: NJW 1990, 481

– Die Stellung der Kommission und der Unternehmen im EWG-Kartellverfahren, in: EuR 1992, 41

– Die Durchsetzung europäischen Kartellrechts durch die Zivilgerichte, in: ZHR 1996, 660

– Zum Referenten-Entwurf der 6. GWB-Novelle, in: BB 1997, 1853

– Modernisierung des EG-Wettbewerbsrechts – Der Verordnungs-Entwurf der Kommission zur Umsetzung des Weißbuchs, in: BB 2000, 2425

– EG-Gruppenfreistellungsverordnungen – Eine Zwischenbilanz, in: EWS 2001, 49

– Gedanken zur Zukunft des deutsche Kartellrechts, in: WuW 2001, 339

– Schafft die neue vertikale GVO die von ihr intendierte Rechtssicherheit? – Welche Parallelen bestehen zur Automobil-GVO? in: Schwarze, Jürgen (Hrsg.): Instrumente zur Durchsetzung des europäischen Wettbewerbsrechts – Regelungstechniken, Kontrollverfahren und Sanktionen, 1. Aufl. 2002, Baden-Baden, S. 25

– Grundlegende Umgestaltung des Kartellrechts, in: DB 2004, 235

– Kartellgesetz – Gesetz gegen Wettbewerbsbeschränkungen, Kommentar, 4. Aufl. 2006, München

Bechtold, Rainer/*Buntscheck,* Martin: Die 7. GWB-Novelle und die Entwicklung des deutschen Kartellrechts 2003 bis 2005, in: NJW 2005, 2966

Benisch, Werner: Kooperationsfibel – Mit Erläuterungen und Vertragsbeispielen, 1. Aufl. 1963, Bergisch-Gladbach

– Kooperationsfibel – Mit Erläuterungen und Vertragsbeispielen, 2. Aufl. 1966, Bergisch Gladbach

– Die kartellfreie Kooperation nach der GWB-Novelle 1973, in: WuW 1974, 69

– Kooperationserleichterungen und Wettbewerb, in: Cox, Helmut/Jens, Uwe/Markert, Kurt (Hrsg.): Handbuch des Wettbewerbs – Wettbewerbstheorie, Wettbewerbspolitik, Wettbewerbsrecht, 1. Aufl. 1981, München, S. 400

Bernitsas, Panayotis M.: State Aids und Public Undertakings, in: Harden, Ian (Hrsg.): State aid community law and policy [Vorträge und Diskussion der Fachtagung „Die Vereinbarkeit Staatlicher Beihilfen mit dem EG-Recht zur Umsetzung von Gemeinschaftsrecht und -politik in den Mitgliedstaaten“, die am 5. und 6. November 1992 von der Europäischen Rechtsakademie Trier veranstaltet wurde], 1. Aufl. 1993, Köln, S. 110

Bien, Florian: Systemwechsel im Europäischen Kartellrecht – Zum Entwurf der EU-Kommission für eine Verordnung zur Durchführung der Art. 81 und 82 EG-Vertrag, in: DB 2000, 2309

BKartA: Merkblatt des Bundeskartellamtes über Kooperationsmöglichkeiten für kleinere und mittlere Unternehmen (2007), abrufbar unter der URL http://www.bundeskartellamt.de/wDeutsch/download/pdf/Merkblaetter/Merkblaetter_deutsch/07KMU-Merkblatt.pdf (Letzter Abruf: 08.09.2008)

– Bekanntmachung über die Nichtverfolgung von Kooperationsabreden mit geringer wettbewerbsbeschränkender Bedeutung, [Bagatellbekanntmachung (1980)], BAnz. 1980 Nr. 133 v. 08.07.1980

– Merkblatt über die Kooperationserleichterungen für kleine und mittlere Unternehmen nach dem Kartellgesetz, v. 12/1998 (abgedr. bei Immenga/Mestmäcker, GWB, 3. Aufl. 2001, Textanhang)

– Bekanntmachung Nr. 18/2007 des Bundeskartellamtes über die Nichtverfolgung von Kooperationsabreden mit geringer wettbewerbsbeschränkender Bedeutung, [Bagatellbekanntmachung (2007)], in: WuW 2007, 369

– Tätigkeitsbericht 1981/1982, BT-Drs. 10/243 v. 13.07.1983

– Tätigkeitsbericht 2005/2006, BT-Drs. 16/5710 v. 15.06.2007

– Tätigkeitsbericht 1987/1988, BT-Drs. 11/4611 v. 30.05.1989

BKartA – AK Kartellrecht: Kooperationen zwischen Wettbewerbern – Ist eine Neubewertung erforderlich? – Diskussionspapier, abrufbar unter der URL http://www.bundeskartellamt.de/wDeutsch/download/pdf/AKK_00.pdf (Letzter Abruf: 08.09.2008)

Blake, Stephen/*Schnichels,* Dominik: Schutz der Kronzeugen im neuen EG-Wettbewerbsrecht, in: EuZW 2004, 551

Bogdandy, Armin v./*Buchhold,* Frank: Die Dezentralisierung der europäischen Wettbewerbskontrolle, Schritt 2: der Verordnungsvorschlag zur dezentralen Anwendung von Art. 81 III EG, in: GRUR 2001, 798

Böge, Ulf: Das Netzwerk der EU-Wettbewerbsbehörden nimmt Gestalt an – Anforderungen an das Bundeskartellamt und Änderungsbedarf im deutschen Kartellrecht, in: EWS 2003, 441

– Der „more economic approach“ und die deutsche Wettbewerbspolitik, in: WuW 2004, 726

Böge, Ulf/*Scheidgen,* Anja: Das neue Netzwerk der Wettbewerbsbehörden in der Europäischen Union, in: EWS 2002, 201

Böhm, Franz: Wettbewerb und Monopolkampf – eine Untersuchung zur Frage der wirtschaftlichen Kampfrechts und zur Frage der rechtlichen Struktur des geltenden Wirtschaftsordnung, Unveränd. Nachdr. 1933, 1964, Berlin [u. a.]

Bornkamm, Joachim: Die Masterfoods-Entscheidung des EuGH – Bindung der Zivilgerichte an Kommissionsentscheidungen – Lehren für das neue Kartellverfahren? in: ZWeR 2003, 73

– Die Rolle des Zivilrichters bei der Durchsetzung des Kartellrechts nach der Verordnung Nr. 1/2003 und nach der 7. GWB-Novelle, 2003, Bonn

– § 32 c, in: Langen, Eugen/Bunte, Hermann-Josef (Hrsg.), Kommentar zum deutschen und europäischen Kartellrecht, Deutsches Kartellrecht, Bd. 1, 10. Aufl. 2006, Neuwied

Bornkamm, Joachim/*Becker,* Mirko: Die privatrechtliche Durchsetzung des Kartellverbots nach der Modernisierung des EG-Kartellrechts – Einflussmöglichkeiten der Kommission, in: ZWeR 2005, 213

Brandner, Gert: Die überschießende Umsetzung von Richtlinien – Tatbestand und Rechtsfolgen der autonomen Erstreckung des Regelungsgehalts einer Richtlinie auf Sachverhalte außerhalb ihres Anwendungsbereichs durch den nationalen Gesetzgeber, 1. Aufl. 2003, Frankfurt am Main [u. a.]

Braun, Ellen: Art. 81, in: Langen, Eugen/Bunte, Hermann-Josef (Hrsg.), Kommentar zum deutschen und europäischen Kartellrecht, Europäisches Kartellrecht, Bd. 2, 10. Aufl. 2006, Neuwied

– nach § 2, in: Langen, Eugen/Bunte, Hermann-Josef (Hrsg.), Kommentar zum deutschen und europäischen Kartellrecht, Deutsches Kartellrecht, Bd. 1, 10. Aufl. 2006, Neuwied

Bueren, Eckart: Der New economic approach der Kommission für horizontale und vertikale Wettbewerbsbeschränkungen, in: WRP 2004, 567

Bundesrat: Stellungnahme des Bundesrates zum Entwurf eines siebten Gesetzes zur Änderung des Gesetzes gegen Wettbewerbsbeschränkungen, [Stellungnahme 7. GWB-Novelle], BR-Drs. 441/04 (Beschluss) v. 09.07.2004

– Stellungnahme zum Regierungsentwurf eines Sechsten Gesetzes zur Änderung des Gesetzes gegen Wettbewerbsbeschränkungen, [Stellungnahme BR 6. GWB-Novelle], BT-Drs. 13/9720 (Anlage 2) v. 19.12.1997

Bundesregierung: Entwurf eines Siebten Gesetzes zur Änderung des Gesetzes gegen Wettbewerbsbeschränkungen, [RegE 7. GWB-Novelle], BT-Drs. 15/3640 v. 12.08.2004

– Gegenäußerung zur Stellungnahme des BR zur 6. GWB-Novelle, [Gegenäußerung 6. GWB-Novelle], BT-Drs. 13/9720 (Anlage 3) v. 19.12.1997

– Entwurf eines Sechsten Gesetzes zur Änderung des Gesetzes gegen Wettbewerbsbeschränkungen, [RegE 6. GWB-Novelle], BT-Drs. 13/9720 v. 29.01. 1998

– Entwurf eines Fünften Gesetzes zur Änderung des Gesetzes gegen Wettbewerbsbeschränkungen, [RegE 5. GWB-Novelle], BT-Drs. 11/4610 v. 30.05.1989

Bunte, Hermann-Josef: Das Verhältnis von deutschem zu europäischem Kartellrecht, in: WuW 1989, 7

– Ein Votum für eine sechste GWB-Novelle – Gründe, Leitlinien, Vorschläge für Einzelregelungen, in: WuW 1994, 5

– § 3, in: Glassen, Helmut/Achenbach, Hans/v. Hahn, Helmuth (Hrsg.): Frankfurter Kommentar zum Kartellrecht, mit Kommentierung des GWB, des EG-Kartellrechts und einer Darstellung ausländischer Kartellrechtsordnungen, 1999, Köln, (Stand: 04/2007)

– § 4, in: Glassen, Helmut/Achenbach, Hans/v. Hahn, Helmuth (Hrsg.): Frankfurter Kommentar zum Kartellrecht, mit Kommentierung des GWB, des EG-Kartellrechts und einer Darstellung ausländischer Kartellrechtsordnungen, 1999, Köln (Stand: 09/2000)

– § 1, in: Langen, Eugen/Bunte, Hermann-Josef/Baron, Michael (Hrsg.): Kommentar zum deutschen und europäischen Kartellrecht, Deutsches Kartellrecht, Bd. 1, 9. Aufl. 2001, Neuwied

– Anmerkung zu BGH „Stellenmarkt für Deutschland" – § 7 GWB 1/2002, in: EWiR 2002, 913

– §§ 1 f., in: Langen, Eugen/Bunte, Hermann-Josef (Hrsg.): Kommentar zum deutschen und europäischen Kartellrecht, Deutsches Kartellrecht, Bd. 1, 10. Aufl. 2006, Neuwied

– Art. 81 – Generelle Prinzipien, in: Langen, Eugen/Bunte, Hermann-Josef (Hrsg.): Kommentar zum deutschen und europäischen Kartellrecht, Europäisches Kartellrecht, Bd. 2, 10. Aufl. 2006, Neuwied

Businesseurope: Draft Commission regulations on the application of Article 81(3) EC to categories of R & D and specialisation agreements and draft guidelines on horizontal cooperation, abrufbar unter der URL http://www.businesseurope.eu/DocShareNoFrame/Common/GetFile.asp?ID=12033&mfd=off (Letzter Abruf: 08.09.2008)

de Bronett, Georg-Klaus: § 22, in: Wiedemann, Gerhard (Hrsg.): Handbuch des Kartellrechts, 1. Aufl. 1999, München

– Art. 81 Abs. 2, in: Schröter, Helmuth (Hrsg.): Kommentar zum Europäischen Wettbewerbsrecht, 1. Aufl. 2003, Baden-Baden

Degen, Stephan: Die Zwischenstaatlichkeitsklausel des europäischen und deutschen Kartellrechts, 1. Aufl. 2004, Frankfurt

Deringer, Arved: Stellungnahme zum Weißbuch der Europäischen Kommission über die Modernisierung der Vorschriften zur Anwendung der Art. 85 und 86 EG-Vertrag (Art. 81 und 82 EG), in: EuZW 2000, 5

Deselaers, Wolfgang/*Obst,* Silke: Weißbuch zum Europäischen Kartellrecht – Rechtssicherheit ade? in: EWS 2000, 41

Dittrich, Alfred: Die Fünfte Kartellgesetznovelle, in: DB 1990, 98

Dörinkel, Wolfram: Die Kooperationserleichterungen nach der Kartellnovelle 1973, in: WuW 1973, 827

Dreher, Meinrad: Das deutsche Kartellrecht vor der Europäisierung – Überlegungen zur 6 GWB-Novelle, in: WuW 1995, 881

Drexl, Josef: Die gemeinschaftsrechtliche Pflicht zur einheitlichen richtlinienkonformen Auslegung hybrider Rechtsnormen und deren Grenzen, in: Lorenz, Stephan (Hrsg.): Festschrift für Andreas Heldrich zum 70. Geburtstag, 2005, München, S. 67

Durner, Wolfgang: Die Unabhängigkeit nationaler Richter im Binnenmarkt – Zu den Loyalitätspflichten nationaler Gerichte gegenüber der EG-Kommission insbesondere auf dem Gebiet des Kartellrechts, in: EuR 2004, 547

Ebel, Hans-Rudolf: Novellierung des Gesetzes gegen Wettbewerbsbeschränkungen – Erster Teil: Kooperation der Leistungen durch § 5b GWB – Abschaffung der Preisbindung der zweiten Hand – Mißbrauchsaufsicht über marktbeherrschende Unternehmen, in: NJW 1973, 1577

Ehlermann, Claus-Dieter: The modernization of EC antitrust policy: a legal and cultural revolution, in: CMLRev 2000, 537

Ehricke, Ulrich/*Blask,* Holger: Dynamischer Verweis auf Gruppenfreistellungsverordnungen im neuen GWB? in: JZ 2003, 722

Eilmansberger, Thomas: Zum Vorschlag der Kommission für eine Reform des Kartellvollzugs, in: JZ 2001, 365

– Art. 81, in: Streinz, Rudolf/Ohler, Christoph [Ed.] (Hrsg.): EUV /EGV, Vertrag über die Europäische Union und Vertrag zur Gründung der Europäischen Gemeinschaft, 1. Aufl. 2003, München

Ellger, Reinhard: Art. 81 Abs. 3, in: Immenga, Ulrich/Mestmäcker, Ernst-Joachim (Hrsg.): Wettbewerbsrecht, Teil 1: EG, 4. Aufl. 2007, München

Emmerich, Volker: § 54, in: Immenga, Ulrich/Mestmäcker, Ernst-Joachim (Hrsg.): Wettbewerbsrecht, Teil 2: GWB, 4. Aufl. 2007, München

– Art. 85 Abs. 1, in: Immenga, Ulrich/Mestmäcker, Ernst-Joachim/Basedow, Jürgen (Hrsg.): EG-Wettbewerbsrecht, Kommentar; Band I und II mit Ergänzungen 1 und 2, 3. Auflage, 1997–2001, München

– Anmerkungen zu der „neuen“ Wettbewerbspolitik der Europäischen Kommission, in: WRP 2000, 858

– Kartellrecht – Ein Studienbuch, 9. Aufl. 2001, München

– Kartellrecht – Ein Studienbuch, 10. Aufl. 2006, München

– § 1, in: Dauses, Manfred A. (Hrsg.): Handbuch des EU-Wirtschaftsrechts, Bd. 2, 2006, München

– Art. 81 Abs. 1, Immenga, Ulrich/Mestmäcker, Ernst-Joachim (Hrsg.): Wettbewerbsrecht, Teil 1: EG, 4. Aufl. 2007, München

Emmerich, Volker/*Rehbinder,* Eckard/*Markert,* Kurt: § 130 Abs. 2, in: Immenga, Ulrich/Mestmäcker, Ernst-Joachim (Hrsg.): Wettbewerbsrecht, Teil 2: GWB, 4. Aufl. 2007, München

Esch, Bastiaan van der, Der Stellenwert des unverfälschten Wettbewerbs in der Rechtsprechung des Europäischen Gerichtshofes und der Verwaltungspraxis der Kommission, in: WuW 1988, 563

Europäische Kommission: Bekanntmachung der Kommission über die Zusammenarbeit innerhalb des Netzes der Wettbewerbsbehörden, [Netzbekanntmachung], ABl. 2004/C 101/43 v. 27.04.2004

– XXIII. Bericht der Kommission über die Wettbewerbspolitik (1994),

– XXVIII. Bericht über die Wettbewerbspolitik (1998),

– XXX. Bericht über die Wettbewerbspolitik 2000 – SEK/2001/0694 endg., abrufbar unter der URL http://eur-lex.europa.eu/LexUriServ/LexUriServ.do?uri=CELEX:52001SC0694:DE:HTML (Letzter Abruf: 10.11.2008)

– Verordnung (EG) Nr. 1400/2002 der Kommission vom 31. Juli 2002 über die Anwendung von Artikel 81 Absatz 3 des Vertrags auf Gruppen von vertikalen Vereinbarungen und aufeinander abgestimmten Verhaltensweisen im Kraftfahrzeugsektor, [GVO Kfz-Vertrieb (VO 1400/2002)], ABl. 2002/L 203/30 v. 01.08.2002

- Bekanntmachung der Kommission vom 27.05.1970 über Vereinbarungen, Beschlüsse und aufeinander abgestimmte Verhaltensweisen von geringer Bedeutung, die nicht unter Artikel 85 Absatz 1 des Vertrages zur Gründung der Europäischen Wirtschaftsgemeinschaft fallen, [*De-minimis*-Bekanntmachung (1970)], ABl. 1970/C 64/1 v. 02.06.1970

- Bekanntmachung der Kommission vom 18. Dezember 1978 über die Beurteilung von Zulieferverträgen nach Artikel 85 Absatz 1 des Vertrages zur Gründung der Europäischen Wirtschaftsgemeinschaft, [Zuliefer-Bekanntmachung], ABl. 1979/C/1/2 v. 03.01.1979

- VO (EG) Nr. 2658/2000 über die Anwendung von Art. 81 Abs. 3 des Vertrages auf Gruppen von Spezialisierungsvereinbarungen, [GVO Spezialisierung (VO 2658/2000)], ABl. 2000/L 304/3 v. 05.12.2000

- VO (EG) Nr. 2659/2000 über die Anwendung von Art. 81 Abs. 3 des Vertrages auf Gruppen von Vereinbarungen über Forschung und Entwicklung, [GVO FuE (VO 2659/2000)], ABl. 2000/L 304/7 v. 05.12.2000

- Leitlinien zur Anwendbarkeit von Artikel 81 EG-Vertrag auf Vereinbarungen über horizontale Zusammenarbeit, [Horizontal-Leitlinien], ABl. 2001/C 3/2 v. 06.01.2001

- Bekanntmachung über die Definition des relevanten Marktes im Sinne des Wettbewerbsrechts der Gemeinschaft vom 9. Dezember 1997, [Marktdefinitions-Bekanntmachung], ABl. 1997/C 372/5 v. 09.12.1997

- Bekanntmachung über Vereinbarungen von geringer Bedeutung, die nicht unter Artikel 85 Absatz 1 des Vertrags zur Gründung der Europäischen Gemeinschaft fallen, [*De-minimis*-Bekanntmachung (1997)], Abl. 1997/C 372/0013 v. 09.12. 1997

- Bekanntmachung der Kommission vom 3. September 1986 über Vereinbarungen von geringer Bedeutung, die nicht unter Artikel 85 Absatz 1 des Vertrages zur Gründung der Europäischen Wirtschaftsgemeinschaft fallen, [*De-minimis*-Bekanntmachung (1986)], ABl. 1986/C 231/2 v. 12.09.1986

- Vorschlag für eine Verordnung des Rates zur Durchführung der in den Artikeln 81 und 82 EG-Vertrag niedergelegten Wettbewerbsregeln – COM (2000) 582, abrufbar unter der URL http://eur-lex.europa.eu/LexUriServ/LexUriServ.do?uri=COM:2000:0582:FIN:DE:PDF (Letzter Abruf: 08.09.2008)

- Leitlinien für vertikaler Beschränkungen, [Vertikal-Leitlinien], ABl. 2000/C 291/01 v. 13.10.2000

- XVI. Bericht über die Wettbewerbspolitik (1986), v. 1987

- Empfehlung der Kommission vom 6. Mai 2003 betreffend die Definition der Kleinstunternehmen sowie der kleinen und mittleren Unternehmen, [KMU-Empfehlung (2003)], ABl. 2003/L 124/36 v. 20.5.2003

- Modernisierung der Vorschriften zur Durchsetzung der EG-Wettbewerbsregeln – Verordnung (EG) Nr. 1/2003 des Rates und „Modernisierungspaket", Luxemburg: Amt für Amtl. Veröff. der Europ. Gemeinschaften, 2004

- Bekanntmachung der Kommission über Vereinbarungen von geringer Bedeutung, die den Wettbewerb gemäß Artikel 81 Absatz 1 des Vertrags zur Gründung der Europäischen Gemeinschaft nicht spürbar beschränken, [*De-minimis*-Bekanntmachung (2001)], ABl. 2001/C 368/07 v. 22.12.2001
- Bekanntmachung der Kommission über die Behandlung von Beschwerden durch die Kommission gemäß Artikel 81 und 82 EG-Vertrag, [Beschwerde-Bekanntmachung], ABl. 2004/C 101/65 v. 27.04.2004
- Bekanntmachung der Kommission über die Zusammenarbeit zwischen der Kommission und den Gerichten der EU-Mitgliedstaaten bei der Anwendung der Artikel 81 und 82 des Vertrags, [Bekanntmachung Zusammenarbeit Gerichte/Kommission], ABl. 2004/C 101/54 v. 27.04.2004
- Bekanntmachung der Kommission über Beratungsschreiben, ABl. 2004/C 101/78 v. 27.04.2004
- Bekanntmachung der Kommission über informelle Beratung bei neuartigen Fragen zu den Artikeln 81 und 82 des Vertrages, die in Einzelfällen auftreten (Beratungsschreiben), [Beratungs-Bekanntmachung], ABl. 2004/C 101/78 v. 27.04.2004
- Leitlinien über den Begriff der Beeinträchtigung des zwischenstaatlichen Handels in den Artikeln 81 und 82 des Vertrags, [Zwischenstaatlichkeits-Leitlinien], ABl. 2004/C 101/81 v. 27.04.2004
- Leitlinien zur Anwendung von Artikel 81 Absatz 3 EG-Vertrag, [Leitlinien zu Art. 81 Abs. 3], ABl. 2004/C 101/97 v. 27.04.2004
- Verordnung (EG) Nr. 773/2004 über die Durchführung von Verfahren auf der Grundlage der Art. 81 und 82 EG durch die Kommission, [VO 773/2004], ABl. 2004/L 123/18 v. 27.04.2004
- Verordnung (EG) Nr. 772/2004 der Kommission vom 27. April 2004 über die Anwendung von Artikel 81 Absatz 3 EG-Vertrag auf Gruppen von Technologietransfer-Vereinbarungen, [GVO Technologietransfer (VO 772/2004)], ABl. 2004/L 123/11 v. 27.04.2004
- Weißbuch über die Modernisierung der Vorschriften zur Anwendung der Art. 85 und 86 EG-Vertrag, ABl. 99/C 132/01 v. 28.04.1999
- Bekanntmachung über Vereinbarungen, Beschlüsse und aufeinander abgestimmte Verhaltensweisen, die eine zwischenbetriebliche Zusammenarbeit betreffen, [Kooperationsbekanntmachung (1968)], ABl. 1968/C 75/3 v. 29.07.1968
- Bekanntmachung der Kommission vom 19. Dezember 1977 über Vereinbarungen von geringer Bedeutung, die nicht unter Artikel 85 Absatz 1 des Vertrages zur Gründung der Europäischen Wirtschaftsgemeinschaft fallen, [*De-minimis*-Bekanntmachung (1977)], ABl. 1977/C 313/3 v. 29.12.1977
- VO (EG) Nr. 2790/1999 über die Anwendung von Art. 81 Abs. 3 auf Gruppen von vertikalen Vereinbarungen und aufeinander abgestimmten Verhaltensweisen, [GVO-Vertikal (VO 2790/1999)], ABl. 1999/L 336/21 v. 29.12.1999
- Empfehlung der Kommission vom 3. April 1996 betreffend die Definition der kleinen und mittleren Unternehmen, [KMU-Empfehlung (1996)], ABl. 1996/L 107/4 v. 30.04.1996

Europäischer Rat: Verordnung (EG) Nr. 1/2003 des Rates vom 16. Dezember 2002 zur Durchführung der in den Artikeln 81 und 82 des Vertrags niedergelegten Wettbewerbsregeln, [VO 1/2003], ABl. EG 2004 L 1/1 v. 04.01.2003

– Verordnung (EG) Nr. 139/2004 des Rates vom 20. Januar 2004 über die Kontrolle von Unternehmenszusammenschlüssen, [EG-FKVO], ABl. 2004/L 24/1 v. 20.01.2004

– Gemeinsame Erklärung des Rates und der Kommission zur Arbeitsweise des Netzes der Wettbewerbsbehörden – Dokument Nr. 15435/02 ADD 1, abrufbar unter der URL http://register.consilium.europa.eu/pdf/de/02/st15/15435-a1d2.pdf (Letzter Abruf: 08.09.2008)

– Verordnung Nr. 17: Erste Durchführungsverordnung zu den Artikeln 85 und 86 des Vertrages, [VO 17/62], ABl. 1962/13/204 v. 21.02.1962

Fikentscher, Wolfgang: Das Unrecht einer Wettbewerbsbeschränkung – Kritik an Weißbuch und VO-Entwurf zu Art. 81, 82 EG-Vertrag, in: WuW 2001, 446

Fleischer, Holger/*Körber,* Torsten: Der Einfluss des US-amerikanischen Antitrustrechts auf das Europäische Wettbewerbsrecht, in: WuW 2001, 6

Fuchs, Andreas: Die 7. GWB-Novelle: Grundkonzeption und praktische Konsequenzen, in: WRP 2005, 1384

– Die Gruppenfreistellungsverordnung als Instrument der europäischen Wettbewerbspolitik im System der Legalausnahme, in: ZWeR 2005, 1

– E. Verordnung (EG) Nr. 2659/2000 – Gruppenfreistellung für Forschungs- und Entwicklungsvereinbarungen, in: Immenga, Ulrich/Mestmäcker, Ernst-Joachim (Hrsg.): Wettbewerbsrecht, Teil 1: EG, 4. Aufl. 2007, München

– Verordnung (EG) Nr. 2658/2000 Gruppenfreistellung für Spezialisierungsvereinbarungen, in: Immenga, Ulrich/Mestmäcker, Ernst-Joachim (Hrsg.): Wettbewerbsrecht, Teil 1: EG, 4. Aufl. 2007, München

– § 2, in: Immenga, Ulrich/Mestmäcker, Ernst-Joachim (Hrsg.), Wettbewerbsrecht, Teil 2: GWB, 4. Aufl. 2007, München

– § 3, in: Immenga, Ulrich/Mestmäcker, Ernst-Joachim (Hrsg.), Wettbewerbsrecht, Teil 2: GWB, 4. Aufl. 2007, München

Geiger, Andreas: Das Weissbuch der EG-Kommission zu Art. 81, 82 EG – eine Reform, besser als ihr Ruf, in: EuZW 2000, 165

– Die neuen Leitlinien der EG-Kommission zur Anwendbarkeit von Art. 81 EG auf Vereinbarungen über horizontale Zusammenarbeit, in: EuZW 2000, 325

– Anmerkung zu EuGH „Masterfoods", in: EuZW 2001, 113

Georgieff, Alexander: Anmerkung zu EuGH 27.09.1988, in: GRURInt. 1989, 671

Gippini-Fournier, Eric: Art. 81 EG, in: Ablasser-Neuhuber, Astrid/Loewenheim, Ulrich (Hrsg.): Europäisches Recht, Kommentar, Bd. 1, 1. Aufl. 2005, München

Glader, Marcus: Innovation economics and the antitrust guidelines on horizontal co-operation, in: World Competition 2001, 513

Gleiss, Alfred/*Hirsch,* Martin: Kommentar zum EG-Kartellrecht, 4. Aufl. 1993, Heidelberg

Görgemanns, Thomas: Der Begriff der kleinen und mittleren Unternehmen im Gesetz der Wettbewerbsbeschränkungen, 1. Aufl. 1998, Frankfurt am Main [u. a.]

Götz, Florian v.: 50 Jahre GWB – Die Geburt des GWB und der amerikanische Einfluss auf das Entstehen einer neuen Wettbewerbsordnung in der Bundesrepublik, in: WRP 2007, 741

Griffiths, Mark/*Nüesch,* Sabina: Modernising the Treatment of Horizontal Agreements – An Analysis of the Commission's Proposals, in: ECLR 2000, 452

Groeben, Hans v. d./*Schwarze,* Jürgen: Kommentar zum Vertrag über die Europäische Union und zur Gründung der Europäischen Gemeinschaft, Bd. 2, 6. Aufl. 2003, Baden-Baden

Gröning, Jochen: Die dezentrale Anwendung des EG-Kartellrechts gemäß dem Vorschlag der Kommission zur Ersetzung der VO 17/62, in: WRP 2001, 83

Haag, Marcel: Anhang zu Art. 81, in: Groeben, Hans v. d./Schwarze, Jürgen: Kommentar zum Vertrag über die Europäische Union und zur Gründung der Europäischen Gemeinschaft, Bd. 2, 6. Aufl. 2003, Baden-Baden

Hartmann-Rüppel, Marco/*Wagner,* Franziska: Die „Stellenmarkt für Deutschland"-Entscheidung des BGH – Ein Rückblick auf § 7 GWB und eine Vorschau auf den neuen Freistellungstatbestand des GWB, in: ZWeR 2004, 128

Hartog, Johanna N.: Die 7. GWB-Novelle, in: WRP 2005, 1396

Heckenberger, Wolfgang: Anh. 1 Art. 81, in: Ablasser-Neuhuber, Astrid/Loewenheim, Ulrich (Hrsg.): Europäisches Recht, Kommentar, Bd. 1, 1. Aufl. 2005, München

Heinrichs, Helmut: Überbl. v. § 104, in: Palandt, Otto/Bassenge, Peter (Hrsg.): Bürgerliches Gesetzbuch, Kommentar, 66. Aufl. 2007, München

Hermanns, Ferdinand: Extraterritoriale Rechtsanwendung, in: Andreae, Clemens-August (Hrsg.): Wettbewerb als Herausforderung und Chance – Festschrift für Werner Benisch, 1. Aufl. 1989, Köln, S. 439

Herresthal, Erwin: Die Praxis der Mittelstandskooperationen nach § 5b GWB – Auslegung und Anwendung der kartellrechtlichen Kooperationserleichterungen nach § 5b GWB und ihre Auswirkungen auf die Wettbewerbssituation kleiner und mittlerer Unternehmen, 1983, Berlin

Herrlinger, Justus: Änderungen der 7. GWB-Novelle im Rahmen des Gesetzgebungsverfahrens, in: WRP 2005, 1136

Hess, Burkhard: Rechtsfragen des Vorabentscheidungsverfahren, in: RabelsZ 2002, 470

Heutz, Stefan: Legalausnahme und Gruppenfreistellungsverordnungen im System der VO (EG) Nr. 1/2003, in: WuW 2004, 1255

Hildebrand, Doris: The role of economic analysis in the EC competition rules, 2. Aufl. 2002, The Hague [u. a.]

– Der „*more economic approach*“ in der Wettbewerbspolitik – Dynamik & Ausblick, in: WuW 2005, 513

Hirsch, Günter: Anwendung der Kartellverfahrensordnung (EG) Nr. 1/2003 durch nationale Gerichte, in: ZWeR 2003, 233

Hossenfelder, Silke: Art. 11 VO, in: Ablasser-Neuhuber, Astrid/Loewenheim, Ulrich (Hrsg.): Europäisches Recht, Kommentar, Bd. 1, 1. Aufl. 2005, München

Hossenfelder, Silke/*Lutz,* Martin: Die neue Durchführungsverordnung zu den Artikeln 81 und 82 EG-Vertrag, in: WuW 2003, 118

Immenga, Frank A./*Stopper,* Martin: Die europäischen und US-amerikanischen Leitlinien zur horizontalen Kooperation, in: RIW 2001, 241

Immenga, Ulrich: § 1, in: Immenga, Ulrich/Emmerich, Volker (Hrsg.): Gesetz gegen Wettbewerbsbeschränkungen, GWB; Kommentar, 2. Aufl. 1992, München

– § 3, in: Immenga, Ulrich/Mestmäcker, Ernst-Joachim/Dannecker, Gerhard (Hrsg.): Gesetz gegen Wettbewerbsbeschränkungen, GWB, Kommentar, 3. Aufl. 2001, München

– § 4, in: Immenga, Ulrich/Mestmäcker, Ernst-Joachim/Dannecker, Gerhard (Hrsg.): Gesetz gegen Wettbewerbsbeschränkungen, GWB, Kommentar, 3. Aufl. 2001, München

– § 5, in: Immenga, Ulrich/Mestmäcker, Ernst-Joachim/Dannecker, Gerhard (Hrsg.): Gesetz gegen Wettbewerbsbeschränkungen, GWB, Kommentar, 3. Aufl. 2001, München

– Kap. V, in: Sonnenberger, Hans Jürgen/Rebmann, Kurt (Hrsg.): Internationales Wirtschaftsrecht, Einführungsgesetz zum Bürgerlichen Gesetzbuche (Art. 50–245), Bd. 11, 4. Aufl. 2006, München

Immenga, Ulrich/*Körber,* Torsten: FKVO, Einl., in: Immenga, Ulrich/Mestmäcker, Ernst-Joachim (Hrsg.): Wettbewerbsrecht, Teil 1: EG, 4. Aufl. 2007, München

– FKVO, Art. 2, in: Immenga, Ulrich/Mestmäcker, Ernst-Joachim (Hrsg.): Wettbewerbsrecht, Teil 1: EG, 4. Aufl. 2007, München

Immenga, Ulrich/*Mestmäcker,* Ernst-Joachim: Einl., Kap. C., in: Immenga, Ulrich/Mestmäcker, Ernst-Joachim (Hrsg.): Wettbewerbsrecht, Teil 1: EG, 4. Aufl. 2007, München

Immenga, Ulrich/*Mestmäcker,* Ernst-Joachim/*Basedow,* Jürgen: EG-Wettbewerbsrecht – Kommentar; Band I und II mit Ergänzungen 1 und 2, 3. Aufl. 1997–2001, München

Jestaedt, Thomas: Art. 81, in: Langen, Eugen/Bunte, Hermann-Josef (Hrsg.): Kommentar zum deutschen und europäischen Kartellrecht, Europäisches Kartellrecht, Bd. 2, 10. Aufl. 2006, Neuwied

Jestaedt, Thomas/*Bergau,* Torsten: Die neue Bagatellbekanntmachung der Kommission, in: WuW 1998, 119

Kahlenberg, Harald/*Haellmigk,* Christian: Referentenentwurf der 7. GWB-Novelle – tief greifende Änderungen des deutschen Kartellrechts, in: BB 2004, 389

Kamann, Hans-Georg/*Horstkotte,* Christian: Kommission versus nationale Gerichte – Kooperation oder Konfrontation im Kartellverfahren – Das Masterfoods-Urteil des EuGH im Lichte der geplanten Kartellverfahrensverordnung, in: WuW 2001, 458

Kantzenbach, Erhard: Die Funktionsfähigkeit des Wettbewerbs, 1967, Göttingen

Kantzenbach, Erhard/*Kallfass,* Hermann H.: Das Konzept des funktionsfähigen Wettbewerbs – workable competition, in: Cox, Helmut/Jens, Uwe/Markert, Kurt (Hrsg.): Handbuch des Wettbewerbs – Wettbewerbstheorie, Wettbewerbspolitik, Wettbewerbsrecht, 1. Aufl. 1981, München, S. 103

Kapteina, Gerd-Ulrich: § 5b GWB – Mittelstandskooperationen, 1980, Bochum

Karl, Matthias/*Beutelmann,* Martin/*Müller-Feldhammer,* Ralf: Zwölf Thesen zur künftigen Gestaltung von Mittelstandskooperationen – Erläuterungen zum Verständnis des Merkblattes des Bundeskartellamtes über Kooperationsmöglichkeiten für kleine und mittlere Unternehmen (März 2007), in: BB 2008, 1014

Keßler, Jürgen: Einkaufskooperationen im Licht des Deutschen und Europäischen Kartellrechts, in: WuW 2002, 1162

Kiecker, Jürgen: § 3 f., in: Langen, Eugen/Bunte, Hermann-Josef/Baron, Michael (Hrsg.): Kommentar zum deutschen und europäischen Kartellrecht, Deutsches Kartellrecht, Bd. 1, 9. Aufl. 2001, Neuwied

Kirchhain, Simone: Die Gestaltung von innerstaatlich wirkenden Vertriebsverträgen nach der 7. GWB-Novelle, in: WuW 2008, 167

Klaue, Siegfried: Einige Bemerkungen über die Zukunft der Zweischrankentheorie, in: Baur, Jürgen (Hrsg.): Festschrift für Ernst Steindorff zum 70. Geburtstag am 13. März 1990, 1990, Berlin, S. 979

Klees, Andreas: Europäisches Kartellverfahrensrecht – mit Fusionskontrollverfahren, 1. Aufl. 2005, Köln

Klindt, Thomas: Die Zulässigkeit dynamischer Verweisungen auf EG-Recht aus verfassungs- und europarechtlicher Sicht, in: DVBl 1998, 373

Knebel, Hans-Werner: Die Extraterritorialität des Europäischen Kartellrechts, in: EuZW 1991, 265

Koch, Jens: Beurteilungsspielräume bei der Anwendung des Art. 81 Abs. 3 EG, in: ZWeR 2005, 380

– Kartellrechtsentscheidungen des EuGH in Fällen ohne zwischenstaatlichen Bezug? in: WuW 2006, 710

Koch, Norbert: vor Art. 85, in: Grabitz, Eberhard/Frohnmeyer, Albrecht (Hrsg.), Kommentar zum EWG-Vertrag, 1989, München

Komninos, Assimakis P.: New prospects for private enforcment of EC competition law – Courage v. Crehan and the community right to damages, in: CMLRev 2002, 447

Kulka, Michael: Art. 81 Abs. 1,3 – Fallgruppen, in: Glassen, Helmut/Achenbach, Hans/v. Hahn, Helmuth (Hrsg.): Frankfurter Kommentar zum Kartellrecht, Mit Kommentierung des GWB, des EG-Kartellrechts und einer Darstellung ausländischer Kartellrechtsordnungen, 1999, Köln (Stand: 11/2001)

Lampert, Thomas: EG-KartellVO – Praxiskommentar zur Verordnung (EG) Nr. 1/2003, 2004, Heidelberg

Leupold, Henning/*Weidenbach,* Georg: Neues zum Verhältnis von Art. 81 Abs. 1 und Art. 81 Abs. 3 EG-Vertrag – Zugleich ein Beitrag zum O2-Urteil des EuG, in: WuW 2006, 1003

Levy, Nicholas/*O'Donoghue,* Robert: The EU Leniency Programme Comes of Age, in: World Competition 2004, 75

Lieberknecht, Otfried: Zum Vorrang positiver Maßnahmen des EWG-Kartellrechts gegenüber dem Recht der Mitgliedstaaten, in: v. Gamm, Otto-Friedrich (Hrsg.): Strafrecht, Unternehmensrecht, Anwaltsrecht – Festschrift für Gerd Pfeiffer zum Abschied aus dem Amt als Präsident des Bundesgerichtshofes, 1988, Köln, S. 589

Liebscher, Christoph/*Flohr,* Eckhard: Handbuch der EU-Gruppenfreistellungsverordnungen, 2003, München

Lücking, Joachim/*Woods,* Donncadh: Horizontal Co-operation Agreements – New Rules in Force, in: CPN 2001, 8

Lutz, Helmut: Die Beurteilung von Einkaufskooperationen nach deutschem Wettbewerbsrecht, in: WRP 2002, 47

Lutz, Martin: Schwerpunkte der 7. GWB-Novelle, in: WuW 2005, 718

Maaß, Frank/*Suprinovic,* Olga/*Werner,* Arndt: FuE-Kooperationen von KMU – Interne und externe Erfolgsfaktoren aus organisationsökonomischer Sicht, 1. Aufl. 2006, Wiesbaden

Mayer, Kerstin: Die Zwischenstaatlichkeitsklausel als Abgrenzungskriterium zwischen europäischem und nationalem Kartellrecht, 1999, Berlin

Meessen, Karl M.: Art. 81 Abs. 3, in: Ablasser-Neuhuber, Astrid/Loewenheim, Ulrich (Hrsg.): Europäisches Recht, Kommentar, Bd. 1, 1. Aufl. 2005, München

– Einführung, in: Ablasser-Neuhuber, Astrid/Loewenheim, Ulrich (Hrsg.), Europäisches Recht, Kommentar, Bd. 1, 1. Aufl. 2005, München

Mestmäcker, Ernst-Joachim: Europäisches Wettbewerbsrecht, 1. Aufl. 1974, München

– Staatliche Souveränität und offene Märkte – Konflikte bei der extraterritorialen Anwendung von Wirtschaftsrecht, in: RabelsZ 1988, 205

– Versuch einer kartellpolitischen Wende in der EU : zum Weißbuch der Kommission über die Modernisierung der Vorschriften zur Anwendung der Art. 85 und 86 EGV a.F. (Art. 81 und 82 EGV n.F.), in: EuZW 1999, 523

– § 4, in: Immenga, Ulrich/Mestmäcker, Ernst-Joachim/Dannecker, Gerhard (Hrsg.): Gesetz gegen Wettbewerbsbeschränkungen, GWB, Kommentar, 3. Aufl. 2001, München

– Einl., in: Immenga, Ulrich/Mestmäcker, Ernst-Joachim/Dannecker, Gerhard (Hrsg.): Gesetz gegen Wettbewerbsbeschränkungen, GWB, Kommentar, 3. Aufl. 2001, München

– Die Interdependenz von Recht und Ökonomie in der Wettbewerbspolitik, in: (Hrsg.), Zukunftsperspektiven der Wettbewerbspolitik – Colloquium anlässlich des 30-jährigen Bestehens der Monopolkommission am 5. November 2004 in der Humboldt-Universität zu Berlin, 2005, Baden-Baden, S. 19

Mestmäcker, Ernst-Joachim/*Schweitzer,* Heike: Europäisches Wettbewerbsrecht, 2. Aufl. 2004, München

Mestmäcker, Ernst-Joachim/*Veelken,* Winfried: § 38, in: Immenga, Ulrich/Mestmäcker, Ernst-Joachim (Hrsg.), Wettbewerbsrecht, Teil 2: GWB, 4. Aufl. 2007, München

Monnet, Jean: Mémoires, 1976, Paris

Monopolkommission: 11. Hauptgutachten 1994/1995, BR-Drs. 549/96 v. 19.07. 1996

Moog, Rüdiger: Die Bildung gegengewichtiger Marktmacht nach dem Gesetz gegen Wettbewerbsbeschränkungen, 1980, Berlin

Möschel, Wernhard: Recht der Wettbewerbsbeschränkungen, 1983, Köln

– Anpassung des GWB an das europäische Wettbewerbsrecht, in: EuZW 1995, 817

– Reform des europäischen und des deutschen Kartellrechts, in: EWS 1995, 249

– Art. 86, in: Immenga, Ulrich/Mestmäcker, Ernst-Joachim/Basedow, Jürgen (Hrsg.): EG-Wettbewerbsrecht, Kommentar; Band I und II mit Ergänzungen 1 und 2, 3. Aufl. 1997–2001, München

– Systemwechsel im Europäischen Wettbewerbsrecht? – zum Weißbuch der EG-Kommission zu den Art. 81 ff. EG-Vertrag, in: JZ 2000, 61

– § 19, in: Immenga, Ulrich/Mestmäcker, Ernst-Joachim (Hrsg.), Wettbewerbsrecht, Teil 2: GWB, 4. Aufl. 2007, München

– Die 7. GWB-Novelle ante portas, in: WuW 2003, 571

– Art. 82, in: Immenga, Ulrich/Mestmäcker, Ernst-Joachim (Hrsg.): Wettbewerbsrecht, Teil 1: EG, 4. Aufl. 2007, München

Murach-Brand, Lisa: Antitrust auf deutsch – der Einfluss der amerikanischen Aliierten auf das Gesetz gegen Wettbewerbsbeschränkungen (GWB) nach 1945, 1. Aufl. 2004, Tübingen

Nolte, Steffen: Das kartellrechtliche „Schisma“ zwischen Kommission und Gerichtshof – Die Frage der Anwendbarkeit von Art. 81 EG auf Handelsvertreterverhältnise am Beispiel des Kfz-Vertriebs, in: Brinker, Ingo (Hrsg.): Recht und Wettbewerb – Festschrift für Rainer Bechtold zum 65. Geburtstag, 2006, München, S. 357

Nordemann, Jan B.: Gegenmacht und Fusionskontrolle – Praxis und Relevanz im deutschen und europäischen Recht, 1996, Baden-Baden

– §§ 1–3, in: Ablasser-Neuhuber, Astrid/Loewenheim, Ulrich (Hrsg.), GWB, Kommentar, Bd. 2, 1. Aufl. 2006, München

Obwexer, Walter: Das Ende der Europäischen Gemeinschaft für Kohle und Stahl, in: EuZW 2002, 517

Pampel, Gunnar: Europäisches Wettbewerbsrecht – Rechtsnatur und Rechtswirkungen von Mitteilungen der Kommission im europäischen Wettbewerbsrecht, in: EuZW 2005, 11

– Rechtsnatur und Rechtswirkungen horizontaler und vertikaler Leitlinien im reformierten europäischen Wettbewerbsrecht, 2005, Baden-Baden

Peeperkorn, Luc: Revision of the 1997 Notice on agreements of minor importance (de minimis Notice), in: CPN 2001, 5

Pfeffer, Joachim/*Wegner,* Anne C.: Neue Bekanntmachungen des Bundeskartellamts zur zwischenbetrieblichen Kooperation – Bagatellbekanntmachung 2007 und Bekanntmachung KMU 2007, in: BB 2007, 1173

Pohlmann, Petra: Keine Bindungswirkung von Bekanntmachungen und Mitteilungen der Europäischen Kommission – Entgegnung zu Schweda, WuW2004 S. 1133 ff., in: WuW 2005, 1005

Polley, Romina/*Seeliger,* Daniela: Das neue EG-Kartellrecht für Vereinbarungen über horizontale Zusammenarbeit – Leitlinien der Europäischen Kommission und Gruppenfreistellungsverordnungen Nr. 2658/2000 für Spezialisierung und Nr . 2659/2000 für Forschung und Entwicklung, in: WRP 2001, 494

Rating, Stefan: Die Kommission schlägt eine neue Bagatellbekanntmachung vor, in: CPN 1997, 8

Rehbinder, Eckard: Einleitung, Kap. E, F, in: Immenga, Ulrich/Mestmäcker, Ernst-Joachim/Basedow, Jürgen (Hrsg.): EG-Wettbewerbsrecht, Kommentar; Band I und II mit Ergänzungen 1 und 2, 3. Aufl. 1997–2001, München

– § 130 Abs. 2, in: Immenga, Ulrich/Mestmäcker, Ernst-Joachim/Dannecker, Gerhard (Hrsg.), Gesetz gegen Wettbewerbsbeschränkungen, GWB, Kommentar, 3. Aufl. 2001, München

Rißmann, Karin: Kartellverbot und Kooperation zwischen kleinen und mittleren Unternehmen nach der 7. GWB-Novelle, in: WuW 2006, 881

Ritter, Lennart/*Rawlinson,* Francis/*Braun,* W. D.: EC competition law – Apractitioner's guide, 2. Aufl. 2000, The Hague [u. a.]

Rittner, Fritz: Kartellpolitik und Gewaltenteilung in der EG, in: EuZW 2000, 129

– Irrungen und Wirrungen im europäischen Handelsvertreter-Kartellrecht, in: ZWeR 2006, 331

Robert, Rüdiger: Konzentrationspolitik in der Bundesrepublik – d. Beispiel d. Entstehung d. Gesetzes gegen Wettbewerbsbeschränkungen, 1976, Berlin

Roth, Wulf-Henning/*Ackermann,* Thomas: Grundfragen Art. 81 Abs. 1, in: Glassen, Helmut/Achenbach, Hans/v. Hahn, Helmuth (Hrsg.): Frankfurter Kommentar zum Kartellrecht, mit Kommentierung des GWB, des EG-Kartellrechts und einer Darstellung ausländischer Kartellrechtsordnungen, 1999, Köln, (Stand: 11/1999)

Salje, Peter: Die mittelständische Kooperation zwischen Wettbewerbspolitik und Kartellrecht – Theorie und Praxis des § 5b GWB, 1981, Tübingen

Salzbrunn, Christian: Die Fassung des § 1 GWB nach der 6. GWB-Novelle – erfolgreiche Angleichung an Art. 81 EGV? 2005, Hamburg

Sauter, Herbert: § 22, in: Immenga, Ulrich/Mestmäcker, Ernst-Joachim/Dannecker, Gerhard (Hrsg.): Gesetz gegen Wettbewerbsbeschränkungen, GWB, Kommentar, 3. Aufl. 2001, München

Schaub, Alexander: Grundlage der Modernisierung ist der EG-Vertrag, in: WuW 2001, 441

– Wandel des europäischen Wettbewerbsrechts, in: Schwarze, Jürgen (Hrsg.): Europäisches Wettbewerbsrecht im Wandel, 2001, Baden-Baden, S. 13

Schaub, Alexander/*Dohms,* Rüdiger: Das Weißbuch der Europäischen Kommission über die Modernisierung der Vorschriften zur Anwendung der Artikel 81 und 82 EG-Vertrag. – Die Reform der Verordnung Nr. 17, in: WuW 1999, 1055

Schmidt, Karsten: EG-Gruppenfreistellung und nationale Gerichtsbarkeit, in: Westermann, Harm P./Rosener, Wolfgang/Becker, Friedrich/Quack, Karlheinz (Hrsg.): Festschrift für Karlheinz Quack zum 65. Geburtstag am 3. Januar 1991, 1991, Berlin, S. 667

– Art. 85 Abs. 2, in: Immenga, Ulrich/Mestmäcker, Ernst-Joachim/Basedow, Jürgen (Hrsg.): EG-Wettbewerbsrecht, Kommentar; Band I und II mit Ergänzungen 1 und 2, 3. Aufl. 1997–2001, München

– § 54, in: Immenga, Ulrich/Mestmäcker, Ernst-Joachim (Hrsg.), Wettbewerbsrecht, Teil 2: GWB, 4. Aufl. 2007, München

– Abschnitt XIV – Verfahren, B), in: Immenga, Ulrich/Mestmäcker, Ernst-Joachim/Basedow, Jürgen (Hrsg.): EG-Wettbewerbsrecht, Kommentar; Band I und II mit Ergänzungen 1 und 2, 3. Aufl. 1997–2001, München

– Umdenken im Kartellverfahrensrecht! – Gedanken zur Europäischen VO Nr. 12003, in: BB 2003, 1237

Schmidt, Ulrich: § 5b, in: Langen, Eugen (Hrsg.): Kommentar zum Kartellgesetz, Gesetz gegen Wettbewerbsbeschränkungen mit Erläuterungen für die Praxis, 5. Aufl. 1977, Neuwied

Schmidtchen, Dieter: Der „more economic approach" in der Wettbewerbspolitik, in: WuW 2006, 6

– Fehlurteile über den „more economic approach" in der Wettbewerbspolitik – Kommentar, in: WuW 2006, 707

Schmitz, Stefan: Doch eine Rule of Reason im deutschen Kartellrecht? in: WuW 2002, 6

Schneider, Hans-Helmut: § 3, in: Langen, Eugen/Bunte, Hermann-Josef (Hrsg.): Kommentar zum deutschen und europäischen Kartellrecht, Deutsches Kartellrecht, Bd. 1, 10. Aufl. 2006, Neuwied

Schneider, Ulrich J.: Das Bagatellkartell, 1994, Köln [u. a.]

Schnorbus, York: Autonome Harmonisierung in den Mitgliedstaaten durch die Inkorporation von Gemeinschaftsrecht – Eine Untersuchung zur einheitlichen Anwendung und Auslegung europäischen und autonomen nationalen Rechts und zur entsprechenden Zuständigkeit des EuGH im Vorabentscheidungsverfahren, in: RabelsZ 2001, 654

Schödermeier, Martin: Die vermiedene Auswirkung – Anmerkung zum Papierstoff-Urteil des EuGH, in: WuW 1989, 21

Schöler, Florian: Die Reform des europäischen Kartellverfahrensrechts durch die Verordnung (EG) Nr. 1/2003, 2004, Frankfurt am Main [u. a.]

Scholta, Claudia: Erfolgsfaktoren unternehmensübergreifender Kooperation am Beispiel der mittelständischen Automobilzulieferindustrie in Sachsen, 2005, Chemnitz

Schroeder, Dirk: Art. 81, in: Grabitz, Eberhard/Frohnmeyer, Albrecht (Hrsg.): Kommentar zum EWG-Vertrag, 1989, München, (Stand: 01/2001)

– § 8, in: Wiedemann, Gerhard (Hrsg.): Handbuch des Kartellrechts, 1. Aufl. 1999, München

Schröter, Helmuth: Art. 81, in: Groeben, Hans v. d./Schwarze, Jürgen (Hrsg.), Kommentar zum Vertrag über die Europäische Union und zur Gründung der Europäischen Gemeinschaft, Bd. 2, 6. Aufl. 2003, Baden-Baden

Schütz, Jörg: Zur Änderung des Kartellverfahrens gemäß Artikel 81 EGV, in: WuW 2000, 686

– VO 1/2003, in: Müller-Henneberg, Hans/Schwartz, Gustav (Hrsg.): Gesetz gegen Wettbewerbsbeschränkungen und Europäisches Kartellrecht, Gemeinschaftskommentar, 5. Aufl. 2004, Köln

– Gruppenfreistellungsverordnungen im System der unmittelbaren und integralen Anwendung des Artikels 81 EG, in: Brinker, Ingo (Hrsg.), Recht und Wettbewerb – Festschrift für Rainer Bechtold zum 65. Geburtstag, 2006, München, S. 455

Schütze, Joachim: GVO-FuE, in: Ablasser-Neuhuber, Astrid/Loewenheim, Ulrich (Hrsg.): Europäisches Recht, Kommentar, Bd. 1, 1. Aufl. 2005, München

Schwarze, Jürgen/*Weitbrecht,* Andreas: Grundzüge des europäischen Kartellverfahrensrechts – die Verordnung (EG) Nr. 1/2003, 2004, Baden-Baden

Schweda, Marc: Die Bindungswirkung von Bekanntmachungen und Leitlinien der Europäischen Kommission, in: WuW 2004, 1133

Schweizer, Mathias A.: Marktanteilsabhängige *safe harbour*s für horizontale Zusammenarbeit zwischen Unternehmen im europäischen und deutschen Kartellrecht, 2006, Baden-Baden

Seemann, Peter: Schranken des EG-Kartellrechts für die Ausgestaltung von Handelsvertreterverträgen – Zugleich ein Beitrag zur dogmatischen Erschließung von Artikel 85 Absatz 1 EG-Vertrag, 1995, Münster

Soltész, Ulrich: Die Zwischenstaatlichkeitsklausel(n) im europäischen Kartell-und Beihilferecht – Parallelen, Gegensätze und Perspektiven, in: Brinker, Ingo (Hrsg.): Recht und Wettbewerb – Festschrift für Rainer Bechtold zum 65. Geburtstag, 2006, München, S. 501

Spengler, Albrecht: Abgrenzung zwischen dem GWB und den „Vorschriften für Unternehmen" im EWG-Vertrag (II), in: WuW 1958, 461

Stabenow (now.), Michael: Kompromiss im Streit um EU-Wettbewerbspolitik – Kein Bekenntnis zum unverfälschten Wettbewerb/Zusatzvereinbarung soll Befugnisse schützen, in: Frankfurter Allgemeine Zeitung v. 23.06.2007, S. 9

Stadler, Christoph: § 130, in: Langen, Eugen/Bunte, Hermann-Josef (Hrsg.): Kommentar zum deutschen und europäischen Kartellrecht, Deutsches Kartellrecht, Bd. 1, 10. Aufl. 2006, Neuwied

Steindorff, Ernst: Spannungen zwischen deutschem und europäischem Wettbewerbsrecht, in: FIW (Hrsg.), Schwerpunkte des Kartellrechts 1986/87, 1988, Köln, S. 27

– EG-Vertrag und Privatrecht, 1996, Baden-Baden

Stockenhuber, Peter: Art. 81, in: Grabitz, Eberhard/Frohnmeyer, Albrecht (Hrsg.): Kommentar zum EWG-Vertrag, 1989, München, (Stand: 07/2000)

Stockmann, Kurt: § 7, in: Wiedemann, Gerhard (Hrsg.): Handbuch des Kartellrechts, 1. Aufl. 1999, München

Stopper, Martin: Leitlinien für Horizontalvereinbarungen – Ende des Regel-Ausnahme-Prinzips von Art. 81 EG? in: EuZW 2001, 426

Teichmann, Arndt: Die „wesentliche Beeinträchtigung des Wettbewerbs" als Schranke für Kooperationsvereinbarungen, in: WuW 1974, 449

Veelken, Winfried: 2. Erg. (GFVO), in: Immenga, Ulrich/Mestmäcker, Ernst-Joachim/ Basedow, Jürgen (Hrsg.): EG-Wettbewerbsrecht, Kommentar; Band I und II mit Ergänzungen 1 und 2, 3. Aufl. 1997–2001, München

– GFVO, Kap. A-D, in: Immenga, Ulrich/Mestmäcker, Ernst-Joachim/Basedow, Jürgen (Hrsg.): EG-Wettbewerbsrecht, Kommentar; Band I und II mit Ergänzungen 1 und 2, 3. Aufl. 1997–2001, München

– Anmerkungen zum Grünbuch der Kommission zur EG-Wettbewerbspolitik gegenüber vertikalen Wettbewerbsbeschränkungen, in: ZvglRWiss 1998, 241

– GFVO – Kap. A–D, Immenga, Ulrich/Mestmäcker, Ernst-Joachim (Hrsg.): Wettbewerbsrecht, Teil 1: EG, 4. Aufl. 2007, München

Veltins, Michael A.: Die Wettbewerbsgrenze bei der Zulassung von Mittelstandskartellen gemäß § 5b GWB – Die „nicht wesentliche" Beeinträchtigung des Wettbewerbs i. S. d. § 5b GWB, in: DB 1982, 93

– Entscheidungsbesprechung zu OLG Stuttgart – „Gebrochener Muschelkalkstein", in: DB 1984, 915

Vogel, Louis: Gruppenfreistellungsverordnungen-Allg., in: Ablasser-Neuhuber, Astrid/Loewenheim, Ulrich (Hrsg.): Europäisches Recht, Kommentar, Bd. 1, 1. Aufl. 2005, München

Wagner, Achim: Der Systemwechsel im EG-Kartellrecht – Gruppenfreistellungen und Übergangsproblematik, in: WRP 2003, 1369

Wahrig, Gerhard/*Wahrig-Burfeind,* Renate: Deutsches Wörterbuch, 7. Aufl. 2001. Gütersloh

Walz, Robert: Der Vorrang des europäischen vor dem nationalen Kartellrecht, 1994, Baden-Baden

Weitbrecht, Andreas: Europäisches Kartellrecht 2000/2001, in: EuZW 2002, 581

– Das neue EG-Kartellverfahrensrecht, in: EuZW 2003, 69

Werner, Horst S.: Unternehmerische Kooperation zur Steigerung der Leistungsfähigkeit – Eine Darstellung der Möglichkeiten und kartellrechtlichen Schranken der zwischenbetrieblichen Zusammenarbeit gem. den §§ 5, 5a, 5b GWB mit Vertragsmustern, den Verwaltungsgrundsätzen des BKartA und der Kooperationsfibel des Bundeswirtschaftsministeriums, 1985, Göttingen

Weyer, Hartmut: Gemeinschaftsrechtliches Verbot und nationale Zivilrechtsfolgen, in: ZEuP 1999, 424

– Konkurrierende Anwendung des Art. 81 EG durch Kommission und nationale Gerichte, in: WuW 2000, 842

– Nach der Reform: Gestaltung der Wettbewerbspolitik durch die Kommission – Zur Anwendung des Art. 81 EGV durch Kommission, nationale Gerichte und EuGH in einem System der gesetzlichen Ausnahme, in: ZHR 2000, 611

Wiedemann, Gerhard: Auf der Suche nach der verlorenen Rechtssicherheit – Eine Zwischenbilanz zwei Jahre nach Inkrafttreten der EG-Kartellverfahrens-Verordnung Nr. 1/2003, in: Brinker, Ingo (Hrsg.): Recht und Wettbewerb – Festschrift für Rainer Bechtold zum 65. Geburtstag, 2006, München, S. 627

– §§ 5, 6, in: Wiedemann, Gerhard (Hrsg.): Handbuch des Kartellrechts, 1. Aufl. 1999, München

Wils, Wouter P.: The principle of ne bis in idem in EC Antitrust enforcement – A Legal and economic analysis', in: World Competition 2003, 131

– Principles of European antitrust enforcement, 2005, Oxford

Wimmer-Leonhardt, Susanne: Zur zwischenstaatlichen Bedeutung von Mittelstandskartellen, in: WuW 2006, 486

Wirtschafts- und Sozialausschuß: Beschlussempfehlung des Vermittlungsausschusses zu dem Siebten Gesetz zur Änderung des Gesetzes gegen Wettbewerbsbeschränkungen – BT-Drs. 15/5735v. 15.06.2005

Wirtschaftsausschuß des Bundestages: Bericht zur zweiten GWB-Novelle – WuW 1973, 581

Wolf, Dieter: Zum Verhältnis von europäischem und deutschem Wettbewerbsrecht, in: EuZW 1994, 233

Wolf, Dieter/*Fink,* Reinhard: Mit der Verordnung Nr. 17 ins nächste Jahrtausend? in: WuW 1994, 289

Zentralverband des Deutschen Handwerks: Kooperationen im Handwerk – Ergebnisse einer Umfrage bei Handwerksbetrieben im 1. Quartal 2002, abrufbar unter der URL http://www.zdh.de/fileadmin/user_upload/themen/wirtschaft/sonder umfragen/zdh_00170.pdf (Letzter Abruf: 08.09.2008)

Zimmer, Daniel: § 1, in Immenga, Ulrich/Mestmäcker, Ernst-Joachim (Hrsg.): Wettbewerbsrecht, Teil 2: GWB, 4. Aufl. 2007, München

– § 1, in: Immenga, Ulrich/Mestmäcker, Ernst-Joachim/Dannecker, Gerhard (Hrsg.): Gesetz gegen Wettbewerbsbeschränkungen, GWB, Kommentar, 3. Aufl. 2001, München

– Art. 81 Abs. 1, in: Immenga, Ulrich/Mestmäcker, Ernst-Joachim (Hrsg.): Wettbewerbsrecht, Teil 1: EG, 4. Aufl. 2007, München

Zimmer, Daniel/*Logemann,* Hans: Unterliegen „Altfälle" der verschärften Schadensersatzhaftung nach § 33 GWB? – Die versteckte Rückwirkung im Kartellprivatrecht, in: WuW 2006, 982

Zuber, Andreas: Die EG-Kommission als amicus curiae – die Zusammenarbeit der Kommission und der Zivilgerichte der Mitgliedstaaten bei der Anwendung der Wettbewerbsregeln des EG-Vertrages, 2001, Köln [u. a.]

– Art. 3 VO, in: Ablasser-Neuhuber, Astrid/Loewenheim, Ulrich (Hrsg.): Europäisches Recht, Kommentar, Bd. 1, 1. Aufl. 2005, München

Zwiener, Julia: Die Auswirkungen der Verordnung Nr. 1/2003 auf das europäische und deutsche Kartellverfahren, 2005, Frankfurt

Entscheidungsverzeichnis

BGH, 01.10.1985, Az.: KVR 6/84 – Mischwerke, WuW/E BGH 2169

BGH, 01.12.1981, Az.: KRB 3/79 – Transportbeton-Vertrieb, WuW/E BGH 1871

BGH, 08.02.1994, Az.: KZR 2/93 – Pronuptia II, WuW/E BGH 2989

BGH, 08.04.2003, Az.: KZR 3/02 – „1-Riegel-Extra", WuW/E DE-R 1101

BGH, 08.05.2001, Az.: KVR 12/99 – Ostfleisch, WuW/E DE-R 711

BGH, 09.07.2002, Az.: KVR 1/01 – Stellenmarkt für Deutschland, WuW/E DE-R 919

BGH, 12.11.2002, Az.: KZR 11/01 – Ausrüstungsgegenstände für Feuerlöschzüge, WuW/E DE-R 1087

BGH, 12.03.1991, Az.: KVR 1/90 – Golden Toast, BGHZ 114, 40

BGH, 12.07.1973, Az.: KRB 2/72 – Ölfeldrohre, WuW/E BGH 1276

BGH, 18.05.1982, Az.: KVR 3/81 (KG) – Basalt-Union, WuW/E BGH 1930

BGH, 18.11.1986, Az.: KVR 1/86 (KG) – Baumarkt-Statistik, WuW/E BGH 2313

BGH, 19.01.1993, Az.: KVR 25/91 – Herstellerleasing, WuW/E BGH 2875

BGH, 19.02.1986, Az.: VIII ZR 91/85 – Finanzierungsleasing, BGHZ 97, 135

BGH, 19.06.1975 – Zementverkaufsstelle Niedersachsen, WuW/E BGH 1367

BGH, 24.09.2002, Az.: KVR 8/01 – Konditionenanpassung, WuW/E DE-R 984

BGH, 30.09.1986, Az.: KVR 8/85 – Mischguthersteller, WuW/E BGH 2321

BKartA, 01.06.1989, Az.: B 5-791000-Ib-220/88 – German Parcel Paket-Logistik, WuW/E BKartA 2384

BKartA, 02.05.1960 – Buchenfaserholz, WuW/E BKartA 205

BKartA, 02.05.1966 – Fernmeldekabel, WuW/E BKartA 1248

BKartA, Tätigkeitsbericht 1976, BT-Drs. 08/704 v. 04.07.1977

BKartA, 04.10.1962 – Langfräsmaschinen, WuW/E BKartA 516

BKartA, 06.05.2004, Az.: B 10-37202-N-97/02-1 – Boykott Landkreis Neu-Ulm, abrufbar unter der URL http://www.bundeskartellamt.de/wDeutsch/download/pdf/Kartell/Kartell04/B10-97-02.PDF (Letzter Abruf am 08.09.2008)

BKartA, 12.02.1982 – AKO-Abflusskontor, WuW/E BKartA 2047

BKartA, 12.08.1997, Az.: B1-26612-J-26/97 – Spannbeton-Hohldecken, WuW/E BKartA 2903

BKartA, 12.09.1960 – Einheitshydraulik, WuW/E BKartA 271

BKartA, 12.11.1962 – Westfälische Zementwerke I, WuW/E BKartA 549

BKartA, 15.07.2002, Az.: B8-87/01 – Citiworks, abrufbar unter der URL http://www.bundeskartellamt.de/wDeutsch/download/pdf/Kartell/Kartell03/B8_87_01.pdf (Letzter Abruf: 08.09.2008)

BKartA, 16.06.1964 – Hydromechanik, WuW/E BKartA 846

BKartA, 16.12.1975 – Starkstromkabel, WuW/E BKartA 1605

BKartA, 18.12.1968 – Fernmeldekabel II, WuW/E BKartA 1259

BKartA, 20.07.1960 – Niedersächsische Kalkwerke, WuW/E BKartA 224

BKartA, 21.03.1979 – Bimsbausteine III, WuW/E BKartA 1794

BKartA, Tätigkeitsbericht 1999/2000, BT-Drs. 14/6300 v. 22.06.2001

BKartA, Tätigkeitsbericht 2003/2004, BT-Drs. 15/5790 v. 22.06.2005

BKartA, Tätigkeitsbericht 1979/80, BT-Drs. 09/565 v. 25.06.1981

BKartA, Tätigkeitsbericht 1997/98, BT-Drs. 14/1139 v. 25.06.1999

BKartA, 25.07.1968 – Krawattenstoff-Submission, WuW/E BKartA 1225

BKartA, 25.08.1999, Az.: B 6-22131-M-49/99 – Stellenmarkt für Deutschland II, WuW/E DE-V 209

BKartA, 25.10.2005, Az.: B-248/04 – Hintermauerziegelkartell, WuW/E DE-V 1142

BKartA, Tätigkeitsbericht 2001/2002, BT-Drs. 15/1226 v. 27.06.2003

BKartA, 28.02.1977 – Bimsbausteine, WuW/E BKartA 1699

BKartA, 29.12.1960 – Textillohnveredelung, WuW/E BKartA 322

BKartA, Beschluss vom 17.06.2004, Az.: B 1-25/04 – Vetra/Danzer (Filigranbetondecken), WuW/E DE-V 960

EuG, 03.04.2003, Az.: T-119/02 – Royal Philips, Slg. 2003, II-01433

EuG, 09.07.2003, Az.: T-224/00 – Acher Daniels Midland, Slg. 2003, II-02597

EuG, 12.12.1996, Az.: T-380/94 – AIUFFASS, Slg. 1996, II-02169

EuG, 13.12.1990, Az.: T-116/89 – Prodifarma, Slg. 1990, II-843

EuG, 14.12.2006, Az.: T-259/02 bis T-264/02, T-271/02 – Lombardclub, abrufbar unter der URL http://eur-lex.europa.eu/LexUriServ/LexUriServ.do?uri=CELEX:62002A0259:DE:HTML (Letzter Abruf: 08.09.2008)

EuG, 02.05.2006, Az.: T-328/03 – O2, Slg. 2006, II-01231

EuG, 08.06.1995, Az.: T-7/93 – Langnese-Iglo, Slg. 95,

EuG, 09.07.2003, Az.: T-220/00 – Cheil Jedang Corp., Slg. 2003, II-02473

EuG, 15.07.1994, Az.: T-17/93 – MATRA Hachette, Slg. 1994, II-00595

EuG, 23.10.2003, Az.: T-65/98 – Van den Bergh Foods, Slg. 2003, II-04653

EuGH, 01.02.1977, Az.: 47/76 – Concordia, Slg. 1977, 65

EuGH, 01.02.1978, Az.: 19/77 – Miller International, Slg. 1978, 131

EuGH, 01.10.1998, Az.: C-279/95 P – Langnese-Iglo, Slg. 1998, I-05609

EuGH, 03.07.1985, Az.: 243/83 – Binon, Slg. 1985, 2015

EuGH, 06.02.1973, Az.: C-48/72 – Brasserie de Haecht II, Slg. 1973, 77

EuGH, 06.04.1962, Az.: 13/61 – Bosch/De Geus, Slg. 1962, 97

EuGH, 07.01.2003, Az.: C-306/99 – BIAO, Slg. 2003, I-00001

EuGH, 08.11.1990, Az.: C-231/89 – Krystyna Gmurzynska-Bscher, Slg. 1990, I-04003

EuGH, 09.07.1969, Az.: 5/69 – Franz Völk, Slg. 1969, 295

EuGH, 09.09.2003, Az.: C-198/01 – CIF, Slg. 2003, I-08055

EuGH, 09.11.1983, Az.: 322/81 – Michelin, Slg. 1983, 3461

EuGH, 11.01.1990, Az.: C-277/87 – Sandoz, Slg. 1990, I-00045

EuGH, 11.04.1989, Az.: 66/86 – Ahmed Saeed, Slg. 1989, 803

EuGH, 11.07.1985, Az.: 42/84 – Remia, Slg. 1985, 2545

EuGH, 12.12.1967, Az.: 23/67 – Brasseries de Haecht, Slg. 1967, 543

EuGH, 12.12.1995, Az.: C-319/93, C-40/94 und C-224/94 – Evert Dijkstra, Slg. 1995, I-4471

EuGH, 13.02.1969, Az.: 14/68 – Walt Wilhelm, Slg. 1969, 1

EuGH, 13.02.1979, Az.: 85/76 – Hoffmann-La Roche, Slg. 1979, 461

EuGH, 13.07.1966, Az.: 56, 58/64 – Grundig/Consten, Slg. 1966, 321

EuGH, 13.07.2006, Az.: C-295/04–C-298/04 – Manfredi, Slg. 2006, I-06619

EuGH, 14.07.1981, Az.: 172/80 – Züchner, Slg. 1981, 2021

EuGH, 14.11.1996, Az.: C-333/94 P – Tetra Pak II, Slg. 1996, I-6007

EuGH, 14.12.1983, Az.: 319/82 – Kerpen & Kerpen, Slg. 1983, 4173

EuGH, 14.12.2000, Az.: C-344/98 – Masterfoods, Slg. 2000, I-11369

EuGH, 15.05.1975, Az.: 71/74 – FRUBO, Slg. 1975, 563

EuGH, 15.07.1964, Az.: Rs. 6/64 – Costa/E.N.E.L., Slg. 1964, 1251

EuGH, 15.12.1994, Az.: C-250/92 – Goettrup-Klim, 1994, I-05641

EuGH, 16.03.2004 – AOK Bundesverband, WuW EU-R 801

EuGH, 16.06.1981, Az.: 126/80 – Salonia, Slg. 1981, 1563

EuGH, 16.07.1998, Az.: C-264/96. – ICI, Slg. 1998, I-04695

EuGH, 16.12.1975, Az.: 40/73 et. alt. – Suiker Unie, Slg. 1975, 1663

EuGH, 17.01.1984, Az.: 43, 63/82 – VBVB/VBBB, Slg. 1984, 19

EuGH, 17.07.1997, Az.: C-219/95 P – Ferriere Nord SpA, Slg. 1997, I-04411

EuGH, 17.07.1997, Az.: C-28/95 – Leur-Bloem, Slg. 1997, I-04161

EuGH, 17.11.1987, Az.: 142, 156/84 – BAT & Reynolds, Slg. 1987, 4566

EuGH, 18.10.1990, Az.: C-297/88 und C-197/89 – Massam Dzodzi, Slg. 1990, I-03763

EuGH, 18.12.1986 – VAG France/Magne, Slg. 1986, 4071

EuGH, 19.02.2002, Az.: C-309/99 – Wouters, Slg. 2002, I-01577

EuGH, 19.06.1990, Az.: C-213/89 – Factortame Ltd, Slg. 1990, I-2433

EuGH, 20.03.1997, Az.: C-24/95 – Land Rheinland-Pfalz/Alcan, Slg. 1997, I-01591

EuGH, 21.01.1999, Az.: C-215/96, C-216/96 – Carlo Bagnasco, Slg. 1999, I-00135

EuGH, 21.02.1973, Az.: 6/72 – Continental Can, Slg. 1973, 215

EuGH, 22.10.1987, Az.: 314/85 – Foto-Frost, Slg. 1987, 4199

EuGH, 24.10.1995, Az.: C-70/93 – BMW Leasing, Slg. 1995, I-3439

EuGH, 24.10.1995, Az.: C-266/93 – Volkswagen und VAG Leasing, Slg. 1995, II-3477

EuGH, 25.10.2001, Az.: C-475/99 – Ambulanz Glöckner, Slg. 2001, I-08089

EuGH, 25.11.1971, Az.: 22/71 – Béguelin, Slg. 1971, 949

EuGH, 26.09.1985, Az.: Rs. 166/84 – Thomasdünger, Slg. 1985, 3001

EuGH, 27.01.1987, Az.: 45/85 – Verband der Sachversicherer, Slg. 1987, 405

EuGH, 27.04.1994, Az.: C-393/92 – Almelo, Slg. 1994, I-01477

EuGH, 27.09.1988, Az.: 65/86 – Süllhöfer, Slg. 1988, 5249

EuGH, 27.09.1988, Az.: 89/85 et.alt. – Zellstoff, Slg. 1988, 5193

EuGH, 28.01.1986, Az.: 161/84 – Pronuptia, Slg. 1986, 353

EuGH, 28.02.1991, Az.: C-234/89 – Delimitis, Slg. 1991, I-00935

EuGH, 28.04.1998, Az.: C-306/96 – Javico Internat., 1998, I-01983

EuGH, 29.04.2004, Az.: C-359/01 P – British Sugar, Slg. 2004, I-04933

EuGH, 30.04.1986, Az.: 209–213/84 – Asjes, Slg. 1986, 1425

EuGH, 30.06.1966, Az.: 56/65 – Maschinenbau Ulm, Slg. 1966, 282

EuGH, 30.09.1987, Az.: 229/86 – Brother Industries Ltd., Slg. 1987, 3757

EuGH, 31.05.1979, Az.: 22/78 – Hugin, Slg. 1979, 1869

Europäische Kommission, 06.10.1994, Az.: 94/770/EG – Pasteur Merieux-Merck, ABl. 1994/L 309/1

Europäische Kommission, 11.10.1988, Az.: 88/541/EWG – BBC Brown Boveri, ABl. 1988/L 301/68

Europäische Kommission, 12.01.1990, Az.: 90/46/EWG – ALCATEL, ABl. 1990/L 32/19

Europäische Kommission, 12.12.1990, Az.: 91/38/EWG – KSB, ABl. 1991/L 19/25

Europäische Kommission, 14.07.1975, Az.: 75/482/EWG – INTERGROUP, ABl. 1975/L 212/23

Europäische Kommission, 14.09.1999, Az.: 2000/182/EG – GEAE, ABl. 2000/L 58/16

Europäische Kommission, 16.12.1994, Az.: 94/896/EG – Asahi, ABl. 1994/ L 354/87

Europäische Kommission, 17.01.1979, Az.: 79/298/EWG – Beecham, ABl. 1979/L70/11

Europäische Kommission, 17.07.1968, Az.: 68/319/EWG – ACEC, ABl. 1968/L201/7

Europäische Kommission, 17.07.1968, Az.: 68/318/EWG – SOCEMAS, ABl. 1968/L 201/4

Europäische Kommission, 17.10.1983, Az.: 83/546/EWG – Gußeisen- und Gußstahlwalzen, ABl. 1983/L 317/1

Europäische Kommission, 18.12.1985, Az.: 85/618/EWG – Siemens/Fanuc, ABl. 1985/L 376/29

Europäische Kommission, 23.11.1977, Az.: 77/781/EWG – GEC, ABl. 1977/L 327/26

Europäische Kommission, 24.10.1988, Az.: 88/568/EWG – Euro-Tunnel, ABl. 1988/L 311/36

Europäische Kommission, 26.02.1968, Az.: 68/128/EWG – Eurogypsum, ABl. 1968/L 57/9

Europäische Kommission, 29.11.1974, Az.: 74/634/EWG – Französisch-japanische Kugellager, ABl. 1974/L 343/9

KG Berlin, 10.7.1985 – Mischguthersteller, WuW/E OLG 3663

KG Berlin, 19.07.1999, Az.: Kart 49/99 – Stellenmarkt, WuW/E DE-R 628

LG Frankfurt/Main, 15.11.2002, Az.: 311 O 87/02 – Autovermietungsagenturen, WuW/E DE-R 1200

LG Nürnberg-Fürth, 03.08.2005, Az.: 4 HK O 6645/04 – Schuheinzelhandel, WuW/E DE-R 1659

OLG Düsseldorf, 28.02.2007, Az.: VI-U (Kart) 8/06 – Schmierstoffe, abrufbar unter der URL www.juris.de (letzter Abruf: 08.09.2008)

OLG Düsseldorf, 10.06.2005, Az.: VI-2 KArt. 12/04 – Filigranbetondecken, WuW/E DE-R 1610

OLG Düsseldorf, 18.10.2000, Az.: U (Kart) 5/00 – Kfz-Werkstätten, WuW/E DE-R 585

OLG Düsseldorf, 08.07.1969 – Kundenschutzvereinbarung, WuW/E OLG 1061

OLG Frankfurt /Main, 20.09.1982, Az.: 6 VA 1/82 – Taxi-Funkzentrale Kassel, WuW/E OLG 2771

OLG München, 01.08.2002, Az.: U (K) 5658/01 – Tankstelle Germering, WuW/E DE-R 991

OLG München, 23.10.1986, Az.: U (K) 2833/86 – Fassadenbau, WuW/E OLG 3946

OLG Stuttgart, 17.12.1982, Az.: 2 Kart 3/82 – Gebrochener Muschelkalkstein, WuW/E OLG 2807

Stichwortverzeichnis